UTB **3163**

Eine Arbeitsgemeinschaft der Verlage

Böhlau Verlag · Köln · Weimar · Wien
Verlag Barbara Budrich · Opladen · Farmington Hills
facultas.wuv · Wien
Wilhelm Fink · München
A. Francke Verlag · Tübingen und Basel
Haupt Verlag · Bern · Stuttgart · Wien
Julius Klinkhardt Verlagsbuchhandlung · Bad Heilbrunn
Lucius & Lucius Verlagsgesellschaft · Stuttgart
Mohr Siebeck · Tübingen
C. F. Müller Verlag · Heidelberg
Orell Füssli Verlag · Zürich
Verlag Recht und Wirtschaft · Frankfurt am Main
Ernst Reinhardt Verlag · München · Basel
Ferdinand Schöningh · Paderborn · München · Wien · Zürich
Eugen Ulmer Verlag · Stuttgart
UVK Verlagsgesellschaft · Konstanz
Vandenhoeck & Ruprecht · Göttingen
vdf Hochschulverlag AG an der ETH Zürich

Zum Gedenken an
Ernst Lüdemann (1908–1970)
und
Dora Lüdemann, geb. Marhauer (1908–1976)

Gerd Lüdemann / Frank Schleritt

Arbeitsübersetzung des Neuen Testaments

Vandenhoeck & Ruprecht

Dr. theol. GERD LÜDEMANN: geboren 1946, Stipendiat des Evangelischen Studienwerkes Villigst, Studium der Evangelischen Theologie in Göttingen (1966–71), Studienjahr an der Duke University (1974/75), Promotion (1974) und Habilitation (1977) bei Georg Strecker in Göttingen. Danach Professor an der McMaster University in Hamilton/Kanada, Heisenberg-Stipendiat der Deutschen Forschungsgemeinschaft, Professor an der Vanderbilt University in Nashville/USA. 1983–1998 Professor für Neues Testament in Göttingen – ab 1998 für Geschichte und Literatur des frühen Christentums. Gründer und Leiter des Archivs Religionsgeschichtliche Schule.

Dr. theol. FRANK SCHLERITT: 1971 in der Hansestadt Lübeck geboren, Studium der Evangelischen Theologie in Hamburg und Göttingen, 2002 Diplom, 2006 Promotion bei Landesbischof i.R. Professor D. Eduard Lohse. In Göttingen langjährige Tätigkeit am Lehrstuhl für Geschichte und Literatur des frühen Christentums, seit 2008 Mitarbeiter am neutestamentlichen Seminar. Veröffentlichung: Der vorjohanneische Passionsbericht. Eine historisch-kritische und theologische Untersuchung zu Joh 2,13–22; 11,47–14,31 und 18,1–20,29, BZNW 154, Berlin/New York 2007.

Bibliografische Information der Deutschen Nationalbibliothek

Die Deutsche Nationalbibliothek verzeichnet diese Publikation in der Deutschen Nationalbibliografie; detaillierte bibliografische Daten sind im Internet über http://dnb.d-nb.de abrufbar.

ISBN 978-3-8252-3163-7 (UTB)
ISBN 978-3-525-03625-9 (Vandenhoeck & Ruprecht)

Umschlaggestaltung: Atelier Reichert, Stuttgart
Satz: ⊕ Hubert & Co., Göttingen
Druck und Bindung: CPI – Ebner & Spiegel, Ulm

ISBN 978-3-8252-3163-7 (UTB-Bestellnummer)

Vorwort

Die vorliegende neue Übersetzung orientiert sich an dem Grundsatz, dass der griechische Text des Neuen Testaments „so genau wie möglich und so frei wie nötig" wiederzugeben sei. Sie bietet also verständliches Deutsch, vermeidet aber sachliche Glättungen und Aktualisierungen. Denn die Frage, wie die Texte *heute* ausgelegt werden können, kann nur beantwortet werden nach gründlicher Beschäftigung mit der Frage, was sie *damals*, zum Zeitpunkt ihrer Niederschrift, gemeint haben.

Im Hinblick auf die Rekonstruktion des jeweils ursprünglichen Wortlauts und die Interpunktion erschien es uns dabei nur in wenigen Fällen nötig, anders zu urteilen als die kritische Textausgabe von Nestle-Aland[27], die der Übersetzung zugrunde liegt. In einigen besonders unsicheren Fällen sind abweichende Lesarten in den Anmerkungen notiert.

Der Titel „Arbeitsübersetzung" bringt zweierlei zum Ausdruck: einerseits, dass das Buch eine Hilfe sein will, den Grundtext des christlichen Glaubens selbständig zu erarbeiten; andererseits, dass es sich bei jeder Übersetzung des Neuen Testaments um etwas Vorläufiges und stets Verbesserungsfähiges handelt. Dies ist nicht nur deshalb der Fall, weil die Rekonstruktion des Urtextes von den jeweils neuesten wissenschaftlichen Erkenntnissen abhängt, sondern insbesondere auch deshalb, weil an allen Stellen, die in sprachlich-grammatikalischer Hinsicht *mehrdeutig* sind, die Übersetzung mit der Exegese eine Einheit bildet und weil darüber hinaus auch die Übersetzung von Stellen, die in jener Hinsicht *eindeutig* sind, auf unterschiedliche Weise erfolgen kann.

Bei der Lektüre ist folgendes zu beachten:
- Die Einleitungen, die der Übersetzung der einzelnen Schriften vorangestellt sind, sollen und können die Beschäftigung mit wissenschaftlichen Einführungen in das Neue Testament nicht ersetzen. Vielmehr weisen sie lediglich auf einige wichtige Aspekte hin, die zum Verständnis des jeweiligen Textes nützlich sind.
- Um der leichteren Orientierung willen sind Überschriften eingefügt. Da sie nicht zum ursprünglichen Text gehören, stehen sie in eckigen Klammern.
- Die Markierungen von Wörtern und Satzteilen sollen bei der Textdurchdringung behilflich sein und erfüllen dabei verschiedene Funktionen. Sie betreffen Begriffe und Wendungen,
  a) die teils für bestimmte Abschnitte, teils für die jeweilige Schrift als Ganzes charakteristisch sind,
  b) durch die einzelne Abschnitte strukturiert werden,

c) die im näheren Umfeld gleichlautende Entsprechungen haben,
d) die als Leseanweisungen des Verfassers selbst gewertet werden können.
– Texte mit wörtlichen oder fast wörtlichen Entsprechungen im Alten Testament bzw. Texte, die als Schriftzitate eingeführt werden, sind rechtsbündig gedruckt. In den jeweils beigefügten Stellenangaben verweist der Zusatz „LXX" auf die Septuaginta.
– Runde Klammern dienen zur Verdeutlichung des Sinnes.
– Auf An- und Ausführungszeichen wurde nach Möglichkeit verzichtet, da das Griechische keine solchen Zeichen kennt.

Walter Höfig und Hans Jürgen Uhl haben das entstehende Manuskript mehrfach durchgesehen und sich damit um das vorliegende Buch verdient gemacht. Ihnen sei herzlich gedankt.

Göttingen, im Mai 2008   Gerd Lüdemann / Frank Schleritt

Inhalt

1. Das Evangelium nach Matthäus

Im ersten, obschon nicht ältesten der vier kanonischen Evangelien sind zwei Quellen verarbeitet: zum einen das Markusevangelium, zum anderen die sog. Logienquelle (Q), eine Sammlung von Sprüchen und Reden Jesu, die auch Lukas zur Verfügung stand. Ferner bedient sich Matthäus etlicher – schriftlicher oder mündlicher – Sonderüberlieferungen, die keine Parallelen bei Markus bzw. Lukas haben. Charakteristisch für den ersten Evangelisten sind die sechs von ihm gestalteten ausführlichen Reden Jesu:

Bergpredigt (Kap. 5–7);
Aussendungsrede (Kap. 10);
Gleichnisrede (Kap. 13);
Gemeinderede (Kap. 18);
Rede gegen Pharisäer und Schriftgelehrte (Kap. 23);
eschatologische Rede (Kap. 24–25).

Matthäus zufolge war Jesu Sendung auf Israel beschränkt (15,24). Nachdem Israel den Gottessohn jedoch verworfen hat, geht das Heil auf die aus Juden- und Heidenchristen bestehende Kirche über. Der auferstandene Jesus sendet seine Jünger zur Mission unter alle Völker (28,19).

Der erste Evangelist richtet sich an Christen jüdischer Herkunft. Von ihnen ist eine Gerechtigkeit gefordert, die besser ist als die der Schriftgelehrten und Pharisäer (5,20).

Entstanden ist das erste Evangelium wohl zwischen 80 und 90 n.Chr., vermutlich in Syrien. Wer es verfasst hat, ist nicht bekannt. Die altkirchliche Überlieferung führt es auf den Jesusjünger Matthäus zurück, von dessen Berufung in 9,9 erzählt wird (vgl. 10,3).

1,1–4,25	Die Anfänge
5,1–20,34	Jesu Wirken in Galiläa
21,1–25,46	Jesu Wirken in Jerusalem
26,1–28,20	Leiden, Tod und Auferstehung Jesu

[Matthäus 1,1–4,25:
Die Anfänge]

[Mt 1,1–17: Der Stammbaum Jesu]

[1] Urkunde vom Ursprung Jesu Christi, des *SOHNES DAVIDS*, des Sohnes Abrahams.

[2] [I] Abraham zeugte Isaak.

[II] Isaak aber zeugte Jakob.

[III] Jakob aber zeugte Juda und seine Brüder.

[3] [IV] Juda aber zeugte Phares und Serach AUS DER THAMAR.

[V] Phares aber zeugte Hesrom.

[VI] Hesrom aber zeugte Aram.

[4] [VII] Aram aber zeugte Amminadab.

[VIII] Amminadab aber zeugte Naasson.

[IX] Naasson aber zeugte Salmon.

[5] [X] Salmon aber zeugte Boas AUS DER RAHAB.

[XI] Boas aber zeugte Jobed AUS DER RUTH.

[XII] Jobed aber zeugte Isai.

[6] [XIII] Isai aber zeugte den König David.

[XIV / I] David aber zeugte Salomo AUS DER (FRAU) DES URIA.

[7] [II] Salomo aber zeugte Rehabeam.

[III] Rehabeam aber zeugte Abia.

[IV] Abia aber zeugte Asa.

[8] [V] Asa aber zeugte Josaphat.

[VI] Josaphat aber zeugte Joram.

[VII] Joram aber zeugte Usia.

[9] [VIII] Usia aber zeugte Jotam.

[IX] Jotam aber zeugte Ahas.

[X] Ahas aber zeugte Hiskia.

[10] [XI] Hiskia aber zeugte Manasse.

[XII] Manasse aber zeugte Amon.

[XIII] Amon aber zeugte Josia.

[11] [XIV] Josia aber zeugte Jojachin und seine Brüder um die Zeit *der babylonischen Gefangenschaft.*

[12] Nach der *babylonischen Gefangenschaft* aber:

[I] Jojachin zeugte Salathiel.

[II] Salathiel aber zeugte Serubbabel.

[13] [III] Serubbabel aber zeugte Abihud.

[IV] Abihud aber zeugte Eljakim.

[V] Eljakim aber zeugte Azor.

14   VI Azor aber zeugte Zadok.
       VII Zadok aber zeugte Achim.
       VIII Achim aber zeugte Eliud.
15   IX Eliud aber zeugte Eleasar.
       X Eleasar aber zeugte Mattan.
       XI Mattan aber zeugte Jakob.
16   XII Jakob aber zeugte
       XIII Joseph, den Mann der MARIA, AUS der gezeugt wurde
       XIV Jesus, der da heißt Christus.

17 Alle Generationen nun von Abraham bis David (sind) VIERZEHN GENERATIONEN. Und von David bis zur *babylonischen Gefangenschaft* VIERZEHN GENERATIONEN. Und von der *babylonischen Gefangenschaft* bis Christus VIERZEHN GENERATIONEN.

[Mt 1,18–25: Die Ankündigung der Geburt Jesu]

18 Mit dem Ursprung Jesu Christi aber verhielt es sich so:
Als seine Mutter Maria mit Joseph verlobt worden war, fand sich, bevor sie zusammengekommen waren, dass sie schwanger war aus *heiligem Geist*. 19 Joseph aber, ihr Mann, der gerecht war und sie nicht bloßstellen wollte, beschloss, sie heimlich zu entlassen. 20 Während er dies aber überlegte, siehe, da ERSCHIEN IHM IM TRAUM EIN ENGEL DES HERRN und sagte: Joseph, *SOHN DAVIDS*, fürchte dich nicht, Maria, deine Frau, zu dir zu nehmen, denn das in ihr Gezeugte ist aus *heiligem Geist*. 21 Sie wird aber einen Sohn gebären, und du sollst **ihm den Namen Jesus geben**, denn er wird sein Volk von seinen Sünden retten. 22 Dies alles aber geschah, DAMIT ERFÜLLT WERDE DAS vom Herrn durch den Propheten GESAGTE:
       23 Siehe, die Jungfrau wird schwanger sein und einen Sohn gebären,
              und sie werden **ihm den Namen Immanuel geben**
                                                                    [Jes 7,14 LXX],
was übersetzt heißt: Mit uns (ist) GOTT. 24 Nachdem Joseph aber aus dem Schlaf erwacht war, tat er, wie der *ENGEL DES HERRN* ihm befohlen hatte, und nahm seine Frau zu sich. 25 Und er erkannte sie nicht[a], bis sie einen Sohn geboren hatte, und er **gab ihm den Namen Jesus**.

[Mt 2,1–23: Die Magier aus dem Osten und der Kindermord des Herodes]

1 Als aber Jesus geboren wurde in Bethlehem in Judäa in den Tagen des *Königs Herodes*[b], siehe, da kamen Magier aus dem Osten nach Jerusalem 2 und sagten: Wo ist

---

a D.h.: Er hatte keinen Geschlechtsverkehr mit ihr.
b Gemeint ist Herodes der Große, der unter rö-

mischer Oberherrschaft von 37 bis 4 v.Chr. regierte.

der (neu)geborene König der Juden? Denn wir *haben seinen* Stern *im Osten gese-hen*, und wir sind gekommen, ihn *ANZUBETEN*.

³ Nachdem der *König Herodes* es aber gehört hatte, geriet er in Schrecken und ganz Jerusalem mit ihm. ⁴ Und er versammelte alle Hohenpriester und Schriftge-lehrten des Volkes und erforschte von ihnen, wo der Christus geboren werden solle.

⁵ Die aber sagten zu ihm: In Bethlehem in Judäa, denn so ist geschrieben durch den Propheten:

⁶ Und du, Bethlehem, Land Juda,
keineswegs bist du die kleinste unter den Herrschern Judas;
denn aus dir wird ein Herrscher kommen,
der mein Volk Israel weiden wird.
[vgl. Mi 5,1.3; 2Sam 5,2; 1Chr 11,2]

⁷ Da rief *Herodes* heimlich die Magier und erkundete von ihnen genau die Zeit, in der der Stern erschien, ⁸ und er schickte sie nach Bethlehem und sagte: Geht fort und forscht genau nach dem Kind; sobald ihr es aber gefunden habt, meldet es mir, damit auch ich komme und es *ANBETE*.

⁹ Nachdem sie aber den König angehört hatten, gingen sie fort. Und siehe, der Stern, *den sie im Osten gesehen hatten*, zog ihnen voran, bis er ankam und über (dem Ort) stehen blieb, wo das Kind war. ¹⁰ Als sie aber den Stern sahen, empfan-den sie sehr große Freude. ¹¹ Und sie kamen in das Haus und sahen das Kind mit Maria, seiner Mutter, und sie fielen nieder, *BETETEN* es *AN* und öffneten ihre Schatzkästen und brachten ihm Geschenke dar, Gold und Weihrauch und Myrrhe.

¹² Und sie erhielten eine Weisung im Traum, nicht zu *Herodes* zurückzukehren, und zogen auf einem anderen Weg zurück in ihr Land.

¹³ Nachdem sie aber fortgezogen waren, siehe, da erscheint ein Engel des Herrn dem Joseph im Traum und sagt: Steh auf, *NIMM DAS KIND UND SEINE MUTTER* und flieh nach **Ägypten** und bleib dort, bis ich es dir sage; denn *Herodes* ist im Be-griff, das Kind zu suchen, um es umzubringen.

¹⁴ Er aber stand auf, *NAHM DAS KIND UND SEINE MUTTER* des Nachts und zog sich nach **Ägypten** zurück, ¹⁵ und er war dort bis zum Tod des *Herodes*, DAMIT ERFÜLLT WERDE DAS vom Herrn DURCH DEN PROPHETEN GESAGTE:

Aus **Ägypten** habe ich meinen Sohn gerufen.
[Hos 11,1]

¹⁶ Daraufhin wurde *Herodes*, weil er gesehen hatte, dass er von den Magiern zum Besten gehalten worden war, sehr zornig, und er sandte hin und ließ alle Knaben, die in Bethlehem und in seinem (Bethlehems) ganzen Gebiet waren, beseitigen, von zwei Jahren an und darunter, gemäß der Zeit, die er von den Magiern (ja) genau er-kundet hatte. ¹⁷ Da WURDE DAS DURCH DEN PROPHETEN Jeremia GESAGTE ERFÜLLT:

¹⁸ Eine Stimme wurde in Rama gehört,
Weinen und viel Wehklagen.
Rahel beweint ihre Kinder,

und sie wollte nicht getröstet werden,
denn sie sind nicht (mehr) da.
[Jer 31,15]

[19] Nachdem *Herodes* aber gestorben war, siehe, da ERSCHEINT EIN ENGEL DES HERRN IM TRAUM dem Joseph in Ägypten [20] und sagt: Steh auf, *NIMM DAS KIND UND SEINE MUTTER* und geh ins Land Israel; denn die, die nach dem Leben des Kindes trachten, sind tot. [21] Der aber stand auf, *NAHM DAS KIND UND SEINE MUTTER* und ging in das Land Israel hinein. [22] Als er aber hörte, dass Archelaus als König über Judäa herrschte anstelle seines Vaters *Herodes*, fürchtete er sich, dorthin zu gehen. Als er aber IM TRAUM eine Weisung erhielt, zog er fort in das Gebiet von Galiläa. [23] Und er kam und ließ sich in einer Stadt namens Nazareth nieder, AUF DASS DAS durch die Propheten GESAGTE ERFÜLLT WERDE:

Er wird Nazoräer genannt werden.[a]

[Mt 3,1–12: Johannes der Täufer]

[1] In jenen Tagen aber kommt Johannes der *Täufer* und predigt in der Wüste von Judäa [2] und sagt: Kehrt um, denn die Königsherrschaft der Himmel ist nahe gekommen! [3] Denn dieser ist der von Jesaja, dem Propheten, Genannte:

Stimme eines Rufers in der Wüste:
Bereitet den Weg des Herrn,
macht seine Pfade gerade!
[Jes 40,3 LXX]

[4] Er aber, Johannes, hatte ein Gewand aus Kamelhaaren an und einen ledernen Gürtel um seine Hüfte; seine Speise aber waren Heuschrecken und wilder Honig.

[5] Damals ging zu ihm hinaus Jerusalem und ganz Judäa und die ganze Umgebung des Jordan [6] und ließen sich im Jordanfluss von ihm *taufen*, wobei sie ihre Sünden bekannten.

[7] Als er aber viele der Pharisäer und Sadduzäer zu seiner *Taufe* kommen sah, sagte er ihnen: Ihr Schlangenbrut, wer hat euch gezeigt, dem künftigen Zorn zu entfliehen? [8] Bringt nun Frucht, die der Umkehr entspricht! [9] Und meint nicht, bei euch sagen zu (können): Wir haben Abraham zum Vater. Denn ich sage euch: GOTT kann aus diesen Steinen dem Abraham Kinder erwecken. [10] Schon aber ist die Axt an die Wurzel der Bäume gelegt. Jeder Baum nun, der keine gute Frucht bringt, wird gefällt und ins FEUER geworfen.

[11] Ich *taufe* euch mit Wasser zur Umkehr; der aber nach mir kommt, ist stärker als ich; ich bin nicht würdig, dessen Sandalen zu tragen; er selbst wird euch *taufen* mit heiligem Geist und FEUER; [12] seine Worfschaufel ist in seiner Hand, und er wird seine Tenne gründlich reinigen und seinen Weizen in die Scheune sammeln; die Spreu aber wird er verbrennen mit unauslöschlichem FEUER.

---

a Die Herkunft des Zitats ist unbekannt.

[Mt 3,13–17: Jesu Taufe]

[13] Daraufhin kommt Jesus aus Galiläa an den Jordan zu Johannes, um sich von ihm *taufen* zu lassen.

[14] Der aber suchte ihn zu hindern und sagte: Ich habe es nötig, von dir *getauft* zu werden, und du kommst zu mir?

[15] Jesus aber antwortete und sagte zu ihm: *Lass* jetzt! Denn so gebührt es uns, alle GERECHTIGKEIT zu erfüllen.

Daraufhin *ließ* er ihn.

[16] Als Jesus aber *getauft* war, stieg er sofort aus dem Wasser. Und siehe, da öffneten sich die Himmel, und er sah den Geist GOTTES wie eine Taube herabfliegen und auf sich kommen. [17] Und siehe, eine Stimme (kommt) aus den Himmeln (und) sagt: Dieser ist mein geliebter Sohn, an dem ich Wohlgefallen gefunden habe.

[Mt 4,1–11: Jesu Versuchung durch den Teufel]

[1] Daraufhin wurde Jesus vom Geist in die Wüste geführt, um vom **Teufel** VERSUCHT zu werden. [2] Und nachdem er vierzig Tage und vierzig Nächte gefastet hatte, bekam er schließlich Hunger.

[3] Und der VERSUCHER trat herzu und sagte: WENN DU GOTTES SOHN BIST, sag, dass diese *STEINE* zu *BROTEN* werden.

[4] Er aber antwortete und sagte: Es ist *geschrieben*:
Nicht vom *BROT* allein wird der Mensch leben,
sondern von einem jeden Wort, das durch den Mund GOTTES hinausgeht.
[Dtn 8,3]

[5] Daraufhin nimmt ihn der **Teufel** mit in die heilige Stadt und stellte ihn auf die Zinne des Heiligtums [6] und sagt ihm: WENN DU GOTTES SOHN BIST, wirf dich hinab; denn es ist *geschrieben*:
Seinen *ENGELN* wird er deinetwegen Befehl geben;
und auf Händen werden sie dich tragen,
damit du deinen Fuß nicht etwa an einen *STEIN* stößt.
[Ps 91,11–12]

[7] Jesus sagte ihm: Dagegen ist *geschrieben*:
Du sollst den Herrn, deinen GOTT, nicht VERSUCHEN.
[Dtn 6,16 LXX]

[8] Wieder nimmt ihn der **Teufel** mit auf einen sehr hohen Berg und zeigt ihm alle Königreiche der Welt und ihre Herrlichkeit [9] und sagte ihm: Dies alles werde ich dir geben, wenn du niederfällst und mich anbetest.

[10] Daraufhin sagt ihm Jesus: Weg, Satan! Denn es ist *geschrieben*:
Den Herrn, deinen GOTT, sollst du anbeten
und ihm allein dienen.
[vgl. Dtn 6,13 LXX]

[11] Daraufhin verlässt ihn der **Teufel**. Und siehe, *ENGEL* traten herzu und dienten ihm.

[Mt 4,12–17: Der Beginn der Wirksamkeit Jesu in Galiläa]

[12] Als er aber hörte, dass Johannes ausgeliefert worden war, zog er sich nach Galiläa zurück. [13] Und er verließ Nazareth, kam und nahm Wohnung in Kapernaum, das am See liegt, im Gebiet von Sebulon und Naftali, [14] DAMIT ERFÜLLT WERDE DAS durch den Propheten Jesaja GESAGTE:

[15] Das Land Sebulon und das Land Naftali,
gegen den See hin, jenseits des Jordan,
Galiläa der Heiden,
[16] das in Finsternis sitzende Volk
hat ein großes Licht gesehen;
und den im Bereich und Schatten des Todes Sitzenden
ist Licht aufgegangen.
[Jes 8,23–9,1]

[17] Von da an begann Jesus zu verkündigen und zu sagen: Kehrt um, denn die Königsherrschaft der Himmel ist nahe gekommen!

[Mt 4,18–22: Die Berufung der ersten Jünger]

[18] Als er aber am See von Galiläa entlangging, *SAH ER ZWEI BRÜDER*, Simon, der Petrus genannt wird, und Andreas, seinen Bruder, ein Wurfnetz in den See werfen, denn sie waren Fischer. [19] Und er sagt ihnen: Hierher, mir nach! Und ich werde euch zu Menschenfischern machen! [20] Sie aber *VERLIESSEN SOFORT* die *Netze* und *FOLGTEN IHM*.

[21] Und als er von dort weitergegangen war, *SAH ER ZWEI* andere *BRÜDER*, Jakobus, den (Sohn) des Zebedäus, und Johannes, seinen Bruder, im Boot mit Zebedäus, ihrem Vater, ihre *Netze* instandsetzen.
Und er rief sie. [22] Sie aber *VERLIESSEN SOFORT* das Boot und ihren Vater und *FOLGTEN IHM*.

[Mt 4,23–25: Krankenheilungen]

[23] Und er zog umher in ganz Galiläa, lehrte in ihren Synagogen und verkündigte das Evangelium der Königsherrschaft und heilte jede Krankheit und jedes Gebrechen im Volk. [24] Und die Kunde von ihm verbreitete sich in ganz Syrien. Und sie brachten zu ihm alle, denen es schlechtging, die durch mancherlei Krankheiten und Qualen bedrängt wurden: Besessene, Mondsüchtige und Gelähmte; und er heilte sie. [25] Und es

folgten ihm große *Volksmengen* aus Galiläa und der Dekapolis[a] und aus Jerusalem und aus Judäa und von jenseits des Jordan.

[Matthäus 5,1–20,34:
Jesu Wirken in Galiläa]

[Mt 5,1–12: Die Seligpreisungen]

[1] Als er aber die *Volksmengen* sah, stieg er auf den Berg hinauf; und als er sich gesetzt hatte, traten seine Jünger zu ihm. [2] Und er öffnete seinen Mund, lehrte sie und sagte:

[3] Selig sind die im Geist Armen;
   DENN IHNEN GEHÖRT DAS KÖNIGREICH DER HIMMEL.
[4] Selig sind die Trauernden;
   denn sie werden getröstet werden.
[5] Selig sind die Sanftmütigen;
   denn sie werden die Erde erben.
[6] Selig sind, die nach **GERECHTIGKEIT** hungern und dürsten;
   denn sie werden gesättigt werden.
[7] Selig sind die Barmherzigen;
   denn sie werden Barmherzigkeit erlangen.
[8] Selig sind, die rein im Herzen sind;
   denn sie werden GOTT sehen.
[9] Selig sind, die Frieden stiften,
   denn sie werden GOTTESSöhne genannt werden.
[10] Selig sind die um der **GERECHTIGKEIT** willen *Verfolgten*;
   DENN IHNEN GEHÖRT DAS KÖNIGREICH DER HIMMEL.

[11] Selig seid ihr, wenn man euch beschimpft und *verfolgt* und alles Böse über euch sagt, indem man Lügen vorbringt, um meinetwillen. [12] Freut euch und jubelt; denn euer Lohn ist groß in den Himmeln. Ebenso nämlich haben sie die Propheten *verfolgt*, die vor euch (waren).

[Mt 5,13–16: Jüngerschaft]

[13] Ihr seid das Salz der Erde. Wenn aber das Salz fade wird, womit wird man es salzen? Es taugt zu nichts weiter, außer hinausgeschüttet und von den Menschen zertreten zu werden.

---

a „Zehnstädtegebiet", eine Gruppe von hellenistischen Städten im Ostjordanland, die wahrscheinlich als Städtebund verfasst waren.

¹⁴ Ihr seid das *Licht* der Welt. Es kann eine Stadt sich nicht verbergen, die auf einem Berge liegt. ¹⁵ Auch zündet man nicht eine Lampe an und setzt sie unter den Scheffel, sondern auf den Leuchter, und sie leuchtet allen, die im Hause sind. ¹⁶ So soll euer *Licht* leuchten vor den Menschen, damit sie eure guten Werke sehen und euren Vater preisen, der in den Himmeln ist.

[Mt 5,17–20: Die neue Gerechtigkeit]

¹⁷ Meint nicht, dass ich gekommen bin, das **Gesetz** oder die Propheten aufzulösen; ich bin nicht gekommen, aufzulösen, sondern zu erfüllen.

¹⁸ Denn amen, ICH SAGE EUCH: Bis der Himmel und die Erde vergehen, soll nicht ein einziges Jota[a] oder ein einziges Strichlein vom **Gesetz** vergehen, bis alles geschieht.

¹⁹ Wer nun ein einziges von diesen geringsten Geboten auflöst und so die Menschen *lehrt*, wird der Geringste heißen im KÖNIGREICH DER HIMMEL; wer es aber tut und *lehrt*, der wird groß heißen im KÖNIGREICH DER HIMMEL.

²⁰ Denn ICH SAGE EUCH: Wenn eure GERECHTIGKEIT nicht die der Schriftgelehrten und Pharisäer weit übertrifft, werdet ihr nicht hineinkommen in das KÖNIGREICH DER HIMMEL.

[Mt 5,21–26: Die erste Antithese: Vom Töten]

²¹ Ihr habt gehört, dass zu den Alten gesagt wurde:
Du sollst nicht töten.
[Ex 20,13; Dtn 5,17]
Wer aber tötet, WIRD dem Gericht VERFALLEN SEIN.
[vgl. Ex 21,12; Lev 24,17]
²² Ich aber sage euch:
Jeder, der seinem Bruder zürnt,
WIRD dem Gericht VERFALLEN SEIN;
wer aber seinem Bruder sagt: Raka![b],
WIRD dem Hohen Rat VERFALLEN SEIN;
wer aber sagt: Narr!,
WIRD der Gehenna[c] des Feuers VERFALLEN SEIN.

²³ Wenn du also deine *Gabe* zum Altar bringst und dich dort erinnerst, dass dein Bruder etwas gegen dich (vorzubringen) hat, ²⁴ lass deine *Gabe* dort vor dem Altar und geh zuerst hin, versöhne dich mit deinem Bruder, und dann komm und bring deine *Gabe* dar.

²⁵ Sei deinem Gegner schnell wohlgesinnt, solange du mit ihm auf dem Weg bist, damit (es) nicht (geschieht, dass) dich der Gegner dem Richter übergibt und der

---

a Der kleinste Buchstabe des Alphabets.
b Hohlkopf.
c Unterirdischer Ort der Strafe.

Richter dem Gerichtsdiener und du ins Gefängnis geworfen wirst. [26] Amen, ich sage dir: Du wirst von dort nicht herauskommen, bis du den letzten Quadrans[a] zurückgezahlt hast.

[Mt 5,27–30: Die zweite Antithese: Vom Ehebruch]

[27] Ihr habt gehört, dass gesagt wurde:

Du sollst nicht ehebrechen.
[Ex 20,14; Dtn 5,18]

[28] Ich aber sage euch:
Jeder, der eine Frau mit begierlicher Absicht ansieht, hat schon mit ihr die Ehe gebrochen in seinem Herzen.
[29] WENN aber dein rechtes Auge DIR ÄRGERNIS GIBT, reiß es aus und WIRF es VON DIR! ES IST NÄMLICH FÜR DICH VON VORTEIL, DASS EINES DEINER GLIEDER VERDIRBT UND NICHT DEIN GANZER LEIB IN DIE GEHENNA geworfen wird.
[30] Und WENN deine rechte Hand DIR ÄRGERNIS GIBT, hau sie ab und WIRF sie VON DIR! ES IST NÄMLICH FÜR DICH VON VORTEIL, DASS EINES DEINER GLIEDER VERDIRBT UND NICHT DEIN GANZER LEIB IN DIE GEHENNA kommt.

[Mt 5,31–32: Die dritte Antithese: Von der Ehescheidung]

[31] Es wurde aber gesagt:

Wer seine Frau entlässt,
soll ihr einen Scheidebrief geben.
[vgl. Dtn 24,1–3]

[32] Ich aber sage euch:
Jeder, der seine Frau entlässt – außer im Fall von Unzucht –, bewirkt, dass mit ihr Ehebruch begangen wird,
und wer eine Entlassene heiratet, begeht Ehebruch.

[Mt 5,33–37: Die vierte Antithese: Vom Schwören]

[33] Wiederum habt ihr gehört, dass zu den Alten gesagt wurde:

Du sollst nicht falsch schwören,
sondern sollst dem Herrn deine Eide halten.
[vgl. Lev 19,12; Num 30,3]

[34] Ich aber sage euch,
dass ihr überhaupt nicht schwören sollt.
weder bei dem Himmel, denn er ist Gottes Thron;
[35] noch bei der Erde; denn sie ist der Schemel seiner Füße;

---

a Der 64. Teil eines Denars, d. h. des Tageslohns eines Arbeiters (Mt 20,2).

noch bei Jerusalem, denn sie ist die Stadt des großen Königs.

[36] Auch sollst du nicht bei deinem Haupt schwören; denn du vermagst nicht ein einziges Haar weiß zu machen oder schwarz.

[37] Eure Rede aber sei: Ja, ja; nein, nein. Was aber über dies hinausgeht, ist vom BÖ-SEN.

[Mt 5,38–42: Die fünfte Antithese: Von der Vergeltung]

[38] Ihr habt gehört, dass gesagt wurde:

Auge um Auge, und Zahn um Zahn.
[Ex 21,24–25; Lev 24,20; Dtn 19,21]

[39] Ich aber sage euch,
dass ihr dem BÖSEN keinen Widerstand leisten sollt,
sondern:
Wer dich auf deine rechte Backe schlägt, dem wende auch die andere hin.

[40] Und dem, der mit dir prozessieren und dein Untergewand nehmen will, lass ihm auch den Mantel.

[41] Und wer dich zu einer Meile (Weggeleit) zwingen wird, mit dem geh zwei.

[42] Dem, der dich bittet, gib,
und von dem, der von dir borgen will, wende dich nicht ab.

[Mt 5,43–48: Die sechste Antithese: Vom Hass gegen den Feind]

[43] Ihr habt gehört, dass gesagt wurde:

Du sollst deinen Nächsten lieben
[Lev 19,18]
und deinen *Feind* hassen.

[44] Ich aber sage euch:
Liebt eure *Feinde*
und bittet für die, die euch verfolgen,
[45] damit ihr Söhne werdet EURES VATERS IN DEN HIMMELN.
Denn er lässt seine Sonne aufgehen über *Böse* und Gute und lässt regnen über Gerechte und Ungerechte.

[46] Denn wenn ihr die liebt, die euch lieben, welchen Lohn habt ihr? TUN DASSELBE NICHT AUCH die Zöllner?

[47] Und wenn ihr nur eure Brüder grüßt, was tut ihr Besonderes? TUN DASSELBE NICHT AUCH die Heiden?

[48] Werdet ihr also vollkommen, wie EUER HIMMLISCHER VATER vollkommen ist.

[Mt 6,1–18: Frömmigkeitsregeln]

[1] Achtet darauf, eure GERECHTIGKEIT nicht vor den Menschen zu tun, um von ihnen gesehen zu werden. Andernfalls habt ihr keinen Lohn bei EUREM VATER IN DEN HIMMELN.

[2] Wenn du nun *Almosen* gibst, sollst du es nicht vor dir ausposaunen, wie es die HEUCHLER tun in den Synagogen und auf den Gassen, damit sie von den Menschen gepriesen werden. *AMEN, ICH SAGE EUCH: SIE HABEN IHREN LOHN SCHON EMPFANGEN.*
[3] Wenn du aber *Almosen* gibst, lass deine linke (Hand) nicht wissen, was die rechte tut, [4] damit dein *Almosen* im VERBORGENEN sei.
UND DEIN VATER, DER IN DAS VERBORGENE SIEHT, WIRD ES DIR VERGELTEN.

[5] Und wenn ihr **betet**, sollt ihr nicht sein wie die HEUCHLER; denn sie lieben es, in den Synagogen und an den Ecken der Straßen zu stehen und zu **beten**, damit sie sich den Menschen *ZEIGEN*. *AMEN, ICH SAGE EUCH: SIE HABEN IHREN LOHN SCHON EMPFANGEN.* [6] Du aber, wenn du **betest**, geh in dein Kämmerlein hinein und schließ deine Tür zu und **bete** zu deinem VATER, der im *VERBORGENEN* ist.
UND DEIN VATER, DER IN DAS VERBORGENE SIEHT, WIRD ES DIR VERGELTEN.
[7] Wenn ihr aber **betet**, sollt ihr nicht plappern wie die Heiden; denn sie meinen, dass sie in ihrem Wortschwall erhört werden. [8] Gleicht euch ihnen also nicht an! Denn euer VATER weiß, was ihr benötigt, bevor ihr ihn bittet.
[9] So nun sollt *ihr* **beten**:

> Unser VATER in den Himmeln,
> geheiligt werde dein Name.
> [10] Es komme deine Königsherrschaft.
> Es geschehe dein Wille,
> wie im Himmel (so) auch auf Erden.
> [11] Unser für den nächsten Tag nötiges[a] Brot gib uns heute.
> [12] Und *vergib* uns unsere Schulden,
> wie auch wir *vergeben haben* unseren Schuldnern.
> [13] Und führe uns nicht in Versuchung,
> sondern rette uns vor dem Bösen.

[14] Denn wenn ihr den Menschen ihre Verfehlungen *vergebt*, wird euch EUER HIMMLISCHER VATER auch *vergeben*. [15] Wenn ihr aber den Menschen nicht *vergebt*, so wird euch euer VATER eure Verfehlungen auch nicht *vergeben*.

[16] Wenn ihr aber *fastet*, werdet nicht wie die mürrischen HEUCHLER, denn sie entstellen ihr Gesicht, damit sie sich den Menschen als *Fastende ZEIGEN*. *AMEN, ICH SAGE EUCH: SIE HABEN IHREN LOHN SCHON EMPFANGEN.* [17] Wenn *du* aber *fastest*, salbe dein

---

a Oder: „für den jeweiligen Tag nötiges" oder:
„zum Dasein nötiges". Die Bedeutung des Wortes ist nicht gesichert.

Haupt und wasche dein Gesicht, ¹⁸ damit du dich nicht den Menschen als *Fastender* ZEIGST, sondern deinem VATER, der in dem ist, *WAS VERBORGEN IST.* UND DEIN VATER, DER IN DAS SIEHT, *WAS VERBORGEN IST,* WIRD (ES) DIR VERGELTEN.

[Mt 6,19–24: Gegen das Sammeln irdischer Schätze]

¹⁹ Sammelt euch nicht *Schätze* auf der Erde,
  wo Motte und Fraß (sie) zerstören
  und wo Diebe einbrechen und stehlen.
²⁰ Sammelt euch aber *Schätze* im Himmel,
  wo weder Motte noch Fraß (sie) zerstören
  und wo Diebe nicht einbrechen noch stehlen.
²¹ Denn wo dein *Schatz* ist, da wird auch dein Herz sein.

²² Die Leuchte des Leibes ist das AUGE.
Wenn nun dein AUGE klar ist,
  wird dein ganzer Leib hell sein.
²³ Wenn aber dein AUGE böse ist,
  so wird dein ganzer Leib finster sein.
Wenn nun das Licht, das in dir ist, Finsternis ist, wie groß (ist dann) die Finsternis!

²⁴ Niemand kann zwei Herren dienen;
  denn entweder wird er den einen hassen und den anderen lieben,
  oder er wird an dem einen hängen und den anderen verachten.
Nicht könnt ihr GOTT dienen und dem Mammon.

[Mt 6,25–34: Vom Sorgen]

²⁵ Deshalb sage ich euch: SORGT nicht für euer Leben, was ihr essen oder was ihr trinken sollt, noch für euren Leib, was ihr anziehen sollt. Ist nicht das Leben mehr als die Nahrung, und (ist nicht) der Leib (mehr) als die Kleidung? ²⁶ Seht auf die Vögel des Himmels: sie säen nicht und ernten nicht und sammeln nicht in Scheunen; und EUER HIMMLISCHER VATER ernährt sie. Seid ihr nicht mehr wert als sie? ²⁷ Wer aber von euch kann, indem er sich *SORGT,* zu seiner Lebenszeit eine einzige Elle hinzusetzen? ²⁸ Und warum SORGT ihr euch um Kleidung? Achtet auf die Lilien des Feldes, wie sie wachsen: sie arbeiten nicht und spinnen nicht. ²⁹ Ich sage euch aber: Nicht einmal Salomo in all seiner Pracht war gekleidet wie eine von diesen. ³⁰ Wenn GOTT aber das Gras des Feldes, das heute steht und morgen in den Ofen geworfen wird, so kleidet: nicht viel mehr euch, ihr Kleingläubigen? ³¹ Ihr sollt euch also nicht SORGEN und sagen: Was sollen wir essen? Oder: Was sollen wir trinken? Oder: Womit sollen wir uns kleiden? ³² Denn nach all diesen Dingen suchen die Heiden. Denn EUER HIMMLISCHER VATER weiß, dass ihr all dies braucht.

³³ Sucht aber zuerst die Königsherrschaft GOTTES und seine **GERECHTIGKEIT**, so wird euch all dies hinzugefügt werden.

³⁴ SORGT also nicht für den morgigen Tag, denn der morgige Tag wird für sich selbst SORGEN. Jeder Tag hat an seiner Plage genug.

[Mt 7,1–6: Gegen das Richten]

¹ *Richtet* nicht,
damit ihr nicht *gerichtet* werdet.
² Denn mit welchem *Richtspruch* ihr *richtet*,
werdet ihr *gerichtet* werden;
und mit welchem Maß ihr messt,
wird euch zugemessen werden.

³ Was siehst du aber den Splitter im AUGE deines Bruders,
aber nimmst den Balken in deinem AUGE nicht wahr?
⁴ Oder wie wirst du deinem Bruder sagen: Lass mich den Splitter aus deinem AUGE herausziehen!,
und siehe, der Balken ist in deinem AUGE.
⁵ Heuchler, zieh zuerst den Balken aus deinem AUGE heraus,
und danach wirst du klar sehen, um den Splitter aus dem AUGE deines Bruders herauszuziehen.

⁶ Gebt das Heilige nicht den Hunden, und werft eure Perlen nicht vor die Schweine, damit sie sie nicht zertreten mit ihren Füßen und sich umwenden und euch zerreißen.

[Mt 7,7–12: Vom rechten Bitten;
die ‚Goldene Regel']

⁷ BITTET, und euch wird gegeben werden;
sucht, und ihr werdet finden;
klopft an, und euch wird aufgetan werden.

⁸ Denn jeder BITTENDE empfängt;
und der Suchende findet;
und dem Anklopfenden wird aufgetan werden.

⁹ Oder wer von euch ist ein Mensch, den sein Sohn um Brot BITTEN wird – wird er ihm etwa einen Stein geben?
¹⁰ Oder (den) er auch um einen Fisch BITTEN wird – wird er ihm etwa eine Schlange geben?
¹¹ Wenn nun ihr, die ihr böse seid, es versteht, euren Kindern gute Gaben zu geben, um wie viel mehr wird euer VATER in den Himmeln denen, die ihn BITTEN, Gutes geben!

¹² Alles nun, was ihr wollt, dass euch die Menschen tun, das sollt auch ihr ihnen tun. Denn dies ist das Gesetz und die Propheten.

[Mt 7,13–14: Das breite und das enge Tor]

¹³ Geht hinein durch das enge *Tor!*
Denn breit ist das *Tor* und geräumig der Weg, der zum Verderben führt, und viele sind es, die auf ihm (= durch es) hineingehen. ¹⁴ Denn[a] eng ist das *Tor* und schmal der Weg, der zum Leben führt, und wenige sind es, die ihn (= es) finden!

[Mt 7,15–23: Warnung vor falschen Propheten]

¹⁵ Hütet euch vor den falschen Propheten, die zu euch in Schafskleidern kommen, inwendig aber sind sie reißende Wölfe. ¹⁶ *An ihren* **Früchten** *werdet ihr sie erkennen.* Sammelt man etwa von Dornen Trauben oder von Disteln Feigen? ¹⁷ So bringt jeder gute BAUM schöne **Früchte**; der faule BAUM aber bringt schlechte **Früchte**. ¹⁸ Nicht kann ein guter BAUM schlechte **Früchte** bringen noch ein fauler BAUM schöne **Früchte** bringen. ¹⁹ Jeder BAUM, der nicht schöne **Frucht** bringt, wird abgehauen und ins Feuer geworfen. ²⁰ Also denn, *an ihren* **Früchten** *werdet ihr sie erkennen.*

²¹ Nicht jeder, der zu mir sagt: HERR, HERR!, wird in die Königsherrschaft der Himmel hineinkommen, sondern wer den Willen meines VATERS tut, der in den Himmeln ist. ²² Viele werden zu mir sagen an jenem Tag:

HERR, HERR, haben wir nicht in deinem Namen geweissagt?
Und haben wir nicht in deinem Namen Dämonen ausgetrieben?
Und haben wir nicht in deinem Namen viele Wunder getan?

²³ Und dann werde ich ihnen unumwunden erklären:

Ich habe euch niemals gekannt!
Weicht von mir, ihr Täter der Gesetzlosigkeit!
[Ps 6,9]

[Mt 7,24–27: Doppelgleichnis vom klugen und vom törichten Mann]

²⁴ Jeder nun, der diese meine Worte hört und sie tut,
wird einem klugen Mann gleichen,
der sein Haus auf den Felsen baute.

---

a Nach anderen Textzeugen: „Wie".

25 Und der Platzregen kam herab,
und die Ströme kamen,
und die Winde wehten,
und sie schlugen an jenes Haus,
und es fiel nicht ein,
denn es war auf den Felsen gegründet.

26 Und jeder, der diese meine Worte hört und sie nicht tut,
wird einem törichten Mann gleichen,
der sein Haus auf den Sand baute.
27 Und der Platzregen kam herab,
und die Ströme kamen,
und die Winde wehten,
und sie schlugen an jenes Haus,
und es fiel ein,
und sein Fall war groß.

[Mt 7,28–29: Abschluss der Bergpredigt]

28 Und es geschah, als Jesus diese Worte vollendet hatte, da gerieten die VOLKSMEN-GEN außer sich über seine Lehre; 29 denn er lehrte sie wie einer, der Vollmacht hat, und nicht wie ihre Schriftgelehrten.

[Mt 8,1–4: Die Heilung eines Aussätzigen]

1 Als er aber vom Berg herabgestiegen war, folgten ihm große VOLKSMENGEN.
2 Und siehe, ein Aussätziger kam herbei, fiel vor ihm nieder und sagte: HERR, wenn du willst, kannst du mich REINIGEN.
3 Und er streckte die Hand aus, berührte ihn und sagte: Ich will; sei REIN!
Und sogleich wurde sein Aussatz GEREINIGT.
4 Und Jesus sagt ihm: Sieh zu, dass du es niemandem sagst, sondern geh, zeig dich dem Priester und bring die Opfergabe dar, die Mose befohlen hat, ihnen zum Zeugnis!

[Mt 8,5–13: Der Hauptmann von Kapernaum]

5 Als er aber nach Kapernaum hineinkam, kam ein Zenturio zu ihm, bat ihn 6 und sagte: HERR, mein Knecht liegt im Haus gelähmt und wird schrecklich gequält.
7 Und er sagt ihm: Ich soll kommen und ihn heilen?
8 Und der Zenturio antwortete und sagte: HERR, ich bin nicht genug, dass du unter mein Dach gehst, aber sag es nur mit einem Wort, und mein Knecht wird geheilt werden. 9 Denn auch ich bin ein Mensch unter Befehlsgewalt und habe unter mir

Soldaten, und ich sage diesem: Geh!, und er geht; und einem anderen: Komm!, und er kommt; und meinem Sklaven: Tu dies!, und er tut es.

[10] Als Jesus (das) aber hörte, wunderte er sich und sagte den (ihm) Nachfolgenden: Amen, ich sage euch: Bei niemandem habe ich so großen *Glauben* in Israel gefunden.

[11] Ich sage euch aber: Viele werden von Osten und Westen kommen und zu Tisch liegen mit Abraham und Isaak und Jakob in der Königsherrschaft der Himmel. [12] Die Söhne der Königsherrschaft aber werden hinausgeworfen werden in die Finsternis draußen; dort wird Weinen und Zähneknirschen sein. [13] Und Jesus sagte dem Zenturio: Geh hin; wie du *geglaubt* hast, geschehe dir! Und sein Knecht wurde geheilt in jener Stunde.

[Mt 8,14–17: Die Heilung der Schwiegermutter des Petrus; Krankenheilungen]

[14] Und Jesus kam in das Haus des Petrus und sah, dass dessen Schwiegermutter (aufs Bett) gelegt war und fieberte. [15] Und er berührte ihre Hand, und das Fieber verließ sie. Und sie stand auf und diente ihm. [16] Als es aber Abend geworden war, brachten sie zu ihm viele von DÄMONEN Besessene; und er trieb die Geister aus durch (sein) Wort, und alle, denen es schlechtging, heilte er, [17] AUF DASS DAS durch den Propheten Jesaja GESAGTE ERFÜLLT WERDE:

Er selbst nahm unsere Schwachheiten,
und die Krankheiten trug er.
[Jes 53,4]

[Mt 8,18–22: Über Nachfolge]

[18] Als Jesus aber eine VOLKSMENGE um sich sah, befahl er, auf die andere Seite wegzufahren. [19] Und es kam ein Schriftgelehrter herbei und sagte ihm: Lehrer, ich werde dir **folgen**, wohin du auch gehst. [20] Und Jesus sagt ihm: Die Füchse haben Höhlen, und die Vögel des Himmels (haben) Nester; der Menschensohn aber hat nichts, wo er sein Haupt hinlege. [21] Ein anderer der[a] Jünger aber sagte ihm: HERR, erlaube mir, zuerst hinzugehen und meinen Vater zu begraben. [22] Jesus aber sagt ihm: **Folge** mir, und lass die Toten ihre Toten begraben!

---

a Nach anderen Textzeugen: „seiner".

[Mt 8,23–27: Die Stillung des Sturms auf dem See]

²³ Und als er in das Boot eingestiegen war, **folgten** ihm seine Jünger.

²⁴ Und siehe, ein großes Beben enstand auf dem S_EE_, so dass das Boot von den Wellen zugedeckt wurde.

Er aber schlief.

²⁵ Und sie traten herzu, weckten ihn und sagten: H_ERR_, rette, wir kommen um!

²⁶ Und er sagt ihnen: Warum seid ihr feige, Klein*gläubige*?

Daraufhin stand er auf und bedrohte die Winde und den S_EE_.

Und es entstand eine große Windstille.

²⁷ Die Menschen aber wunderten sich und sagten: Was für einer ist dieser, dass auch die Winde und der S_EE_ ihm gehorchen?

[Mt 8,28–34: Die Heilung von zwei von Dämonen Besessenen]

²⁸ Und als er auf die andere Seite gekommen war, in die Gegend der Gadarener, begegneten ihm zwei von D_ÄMONEN_ Besessene, die aus den Gräbern herauskamen, (sie waren) sehr wild, so dass keiner auf jenem Weg entlanggehen konnte. ²⁹ Und siehe, sie schrien und sagten: Was (gibt es zwischen) uns und dir, Sohn G_OTTES_? Bist du hierher gekommen, um uns vorzeitig zu quälen?

³⁰ Es war aber weit weg von ihnen eine Herde von vielen Schweinen, die weidete.

³¹ Die D_ÄMONEN_ aber baten ihn und sagten: Wenn du uns austreibst, schicke uns in die Schweineherde!

³² Und er sagte ihnen: Geht!

Die aber fuhren aus und fuhren in die Schweine. Und siehe, die ganze Herde stürmte den Abhang hinunter in den See, und sie kamen im Wasser um.

³³ Die Hirten aber flohen und gingen fort in die Stadt und berichteten alles, auch das mit den von den D_ÄMONEN_ Besessenen. ³⁴ Und siehe, die ganze Stadt ging hinaus, Jesus entgegen. Und als sie ihn sahen, baten sie, dass er aus ihrem Gebiet weggehe.

[Mt 9,1–8: Die Heilung eines Gelähmten]

¹ Und er stieg in ein Boot, fuhr hinüber und kam in seine eigene Stadt.

² Und siehe, da brachten sie zu ihm einen Gelähmten, der auf ein Bett gelegt war. Und als Jesus ihren *Glauben* sah, sagte er dem Gelähmten: Hab Mut, Kind, (in diesem Moment) werden *deine S_ÜNDEN_ vergeben*.

³ Und siehe, einige der Schriftgelehrten sagten bei sich selbst: Dieser lästert!

⁴ Und als Jesus ihre Gedanken sah, sagte er: Warum denkt ihr Böses in euren Herzen? ⁵ Was ist denn leichter? Zu sagen: ‚*Deine S_ÜNDEN_ werden vergeben*‘, oder zu sagen: ‚Steh auf und geh umher‘? ⁶ Damit ihr aber wisst, dass der Menschensohn **Vollmacht** hat, auf der Erde S_ÜNDEN_ *zu vergeben* –

da sagt er dem Gelähmten: Steh auf, heb dein Bett auf und geh fort in dein Haus!

[7] Und er stand auf und ging weg in sein Haus.

[8] Als aber die VOLKSMENGEN (es) sahen, fürchteten sie sich und priesen GOTT, der solche **Vollmacht** den Menschen gegeben hat.

[Mt 9,9–13: Die Berufung des Matthäus und das Zöllnergastmahl]

[9] Und als Jesus von dort weiterging, sah er einen Menschen am *Zoll* sitzen, der hieß Matthäus; und er sagt ihm: Folge mir!

Und er stand auf und folgte ihm.

[10] Und es geschah, als er zu Tisch lag im Haus, siehe, da kamen viele *Zöllner* und SÜNDER und lagen zu Tisch mit Jesus und seinen Jüngern.

[11] Und als die Pharisäer das sahen, sagten sie seinen Jüngern: Warum isst euer Lehrer mit den *Zöllnern* und SÜNDERN?

[12] Als der es aber hörte, sagte er: Nicht bedürfen die Starken eines Arztes, sondern die, denen es schlechtgeht. [13] Geht aber hin und lernt, was es bedeutet:

Barmherzigkeit will ich und kein Opfer.

[Hos 6,6]

Denn ich bin nicht gekommen, Gerechte zu rufen, sondern SÜNDER.

[Mt 9,14–17: Die Fastenfrage]

[14] Daraufhin kommen die Jünger des Johannes zu ihm und sagen: Weshalb *fasten* wir und die Pharisäer viel[a], deine Jünger aber *fasten* nicht?

[15] Und Jesus sagte ihnen: Können die Hochzeitsgäste etwa trauern, solange der Bräutigam bei ihnen ist? Kommen werden aber Tage, da der Bräutigam von ihnen weggenommen sein wird; und dann werden sie *fasten*.

[16] Niemand aber setzt einen Flicken unbehandelten Tuchs auf ein altes Gewand.

Denn sein Füllstück reißt vom Gewand ab, und ein (umso) schlimmerer Riss entsteht.

[17] Auch gießt man nicht neuen *Wein* in alte SCHLÄUCHE.

Wenn aber nun doch, zerreißen die SCHLÄUCHE, und der *Wein* wird verschüttet, und die SCHLÄUCHE verderben.

Sondern man füllt neuen *Wein* in neue SCHLÄUCHE, und beide werden bewahrt.

[Mt 9,18–26: Die Heilung einer an Blutungen leidenden Frau
und die Auferweckung der Tochter eines Synagogenvorstehers]

[18] Als er dies zu ihnen redete, siehe, da kam ein Vorsteher (der Synagoge), fiel vor ihm nieder und sagte: Meine Tochter ist soeben gestorben; aber komm und leg deine Hand auf sie, und sie wird leben.

---

a „viel" fehlt in wichtigen Textzeugen.

¹⁹ Und Jesus stand auf und folgte ihm mit seinen Jüngern.

²⁰ Und siehe, eine Frau, die seit zwölf Jahren an Blutungen litt, trat von hinten heran und berührte den Saum seines Gewandes. ²¹ Denn sie sagte bei sich selbst: Wenn ich nur sein Gewand berühre, werde ich GERETTET werden. ²² Jesus aber wandte sich um, sah sie und sagte: Hab Mut, Tochter; dein *Glaube* hat dich GERETTET.

Und die Frau war GERETTET von jener Stunde an.

²³ Und als Jesus in das Haus des Vorstehers kam und die Flötenspieler sah und die VOLKSMENGE, wie sie lärmte, ²⁴ sagte er: Verzieht euch! Denn das Mädchen ist nicht gestorben, sondern schläft.

Und sie lachten ihn aus.

²⁵ Als aber die VOLKSMENGE hinausgetrieben war, ging er hinein und ergriff ihre Hand.

Und das Mädchen stand auf.

²⁶ Und diese Kunde ging hinaus **in jenes ganze Land.**

[Mt 9,27–31: Die Heilung zweier Blinder]

²⁷ Und als Jesus von dort weiterging, folgten ihm zwei Blinde, die schrien und sagten: Erbarme dich unser, Sohn Davids!

²⁸ Als er aber ins Haus kam, kamen die Blinden zu ihm, und Jesus sagt ihnen: *Glaubt* ihr, dass ich dies tun kann?

Sie sagen ihm: Ja, HERR.

²⁹ Daraufhin berührte er ihre Augen und sagte: Nach eurem *Glauben* geschehe euch!

³⁰ Und ihre Augen wurden geöffnet.

Und Jesus drohte ihnen und sagte: Seht zu, niemand soll (es) erfahren!

³¹ Sie aber gingen hinaus und machten ihn bekannt **in jenem ganzen Land.**

[Mt 9,32–34: Die Heilung eines besessenen Stummen;
Verkündigung und Heiltätigkeit Jesu]

³² Als sie aber hinausgingen, siehe, da brachten sie zu ihm einen Menschen, der stumm (und) von einem **Dämon** besessen war.

³³ Und als der **Dämon** ausgetrieben worden war, redete der Stumme.

Und die VOLKSMENGEN wunderten sich und sagten: Niemals ist so (etwas) in ISRAEL gesehen worden.

³⁴ Die Pharisäer aber sagten: Durch den Herrscher der **Dämonen** treibt er die Dämonen aus.

[Mt 9,35–10,4: Die Berufung der zwölf Apostel]

[35] Und Jesus durchzog alle Städte und die Dörfer, indem er in ihren Synagogen lehrte und das Evangelium von der Königsherrschaft (der Himmel) verkündigte und JEDE KRANKHEIT UND JEDES GEBRECHEN HEILTE.

[36] Als er aber die VOLKSMENGEN sah, bekam er Mitleid mit ihnen; denn sie waren geschunden und niedergeschlagen

wie Schafe, die keinen Hirten haben.
[Num 27,17]

[37] Daraufhin sagt er seinen Jüngern: Die Ernte ist zwar groß, die Arbeiter aber sind wenige. [38] Bittet nun den Herrn der Ernte, dass er Arbeiter in seine Ernte schicke.

[10,1] Und als er seine zwölf Jünger herbeigerufen hatte, gab er ihnen Vollmacht über unreine Geister, sie auszutreiben und JEDE KRANKHEIT UND JEDES GEBRECHEN ZU HEILEN.

[2] Die Namen aber der zwölf Apostel sind diese:

zuerst Simon, der Petrus genannt wird,
und Andreas, sein Bruder;
und Jakobus, der (Sohn) des Zebedäus,
und Johannes, sein Bruder;
[3] Philippus
und Bartholomäus;
Thomas
und Matthäus, der Zöllner;
Jakobus, der (Sohn) des Alphäus,
und Thaddäus[a];
[4] Simon, der Kananäer,
und Judas Iskariot, der ihn auch auslieferte.

[Mt 10,5–15: Der Auftrag an die Jünger]

[5] Diese zwölf sandte Jesus aus, nachdem er ihnen Folgendes befohlen hatte:
Geht nicht auf einen Weg zu den Heiden, und geht nicht in eine STADT der Samaritaner hinein!
[6] Geht vielmehr zu den verlorenen Schafen des Hauses ISRAEL!
[7] Wenn ihr aber hingeht, verkündigt und sagt: Die Königsherrschaft der Himmel ist nahe gekommen.
[8] Heilt Kranke,
weckt Tote auf,
macht Aussätzige rein,
treibt **Dämonen** aus!
Umsonst habt ihr empfangen, umsonst gebt!

---

a Nach anderen Textzeugen: „Lebbäus".

[9] Erwerbt euch kein Gold und kein Silber und kein Kupfer in eure Gürtel,
[10] keine Tasche für den Weg
und keine zwei Untergewänder
und keine Sandalen
und keinen Stab!
Denn der Arbeiter ist seiner Nahrung *wert*.

[11] In welche STADT aber oder in welches Dorf auch immer ihr hineingeht: erkundigt euch, wer darin (dessen) *wert* ist; und dort bleibt, bis ihr hinausgeht.
[12] Wenn ihr aber in das *Haus* hineingeht, grüßt es!
[13] Und wenn (es) das *Haus wert* ist, soll EUER FRIEDE auf es kommen; wenn es aber nicht *wert* ist, soll EUER FRIEDE zu euch zurückkehren.
[14] Und wer auch immer euch nicht aufnimmt und eure Worte nicht hört – geht heraus aus jenem *Haus* oder jener STADT und schüttelt den Staub von euren Füßen!
[15] Amen, ich sage euch: Dem Land der Sodomer und Gomorrer[a] wird es am Tag des Gerichts erträglicher ergehen als jener STADT.

[Mt 10,16–25: Ankündigung von Verfolgungen]

[16] Siehe, ich sende euch wie Schafe mitten unter Wölfe.
Werdet also klug wie die Schlangen und arglos wie die Tauben.
[17] Nehmt euch aber in Acht vor den Menschen; denn sie werden euch an Gerichte **ausliefern**, und in ihren Synagogen werden sie euch geißeln. [18] Und auch vor Statthalter und Könige werdet ihr um meinetwillen geführt werden, ihnen und den Heiden zum Zeugnis.
[19] Wenn sie euch aber **ausliefern**, sorgt nicht, wie oder was ihr REDEN sollt; denn es wird euch in jener Stunde gegeben werden, was ihr REDEN sollt. [20] Denn nicht ihr seid die REDENDEN, sondern der Geist eures Vaters ist der in euch REDENDE.
[21] Es wird aber (der) Bruder (den) Bruder dem Tod **ausliefern** und (der) Vater (das) Kind, und Kinder werden sich empören gegen Eltern und werden sie töten.
[22] Und ihr werdet gehasst werden von allen um meines Namens willen.
Wer aber durchhält bis ans Ende, der wird gerettet werden.
[23] Wenn sie euch aber verfolgen in dieser STADT, flieht in die andere! Denn amen, ich sage euch: Ihr werdet mit den STÄDTEN ISRAELS nicht zu Ende kommen, bis der Menschensohn kommt.

[24] Ein Jünger steht nicht über dem Lehrer
und ein Sklave nicht über seinem Herrn.
[25] Genug ist es für den Jünger, dass er wird wie sein Lehrer
und der Sklave wie sein Herr.

Wenn sie den Hausherrn Beelzebul genannt haben,
um wie viel mehr seine Hausgenossen!

---

a Vgl. Gen 19,24–25.

[Mt 10,26–33: Aufforderung zum furchtlosen Bekenntnis]

²⁶ *Fürchtet* sie also *nicht*!

Denn nichts ist verhüllt,
    das nicht offenbart werden wird,
und nichts verborgen,
    das nicht erkannt werden wird.
²⁷ Was ich euch sage in der Dunkelheit,
    redet im Licht!
Und was ihr ins Ohr hört,
    verkündigt auf den Dächern!

²⁸ Und *fürchtet euch nicht* vor denen, die den Leib töten, die Seele aber nicht töten können.
Fürchtet vielmehr den, der sowohl Seele als auch Leib verderben kann in der Gehenna.

²⁹ Werden nicht zwei SPERLINGE für ein Asª verkauft?
Und nicht einer von ihnen wird auf die Erde fallen ohne euren Vater.
³⁰ Bei euch aber sind sogar die Haare auf dem Kopf alle gezählt.
³¹ *Fürchtet euch* also *nicht*; ihr seid mehr wert als viele SPERLINGE.

³² Jeder nun, der sich zu mir BEKENNEN wird
    vor den Menschen,
zu dem werde auch ich mich BEKENNEN
    vor meinem Vater in den Himmeln.
³³ Wer mich aber VERLEUGNET
    vor den Menschen,
den werde auch ich VERLEUGNEN
    vor meinem Vater in den Himmeln.

[Mt 10,34–39: Entzweiungen um Jesu willen]

³⁴ Meint nicht, dass ich gekommen bin,
    Frieden zu bringen auf die Erde.
Ich bin nicht gekommen,
    Frieden zu bringen, sondern ein Schwert.
³⁵ Denn ich bin gekommen, zu entzweien

            einen Menschen gegen seinen Vater
                und eine Tochter gegen ihre Mutter
            und eine Schwiegertochter gegen ihre Schwiegermutter.

---

a Römische Münze; vgl. zu Mt 20,2.

³⁶ Und des Menschen Feinde
(werden) seine (eigenen) Hausgenossen (sein).
[Mi 7,6]

³⁷ Wer Vater oder Mutter *mehr liebt als mich*,
ist meiner nicht wert.
Und wer Sohn oder Tochter *mehr liebt als mich*,
ist meiner nicht wert.
³⁸ Und wer sein Kreuz nicht nimmt und hinter mir herfolgt,
ist meiner nicht wert.

³⁹ Wer sein Leben findet,
wird es verlieren;
und wer sein Leben verliert um meinetwillen,
wird es finden.

[Mt 10,40–11,1: Aufnahme um Jesu willen und Abschluss der Jüngerrede]

⁴⁰ WER EUCH AUFNIMMT,
nimmt mich auf;
und WER MICH AUFNIMMT,
nimmt den auf, der mich gesandt hat.

⁴¹ WER EINEN PROPHETEN AUFNIMMT, weil es ein Prophet ist,
wird den LOHN eines Propheten empfangen.
und WER EINEN GERECHTEN AUFNIMMT, weil es ein Gerechter ist,
wird den LOHN eines Gerechten empfangen.
⁴² Und wer einem dieser Kleinen auch nur einen Becher kalten Wassers zu trinken
gibt, weil es ein Jünger ist, amen, ich sage euch:
er wird seinen LOHN nicht verlieren.

^{11,1} Und es geschah, als Jesus die Weisungen an seine zwölf Jünger vollendet hatte,
da ging er von dort fort, um in ihren STÄDTEN zu lehren und zu verkündigen.

[Mt 11,2–19: Die Anfrage des Täufers und das Zeugnis Jesu über ihn]

² Johannes aber hörte im Gefängnis von den **Werken** des Christus, sandte hin und
ließ durch seine Jünger ³ ihm sagen: Bist du der Kommende, oder sollen wir einen
anderen erwarten?

⁴ Und Jesus antwortete und sagte ihnen: Geht hin und berichtet Johannes, was
ihr hört und seht:

⁵ Blinde sehen wieder,
und Lahme gehen umher,
Aussätzige werden rein gemacht,

und Taube hören,
und Tote werden auferweckt
[Jes 29,18; 35,5–6; 42,18; 26,19; 61,1],
und Armen wird (das Evangelium) verkündigt,
⁶ und selig ist, wer nicht Anstoß nimmt an mir.

⁷ Als diese aber fortgingen, begann Jesus, zu den VOLKSMENGEN über Johannes zu reden:
Warum seid ihr in die Wüste *hinausgegangen?* Um ein Rohr anzuschauen, das vom Wind geschüttelt wird?
⁸ Oder *warum seid ihr hinausgegangen?* Um einen in weiche (Gewänder) gekleideten Menschen zu sehen? Siehe, die, die weiche (Gewänder) tragen, sind in den Häusern der Könige.
⁹ Oder *warum* sonst *seid ihr hinausgegangen?* Um einen Propheten zu sehen? Ja, ich sage euch: noch mehr als einen Propheten. ¹⁰ Dieser ist es, über den geschrieben ist:

Siehe, ich sende meinen Engel vor deinem Angesicht her,
der deinen Weg vor dir herrichten wird.
[Ex 23,20; Mal 3,1]
¹¹ Amen, ich sage euch: Unter den von Frauen Geborenen ist kein Größerer erweckt worden als Johannes der Täufer. Der Kleinste aber in der Königsherrschaft der Himmel ist größer als er.
¹² Doch seit den Tagen Johannes des Täufers bis jetzt leidet die Königsherrschaft der Himmel Gewalt, und Gewalttätige reißen sie an sich.
¹³ Denn alle Propheten und das Gesetz haben geweissagt bis hin zu Johannes; ¹⁴ und wenn ihr (es) annehmen wollt: er ist Elia, der da kommen soll.
¹⁵ Wer Ohren hat, höre!

¹⁶ Mit wem aber soll ich diese Generation vergleichen? Sie gleicht auf den Märkten sitzenden Kindern, die den anderen zurufen ¹⁷ und *sagen*:

Wir haben für euch Flöte gespielt,
doch ihr habt nicht getanzt,
wir haben Klagelieder gesungen,
doch ihr habt nicht geweint.

¹⁸ Denn *Johannes kam*, nicht essend und nicht trinkend; *und sie sagen*: Er hat einen Dämon.
¹⁹ *Der Menschensohn kam*, essend und trinkend; *und sie sagen*: Siehe, ein Fresser und Weinsäufer, ein Freund von Zöllnern und Sündern!
Und die Weisheit erhielt Recht aus ihren **Werken**.

[Mt 11,20–24: Jesu Weheruf über galiläische Städte]

²⁰ Daraufhin begann er, die Städte zu schelten, in denen seine meisten WUNDER geschehen waren; denn sie waren nicht umgekehrt:

²¹ Wehe dir, Chorazin! Wehe dir, Bethsaida!
Denn wenn in Tyrus und Sidon die WUNDER geschehen wären, die bei euch geschehen sind, wären sie längst in Sack und Asche umgekehrt. ²² *Doch ich sage euch:* Tyrus und Sidon *wird es erträglicher ergehen am Tag des Gerichts als* euch.

²³ Und du, Kapernaum, wirst du etwa bis zum Himmel erhöht werden? Bis zum Hades wirst du hinabfahren!
Denn wenn in Sodom die WUNDER geschehen wären, die bei dir geschehen sind, wäre es bis zum heutigen Tag (stehen) geblieben. ²⁴ *Doch ich sage euch*: Dem Land der Sodomer[a] *wird es erträglicher ergehen am Tag des Gerichts als* dir.

[Mt 11,25–30: Jesu Lobpreis und Heilandsruf]

²⁵ In jener Zeit ergriff Jesus das Wort und sagte: Ich preise dich, *Vater*, Herr des Himmels und der Erde, weil du dies vor Weisen und Verständigen verborgen und es Unmündigen OFFENBART hast. ²⁶ Ja, *Vater*; denn so hat es dir wohlgefallen.

²⁷ Alles wurde mir übergeben von meinem *Vater*;
und niemand kennt den *SOHN* als der *Vater*;
und niemand kennt den *Vater* als der *SOHN*
und der, dem es der Sohn OFFENBAREN will.

²⁸ Kommt her zu mir, all ihr Mühseligen und Belasteten!
Und ich werde euch RUHE geben.
²⁹ Nehmt mein Joch auf euch und lernt von mir;
denn ich bin sanftmütig und demütig im Herzen,
und ihr werdet RUHE finden für eure Seelen.
[Jer 6,16]
³⁰ Denn mein Joch ist sanft und meine Last leicht.

[Mt 12,1–8: Das Ährenausraufen am Sabbat]

¹ In jener Zeit ging Jesus am **Sabbat** durch die Saatfelder; seine Jünger aber wurden hungrig und begannen, Ähren auszuraufen und zu essen. ² Die Pharisäer aber sahen es und sagten ihm: Siehe, deine Jünger tun, was am **Sabbat** zu tun nicht erlaubt ist.

---

a Vgl. Gen 19,24–25.

³ Er aber sagte ihnen: Habt ihr nicht gelesen, was David tat, als er hungrig wurde und die mit ihm – ⁴ wie er in das Haus GOTTES hineinging und sie die Schaubrote aßenª, (also das,) was zu essen weder ihm erlaubt war noch denen mit ihm, sondern allein den Priestern?

⁵ Oder habt ihr nicht gelesen im Gesetz, dass die Priester am **Sabbat** im Heiligtum den **Sabbat** entweihen und (doch) *unschuldig* sind?ᵇ

⁶ Ich sage euch aber: Hier ist Größeres als das Heiligtum. ⁷ Wenn ihr aber erkannt hättet, was es heißt:

> Barmherzigkeit will ich und kein Opfer
> [Hos 6,6],

hättet ihr die *Unschuldigen* nicht verurteilt.

⁸ Denn der Menschensohn ist Herr über den **Sabbat**.

[Mt 12,9–14: Die Heilung einer abgestorbenen Hand am Sabbat]

⁹ Und er ging von dort weg und kam in ihre Synagoge. ¹⁰ Und siehe, (da war) ein Mensch, der eine abgestorbene Hand hatte.

Und sie fragten ihn und sagten: ,Ist es erlaubt, am **Sabbat** zu heilen?', damit SIE IHN ANKLAGEN KÖNNTEN.

¹¹ Er aber sagte ihnen: Wer von euch wird (wie) ein Mensch sein, der ein einziges Schaf hat und dieses, wenn es am **Sabbat** in eine Grube fällt, nicht ergreift und aufrichtet? ¹² Wie viel mehr wert ist nun ein Mensch als ein Schaf! Darum ist es erlaubt, am **Sabbat** Gutes tun.

¹³ Daraufhin sagt er dem Menschen: Streck deine Hand aus!

Und er streckte sie aus; und sie war wiederhergestellt, unversehrt wie die andere.

¹⁴ Die Pharisäer aber gingen hinaus und fassten einen Beschluss gegen ihn, dass SIE IHN UMBRÄCHTEN.

[Mt 12,15–21: Jesus, der Gottesknecht]

¹⁵ Jesus aber erfuhr es und entwich von dort. Und es folgten ihm vieleᶜ, und er heilte sie alle. ¹⁶ Und er bedrohte sie, ihn nicht offenbar zu machen, ¹⁷ DAMIT DAS durch den Propheten Jesaja GESAGTE ERFÜLLT WERDE:

> ¹⁸ Siehe, (das ist) mein Knecht, den ich erwählt habe,
> mein Geliebter, an dem meine Seele Wohlgefallen fand;
> ich werde meinen Geist auf ihn legen,
> und er wird den *Heiden* Rechtᵈ verkünden.
> ¹⁹ Er wird nicht streiten noch schreien,
> und es wird keiner auf den Straßen seine Stimme hören.

---

a Vgl. 1Sam 21,1–7.
b Vgl. Lev 24,5–9.
c Nach anderen Textzeugen: „viele Volksmengen".

d Oder: „einen Urteilsspruch".

²⁰ Ein geknicktes Rohr wird er nicht zerbrechen
und einen glimmenden Docht nicht auslöschen,
bis er das Rechtª hinausführt zum Sieg;
²¹ und auf seinen Namen werden (die) *Heiden* hoffen.
[Jes 42,1–4]

[Mt 12,22–37: Jesus – nicht mit dem Teufel im Bunde]

²² Daraufhin wurde ein Besessener zu ihm gebracht, der blind und stumm war; und er heilte ihn, so dass der Stumme redete und sah.

²³ Und alle VOLKSMENGEN entsetzten sich und sagten: Ist etwa dieser der Sohn Davids?

²⁴ Die Pharisäer aber hörten es und sagten: Dieser *treibt die Dämonen* nicht anders *aus* als **durch Beelzebul**, den Führer der Dämonen.

²⁵ Da er aber ihre Gedanken kannte, sagte er ihnen: Jedes Königreich, das gegen sich selbst GESPALTEN ist, wird verwüstet;

und jede Stadt oder (jedes) Haus, das gegen sich selbst GESPALTEN ist, wird nicht bestehen.

²⁶ Und wenn der Satan den Satan austreibt, wurde er gegen sich selbst GESPALTEN; wie wird dann sein Königreich bestehen?

²⁷ Und *wenn ich* **durch Beelzebul** *die Dämonen austreibe*, durch wen treiben eure Söhne (sie) aus? Deswegen werden sie Richter sein über euch.

²⁸ *Wenn ich* aber *durch* den GEIST GOTTES *die Dämonen austreibe*, so ist die Königsherrschaft GOTTES zu euch gekommen.

²⁹ Oder wie kann einer in das Haus des Starken hineingehen und seine Habeᵇ plündern, wenn er nicht zuerst den Starken bindet? Und dann wird er sein Haus ausplündern.

³⁰ Wer nicht mit mir ist, ist gegen mich; und wer nicht mit mir sammelt, zerstreut.

³¹ Deshalb sage ich euch:

Jede Sünde und Lästerung
    wird den Menschen *vergeben werden*;
aber die Lästerung gegen den GEIST
    wird nicht *vergeben werden.*
³² Und wer auch immer ein Wort sagt gegen den Menschensohn,
    es wird ihm *vergeben werden*;
aber wer auch immer (etwas) sagt gegen den heiligen GEIST,
    es wird ihm nicht *vergeben werden,*
    weder in dieser Welt noch in der künftigen.

---

a Oder: „den Urteilsspruch".   b Wörtlich: „Gefäße".

[33] Entweder haltet den Baum für gut
(und demzufolge) auch seine Frucht für gut,
oder haltet den Baum für faul
(und demzufolge) auch seine Frucht für faul!
Denn an der Frucht wird der Baum erkannt.

[34] Schlangenbrut, wie könnt ihr GUTES reden, da ihr BÖSE seid? Denn aus der Fülle des Herzens redet der Mund.
[35] Der GUTE Mensch bringt aus dem GUTEN Schatz GUTES hervor;
und der BÖSE Mensch bringt aus dem BÖSEN Schatz *BÖSES* hervor.

[36] Ich sage euch aber: Jedes nichtsnutzige Wort, das die Menschen reden werden – sie werden Rechenschaft über es ablegen am Tag des Gerichts.
[37] Denn aus deinen Worten wirst du gerechtfertigt werden,
und aus deinen Worten wirst du verurteilt werden.

[Mt 12,38–45: Die Zeichenforderung der Pharisäer;
Worte über die Rückkehr eines ausgefahrenen bösen Geistes]

[38] Daraufhin antworteten ihm einige der Schriftgelehrten und Pharisäer und sagten: Lehrer, wir wollen ein Zeichen von dir sehen.
[39] Er aber antwortete und sagte ihnen: Eine BÖSE und ehebrecherische **Generation** fordert ein Zeichen, und ein Zeichen wird ihr nicht gegeben werden als nur das Zeichen Jonas, des Propheten. [40] Denn wie
Jona im Bauch des Seeungetüms drei Tage und drei Nächte war
[Jona 2,1],
so wird der Menschensohn im Schoß der Erde drei Tage und drei Nächte sein.
[41] (Die) Männer aus Ninive werden beim Gericht mit dieser **Generation** auferstehen und sie *verurteilen*; denn sie kehrten um auf die Predigt Jonas hin.[a] *Und siehe, hier ist mehr als Jona.*
[42] Die Königin des Südens wird auferweckt werden beim Gericht mit dieser **Generation** und wird sie *verurteilen*; denn sie kam von den Enden der Erde, um Salomos Weisheit zu hören.[b] *Und siehe, hier ist mehr als Salomo.*

[43] Wenn aber der unreine GEIST von dem Menschen ausfährt, durchstreift er wasserlose Stätten, sucht Ruhe und findet sie nicht. [44] Dann sagt er: Ich werde in mein Haus zurückkehren, von wo ich ausgefahren bin. Und wenn er kommt, findet er es leer, geputzt und geschmückt. [45] Dann geht er hin und nimmt mit sich sieben andere GEISTER, die BÖSER sind als er; und sie fahren ein und wohnen dort. Und es wird am Ende mit jenem Menschen schlimmer als am Anfang.

So wird es auch dieser BÖSEN **Generation** ergehen.

---

a Vgl. Jon 3,5. b Vgl. 1Kön 10,1–10.

[Mt 12,46–50: Die wahren Verwandten Jesu]

[46] Noch während er zu den VOLKSMENGEN redete, siehe, da standen seine *Mutter* und seine BRÜDER draußen und WOLLTEN MIT IHM REDEN.

[47] Einer aber sagte ihm: Siehe, deine *Mutter* und deine BRÜDER stehen draußen und WOLLEN MIT DIR REDEN.[a]

[48] Er aber antwortete und sagte dem, der es ihm sagte: Wer ist meine *Mutter*, und wer sind meine BRÜDER?

[49] Und er streckte seine Hand aus über seine Jünger und sagte: Siehe, (das sind) meine *Mutter* und meine BRÜDER!

[50] Denn wer auch immer den Willen meines Vaters tut, der in den Himmeln ist, der ist mir BRUDER und Schwester und *Mutter*.

[Mt 13,1–9: Das Gleichnis vom Sämann]

[1] An jenem Tag ging Jesus aus dem Haus und setzte sich an den See. [2] Und es versammelten sich bei ihm große VOLKSMENGEN, so dass er in ein Boot stieg und sich setzte; und die ganze VOLKSMENGE stand am Strand. [3] Und er *redete zu ihnen* vieles *in Gleichnissen* und sagte:

Siehe, der Sämann ging hinaus, zu säen. [4] Und als er säte,
fielen die einen (Samen) auf den Weg,
und es kamen die Vögel und fraßen sie auf.
[5] Andere aber fielen auf die felsigen (Böden), wo sie nicht viel Erde hatten,
und sogleich gingen sie auf, weil sie keine tiefe Erde hatten.
[6] Als aber die Sonne aufging, verbrannte es,
und weil es keine Wurzel hatte, verdorrte es.
[7] Andere aber fielen unter die Dornen;
und die Dornen wuchsen empor und erstickten sie.
[8] Andere aber fielen auf die gute Erde
und gaben Frucht, das eine hundert-, das andere sechzig-, das andere dreißigfach.
[9] Wer Ohren hat, *höre*!

[Mt 13,10–17: Vom Sinn der Gleichnisrede]

[10] Und die Jünger traten herzu und sagten ihm: *Weshalb redest du in Gleichnissen zu ihnen?*

[11] Er aber antwortete und sagte ihnen: Euch ist es gegeben, die Geheimnisse der Königsherrschaft der Himmel zu erkennen, jenen aber ist es nicht gegeben.

[12] Denn wer da hat,
dem wird gegeben und überreichlich gewährt werden;

---

a V. 47 fehlt in wichtigen Textzeugen.

wer aber nicht hat,
von dem wird auch das, was er hat, weggenommen werden. ¹³ *Deshalb rede ich in Gleichnissen zu ihnen*, weil sie sehend nicht sehen und *hörend* nicht *hören* noch verstehen. ¹⁴ Und an ihnen ERFÜLLT SICH die Weissagung Jesajas:

Mit dem *Gehör* werdet ihr *hören* und (doch) nicht verstehen;
und sehend werdet ihr sehen und (doch) nicht wahrnehmen.
¹⁵ Denn verstockt wurde das Herz dieses Volkes.
Und mit den Ohren *hörten* sie schwer,
und ihre Augen haben sie geschlossen,
damit sie nicht etwa mit den Augen wahrnehmen
und mit den Ohren *hören*
und mit dem Herzen verstehen
und umkehren und ich sie heilen werde.
[Jes 6,9–10 LXX]
¹⁶ Eure Augen aber sind selig, dass sie sehen, und eure Ohren, dass sie *hören*. ¹⁷ Denn amen, ich sage euch: Viele Propheten und Gerechte begehrten, zu sehen, was ihr anschaut, und sahen es nicht, und zu *hören*, was ihr *hört*, und *hörten* es nicht.

[Mt 13,18–23: Die Deutung des Gleichnisses vom Sämann]

¹⁸ Ihr nun sollt das Gleichnis vom Sämann *hören*:
¹⁹ Jedesmal, wenn einer das *Wort* von der Königsherrschaft (der Himmel) *hört* und nicht versteht, kommt der Böse und raubt, was in seinem Herzen gesät ist;
dieser ist der auf den Weg Gesäte. ²⁰ Der aber auf die felsigen (Böden) Gesäte, dieser ist
der, der das *Wort hört* und es sofort mit Freude aufnimmt, ²¹ aber keine Wurzel in sich hat, sondern ein Augenblicksmensch ist. Erhebt sich aber Drangsal oder Verfolgung um des *Wortes* willen, nimmt er sofort Anstoß.
²² Der aber unter die Dornen Gesäte, dieser ist
der, der das *Wort hört*, und die Sorge der Welt und der Betrug des Reichtums ersticken das *Wort*, und es wird fruchtlos.
²³ Der aber auf die gute Erde Gesäte, dieser ist
der, der das *Wort hört* und versteht (und) der dann Frucht bringt, und der eine trägt hundert-, der andere sechzig-, der dritte dreißigfach.

[Mt 13,24–30: Das Gleichnis vom Unkraut unter dem Weizen]

²⁴ Ein anderes Gleichnis legte er ihnen vor, indem er sagte:

DIE KÖNIGSHERRSCHAFT DER HIMMEL GLEICHT einem Menschen, der guten Samen auf seinen Acker säte. [25] Als aber die Menschen schliefen, kam sein FEIND und säte *Unkraut* zwischen den Weizen und ging weg. [26] Als aber der Halm wuchs und Frucht brachte, da erschien auch das *Unkraut.*

[27] Es kamen aber die Sklaven des Hausherrn herzu und sagten ihm: Herr, hast du nicht guten Samen auf deinen Acker gesät? Woher hat er nun *Unkraut?*

[28] Er aber sagte ihnen: Ein FEINDLICHER Mensch hat dies getan.

Die Sklaven aber sagen ihm: Willst du nun, dass wir hingehen und es einsammeln?

[29] Er aber sagt: Nein; damit ihr nicht etwa beim Einsammeln des *Unkrauts* zugleich mit ihm den Weizen ausreißt. [30] Lasst beides miteinander wachsen bis zur Ernte; und zur Zeit der Ernte werde ich den Schnittern sagen: Sammelt zuerst das *Unkraut* ein und bindet es in Bündel, um es zu verbrennen; den Weizen aber sammelt in meine Scheune!

[Mt 13,31–33: Das Gleichnis vom Senfkorn
und das Gleichnis vom Sauerteig]

[31] Ein anderes Gleichnis legte er ihnen vor, indem er sagte:

DIE KÖNIGSHERRSCHAFT DER HIMMEL IST GLEICH einem Senfkorn, das ein Mensch nahm und auf seinen Acker säte. [32] Es ist zwar kleiner als alle (anderen) Samen, wenn es aber gewachsen ist, ist es größer als die Kräuter und wird ein Baum, so dass kommen

die Vögel des Himmels und in seinen Zweigen nisten.
[Ps 103,12 LXX]

[33] Ein anderes Gleichnis sagte er ihnen:

DIE KÖNIGSHERRSCHAFT DER HIMMEL IST GLEICH einem Sauerteig, den eine Frau nahm und in drei Sat[a] Weizenmehl verbarg, bis es ganz durchsäuert war.

[Mt 13,34–35: Der Sinn der Gleichnisse im Hinblick auf das Volk]

[34] Dies alles redete Jesus in Gleichnissen zu den VOLKSMENGEN, und ohne Gleichnis redete er nichts zu ihnen, [35] AUF DASS DAS durch den Propheten GESAGTE ERFÜLLT WERDE:

Ich werde in Gleichnissen meinen Mund auftun,
ich werde Dinge aussprechen, die vom Anfang[b] an verborgen waren.
[Ps 78,2]

---

a 1 Sat = ca. 13 Liter.   b Nach anderen Textzeugen: „Anfang der Welt".

[Mt 13,36–43: Die Deutung des Gleichnisses vom Unkraut unter dem Weizen]

³⁶ Daraufhin entließ er die VOLKSMENGEN und kam ins Haus.
Und seine Jünger kamen zu ihm und sagten: Deute uns das Gleichnis vom *Unkraut* des Ackers!
³⁷ Er aber antwortete und sagte:
Der, der den guten Samen sät, ist der MENSCHENSOHN;
³⁸ der Acker aber ist die Welt;
der gute Same aber: das sind die Söhne der Königsherrschaft;
das *Unkraut* aber sind die Söhne des Bösen;
³⁹ der Feind aber, der es säte, ist der Teufel;
die Ernte aber ist das Ende der Welt;
die Schnitter aber sind **Engel**.
⁴⁰ Wie nun das *Unkraut* eingesammelt und mit Feuer verbrannt wird, **SO WIRD ES AM ENDE DER WELT SEIN.** ⁴¹ Der MENSCHENSOHN wird seine **Engel** senden, und sie werden aus seinem Königreich alle Ärgernisse und die Täter der Gesetzlosigkeit einsammeln, ⁴² und

SIE WERDEN SIE IN DEN FEUEROFEN WERFEN
[Dan 3,6];

DORT WIRD WEINEN UND ZÄHNEKNIRSCHEN SEIN.
⁴³ Dann werden die Gerechten leuchten[a] wie die Sonne im Reich ihres Vaters.
Wer Ohren hat, höre!

[Mt 13,44–46: Die Gleichnisse vom Schatz im Acker
und von der kostbaren Perle]

⁴⁴ DIE KÖNIGSHERRSCHAFT DER HIMMEL IST GLEICH einem im Acker verborgenen Schatz, den ein Mensch *fand* und verbarg; und in seiner Freude geht er fort und verkauft *alles, was er hat,* und *kauft* jenen Acker.
⁴⁵ Wiederum IST DIE KÖNIGSHERRSCHAFT DER HIMMEL GLEICH einem Kaufmann, der schöne Perlen sucht; ⁴⁶ nachdem er aber eine einzige kostbare Perle *gefunden* hatte, ging er weg und veräußerte *alles, was er hatte,* und *kaufte* sie.

[Mt 13,47–53: Das Gleichnis vom Fischnetz samt Deutung;
Abschluss der Gleichnisreden]

⁴⁷ Wiederum IST DIE KÖNIGSHERRSCHAFT DER HIMMEL GLEICH einem Netz, das ins Meer geworfen wurde und (Fische) von jeder Art sammelte; ⁴⁸ als das gefüllt war, zogen sie es herauf an das Ufer und setzen sich und legten die guten in Gefäße zusammen, die faulen aber warfen sie hinaus.

---

a Vgl. Dan 12,3.

⁴⁹ SO WIRD ES AM ENDE DER WELT SEIN; die **Engel** werden hinausgehen und die Bösen von den Gerechten absondern, ⁵⁰ und

SIE WERDEN SIE IN DEN FEUEROFEN WERFEN

[Dan 3,6];

DORT WIRD WEINEN UND ZÄHNEKNIRSCHEN SEIN.

⁵¹ Habt ihr dies alles verstanden?

Sie sagen ihm: Ja.

⁵² Er aber sagte ihnen: Deshalb ist jeder Schriftgelehrte, der ein Jünger der Königsherrschaft der Himmel geworden ist, einem Hausherrn gleich, der aus seinem Schatz Neues und Altes hervorholt.

⁵³ Und es geschah, als Jesus diese Gleichnisreden beendet hatte, da begab er sich von dort weg.

[Mt 13,54–58: Die Ablehnung Jesu in seiner Vaterstadt]

⁵⁴ Und er kam in seine VATERSTADT und lehrte sie in ihrer Synagoge, so dass sie außer sich gerieten und sagten:

Woher hat dieser diese Weisheit und die Machttaten?

⁵⁵ Ist dieser nicht der Sohn des Handwerkers?

Heißt nicht seine Mutter Maria

und seine Brüder Jakobus und Joseph und Simon und Judas?

⁵⁶ Und seine Schwestern, sind sie nicht alle bei uns?

Woher nun hat dieser dies alles?

⁵⁷ Und sie nahmen an ihm Anstoß.

Jesus aber sagte ihnen: Nirgends ist ein **Prophet** ungeehrt außer in seiner VATERSTADT und in seinem Haus.

⁵⁸ Und er tat dort nicht viele Machttaten wegen ihres *Unglaubens*.

[Mt 14,1–12: Das Ende Johannes des Täufers]

¹ Zu jener Zeit hörte Herodes, der Vierfürst[a], die Kunde von Jesus. ² Und er sagte seinen Hofbedienten: Dieser ist Johannes der Täufer; er wurde von den Toten erweckt, und deshalb erweisen sich die Kräfte in ihm als wirksam.

³ Denn Herodes hatte Johannes (einst) ergreifen, fesseln und ins Gefängnis setzen lassen wegen Herodias, der Frau seines Bruders Philippus.

⁴ Denn Johannes hatte ihm gesagt: Es ist dir nicht erlaubt, sie zu haben.

---

a Gemeint ist Herodes Antipas, der von 4 v. bis 39 n.Chr. „König" (Mt 14,9) von Galiläa und Peräa war. Der Titel „Vierfürst" (Tetrarch), ursprünglich für den Regenten über den vierten Teil eines Reichs gebraucht, bezeichnet einen (von Rom abhängigen) Vasallenfürsten.

[5] Und als er ihn töten wollte, fürchtete er das Volk, denn sie hielten ihn für einen **Propheten.**

[6] Als aber das Geburtstagsfest des Herodes begangen wurde, tanzte die Tochter der Herodias in der Mitte und gefiel dem Herodes, [7] weshalb er mit einem *Eid* bekräftigte, ihr zu geben, was auch immer sie erbitte.

[8] Sie aber, von ihrer Mutter nach vorn geschoben[a], (sagte:) Gib mir hier auf einem Teller den Kopf Johannes des Täufers!

[9] Und obwohl der König traurig wurde, gab er, wegen der *Eide* und der mit ihm zu Tisch Liegenden, Befehl, (ihn ihr) zu geben, [10] und schickte hin und ließ Johannes im Gefängnis enthaupten.

[11] Und sein Kopf wurde auf einem Teller gebracht und dem Mädchen gegeben; und sie brachte (ihn) ihrer Mutter.

[12] Und seine Jünger kamen herbei und trugen seinen Leichnam fort und begruben ihn. Und sie kamen und berichteten es Jesus.

[Mt 14,13–21: Die Speisung der Fünftausend]

[13] Als Jesus es aber hörte, zog er sich von dort in einem Boot an einen einsamen Ort zurück, für sich allein.

Und als die VOLKSMENGEN es hörten, folgten sie ihm zu Fuß aus den Städten.

[14] Und als er ausstieg, sah er eine große VOLKSMENGE, und er hatte Mitleid mit ihnen, und er heilte ihre Kranken.

[15] Als es aber Abend geworden war, kamen seine Jünger zu ihm und sagten: Einsam ist der Ort, und die (passende) Stunde ist schon vorübergegangen. Entlasse die VOLKSMENGEN, damit sie in die Dörfer fortgehen und sich Speisen kaufen.

[16] Jesus aber sagte ihnen: Sie brauchen nicht fortzugehen; gebt ihr ihnen zu essen!

[17] Sie aber sagen ihm: Wir haben hier nichts als fünf Brote und zwei Fische.

[18] Er aber sagte: Bringt sie mir hierher!

[19] Und er befahl den VOLKSMENGEN, sich auf das Gras zu lagern, nahm die fünf Brote und die zwei Fische, blickte auf zum Himmel und sprach den Segen; und er brach die Brote und gab sie den Jüngern, die Jünger aber (gaben sie) den VOLKSMENGEN.

[20] Und sie aßen alle und wurden gesättigt.

Und sie hoben den Überschuss der Brocken auf, zwölf Körbe voll.

[21] Die aber gegessen hatten, waren etwa fünftausend Männer, ohne Frauen und Kinder.

---

a Oder: „dazu angewiesen".

[Mt 14,22–36: Jesus und der sinkende Petrus auf dem See; Heilungen]

[22] Und sogleich nötigte er die Jünger, in das Boot einzusteigen und ihm auf die andere Seite vorauszufahren, bis er die VOLKSMENGEN entlassen habe. [23] Und er entließ die VOLKSMENGEN und stieg auf den Berg für sich allein, um zu beten. Als es aber Abend geworden war, war er dort allein.

[24] Das Boot aber war schon viele Stadien[a] vom Land entfernt und wurde von den Wellen bedrängt; denn der Wind war (ihm) entgegen.

[25] In der vierten Nachtwache aber kam er zu ihnen, indem er AUF DEM SEE umherging.

[26] Als die Jünger ihn aber AUF DEM SEE umhergehen sahen, erschraken sie und sagten: Es ist ein Gespenst! Und sie schrien vor Furcht.

[27] Sogleich aber redete Jesus mit ihnen und sagte: Habt Mut, ich bin es; fürchtet euch nicht!

[28] Petrus aber antwortete ihm und sagte: HERR, wenn du es bist, befiehl mir, AUF DEM WASSER zu dir zu kommen.

[29] Er aber sagte: Komm!

Und Petrus stieg aus dem Boot und ging AUF DEM WASSER umher und kam zu Jesus. [30] Als er aber den Wind[b] sah, fürchtete er sich, und er begann zu sinken und schrie: HERR, rette mich!

[31] Sogleich aber streckte Jesus die Hand aus, ergriff ihn und sagt ihm: Klein*gläubiger*, warum hast du gezweifelt?

[32] Und als sie in das Boot gestiegen waren, legte sich der Wind.

[33] Die im Boot aber fielen vor ihm nieder und sagten: Wahrhaft, du bist GOTTES Sohn!

[34] Und als sie hinübergefahren waren, kamen sie ans Land, nach Genezareth. [35] Und als die Männer jenes Ortes ihn erkannten, sandten sie hin in jene ganze Umgebung und brachten ihm alle, denen es schlechtging. [36] Und sie baten ihn, dass sie nur den Saum seines Gewandes berühren dürften. Und alle, die (ihn) berührten, wurden gerettet.

[Mt 15,1–20: Von Reinheit und Unreinheit]

[1] Daraufhin kommen zu Jesus aus Jerusalem Pharisäer und Schriftgelehrte und sagen: [2] *WARUM ÜBERTRETEN* deine Jünger *die Überlieferung* der Ältesten? Denn sie waschen ihre Hände nicht, wenn sie Brot essen.

[3] Er aber antwortete ihnen und sagte: *WARUM ÜBERTRETET* auch ihr das Gebot GOTTES um eurer *Überlieferung* willen? [4] Denn GOTT sagte:

Ehre den Vater und die Mutter
[Ex 20,12; Dtn 5,16],

---

a 1 Stadion = ca. 200 Meter.   b Nach anderen Textzeugen: „starken Wind".

und:
Wer Vater oder Mutter flucht,
soll des Todes sterben.
[Ex 21,17; Lev 20,9]
⁵ Ihr aber sagt: „Wer auch immer zu Vater oder Mutter sagt: ‚Weihegabe (sei), was dir von mir geschuldet wird', ⁶ der darf seinen Vater nicht ehren." Und·(so) habt ihr das Wort GOTTES aufgehoben um eurer *Überlieferung* willen. ⁷ Ihr Heuchler, gut hat Jesaja über euch geweissagt, als er sagte:

⁸ Dieses Volk ehrt mich mit den Lippen,
ihr Herz aber ist weit von mir entfernt.
⁹ Vergeblich aber verehren sie mich,
indem sie als **LEHREN** Gebote von MENSCHEN **LEHREN**.
[Jes 29,13 LXX]

¹⁰ Und er rief die *VOLKSMENGE* und sagte ihnen: Hört und begreift! ¹¹ Nicht was in den Mund hineingeht, *VERUNREINIGT DEN MENSCHEN*; sondern was aus dem Mund herauskommt, dies *VERUNREINIGT DEN MENSCHEN*.

¹² Daraufhin kommen die Jünger herzu und sagen ihm: Weißt du, dass die Pharisäer, als sie das Wort hörten, Anstoß nahmen?

¹³ Er aber antwortete und sagte: Jede Pflanze, die mein himmlischer Vater nicht gepflanzt hat, wird ausgerissen werden.

¹⁴ Lasst sie; blinde Blindenführer sind sie! Wenn aber ein Blinder einen Blinden führt, werden sie beide in die Grube fallen.

¹⁵ Petrus aber antworte und sagte ihm: Deute uns das[a] Gleichnis!

¹⁶ Er aber sagte: Seid auch ihr noch unverständig? ¹⁷ Begreift ihr nicht, dass alles, was zum Mund hineingeht, in den Bauch gelangt und danach in den Abort ausgeschieden wird? ¹⁸ Was aber aus dem Mund herauskommt, kommt aus dem Herzen, und jenes *VERUNREINIGT DEN MENSCHEN*. ¹⁹ Denn aus dem Herzen kommen

böse Gedanken,
Morde,
Ehebrüche,
Hurereien,
Diebstähle,
Falschzeugnisse,
Lästerungen.

²⁰ Dies sind die Dinge, die *DEN MENSCHEN VERUNREINIGEN*. Aber mit ungewaschenen Händen zu essen, das *VERUNREINIGT DEN MENSCHEN* nicht.

---

a Nach anderen Textzeugen: „dieses".

[Mt 15,21–28: Die kanaanäische Frau]

²¹ Und Jesus ging weg von dort und zog sich zurück in die Gegend von Tyrus und Sidon.

²² Und siehe, eine kanaanäische Frau kam aus jenem Gebiet und schrie: Erbarme dich meiner, HERR, Sohn Davids! Meine Tochter wird böse von einem Dämon geplagt.

²³ Er aber antwortete ihr kein Wort.

Und seine Jünger kamen herzu und baten ihn, indem sie sagten: Schick sie weg, denn sie schreit hinter uns her.

²⁴ Er antwortete und sagte: Ich bin nur gesandt zu den verlorenen Schafen des Hauses Israel.

²⁵ Sie aber kam, fiel vor ihm nieder und sagte: HERR, hilf mir!

²⁶ Er aber antwortete und sagte: Es ist nicht recht, den Kindern das Brot zu nehmen und es vor die Hündchen zu werfen.

²⁷ Sie aber sagte: Ja, HERR; doch fressen ja die Hündchen von den Krümeln, die vom Tisch ihrer Herren fallen.

²⁸ Daraufhin antwortete Jesus und sagte ihr: O Frau, dein *Glaube* ist groß. Dir geschehe, wie du willst!

Und ihre Tochter war gesund von jener Stunde an.

[Mt 15,29–31: Weitere Heilungen]

²⁹ Und als Jesus von dort weggegangen war, kam er an den See von Galiläa. Und als er auf den Berg hinaufgestiegen war, setzte er sich dort.

³⁰ Und es kamen große VOLKSMENGEN zu ihm, die Lahme, Blinde, Krüppel, Stumme und viele andere bei sich hatten. Und sie legten sie vor seine Füße hin. Und er heilte sie, ³¹ so dass die VOLKSMENGE sich wunderte, als sie sahen, dass

Stumme redeten,
Krüppel gesund waren,
und Lahme umhergingen
und Blinden sahen.

Und sie priesen den GOTT Israels.

[Mt 15,32–39: Die Speisung der Viertausend]

³² Jesus aber rief seine Jünger herbei und sagte: Ich habe Mitleid mit der VOLKSMENGE; denn sie verharren schon drei Tage bei mir und haben nichts zu essen; und ich will sie nicht hungrig gehen lassen, damit sie nicht ermatten auf dem Weg.

³³ Und seine Jünger sagen ihm: Woher (werden) uns in der Wüste so viele Brote (zuteil), um eine so große VOLKSMENGE zu sättigen?

³⁴ Und Jesus sagt ihnen: Wie viele Brote habt ihr?

Sie aber sagten: Sieben, und wenige Fischlein. [35] Und nachdem er der VOLKSMENGE befohlen hatte, sich auf die Erde zu lagern, [36] nahm er die sieben Brote und die Fischlein und dankte, brach (sie) und gab (sie) den Jüngern, und die Jünger (gaben sie) den VOLKSMENGEN. [37] Und sie aßen alle und wurden gesättigt. Und den Überschuss der Brocken hoben sie auf, sieben Flechtkörbe voll. [38] Die aber gegessen hatten, waren viertausend Männer, ohne Frauen und Kinder. [39] Und als er die VOLKSMENGEN entlassen hatte, stieg er in das Boot hinein und kam in das Gebiet von Magadan.

[Mt 16,1–12: Zeichenforderung der Pharisäer und Sadduzäer;
Warnung vor ihrer Lehre]

[1] Und die PHARISÄER UND SADDUZÄER kamen herzu und richteten, um (ihn) zu versuchen, die Bitte an ihn, ihnen ein *Zeichen* vom Himmel zu zeigen. [2a] Er aber antwortete und sagte ihnen:[a] [4] Eine böse und ehebrecherische Generation fordert ein *Zeichen*; und ein *Zeichen* wird ihr nicht gegeben werden, außer dem *Zeichen* des Jona.
Und er ließ sie zurück und ging weg.

[5] Und als die Jünger auf die andere Seite gekommen waren, hatten sie vergessen, **Brote** mitzunehmen. [6] Jesus aber sagte ihnen: Seht zu und *hütet euch vor dem Sauerteig der* PHARISÄER UND SADDUZÄER! [7] Sie aber überlegten bei sich und sagten: **Brote** haben wir nicht mitgenommen. [8] Als Jesus es aber merkte, sagte er: Was überlegt ihr bei euch, Kleingläubige, dass ihr keine **Brote** habt? [9] BEGREIFT ihr noch nicht? Und erinnert ihr euch nicht an die fünf **Brote** für die Fünftausend und wie viele Körbe ihr aufgehoben habt? [10] Auch nicht an die sieben **Brote** für die Viertausend und wie viele Flechtkörbe ihr aufgehoben habt? [11] Wieso BEGREIFT ihr denn nicht, dass ich nicht von **Broten** zu euch geredet habe? *Hütet euch vielmehr vor dem Sauerteig der* PHARISÄER UND SADDUZÄER! [12] Da verstanden sie, dass er nicht gesagt hatte, sich *vor dem Sauerteig der* **Brote** zu *hüten*, sondern *vor der Lehre der* PHARISÄER UND SADDUZÄER.

---

a Mt 16,2b–3 gehört wohl nicht zum ursprünglichen Text. [2b] Wenn es Abend wird, sagt ihr: Schönes Wetter (kommt), denn der Himmel ist feuerrot. [3] Und in der Frühe: Heute (kommt) Sturm, denn der Himmel ist feuerrot (und) trübe. Das Aussehen des Himmels versteht ihr zu beurteilen, die Zeichen der Zeiten aber könnt ihr nicht (beurteilen)?

[Mt 16,13–20: Das Bekenntnis des Petrus
und die Verheißung Jesu an ihn]

[13] Jesus aber kam in die Gegend von Cäsarea Philippi und fragte seine Jünger: Was sagen die Menschen, wer der Menschensohn ist?

[14] Sie aber sagten: Die einen: Johannes der Täufer, andere aber: Elia, wieder andere aber: Jeremia oder einer der Propheten.

[15] Er sagt ihnen: Ihr aber, was sagt ihr, wer ich bin?

[16] Simon Petrus aber antwortete und sagte: Du bist der Christus, der Sohn des lebendigen GOTTES.

[17] Jesus aber antwortete ihm und sagte: Selig bist du, Simon Barjona; denn Fleisch und Blut haben dir (das) nicht offenbart, sondern mein Vater in den Himmeln.

[18] Aber auch ich sage dir: Du bist Petrus (= Stein), und auf diesem Gestein werde ich meine Gemeinde bauen, und die Pforten des Hades werden sie nicht überwältigen.

[19] Ich werde dir die Schlüssel des Königreichs der Himmel geben,

und was auch immer du auf der Erde binden wirst,
wird in den Himmeln gebunden sein,
und was auch immer du auf der Erde lösen wirst,
wird in den Himmeln gelöst sein.

[20] Daraufhin befahl er den Jüngern, niemandem zu sagen, dass er der Christus sei.

[Mt 16,21–23: Die erste Ankündigung von Jesu Leiden und Auferstehung;
der Widerspruch des Petrus]

[21] Von da an begann Jesus, seinen Jüngern zu zeigen, er müsse nach Jerusalem gehen und vieles leiden von den Ältesten und Hohenpriestern und Schriftgelehrten und getötet werden und am dritten Tage auferweckt werden.

[22] Und Petrus nahm ihn beiseite und begann, ihn zu bedrohen, indem er sagte: (Gott sei) dir gnädig, HERR! Dies soll dir nicht widerfahren.

[23] Er aber wandte sich um und sagte zu Petrus: Geh hinter mich, Satan! Du bist mir ein Ärgernis; denn du hast nicht GOTTES Sache im Sinn, sondern der Menschen Sache.

[Mt 16,24–28: Von der Nachfolge Jesu]

[24] Daraufhin sagte Jesus zu seinen Jüngern: Wenn einer hinter mir hergehen will, verleugne er sich selbst und nehme sein Kreuz und folge mir.

[25] Denn wer sein *Leben* retten will, wird es verlieren; wer aber sein *Leben* verliert um meinetwillen, wird es finden.

²⁶ Denn was wird es einem Menschen nützen, wenn er die ganze Welt gewinnt, aber sein *Leben* einbüßt? Oder was wird ein Mensch als Tausch für sein *Leben* geben?

²⁷ Denn der MENSCHENSOHN wird kommen in der Herrlichkeit seines Vaters mit seinen Engeln, und dann

wird er jedem vergelten nach seinem Tun.

[Ps 62,13; Spr 24,12]

²⁸ Amen, ich sage euch: Es gibt einige von den hier Stehenden, die werden den Tod nicht schmecken, bis sie den MENSCHENSOHN kommen sehen in seinem Reich.

[Mt 17,1–13: Jesu Verklärung und Gespräch beim Abstieg vom Berg]

¹ Und nach sechs Tagen nahm Jesus mit sich Petrus und Jakobus und Johannes, dessen Bruder, und bringt sie hinauf auf einen hohen Berg, nur sie allein.

² Und er wurde vor ihnen verwandelt, und sein Angesicht leuchtete wie die Sonne.

³ Und siehe, da erschienen ihnen Mose und **Elia** und führten ein Gespräch mit ihm.

⁴ Petrus aber ergriff das Wort und sagte zu Jesus: Herr, gut ist es, dass wir hier sind. Wenn du willst, werde ich hier drei Zelte bauen, dir eines und Mose eines und **Elia** eines.

⁵ Als er noch redete, siehe, da überschattete sie eine lichte Wolke. Und siehe, eine Stimme (kam) aus der Wolke, die sagte: Dieser ist mein geliebter Sohn, an dem ich Wohlgefallen gefunden habe; hört auf ihn!

⁶ Und als die Jünger es hörten, fielen sie auf ihr Angesicht und fürchteten sich sehr.

⁷ Und Jesus kam zu ihnen und berührte sie und sagte: Steht auf und fürchtet euch nicht!

⁸ Als sie aber ihre Augen erhoben, sahen sie niemanden als Jesus allein.

⁹ Und als sie vom Berge hinabgingen, gebot Jesus ihnen und sagte: Sagt niemandem (etwas über) die Erscheinung, bis der MENSCHENSOHN von den Toten auferweckt ist!

¹⁰ Und die Jünger fragten ihn und sagten: Warum sagen denn die Schriftgelehrten:

‚Zuerst muss **Elia** kommen'?

[Mal 3,23]

¹¹ Er aber antwortete und sagte: **Elia** kommt zwar und wird alles wiederherstellen.

¹² Doch ich sage euch: **Elia** ist schon gekommen, und sie haben ihn nicht erkannt, sondern haben an ihm getan, was sie wollten. So wird auch der MENSCHENSOHN durch sie leiden müssen.

¹³ Daraufhin verstanden die Jünger, dass er zu ihnen über **Johannes den Täufer** geredet hatte.

[Mt 17,14–20: Der epileptische Knabe]

[14] Und als sie zur VOLKSMENGE kamen, kam ein Mensch zu ihm, fiel vor ihm auf die Knie [15] und sagte: HERR, erbarme dich über meinen Sohn! Denn er ist mondsüchtig und leidet schwer; oft nämlich fällt er ins Feuer und oft ins Wasser; [16] und ich habe ihn zu deinen Jüngern gebracht, und sie konnten ihn nicht heilen. [17] Jesus aber antwortete und sagte: Oh du *ungläubige* und verkehrte Generation! Bis wann soll ich bei euch sein? Bis wann soll ich euch erdulden? Bringt ihn mir her! [18] Und Jesus bedrohte ihn, und der Dämon fuhr aus von ihm, und der Knabe war von jener Stunde an geheilt.

[19] Daraufhin kamen die Jünger für sich allein zu Jesus und sagten: Weswegen konnten (denn) wir ihn nicht austreiben? [20] Er aber sagt ihnen: Wegen eures *Kleinglaubens*.

Denn amen, ich sage euch: Wenn ihr *Glauben* habt wie ein Senfkorn, werdet ihr diesem Berg sagen: Geh von hier nach dort!, und er wird gehen; und nichts wird euch unmöglich sein.[a]

[Mt 17,22–23: Zweite Leidens- und Auferstehungsankündigung]

[22] Als sie aber in Galiläa zusammenkamen, sagte ihnen Jesus: Der MENSCHENSOHN wird ausgeliefert werden in die Hände von Menschen, [23] und sie werden ihn töten, und am dritten Tag wird er auferweckt werden.

Und sie wurden sehr traurig.

[Mt 17,24–27: Von der Zahlung der Tempelsteuer]

[24] Als sie aber nach Kapernaum kamen, kamen die, welche die Doppeldrachmen[b] einnahmen, zu Petrus und sagten: Zahlt euer Lehrer keine Doppeldrachmen? [25] Er sagt: Doch.

Und als er ins Haus ging, kam ihm Jesus zuvor, indem er sagte: Was meinst du, Simon? Von wem nehmen die Könige der Erde Zoll oder Steuer? Von ihren Söhnen oder von den Fremden? [26] Als er aber sagte: Von den Fremden, sagte ihm Jesus: Also sind die Söhne frei. [27] Damit wir ihnen aber kein Ärgernis geben, geh hin an den See und wirf eine Angel aus und nimm den zuerst heraufkommenden Fisch. Und wenn du sein Maul aufmachst, wirst du einen Stater[c] finden; jenen nimm und gib ihn ihnen für mich und dich.

---

a Mt 17,21 („Diese Art aber fährt nicht aus außer durch Beten und Fasten") ist eine spätere Einfügung auf der Grundlage von Mk 9,29.

b Griechische Münze.
c Griechische Münze.

[Mt 18,1–5: Der Größte im Himmelreich]

[1] In jener Stunde kamen die Jünger zu Jesus und sagten: Wer ist denn *der Größte* im KÖNIGREICH DER HIMMEL?

[2] Und Jesus rief ein KIND herbei und stellte es in ihre Mitte [3] und sagte: Amen, ich sage euch: Wenn ihr nicht umkehrt und wie die KINDER werdet, werdet ihr nicht ins KÖNIGREICH DER HIMMEL hineinkommen.

[4] Wer nun sich selbst erniedrigen wird wie dieses KIND, der ist *der Größte* im KÖNIGREICH DER HIMMEL.

[5] Und wer ein einziges solches KIND aufnimmt in meinem Namen, nimmt mich auf.

[Mt 18,6–9: Warnung vor Verführung]

[6] Wer aber einem von diesen KLEINEN, die an mich **glauben**, ÄRGERNIS gibt, für den ist es von Vorteil, wenn ein Mühlstein um seinen Hals gehängt und er in der Tiefe des Meeres versenkt wird.

[7] Wehe der Welt wegen der ÄRGERNISSE! Es müssen ja die ÄRGERNISSE kommen; doch wehe dem Menschen, durch den das ÄRGERNIS kommt!

[8] Wenn aber deine Hand oder dein Fuß dir ÄRGERNIS gibt, hau ihn ab und wirf (ihn) von dir. ES WÄRE BESSER FÜR DICH, verkrüppelt oder lahm IN DAS LEBEN HINEINZUGEHEN, als zwei Hände oder zwei Füße zu haben und in das ewige Feuer *geworfen zu werden*.

[9] Und wenn dein Auge dir ÄRGERNIS gibt, reiß es aus und wirf es von dir. ES WÄRE BESSER FÜR DICH, einäugig IN DAS LEBEN HINEINZUGEHEN als zwei Augen zu haben und in die Gehenna des Feuers *geworfen zu werden*.

[Mt 18,10–14: Vom verlorenen Schaf]

[10] Seht zu, dass ihr nicht ein einziges dieser KLEINEN verachtet! Denn ich sage euch: Ihre Engel IN DEN HIMMELN schauen allezeit das Angesicht meines VATERS IN DEN HIMMELN.[a]

[12] Was meint ihr? Wenn einem Menschen hundert Schafe gehören und ein einziges von ihnen sich *verirrt*: Wird er nicht die neunundneunzig auf den Bergen lassen, und er geht hin und sucht das *verirrte*? [13] Und wenn es geschieht, dass er es findet: Amen, ich sage euch: Er freut sich darüber mehr als über die neunundneunzig, die sich nicht *verirrt* haben.

[14] So ist es nicht der Wille vor eurem VATER IN DEN HIMMELN, dass ein einziges von diesen KLEINEN zugrunde geht.

---

a Mt 18,11 („Denn der Menschensohn ist gekommen, das Verlorene zu retten") gehört nicht
zum ursprünglichen Text; vgl. Lk 19,10.

[Mt 18,15–20: Gemeindedisziplin;
Gebet in der Gemeinde]

¹⁵ Wenn aber dein **Bruder** gegen dich sündigt,
geh hin und stell ihn unter vier Augen zur Rede.
Wenn er auf dich hört,
hast du deinen **Bruder** gewonnen.
¹⁶ Wenn er aber nicht hört,
nimm noch einen oder zwei mit dir, damit
auf die Aussage von zwei oder drei Zeugen jede Sache gestellt sei.
[Dtn 19,15]
¹⁷ Wenn er aber nicht auf sie hört,
sag (es) der Gemeinde.
Wenn er auch auf die Gemeinde nicht hört,
so sei er für dich wie der Heide und der Zöllner.

¹⁸ Amen, ich sage euch:
Was ihr *auf der Erde* bindet,
wird IM HIMMEL gebunden sein,
und was ihr *auf der Erde* löst,
wird IM HIMMEL gelöst sein.

¹⁹ Wiederum sage ich euch: Wenn zwei unter euch *auf der Erde* übereinkommen werden in jedem beliebigen Vorhaben, um das sie bitten, wird es ihnen widerfahren von meinem VATER IN DEN HIMMELN.
²⁰ Denn wo zwei oder drei versammelt sind in meinem Namen, da bin ich mitten unter ihnen.

[Mt 18,21–35: Von der Vergebung]

²¹ Daraufhin kam Petrus herzu und sagte ihm: HERR, wie oft darf mein **Bruder** gegen mich sündigen, und ich soll ihm vergeben? Bis zu siebenmal?
²² Jesus sagt ihm: Nicht sage ich dir: bis zu siebenmal, sondern: bis zu siebenundsiebzigmal.

²³ Deshalb gleicht die Königsherrschaft der Himmel einem Menschen, einem König, der mit seinen Sklaven abrechnen wollte. ²⁴ Als er aber anfing abzurechnen, wurde einer zu ihm gebracht, der ihm zehntausend Talente[a] schuldig war. ²⁵ Da er aber nicht bezahlen konnte, befahl der HERR, ihn und seine Frau und seine Kinder und alles, was er hatte, zu verkaufen und (damit) zu bezahlen.
²⁶ Da fiel der Sklave nieder, kniete vor ihm und sagte: HAB GEDULD MIT MIR, UND ICH WERDE DIR alles BEZAHLEN.

---

a 1 Talent = 6.000 Drachmen.

[27] Der HERR jenes Sklaven aber hatte Mitleid und ließ ihn frei, und die Schuld erließ er ihm.

[28] Jener Sklave ging aber hinaus und traf einen seiner Mitsklaven, der ihm hundert Denare[a] schuldig war; und er packte und würgte ihn und sagte: Bezahle, was du schuldig bist!

[29] Da fiel sein Mitsklave nieder und bat ihn und sagte: HAB GEDULD MIT MIR, UND ICH WERDE DIR BEZAHLEN.

[30] Der aber wollte nicht, sondern ging hin und warf ihn ins Gefängnis, bis er *die Schuld zurückbezahlt hätte*.

[31] Als nun seine Mitsklaven sahen, was geschehen war, wurden sie sehr betrübt und kamen und meldeten ihrem HERRN alles, was geschehen war.

[32] Daraufhin ruft ihn sein HERR herbei und sagt ihm: Du böser Sklave! Jene ganze Schuld habe ich dir erlassen, weil du mich gebeten hast; [33] hättest da nicht auch du dich deines Mitsklaven erbarmen müssen, wie ich mich deiner erbarmt habe?

[34] Und sein HERR wurde zornig und lieferte ihn den Folterknechten aus, bis er *die* ganze *Schuld zurückbezahlt hätte*.

[35] So wird auch mein *HIMMLISCHER VATER* euch tun, wenn ihr nicht, jeder seinem **Bruder**, von ganzem Herzen vergebt.

[Mt 19,1–12: Von Ehe, Ehescheidung und Ehelosigkeit]

[1] Und es geschah, als Jesus diese Reden vollendet hatte, da begab er sich fort aus Galiläa und kam in das Gebiet von Judäa, jenseits des Jordan; [2] und große *VOLKSMENGEN* folgten ihm, und er heilte sie dort.

[3] Und Pharisäer kamen zu ihm, versuchten ihn und sagten: Ist es einem Menschen erlaubt, seine Frau aus jedem (beliebigen) Grund zu entlassen?

[4] Er aber antwortete und sagte: Habt ihr nicht gelesen, dass der Schöpfer am *Anfang*

sie männlich und weiblich machte?

[Gen 1,27; 5,2]

[5] Und er sagte:

Darum wird ein Mensch Vater und Mutter verlassen
und an seiner Frau hängen,
und die zwei werden zu *einem einzigen Fleisch* werden.

[Gen 2,24 LXX]

[6] Daher sind sie nicht mehr zwei, sondern *ein einziges Fleisch*. Was nun GOTT zusammengefügt hat, das soll ein Mensch nicht trennen!

[7] Sie sagen ihm: Warum hat dann Mose geboten, einen Scheidebrief zu geben und sie zu entlassen[b]?

[8] Er sagt ihnen: Mose hat wegen eurer Hartherzigkeit euch erlaubt, eure Frauen zu entlassen; am *Anfang* aber ist es nicht so gewesen.

---

a Vgl. zu Mt 20,2.   b Vgl. Dtn 24,1.3.

⁹ Ich sage euch aber: Wer auch immer seine Frau entlässt – außer wegen Unzucht – und eine andere heiratet, der begeht Ehebruch.

¹⁰ Die Jünger sagen ihm: Wenn die Sache des Mannes[a] mit der Frau so ist, ist es nicht förderlich zu heiraten.

¹¹ Er aber sagte ihnen: Nicht alle *fassen* dieses Wort, sondern nur die, denen es gegeben ist.

¹² Es gibt nämlich Eunuchen,
   die von Mutterleib so geboren sind,
und es gibt Eunuchen,
   die von den Menschen kastriert wurden,
und es gibt Eunuchen,
   die sich selbst kastriert haben
   wegen der KÖNIGSHERRSCHAFT DER HIMMEL.

Wer es *fassen* kann, *fasse* es!

[Mt 19,13–15: Die Kinder und das Reich Gottes]

¹³ Daraufhin brachte man Kinder zu ihm, damit *er ihnen die Hände auflege* und bete.

Die Jünger aber bedrohten sie.

¹⁴ Jesus aber sagte: Lasst die Kinder und hindert sie nicht, zu mir zu kommen; denn solchen gehört die KÖNIGSHERRSCHAFT DER HIMMEL.

¹⁵ Und *er legte ihnen die Hände auf* und ging von dort weg.

[Mt 19,16–30: Der reiche Jüngling;
der Lohn der Nachfolge]

¹⁶ Und siehe, einer kam herzu und sagte ihm: Lehrer, was soll ich GUTES tun, damit ich ewiges Leben erhalte?

¹⁷ Er aber sagte ihm: Was fragst du mich nach dem GUTEN? (Nur) ein einziger ist der GUTE. Wenn du aber in das Leben hineingehen willst, halte die Gebote!

¹⁸ Er sagt ihm: Welche?

Jesus aber sagte:

Du sollst nicht töten!
Du sollst keinen Ehebruch begehen!
Du sollst nicht stehlen!
Du sollst nicht falsch aussagen!
¹⁹ Ehre den Vater und die Mutter!
[Ex 20,12–16; Dtn 5,16–20]
Und:

---

a Wörtlich: „Menschen".

Du sollst deinen Nächsten lieben wie dich selbst.

[Lev 19,18]

[20] Der Jüngling sagt ihm: Dies alles habe ich gehalten; was fehlt mir noch?

[21] Jesus sagte ihm: Wenn du vollkommen sein willst, geh fort, verkaufe deinen Besitz und gib ihn den Armen, und du wirst einen Schatz in den Himmeln haben; und auf, *folge* mir!

[22] Als aber der Jüngling das Wort hörte, ging er betrübt weg; er hatte nämlich viele Güter.

[23] Jesus aber sagte seinen Jüngern: Amen, ich sage euch: Ein REICHER wird schwer in das KÖNIGREICH DER HIMMEL hineinkommen.

[24] Wiederum aber sage ich euch: Es ist leichter, dass ein Kamel durch ein Nadelöhr hindurchgeht, als dass ein REICHER ins Königreich GOTTES kommt.

[25] Als aber die Jünger es hörten, entsetzten sie sich sehr und sagten: Wer kann dann gerettet werden?

[26] Jesus aber sah sie an und sagte ihnen: Bei Menschen ist dies unmöglich; bei GOTT aber ist alles möglich.

[27] Daraufhin antwortete Petrus und sagte ihm: Siehe, wir haben alles verlassen und sind dir *gefolgt*; was wird uns nun zustehen?

[28] Jesus aber sagte ihnen: Amen, ich sage euch: Ihr, die ihr mir *gefolgt* seid, werdet bei der Wiedergeburt, wenn der Menschensohn auf dem Thron seiner Herrlichkeit sitzen wird, auch sitzen auf zwölf Thronen und richten die zwölf Stämme Israels.

[29] Und jeder, der Häuser oder Brüder oder Schwestern oder Vater oder Mutter oder Kinder oder Äcker verlassen hat um meines Namens willen, wird Hundertfaches empfangen und ewiges Leben erben.

[30] **Viele Erste aber werden *Letzte* sein und *Letzte* Erste.**

[Mt 20,1–16: Von den Arbeitern im Weinberg]

[1] Denn die Königsherrschaft der Himmel ist einem Hausherrn gleich, der früh am Morgen ausging, um Arbeiter für seinen Weinberg einzustellen.

[2] Als er aber mit den Arbeitern EINIG WURDE ÜBER EINEN DENAR als Tageslohn[a], sandte er sie in seinen Weinberg.

[3] Und als er ausging um die dritte Stunde, sah er andere müßig auf dem Markt stehen [4] und sagte jenen: Geht auch ihr hin in den Weinberg; und ich werde euch geben, was gerecht ist.

[5] Sie aber gingen hin.

Wiederum aber ging er aus um die sechste und neunte Stunde und machte (es) ebenso.

---

a 1 Denar (Mt 20,2 zufolge der Tageslohn eines Arbeiters)
= 16 As

= 64 Quadranten
= 128 Lepta.

⁶ Um die elfte Stunde aber ging er aus und fand andere dastehen und sagt ihnen: Was steht ihr hier den ganzen Tag müßig herum?
⁷ Sie sagen ihm: Es hat uns niemand angestellt.
Er sagt ihnen: Geht auch ihr hin in den Weinberg!

⁸ Nachdem es aber Abend geworden ist, sagt der Herr des Weinbergs seinem Verwalter: Ruf die Arbeiter und gib ihnen den Lohn, angefangen von den *Letzten* bis zu den **Ersten**!
⁹ Und als die von der elften Stunde kamen, empfingen sie je einen Denar.
¹⁰ Und als die **Ersten** kamen, meinten sie, dass sie mehr empfangen würden, und auch sie empfingen je einen Denar. ¹¹ Als sie (den) aber empfingen, murrten sie gegen den Hausherrn ¹² und sagten: Diese *Letzten* haben nur eine einzige Stunde gearbeitet, doch du hast sie uns gleichgestellt, die wir die Last des Tages und die Hitze ertragen haben.
¹³ Er aber antwortete und sagte einem von ihnen: Freund, ich tue dir nicht Unrecht. Bist du nicht mit MIR EINIG GEWORDEN ÜBER EINEN DENAR? ¹⁴ Nimm, was dein ist, und geh fort! Ich will aber diesem *Letzten* (dasselbe) geben wie auch dir.
¹⁵ Oder ist es mir nicht erlaubt, mit dem, was mir gehört, zu tun, was ich will? Oder ist dein Auge böse, weil ich gut bin?
¹⁶ **So werden die *Letzten* Erste sein und die Ersten *Letzte*.**

[Mt 20,17–19: Die dritte Leidens- und Auferstehungsweissagung]

¹⁷ Und als Jesus nach Jerusalem hinaufging, nahm er die zwölf Jünger zu sich, nur sie allein, und sagte ihnen auf dem Weg:
¹⁸ Siehe, wir gehen hinauf nach Jerusalem, und der Menschensohn wird den Hohenpriestern und Schriftgelehrten ausgeliefert werden; und sie werden ihn zum Tode verurteilen ¹⁹ und werden ihn den Heiden ausliefern zum Verspotten und Auspeitschen und Kreuzigen; und am dritten Tag wird er auferweckt werden.

[Mt 20,20–28: Die Zebedaiden]

²⁰ Daraufhin kam zu ihm die Mutter der Söhne des Zebedäus mit ihren Söhnen, fiel nieder und bat ihn um etwas.
²¹ Er aber sagte ihr: Was willst du?
Sie sagt ihm: Bestimme, dass diese meine beiden Söhne (neben dir) sitzen, einer zu deiner Rechten und einer zu deiner Linken, in deinem Königreich.
²² Jesus aber antwortete und sagte: Ihr wisst nicht, was ihr bittet. Könnt ihr den Becher trinken, den ich trinken werde?
Sie sagen ihm: Wir können!
²³ Er sagt ihnen: Meinen Becher werdet ihr zwar trinken, aber das Sitzen zu meiner Rechten und zur Linken zu geben, ist nicht mein(e Sache), sondern (das ist für die,) für die es von meinem Vater bereitet ist.

²⁴ Und als die Zehn es hörten, entrüsteten sie sich über die zwei Brüder.
²⁵ Jesus aber rief sie herbei und sagte: Ihr wisst, dass die Fürsten der Völker sie unterjochen und die Gewaltigen über sie Macht ausüben. ²⁶ Nicht so sei es unter euch; sondern wer unter euch groß sein will, sei euer Diener; ²⁷ und wer unter euch **Erster** sein will, sei euer Sklave –
²⁸ wie (auch) der Menschensohn nicht gekommen ist, bedient zu werden, sondern zu dienen und sein Leben zu geben als Lösegeld für viele.

[Mt 20,29–34: Die Heilung der beiden Blinden vor Jericho]

²⁹ Und als sie von Jericho fortgingen, *folgte ihm* eine große VOLKSMENGE.
³⁰ Und siehe, zwei Blinde, die am Weg saßen und hörten, dass Jesus vorübergeht, schrien: ERBARME DICH UNSER, HERR, SOHN DAVIDS!
³¹ Die VOLKSMENGE aber bedrohte sie, dass sie schweigen sollten.
Sie aber schrien umso mehr und sagten: ERBARME DICH UNSER, HERR, SOHN DAVIDS!
³² Und Jesus blieb stehen, rief sie und sagte: Was wollt ihr, dass ich euch tun soll?
³³ Sie sagen ihm: HERR, dass unsere Augen aufgetan werden.
³⁴ Jesus aber hatte Mitleid und berührte ihre Augen.
Und sogleich sahen sie wieder, und sie *folgten ihm*.

[Matthäus 21,1–25,46:
Jesu Wirken in Jerusalem]

[Mt 21,1–11: Jesu Einzug in Jerusalem]

¹ Und als sie sich Jerusalem näherten und nach Bethphage an den Ölberg kamen, da sandte Jesus zwei Jünger ² und sagte ihnen: Geht in das Dorf euch gegenüber, und sofort werdet ihr eine *Eselin* angebunden finden und ein *FÜLLEN* bei ihr; bindet sie los und führt sie zu mir! ³ Und wenn euch einer etwas sagt, sollt ihr sagen: Der HERR braucht sie. Sogleich aber wird er sie schicken.
⁴ Dies aber geschah, DAMIT DAS durch den Propheten GESAGTE ERFÜLLT WERDE:
⁵ Sagt der Tochter Zion:
Siehe, dein König kommt zu dir,
sanftmütig, und reitet auf einer *Eselin*
und auf einem *FÜLLEN*, dem Jungen eines Lasttiers.
[Jes 62,11; Sach 9,9]
⁶ Nachdem aber die Jünger hingegangen waren und getan hatten, wie ihnen Jesus befohlen hatte, ⁷ führten sie die *Eselin* und das *FÜLLEN* (herbei) und legten auf sie ihre Kleider; und er setzte sich auf sie.

⁸ Die sehr große *Volksmenge* aber breitete ihre Kleider auf dem Weg aus; andere aber hieben Zweige von den Bäumen und verstreuten sie auf dem Weg. ⁹ Die *Volksmengen* aber, die ihm vorangingen und die folgten, schrien:

Hosanna dem Sohn Davids!

Gelobt sei, der da kommt im Namen des Herrn!

[Ps 118,25–26]

Hosanna in den Höhen!

[vgl. Ps 148,1]

¹⁰ Und als er in Jerusalem einzog, erregte sich die ganze Stadt und sagte: Wer ist dieser?

¹¹ Die *Volksmengen* aber sagten: Dieser ist der Prophet Jesus aus Nazareth in Galiläa.

[Mt 21,12–17: Die Tempelreinigung]

¹² Und Jesus ging in das HEILIGTUM hinein und warf alle hinaus, die im HEILIGTUM verkauften und kauften. Und die Tische der Geldwechsler stieß er um und die Stühle der Taubenverkäufer. ¹³ Und er sagt ihnen: Es ist geschrieben:

Mein Haus wird ein Haus des Gebets genannt werden.

[Jes 56,7]

Ihr aber macht es zu

einer Höhle von Räubern.

[Jer 7,11]

¹⁴ Und es gingen zu ihm Blinde und Lahme im HEILIGTUM, und er heilte sie.

¹⁵ Als aber die Hohenpriester und die Schriftgelehrten die wunderbaren Dinge, die er tat, und die Kinder sahen, die im HEILIGTUM schrien und sagten: ‚Hosanna dem Sohn Davids!‘, entrüsteten sie sich ¹⁶ und sagten ihm: Hörst du, was diese sagen?

Jesus aber sagt ihnen: Ja! Habt ihr nie gelesen:

‚Aus dem Mund von Unmündigen und Säuglingen

hast du Lob bereitet‘?

[Ps 8,3 LXX]

¹⁷ Und er ließ sie zurück und ging aus der Stadt hinaus nach Bethanien und übernachtete dort.

[Mt 21,18–22: Die Verfluchung des Feigenbaums;
Gebet und Glaube]

¹⁸ Als er aber am Morgen in die Stadt zurückkehrte, bekam er Hunger. ¹⁹ Und als er einen einzelnen *Feigenbaum* am Wege sah, ging er zu ihm und fand nichts an ihm als Blätter. Und er sagt ihm: Nie mehr soll aus dir eine Frucht kommen in Ewigkeit!

Und der *Feigenbaum* verdorrte unverzüglich.

²⁰ Und als die Jünger es sahen, wunderten sie sich und sagten: Wie ist der Feigen-baum unverzüglich verdorrt?

²¹ Jesus aber antwortete und sagte ihnen: Amen, ich sage euch: Wenn ihr *Glauben* habt und nicht zweifelt, werdet ihr nicht nur die Sache mit dem Feigenbaum tun, sondern auch, wenn ihr diesem Berg sagt: ‚Heb dich empor und wirf dich ins Meer!', wird es geschehen.

²² Und alles, worum ihr im Gebet bittet, werdet ihr, wenn ihr *glaubt*, empfangen.

[Mt 21,23–27: Die Frage nach Jesu Vollmacht]

²³ Und als er in das Heiligtum gekommen war, kamen die Hohenpriester und die Ältesten des Volkes zu ihm, während er lehrte, und sagten: Mit welcher **Vollmacht** tust du dies? Und wer hat dir diese **Vollmacht** gegeben?

²⁴ Jesus aber antwortete und sagte ihnen: Auch ich werde euch eine einzige Sache fragen; wenn ihr mir die sagt, werde ich euch auch sagen, mit welcher **Vollmacht** ich dies tue: ²⁵ Woher war die Taufe des Johannes? Vom Himmel oder von Menschen?

Sie aber überlegten bei sich und sagten: Wenn wir sagen: vom Himmel, wird er uns sagen: Warum habt ihr ihm dann nicht *geglaubt*? ²⁶ Wenn wir sagen: von Menschen, fürchten wir das Volk. Alle nämlich halten Johannes für einen Propheten.

²⁷ Und sie antworteten und sagten zu Jesus: Wir wissen es nicht.

(Da) sagte auch er ihnen: Auch ich sage euch nicht, mit welcher **Vollmacht** ich dies tue.

[Mt 21,28–32: Von den ungleichen Söhnen]

²⁸ Was aber meint ihr?

Ein Mensch hatte zwei Kinder (nämlich Söhne).
Und er ging zu dem ersten und sagte: Kind, geh heute hin und arbeite im *Weinberg.*
²⁹ Der aber antwortete und sagte: Ich will nicht.
Später tat es ihm leid, und er ging hin.
³⁰ Und (der Vater) ging zum anderen und sprach ebenso.
Der aber antwortete und sagte: Ich (will), Herr!
Und er ging nicht hin.

³¹ Wer von den beiden hat den Willen des Vaters getan?
Sie sagen: Der erste.
Jesus sagt ihnen: Amen, ich sage euch: Die Zöllner und die Huren gehen vor euch in das Königreich Gottes.

³² Denn Johannes kam zu euch auf dem Weg der **GERECHTIGKEIT**, und ihr *glaubtet* ihm nicht; die Zöllner und die Huren aber *glaubten* ihm. Ihr aber habt (es) gesehen, und es hat euch später nicht leid getan, so dass ihr ihm *geglaubt* hättet.

[Mt 21,33–46: Die bösen Winzer]

[33] Hört ein anderes Gleichnis:

Es war ein Hausherr, der pflanzte einen *Weinberg* und zog einen Zaun darum und grub eine Kelter darin und baute einen Turm, und er verpachtete ihn an Winzer und reiste ab.

[34] Als aber die Zeit der Früchte nahe kam, sandte er seine Sklaven zu den Winzern, damit sie seine **Früchte** holten. [35] Und die Winzer nahmen seine Sklaven: den einen schlugen sie, den anderen aber *töteten* sie, den dritten aber steinigten sie.

[36] Wiederum sandte er andere Sklaven, mehr als beim ersten Mal; und sie taten mit ihnen dasselbe.

[37] Zuletzt aber sandte er seinen *SOHN* zu ihnen und sagte (sich): Sie werden meinen Sohn achten. [38] Als aber die Winzer den *SOHN* sahen, sagten sie bei sich: Dieser ist der Erbe; auf, lasst uns ihn *töten* und sein Erbgut an uns bringen. [39] Und sie nahmen ihn, stießen ihn aus dem *Weinberg* hinaus und *töteten* ihn.

[40] Wenn nun der HERR des *Weinbergs* kommen wird, was wird er mit jenen Winzern tun?

[41] Sie sagen ihm: Als Bösen wird er ihnen ein böses Ende bereiten und den *Weinberg* an andere Winzer verpachten, die ihm die **Früchte** zu ihren Zeiten geben werden.

[42] Jesus sagt ihnen: Habt ihr nie gelesen in den Schriften:

,Der Stein, den die Bauleute verworfen haben,
dieser wurde zum Eckstein.
Vom HERRN ist dies geschehen,
und es ist wunderbar in unseren Augen'?
[Ps 118,22–23]

[43] Deshalb sage ich euch: Das Königreich GOTTES wird von euch genommen und einem Volk gegeben werden, das dessen **Früchte** bringt.

[44] Und wer auf diesen Stein fällt, wird zerschellen;
auf wen er aber fällt, den wird er zermalmen.

[45] Und als die Hohenpriester und die PHARISÄER seine Gleichnisse hörten, erkannten sie, dass er von ihnen redete. [46] Und sie suchten, ihn zu ergreifen, und fürchteten die VOLKSMENGEN, denn sie hielten ihn für einen Propheten.

[Mt 22,1–14: Das Gleichnis vom Hochzeitsmahl]

[1] Und Jesus antwortete und sprach wiederum in Gleichnissen zu ihnen:

[2] Das Königreich der Himmel gleicht einem *König*, der seinem *SOHN* die Hochzeit ausrichtete.

[3] Und er sandte seine Sklaven aus, die Gäste zur Hochzeit zu laden; doch sie wollten nicht kommen.

⁴ Wiederum sandte er andere Sklaven aus und sagte: Sagt den Gästen: Siehe, meine Mahlzeit habe ich bereitet, meine Ochsen und mein Mastvieh (sind) geschlachtet, und alles (ist) bereit; auf, zur Hochzeit!
⁵ Sie aber missachteten (es) und gingen weg, der eine auf seinen eigenen Acker, der andere zu seinem Geschäft. ⁶ Die übrigen aber ergriffen seine Sklaven, verhöhnten und töteten sie.
⁷ Der *König* aber wurde zornig und schickte seine Heere aus und brachte jene Mörder um und zündete ihre Stadt an.
⁸ Daraufhin sagt er seinen Sklaven: Die Hochzeit ist zwar bereit, aber die Gäste waren nicht wert (eingeladen zu werden). ⁹ Geht nun zu den Straßenausmündungen und ladet zur Hochzeit ein, wie viele ihr auch findet!
¹⁰ Und jene Sklaven gingen auf die Straßen hinaus und brachten alle zusammen, die sie fanden, Böse und Gute; und der Hochzeitssaal füllte sich mit *zu Tisch Liegenden.*

¹¹ Als aber der *König* hineinging, sich die *zu Tisch Liegenden* anzusehen, sah er dort einen Menschen, der nicht mit einem *hochzeitlichen Gewand* bekleidet war. ¹² Und er sagt ihm: Freund, wie bist du hier hereingekommen, obwohl du kein *hochzeitliches Gewand* hast?
Der aber verstummte.
¹³ Daraufhin sagte der *König* den Dienern: Bindet seine Füße und Hände und werft ihn hinaus in die Finsternis draußen! Dort wird Weinen und Zähneknirschen sein.
¹⁴ Denn viele sind berufen, aber wenige auserwählt.

[Mt 22,15–22: Die Frage nach der Steuer für den Kaiser]

¹⁵ Daraufhin gingen die Pharisäer weg und fassten einen Beschluss, ihn mit einem Ausspruch zu fangen.
¹⁶ Und sie senden ihm ihre Jünger mit den Herodianern und ließen sagen: Lehrer, wir wissen, dass du wahrhaftig bist und den Weg Gottes in Wahrheit lehrst und dich um niemanden kümmerst. Denn du achtest nicht auf das Ansehen von Menschen. ¹⁷ Sag uns nun, was du meinst: Ist es erlaubt, dem Kaiser Steuer zu geben oder nicht?
¹⁸ Als Jesus aber ihre Bosheit erkannte, sagte er: Was versucht ihr mich, ihr Heuchler? ¹⁹ Zeigt mir die Steuermünze!
Sie aber brachten ihm einen Denar.
²⁰ Und er sagt ihnen: Wessen Bild und Aufschrift ist dies?
²¹ Sie sagen ihm: Des Kaisers.
Da sagt er ihnen: Gebt also dem Kaiser, was des Kaisers ist, und Gott, was Gottes ist!
²² Und als sie es hörten, wunderten sie sich. Und sie ließen ihn und gingen davon.

[Mt 22,23–33: Die Frage nach der Auferstehung]

²³ An jenem Tag kamen *SADDUZÄER* zu ihm, sagten, es gebe keine Auferstehung, und fragten ihn, ²⁴ indem sie sagten: Lehrer, Mose sagte:

> Wenn einer stirbt
> und keine Kinder hat,
> soll sein Bruder als Schwager seine Frau heiraten
> und seinem Bruder Nachkommenschaft erwecken.
>
> [Dtn 25,5; Gen 38,8]

²⁵ Es waren aber bei uns sieben Brüder. Und der erste heiratete und starb; und weil er keine Nachkommenschaft hatte, hinterließ er seine Frau seinem Bruder; ²⁶ desgleichen auch der zweite und der dritte bis hin zum siebten. ²⁷ Zuletzt von allen aber starb die Frau. ²⁸ Bei der Auferstehung nun – von welchem dieser sieben wird sie (die) Frau sein? Sie haben sie ja alle gehabt.

²⁹ Jesus aber antwortete und sagte ihnen: Ihr irrt, da ihr weder die Schriften kennt noch die Macht GOTTES. ³⁰ Denn bei der Auferstehung heiraten sie nicht und werden sie auch nicht geheiratet, sondern sind wie Engel im Himmel.

³¹ Was aber die Auferstehung der Toten betrifft: Habt ihr das euch von GOTT Gesagte nicht gelesen:

> ³² ‚Ich bin der GOTT Abrahams
> und der GOTT Isaaks
> und der GOTT Jakobs‘?
>
> [Ex 3,6]

Er ist nicht der GOTT von Toten, sondern von Lebenden.

³³ Und als die *VOLKSMENGEN* es hörten, erschraken sie über seine Lehre.

[Mt 22,34–40: Die Frage nach dem höchsten Gebot]

³⁴ Als aber die PHARISÄER hörten, dass er den *SADDUZÄERN* den Mund gestopft hatte, versammelten sie sich am selben Ort. ³⁵ Und einer von ihnen, ein Gesetzeskundiger, fragte, um ihn zu versuchen: ³⁶ Lehrer, was für ein Gebot ist groß im Gesetz?

³⁷ Er aber sagte ihm:

> Du sollst den Herrn, deinen GOTT, lieben
> mit deinem ganzen Herzen,
> und mit deinem ganzen Leben
> und mit deinem ganzen Denken.
>
> [Dtn 6,5]

³⁸ Dies ist das große und erste Gebot. ³⁹ Ein zweites aber ist ihm gleich:

> Du sollst deinen Nächsten lieben wie dich selbst.
>
> [Lev 19,18]

⁴⁰ An diesen beiden Geboten hängt das ganze Gesetz und die Propheten.

[Mt 22,41–46: Die Frage nach dem Davidssohn]

[41] Als aber die PHARISÄER zusammengekommen waren, fragte Jesus sie [42] und sagte: Was denkt ihr über den Christus? Wessen Sohn ist er?

Sie sagen ihm: Davids.

[43] Er sagt ihnen: Wie nennt David ihn dann im Geist HERR, wenn er sagt:

[44] ‚Der HERR sagte meinem HERRN:
Setze dich zu meiner Rechten,
bis ich deine Feinde hinlege
unter deine Füße‘?
[Ps 110,1]

[45] Wenn also David ihn HERR nennt, wie ist er dann sein Sohn?

[46] Und niemand konnte ihm ein Wort entgegnen, und von jenem Tage an wagte keiner mehr, ihm Fragen zu stellen.

[Mt 23,1–39: Die Rede gegen Schriftgelehrte und Pharisäer]

[1] Daraufhin redete Jesus zu den *VOLKSMENGEN* und zu seinen Jüngern:

[2] Auf dem Sitz des Mose haben DIE SCHRIFTGELEHRTEN UND DIE PHARISÄER Platz genommen. [3] Alles nun, was sie euch sagen, tut und haltet; nach ihren **Werken** aber tut nicht! Denn sie sagen (es) und tun (es) nicht. [4] Sie schnüren aber schwere und unerträgliche Lasten und legen sie auf die Schultern der Menschen; sie selbst aber wollen sie mit ihrem Finger nicht bewegen.

[5] Alle ihre **Werke** aber tun sie, um von den Menschen gesehen zu werden. Sie machen ihre Gebetskapseln breit, und die Quasten machen sie groß. [6] Sie lieben aber die oberste Liege bei den Gastmählern und die Ehrensitze in den Synagogen [7] und die Begrüßungen auf den Marktplätzen, und (sie lieben es,) von den Menschen *Rabbi* genannt zu werden.

[8] Ihr aber sollt euch nicht *Rabbi* nennen lassen; denn ein **einziger** ist euer Lehrer, ihr alle aber seid Brüder.

[9] Auch nennt nicht (jemanden) von euch Vater auf der Erde, denn ein **einziger** ist euer Vater: der himmlische.

[10] Auch lasst euch nicht Lehrmeister nennen, denn ein **einziger** ist euer Lehrmeister: der Christus.

[11] Der Größte aber von euch soll euer Diener sein.

[12] Wer sich aber selbst erhöhen wird, wird erniedrigt werden; und wer sich selbst erniedrigen wird, wird erhöht werden.

[13] Doch WEH EUCH, SCHRIFTGELEHRTE UND PHARISÄER, *IHR HEUCHLER*, denn ihr verschließt das Königreich der Himmel vor den Menschen! Ihr geht nämlich nicht hinein, und die hineingehen (wollen), lasst ihr nicht hineingehen.[a]

---

a Mt 23,14 („Doch weh euch, Schriftgelehrte und Pharisäer, ihr Heuchler, die ihr die Häuser der Witwen fresst und zum Schein lange Gebete verrichtet! Deshalb werdet ihr ein umso härteres

¹⁵ WEH EUCH, SCHRIFTGELEHRTE UND PHARISÄER, *IHR HEUCHLER*, denn ihr durchzieht das Meer und das Land, um einen einzigen zum Proselyten zu machen; und wenn er (es) geworden ist, macht ihr ihn zum Sohn der Gehenna, doppelt (so schlimm) wie ihr. ¹⁶ WEH EUCH, BLINDE FÜHRER, die ihr sagt:

,Wer beim Tempel SCHWÖRT, das ist nichts!

Wer aber beim Gold des Tempels SCHWÖRT, der ist gebunden!'

¹⁷ Ihr Narren und BLINDEN!

Was ist denn größer: das Gold oder der Tempel, der das Gold heiligt?

¹⁸ Und: ,Wer beim Altar SCHWÖRT, das ist nichts!

Wer aber bei dem Opfer SCHWÖRT, das darauf liegt, ist gebunden.'

¹⁹ Ihr BLINDEN!

Was ist denn größer: das Opfer

oder der Altar, der das Opfer heilig macht?

²⁰ Wer also beim Altar SCHWÖRT,

SCHWÖRT bei ihm und bei allem, was darauf liegt.

²¹ Und wer beim Tempel SCHWÖRT,

SCHWÖRT bei ihm und bei dem, der ihn bewohnt.

²² Und wer beim Himmel SCHWÖRT,

SCHWÖRT beim Thron GOTTES und bei dem, der darauf sitzt.

²³ WEH EUCH, SCHRIFTGELEHRTE UND PHARISÄER, *IHR HEUCHLER*, denn ihr gebt den Zehnten von Minze und Dill und Kümmel und ließt das Wichtigere im Gesetz fallen, (nämlich) das Recht und die Barmherzigkeit und die Treue. Dies aber sollte man tun und jenes nicht unterlassen. ²⁴ Ihr BLINDEN FÜHRER, die ihr die Mücke siebt, aber das Kamel verschluckt!

²⁵ WEH EUCH, SCHRIFTGELEHRTE UND PHARISÄER, *IHR HEUCHLER*, denn ihr reinigt das Äußere des Bechers und der Schüssel, innen aber sind sie voll von Raub und Maßlosigkeit! ²⁶ Du blinder Pharisäer, reinige zuerst das Innere des Bechers, damit auch sein Äußeres rein wird!

²⁷ WEH EUCH, SCHRIFTGELEHRTE UND PHARISÄER, *IHR HEUCHLER*, denn ihr gleicht übertünchten Gräbern, die von außen zwar hübsch aussehen, innen aber voll von Totengebein und jeder Unreinheit sind! ²⁸ So auch ihr: Von außen erscheint ihr den Menschen zwar GERECHT, innen aber seid ihr voll von Heuchelei und Gesetzlosigkeit.

²⁹ WEH EUCH, SCHRIFTGELEHRTE UND PHARISÄER, *IHR HEUCHLER*, denn ihr baut Grabmäler der *Propheten* und schmückt die Gräber der GERECHTEN ³⁰ und sagt: ,Wenn wir in den Tagen **unserer Väter** gelebt hätten, so wären wir nicht mit ihnen beteiligt gewesen am Blut der *Propheten*!' ³¹ Damit bezeugt ihr von euch selbst, dass ihr Söhne derer seid, welche die *Propheten* ermordet haben. ³² Und ihr: Erfüllt das

---

Urteil empfangen") gehört nicht zum ursprünglichen Text (vgl. Mk 12,40).

Maß **eurer Väter**! [33] Ihr Schlangen! Ihr Otternbrut! Wie wollt ihr dem Gericht der Gehenna entfliehen?

[34] Deshalb, siehe, ich sende zu euch *Propheten* und Weise und SCHRIFTGELEHRTE; und (einige) von ihnen werdet ihr töten und kreuzigen, und (einige) von ihnen werdet ihr geißeln in euren Synagogen und werdet sie verfolgen von Stadt zu Stadt, [35] damit über euch komme all das GERECHTE Blut, das vergossen ist auf der Erde, vom Blut Abels des GERECHTEN bis zum Blut des Zacharias, des Sohnes Barachjas, den ihr ermordet habt zwischen dem Tempel und dem Altar.[a] [36] Amen, ich sage euch: Dies alles wird über diese Generation kommen.

[37] Jerusalem, Jerusalem, die du die Propheten tötest und die steinigst, die zu ihm gesandt sind! Wie oft habe ich deine Kinder versammeln wollen, wie eine Henne ihre Küken versammelt unter die Flügel; und ihr habt nicht gewollt! [38] Siehe, euer Haus soll euch wüst gelassen werden. [39] Denn ich sage euch: Ihr werdet mich von jetzt an nicht sehen, bis ihr sagt:

Gelobt sei, der da kommt im Namen des Herrn!

[Ps 118,26]

[Mt 24,1–2: Weissagung der Zerstörung des Tempels]

[1] Und Jesus kam aus dem HEILIGTUM heraus und ging weg.

Und seine Jünger kamen herzu, um ihm die Gebäude des HEILIGTUMS zu zeigen.

[2] Er aber antwortete und sagte ihnen: Seht ihr dies alles nicht? Amen, ich sage euch: Nicht ein Stein wird hier auf dem anderen bleiben, der nicht zertrümmert werden wird.

[Mt 24,3–14: Der Anfang der Wehen]

[3] Als er aber auf dem Ölberg saß, kamen seine Jünger zu ihm allein und sagten: Sag uns, wann wird dies geschehen? Und was (ist) das Zeichen für deine Ankunft und für die Vollendung der Welt?

[4] Und Jesus antwortete und sagte ihnen: Seht zu, dass euch keiner *in die Irre führe.* [5] Denn VIELE werden kommen in meinen Namen und sagen: Ich bin der Christus, und sie werden VIELE *in die Irre führen.*

[6] Ihr werdet aber hören von Kriegen und Kriegsgerüchten; seht zu und erschreckt nicht. Denn es muss geschehen, aber es ist noch nicht das Ende. [7] Denn es wird sich ein Volk gegen das andere erheben und ein Königreich gegen das andere; und es werden Hungersnöte sein und Erdbeben an (manchen) Orten. [8] All dies aber ist der Anfang der Wehen.

[9] Dann werden sie euch ausliefern in die Bedrängnis und werden euch töten. Und ihr werdet gehasst sein von allen Völkern um meines Namens willen. [10] Und

---

a Vgl. 2Chr 24,20–22.

dann werden VIELE Anstoß nehmen und einander ausliefern und einander hassen. [11] Und VIELE falsche Propheten werden erweckt werden, und sie werden VIELE *in die Irre führen.* [12] Und weil die Gesetzlosigkeit überhandnimmt, wird die Liebe der VIE-LEN erkalten. [13] Wer aber beharrt bis ans Ende, der wird gerettet werden.

[14] Und es wird gepredigt werden dieses Evangelium des Königreichs auf dem ganzen Erdkreis zum Zeugnis für alle Völker, und dann wird das Ende kommen.

[Mt 24,15–28: Der letzte Abschnitt der Geschichte]

[15] Wenn ihr nun sehen werdet

den Gräuel der Verwüstung
[Dan 12,11; 11,31],

wovon gesagt ist durch Daniel den Propheten, stehen an heiliger Stelle – wer (es) liest, merke auf! –, [16] dann sollen die in Judäa in die Berge fliehen. [17] Der auf dem Dach (ist), soll nicht herabsteigen, um die (Dinge) aus seinem Hause zu holen. [18] Und der auf dem Feld (ist), soll sich nicht umwenden, seinen Mantel zu holen. [19] Weh aber den Schwangeren und den Stillenden in JENEN TAGEN! [20] Bittet aber, dass eure Flucht nicht geschehe im Winter und nicht am Sabbat.

[21] Denn es wird dann eine große Drangsal sein, wie sie nicht gewesen ist vom Anfang der Welt bis jetzt und auch nicht wieder werden wird. [22] Und wenn JENE TAGE nicht verkürzt würden, so würde kein Fleisch gerettet werden; aber um der **Auserwählten** willen werden JENE TAGE verkürzt.

[23] WENN dann einer zu euch sagt: Siehe, hier ist der Christus! Oder: da!, *glaubt* (es) **nicht!** [24] Denn es werden falsche Christusse und falsche Propheten erweckt werden, und sie werden große Zeichen und Wunder anbieten, so dass sie, falls möglich, auch die **Auserwählten** *in die Irre führen.* [25] Siehe, ich habe (es) euch vorausgesagt.

[26] WENN sie euch nun sagen werden: ,Siehe, er ist in der Wüste!', geht nicht hinaus. ,Siehe, in den Kammern!' – *glaubt* (es) **nicht!**

[27] Denn wie der Blitz vom Osten ausgeht und bis zum Westen leuchtet, so WIRD DIE ANKUNFT DES MENSCHENSOHNS SEIN.

[28] Wo der Leichnam ist, dort werden sich die Geier versammeln.

[Mt 24,29–31: Die Heilswende mit dem Kommen des Menschensohns]

[29] Sofort aber nach der Bedrängnis jener Tage

wird die Sonne sich verfinstern
und der Mond wird seinen Schein nicht geben,
und die Sterne werden vom Himmel fallen,
und die Kräfte der Himmel werden wanken.
[vgl. Jes 13,10; 34,4]

[30] Und dann wird erscheinen das Zeichen des MENSCHENSOHNS am Himmel. Und dann werden wehklagen alle Völker der Erde, und sie werden sehen

den *Menschensohn* kommen auf den Wolken des Himmels
[Dan 7,13–14]
mit Kraft und viel Herrlichkeit. [31] Und er wird seine Engel senden mit lautem Posaunenschall, und sie werden seine **Auserwählten** sammeln aus den vier Winden, von einem Ende der Himmel bis zum anderen.

[Mt 24,32–44: Mahnung zur Wachsamkeit]

[32] Vom Feigenbaum her aber lernt das Gleichnis: Wenn sein Zweig schon saftig ist und die Blätter herauswachsen, erkennt ihr, dass der Sommer nahe ist. [33] Ebenso auch ihr: Wenn ihr dies alles seht, erkennt, dass er nahe vor der Tür ist.
[34] Amen, ich sage euch: Diese Generation wir nicht vergehen, bis dies alles geschieht.
[35] Der Himmel und die Erde werden vergehen; meine Worte aber werden nicht vergehen.
[36] Über jenen Tag aber und Stunde weiß niemand, auch die Engel der Himmel nicht, auch der Sohn nicht, sondern allein der Vater.
[37] Denn wie die Tage Noahs (waren), so wird die Ankunft des *Menschensohns* sein. [38] Denn wie sie in jenen Tagen vor der Sintflut aßen und tranken, heirateten und verheirateten bis zu dem Tag, als Noah in die Arche hineinging[a], [39] und nichts merkten, bis die Sintflut kam und sie alle dahinraffte, so wird auch die Ankunft des *Menschensohns* sein.

[40] Dann werden zwei auf dem Felde sein;
    einer wird angenommen,
        und einer wird zurückgelassen.
[41] Zwei werden an der Mühle mahlen;
    eine wird angenommen,
        und eine wird zurückgelassen.

[42] Wacht also, denn ihr wisst nicht, an welchem Tag euer **Herr** *kommt*.
[43] Jenes aber sollt ihr wissen: Wenn der Hausherr wüsste, in welcher Nachtwache der Dieb *kommt*, so würde er wachen und ließe nicht zu, dass in sein Haus eingebrochen wird.
[44] Darum seid auch ihr bereit! Denn der *Menschensohn kommt* zu einer Stunde, da ihr es nicht meint.

[Mt 24,45–51: Vom treuen und vom bösen Sklaven]

[45] Wer ist nun der treue und kluge Sklave, den der **Herr** über seine Dienerschaft gesetzt hat, damit er ihnen zur rechten Zeit zu essen gebe? [46] Glücklich jener Sklave,

---

a Vgl. Gen 7,7.

den sein HERR, wenn er kommt, bei solchem Tun finden wird. [47] Amen, ich sage euch: Er wird ihn über alles setzen, was er hat.

[48] Wenn aber jener böse Sklave in seinem Herzen sagt: Mein HERR lässt sich Zeit, [49] und anfängt, seine Mitsklaven zu schlagen, aber mit den Betrunkenen isst und trinkt, [50] wird der HERR jenes Sklaven an einem Tage kommen, an dem er es nicht erwartet, und zu einer Stunde, in der er es nicht erkennt, [51] und er wird ihn entzweischneiden und ihm seinen Anteil unter den Heuchlern geben; **dort wird Weinen und Zähneknirschen sein.**

[Mt 25,1–13: Von den klugen und törichten Jungfrauen]

[1] Da wird das Königreich der Himmel zehn Jungfrauen gleichen, die ihre Lampen nahmen und hinausgingen *zur Begegnung* mit dem BRÄUTIGAM.

[2] Fünf von ihnen aber waren töricht und fünf klug. [3] Die törichten nahmen nämlich ihre Lampen, aber sie nahmen kein Öl mit. [4] Die klugen aber nahmen Öl in den Gefäßen mit ihren Lampen.

[5] Als aber der BRÄUTIGAM sich Zeit ließ, nickten sie alle ein und schliefen.

[6] Um Mitternacht aber erhob sich ein Geschrei: Siehe, der BRÄUTIGAM! Geht hinaus *zur Begegnung!*

[7] Da standen alle jene Jungfrauen auf und richteten ihre Lampen her.

[8] Die törichten aber sagten zu den klugen: Gebt uns von eurem Öl, denn unsere Lampen verlöschen.

[9] Die klugen aber antworteten und sagten: Nein! Es würde für uns und euch nicht reichen; geht lieber zu den Händlern und kauft für euch selbst!

[10] Als sie aber weggingen zu kaufen, kam der BRÄUTIGAM; und die, die bereit waren, gingen mit ihm hinein zur Hochzeit, und die Tür wurde verschlossen.

[11] Später aber kommen auch die übrigen Jungfrauen und sagen: HERR, HERR, mach uns auf!

[12] Er aber antwortete und sagte: Amen, ich sage euch: Ich kenne euch nicht.

[13] Wacht also! Denn ihr wisst weder den Tag noch die Stunde.

[Mt 25,14–30: Das Gleichnis von den anvertrauten Geldern]

[14] Denn (es ist) wie (mit) ein(em) Mensch(en), der außer Landes ging, seine eigenen Sklaven rief und ihnen sein Vermögen anvertraute: [15] Und dem einen gab er fünf Talente[a], dem andern zwei, dem dritten eines, jedem nach seiner eigenen Fähigkeit, und er reiste ab.

Sogleich [16] ging der, der die fünf Talente empfangen hatte, und handelte mit ihnen und verdiente weitere fünf dazu. [17] Ebenso gewann der, der die zwei Talente (empfangen hatte), zwei weitere dazu. [18] Der aber, der das eine (Talent) empfangen hatte, ging weg, grub Erde auf und versteckte das Geld seines Herrn.

---

a 1 Talent = 6000 Drachmen (vgl. zu Lk 15,8).

¹⁹ Nach langer Zeit aber kommt der Herr jener Sklaven und hält Abrechnung mit ihnen.

²⁰ Und es trat der herzu, der die fünf Talente empfangen hatte, legte weitere fünf Talente dazu und sagte: Herr, *fünf Talente hast du mir anvertraut; siehe, ich habe fünf weitere Talente verdient.* ²¹ *Sein Herr sagte ihm: Schön, du guter und treuer Sklave. Über wenigem warst du treu; über vieles will ich dich setzen. Geh hinein in die Freudenfeier deines Herrn.*

²² Es trat auch der herzu, der die zwei Talente (empfangen hatte), und sagte: Herr, *zwei Talente hast du mir anvertraut; siehe, ich habe zwei weitere Talente verdient.* ²³ *Sein Herr sagte ihm: Schön, du guter und treuer Sklave. Über wenigem warst du treu; über vieles will ich dich setzen. Geh hinein in die Freudenfeier deines Herrn.*

²⁴ Es trat aber auch der herzu, der das eine Talent empfangen hatte, und sagte: Herr, ich wusste, dass du ein harter Mann bist: du erntest, wo du nicht gesät hast, und sammelst ein, wo du nicht ausgestreut hast; ²⁵ und da ich mich fürchtete, ging ich hin und verbarg dein Talent in der Erde. Siehe, da hast du das Deine.

²⁶ Sein Herr aber antwortete und sagte ihm: Du böser und fauler Sklave! Du wusstest, dass ich ernte, wo ich nicht gesät habe, und einsammle, wo ich nicht ausgestreut habe? ²⁷ Dann hättest du mein Geld bei den Wechslern anlegen sollen, und bei meinem Kommen hätte ich das Meine mit Zinsen zurückerhalten.

²⁸ Darum nehmt ihm das Talent ab und gebt es dem, der die zehn Talente hat!

²⁹ Denn jedem, der hat, wird gegeben werden, und er wird Überfluss haben; wer aber nicht hat, dem wird auch, was er hat, genommen werden.

³⁰ Und den nichtsnutzigen Sklaven werft in die äußerste Finsternis; **dort wird Weinen und Zähneknirschen sein.**

[Mt 25,31–46: Vom Weltgericht]

³¹ Wenn aber der Menschensohn kommt in seiner Herrlichkeit und alle Engel mit ihm, dann wird er sitzen auf dem Thron seiner Herrlichkeit, ³² und alle Völker werden vor ihm versammelt werden. Und er wird sie voneinander scheiden, wie der Hirte die Schafe von den Böcken scheidet, ³³ und er wird die Schafe zu seiner Rechten stellen und die Böcke zur Linken.

³⁴ *Dann wird der König sagen zu denen zu seiner Rechten: Kommt her, ihr Gesegneten meines Vaters, erbt das Königreich, das euch bereitet ist von Anbeginn der Welt!* ³⁵ *Denn ich bin hungrig gewesen, und ihr habt mir zu essen gegeben. Ich bin durstig gewesen, und ihr habt mir zu trinken gegeben. Ich bin ein Fremder gewesen, und ihr habt mich aufgenommen.* ³⁶ *(Ich bin) nackt (gewesen), und ihr habt mich gekleidet. Ich bin krank gewesen, und ihr habt mich besucht. Ich war im Gefängnis,* und ihr seid zu mir gekommen.

³⁷ Dann werden ihm die Gerechten antworten und sagen: Herr, wann haben wir dich hungrig gesehen und haben dir zu essen gegeben oder durstig und haben dir zu trinken gegeben? ³⁸ Wann haben wir dich als Fremden gesehen und haben dich aufgenommen oder nackt und haben (dich) gekleidet? ³⁹ Wann haben wir dich krank oder im Gefängnis gesehen und sind zu dir gekommen?

⁴⁰ Und der König wird antworten und ihnen sagen: Amen, ich sage euch: Was ihr getan habt einem von diesen meinen geringsten Brüdern, habt ihr mir getan.

⁴¹ *Dann wird er auch sagen zu denen zur Linken: Geht weg von mir, ihr Verfluchten, in das ewige Feuer, das bereitet ist dem Teufel und seinen Engeln!*

⁴² *Denn ich bin hungrig gewesen, und ihr habt mir nicht zu essen gegeben. Ich bin durstig gewesen, und ihr habt mir nicht zu trinken gegeben.* ⁴³ *Ich bin ein Fremder gewesen, und ihr habt mich nicht aufgenommen. (Ich bin) nackt (gewesen), und ihr habt mich nicht gekleidet. (Ich bin) krank und im Gefängnis (gewesen), und ihr habt mich nicht besucht.*

⁴⁴ Dann werden auch sie ihm antworten und sagen: Herr, wann haben wir dich hungrig oder durstig gesehen oder als Fremden oder nackt oder krank oder im Gefängnis und haben dir nicht gedient?

⁴⁵ Dann wird er ihnen antworten und sagen: Amen, ich sage euch: Was ihr nicht getan habt einem von diesen Geringsten, das habt ihr auch mir nicht getan.

⁴⁶ *Und diese werden weggehen zur ewigen Strafe, die Gerechten aber zum ewigen Leben.*

[Matthäus 26,1–28,20: Leiden, Tod und Auferstehung Jesu]

[Mt 26,1–5: Der Tötungsplan der jüdischen Oberen]

¹ Und es geschah, als Jesus alle diese Reden vollendet hatte, da sagte er seinen Jüngern: ² Ihr wisst, dass nach zwei Tagen Passah ist; und der Menschensohn wird ausgeliefert, um gekreuzigt zu werden. ³ Daraufhin versammelten sich die Hohenpriester und die Ältesten des Volkes im Hof des Hohenpriesters, der Kaiphas hieß, ⁴ und beratschlagten miteinander, dass sie Jesus mit List ergreifen und töten würden. ⁵ Sie sagten aber: Bloß nicht auf dem Fest, damit nicht ein Aufruhr geschehe im Volk!

[Mt 26,6–13: Die Salbung Jesu in Bethanien]

⁶ Als Jesus aber in Bethanien im Hause Simons des Aussätzigen war, ⁷ kam zu ihm eine Frau, die ein Alabastergefäß mit teurem Salböl hatte, und sie goss es auf sein Haupt, als er zu Tisch lag.

⁸ Als aber die Jünger (das) sahen, entrüsteten sie sich und sagten: Wozu diese Vergeudung? ⁹ Denn dies hätte für viel (Geld) verkauft und (der Erlös) *Armen* gegeben werden können.

¹⁰ Als Jesus es aber merkte, sagte er ihnen: Was bereitet ihr der Frau Mühen? Denn sie hat ein gutes Werk an mir getan. ¹¹ Denn die *Armen* habt ihr allezeit bei euch, mich aber habt ihr nicht allezeit. ¹² Denn als diese dieses Salböl auf meinen Leib gegossen hat, hat sie es getan, um mich zum Begräbnis zuzurüsten.

¹³ Amen, ich sage euch: Wo auch immer dieses Evangelium verkündigt wird in der ganzen Welt, wird auch das, was diese (Frau) getan hat, zur Erinnerung an sie gesagt werden.

[Mt 26,14–16: Die Kontaktaufnahme des Judas mit den Hohenpriestern]

¹⁴ Daraufhin ging einer der Zwölf, (nämlich) der, der Judas Iskariot hieß, zu den Hohenpriestern ¹⁵ und sagte: Was wollt ihr mir geben, dass ich ihn euch AUSLIEFERE? Die aber legten ihm dreißig Silberstücke hin.

¹⁶ Und von da an suchte er eine günstige Gelegenheit, ihn AUSZULIEFERN.

[Mt 26,17–29: Vorbereitung des Passahmahls;
Weissagung der Auslieferung; Abendmahl]

¹⁷ Am ersten (Tag des Festes) der Ungesäuerten (Brote) aber kamen die Jünger zu Jesus und sagten: Wo willst du, (dass) wir dir das Passah zum Essen zubereiten?

¹⁸ Er aber sagte: Geht hin in die Stadt zu dem und dem und sagt ihm: Der Lehrer sagt: Meine Zeit ist nahe; bei dir halte ich das Passah mit meinen Jüngern.

¹⁹ Und die Jünger taten, wie ihnen Jesus befohlen hatte, und bereiteten das Passah zu.

²⁰ Als es aber Abend geworden war, legte er sich zu Tisch mit den Zwölfen.

²¹ Und **als sie aßen**, sagte er: Amen, ich sage euch: Einer von euch wird mich AUSLIEFERN.

²² Und sie wurden sehr traurig und fingen an, ihm zu sagen, jeder einzelne: Bin etwa ich es, Herr?

²³ Er aber antwortete und sagte: Der mit mir die Hand in die Schüssel taucht, dieser wird mich AUSLIEFERN. ²⁴ Der Menschensohn geht zwar hin, wie über ihn geschrieben ist; wehe aber jenem Menschen, durch den der Menschensohn AUSGELIEFERT wird! Es wäre besser für ihn, wenn er nicht geboren wäre, jener Mensch.

²⁵ Judas aber, der ihn AUSLIEFERTE, antwortete und sagte: Bin etwa ich es, Rabbi? Er sagt ihm: Du hast es gesagt.

²⁶ **Als sie aber aßen,** nahm Jesus Brot, sprach den Segen, brach es und gab es den Jüngern und sagte: Nehmt, esst; dies ist mein Leib.

²⁷ Und er nahm einen Becher und dankte und gab ihnen (den) und sagte: Trinkt alle daraus; ²⁸ denn dies ist mein Blut des Bundes, das für viele vergossen wird zur Vergebung der Sünden.

²⁹ Ich sage euch aber: Ich werde von jetzt an nicht mehr trinken von diesem Gewächs des Weinstocks bis zu jenem Tag, an dem ich mit euch von neuem davon trinke im Königreich meines Vaters.

[Mt 26,30–35: Die Ankündigung der Verleugnung des Petrus]

³⁰ Und nachdem sie das Lob gesungen hatten, gingen sie hinaus zum Ölberg.

³¹ Da sagt ihnen Jesus: Alle werdet ihr ÄRGERNIS nehmen an mir *in dieser Nacht*. Denn es ist geschrieben:

> Ich werde den Hirten schlagen,
> und die Schafe der Herde werden sich zerstreuen.

[Sach 13,7]

³² Nach meiner Auferweckung aber werde ich euch vorausgehen nach Galiläa.

³³ Petrus aber antwortete und sagte ihm: Wenn alle ÄRGERNIS nehmen werden an dir – *ich* werde niemals ÄRGERNIS nehmen.

³⁴ Jesus sagte ihm: Amen, ich sage dir: *In dieser Nacht*, ehe der Hahn kräht, wirst du mich dreimal *verleugnen*.

³⁵ Petrus sagt ihm: Auch wenn ich mit dir sterben muss, werde ich dich nicht *verleugnen*!

Ebenso redeten auch alle Jünger.

[Mt 26,36–46: Jesus in Gethsemane]

³⁶ Daraufhin kommt Jesus mit ihnen zu einem Grundstück, genannt Gethsemane, und sagt den Jüngern: Setzt euch hier, bis ich dorthin gegangen bin und gebetet habe.

³⁷ Und er nahm Petrus und die zwei Söhne des Zebedäus mit sich und fing an zu trauern und zu zagen. ³⁸ Daraufhin sagt er ihnen: Meine Seele ist betrübt bis an den Tod; bleibt hier und WACHT mit mir!

³⁹ Und er ging ein wenig weiter, fiel nieder auf sein Angesicht und BETETE und sagte: *Mein Vater*, wenn es möglich ist, gehe dieser Becher an mir vorüber; doch nicht wie ich will, sondern wie du (willst)!

⁴⁰ Und er kommt zu seinen Jüngern und findet sie **schlafend** und sagt zu Petrus: So vermochtet ihr keine einzige Stunde mit mir zu WACHEN? ⁴¹ WACHT und BETET, dass ihr nicht in Versuchung kommt! Der Geist ist willig, aber das Fleisch ist schwach.

⁴² Wiederum, zum zweiten Mal ging er hin, BETETE und sagte: *Mein Vater*, wenn es nicht möglich ist, dass dieser (Becher) an mir vorübergeht, ohne dass ich ihn trinke, geschehe dein Wille!

⁴³ Und er kam und fand sie wiederum **schlafend**, denn ihre Augen waren schwer.

⁴⁴ Und er ließ sie und ging wiederum hin und BETETE zum dritten Mal und sagte wiederum dieselben Worte.

⁴⁵ Daraufhin kommt er zu den Jüngern und sagt ihnen: **Schlaft** ihr weiter und ruht? Siehe, die Stunde ist gekommen, und der Menschensohn wird in die Hände von Sündern AUSGELIEFERT. ⁴⁶ Steht auf, lasst uns gehen! Siehe, gekommen ist der, der mich AUSLIEFERT.

[Mt 26,47–56: Die Gefangennahme Jesu]

⁴⁷ Und als er noch redete, siehe, da kam Judas, einer von den Zwölfen, und mit ihm eine große VOLKSMENGE mit Schwertern und mit Stöcken, von den Hohenpriestern und Ältesten des Volkes. ⁴⁸ Der aber, der ihn AUSLIEFERTE, gab ihnen ein Zeichen und sagte: Welchen ich küssen werde, der ist es; den ERGREIFT! ⁴⁹ Und sofort kam er zu Jesus und sagte: Sei gegrüßt, Rabbi!, und küsste ihn.

⁵⁰ Jesus aber sagte ihm: Freund, (tu das,) wozu du hergekommen bist! Daraufhin kamen sie heran und legten Hand an Jesus und ERGRIFFEN ihn.

⁵¹ Und siehe, einer von denen bei Jesus streckte die Hand aus, zog sein Schwert und schlug den Sklaven des Hohenpriesters und hieb ihm das Ohr ab.

⁵² Daraufhin sagt ihm Jesus: Steck dein Schwert zurück an seinen Ort! Denn alle, die das Schwert nehmen, werden durch das Schwert umkommen.

⁵³ Oder meinst du, dass ich meinen Vater nicht bitten kann, so dass er mir jetzt mehr als zwölf Legionen Engel zur Verfügung stellen würde? ⁵⁴ Wie würden dann (aber) DIE SCHRIFTEN ERFÜLLT, dass es so geschehen muss?

⁵⁵ In jener Stunde sagte Jesus den VOLKSMENGEN: Wie gegen einen Räuber seid ihr ausgezogen mit Schwertern und Stöcken, mich zu fangen. Täglich saß ich im Heiligtum und lehrte, und ihr habt mich nicht ERGRIFFEN. ⁵⁶ Dies aber ist alles geschehen, damit ERFÜLLT WÜRDEN DIE SCHRIFTEN der Propheten.

Daraufhin verließen ihn alle Jünger und flohen.

[Mt 26,57–68: Jesus vor dem Hohen Rat]

⁵⁷ Die aber, die Jesus ERGRIFFEN hatten, führten ihn ab zu Kaiphas, dem Hohenpriester, wo die Schriftgelehrten und die Ältesten sich versammelt hatten.

⁵⁸ Petrus aber folgte ihm von ferne bis zum Hof des Hohenpriesters und ging hinein und setzte sich zu den Dienern, um den Ausgang (der Sache) zu sehen.

⁵⁹ Die Hohenpriester aber und der ganze Hohe Rat suchten ein falsches Zeugnis gegen Jesus, damit sie ihn töteten. ⁶⁰ Und sie fanden nichts, obwohl viele falsche Zeugen herzutraten.

Zuletzt aber traten zwei herzu ⁶¹ und sagten: Dieser hat gesagt: Ich kann den Tempel GOTTES abbrechen und innerhalb von drei Tagen (wieder) aufbauen.

⁶² Und der Hohepriester stand auf und sagte ihm: Antwortest du nichts auf das, was diese gegen dich bezeugen?

63 Jesus aber schwieg.

Und der Hohepriester sagte ihm: Ich beschwöre dich bei dem lebendigen GOTT, dass du uns sagst, ob du der Christus bist, der Sohn GOTTES.

64 Jesus sagt ihm: Du hast es gesagt. Jedoch sage ich euch: Von jetzt an werdet ihr den Menschensohn sitzen sehen zur Rechten der Kraft und

(ihn) kommen (sehen) auf den Wolken des Himmels.

[Dan 7,13]

65 Daraufhin zerriss der Hohepriester seine Kleider und sagte: Er hat gelästert! Was brauchen wir noch Zeugen? Siehe, jetzt habt ihr die Lästerung gehört. 66 Was meint ihr?

Sie aber antworteten und sagten: Er ist des Todes schuldig.

67 Daraufhin spuckten sie in sein Gesicht und verprügelten ihn. Einige aber ohrfeigten ihn 68 und sagten: Weissage uns, Christus, wer ist es, der dich schlug?

[Mt 26,69–75: Die dreifache Verleugnung des Petrus]

69 Petrus aber saß draußen im Hof.

Und eine Magd kam zu ihm und sagte: Auch du warst mit Jesus, dem Galiläer.

70 Er aber *leugnete* vor allen und sagte: Ich weiß nicht, was du sagst.

71 Als er aber hinausging in die Torhalle, sah ihn eine andere und sagt denen, (die) dort (waren): Dieser war mit Jesus, dem Nazoräer.

72 Und wiederum *leugnete* er mit einem Eid: Ich kenne den Menschen nicht.

73 Nach kurzer Zeit aber kamen die, die (dort) standen, herzu und sagten zu Petrus: Wahrhaftig, auch du bist von ihnen, denn deine Sprache verrät dich.

74 Daraufhin begann er, zu fluchen und zu schwören: Ich kenne den Menschen nicht.

Und sofort krähte der Hahn.

75 Und Petrus erinnerte sich an das Wort Jesu, der gesagt hatte: Ehe der Hahn kräht, wirst du mich dreimal *verleugnen*. Und er ging hinaus und weinte bitterlich.

[Mt 27,1–2: Die Auslieferung Jesu an Pilatus]

1 Als es aber Morgen geworden war, fassten alle Hohenpriester und Ältesten des Volks einen Beschluss gegen Jesus, ihn zu töten. 2 Und sie fesselten ihn, führten ihn ab und LIEFERTEN ihn dem Statthalter Pilatus AUS.

[Mt 27,3–10: Der Selbstmord des Judas]

3 Daraufhin, als Judas, der ihn AUSLIEFERTE, sah, dass er verurteilt worden war, bereute er, und er brachte die dreißig Silberstücke den Hohenpriestern und Ältesten zu-

rück [4] und sagte: Ich habe gesündigt, indem ich unschuldiges Blut AUSGELIEFERT habe.

Sie aber sagten: Was geht uns das an? Sieh du zu!

[5] Und er warf die Silberstücke in den Tempel und machte sich davon. Und er ging fort und erhängte sich.

[6] Die Hohenpriester aber nahmen die Silberstücke und sagten: Es ist nicht erlaubt, sie in den Tempelschatz zu legen, da es Blutgeld ist.

[7] Sie fassten aber einen Beschluss und kauften davon den Töpferacker, (um ihn) zum Begräbnisort für die Fremden (zu machen). [8] Daher heißt jener Acker Blutacker bis auf den heutigen (Tag).

[9] Da WURDE ERFÜLLT DAS durch den Propheten Jeremia GESAGTE:

Und sie haben die dreißig Silberstücke genommen,

den Preis für den Abgeschätzten,

den sie abschätzten von den Söhnen Israels.

[vgl. Sach 11,13]

[10] Und sie gaben sie für den Töpferacker

[vgl. Jer 18,2–3; 32,7–9],

wie mir der Herr befohlen hat.

[Ex 9,12 LXX]

[Mt 27,11–26: Jesus vor Pilatus]

[11] Jesus aber wurde vor den Statthalter gestellt.

Und der Statthalter fragte ihn und sagte: Bist du der KÖNIG DER JUDEN?

Jesus aber sagte: Du sagst es.

[12] Und als er von den Hohenpriestern und Ältesten beschuldigt wurde, antwortete er nichts.

[13] Da sagt ihm Pilatus: Hörst du nicht, wie viele Dinge sie gegen dich bezeugen?

[14] Und er antwortete ihm nicht auf ein einziges Wort, so dass sich der Statthalter sehr wunderte.

[15] Zu (jedem) Fest aber war der Statthalter gewohnt, dem Volk einen einzigen Gefangenen *freizulassen*, welchen sie wollten. [16] Sie hatten aber damals einen berüchtigten Gefangenen, der Barabbas[a] hieß. [17] Als sie nun versammelt waren, sagte ihnen Pilatus: *Wen wollt ihr, (dass ich (ihn) euch freilasse*, Barabbas[b] oder Jesus, den sogenannten Christus?

[18] Denn er wusste, dass sie ihn aus Neid ausgeliefert hatten.

[19] Als er aber auf dem Richterstuhl saß, sandte seine Frau zu ihm und ließ ihm sagen: Nichts (gebe es zwischen) dir und jenem Gerechten; denn ich habe heute vieles erlitten im Traum um seinetwillen.

[20] Die Hohenpriester und die Ältesten aber überredeten die VOLKSMENGEN, um Barabbas zu bitten, Jesus aber umbringen zu lassen.

---

a Nach anderen Textzeugen: „Jesus Barabbas".   b Nach anderen Textzeugen: „Jesus Barabbas".

²¹ Der Statthalter aber antwortete und sagte ihnen: *Wen von den beiden wollt ihr, (dass) ich (ihn) euch freilasse?*

Sie aber sagten: Barabbas!
²² Pilatus sagt ihnen: Was soll ich denn mit Jesus tun, dem sogenannten Christus?

Alle sagen: Er soll gekreuzigt werden!
²³ Er aber sagte: Was hat er denn Böses getan?

Sie aber schrien noch mehr und sagten: Er soll gekreuzigt werden!

²⁴ Als Pilatus aber sah, dass er nichts ausrichtete, sondern (noch) mehr Tumult entstand, nahm er Wasser, wusch sich die Hände vor dem Volk und sagte: Ich bin unschuldig am **Blut** von diesem; seht ihr zu!

²⁵ Und das ganze Volk antwortete und sagte: Sein **Blut** (komme) über uns und über unsere Kinder!

²⁶ Daraufhin ließ er ihnen Barabbas frei, Jesus aber ließ er geißeln und LIEFERTE ihn AUS, dass er GEKREUZIGT WERDE.

[Mt 27,27–31: Die Misshandlung Jesu durch Soldaten]

²⁷ Daraufhin nahmen die Soldaten des Statthalters Jesus mit in das Prätorium und versammelten die ganze Kohorte um ihn. ²⁸ Und sie zogen ihn aus und legten ihm einen scharlachroten Soldatenmantel um, ²⁹ und sie flochten einen Kranz aus Dornen und legten ihn auf seinen Kopf und ein Rohr in seine rechte Hand, und sie beugten die Knie vor ihm und verspotteten ihn und sagten: Heil dir, König der Juden! ³⁰ Und sie spuckten ihn an und nahmen das Rohr und schlugen auf seinen Kopf. ³¹ Und nachdem sie ihn verspottet hatten, zogen sie ihm den Soldatenmantel aus und zogen ihm seine Kleider an und führten ihn ab, um ihn zu KREUZIGEN.

[Mt 27,32–56: Jesu Kreuzigung und Tod]

³² Als sie aber hinausgingen, fanden sie einen Menschen aus Kyrene mit Namen Simon. Diesen zwangen sie, dass er sein Kreuz trage.

³³ Und als sie zu einer Stätte gekommen waren, die Golgotha heißt, das heißt Schädel-Stätte, ³⁴ gaben sie ihm Wein zu trinken, der mit Galle vermischt war. Und als er gekostet hatte, wollte er nicht trinken.

³⁵ Als sie ihn aber GEKREUZIGT hatten,
verteilten sie seine Kleider, indem sie ein Los warfen.
[Ps 22,19]

³⁶ Und sie saßen und bewachten ihn dort.

³⁷ Und sie befestigten oberhalb seines Kopfes seine Schuld, (wie folgt) geschrieben: Dieser ist Jesus, der König der Juden.

³⁸ Daraufhin werden zwei Räuber mit ihm GEKREUZIGT, einer zur Rechten und einer zur Linken.

[39] Die Vorübergehenden aber lästerten ihn, schüttelten ihre Köpfe [40] und sagten: Der du den Tempel abbrichst und innerhalb von drei Tagen (wieder) aufbaust, rette dich selbst, wenn[a] du GOTTES Sohn bist, steig[b] herab vom KREUZ!

[41] Ebenso spotteten auch die Hohenpriester mit den Schriftgelehrten und Ältesten und sagten: [42] Andere hat er gerettet, sich selbst kann er nicht retten. Er ist der König Israels; er soll jetzt vom KREUZ herabsteigen, und wir werden an ihn glauben.

[43] Er hat GOTT vertraut;
(d)er soll (ihn) jetzt retten, wenn er ihn will.
[Ps 22,9]

Denn er hat gesagt: Ich bin GOTTES Sohn.

[44] Desgleichen[c] aber schmähten ihn auch die Räuber, die mit ihm GEKREUZIGT worden waren.

[45] Von der sechsten Stunde an aber kam eine Finsternis über die ganze Erde bis zur neunten Stunde.

[46] Um die neunte Stunde aber schrie Jesus mit lauter Stimme:

Eli, Eli, lema sabachtani?
[Ps 22,2]

Das heißt:

Mein GOTT, mein GOTT, warum hast du mich verlassen?

[47] Einige aber der dort Stehenden hörten es und sagten: Dieser ruft Elia.

[48] Und sofort lief einer von ihnen hin und nahm einen Schwamm und füllte ihn mit Essig und steckte ihn auf ein Rohr und bot ihm zu trinken.

[49] Die übrigen aber sagten: Lass, wir wollen sehen, ob Elia kommt und ihn rettet!

[50] Jesus aber schrie wiederum mit lauter Stimme und gab den Geist auf.

[51] Und siehe,

der Vorhang im Tempel wurde von oben bis unten entzweigerissen,
[52] und die Erde wurde erschüttert,
und die Felsen wurden aufgerissen,
und die Gräber wurden geöffnet,
und viele Leiber der entschlafenen Heiligen wurden auferweckt,
[53] und sie gingen aus den Gräbern heraus nach seiner Auferweckung
und gingen in die heilige Stadt hinein
und erschienen vielen.

[54] Als aber der Hauptmann und die, die mit ihm Jesus bewachten, das Erdbeben und das, was geschehen war, sahen, fürchteten sie sich sehr und sagten: Wahrlich, GOTTES Sohn war dieser!

[55] Es waren dort aber viele Frauen, die von ferne zusahen; die waren Jesus nachgefolgt aus Galiläa und hatten ihm gedient. [56] Unter ihnen war(en)

---

a Oder: „selbst! Wenn" (vgl. aber auch die folgende Anmerkung).

b Nach anderen Textzeugen: „und steig".

c Oder: „Für dasselbe".

Maria, die Magdalenerin,
und Maria, die Mutter des Jakobus und Joseph,
und die Mutter der Söhne des Zebedäus.

[Mt 27,57–61: Das Begräbnis Jesu]

[57] Als es aber Abend geworden war, kam ein reicher Mann aus Arimathäa mit Namen Joseph, der auch selbst ein Jünger Jesu geworden war. [58] Dieser ging zu Pilatus und bat um den Leib Jesu.

Da befahl Pilatus, (den Leib) herauszugeben.

[59] Und Joseph nahm den Leib und wickelte ihn in ein reines Leinentuch [60] und legte ihn in sein eigenes neues Grab, das er in den Felsen hatte hauen lassen, und wälzte einen großen Stein vor die Tür des Grabes und ging davon.

[61] Es war(en) aber dort Maria, die Magdalenerin, und die andere Maria und saßen dem Grab gegenüber.

[Mt 27,62–66: Die Bewachung des Grabes]

[62] Am nächsten (Tag) aber, das heißt nach dem Rüsttag, versammelten sich die Hohenpriester und die Pharisäer bei Pilatus [63] und sagten: Herr, wir haben uns daran erinnert, dass jener BETRÜGER sagte, als er noch lebte: Nach drei Tagen werde ich auferweckt. [64] Befiehl nun, dass das Grab GESICHERT werde bis zum dritten Tag, damit (es) nicht etwa (geschieht, dass) seine Jünger kommen, ihn stehlen und dem Volk sagen: ‚Er wurde auferweckt von den Toten‘, und der letzte BETRUG schlimmer sein wird als der erste.

[65] Pilatus sagte ihnen: Ihr sollt eine Wache haben; geht hin, SICHERT (es), so gut ihr könnt!

[66] Sie aber gingen und SICHERTEN das Grab, nachdem sie den Stein versiegelt hatten, mit der Wache.

[Mt 28,1–10: Das leere Grab
und die Erscheinung Jesu vor zwei Jüngerinnen]

[1] Spät am Sabbat aber, beim Anbruch des ersten (Tags) der Woche, kam(en) Maria, die Magdalenerin, und die andere Maria, um das Grab anzuschauen.

[2] Und siehe, es geschah ein großes Erdbeben. Denn ein **Engel** des HERRN stieg vom Himmel herab, trat herzu und wälzte den Stein weg und setzte sich darauf.

[3] Sein Aussehen aber war wie ein Blitz und sein Gewand weiß wie Schnee.

[4] Aus Furcht vor ihm aber erbebten die Wächter und wurden wie Tote.

[5] Der **Engel** aber begann zu sprechen und sagte den Frauen: Fürchtet ihr euch nicht! Denn ich weiß, dass ihr Jesus, den GEKREUZIGTEN, sucht. [6] Er ist nicht hier; denn er wurde auferweckt, wie er gesagt hat. Kommt, seht die Stelle, wo er gelegen hat. [7] Und geht schnell hin und sagt seinen Jüngern, dass er auferweckt wurde von

den Toten. Und siehe, er geht euch voraus NACH GALILÄA; DORT WERDET IHR IHN SEHEN. Siehe, ich habe es euch gesagt.

⁸ Und sie gingen schnell weg vom Grab mit Furcht und großer Freude und liefen, um es seinen Jüngern zu *verkünden*.

⁹ Und siehe, Jesus begegnete ihnen und sagte: Seid gegrüßt! Sie aber traten herzu, umfassten seine Füße und fielen vor ihm nieder.

¹⁰ Da sagt ihnen Jesus: Fürchtet euch nicht! Geht hin, *verkündet* meinen Brüdern, dass sie NACH GALILÄA gehen sollen. Und DORT WERDEN SIE MICH SEHEN.

[Mt 28,11–15: Die Bestechung der Grabwächter]

¹¹ Als sie aber hingingen, siehe, da kamen einige von der Wache in die Stadt und *verkündeten* den Hohenpriestern alles, was geschehen war.

¹² Und sie versammelten sich mit den Ältesten und fassten einen Beschluss und gaben den Soldaten zahlreiche Silberstücke ¹³ und sprachen: Sagt: ‚Seine Jünger sind in der Nacht gekommen und haben ihn gestohlen, während wir schliefen.‘ ¹⁴ Und wenn dies beim Statthalter bekannt wird, werden wir (ihn) überzeugen und bewirken, dass ihr unbesorgt sein könnt.

¹⁵ Sie aber nahmen die Silberstücke und taten, wie sie belehrt worden waren. Und diese Kunde verbreitete sich unter Juden bis auf den heutigen Tag.

[Mt 28,16–20: Erscheinung Jesu und Missionsbefehl]

¹⁶ Die elf Jünger aber gingen NACH GALILÄA auf den Berg, wohin (zu gehen) ihnen Jesus befohlen hatte.

¹⁷ Und als sie ihn sahen, fielen sie nieder, einige aber zweifelten.

¹⁸ Und Jesus trat herzu, redete mit ihnen und sagte:

Gegeben wurde mir alle Gewalt im Himmel und auf der Erde.

¹⁹ Geht nun hin und macht zu Jüngern alle Völker, indem ihr sie tauft auf den Namen des Vaters und des Sohnes und des heiligen Geistes ²⁰ und sie halten lehrt alles, was ich euch geboten habe.

Und siehe, ich bin mit euch alle Tage bis zum Ende der Welt.

2. Das Evangelium nach Markus

Dieses Buch, das die altkirchliche Tradition Markus, einem Mitarbeiter des Petrus, zugeschrieben hat, findet sich im Kanon des Neuen Testaments an zweiter Stelle, ist aber das älteste der kanonischen Evangelien. Drei Stücke stehen in unmittelbarem Zusammenhang mit der Zerstörung Jerusalems im Jahre 70 n.Chr.: die Parabel von den bösen Winzern (12,1–11), die Ankündigung des Gräuels der Verwüstung (13,14) und die Notiz über das Zerreißen des Tempelvorhangs (15,38).

Daraus, dass der Autor jüdische Sitten erklärt (vgl. Mk 7,3–4) und aramäische Vokabeln übersetzt (vgl. 5,41; 7,34), ergibt sich, dass er für Christen aus dem heidnischen Bereich schreibt. Er verarbeitet dabei mündliche und schriftliche Quellen (Wundererzählungen, Gleichnisse, Passionsgeschichte u. a.) und legt einen besonderen Akzent auf die „Lehre" Jesu. In 1,15 fasst er den Inhalt der Predigt Jesu vorab zusammen: Nähe der Königsherrschaft Gottes, Umkehrforderung und Aufruf zum Glauben.

Kennzeichnend für Markus ist, dass er die Person und das Wirken Jesu von Kreuz und Auferstehung her verstanden wissen will (vgl. 1,34; 3,12; 5,43; 7,36; 8,26.30 und besonders 9,9). Dementsprechend bekennt Jesus sich erst in 14,61 f. ausdrücklich dazu, der Christus und Gottessohn zu sein.

1,1–8,26	Jesu Wirken in Galiläa und Umgebung
8,27–10,52	Jesu Weg von Galiläa nach Jerusalem
11,1–13,37	Jesu Wirken in Jerusalem
14,1–16,8	Leiden, Tod und Auferstehung Jesu

[Markus 1,1–8,26:
Jesu Wirken in Galiläa und Umgebung]

[Mk 1,1–8: Die Wirksamkeit des Johannes]

[1] Anfang des EVANGELIUMS Jesu Christi, des *SOHNES* GOTTES.
[2] Wie geschrieben ist im Propheten Jesaja:
Siehe, ich sende meinen Engel vor deinem Angesicht her,
der deinen Weg herrichten wird
[Ex 23,20; Mal 3,1a],
[3] Stimme eines Rufers in der WÜSTE:
Bereitet den Weg des Herrn,

macht seine Pfade gerade
[Jes 40,3 LXX],
⁴ trat Johannes der *Taufende* in der Wüste auf und verkündigte eine *Taufe* der Umkehr zur Vergebung der *Sünden*.

⁵ Und es zog zu ihm das ganze judäische Land hinaus und alle Jerusalemer, und sie wurden von ihm im Jordanfluss *getauft*, wobei sie ihre *Sünden* bekannten.

⁶ Und Johannes war bekleidet mit Kamelhaaren und einem ledernen Gürtel um seine Hüfte und aß Heuschrecken und wilden Honig.

⁷ Und er verkündigte und sagte: Es kommt der, der stärker ist als ich, nach mir, dessen ich nicht würdig bin, (in) gebückt(er Haltung) den Riemen seiner Sandalen zu lösen. ⁸ Ich habe euch mit Wasser *getauft*, er aber wird euch mit heiligem GEIST *taufen*.

[Mk 1,9–11: Jesu Taufe]

⁹ Und es geschah in jenen Tagen, (da) kam Jesus aus Nazareth in Galiläa und wurde im Jordan von Johannes *getauft*. ¹⁰ Und sogleich, als er aus dem Wasser stieg, sah er die Himmel sich öffnen und den GEIST wie eine Taube auf sich herabkommen. ¹¹ Und eine Stimme geschah aus den Himmeln: Du bist mein geliebter *SOHN*, an dir habe ich Wohlgefallen gefunden.

[Mk 1,12–13: Jesu Versuchung]

¹² Und sogleich treibt ihn der GEIST in die Wüste hinaus. ¹³ Und er war in der Wüste vierzig Tage und wurde versucht vom Satan, und er war mit den Tieren, und die Engel dienten ihm.

[Mk 1,14–15: Jesu Predigt]

¹⁴ Nachdem aber Johannes ausgeliefert worden war, kam Jesus nach Galiläa und verkündigte das EVANGELIUM GOTTES ¹⁵ und sagte: Die Zeit ist erfüllt, und die KÖNIGSHERRSCHAFT GOTTES ist nahe gekommen. Kehrt um und glaubt an das EVANGELIUM!

[Mk 1,16–20: Die Berufung der ersten Jünger]

¹⁶ Und als er am See von Galiläa entlangging, **sah er** Simon und Andreas, den Bruder Simons, (Netze) im See auswerfen. Sie waren nämlich FISCHER.

¹⁷ Und Jesus sagte ihnen: Hierher, mir nach! Und ich werde dafür sorgen, dass ihr MenschenFISCHER werdet.

¹⁸ Und sogleich *verließen* sie ihre Netze und folgten ihm.

[19] Und als er ein wenig weitergegangen war, **sah er** Jakobus, den (Sohn) des Zebedäus, und Johannes, seinen Bruder, auch sie im Boot, wie sie die Netze instandsetzten. [20] Und sogleich rief er sie.

Und sie *ließen* ihren Vater Zebedäus im Boot *zurück* mit den Tagelöhnern und gingen weg, ihm nach.

[Mk 1,21–22: Jesu Lehre in Kapernaum]

[21] Und sie gehen nach Kapernaum hinein.

Und sogleich am Sabbat kam er in die SYNAGOGE hinein und **LEHRTE**. [22] Und sie gerieten außer sich über seine **LEHRE**. Denn er **LEHRTE** sie wie einer, der Vollmacht hat, und nicht wie die Schriftgelehrten.

[Mk 1,23–28: Die Heilung des Besessenen]

[23] Und sogleich war in ihrer SYNAGOGE ein Mensch mit einem *unreinen Geist*, und er schrie auf, [24] indem er sagte: Was (gibt es zwischen) uns und dir, Jesus, Nazarener? Bist du gekommen, uns zu vernichten?[a] Ich kenne dich (und weiß), wer du bist: der Heilige GOTTES! [25] Und Jesus bedrohte ihn, indem er sagte: Verstumme und FAHR AUS IHM AUS! [26] Und der *unreine Geist* zerrte ihn und stieß einen lauten Schrei aus und FUHR AUS IHM AUS. [27] Und alle gerieten in Schrecken, so dass sie einander befragten und sagten: Was ist dies? Eine neue **LEHRE** mit Vollmacht? Auch den *unreinen Geistern* gebietet er, und sie gehorchen ihm! [28] Und die Kunde von ihm verbreitete sich sogleich überallhin in das ganze Umland von Galiläa.

[Mk 1,29–31: Die Heilung der Schwiegermutter des Simon]

[29] Und sogleich, als sie aus der SYNAGOGE hinausgingen, gingen sie in das Haus des Simon und des Andreas mit Jakobus und Johannes. [30] Die Schwiegermutter des Simon aber lag fiebernd danieder, und sogleich sagen sie ihm über sie (Bescheid). [31] Und er kam herbei und richtete sie auf, nachdem er die Hand (der Frau) ergriffen hatte. Und das Fieber verließ sie. Und sie bediente sie.

[Mk 1,32–34: Heilung vieler Kranker und Besessener]

[32] Nachdem es aber Abend geworden war (und) als die Sonne untergegangen war, brachten sie zu ihm alle, denen es schlechtging, und die Besessenen. [33] Und die ganze Stadt war vor der Tür versammelt. [34] Und er heilte viele, denen es aufgrund man-

---

a Der Satz kann auch als Behauptung („Du bist …") verstanden werden.

cherlei Krankheiten schlechtging. Und viele DÄMONEN TRIEB ER AUS, und er ließ die Dämonen nicht reden, weil sie ihn kannten.

[Mk 1,35–39: Jesu Wirksamkeit in ganz Galiläa]

[35] Und in der Frühe, noch ganz in der Nacht, stand er auf, ging weg und ging an einen einsamen Ort und betete dort.

[36] Und es verfolgten ihn Simon und die mit ihm, [37] und sie fanden ihn und sagen ihm: Alle suchen dich.

[38] Und er sagt ihnen: Lasst uns anderswohin gehen, in die benachbarten Ortschaften, damit ich auch dort verkündige. Denn dazu bin ich ausgezogen.

[39] Und er ging und verkündigte in ihren Synagogen in ganz Galiläa und TRIEB DIE DÄMONEN AUS.

[Mk 1,40–45: Die Heilung eines Aussätzigen]

[40] Und zu ihm kommt ein Aussätziger, bittet ihn, kniet nieder und sagt ihm: Wenn du willst, kannst du mich REINIGEN.

[41] Und er hatte Mitleid, streckte seine Hand aus, berührte (ihn) und sagt ihm: Ich will, sei REIN!

[42] Und sogleich ging der Aussatz von ihm weg, und er wurde REIN.

[43] Und er fuhr ihn an, warf ihn sofort hinaus [44] und sagt ihm: Sieh zu, dass du niemandem etwas sagst, sondern geh, zeig dich dem Priester, und bring für deine REINIGUNG (das als Opfer) dar, was Mose befohlen hat, ihnen zum Zeugnis!

[45] Der (Geheilte) aber ging hinaus und begann, eifrig zu verkündigen und die Kunde auszubreiten, so dass er (Jesus) nicht mehr öffentlich in eine Stadt hineingehen konnte, sondern draußen an einsamen Orten blieb.

Und sie kamen zu ihm von überall her.

[Mk 2,1–12: Die Heilung eines Gelähmten in Kapernaum]

[1] Und als er nach (einigen) Tagen wieder nach Kapernaum hineingekommen war, hörte man, dass er im Haus sei. [2] Und viele versammelten sich, so dass sie keinen Platz mehr hatten, nicht einmal vor der Tür, und er redete zu ihnen das Wort.

[3] Und sie kommen und bringen zu ihm einen Gelähmten, der von Vieren getragen wird. [4] Und da sie ihn wegen der VOLKSMENGE nicht zu ihm tragen konnten, deckten sie das Dach ab, wo er war, und gruben es auf und lassen die Bahre herab, auf der der Gelähmte lag.

[5] Und als Jesus ihren *Glauben* sah,
   sagt er dem Gelähmten: Kind, (in diesem Moment) werden deine SÜNDEN VERGEBEN.

[6] Es saßen dort aber einige der Schriftgelehrten und DACHTEN IN IHREN HERZEN: [7] Warum redet dieser so?[a] Er lästert! Wer kann SÜNDEN VERGEBEN außer einzig (und allein) Gott?

[8] Und sogleich erkennt Jesus in seinem Geist, dass sie so bei sich denken, und sagt ihnen: Warum DENKT IHR dies IN EUREN HERZEN? [9] Was ist leichter? **Dem Gelähmten zu sagen:** ‚Deine SÜNDEN werden VERGEBEN', oder zu sagen: ‚*Steh auf und heb deine Bahre auf* und geh umher'? [10] Damit ihr aber erkennt, dass der Menschensohn Vollmacht hat, SÜNDEN zu VERGEBEN auf der Erde – **sagt er dem Gelähmten:** [11] Dir sage ich, *steh auf, heb deine Bahre auf* und geh in dein Haus!

[12] Und er *stand auf und nahm* sogleich *die Bahre* und ging vor allen hinaus, so dass alle außer sich gerieten und GOTT priesen, indem sie sagten: So (etwas) haben wir noch nie gesehen!

[Mk 2,13–17: Die Berufung des Levi und das Zöllnergastmahl]

[13] Und er ging wiederum hinaus an den See. Und die ganze VOLKSMENGE kam zu ihm, und er **LEHRTE** sie.

[14] Und im Vorübergehen sah er Levi, den (Sohn) des Alphäus, am Zoll sitzen und sagt ihm: *FOLGE MIR*!

Und er stand auf und *FOLGTE IHM*.

[15] Und es geschieht, dass er in seinem Haus zu Tisch liegt, und viele *Zöllner* und *SÜNDER* lagen mit Jesus und seinen Jüngern zu Tisch. Denn es waren viele, und sie *FOLGTEN* ihm.

[16] Und als die Schriftgelehrten der Pharisäer sahen, dass er mit den SÜNDERN und *Zöllnern* isst, sagten sie seinen Jüngern: Mit den *Zöllnern* und SÜNDERN isst er?

[17] Und als Jesus es hörte, sagt er ihnen: Nicht bedürfen die Starken eines Arztes, sondern die, denen es schlechtgeht. Ich bin nicht gekommen, Gerechte zu rufen, sondern SÜNDER.

[Mk 2,18–22: Die Fastenfrage]

[18] Und die Jünger des Johannes und die Pharisäer pflegten zu *fasten*.

Und sie kommen und sagen ihm: Weshalb *fasten* die Jünger des Johannes und die Jünger der Pharisäer, deine Jünger aber *fasten* nicht?

[19] Und Jesus sagte ihnen: Können die Hochzeitsgäste, während der BRÄUTIGAM bei ihnen ist, etwa *fasten*? Solange sie den BRÄUTIGAM bei sich haben, können sie nicht *fasten*.

[20] Es werden aber Tage kommen, da der BRÄUTIGAM von ihnen weggenommen sein wird, und dann werden sie *fasten* an jenem Tag.

---

a Oder: „Was dieser so redet!"

²¹ Niemand näht einen Flicken unbehandelten Tuchs auf ein altes Gewand.

Wenn aber doch, reißt das Füllstück von ihm ab, das neue vom alten, und ein (umso) schlimmerer Riss entsteht.

²² Und niemand gießt neuen WEIN in alte SCHLÄUCHE.

Wenn aber doch, zerreißt der WEIN die SCHLÄUCHE, und der WEIN verdirbt und die SCHLÄUCHE.

Sondern neuen WEIN in neue SCHLÄUCHE!

[Mk 2,23–28: Das Ährenausraufen am Sabbat]

²³ Und es geschah, dass er am **Sabbat** durch die Saatfelder ging; und seine Jünger begannen, (ihren) Weg zu machen, indem sie die Ähren ausrauften.

²⁴ Und die Pharisäer sagten ihm: Sieh, warum tun sie am **Sabbat**, was nicht erlaubt ist?

²⁵ Und er sagt ihnen: Habt ihr niemals gelesen, was David tat, als er Mangel hatte und hungrig wurde, er und die bei ihm – ²⁶ wie er hineinging in das Haus GOTTES unter Abiathar, dem Hohenpriester, und die Schaubrote aß, die zu essen niemandem erlaubt ist außer den Priestern, und (wie) er auch denen (davon) gab, die bei ihm waren?[a]

²⁷ Und er sagte ihnen: Der **Sabbat** ist um des Menschen willen gemacht und nicht der Mensch um des **Sabbats** willen.

²⁸ Daher ist der Menschensohn Herr auch über den **Sabbat**.

[Mk 3,1–6: Die Heilung einer abgestorbenen Hand am Sabbat]

¹ Und er ging wiederum in die Synagoge hinein. Und dort war ein Mensch, dem die *Hand abgestorben* war.

² Und sie belauerten ihn, ob er ihn am **Sabbat** heilen werde, damit sie ihn anklagen könnten.

³ Und er sagt dem Menschen, der die *abgestorbene Hand* hatte: Steh auf, in die Mitte!

⁴ Und er sagt ihnen: Ist es erlaubt, am **Sabbat** Gutes zu tun oder (ist es erlaubt, am Sabbat) Böses zu tun, ein Leben zu retten oder zu töten?

Die aber schwiegen.

⁵ Und nachdem er sie ringsum mit Zorn angeblickt hatte, betrübt über die Verstockung ihrer Herzen, sagt er dem Menschen: Streck die *Hand* aus!

Und er streckte sie aus, und seine *Hand* war wiederhergestellt.

⁶ Und die Pharisäer gingen hinaus und hielten mit den Herodianern sogleich Rat gegen ihn, damit sie ihn vernichteten.

---

a Vgl. 1Sam 21,1–7.

[Mk 3,7–12: Großer Zulauf des Volkes und Heilungen]

⁷ Und Jesus zog sich mit seinen Jüngern an den See zurück, und eine *große Menge* aus Galiläa folgte (ihm). Und
    aus Judäa
    ⁸ und aus Jerusalem
    und aus Idumäa
    und von jenseits des Jordan
    und aus (der Gegend) um Tyrus und Sidon
eine *große Menge* – als sie hörten, was er tat, kamen sie zu ihm.

⁹ Und er sagte seinen Jüngern, dass ihm ständig ein Kleinboot bereitstehen solle wegen der VOLKSMENGE, damit sie ihn nicht erdrückten.

¹⁰ Viele nämlich heilte er, so dass all diejenigen sich auf ihn STÜRZTEN, um ihn zu berühren, die Plagen hatten.

¹¹ Und die unreinen Geister STÜRZTEN, wenn sie ihn erblickten, vor ihm nieder und schrien, indem sie sagten: Du bist der *SOHN* GOTTES.

¹² Und er bedrohte sie vielmals, dass sie ihn nicht offenbar machen sollten.

[Mk 3,13–19: Die Berufung der Zwölf]

¹³ Und er steigt auf den Berg und ruft diejenigen herbei, die er selbst wollte, und sie gingen fort zu ihm hin.

¹⁴ UND ER BESTIMMTE ZWÖLF[a], damit sie mit ihm seien und damit er sie sende, zu verkündigen ¹⁵ und Vollmacht zu haben, DIE DÄMONEN AUSZUTREIBEN.

¹⁶ UND ER BESTIMMTE die ZWÖLF[b],

    und dem Simon *verlieh* er als Namen ‚Petrus‘ (= Stein) –
    ¹⁷ und Jakobus, den (Sohn) des Zebedäus,
    und Johannes, den Bruder des Jakobus,
      und *verlieh* ihnen als Namen ‚Boanerges‘,
      was bedeutet: Söhne des Donners,
    ¹⁸ und Andreas
    und Philippus
    und Bartholomäus
    und Matthäus
    und Thomas
    und Jakobus, den Sohn des Alphäus,
    und Thaddäus
    und Simon, den Kananäer,
    ¹⁹ und Judas Iskarioth, der ihn auch ausgeliefert hat.

---

a Nach anderen Textzeugen: „zwölf, die er auch Apostel nannte".

b Dieser Satzteil fehlt in zahlreichen Textzeugen.

[Mk 3,20–35: Die Ablehnung Jesu durch eigene Verwandte und durch Schriftgelehrte]

²⁰ Und er kommt in ein Haus. Und die VOLKSMENGE^a kommt wiederum zusammen, so dass sie nicht einmal Brot essen können. ²¹ Und als es die Seinen hörten, zogen sie aus, um ihn zu ergreifen, denn sie sagten: Er ist verrückt geworden.

²² Und die Schriftgelehrten, die von Jerusalem herabgekommen waren, sagten: Er hat den Beelzebul, und: Durch den Führer der Dämonen TREIBT ER DIE DÄMONEN AUS. ²³ Und er rief sie herbei und sagte ihnen in Gleichnissen: Wie kann Satan Satan austreiben?

²⁴ UND WENN ein Königreich in sich GESPALTEN ist,
kann jenes Königreich *nicht bestehen.*
²⁵ UND WENN ein **Haus** in sich GESPALTEN ist,
wird jenes **Haus** *nicht bestehen* können.
²⁶ UND WENN der Satan gegen sich selbst aufgestanden ist und GESPALTEN wurde,
kann er *nicht bestehen,* sondern ist am Ende.

²⁷ Aber niemand kann in das **Haus** des Starken hineingehen und seine Habe^b AUS-PLÜNDERN, wenn er nicht zuerst den Starken bindet. Und dann wird er sein Haus AUS-PLÜNDERN. ²⁸ Amen, ich sage euch: Alles wird den Menschenkindern vergeben werden, die *Sünden* und die Lästerungen, wie viel sie auch lästern. ²⁹ Wer aber gegen den heiligen Geist lästert, hat keine Vergebung in Ewigkeit, sondern ist ewiger *Sünde* schuldig. ³⁰ Denn sie sagten: Er hat einen unreinen Geist.

³¹ Und es kommen seine Mutter und seine Brüder. Und draußen stehend sandten sie zu ihm und ließen ihn rufen. ³² Und um ihn herum saß eine VOLKSMENGE. Und sie sagen ihm: Siehe, deine Mutter und deine Brüder und deine Schwestern draußen suchen dich. ³³ Und er antwortet ihnen und sagt: Wer ist meine Mutter und meine Brüder? ³⁴ Und er sieht ringsum auf die, die um ihn im Kreis sitzen, und sagt: Siehe, (das ist) meine Mutter und (das sind) meine Brüder! ³⁵ Denn wer GOTTES Willen tut, der ist mein Bruder und (meine) Schwester und Mutter.

[Mk 4,1–20: Das Sämannsgleichnis und seine Deutung]

¹ Und wiederum begann er am See zu LEHREN. Und es versammelt sich bei ihm eine sehr große VOLKSMENGE, so dass er in ein Boot steigt und auf dem See sitzt. Und die ganze VOLKSMENGE war beim See auf dem Land. ² Und er LEHRTE sie vieles in Gleichnissen und sagte ihnen in seiner LEHRE:

---

a Nach anderen Textzeugen: „eine Volksmenge".　　b Wörtlich: „Gefäße".

³ Hört! Siehe, der Sämann ging hinaus, um zu säen. ⁴ Und es geschah beim Säen:
Das eine fiel auf den Weg,
    und es kamen die Vögel und fraßen es auf.
⁵ Und anderes fiel auf den felsigen (Boden), wo es nicht viel Erde hatte,
    und sofort ging es auf, weil es keine tiefe Erde hatte.
    ⁶ Und als die Sonne aufging, verbrannte es,
    und weil es keine Wurzel hatte, verdorrte es.
⁷ Und anderes fiel unter die Dornen,
    und die Dornen wuchsen empor und erstickten es,
    und es gab keine Frucht.
⁸ Und andere fielen in die gute Erde
    und gaben Frucht, indem sie aufgingen und wuchsen, und trugen (Frucht),
    eins dreißigfach und eins sechzigfach und eins hundertfach.
⁹ Und er sagte: Wer Ohren hat zu hören, höre!

¹⁰ Und als er allein war, fragten ihn die um ihn mit den Zwölfen nach den Gleichnissen.
¹¹ Und er sagte ihnen: Euch ist das Geheimnis der Königsherrschaft Gottes gegeben. Jenen aber, denen draußen, geschieht alles in Gleichnissen, damit
    ¹² sie sehend sehen und doch nicht wahrnehmen
    und hörend hören und doch nicht verstehen,
    damit sie nicht umkehren und ihnen vergeben werde.
    [Jes 6,9–10]

¹³ Und er sagt ihnen: Ihr versteht dieses Gleichnis nicht, und wie werdet ihr alle Gleichnisse begreifen?
¹⁴ Der Sämann sät das *Wort.*
¹⁵ Diese aber sind die auf dem Weg:
    Wo das *Wort* gesät wird und wenn sie hören, kommt sogleich der Satan
    und nimmt das *Wort* weg, das in sie gesät wurde.
¹⁶ Und diese sind die auf die felsigen (Böden) Gesäten,
    die, wenn sie das *Wort* hören, es sofort mit Freude aufnehmen, ¹⁷ doch keine Wurzel in sich haben, sondern Augenblicksmenschen sind. Erhebt sich Drangsal oder Verfolgung um des *Wortes* willen, nehmen sie sogleich Anstoß.
¹⁸ Und andere sind die unter die Dornen Gesäten.
    Diese sind, die das *Wort* gehört haben, ¹⁹ und die Sorgen der Welt und der Betrug des Reichtums und die Begierden nach anderen Dingen dringen (in sie) ein und ersticken das *Wort*, und es wird fruchtlos.
²⁰ Und jene sind die auf die gute Erde Gesäten,
    die das *Wort* hören und aufnehmen und Frucht bringen, eins dreißigfach und eins sechzigfach und eins hundertfach.

[Mk 4,21–25: Sprüche von der Lampe und vom Maß]

²¹ Und er sagte ihnen:
Kommt etwa die Lampe, damit sie unter den Scheffel gestellt wird oder unter das Bett? Nicht, damit sie auf den Leuchter gestellt wird?
²² Denn es gibt nichts Verborgenes,
außer damit es offenbar werde;
und nichts Geheimes ist geschehen,
außer damit es ins Offenbare komme.
²³ WENN EINER OHREN HAT ZU HÖREN, HÖRE ER!

²⁴ Und er sagte ihnen:
Seht, was ihr hört!
Mit welchem Maß ihr messt,
wird euch zugemessen und euch hinzugefügt werden.
²⁵ Wer nämlich hat,
dem wird gegeben werden;
und wer nicht hat,
von dem wird auch das, was er hat, weggenommen werden.

[Mk 4,26–29: Das Gleichnis von der von selbst wachsenden Saat]

²⁶ Und er sagte: So ist die KÖNIGSHERRSCHAFT GOTTES wie (wenn) ein Mensch den Samen auf die Erde warf ²⁷ und schläft und steht auf Nacht und Tag, und der Same sprießt und geht in die Höhe, er selbst weiß nicht, wie. ²⁸ Von selbst trägt die Erde Frucht, zuerst Halm, dann Ähre, dann vollen Weizen in der Ähre. ²⁹ Wenn aber die Frucht es gestattet, sendet er sogleich die Sichel, denn die Ernte ist gekommen[a].

[Mk 4,30–34: Das Gleichnis vom Senfkorn;
Abschluss der Gleichnisrede]

³⁰ Und er sagte: Wie sollen wir die KÖNIGSHERRSCHAFT GOTTES vergleichen oder in welchem Gleichnis sollen wir sie darstellen? ³¹ Wie mit einem Senfkorn, das, wenn es auf die Erde gesät wird, am kleinsten ist unter allen Samen auf der Erde, ³² und wenn es gesät ist, wächst es empor und wird größer als alle Kräuter und treibt große Zweige, so dass unter seinem Schatten

die Vögel des Himmels nisten
[Ps 103,12 LXX]
können.

³³ Und in vielen solchen Gleichnissen sagte er ihnen das *Wort*, wie sie es hören konnten.

---

a Vgl. Jo 4,13.

[34] Ohne Gleichnis aber redete er nicht zu ihnen, für sich allein aber löste er den eigenen Jüngern alles auf.

[Mk 4,35–41: Die Sturmbeschwörung]

[35] Und er sagt ihnen an jenem Tag, als es Abend geworden war: Lasst uns hinüberfahren auf die andere Seite.

[36] Und sie entließen die VOLKSMENGE und nehmen ihn mit, so wie er im BOOT war. Und andere BOOTE waren bei ihm.

[37] Und es entsteht ein großer Sturmwind, und die Wellen schlugen in das BOOT, so dass sich das BOOT schon füllte. [38] Und er selbst war im hinteren Teil und schlief auf dem Kopfkissen.

Und sie wecken ihn und sagen ihm: LEHRER, kümmert es dich nicht, dass wir zugrunde gehen?

[39] Und wach geworden, bedrohte er den Wind und sagte dem See: Schweige, verstumme!

Und der Wind legte sich, und es entstand eine große Stille.

[40] Und er sagte ihnen: Warum seid ihr feige? Habt ihr noch keinen *Glauben*?

[41] Und sie fürchteten sich in großer Furcht und sagten zueinander: Wer ist denn dieser, dass auch der Wind und der See ihm gehorchen?

[Mk 5,1–20: Der Besessene von Gerasa]

[1] Und sie kamen auf die andere Seite des Sees in die Landschaft der Gerasener.

[2] Und als er aus dem BOOT ausgestiegen war, kam ihm sogleich aus den Gräbern ein Mensch mit einem unreinen Geist entgegen, [3] der seine Wohnung in den Grabstätten hatte, und auch mit einer Kette konnte ihn niemand mehr binden, [4] da er oft mit Fußfesseln und Ketten gebunden worden war und die Ketten von ihm zerrissen und die Fußfesseln zerrieben worden waren; und niemand vermochte, ihn zu bändigen. [5] Und ständig, nachts und tags, in den Grabstätten und auf den Bergen, schrie er und schlug sich mit Steinen.

[6] Und als er Jesus von weitem sah, lief er und warf sich vor ihm nieder [7] und schrie mit lauter Stimme: Was (gibt es zwischen) mir und dir, Jesus, SOHN des höchsten GOTTES? Ich beschwöre dich bei GOTT, quäle mich nicht!

[8] Denn er hatte zu ihm gesagt: Fahre aus, du unreiner Geist, aus dem Menschen!

[9] Und er fragte ihn: Was ist dein Name?

Und er sagt ihm: **Legion** ist mein Name, denn wir sind viele.

[10] Und er BAT ihn inständig, dass er sie [Plural] nicht aus der Gegend wegschicke.

[11] Es war dort aber am Berg eine große Herde von *Schweinen*, die weidete.

[12] Und sie BATEN ihn und sagten: Schicke uns in die *Schweine*, dass wir in sie einfahren!

[13] Und er gestattete es ihnen.

Und die unreinen Geister fuhren aus und fuhren in die *Schweine* hinein, und die Herde stürmte den Abhang hinab in den See, etwa zweitausend, und sie ertranken im See.

[14] Und ihre Hirten flohen und berichteten (davon) in der Stadt und in den Gehöften.

Und sie kamen, um zu sehen, was es sei, das da geschehen war, [15] und kommen zu Jesus und sehen den Besessenen dasitzen, bekleidet und vernünftig, (ihn,) der die **Legion** gehabt hat, und sie fürchteten sich.

[16] Und die es gesehen hatten, erzählten ihnen, wie dem Besessenen geschehen war und über die *Schweine*.

[17] Und sie begannen ihn zu BITTEN, aus ihrem Gebiet wegzugehen.

[18] Und als er in das *BOOT* stieg, BAT ihn der, der besessen gewesen war, dass er mit ihm sein dürfe.

[19] Und er ließ ihn nicht, sondern sagt ihm: Geh in dein Haus zu den Deinigen und berichte ihnen, was der Herr an dir getan hat und (wie) er sich deiner erbarmt hat!

[20] Und er ging weg und begann in der Dekapolis[a] zu verkünden, was Jesus ihm getan hatte, und alle wunderten sich.

[Mk 5,21–43: Die Heilung einer an Blutungen leidenden Frau und die Auferweckung der Tochter eines Synagogenvorstehers]

[21] Und als Jesus im *BOOT* wiederum auf die andere Seite hinübergefahren war, versammelte sich bei ihm eine große *VOLKSMENGE*, und er war am See.

[22] Und es kommt einer der Synagogenvorsteher, namens Jairus, und als er ihn sieht, fällt er zu seinen Füßen nieder [23] und bittet ihn inständig und sagt: Mein Töchterchen liegt in den letzten Zügen; komm und leg die Hände auf sie, damit sie gerettet wird und lebt!

[24] Und er ging mit ihm weg.

Und ihm folgte eine große *VOLKSMENGE*, und sie umdrängten ihn.

[25] Und als eine Frau,
   die BLUTfluss hatte seit ZWÖLF JAHREN
   [26] und viel gelitten hatte von vielen Ärzten
   und ihr ganzes Vermögen ausgegeben hatte
   und keinen Nutzen davon gehabt hatte,
   sondern in einen immer schlimmeren Zustand geraten war,
[27] von Jesus gehört hatte, kam sie in der *VOLKSMENGE* von hinten und BERÜHRTE SEIN GEWAND. [28] Sie sagte (sich) nämlich: Wenn ich auch nur SEINE GEWÄNDER BERÜHRE, werde ich gerettet werden.

---

a Vgl. zu Mt 4,25.

²⁹ Und sogleich versiegte die Quelle ihres BLUT(fluss)es, und sie spürte am Körper, dass sie von der Plage geheilt war.

³⁰ Und sogleich erkannte Jesus in sich die von ihm ausgegangene Kraft, wandte sich in der *VOLKSMENGE* um und sagte: Wer hat MEINE GEWÄNDER BERÜHRT?

³¹ Und seine Jünger sagten ihm: Du siehst, dass die *VOLKSMENGE* dich umdrängt, und sagst: Wer hat mich BERÜHRT?

³² Und er blickte umher, um die zu sehen, die das getan hatte.

³³ Die Frau aber fürchtete sich und zitterte, da sie wusste, was ihr geschehen war, kam und warf sich vor ihm nieder und sagte ihm die ganze Wahrheit.

³⁴ Er aber sagte ihr: Tochter, dein *Glaube* hat dich gerettet. Geh hin in Frieden und sei gesund von deiner Plage!

³⁵ Als er noch redet, kommen sie vom Synagogenvorsteher und sagen: Deine Tochter ist gestorben; was belästigst du den **LEHRER** noch?

³⁶ Jesus aber hört das Wort mit[a], das da geredet wird, und sagt dem Synagogenvorsteher: Fürchte dich nicht, *glaube* nur!

³⁷ Und er ließ niemanden mit ihm mitfolgen außer Petrus und Jakobus und Johannes, dem Bruder des Jakobus. ³⁸ Und sie kommen in das Haus des Synagogenvorstehers, und er sieht ein Gelärme und laut Weinende und Wehklagende, ³⁹ und er geht hinein und sagt ihnen: Was lärmt ihr und weint? Das Kind ist nicht gestorben, sondern schläft.

⁴⁰ Und sie lachten ihn aus.

Er aber wirft alle hinaus und nimmt den Vater des Kindes und die Mutter und seine Begleiter und geht hinein, wo das Kind war. ⁴¹ Und er ergreift die Hand des Kindes und sagt ihr: Talitha kum!, was übersetzt heißt: Mädchen, dir sage ich, steh auf!

⁴² Und sogleich stand das Mädchen auf und ging umher. Sie war nämlich ZWÖLF JAHRE.

Und sogleich gerieten sie außer sich mit großem Entsetzen.

⁴³ Und er befahl ihnen streng, dass keiner dies erfahren sollte.

Und er sagte, man solle ihr zu essen geben.

[Mk 6,1–6: Die Ablehnung Jesu in seiner Vaterstadt]

¹ Und er ging von dort weg.

Und er kommt in seine *VATERSTADT*, und seine Jünger folgen ihm.

² Und als es Sabbat wurde, begann er in der Synagoge zu **LEHREN**.

Und viele, die zuhörten, erregten sich und sagten:

> Woher hat dieser dies?
> Und was ist das für eine Weisheit, die diesem gegeben wurde,
> und derartige Machttaten, die durch seine Hände geschehen?

³ Ist dieser nicht der Handwerker,

---

a Oder: „überhört das Wort (absichtlich)“.

der Sohn der Maria
und Bruder von Jakobus und Joses und Judas und Simon?
Und sind nicht seine Schwestern hier bei uns?
Und sie nahmen an ihm Anstoß.
⁴ Und Jesus sagte ihnen: Nirgends ist ein Prophet ungeehrt
außer in seiner VATERSTADT
und bei seinen Verwandten
und in seinem Haus.
⁵ Und er konnte dort keine Machttat tun, außer dass er wenigen Kraftlosen die Hände auflegte und sie heilte. ⁶ Und er wunderte sich wegen ihres *Unglaubens*.
Und er durchzog die Dörfer ringsum und LEHRTE.

[Mk 6,7–13: Die Aussendung der Zwölf]

⁷ Und er ruft die Zwölf herbei und begann, sie jeweils zu zweit auszusenden, und gab ihnen Vollmacht über die unreinen Geister.
⁸ Und er befahl ihnen, dass sie nichts mitnehmen sollten auf den Weg als allein einen Stab,
nicht Brot,
nicht Tasche,
nicht Kupfer(geld) im Gürtel,
⁹ sondern Sandalen untergebunden,
und: Zieht nicht zwei Untergewänder an!
¹⁰ Und er sagte ihnen: Wo immer ihr in ein Haus hineingeht, bleibt dort, bis ihr wieder von dort hinausgeht! ¹¹ Und welcher Ort euch nicht aufnimmt und (wo) sie nicht auf euch hören, zieht von dort hinaus und schüttelt den Staub ab, der unter euren Füßen ist, ihnen zum Zeugnis!
¹² Und sie gingen hinaus und verkündigten, dass man umkehren solle, ¹³ und sie trieben viele Dämonen aus und salbten viele Kraftlose mit Öl und heilten.

[Mk 6,14–29: König Herodes und die Enthauptung Johannes des Täufers]

¹⁴ Und der König Herodes hörte, denn sein Name wurde bekannt,
und sie sagten: Johannes, der Taufende, ist von den Toten erweckt worden, und deshalb wirken die Kräfte in ihm.
¹⁵ Andere aber sagten: Er ist Elia.
Andere aber sagten: Ein Prophet wie einer der Propheten.
¹⁶ Als Herodes aber (davon) gehört hatte, sagte er: Den ich enthauptet habe, Johannes, dieser ist auferweckt worden.

¹⁷ Denn Herodes selbst hatte (einst) ausgesandt und Johannes festnehmen und ihn im Gefängnis fesseln lassen wegen Herodias, der Frau seines Bruders Philippus, weil er sie geheiratet hatte.

¹⁸ Denn Johannes hatte Herodes gesagt: Es ist dir nicht erlaubt, die Frau deines Bruders zu haben.

¹⁹ Herodias aber grollte ihm und wollte ihn töten und konnte es nicht. ²⁰ Herodes nämlich fürchtete Johannes, da er wusste, dass er ein gerechter und heiliger Mann war, und er beschützte ihn, und wenn er ihn hörte, kam er in große Verlegenheit, und (doch) hörte er ihn gern.

²¹ Und als ein günstiger Tag kam, als Herodes an seinem Geburtstagsfest ein Mahl gab für seine Vornehmen und die Offiziere und die Ersten von Galiläa, ²² und als da seine Tochter Herodias hereinkam und tanzte, gefiel sie Herodes und den Mahlgenossen.

Der König sagte dem Mädchen: *Bitte* mich, was immer du willst, und ich werde es dir geben.

²³ Und er schwor ihr vielmals: Was auch immer du mich *bittest*, werde ich dir geben bis zur Hälfte meines Königreichs.

²⁴ Und sie ging hinaus und sagte ihrer Mutter: Was soll ich *erbitten*?

Die aber sagte: Den Kopf Johannes des Taufenden.

²⁵ Und sogleich ging sie mit Eile zum König hinein und *bat*, indem sie sagte: Ich will, dass du mir sofort auf einem Teller den Kopf Johannes des Täufers gibst.

²⁶ Und obwohl der König sehr betrübt wurde, wollte er sie, wegen der Eide und der zu Tisch Liegenden, nicht abweisen. ²⁷ Und sogleich sandte der König einen Henker und befahl, seinen Kopf zu bringen.

Und er ging weg und enthauptete ihn im Gefängnis. ²⁸ Und er brachte seinen Kopf auf einem Teller und gab ihn dem Mädchen, und das Mädchen gab ihn ihrer Mutter.

²⁹ Und als seine Jünger (davon) gehört hatten, kamen sie und trugen seinen Leichnam fort und legten ihn in ein Grab.

[Mk 6,30–44: Rückkehr der Apostel und Speisung der Fünftausend]

³⁰ Und die Apostel versammeln sich bei Jesus und erzählten ihm alles, was sie getan und was sie **GELEHRT** hatten.

³¹ Und er sagt ihnen: Kommt, ihr selbst allein, an einen *einsamen Ort* und ruht ein wenig!

Denn die, die kamen und gingen, waren viele, und sie hatten nicht einmal Zeit, um zu *essen*.

³² Und sie fuhren weg im *BOOT* an einen *einsamen Ort* allein.

³³ Und man sah sie abfahren, und viele erkannten sie und liefen zu Fuß von allen Städten dort zusammen und kamen vor ihnen an.

³⁴ Und als er ausstieg, sah er eine große *VOLKSMENGE* und hatte Mitleid mit ihnen, denn sie waren

wie Schafe, die keinen Hirten haben
[Num 27,17],

und er begann, sie vieles zu **LEHREN**.

^{35} Und als die Stunde schon vorgerückt war, kamen seine Jünger zu ihm und sagten: *Einsam* ist der *Ort* und die Stunde schon vorgerückt. ^{36} Entlasse sie, damit sie in die umliegenden Ortschaften und Dörfer fortgehen und sich etwas zu *essen* kaufen!

^{37} Er aber antwortete und sagte ihnen: Gebt ihr ihnen zu *essen*!

Und sie sagen ihm: Sollen wir fortgehen und für zweihundert Denare **Brote** kaufen und ihnen zu *essen* geben?

^{38} Er aber sagt ihnen: Wie viele **Brote** habt ihr? Geht, seht!

Und sie stellen es fest und sagen: Fünf, und zwei Fische.

^{39} Und er gebot ihnen, dass alle sich lagern, Tischgemeinschaft neben Tischgemeinschaft, auf dem grünen Gras.

^{40} Und sie ließen sich nieder, Gruppe neben Gruppe zu Hundert und zu Fünfzig.

^{41} Und er nahm die fünf **Brote** und die zwei Fische, blickte auf zum Himmel, dankte und brach die **Brote** und gab sie seinen Jüngern, damit sie (sie) ihnen vorlegen, und die zwei Fische teilte er für alle.

^{42} Und es *aßen* alle und wurden gesättigt.

^{43} Und sie hoben Brocken auf, zwölf Körbe voll, auch von den Fischen.

^{44} Und die die **Brote** *gegessen* hatten, waren fünftausend Männer.

[Mk 6,45–52: Jesu Seewandel]

^{45} Und sogleich nötigte er seine Jünger, in das *Boot* einzusteigen und auf die andere Seite nach Bethsaida vorauszufahren, bis er selbst die Volksmenge entlassen habe.

^{46} Und er verabschiedete sich von ihnen und ging auf den Berg, um zu beten.

^{47} Und als es Abend geworden war, war das *Boot* in der Mitte des Sees und er allein auf dem Land.

^{48} Und er sah sie sich abquälen beim Rudern, denn der Wind war ihnen entgegen, und um die vierte Nachtwache kommt er zu ihnen, indem er auf dem See umhergeht, und er wollte an ihnen vorbeigehen.

^{49} Als die ihn aber auf dem See umhergehen sahen, meinten sie, dass es ein Gespenst sei, und sie schrien auf. ^{50} Alle nämlich sahen ihn und wurden verwirrt.

Er aber redete sogleich mit ihnen, und sagt ihnen: Habt Mut, ich bin es, fürchtet euch nicht!

^{51} Und er stieg zu ihnen in das *Boot*, und der Wind legte sich.

Und sie gerieten innerlich völlig außer sich. ^{52} Denn sie hatten bei den **Broten** keine Einsicht gewonnen, sondern ihr Herz war verstockt.

[Mk 6,53–56: Heilung vieler Kranker]

^{53} Und sie fuhren hinüber zum Land und kamen nach Genezareth und legten an.

^{54} Und als sie aus dem *Boot* ausstiegen, erkannten sie ihn sogleich ^{55} und liefen in jener ganzen Gegend umher und begannen, auf den Bahren die, denen es schlechtging, umherzutragen, wo sie hörten, dass er sei.

[56] Und wo auch immer er in Dörfer oder in Städte oder in Gehöfte hineinging, legten sie die Kranken auf die Marktplätze und baten ihn, dass sie wenigstens den Saum seines Gewandes *berühren* dürften. Und alle, die ihn *berührten*, wurden gerettet.

[Mk 7,1–23: Auseinandersetzung über Rein und Unrein]

[1] Und es versammeln sich bei ihm die Pharisäer und einige Schriftgelehrte, die aus Jerusalem gekommen waren. [2] Und als sie einige seiner Jünger sahen, dass sie mit UNREINEN HÄNDEN, das heißt ungewaschenen (Händen), DIE BROTE ESSEN –

> [3] denn die Pharisäer und alle Juden essen nicht, wenn sie nicht mit einer Faust die Hände gewaschen haben, und halten so an der ÜBERLIEFERUNG *der Ältesten* fest;
> [4] und vom Markt (kommend), essen sie nicht, wenn sie sich[a] nicht besprengt haben;
> und vieles andere gibt es, was sie übernommen haben, daran festzuhalten: Abspülungen von Bechern und Krügen und Kupfergefäßen[b].

[5] Und es fragen ihn die Pharisäer und die Schriftgelehrten: Warum verhalten sich deine Jünger nicht gemäß der ÜBERLIEFERUNG *der Ältesten*, sondern ESSEN DAS BROT MIT UNREINEN HÄNDEN? [6] Er aber sagte ihnen: Gut hat Jesaja über euch Heuchler geweissagt, wie geschrieben ist:

> Dieses Volk ehrt mich mit Lippen,
> ihr Herz aber ist weit von mir entfernt.
> [7] Vergeblich aber verehren sie mich,
> indem sie als **LEHREN** Gebote von MENSCHEN **LEHREN**.
> [Jes 29,13 LXX]

[8] Indem ihr das **Gebot** GOTTES fahren lasst, haltet ihr an der ÜBERLIEFERUNG der MENSCHEN fest.

[9] Und er sagte ihnen: Gut setzt ihr das **Gebot** GOTTES außer Kraft, damit ihr eure ÜBERLIEFERUNG zur Geltung bringt. [10] Mose nämlich sagte:

> Ehre deinen Vater und deine Mutter.
> [Ex 20,12; Dtn 5,16]
> Und:
> Wer Vater oder Mutter schmäht, soll des Todes sterben.
> [Ex 21,17; Lev 20,9]

[11] Ihr aber sagt:
‚Wenn ein Mensch zu Vater oder Mutter sagt: Korban!', was heißt: Weihegabe (sei), was dir von mir geschuldet wird –

---

a Oder: „es".

b In einigen Textzeugen folgt: „und Betten".

¹² lasst ihr ihn nichts mehr für den Vater oder die Mutter tun, ¹³ womit ihr das
Wort GOTTES durch eure ÜBERLIEFERUNG aufhebt, die ihr ÜBERLIEFERT habt. Und dergleichen tut ihr vieles.

¹⁴ Und wiederum rief er die VOLKSMENGE herbei und sagte ihnen: Hört mich alle
und begreift! ¹⁵ Es gibt nichts von außerhalb des MENSCHEN in ihn Hineinkom-
mendes, das ihn *verunreinigen* kann; sondern die Dinge, die aus dem Menschen herauskommen, sind es, die den MENSCHEN *verunreinigen*.ᵃ

¹⁷ Und als er in ein Haus hineinging, von der VOLKSMENGE weg, fragten ihn seine
Jünger nach dem Gleichnis.

¹⁸ Und er sagt ihnen: So seid auch ihr unverständig? Begreift ihr nicht, dass alles,
was von außerhalb in den Menschen hineingeht, ihn nicht *unrein* machen kann,
¹⁹ weil es ihm nicht ins Herz hineingeht, sondern in den Bauch, und in den Abort
hinausgeht? –
womit er alle Speisen für *rein* erklärte.

²⁰ Er sagte aber: Was aus dem MENSCHEN herauskommt, jenes *verunreinigt* den
MENSCHEN. ²¹ Von innen nämlich, aus dem Herzen der MENSCHEN, kommen
die schlechten Gedanken heraus:

Hurereien,
Diebstähle,
Morde,
²² Ehebrüche,
Habsüchteleien,
Bosheiten,
Arglist,
Ausschweifung,
böser Blick,
Lästerung,
Hochmut,
Unverstand.

²³ All dieses Böse kommt von innen heraus und *verunreinigt* den MENSCHEN.

[Mk 7,24–30: Die Syrophönizierin]

²⁴ Von dort aber brach er auf und ging fort in das Gebiet von Tyrus.
Und er kam in ein Haus hinein und wollte, dass es niemand erfährt, und er
konnte nicht verborgen bleiben.
²⁵ Aber sogleich hörte eine Frau von ihm, deren Töchterchen einen unreinen
Geist hatte, und kam und fiel nieder zu seinen Füßen. ²⁶ Die Frau aber war Grie-

---

a Mk 7,16 („Wenn einer Ohren hat zu hören, höre er!") ist ein späterer Zusatz.

chin, Syrophönizierin von Geburt. Und sie bat ihn, dass er den *Dämon* aus ihrer Tochter austreibe.

[27] Und er sagte ihr: Lass zuerst die KINDER satt werden! Denn es ist nicht gut, den KINDERN das Brot zu nehmen und den Hündchen vorzuwerfen.

[28] Sie aber antwortete und sagt ihm: Herr, auch die Hündchen unter dem Tisch essen von den Krümeln der KINDERLEIN.

[29] Und er sagte ihr: Um dieses Wortes willen geh! Ausgefahren aus deiner Tochter ist der *Dämon*.

[30] Und sie ging fort in ihr Haus und fand das KINDLEIN hingeworfen auf das Bett und den *Dämon* ausgefahren.

[Mk 7,31–37: Der Taubstumme]

[31] Und wiederum ging er aus dem Gebiet von Tyrus hinaus und kam durch Sidon an den See von Galiläa mitten in das Gebiet der Dekapolis[a].

[32] Und sie bringen ihm einen Taubstummen und bitten ihn, dass er ihm die Hand auflege.

[33] Und er nahm ihn von der VOLKSMENGE weg, für sich allein, legte seine Finger in seine Ohren und spuckte aus und berührte seine Zunge. [34] Und er blickte hinauf zum Himmel, seufzte und sagt ihm: ‚Ephata‘, was heißt: Sei *geöffnet*!

[35] Und seine Hörorgane *öffneten sich*, und die Fessel seiner Zunge wurde gelöst, und er redete richtig.

[36] Und er befahl ihnen, es niemandem zu sagen.

So sehr er es ihnen aber befahl, sie verkündeten es umso mehr. [37] Und über die Maßen gerieten sie außer sich und sagten: Gut hat er alles gemacht, auch die Tauben macht er hören und die Stummen reden.

[Mk 8,1–9: Die Speisung der Viertausend]

[1] In jenen Tagen, als wiederum eine große VOLKSMENGE anwesend war und sie nichts zu essen hatten, rief er die Jünger herbei und sagt ihnen: [2] Ich habe Erbarmen mit der VOLKSMENGE, denn schon drei Tage harren sie bei mir aus und haben nichts zu essen. [3] Und wenn ich sie nüchtern in ihr Haus entlasse, werden sie auf dem Weg ermatten. Und etliche von ihnen sind von weither gekommen.

[4] Und seine Jünger antworteten ihm: Woher könnte diese einer hier sättigen mit **Broten** in der Wüste?

[5] Und er fragte sie: Wie viele **Brote** habt ihr?

Sie aber antworteten: Sieben.

[6] Und er befiehlt der VOLKSMENGE, sich auf die Erde zu setzen. Und er nahm die sieben **Brote**, dankte, brach sie und gab sie seinen Jüngern, damit sie sie *vorlegten*.

Und sie *legten* sie der VOLKSMENGE *vor*.

---

a Vgl. zu Mt 4,25.

⁷ Und sie hatten wenige Fischlein.

Und er sprach den Segen über sie und gebot, auch diese *vorzulegen*.

⁸ Und sie aßen und wurden gesättigt, und sie hoben die Überreste von Brocken auf, sieben Flechtkörbe.

⁹ Es waren aber etwa viertausend.

Und er entließ sie.

[Mk 8,10–13: Zeichenforderung der Pharisäer]

¹⁰ Und sogleich stieg er in das BOOT mit seinen Jüngern und kam in das Gebiet von Dalmanutha.

¹¹ Und die PHARISÄER zogen aus und begannen, mit ihm zu streiten, indem sie von ihm ein ZEICHEN vom Himmel forderten und ihn versuchten.

¹² Und er seufzt in seinem Geist und sagt: Was fordert diese Generation ein ZEICHEN? Amen, ich sage euch: Nie und nimmer wird dieser Generation ein ZEICHEN gegeben werden.

¹³ Und er ließ sie stehen, stieg wieder ein und fuhr weg auf die andere Seite.

[Mk 8,14–21: Unverständnis der Jünger]

¹⁴ Und sie vergaßen, **Brote** mitzunehmen, und außer einem einzigen **Brot** hatten sie nichts bei sich im BOOT.

¹⁵ Und er schärfte ihnen ein: Seht, nehmt euch in Acht vor dem Sauerteig der PHARISÄER und dem Sauerteig des Herodes!

¹⁶ Und sie überlegten miteinander, dass sie keine **Brote** hatten.

¹⁷ Und er erkennt es und sagt ihnen: Was überlegt ihr, dass ihr keine **Brote** habt? Begreift und *VERSTEHT IHR NOCH NICHT*? Habt ihr ein verstocktes Herz?

¹⁸ ‚Obwohl ihr Augen habt, seht ihr nicht, und obwohl ihr Ohren habt, hört ihr nicht‘?

[Jer 5,21]

Und erinnert ihr euch nicht, ¹⁹ als ich die fünf **Brote** für die Fünftausend brach, wie viele Körbe voller Brocken ihr aufgehoben habt?

Sie sagen ihm: Zwölf.

²⁰ Als (ich) die sieben für die Viertausend (brach), für wie viele Flechtkörbe habt ihr Brocken aufgehoben?

Und sie sagen: (Für) sieben.

²¹ Und er sagte ihnen: *VERSTEHT IHR NOCH NICHT*?

[Mk 8,22–26: Der Blinde]

²² Und sie kommen nach Bethsaida.

Und sie bringen ihm einen Blinden und bitten ihn, dass er ihn berühre.

²³ Und er nahm die Hand des Blinden und brachte ihn aus dem DORF hinaus und spuckte auf seine Augen, *legte* ihm *die Hände auf* und fragte ihn: Siehst du etwas?
²⁴ Und aufsehend sagte er: Ich sehe die Menschen, denn wie Bäume sehe ich Umhergehende.
²⁵ Daraufhin *legte* er wiederum *die Hände auf* seine Augen.
Und er sah scharf und war wiederhergestellt und sah alles deutlich.
²⁶ Und er sandte ihn in sein Haus und sagte: Geh aber nicht in das DORF hinein!

[Markus 8,27–10,52:
Jesu Weg von Galiläa nach Jerusalem]

[Mk 8,27–33: Das Messiasbekenntnis des Petrus,
die erste Leidens- und Auferstehungsweissagung Jesu und das Versagen des Petrus]

²⁷ Und Jesus ging weg und seine Jünger in die DÖRFER von Cäsarea Philippi. Und auf dem Weg fragte er seine Jünger und sagte ihnen: Was sagen die Menschen, wer ich bin?
²⁸ Sie aber antworteten ihm und sagten: Johannes der Täufer, und andere: Elia, andere aber: einer der Propheten.
²⁹ Und er fragte sie: Ihr aber, was sagt ihr, wer ich bin?
Petrus aber antwortete und sagt ihm: Du bist der Christus.
³⁰ Und er BEDROHTE sie, dass sie niemandem über ihn erzählen sollten.
³¹ Und er begann sie zu **LEHREN**: Der Menschensohn muss viel leiden und verworfen werden von den Ältesten und den Hohenpriestern und den Schriftgelehrten und getötet werden und nach drei Tagen auferstehen.
³² Und mit Freimut redete er das Wort.
Und Petrus nahm ihn beiseite und begann ihn zu BEDROHEN.
³³ Er aber wandte sich um, sah seine Jünger und BEDROHTE Petrus und sagt: Tritt hinter mich, Satan, denn du hast nicht GOTTES Sache im Sinn, sondern der Menschen Sache!

[Mk 8,34–9,1: Von der Nachfolge]

³⁴ Und er rief die VOLKSMENGE samt seinen Jüngern herbei und sagte ihnen:
Wenn einer hinter mir herfolgen will, verleugne er sich selbst und nehme sein Kreuz und folge mir nach.
³⁵ Wer nämlich sein *Leben* retten will, wird es verlieren; wer aber sein *Leben* verlieren wird um meinetwillen und um des EVANGELIUMS willen, wird es retten.
³⁶ Was nützt es nämlich, dass ein Mensch die ganze Welt gewinnt und sein *Leben* einbüßt? ³⁷ Denn was könnte ein Mensch als Tausch für sein *Leben* geben?

³⁸ Wer sich nämlich meiner und meiner Worte in dieser ehebrecherischen und sündigen Generation schämt, dessen wird sich auch der Menschensohn schämen, wenn er kommt in der Herrlichkeit seines Vaters mit den heiligen Engeln.

⁹,¹ Und er sagte ihnen: Amen, ich sage euch, es gibt einige von den hier Stehenden, die werden den Tod nicht schmecken, bis sie die KÖNIGSHERRSCHAFT GOTTES sehen, gekommen in Kraft.

[Mk 9,2–13: Verklärung Jesu auf einem Berg
und Gespräch beim Abstieg]

² Und nach sechs Tagen nimmt Jesus Petrus und Jakobus und Johannes und bringt sie hinauf auf einen hohen Berg, nur sie allein.

Und er wurde vor ihnen verwandelt. ³ Und seine Kleider wurden leuchtend, ganz weiß, wie sie kein Walker auf der Erde so weiß machen kann.

⁴ Und ihnen erschien Elia mit Mose, und sie führten ein Gespräch mit Jesus.

⁵ Und Petrus antwortete und sagt Jesus: Rabbi, gut ist es, dass wir hier sind. Und wir wollen drei Zelte bauen, dir eines und Mose eines und Elia eines.

⁶ Denn er wusste nicht, was er antwortete; denn sie waren in Furcht geraten.

⁷ Und es entstand eine Wolke, die sie überschattete. Und es kam eine Stimme aus der Wolke: Dieser ist mein geliebter *SOHN*, hört auf ihn!

⁸ Und plötzlich, als sie umherblickten, sahen sie niemanden mehr, sondern Jesus allein bei ihnen.

⁹ Und als sie vom Berg herabstiegen, befahl er ihnen, niemandem das, was sie gesehen hatten, zu erzählen, außer wenn der Menschensohn von den Toten auferstanden sei.

¹⁰ Und den Ausspruch hielten sie fest und STRITTEN untereinander, was das Auferstehen von den Toten sei.

¹¹ Und sie fragten ihn und sagten: Warum sagen die Schriftgelehrten:
,Zuerst muss Elia kommen'?
[Mal 3,23]

¹² Er aber sagte ihnen: Elia kommt zwar zuerst und stellt alles wieder her. Und wieso ist geschrieben über den Menschensohn, dass er vieles leidet und verachtet wird?ᵃ

¹³ Aber ich sage euch: Auch Elia ist gekommen, und sie taten ihm, was sie wollten, wie über ihn geschrieben ist.

[Mk 9,14–29: Der epileptische Knabe]

¹⁴ Und als sie zu den **Jüngern** gekommen waren, sahen sie eine große VOLKSMENGE um sie herum und Schriftgelehrte, die mit ihnen STRITTEN.

---

a Oder: „Und wie ist geschrieben über den Menschensohn? Dass er vieles leidet und verachtet wird!"

¹⁵ Und sogleich sah ihn die ganze VOLKSMENGE und erschrak und lief herbei und begrüßte ihn.

¹⁶ Und er fragte sie: Was STREITET ihr mit ihnen?

¹⁷ Und es antwortete ihm einer aus der VOLKSMENGE: **LEHRER**, ich brachte meinen Sohn zu dir, da er einen stummen GEIST hat. ¹⁸ Und wo auch immer er ihn packt, reißt er ihn nieder; und er schäumt und knirscht mit den Zähnen und erstarrt. Und ich sagte deinen **Jüngern**, dass sie ihn austreiben sollten, aber sie konnten es nicht.

¹⁹ Er aber antwortete ihnen und sagt: O ungläubige Generation, bis wann werde ich bei euch sein? Bis wann werde ich euch ertragen? Bringt ihn zu mir!

²⁰ Und sie brachten ihn zu ihm. Und als der GEIST ihn sah, zerrte er ihn sogleich hin und her, und er fiel auf die Erde, wälzte sich und schäumte.

²¹ Und er fragte seinen Vater: Wie lange ist es her, dass ihm dies geschehen ist?

Er aber sagte: Von Kindheit an; ²² und oft warf er ihn auch ins Feuer und ins Wasser, damit er ihn vernichte. Aber wenn du etwas VERMAGST, hilf uns und hab Erbarmen über uns!

²³ Jesus aber sagte ihm: Das ‚wenn du VERMAGST‘ ... Alles ist dem MÖGLICH, der **Glauben** hat.

²⁴ Sogleich schrie der Vater des Kindes auf und sagte: Ich *glaube*, hilf meinem **Unglauben**!

²⁵ Als aber Jesus sah, dass eine VOLKSMENGE zusammenläuft, bedrohte er den unreinen GEIST und sagte ihm: Du stummer und tauber GEIST, ich befehle dir: *Fahr aus ihm aus* und fahr nicht mehr in ihn hinein!

²⁶ Und er schrie und riss (ihn) heftig zusammen und *fuhr aus*. Und er war wie tot, so dass viele sagten: Er ist gestorben.

²⁷ Jesus aber ergriff seine Hand und richtete ihn auf, und er stand auf.

²⁸ Und als er in ein Haus hineingegangen war, fragten ihn seine **Jünger** für sich: Warum konnten wir ihn nicht austreiben?

²⁹ Und er sagte ihnen: Diese Art kann durch nichts *ausfahren* außer durch Gebet.

[Mk 9,30–32: Die zweite Leidens- und Auferstehungsweissagung]

³⁰ Und nachdem sie von dort hinausgegangen waren, zogen sie durch Galiläa. Und er wollte nicht, dass es einer erfährt. ³¹ Er **LEHRTE** nämlich seine **Jünger** und sagte ihnen: Der Menschensohn wird in die Hände von Menschen ausgeliefert, und sie werden ihn töten und, getötet, wird er nach drei Tagen auferstehen.

³² Sie aber verstanden das Wort nicht, und sie fürchteten sich, ihn zu fragen.

[Mk 9,33–50: Nachfolge]

³³ Und sie kamen nach Kapernaum.

Und im Haus angelangt, fragte er sie: Was habt ihr auf dem Weg besprochen?

[34] Sie aber schwiegen. Miteinander hatten sie nämlich auf dem Weg beredet, wer der Größte sei.

[35] Und er setzte sich und rief die Zwölf und sagt ihnen: Wenn einer erster sein will, soll er letzter von allen und Diener von allen sein.

[36] Und er nahm ein Kind, stellte es in ihre Mitte und umarmte es und sagte ihnen:

[37] Wer eines von solchen Kindern aufnimmt in meinem NAMEN,
nimmt mich auf.
Und wer mich aufnimmt,
nimmt nicht mich auf,
sondern den, der mich gesandt hat.

[38] Es sagte ihm Johannes: LEHRER, wir sahen einen in deinem NAMEN Dämonen austreiben, und wir haben ihn gehindert, weil er uns nicht nachfolgte.

[39] Jesus aber sagte: Hindert ihn nicht! Denn es gibt niemanden, der in meinem NAMEN ein Wunder tun wird und bald darauf schlecht über mich wird reden können.

[40] Denn wer nicht gegen uns ist, ist für uns.

[41] Denn wer euch einen Becher Wasser zu trinken gibt aufgrund dessen, dass ihr Christus gehört, amen, ich sage euch: Er wird seinen Lohn nicht verlieren.

[42] Und wer einem dieser Kleinen, die *glauben*[a], ÄRGERNIS GIBT, **es wäre besser** für ihn, wenn ein Mühlstein um seinen Hals gelegt und er ins Meer geworfen wäre.

[43] Und wenn dir deine Hand ÄRGERNIS GIBT, HAU SIE AB! **Es wäre besser für dich,** verstümmelt in das Leben hineinzugehen, als zwei Hände zu haben und *in die Gehenna* zu kommen, in das unauslöschliche Feuer.[b]

[45] Und wenn dein Fuß dir ÄRGERNIS GIBT, HAU IHN AB! **Es wäre besser für dich,** lahm in das Leben hineinzugehen, als zwei Füße zu haben und *in die Gehenna* geworfen zu werden.[c]

[47] Und wenn dein Auge dir ÄRGERNIS GIBT, reiß es aus! **Es wäre besser für dich,** einäugig in die KÖNIGSHERRSCHAFT GOTTES hineinzugehen, als zwei Augen zu haben und *in die Gehenna* geworfen zu werden, [48] wo

ihr Wurm nicht verendet
und das Feuer nicht erlischt.
[Jes 66,24]

[49] Denn jeder wird mit Feuer GESALZEN werden.

[50] Gut ist das SALZ. Wenn aber das SALZ SALZLOS wird, womit werdet ihr es würzen?
Habt SALZ in euch und haltet Frieden untereinander!

---

a Nach anderen, guten Textzeugen: „an mich glauben".

b Mk 9,44 („wo ihr Wurm nicht verendet und das Feuer nicht erlischt") gehört nicht zum ursprünglichen Text (vgl. V. 48).

c Mk 9,46 entspricht Mk 9,44 (s. die vorige Anmerkung) und ist ebenfalls nicht ursprünglich.

[Mk 10,1–12: Gespräche über Ehescheidung]

[1] Und er bricht von dort auf und kommt in das Gebiet von Judäa und jenseits des Jordan.

Und wieder kommen VOLKSMENGEN bei ihm zusammen, und wie gewöhnlich LEHRTE er sie wieder.

[2] Und Pharisäer kamen herzu und fragten ihn, ob es einem Mann erlaubt sei, (seine) Frau zu **entlassen** – womit sie ihn versuchten.

[3] Er aber antwortete und sagte ihnen: Was hat euch Mose befohlen?

[4] Sie aber sagten: Mose erlaubte, eine Scheidungsurkunde zu schreiben und zu **entlassen**.

[5] Jesus aber sagte ihnen: Auf eure Hartherzigkeit hin schrieb euch Mose dieses Gebot. [6] Doch von Anfang der Schöpfung her

erschuf er sie als männlich und weiblich.

[Gen 1,27; 5,2]

[7] Deshalb wird ein Mensch seinen Vater und die Mutter verlassen.[a]

[8] Und die zwei werden zu *einem einzigen Fleisch* werden.

[Gen 2,24 LXX]

Daher sind sie nicht mehr zwei, sondern *ein einziges Fleisch*. [9] Was nun GOTT zusammengefügt hat, soll ein Mensch nicht trennen.

[10] Und im Haus fragten ihn die Jünger wieder darüber.

[11] Und er sagt ihnen: Wer seine Frau **entlässt** und *eine andere heiratet, begeht an ihr Ehebruch*.

[12] Und wenn sie, nachdem sie ihren Mann **entlassen** hat, *einen anderen heiratet, begeht sie Ehebruch*.

[Mk 10,13–16: Die Kinder und die Königsherrschaft Gottes]

[13] Und sie brachten ihm *Kinder*, damit er sie berühre.

Die Jünger aber bedrohten sie.

[14] Jesus aber sah es, wurde unwillig und sagte ihnen: Lasst die *Kinder* zu mir kommen, hindert sie nicht, denn solchen gehört die KÖNIGSHERRSCHAFT GOTTES.

[15] Amen, ich sage euch: Wer die KÖNIGSHERRSCHAFT GOTTES nicht wie ein *Kind* annimmt, wird nicht in sie hineinkommen.

[16] Und er umarmte sie und segnete sie, indem er die Hände auf sie legte.

---

a In etlichen Textzeugen folgt: „Und anschließen wird er sich an seine Frau."

[Mk 10,17–31: Die Frage des Reichen;
der Lohn der Nachfolge]

[17] Und als er hinausging auf den Weg, lief einer herbei, fiel vor ihm auf die Knie und fragte ihn: GUTER **LEHRER**, was soll ich tun, damit ich **ewiges Leben** erbe? [18] Jesus aber sagte ihm: Was nennst du mich GUT? Niemand ist GUT außer einem einzigen, (nämlich) GOTT. [19] Die Gebote kennst du:

Du sollst nicht töten!
Du sollst keinen Ehebruch begehen!
Du sollst nicht stehlen!
Du sollst nicht falsch aussagen!
Du sollst nicht rauben!
Ehre deinen Vater und deine Mutter!
[vgl. Ex 20,12–16]

[20] Er aber sagte ihm: **LEHRER**, dies alles habe ich seit meiner Jugend beachtet. [21] Jesus aber blickte ihn an, gewann ihn lieb und sagte ihm: Eines fehlt dir: Geh, (und) was du hast, verkaufe und gib es Armen, und du wirst einen Schatz im Himmel haben, und komm, folge mir nach! [22] Der aber war betrübt über das Wort und ging traurig weg. Er hatte nämlich viele Besitztümer.

[23] Und Jesus blickte um sich und sagt seinen *Jüngern*: Wie schwer werden die, die Vermögen haben, in die KÖNIGSHERRSCHAFT GOTTES hineinkommen! [24] Die *Jünger* aber entsetzten sich über seine Worte.

Jesus aber antwortete wieder und sagte ihnen: Kinder, wie schwer ist es, in die KÖNIGSHERRSCHAFT GOTTES hineinzukommen! [25] Leichter ist es, dass ein Kamel durch ein Nadelöhr hindurchkommt, als dass ein Reicher in die KÖNIGSHERRSCHAFT GOTTES hineinkommt. [26] Sie aber gerieten völlig außer sich und sagten zueinander: Und wer kann gerettet werden? [27] Jesus blickt sie an und sagt: Bei Menschen ist es unmöglich, aber nicht bei GOTT. Denn alles ist möglich bei GOTT.

[28] Und Petrus begann zu ihm zu sprechen: Siehe, wir haben alles *verlassen* und sind dir nachgefolgt. [29] Jesus sagte: Amen, ich sage euch: Es gibt niemanden, der Haus oder Brüder oder Schwestern oder Mutter oder Vater oder Kinder oder Äcker um meinetwillen und um des EVANGELIUMS willen *verlassen* hat, [30] ohne dass er Hundertfaches empfangen wird: jetzt in dieser Zeit Häuser und Brüder und Schwestern und Mütter und Kinder und Äcker inmitten von Verfolgungen und im kommenden Äon **ewiges Leben**. [31] Viele Erste aber werden Letzte sein und Letzte Erste.

[Mk 10,32–34: Die dritte Leidens- und Auferstehungsankündigung]

[32] Sie waren aber auf dem Weg und gingen nach Jerusalem hinauf. Und Jesus zog ihnen voran, und sie erschraken. Die aber folgten, fürchteten sich.

Und er nahm wiederum die Zwölf zu sich und begann ihnen zu sagen, was ihm zustoßen werde: [33] Siehe, wir gehen hinauf nach Jerusalem, und der Menschensohn wird den Hohenpriestern und den Schriftgelehrten ausgeliefert werden,

und sie werden ihn zum Tode verurteilen

und ihn den Heiden ausliefern

[34] und ihn verspotten

und ihn anspucken

und ihn auspeitschen

und töten,

und nach drei Tagen wird er auferstehen.

[Mk 10,35–45: Die Bitte der Zebedaiden]

[35] Und JAKOBUS UND JOHANNES, die Söhne des Zebedäus, treten an ihn heran und sagen ihm: **LEHRER**, wir wollen, dass du, was immer wir dich bitten, für uns tust.

[36] Er aber sagte ihnen: Was wollt ihr, dass ich für euch tue?

[37] Sie aber sagten ihm: Gib uns, dass wir, einer zu deiner Rechten und einer zu deiner Linken, sitzen in deiner Herrlichkeit.

[38] Jesus aber sagte ihnen: Ihr wisst nicht, was ihr bittet. Könnt ihr den Becher trinken, den ich trinke, oder mit der Taufe, mit der ich getauft werde, getauft werden?

[39] Sie aber sagten ihm: Wir können!

Jesus aber sagte ihnen: Den Becher, den ich trinke, werdet ihr trinken, und mit der Taufe, mit der ich getauft werde, werdet ihr getauft werden, [40] doch das Sitzen zu meiner Rechten oder zur Linken zu geben, ist nicht meine Sache, sondern (das ist für die,) denen es bereitet ist.

[41] Und als die Zehn es hörten, begannen sie über JAKOBUS UND JOHANNES unwillig zu werden.

[42] Und Jesus ruft sie herbei und sagt ihnen: Ihr wisst, dass die, die als Herrscher der Völker gelten, sie unterjochen und dass ihre Gewaltigen Macht über sie ausüben. [43] Unter euch aber ist es nicht so, sondern wer groß sein will unter euch, sei euer *Diener*, [44] und wer unter euch erster sein will, sei aller Sklave.

[45] Denn auch der Menschensohn ist nicht gekommen, *bedient* zu werden, sondern zu *dienen* und sein Leben zu geben als Lösegeld für viele.

[Mk 10,46–52: Der blinde Bartimäus]

[46] Und sie kommen nach Jericho.

Und als er von Jericho wegging samt seinen Jüngern und einer ziemlich großen VOLKSMENGE, saß der Sohn des Timäus, Bartimäus, ein blinder Bettler, am Weg. [47] Und als er gehört hatte, dass es Jesus der Nazarener sei, begann er zu *schreien* und zu sagen: SOHN DAVIDS, Jesus, ERBARME DICH MEINER!

[48] Und viele bedrohten ihn, dass er schweige.

Er aber *schrie* noch viel mehr: SOHN DAVIDS, ERBARME DICH MEINER!

[49] Und Jesus blieb stehen und sagte: RUFT ihn!

Und sie RUFEN den Blinden und sagen ihm: Hab Mut, steh auf, er RUFT dich!

[50] Er aber warf seinen Mantel ab, sprang auf und kam zu Jesus.

[51] Und Jesus antwortete ihm und sagte: Was willst du, dass ich für dich tue?

Der Blinde aber sagte ihm: Rabbuni, dass ich wieder sehe.

[52] Und Jesus sagte ihm: Geh, dein *Glaube* hat dich gerettet.

Und sogleich sah er wieder und folgte ihm auf dem Weg.

[Markus 11,1–13,37: Jesu Wirken in Jerusalem]

[Mk 11,1–11: Der Einzug Jesu in Jerusalem]

[1] Und als sie sich Jerusalem, Bethphage und Bethanien nähern, auf den Ölberg zu, sendet er zwei seiner Jünger [2] und sagt ihnen: Geht in das Dorf euch gegenüber, und sogleich, wenn ihr in es hineinkommt, werdet ihr EIN FÜLLEN ANGEBUNDEN FINDEN, auf dem noch kein Mensch gesessen hat. Bindet es los und bringt (es her)! [3] Und wenn einer euch sagt: ‚Warum *tut ihr* dies?‘, sagt: ‚Der HERR braucht es, und sogleich sendet er es wieder hierher.‘

[4] Und sie gingen weg und FANDEN EIN FÜLLEN ANGEBUNDEN vor der Tür draußen an der Straße, und sie binden es los.

[5] Und einige der dort Stehenden sagten ihnen: *Warum tut ihr* (dies) und bindet das Füllen los?

[6] Sie aber sagten ihnen, wie Jesus gesagt hatte.

Und sie ließen sie gewähren.

[7] Und sie bringen das Füllen zu Jesus und legen ihre Kleider auf es.

Und er setzte sich auf es.

[8] Und viele breiteten ihre Kleider auf dem Weg aus, andere aber Büschel, (die) sie von den Feldern abgeschnitten hatten. [9] Und die Vorangehenden und die Nachfolgenden schrien:

Hosanna!

Gepriesen sei, der da kommt im Namen des HERRN!

[Ps 118,25 f.]

[10] Gepriesen sei die kommende Königsherrschaft unseres Vaters David!

Hosanna in den Höhen!

[vgl. Ps 148,1; Hiob 16,19]

[11] Und er kam hinein nach Jerusalem in das HEILIGTUM, und nachdem er sich ringsum alles angesehen hatte, ging er, als die Stunde schon vorgerückt war, hinaus nach *Bethanien* mit den Zwölfen.

[Mk 11,12–14: Die Verfluchung des Feigenbaums]

[12] Und als sie am nächsten Tag aus *Bethanien* hinausgingen, bekam er Hunger. [13] Und als er von ferne einen *FEIGENBAUM* sah, der Blätter hatte, ging er (hin), ob er an ihm wohl etwas finden werde. Und als er zu ihm kam, fand er nichts außer Blättern. Es war nämlich nicht die Zeit der Feigen. [14] Und er antwortete und sagte ihm: In Ewigkeit soll niemand mehr von dir eine Frucht essen.

Und seine Jünger hörten es.

[Mk 11,15–19: Die Tempelreinigung]

[15] Und sie kommen nach Jerusalem. Und nachdem er in das HEILIGTUM hineingegangen war, begann er die Verkäufer und die Käufer im HEILIGTUM hinauszutreiben, und die Tische der Wechsler und die Stühle der Taubenverkäufer stieß er um. [16] Und er ließ nicht zu, dass einer ein Gefäß durch das HEILIGTUM hindurchtrug. [17] Und er LEHRTE und sagte ihnen: Ist nicht geschrieben:

,Mein Haus wird Haus des *GEBETES* genannt werden

für alle Völker'?

[Jes 56,7]

Ihr aber habt es gemacht zu

einer Höhle von Räubern.

[Jer 7,11]

[18] Und die Hohenpriester und die Schriftgelehrten hörten es und suchten, wie sie ihn vernichten könnten. Denn sie fürchteten ihn; denn die ganze *VOLKSMENGE* geriet außer sich über seine **LEHRE**. [19] Und als es spät wurde, gingen sie aus der Stadt hinaus.

[Mk 11,20–21: Die Folge der Verfluchung des Feigenbaums]

[20] Und als sie in der Frühe vorbeigingen, sahen sie den *FEIGENBAUM*, verdorrt von den Wurzeln an. [21] Und Petrus erinnert sich und sagt ihm: Rabbi, siehe, der *FEIGENBAUM*, den du verflucht hast, ist verdorrt.

[Mk 11,22–25: Glaube und Gebet]

²² Und Jesus antwortete und sagt ihnen: Habt *Glauben* an GOTT! ²³ Amen, ich sage euch: Wer auch immer diesem Berg sagt: ‚Erhebe dich und stürze dich ins Meer!‘, und nicht zweifelt in seinem Herzen, sondern *glaubt*, dass, was er redet, geschieht, dem *wird* es *zuteil werden*.

²⁴ Deshalb sage ich euch: Alles, um was ihr BETET und bittet, *glaubt*, dass ihr es empfangen habt, und es *wird* euch *zuteil werden*.

²⁵ Und wenn ihr dasteht und BETET, vergebt, wenn ihr gegen einen etwas habt, damit auch euer Vater in den Himmeln euch eure Übertretungen vergebe.[a]

[Mk 11,27–33: Die Vollmachtsfrage]

²⁷ Und sie kommen wieder nach Jerusalem.

Und als er im HEILIGTUM umhergeht, kommen zu ihm die Hohenpriester und die Schriftgelehrten und die Ältesten ²⁸ und sagten ihm: Mit welcher **Vollmacht** tust du dies? Oder wer hat dir diese **Vollmacht** gegeben, dass du dies tust?

²⁹ Jesus aber sagte ihnen: Ich werde euch eine (einzige) Sache fragen, dann antwortet mir, und ich werde euch sagen, mit welcher **Vollmacht** ich dies tue. ³⁰ Die Taufe des Johannes, war sie vom Himmel oder von Menschen? Antwortet mir!

³¹ Und sie überlegten untereinander und sagten: Wenn wir sagen: vom Himmel, wird er sagen: Weshalb habt ihr ihm denn nicht geglaubt? ³² Aber sollen wir sagen: ‚von Menschen‘?

Sie FÜRCHTETEN die VOLKSMENGE. Denn alle hielten Johannes wirklich (dafür), dass er ein Prophet war.

³³ Und sie antworteten Jesus und sagen: Wir wissen es nicht.

Und Jesus sagt ihnen: (Dann) sage auch ich euch nicht, mit welcher **Vollmacht** ich dies tue.

[Mk 12,1–12: Das Gleichnis von den bösen Winzern]

¹ Und er begann, zu ihnen in Gleichnissen zu reden:

Ein Mensch pflanzte einen Weinberg und umgab ihn mit einem Zaun und grub eine Kelter und baute einen Turm, und er verpachtete ihn an Winzer und reiste ab.

² Und er sandte zu den Winzern zur festgesetzten Zeit einen *Sklaven*, damit er von den Winzern (seinen Anteil) empfange von den Früchten des Weinbergs. ³ Und sie nahmen ihn, VERPRÜGELTEN ihn und sandten ihn (mit) leer(en Händen) fort.

⁴ Und wiederum sandte er zu ihnen einen anderen *Sklaven*. Und jenen schlugen sie auf den Kopf und entehrten ihn.

---

a Mk 11,26 („Wenn ihr aber nicht vergebt, wird auch euer Vater in den Himmeln eure Übertre- tungen nicht vergeben") gehört nicht zum ur- sprünglichen Text.

⁵ Und er sandte einen anderen. Und jenen **töteten** sie, und viele andere, die einen VERPRÜGELTEN sie, die anderen **töteten** sie.

⁶ Noch einen hatte er, einen geliebten *SOHN*. Er sandte ihn als letzten zu ihnen, indem er sagte: Meinen *SOHN* werden sie achten. ⁷ Jene Winzer aber sagten zueinander: Dieser ist der Erbe. Auf, lasst uns ihn **töten**, und das Erbe wird uns gehören. ⁸ Und sie nahmen und **töteten** ihn und warfen ihn aus dem Weinberg hinaus.

⁹ Was nun wird der HERR des Weinbergs tun? Er wird kommen und die Winzer zugrunde richten und den Weinberg anderen geben.

¹⁰ Und habt ihr diese Schriftstelle nicht gelesen:

,Der Stein, den die Bauleute verworfen haben,
dieser ist zum Eckstein geworden.
¹¹ Vom HERRN her ist dies geschehen,
und es ist wunderbar in unseren Augen'?
[Ps 118,22–23]

¹² Und sie suchten ihn zu ergreifen, doch sie FÜRCHTETEN die VOLKSMENGE; denn sie wussten, dass er mit Blick auf sie das Gleichnis erzählt hatte. Und sie ließen ihn und gingen fort.

[Mk 12,13–17: Die Frage nach der Steuer für den Kaiser]

¹³ Und sie senden zu ihm einige von den Pharisäern und den Herodianern, damit sie ihn mit einem Wort fingen.

¹⁴ Und sie kommen und sagen ihm: **LEHRER**, wir wissen, dass du wahrhaftig bist und dich um niemanden kümmerst; denn du schaust nicht auf das Ansehen der Menschen, sondern **LEHRST** in Wahrheit den Weg GOTTES. Ist es erlaubt, dem Kaiser Steuer zu geben oder nicht? Sollen wir (sie) geben oder nicht geben?

¹⁵ Er aber kannte ihre Heuchelei und sagte ihnen: Was versucht ihr mich? Bringt mir einen Denar, damit ich sehe!

¹⁶ Sie aber brachten (einen).

Und er sagt ihnen: Wessen Bild und Aufschrift ist dies?

Sie aber sagten ihm: Des Kaisers.

¹⁷ Jesus aber sagte ihnen: Was des Kaisers ist, gebt dem Kaiser, und was GOTTES ist, GOTT!

Und sie wunderten sich sehr über ihn.

[Mk 12,18–27: Die Frage nach der Auferstehung]

¹⁸ Und Sadduzäer kommen zu ihm, welche sagen, es gebe keine Auferstehung. Und sie fragten ihn und sagten: ¹⁹ **LEHRER**, Mose hat uns geschrieben:

Wenn jemandes Bruder stirbt
und eine Frau zurücklässt
und kein Kind hinterlässt,
soll sein Bruder die Frau nehmen

und seinem Bruder Nachkommenschaft erwecken.

[vgl. Dtn 25,5–6; Gen 38,8]

[20] Es waren sieben Brüder. Und der erste nahm eine Frau, und als er starb, hinterließ er keine Nachkommenschaft. [21] Und der zweite nahm sie und starb, ohne Nachkommenschaft zurückzulassen, und der dritte ebenso. [22] Und die sieben hinterließen keine Nachkommenschaft. Als letzte von allen starb auch die Frau. [23] Bei der Auferstehung, wenn sie auferstehen, wem von ihnen wird sie als Frau gehören? Denn die sieben hatten sie zur Frau.

[24] Jesus sagte ihnen: *Irrt* ihr euch nicht deswegen, weil ihr weder die Schriften noch die Macht GOTTES kennt? [25] Wenn sie nämlich von den Toten auferstehen, heiraten sie nicht und werden sie auch nicht geheiratet, sondern sind wie die Engel in den Himmeln.

[26] Was aber die Toten betrifft, dass sie auferweckt werden: Habt ihr nicht im Buch des Mose, beim Dornbusch, gelesen, wie GOTT zu ihm sagte:

,Ich bin der GOTT Abrahams

und der GOTT Isaaks

und der GOTT Jakobs'?

[Ex 3,6]

[27] Er ist nicht ein GOTT von Toten, sondern von Lebenden. Ihr *irrt* euch sehr.

[Mk 12,28–34: Die Frage nach dem höchsten Gebot]

[28] Und einer der Schriftgelehrten kam herbei, nachdem er gehört hatte, wie sie disputierten, und da er sah, dass er ihnen gut geantwortet hatte, fragte er ihn: Welches Gebot ist das erste von allen?

[29] Jesus antwortete: Das erste ist:

Höre, Israel,

der HERR, unser GOTT, ist ein einziger HERR,

[30] und du sollst den HERRN, deinen GOTT, *lieben*

mit deinem ganzen Herzen

und mit deinem ganzen Leben

und mit deinem ganzen Denken

und *mit deiner ganzen Kraft.*

[Dtn 6,4–5]

[31] Das zweite ist dies:

Du sollst deinen NÄCHSTEN LIEBEN WIE DICH SELBST.

[Lev 19,18]

Größer als diese ist kein anderes Gebot.

[32] Und der Schriftgelehrte sagte ihm: Gut, **LEHRER**, du hast wahrheitsgemäß gesagt:

Er ist einer einzig

[Dtn 6,4],

und es ist kein anderer außer ihm
[Dtn 4,35],
³³ und ihn zu *lieben*
mit ganzem Herzen,
und mit ganzem Gemüt
und *mit ganzer Kraft*
[Dtn 6,5]
und den NÄCHSTEN ZU LIEBEN WIE SICH SELBST
[Lev 19,18],
ist viel mehr als alle Brandopfer und Opfergaben.
³⁴ Und als Jesus sah, dass er verständig geantwortet hatte, sagte er ihm: Du bist nicht fern von der KÖNIGSHERRSCHAFT GOTTES.
Und niemand wagte mehr, ihn zu fragen.

[Mk 12,35–40: Die Frage nach der Davidssohnschaft des Christus]

³⁵ Und Jesus ergriff das Wort und sagte, als er im HEILIGTUM **LEHRTE:** Wieso sagen die SCHRIFTGELEHRTEN, der Christus sei Sohn Davids? ³⁶ David selbst sagte im heiligen Geist:

Der HERR sagte meinem HERRN:
Setz dich zu meiner Rechten,
bis ich deine Feinde
unter deine Füße lege!
[Ps 110,1]

³⁷ David selbst nennt ihn HERR. Und woher ist er (dann) sein Sohn?
Und die große *VOLKSMENGE* hörte ihn gern.

[Mk 12,38–40: Warnung vor den Schriftgelehrten]

³⁸ Und in seiner **LEHRE** sagte er:
Hütet euch vor den SCHRIFTGELEHRTEN, die in Talaren umhergehen und Grüße auf den Märkten (haben) wollen ³⁹ und Ehrensitze in den Synagogen und Ehrenplätze bei den Mahlzeiten. ⁴⁰ Die die Häuser der **Witwen** fressen und zum Schein lange beten, diese werden ein umso härteres Urteil empfangen.

[Mk 12,41–44: Das Opfer der armen Witwe]

⁴¹ Und er setzte sich dem Opferkasten gegenüber und sah zu, wie die *VOLKSMENGE* Geld in den Opferkasten einwirft. Und viele Reiche warfen viel ein. ⁴² Und es kam eine arme **Witwe** und warf zwei Lepta ein; das ist ein Quadrans.ᵃ

---

a Vgl. zu Mt 20,2.

⁴³ Und er rief seine Jünger herbei und sagte ihnen: Amen, ich sage euch: Diese arme **Witwe** hat mehr eingeworfen als alle, die (etwas) in den Opferkasten eingeworfen haben. ⁴⁴ Denn alle haben (etwas) von ihrem Überfluss eingeworfen; diese aber hat von ihrem Mangel alles, was sie hatte, eingeworfen – ihren ganzen Lebensunterhalt.

[Mk 13,1–37: Jesu Rede über die Endzeit]

[13,1–2: Die Ankündigung der Zerstörung des Tempels]

¹ Und als er aus dem HEILIGTUM hinausgeht, sagt ihm einer seiner Jünger: LEHRER, siehe, was für Steine und was für Bauten!
² Und Jesus sagte ihm: Siehst du diese großen Bauten? Kein Stein wird hier auf dem andern gelassen, der nicht zertrümmert wird.

[13,3–13: Der Anfang der Wehen]

³ Und als er auf dem Ölberg gegenüber dem HEILIGTUM saß, fragten ihn allein Petrus und Jakobus und Johannes und Andreas: ⁴ Sag uns, wann wird dies sein? Und was wird das Zeichen sein, wann dieses alles sich vollenden wird?
⁵ Jesus aber begann, zu ihnen zu sprechen: Seht zu, dass euch keiner IN DIE IRRE FÜHRE! ⁶ Viele werden in meinem Namen kommen und sagen: Ich bin es, und sie werden viele IN DIE IRRE FÜHREN.
⁷ Wenn ihr aber hört von Kriegen und Kriegsgerüchten, so erschreckt nicht! Es muss geschehen; aber es ist noch nicht das Ende. ⁸ Denn es wird sich ein Volk gegen das andere erheben und ein Königreich gegen das andere. Es werden Erdbeben geschehen an mancherlei Orten, es werden Hungersnöte sein. Dies ist der Anfang der Wehen.
⁹ Seht ihr euch aber vor! Sie werden euch an Gerichte *ausliefern*, und in den Synagogen werdet ihr gegeißelt werden, und vor Statthalter und Könige werdet ihr gestellt werden um meinetwillen, ihnen zum Zeugnis.
¹⁰ Und unter allen Völkern muss das EVANGELIUM zuvor verkündigt werden.
¹¹ Und wenn sie euch abführen und *ausliefern*, so sorgt euch nicht vorher, was ihr reden sollt; sondern was euch in jener Stunde gegeben wird, das redet. Denn nicht ihr seid es, die da reden, sondern der heilige Geist.
¹² Und der Bruder wird den Bruder an den Tod *ausliefern* und der Vater das Kind, und Kinder werden sich empören gegen Eltern und werden sie töten.
¹³ Und ihr werdet gehasst sein von allen um meines Namens willen. Wer aber bis ans Ende beharrt, der wird gerettet werden.

[13,14–23: Der letzte Abschnitt der Geschichte]

¹⁴ Wenn ihr aber

den Gräuel der Verwüstung
[Dan 12,11; 11,31]

stehen seht, wo er nicht soll – wer (es) liest, merke auf! –, dann sollen die in Judäa in die Berge fliehen. ¹⁵ Der aber auf dem Dach (ist), soll nicht hinuntersteigen und nicht hineingehen, etwas aus seinem Haus zu holen. ¹⁶ Und der auf dem Feld (ist), soll sich nicht nach hinten umwenden, seinen Mantel zu holen. ¹⁷ Weh aber den Schwangeren und den Stillenden in jenen Tagen!

¹⁸ Bittet aber, dass es nicht im Winter geschehe. ¹⁹ Denn jene Tage werden eine *BEDRÄNGNIS* sein, wie nie eine derartige gewesen ist seit Anfang der Schöpfung, die GOTT geschaffen hat, bis jetzt und nicht wieder werden wird. ²⁰ Und wenn der Herr die Tage nicht *verkürzt* hätte, würde kein Fleisch gerettet werden; aber um der **Auserwählten** willen, die er auserwählt hat, hat er die Tage *verkürzt*.

²¹ Und dann, wenn einer euch sagen wird: Siehe, hier ist der Christus! Siehe, dort (ist er)!, glaubt (es) nicht! ²² Erweckt werden nämlich falsche Christusse und falsche Propheten, und sie werden Zeichen und Wunder anbieten, um, falls möglich, die **Auserwählten** IN DIE IRRE ZU FÜHREN. ²³ Seht ihr euch aber vor! Ich habe euch alles vorausgesagt!

[13,24–27: Die Heilswende mit dem Kommen des Menschensohns]

²⁴ Aber in jenen Tagen, nach jener *BEDRÄNGNIS*,

wird die Sonne sich verfinstern,
und der Mond wird seinen Schein nicht geben
[Jes 13,10],
²⁵ und die Sterne werden vom Himmel fallen,
und die Kräfte in den Himmeln werden wanken.
[vgl. Jes 34,4]

²⁶ Und dann werden sie sehen

den Menschensohn kommen in den Wolken
mit viel Kraft und Herrlichkeit.
[vgl. Dan 7,13–14]

²⁷ Und dann wird er die Engel senden, und er wird seine **Auserwählten** zusammenbringen aus den vier Winden, vom Ende der Erde bis zum Ende des Himmels.

[13,28–37: Feigenbaumgleichnis und Ermahnung zur Wachsamkeit]

²⁸ Vom Feigenbaum her aber lernt das Gleichnis: Wenn sein Zweig schon saftig wird und Blätter herauswachsen, erkennt ihr, dass der Sommer nahe ist. ²⁹ Ebenso auch ihr: Wenn ihr seht, dass dies geschieht, erkennt, dass er nahe vor der Tür ist.

[30] Amen, ich sage euch: Diese Generation wird *nicht vergehen*, bis dies alles geschieht. [31] Der Himmel und die Erde werden *vergehen*; meine Worte aber werden *nicht vergehen.*

[32] Über jenen Tag aber oder die Stunde weiß niemand, auch die Engel im Himmel nicht, auch der *SOHN* nicht, sondern nur der Vater. [33] Seht zu, seid wachsam! DENN IHR WISST NICHT, wann die Zeit da ist.

[34] Wie ein Mensch, der auf Reisen ist, sein Haus verließ und seinen Sklaven die Vollmacht gab, einem jeden seine Arbeit – und dem Türhüter gebot er, er solle WACHEN. [35] WACHET nun, DENN IHR WISST NICHT, wann der Herr des Hauses kommt, ob am Abend oder zur Mitternacht oder um den Hahnenschrei oder am Morgen, [36] damit er nicht, wenn er plötzlich kommt, euch schlafend finde. [37] Was ich aber euch sage, sage ich allen: WACHET!

[Markus 14,1–16,8:
Leiden, Tod und Auferstehung Jesu]

[Mk 14,1–2: Der Tötungsplan der jüdischen Oberen]

[1] Es war aber das Passah und die Ungesäuerten (Brote) nach zwei Tagen. Und die *Hohenpriester* und die Schriftgelehrten suchten, wie sie ihn mit List ergreifen und töten könnten. [2] Denn sie sagten: Bloß nicht auf dem Fest, damit es keinen Aufruhr des Volks geben wird!

[Mk 14,3–9: Die Salbung Jesu in Bethanien]

[3] Und als er in Bethanien war im Hause Simons des Aussätzigen und zu Tisch lag, kam eine Frau, die ein Alabastergefäß mit echtem, kostbarem Nardensalböl hatte; sie zerbrach das Alabastergefäß und goss es auf sein Haupt. [4] Es waren aber einige unwillig bei sich: Wozu ist diese Vergeudung des Salböls geschehen? [5] Denn dieses Salböl hätte für mehr als dreihundert Denare verkauft und (der Erlös) DEN ARMEN gegeben werden können.

Und sie fuhren sie an.

[6] Jesus aber sagte: Lasst sie! Was bereitet ihr ihr Mühen? Sie hat ein gutes Werk an mir getan. [7] Denn DIE ARMEN habt ihr allezeit bei euch, und wenn ihr wollt, könnt ihr ihnen Gutes tun; mich aber habt ihr nicht allezeit. [8] Was sie konnte, hat sie getan; sie hat meinen Leib im Voraus gesalbt für die Zurüstung zum Begräbnis. [9] Doch amen, ich sage euch: Wo auch immer das EVANGELIUM verkündigt wird in der ganzen Welt, wird auch von dem, was diese (Frau) getan hat, geredet werden zur Erinnerung an sie.

[Mk 14,10–11: Die Kontaktaufnahme des Judas mit den Hohenpriestern]

[10] Und Judas Iskarioth, der eine der Zwölf, ging fort zu den *Hohenpriestern*, dass er ihn ihnen *ausliefere*. [11] Als die es aber hörten, freuten sie sich und versprachen, ihm Silber(geld) zu geben. Und er suchte, wie er ihn bei günstiger Gelegenheit *ausliefern* könne.

[Mk 14,12–25: Vorbereitung des Passahmahls;
Weissagung der Auslieferung; Abendmahl]

[12] Und am ersten Tag der Ungesäuerten (Brote), als man das Passahlamm schlachtete, sagen ihm seine Jünger: Wo, willst du, dass wir hingehen und Vorbereitungen treffen, damit du das Passahlamm essen kannst?
[13] Und er sendet zwei seiner Jünger und sagt ihnen: Geht fort IN DIE STADT, und es wird euch ein Mensch begegnen, der einen Krug mit Wasser trägt. Folgt ihm, [14] und wo er hineingeht, sagt dem Hausherrn: ‚Der **LEHRER** sagt: Wo ist mein Raum, wo ich das Passahlamm mit meinen Jüngern essen kann?‘ [15] Und er wird euch ein großes, ausgepolstertes, vorbereitetes Oberzimmer zeigen. Und dort bereitet es uns vor!
[16] Und die Jünger gingen hinaus und kamen IN DIE STADT und fanden (alles), wie er ihnen gesagt hatte, und bereiteten das Passahlamm.
[17] Und als es Abend geworden war, kommt er mit den Zwölfen.
[18] Und **als sie zu Tisch lagen und aßen,** sagte Jesus: Amen, ich sage euch: Einer von euch wird mich *ausliefern*, der mit mir isst.
[19] Sie begannen traurig zu werden und ihm zu sagen, einer nach dem anderen: Etwa ich?
[20] Er aber sagte ihnen: Einer von den Zwölfen, der mit mir in die Schüssel eintunkt.
[21] Denn der Menschensohn geht zwar hin, wie über ihn geschrieben ist; weh aber jenem Menschen, durch den der Menschensohn *ausgeliefert* wird. Es wäre besser für ihn, wenn er nicht geboren wäre, jener Mensch.

[22] Und **als sie aßen,** nahm er Brot, sprach den Segen, brach es und gab es ihnen und sagte: Nehmt, dies ist mein Leib.
[23] Und er nahm einen Becher, dankte und gab ihnen (den); und sie tranken alle daraus.
[24] Und er sagte ihnen: Dies ist mein Blut des Bundes, das vergossen wird für viele.
[25] Amen, ich sage euch: Ich werde nicht mehr trinken vom Gewächs des Weinstocks bis zu jenem Tag, wenn ich es neu trinke in der KÖNIGSHERRSCHAFT GOTTES.

[Mk 14,26–31: Die Ankündigung der Verleugnung des Petrus]

[26] Und nachdem sie das Lob gesungen hatten, gingen sie hinaus zum Ölberg.

²⁷ Und Jesus sagt ihnen: ALLE werdet ihr *Ärgernis nehmen*; denn es ist geschrieben:

> Ich werde den Hirten schlagen,
> und die Schafe werden sich zerstreuen.
> [Sach 13,7]

²⁸ Aber nach meiner Auferweckung werde ich euch vorausgehen nach Galiläa.

²⁹ Petrus aber sagte ihm: Wenn auch ALLE *Ärgernis nehmen*, (so) doch nicht ich!

³⁰ Und Jesus sagt ihm: Amen, ich sage dir: Du wirst heute, in dieser Nacht, ehe der Hahn zweimal kräht, mich dreimal VERLEUGNEN.

³¹ Er aber bekräftigte: (Selbst) wenn ich mit dir sterben müsste, werde ich dich nicht VERLEUGNEN!

Ebenso sagten aber auch ALLE.

[Mk 14,32–42: Jesus in Gethsemane]

³² Und sie kommen zu einem Grundstück mit Namen Gethsemane.

Und er sagt seinen Jüngern: Setzt euch hierher, bis ich GEBETET habe!

³³ Und er nimmt Petrus und Jakobus und Johannes mit sich und begann zu zittern und zu zagen ³⁴ und sagt ihnen:

> Meine Seele ist betrübt
> [Ps 42,6.12]

bis an den Tod; bleibt hier und *wacht*!

³⁵ Und er ging ein wenig weiter, warf sich auf die Erde und BETETE, dass, wenn es möglich sei, die *STUNDE* an ihm vorübergehe, ³⁶ und er sagte: Abba, Vater, alles ist dir möglich; nimm diesen Becher von mir; aber nicht, was ich will, sondern was du (willst)!

³⁷ Und er kommt und findet sie SCHLAFEND und sagt zu Petrus: Simon, SCHLÄFST du? Vermochtest du nicht, eine (einzige) *STUNDE* zu *wachen*? ³⁸ *Wacht* und BETET, dass ihr nicht in Versuchung kommt! Der Geist ist willig, das Fleisch aber schwach.

³⁹ Und er ging wieder fort und BETETE und sagte dasselbe Wort.

⁴⁰ Und wiederum kam er und fand sie SCHLAFEND; denn ihre Augen waren sehr schwer, und sie wussten nicht, was sie ihm antworten sollten.

⁴¹ Und er kommt zum dritten Mal und sagt ihnen: SCHLAFT weiter und ruht! Es ist genug, gekommen ist die *STUNDE*. Siehe, der Menschensohn wird *ausgeliefert* in die Hände der Sünder. ⁴² Steht auf, lasst uns gehen! Siehe, der mich *ausliefert*, ist da!

[Mk 14,43–52: Jesu Gefangennahme]

⁴³ Und sogleich, während er noch redete, kommt Judas herzu, einer der Zwölf, und mit ihm eine VOLKSMENGE MIT SCHWERTERN UND STÖCKEN, von den **Hohenpriestern** und den Schriftgelehrten und den Ältesten. ⁴⁴ Der ihn *auslieferte*, hatte ihnen aber ein Zeichen angegeben und gesagt: Welchen ich küssen werde, der ist es; **ergreift** ihn

und führt ihn sicher ab. [45] Und als er kam, trat er sogleich zu ihm und sagt: Rabbi!, und küsste ihn. [46] Sie aber legten Hand an ihn und **ergriffen** ihn.

[47] Einer aber von denen, die dabeistanden, zog das Schwert, schlug den Sklaven des *Hohenpriesters* und hieb ihm die Ohrmuschel ab.

[48] Und Jesus antwortete und sagte ihnen: Wie gegen einen Räuber seid ihr ausgezogen MIT SCHWERTERN UND STÖCKEN, mich zu fangen. [49] Täglich war ich bei euch im HEILIGTUM und LEHRTE, und ihr habt mich nicht **ergriffen**. Aber damit die Schriften erfüllt werden!

[50] Und es verließen ihn und FLOHEN ALLE.

[51] Und ein Jüngling folgte ihm nach, bekleidet mit einem Leinenhemd auf der NACKTEN (Haut); und sie **ergreifen** ihn. [52] Er aber ließ das Leinenhemd fahren und FLOH NACKT.

[Mk 14,53–65: Jesus vor dem Hohen Rat]

[53] Und sie führten Jesus ab zu dem *Hohenpriester*; und es versammeln sich alle *Hohenpriester* und die Ältesten und die Schriftgelehrten.

[54] Und Petrus folgte ihm nach von ferne, bis hinein in den Hof des Hohenpriesters, und er saß da bei den Dienern und wärmte sich am Feuer.

[55] Die *Hohenpriester* aber und der ganze Hohe Rat suchten eine *Zeugenaussage* gegen Jesus, um ihn zu töten, und fanden nichts. [56] Denn viele legten falsches *Zeugnis* ab gegen ihn; und *ihre Zeugenaussagen waren nicht gleich.*

[57] Und einige standen auf und legten falsches *Zeugnis* ab gegen ihn, indem sie sagten: [58] Wir haben ihn sagen hören: Ich werde diesen TEMPEL, der mit Händen gemacht ist, abbrechen und innerhalb von drei Tagen einen anderen bauen, der nicht mit Händen gemacht ist. [59] Und auch so *war ihre Zeugenaussage nicht gleich.*

[60] Und der *Hohepriester* stand auf in die Mitte und fragte Jesus und sagte: Antwortest du nichts auf das, was diese gegen dich *bezeugen*?

[61] Er aber schwieg und antwortete nichts.

Wiederum fragte ihn der *Hohepriester* und sagt ihm: Bist du der Christus, der *SOHN* des Hochgelobten?

[62] Jesus aber sagte: Ich bin es; und ihr werdet sehen

den Menschensohn
sitzen zur Rechten der Kraft und
kommen mit den Wolken des Himmels.
[vgl. Dan 7,13; Ps 110,1]

[63] Der *Hohepriester* aber zerriss seine Kleider und sagt: Was brauchen wir noch *Zeugen*? [64] Ihr habt die Lästerung gehört. Was meint ihr?

ALLE aber verurteilten ihn, des Todes schuldig zu sein.

[65] Und einige fingen an, ihn anzuspucken und sein Angesicht zu verdecken und ihn mit Fäusten zu schlagen und ihm zu sagen: Weissage! Und die Diener versetzten ihm Ohrfeigen.

[Mk 14,66–72: Die dreifache Verleugnung des Petrus]

[66] Und als Petrus unten im Hof war, kommt eine der Mägde des *Hohenpriesters.*
[67] Und sie sieht Petrus sich wärmen, schaut ihn an und sagt: Auch du warst mit dem Nazarener, dem Jesus.
[68] Er aber **leugnete**, indem er sagte: Weder weiß noch verstehe ich, was du sagst. Und er ging hinaus in den Vorhof.[a]

[69] Und die Magd sah ihn und begann wiederum, den Dabeistehenden zu sagen: Dieser ist von ihnen.
[70] Er aber **leugnete** wiederum.

Und nach kurzer Zeit sagten die Dabeistehenden wiederum zu Petrus: Wahrhaftig, du bist von ihnen; denn auch du bist ein Galiläer.
[71] Er aber begann zu fluchen und zu schwören: Ich kenne diesen Menschen nicht, von dem ihr redet.

[72] Und sogleich krähte der Hahn zum zweiten Mal. Und Petrus erinnerte sich an das Wort, wie Jesus ihm gesagt hatte: Ehe der Hahn zweimal kräht, wirst du mich dreimal **verleugnen**. Und er warf sich hin[b] und weinte.

[Mk 15,1–20a: Jesus vor Pilatus;
Verurteilung und Verspottung Jesu]

[1] Und sogleich in der Frühe fassten die *Hohenpriester* mit den Ältesten und Schriftgelehrten und der ganze Hohe Rat einen Beschluss, banden Jesus, führten ihn ab und lieferten ihn Pilatus aus.
[2] Und Pilatus fragte ihn: Bist du der **KÖNIG DER JUDEN**?
Er aber antwortete ihm und sagt: Du sagst es.
[3] Und die *Hohenpriester* beschuldigten ihn vielfach.
[4] Pilatus aber fragte ihn wiederum und sagte: Antwortest du nichts? Siehe, wie vieler Dinge sie dich beschuldigen!
[5] Jesus aber antwortete nichts mehr, so dass Pilatus sich wunderte.

[6] Zum Fest aber pflegte er ihnen *einen* Gefangenen loszugeben, den sie sich erbaten.
[7] Es war aber der Barabbas Genannte mit den Aufrührern gefangen, die bei dem Aufruhr einen Mord begangen hatten.
[8] Und die VOLKSMENGE ging hinauf und begann zu bitten, (dass er tue,) wie er ihnen zu tun pflegte.
[9] Pilatus aber antwortete ihnen und sagte: Wollt ihr, dass ich euch den **KÖNIG DER JUDEN** losgebe?
[10] Denn er wusste, dass die *Hohenpriester* ihn aus Neid ausgeliefert hatten.

---

a In zahlreichen Handschriften folgt: „Und der Hahn krähte."

b Die Übersetzung „warf sich hin" ist unsicher.

[11] Die *Hohenpriester* aber wiegelten die Volksmenge auf, dass er ihnen lieber Barabbas losgebe.

[12] Pilatus aber antwortete wiederum und sagte ihnen: Was wollt ihr nun, (dass) ich tue (mit dem), den ihr den **KÖNIG DER JUDEN** nennt?

[13] Sie aber schrien wiederum: *Kreuzige* ihn!

[14] Pilatus aber sagte ihnen: Was hat er denn Böses getan?

Sie aber schrien übermäßig: *Kreuzige* ihn!

[15] Pilatus aber wollte der Volksmenge Genüge tun, gab ihnen Barabbas los und lieferte Jesus, nachdem er ihn hatte geißeln lassen, aus, damit er *gekreuzigt* werde.

[16] Die Soldaten aber führten ihn ab in den Hof – das ist das Prätorium – und rufen die ganze Kohorte zusammen. [17] Und sie ziehen ihm einen Purpurmantel an und setzen ihm einen dornigen Kranz auf, den sie geflochten haben, [18] und begannen, ihn zu grüßen: Heil dir, **KÖNIG DER JUDEN!** [19] Und sie schlugen seinen Kopf mit einem Rohr und spuckten ihn an und beugten die Knie und huldigten ihm. [20a] Und als sie ihn verspottet hatten, zogen sie ihm den Purpurmantel aus und zogen ihm seine Kleider an.

[Mk 15,20b–41: Jesu Kreuzigung und Tod]

[20b] Und sie führen ihn hinaus, um ihn zu *kreuzigen*. [21] Und sie zwingen einen Vorbeigehenden, Simon von Kyrene, der (gerade) vom Acker kommt, den Vater von Alexander und Rufus, dass er ihm das *Kreuz* trage.

[22] Und sie bringen ihn zu der Stätte Golgotha, was übersetzt heißt: Schädel-Stätte.

[23] Und sie gaben ihm mit Myrrhe gewürzten Wein; er aber nahm (ihn) nicht.

[24] Und sie *kreuzigen* ihn. Und

sie verteilen seine Kleider,
indem sie das Los über sie werfen
[Ps 21,19],
wer was nehmen sollte.

[25] Es war aber die DRITTE STUNDE, und sie *kreuzigten* ihn.

[26] Und die Aufschrift seiner Schuld war aufgeschrieben: Der **KÖNIG DER JUDEN.**

[27] Und mit ihm *kreuzigen* sie zwei Räuber, einen zu seiner Rechten und einen zu seiner Linken.[a]

[29] Und die Vorübergehenden lästerten ihn und schüttelten ihre Köpfe und sagten: Ha, der du den Tempel abbrichst und innerhalb von drei Tagen baust, [30] rette dich selber, indem du vom *Kreuz* herabsteigst!

---

a Mk 15,28 („Und die Schrift wurde erfüllt, die da sagt: Und er ist zu den Gesetzlosen gerechnet worden" [Jes 53,12]) gehört nicht zum ursprünglichen Text; vgl. Lk 22,37.

³¹ Desgleichen verspotteten ihn auch die *Hohenpriester* untereinander mit den Schriftgelehrten und sagten: Andere hat er gerettet, sich selber kann er nicht retten. ³² Der Christus, der König Israels soll jetzt vom KREUZ herabsteigen, damit wir sehen und glauben.
Auch die mit ihm GEKREUZIGTEN schmähten ihn.

³³ Und als die SECHSTE STUNDE gekommen war, kam eine Finsternis über die ganze Erde bis zur NEUNTEN STUNDE.
³⁴ Und zur NEUNTEN STUNDE rief Jesus mit lauter Stimme:
>   Eloi, Eloi, lema sabachtani?
>   [Ps 22,2]
Das heißt übersetzt:
>   Mein GOTT, mein GOTT, warum hast du mich verlassen?
³⁵ Und einige der Dabeistehenden, als sie es hörten, sagten: Siehe, er ruft Elia.
³⁶ Es lief aber einer (hinzu), füllte einen Schwamm mit Essig, steckte ihn auf ein Rohr, gab ihm zu trinken und sagte: Lasst uns sehen, ob Elia kommt, ihn herabzunehmen!
³⁷ Jesus aber stieß einen lauten Schrei aus und hauchte (sein Leben) aus.
³⁸ Und der Vorhang im TEMPEL zerriss in zwei Stücke von oben bis unten.
³⁹ Als aber der Zenturio, der ihm gegenüber dabeistand, sah, dass er so (sein Leben) aushauchte, sagte er: Wahrlich, dieser Mensch war *SOHN* GOTTES!

⁴⁰ Es schauten aber auch Frauen von ferne zu, unter ihnen auch
>   *MARIA, DIE MAGDALENERIN*,
>   UND *MARIA*, die Mutter des kleinen Jakobus und des Joses,
>   und Salome,
⁴¹ die, als er in Galiläa war, ihm nachgefolgt waren und ihn bedient hatten, und viele andere (Frauen), die mit ihm nach Jerusalem hinaufgezogen waren.

[Mk 15,42–47: Das Begräbnis Jesu]

⁴² Und als es schon Abend wurde, (geschah folgendes:) weil Rüsttag war, das ist der Tag vor dem Sabbat, ⁴³ kam Joseph von Arimathäa, ein angesehener Ratsherr, der auch selbst auf die KÖNIGSHERRSCHAFT GOTTES wartete, wagte, zu Pilatus hineinzugehen, und bat um den Leib Jesu.
⁴⁴ Pilatus aber wunderte sich, dass er schon gestorben sei, und rief den Zenturio herbei und fragte ihn, ob er bereits gestorben sei. ⁴⁵ Und als er es vom Zenturio erfahren hatte, schenkte er Joseph die Leiche.
⁴⁶ Und er kaufte ein Leinentuch, nahm ihn ab, wickelte ihn in das Leinentuch und legte ihn in ein *Grab*, das aus einem Felsen gehauen war, und WÄLZTE EINEN STEIN VOR DIE TÜR DES *Grabes*.
⁴⁷ Aber *MARIA, DIE MAGDALENERIN, UND MARIA*, die (Mutter) des Joses, sahen, wohin er gelegt wurde.

[Mk 16,1–8: Die Verkündigung der Auferweckung Jesu im leeren Grab]

[1] Und als der Sabbat vergangen war, kauften MARIA, DIE MAGDALENERIN, UND MARIA, die (Mutter) des Jakobus, und Salome Spezereien, um hinzugehen und ihn zu salben. [2] Und sehr früh am ersten (Tag) der Woche kommen sie zum *Grab*, als die Sonne aufging. [3] Und sie sagten zu sich: Wer wird uns DEN STEIN WEGWÄLZEN VON DER TÜR DES *Grabes*? [4] Und als sie hinschauen, sehen sie, dass DER STEIN WEGGEWÄLZT IST. Er war nämlich sehr groß. [5] Und als sie in das *Grab* hineingingen, sahen sie einen Jüngling zur Rechten sitzen, bekleidet mit einem weißen Gewand, und sie *erschraken*. [6] Er aber sagt ihnen: *Erschreckt* nicht! Ihr sucht Jesus den Nazarener, den GEKREUZIGTEN. Er wurde auferweckt, er ist nicht hier. Siehe, (da ist) die Stätte, wo sie ihn hinlegten. [7] Aber geht hin und sagt seinen Jüngern und Petrus: Er geht euch voraus nach Galiläa; dort werdet ihr ihn sehen, wie er euch gesagt hat. [8] Und sie gingen hinaus und flohen von dem *Grab*; es hielten sie nämlich Zittern und Entsetzen (im Bann). Und sie sagten niemandem etwas; sie fürchteten sich nämlich.[a]

---

a Das Markusevangelium stattete man später mit verschiedenen Ergänzungen aus:
– *Mk 16,9–20, langer Markus-Schluss genannt:*
[9] Als er aber auferstanden war früh am ersten (Tag) der Woche, erschien er zuerst Maria, der Magdalenerin, von der er sieben Dämonen ausgetrieben hatte. [10] Jene ging hin und verkündete es denen, die mit ihm gewesen waren (und jetzt) trauerten und weinten. [11] Und als jene hörten, dass er lebe und von ihr gesehen wurde, GLAUBTEN SIE ES NICHT. [12] Danach aber hat er sich zweien von ihnen, die umhergingen, offenbart in anderer Gestalt, als sie aufs Land gingen. [13] Auch jene gingen fort und verkündeten es den übrigen. Aber auch jenen GLAUBTEN SIE NICHT. [14] Zuletzt aber hat er sich den Elf selbst, als sie zu Tisch lagen, offenbart und schimpfte über ihren UNGLAUBEN und ihre Hartherzigkeit, weil sie denen, die ihn als Auferweckten gesehen hatten, NICHT GEGLAUBT HATTEN. [15] Und er sagte ihnen: Geht hin in alle Welt und verkündigt das Evangelium aller Kreatur. [16] Wer **glaubt** und getauft wird, wird gerettet werden; wer aber NICHT GLAUBT, wird verdammt werden. [17] Als Zeichen aber werden den **Glaubenden** diese folgen: In meinem Namen werden sie Dämonen austreiben, in neuen Zungen reden [18] und mit den Händen Schlangen hochheben, und wenn sie etwas Tödliches trinken, wird es ihnen nicht schaden; auf Schwache werden sie die Hände legen, und es wird ihnen gut gehen. [19] Nachdem nun der Herr Jesus zu ihnen geredet hatte, wurde er aufgenommen in den Himmel und setzte sich zur Rechten Gottes. [20] Jene aber zogen aus und verkündigten überall, wobei der Herr mitwirkte und das Wort durch die mitfolgenden Zeichen bekräftigte.
– *Der sogenannte kurze Markus-Schluss:*
Alles Gebotene aber verkündeten sie unverzüglich denen um Petrus. Danach aber entsandte auch Jesus selbst von Osten und bis zum Westen durch sie die heilige und unvergängliche Verkündigung des ewigen Heils. Amen.

3. Das Evangelium nach Lukas

Das dritte Evangelium und die Apostelgeschichte gehören zusammen. Ihr Verfasser, den die altkirchliche Tradition mit dem Paulusbegleiter „Lukas" (vgl. Phlm 24; Kol 4,14) identifiziert hat, äußert sich im Vorwort Lk 1,1–4 zur Zielsetzung seines Doppelwerkes. Er will „von den Begebenheiten, die sich unter uns erfüllt haben", d. h. vom Leben Jesu und von der Ausbreitung der Evangeliumspredigt, berichten, und zwar zur Stützung des Glaubens, der in historischen Realitäten gründe. Auf diesem Hintergrund sind auch der Verweis auf Augenzeugenberichte (Lk 1,2) und die Tatsache zu sehen, dass Lukas die Heils- mit der Profangeschichte synchronisiert (Lk 2,1 f: Volkszählung unter Augustus; Lk 3,1 f: die politischen Machthaber zur Zeit der Wirksamkeit Johannes des Täufers; Apg 11,28: Hungersnot unter Claudius; Apg 18,2: Austreibung von Juden aus Rom unter Claudius).

Das Lukasevangelium ist unter Benutzung des Markusevangeliums, einer Sammlung von Sprüchen und Reden Jesu – der sog. Logienquelle (Q) – und weiterer Überlieferungen verfasst. Bei der Komposition der Apostelgeschichte konnte der Verfasser ebenfalls auf zahlreiche Traditionen zurückgreifen. Ob sich darunter auch schriftliche Quellen befanden und welchen Umfang sie ggf. hatten, bleibt allerdings ungewiss. Charakteristisch für die Apostelgeschichte, deren zweiter Teil (Kap. 16–28) fast ausschließlich Paulus gewidmet ist, sind die zahlreichen Reden, die Lukas den Protagonisten in den Mund legt, um das jeweilige Geschehen theologisch zu deuten.

Dem lukanischen Doppelwerk, das wohl um die Jahrhundertwende entstanden ist, liegt der Aufriss einer Heilgeschichte mit drei Epochen zugrunde: Die Mitte der Zeit, d. h. die Zeit des vom Geist gezeugten Gottessohnes Jesus, folgt auf die Zeit der Verheißungen Gottes in Israel und geht der Zeit der Kirche voran, die sich von der Himmelfahrt bis zur Parusie erstreckt und in der die vom Geist geleiteten Missionare die Heilsbotschaft in aller Welt verkündigen. Lukas verfolgt dabei zugleich eine apologetische Linie und stellt das Christentum als politisch ungefährlich dar. Bereits Johannes der Täufer ermahnt die Soldaten, mit dem Sold zufrieden zu sein (Lk 3,14), und die Eltern Jesu gehorchen dem kaiserlichen Befehl, sich in Steuerlisten eintragen zu lassen (2,4 f). Umgekehrt verhalten sich in der Apostelgeschichte die römischen Oberen positiv gegenüber der christlichen Religion, und der erste Heidenchrist ist ein römischer Hauptmann (Apg 10).

Dadurch, dass der Verfasser das Evangelium als „den ersten Bericht" (vgl. Apg 1,1) mit der Apostelgeschichte verbunden hat, ist etwas Neues entstanden. Die Kirche hat diesen Neuentwurf nicht übernommen, sondern Evangelium und Apostelgeschichte im Kanon des Neuen Testaments voneinander getrennt, um den qualitativen Unterschied zwischen beiden deutlich zu machen.

[Lukas 1,1–2,52: Vorgeschichte]

[Lk 1,1–4: Vorwort]

[1] Da nun schon viele versucht haben, eine Erzählung von den Begebenheiten abzufassen, die sich unter uns erfüllt haben, [2] wie sie uns diejenigen überliefert haben, die von Anfang an Augenzeugen und Diener des Wortes geworden sind, [3] beschloss auch ich – nachdem ich allem von Anfang an sorgfältig nachgegangen bin –, es für dich der Reihe nach niederzuschreiben, hochgeehrter Theophilus, [4] damit du die Zuverlässigkeit der Lehren, in denen du unterrichtest wurdest, erkennst.

[Lk 1,5–25: Die Ankündigung der Geburt Johannes des Täufers]

[5] Es geschah in den Tagen des Herodes, des Königs von Judäa, (da lebte) ein Priester mit Namen Zacharias aus der Dienstgruppe des Abija, und er hatte eine Frau aus den Töchtern Aarons, und ihr Name war Elisabet. [6] Sie waren aber beide gerecht vor GOTT und lebten untadelig in allen Geboten und Rechtssatzungen des *HERRN*. [7] Und sie hatten kein Kind, weil Elisabet unfruchtbar war, und beide waren *IN VORGERÜCKTEM ALTER*.

[8] Es geschah aber, als er in der Ordnung seiner Dienstgruppe Priesterdienst vor GOTT versah, [9] da traf ihn nach der Sitte des Priesterdienstes das Los, das *Räucheropfer* darzubringen und (dazu) in den TEMPEL des *HERRN* hineinzugehen; [10] und die ganze Schar des VOLKES *BETETE* draußen zur Stunde des *Räucheropfers*. [11] Ihm erschien aber ein **Engel** des *HERRN*; der stand rechts vom Räucheraltar. [12] Und Zacharias geriet in Schrecken, als er (ihn) sah, und Furcht fiel auf ihn.

[13] Der **Engel** aber sagte zu ihm:

FÜRCHTE DICH NICHT, Zacharias,
denn deine Bitte ist erhört worden,
und deine Frau Elisabet wird dir einen Sohn gebären,
UND DU SOLLST IHM DEN NAMEN Johannes *GEBEN*.
[14] Und er wird dir eine Freude und ein Jubel sein,
und viele werden sich über seine Geburt freuen.
[15] Denn er wird groß sein vor dem *HERRN*,

und Wein und berauschendes Getränk wird er nicht trinken
[Num 6,3; Lev 10,9],
und mit *heiligem Geist* wird er erfüllt werden
schon von Mutterleib an,
[16] und viele der Söhne Israels wird er hinwenden
zum *HERRN*, ihrem GOTT.
[17] Und er selbst wird vor ihm hergehen
in Geist und Kraft Elias,
um die Herzen der Väter zu den Kindern hinzuwenden
und Ungehorsame zur Einsicht der Gerechten,
um dem *HERRN* ein wohlgerüstetes VOLK zu bereiten.

[18] Und Zacharias sagte zu dem **Engel**: Woran soll ich dies erkennen? Denn ich bin alt, und meine Frau ist IN VORGERÜCKTEM ALTER.

[19] Und der **Engel** antwortete und sagte ihm: Ich bin *Gabriel*, der vor GOTT steht, und wurde gesandt, zu dir zu reden und dir diese freudige Nachricht zu verkünden. [20] Und siehe, du wirst stumm sein und nicht reden können bis zu dem Tag, an dem dies geschieht, weil du meinen Worten nicht geglaubt hast, die zu ihrer Zeit in Erfüllung gehen werden.

[21] Und das VOLK wartete auf Zacharias und wunderte sich, dass er so lange im TEMPEL blieb. [22] Als er aber herauskam, konnte er nicht zu ihnen reden, und sie erkannten, dass er im TEMPEL eine Erscheinung gehabt hatte. Und er winkte ihnen zu und blieb stumm.

[23] Und es geschah, als die Tage seines Dienstes zu Ende waren, da ging er fort in sein Haus.

[24] Nach diesen Tagen aber wurde Elisabet, seine Frau, schwanger und hielt sich fünf Monate verborgen und sagte: [25] So hat mir der *HERR* getan in den Tagen, in denen er darauf sah, meine Schmach unter den Menschen wegzunehmen.

[Lk 1,26–38: Die Ankündigung der Geburt Jesu]

[26] Im SECHSTEN MONAT aber wurde der **Engel** *Gabriel* von GOTT in eine Stadt in Galiläa mit Namen Nazareth gesandt, [27] zu einer Jungfrau, die mit einem Mann namens Joseph aus dem Hause Davids verlobt war, und der Name der Jungfrau war Maria. [28] Und er kam zu ihr herein und sagte: Sei gegrüßt, *Begnadete*, der *HERR* (ist) mit dir.

[29] Sie aber geriet über das Wort in Schrecken und überlegte, was dieser Gruß wohl bedeute.

[30] Und der **Engel** sagte zu ihr:

FÜRCHTE DICH NICHT, Maria, denn du hast bei GOTT *Gnade* gefunden.
[31] Und siehe, du wirst schwanger werden und einen SOHN gebären,
und DU SOLLST IHM DEN NAMEN Jesus GEBEN.
[32] Dieser wird groß sein und SOHN des Höchsten genannt werden,

und Gott, der *HERR*, wird ihm den Thron Davids, seines Vaters, geben,
[33] und er wird über das Haus Jakob König sein in Ewigkeit,
und seine Königsherrschaft wird kein Ende haben.

[34] Maria aber sagte zu dem **Engel**: Wie wird dies geschehen, da ich (doch) von keinem Mann weiß?
[35] Und der **Engel** antwortete und sagte ihr:

Heiliger Geist wird über dich kommen,
und Kraft des Höchsten wird dich überschatten,
deshalb wird auch das erzeugte *Heilige* Gottes Sohn genannt werden.[a]

[36] Und siehe, Elisabet, deine Verwandte, auch sie wurde mit einem Sohn schwanger in ihrem Alter, und dies ist der SECHSTE MONAT für sie, die als unfruchtbar gilt.
[37] Denn von Gott aus wird kein Ding unmöglich sein.
[38] Maria aber sagte: Siehe, (ich bin) die Sklavin des *HERRN*. Mir geschehe nach deinem Wort.

Und der **Engel** ging von ihr weg.

[Lk 1,39–56: Besuch Marias bei Elisabet]

[39] Maria aber machte sich in diesen Tagen auf und ging mit Eile in das Bergland, in eine Stadt in Juda. [40] Und sie kam in das Haus des Zacharias und begrüßte Elisabet.
[41] Und es geschah, als Elisabet den Gruß Marias hörte, da *hüpfte der Embryo in ihrem Leib.* Und Elisabet wurde mit **heiligem Geist** erfüllt, [42] und sie rief mit lauter Stimme und sagte:

Gesegnet (bist) du unter den Frauen,
und gesegnet (ist) die Frucht deines Leibes!

[43] Und woher (geschieht) mir dies, dass die Mutter meines *HERRN* zu mir kommt?
[44] Denn siehe, als der Klang deines Grußes in meine Ohren kam, *hüpfte der Embryo* mit Jubel *in meinem Leib.* [45] Und selig, die geglaubt hat, dass es Erfüllung geben wird für das, was ihr vom *HERRN* gesagt wurde.
[46] Und Maria sagte:

Meine Seele preist den *HERRN*,
[47] und mein Geist jubelte über Gott, meinen Retter,
[48] weil er die Niedrigkeit seiner Sklavin angesehen hat.
Denn siehe, von jetzt an werden mich seligpreisen alle Generationen.
[49] Denn der Mächtige tat große Dinge für mich,
und *heilig* (ist) sein Name.
[50] Und sein *ERBARMEN* (währt) von Generation zu Generation

---

a Oder: „deshalb wird auch das Erzeugte heilig
genannt werden, Sohn Gottes“.

bei denen, die ihn fürchten.
[51] Er übte Macht aus mit seinem Arm,
er zerstreute die in der Gesinnung ihres Herzens Übermütigen.
[52] Er stieß Machthaber von den Thronen
und erhöhte Niedrige.
[53] Hungrige füllte er mit Gütern
und schickte Reiche leer weg.
[54] Er nahm sich ISRAELS, seines Knechtes, an,
um des ERBARMENS zu gedenken,
[55] wie er redete zu unseren Vätern,
mit Abraham und seiner Nachkommenschaft in Ewigkeit.

[56] Maria aber blieb etwa drei Monate bei ihr.
Und sie kehrte wieder in ihr Haus zurück.

[Lk 1,57–66: Die Geburt Johannes des Täufers]

[57] Für Elisabet aber erfüllte sich die Zeit, dass sie gebar, und sie brachte einen Sohn zur Welt. [58] Und ihre Nachbarn und Verwandten hörten, dass ihr der HERR großes ERBARMEN erwiesen hatte, und freuten sich mit ihr.

[59] Und es geschah am achten Tag, da kamen sie, das Kindlein zu beschneiden, und sie wollten es, nach dem Namen seines Vaters, Zacharias nennen.

[60] Und seine Mutter antwortete und sagte: Nein, sondern es wird Johannes heißen.

[61] Und sie sagten zu ihr: Es gibt niemanden aus deiner Verwandtschaft, der diesen Namen hat.

[62] Sie winkten aber seinem Vater, wie er wohl wünsche, dass es heißen solle.

[63] Und er forderte eine Schreibtafel und schrieb: Johannes ist sein Name.
Und sie wunderten sich alle.

[64] Sogleich aber wurde sein Mund geöffnet und seine Zunge, und er redete und lobte GOTT.

[65] Und Furcht kam über alle, die um sie herum wohnten, und im ganzen Bergland Judäas wurden alle diese Dinge besprochen. [66] Und alle, die es hörten, nahmen es sich zu Herzen und sagten: Was wird wohl aus diesem Kindlein werden? Denn die Hand des HERRN war ja mit ihm.

[Lk 1,67–80: Der Lobgesang des Zacharias]

[67] Und Zacharias, sein Vater, wurde erfüllt mit **heiligem Geist** und redete prophetisch:

[68] Gepriesen (sei) der HERR, der GOTT ISRAELS!
Denn er hat sein Volk BESUCHT und ihm Erlösung bewirkt,
[69] und er hat uns ein Horn der RETTUNG erweckt

im Hause seines Knechtes David,

[70] wie er geredet hat durch den Mund seiner heiligen Propheten von jeher,

[71] eine RETTUNG vor unseren Feinden und vor der Hand aller, die uns hassen,

[72] um Erbarmen zu erweisen an unseren Vätern

und an seinen heiligen Bund zu denken,

[73] den Eid, den er Abraham, unserem Vater, schwor,

uns zu verleihen, [74] dass wir ohne Furcht, errettet aus der Hand von Feinden,

ihm dienen [75] in Frömmigkeit und Gerechtigkeit

vor ihm alle unsere Tage.

[76] Und du, Kindlein, wirst Prophet des Höchsten genannt werden,

denn du wirst vor dem HERRN herwandern, seine Wege vorzubereiten,

[77] um seinem VOLK Erkenntnis der RETTUNG zu geben

in Vergebung ihrer Sünden,

[78] durch das mitleidsvolle ERBARMEN unseres GOTTES,

womit uns BESUCHEN wird der Aufgang aus der Höhe[a],

[79] denen zu erscheinen, die in Finsternis und Todesschatten sitzen[b],

unsere Füße auf den Weg des Friedens zu richten.

[80] Das Kindlein aber wuchs und wurde stark im Geist, und es war in den Wüsten bis zum Tag seiner Einsetzung für ISRAEL.

[Lk 2,1–21: Die Geburt Jesu und seine Beschneidung]

[1] Es geschah aber in jenen Tagen, da erging ein Erlass vom Kaiser Augustus, den ganzen Erdkreis registrieren zu lassen. [2] Diese Registrierung (war die) erste (und) fand statt, als Quirinius Statthalter von Syrien war. [3] Und alle gingen, um sich registrieren zu lassen, jeder in seine Stadt.

[4] Es ging aber auch Joseph aus Galiläa, aus der Stadt Nazareth, hinauf nach Judäa in die Stadt Davids, die Bethlehem heißt, weil er aus dem Haus und Stamm Davids war, [5] um sich registrieren zu lassen mit Maria, seiner Verlobten, die schwanger war.

[6] Es geschah aber, als sie dort waren, da erfüllten sich die Tage, dass sie gebären sollte. [7] Und sie gebar ihren Sohn, den erstgeborenen, und *wickelte ihn in Windeln und legte ihn in eine Krippe*, weil für sie[c] in der Unterkunft kein Platz war.

[8] Und Hirten waren in derselben Gegend unter freiem Himmel und hielten Nachtwache bei ihrer Herde. [9] Und ein **Engel** des *HERRN* trat zu ihnen, und die Herrlichkeit des *HERRN* umleuchtete sie; und sie fürchteten sich sehr.

[10] Und der **Engel** sagte ihnen: *FÜRCHTET EUCH NICHT!* Denn siehe, ich verkündige euch eine große Freude, die dem ganzen VOLK zuteilwerden wird, [11] denn für euch ist heute ein Retter geboren, welcher ist Christus, der *HERR*, in der Stadt Davids. [12] Und dies (sei) euch das Zeichen: Ihr werdet finden ein Kind, das *in Windeln gewickelt ist und in einer Krippe liegt.*

---

a Vgl. Jes 60,1–2.
b Vgl. Jes 9,1.

c Plural.

¹³ Und plötzlich war bei dem **Engel** eine Schar des himmlischen Heeres; die lobten GOTT und sagten:

¹⁴ Herrlichkeit in den Höhen für GOTT
und auf Erden Frieden
unter Menschen von gutem Willenª.

¹⁵ Und es geschah, als die **Engel** von ihnen weg in den Himmel gegangen waren, da sagten die Hirten zueinander: Lasst uns doch bis Bethlehem gehen und diese Sache sehen, die geschehen ist (und) die der *HERR* uns mitgeteilt hat.

¹⁶ Und sie kamen eilend und fanden Maria und Joseph, dazu das Kind in der Krippe liegen.

¹⁷ Nachdem sie es aber gesehen hatten, machten sie das Wort bekannt, das ihnen über dieses Kindlein gesagt worden war.

¹⁸ Und alle, die es hörten, *WUNDERTEN SICH* über das, was ihnen von den Hirten gesagt worden war.

¹⁹ Maria aber behielt alle diese Worte und dachte in ihrem Herzen darüber nach.

²⁰ Und die Hirten kehrten zurück, priesen und lobten GOTT für alles, was sie gehört und gesehen hatten, wie es ihnen gesagt worden war.

²¹ Und als acht Tage sich erfüllten, so dass er zu beschneiden war, da gab man ihm den Namen Jesus, der von dem **Engel** genannt worden war, bevor er im Mutterleib empfangen wurde.

[Lk 2,22–40: Die Darstellung Jesu im Tempel; Symeon und Hanna]

²² Und als die Tage ihrerᵇ Reinigung sich erfüllten nach dem *GESETZ* des Moseᶜ, brachten sie ihn nach Jerusalem hinauf, um (ihn) dem *HERRN* darzustellenᵈ, ²³ wie im *GESETZ* des *HERRN* geschrieben ist:
Alles Männliche, das den Mutterschoß öffnet,
soll dem *HERRN* heilig heißen
[Ex 13,2.12],
²⁴ und um ein Opfer zu geben, wie es im *GESETZ* des *HERRN* gesagt ist:
ein Paar Turteltauben oder zwei junge Tauben.
[Lev 12,8]
²⁵ Und siehe, ein Mensch war in Jerusalem, namens Symeon; und dieser Mensch war gerecht und gottesfürchtig und wartete auf den Trost ISRAELS, und **heiliger Geist** war auf ihm. ²⁶ Und ein Wort war ihm zuteil geworden vom **heiligen Geist**, er solle den Tod nicht *sehen*, ehe er den Christus des *HERRN gesehen* habe. ²⁷ Und er kam geleitet vom *Geist* in das HEILIGTUM.

---

a Oder: „(seines) Wohlgefallens".
b Plural.

c Vgl. Lev 12,2–8.
d Vgl. Ex 13,13.

Und als die Eltern das Kindlein Jesus hineinbrachten, um mit ihm zu tun, wie es nach dem GESETZ Brauch ist, [28] da nahm er es in die Arme und lobte GOTT, indem er sagte:

> [29] Jetzt verabschiedest du deinen Sklaven, Gebieter,
> gemäß deinem Wort in Frieden,
> [30] denn meine Augen haben deine Rettung *gesehen*,
> [31] die du bereitet hast vor dem Angesicht aller Völker,
> [32] Licht zur Offenbarung für die Heiden
> und (zur) Herrlichkeit deines VOLKES ISRAEL.

[33] Und sein Vater und die Mutter WUNDERTEN SICH über das, was über ihn gesagt wurde.

[34] Und Symeon segnete sie und sagte zu Maria, seiner Mutter: Siehe, dieser ist bestimmt zum Fall und Aufstehen für viele in ISRAEL und zu einem Zeichen, dem widersprochen wird – [35] und auch durch deine eigene Seele wird ein Schwert dringen –, damit aus vielen Herzen Gedanken enthüllt werden.

[36] Und da war eine Prophetin Hanna, eine Tochter Phanuels, aus dem Stamm Asser. Diese (war) in weit vorgerücktem Alter; nach ihrer Zeit als Jungfrau hatte sie sieben Jahre lang mit einem Mann gelebt [37] und (seitdem) für sich als Witwe, bis (sie) vierundachtzig Jahre (alt war). Die wich nicht vom HEILIGTUM und diente (Gott) Nacht und Tag mit Fasten und *GEBETEN*. [38] Und zu derselben Stunde trat sie hinzu und pries GOTT und redete über ihn zu allen, die auf die Erlösung Jerusalems warteten.

[39] Und als sie alles erledigt hatten, was nach dem GESETZ *des HERRN* (zu tun war), kehrten sie nach Galiläa zurück, in ihre Stadt Nazareth.

[40] DAS KINDLEIN ABER WUCHS UND WURDE STARK, INDEM ES VON WEISHEIT ERFÜLLT WURDE, UND GOTTES GNADE WAR AUF IHM.

[Lk 2,41–52: Der zwölfjährige Jesus im Tempel]

[41] Und seine Eltern reisten jedes Jahr nach Jerusalem am Passahfest. [42] Und als er zwölf Jahre alt war (und) sie nach dem Brauch des Festes hinaufzogen [43] und die Tage vollbracht hatten, blieb bei ihrer Rückkehr der Knabe Jesus in Jerusalem zurück. Und seine Eltern wussten es nicht. [44] Sie meinten vielmehr, er sei unter den Mitreisenden, gingen eine Tagesstrecke und suchten ihn bei den Verwandten und den Bekannten. [45] Und da sie ihn nicht fanden, kehrten sie nach Jerusalem zurück und suchten ihn. [46] Und es geschah nach drei Tagen, da fanden sie ihn, wie er im HEILIGTUM mitten unter den Lehrern saß und *ihnen zuhörte* und sie befragte.

[47] Alle aber, *die ihm zuhörten*, gerieten außer sich über seinen Scharfsinn und seine Antworten.

[48] Und als sie ihn sahen, entsetzten sie sich. Und seine Mutter sagte zu ihm: Kind, warum hast du uns das angetan? Siehe, **dein Vater** und ich haben dich mit Schmerzen gesucht.

⁴⁹ Und er sagte zu ihnen: Was (ist der Grund dafür), dass ihr mich suchtet? Wusstet ihr nicht, dass ich in dem sein muss, was **meinem Vater** gehört? ⁵⁰ Und sie verstanden das Wort nicht, das er zu ihnen sagte. ⁵¹ Und er ging mit ihnen hinab und kam nach Nazareth, und er ordnete sich ihnen (allezeit) unter.

Und seine Mutter behielt all diese Worte in ihrem Herzen. ⁵² UND JESUS NAHM ZU AN WEISHEIT UND ALTER UND GNADE BEI GOTT UND DEN MENSCHEN.

[Lukas 3,1–4,13:
Johannes der Täufer und die Versuchung Jesu]

[Lk 3,1–20: Johannes der Täufer]

¹ Im fünfzehnten Jahr aber der Regierung des Kaisers Tiberius,
als Pontius Pilatus in Judäa regierte
und als Herodes Tetrarch[a] von Galiläa war,
sein Bruder Philippus aber Tetrarch von Ituräa und Trachonitis
und Lysanias Tetrarch von Abilene,
² unter dem Hohenpriester Hannas und Kaiphas[b],

geschah das Wort GOTTES an Johannes, den Sohn des Zacharias, in der *Wüste*; ³ und er kam in die ganze Umgebung des Jordan und verkündigte eine **Taufe** der UMKEHR zur Vergebung der Sünden, ⁴ wie geschrieben ist im Buch der Worte des Propheten Jesaja:

> Stimme eines Rufers in der *Wüste*:
> Bereitet den Weg des *HERRN*,
> macht seine Pfade gerade!
> ⁵ Jede Schlucht wird aufgefüllt werden,
> und jeder Berg und Hügel wird eingeebnet werden;
> und es wird das Krumme zu Geradem werden
> und die holprigen zu ebenen Wegen.
> ⁶ Und sehen wird alles Fleisch die Rettung durch GOTT.

[Jes 40,3–5 LXX]

⁷ Er sagte nun den *VOLKSMENGEN*, die hinausgingen, um sich von ihm **taufen** zu lassen: Ihr Schlangenbrut, wer hat euch gezeigt, dem künftigen Zorn zu entfliehen? ⁸ Bringt also Früchte, die der UMKEHR entsprechen, und fangt nicht an, bei euch zu sagen: Wir haben Abraham zum Vater. Denn ich sage euch: GOTT kann aus diesen Steinen dem Abraham Kinder erwecken. ⁹ Schon aber ist auch die Axt an die Wurzel

---

a Vgl. zu Mt 14,1.
b Hannas war Hoherpriester 6–15 n.Chr., Kai-
phas, sein Schwiegersohn, bekleidete dieses Amt 18–36 n.Chr.

der Bäume gelegt; jeder Baum nun, der keine gute Frucht bringt, wird gefällt und ins *FEUER* geworfen.

[10] Und die *VOLKSMENGEN* fragten ihn und sagten: *WAS ALSO SOLLEN WIR TUN?*

[11] Er aber antwortete und sagte ihnen: Wer zwei Untergewänder hat, gebe dem (eines) ab, der keines hat; und wer zu essen hat, mache es ebenso.

[12] Es kamen aber auch Zöllner, um sich taufen zu lassen, und sagten zu ihm: Lehrer, *WAS SOLLEN WIR TUN?*

[13] Er aber sagte zu ihnen: Treibt nicht mehr ein, als euch vorgeschrieben ist!

[14] Es fragten ihn aber auch Soldaten und sagten: *WAS SOLLEN DENN WIR TUN?* Und er sagte zu ihnen: Misshandelt und schikaniert niemanden und begnügt euch mit eurem Sold!

[15] Als aber das VOLK voll Erwartung war und alle sich in ihren Herzen Gedanken machten über Johannes, ob er vielleicht der Christus sei, [16] antwortete Johannes und sagte allen: Ich **taufe** euch mit Wasser; es kommt aber der, der stärker ist als ich, dessen ich nicht würdig bin, den Riemen seiner Sandalen zu lösen. Der wird euch mit **heiligem Geist** und *FEUER* taufen. [17] Seine Worfschaufel (ist) in seiner Hand, seine Tenne gründlich zu reinigen und den Weizen in seine Scheune zu sammeln; die Spreu aber wird er verbrennen mit unauslöschlichem *FEUER*.

[18] Indem er nun auch vieles andere an Ermahnungen sagte, verkündete er dem VOLK die gute Botschaft.

[19] Der Tetrarch Herodes aber, der von ihm zurechtgewiesen worden war wegen Herodias, der Frau seines Bruders, und wegen alles Bösen, das Herodes getan hatte, [20] fügte zu dem allen noch dies hinzu: er sperrte Johannes ins Gefängnis.

[Lk 3,21–22: Die Taufe Jesu]

[21] Es geschah aber, als das VOLK **getauft** wurde (und) als dabei auch Jesus **getauft** wurde und *BETETE*, (da also geschah es,) dass der Himmel sich öffnete [22] und der *heilige Geist* in leiblicher Gestalt wie eine Taube auf ihn herabkam und eine Stimme aus dem Himmel erging: Du bist mein geliebter SOHN, an dir habe ich Wohlgefallen gefunden.

[Lk 3,23–38: Der Stammbaum Jesu]

[23] Und er, Jesus, war, als er anfing, etwa dreißig Jahre alt und war, wie man meinte, ein SOHN von Joseph,
    der von Eli,
    [24] der von Mattat,
    der von Levi,
    der von Melchi,
    der von Jannai,
    der von Joseph,

[25] der von Mattathia,
der von Amos,
der von Nahum,
der von Hesli,
der von Naggai,
[26] der von Mahat,
der von Mattathia,
der von Schimi,
der von Josech,
der von Joda,
[27] der von Johanan,
der von Resa,
der von Serubbabel,
der von Schealtiel,
der von Neri,
[28] der von Melchi,
der von Addi,
der von Kosam,
der von Elmadam,
der von Er,
[29] der von Joschua,
der von Elieser,
der von Jorim,
der von Mattat,
der von Levi,
[30] der von Simeon,
der von Juda,
der von Joseph,
der von Jonam,
der von Eljakim,
[31] der von Melea,
der von Menna,
der von Mattata,
der von Nathan,
der von David,
[32] der von Isai,
der von Obed,
der von Boas,
der von Schelach,
der von Nachschon,
[33] der von Amminadab,
der von Admin,
der von Arni,

der von Hezron,
der von Perez,
der von Juda,
³⁴ der von Jakob,
der von Isaak,
der von Abraham,
der von Terach,
der von Nahor,
³⁵ der von Serug,
der von Regu,
der von Peleg,
der von Eber,
der von Schelach,
³⁶ der von Kenan,
der von Arpachschad,
der von Sem,
der von Noah,
der von Lamech,
³⁷ der von Metuschelach,
der von Henoch,
der von Jered,
der von Mahalalel,
der von Kenan,
³⁸ der von Enosch,
der von Set,
der von Adam,
der von GOTT.

[Lk 4,1–13: Die Versuchung Jesu durch den Teufel]

¹ Jesus aber, voll mit **heiligem Geist**, kehrte vom Jordan zurück und wurde vom **Geist** in der Wüste umhergeführt ² und vierzig Tage lang vom Teufel **versucht**. Und er aß nichts in jenen Tagen, und als sie ein Ende hatten, bekam er Hunger.

³ Der Teufel aber sagte ihm: WENN DU GOTTES SOHN BIST, sag diesem Stein, dass er zu Brot werde.
    ⁴ Und Jesus antwortete ihm: ES IST GESCHRIEBEN:
Der Mensch wird nicht allein vom Brot leben.
[Dtn 8,3]

⁵ Und *er führte ihn* hinauf und zeigte ihm alle Königreiche des Erdkreises in einem Augenblick, ⁶ und der Teufel sagte ihm: Dir werde ich diese ganze Macht und ihre^a

---

a Plural.

Herrlichkeit geben, denn mir ist sie übergeben, und ich gebe sie, wem ich will.
[7] Wenn du nun mich ANBETEST, soll alles deins sein.
[8] Und Jesus antwortete und sagte ihm: *Es IST GESCHRIEBEN:*

> Den *HERRN*, deinen Gott, sollst du ANBETEN
> und sollst ihm allein dienen.
> [Dtn 6,13]

[9] *Er führte ihn* aber nach Jerusalem und stellte (ihn) auf die Zinne des Heiligtums
und sagte ihm: WENN DU GOTTES SOHN BIST, wirf dich von hier hinunter, [10] denn *ES
IST GESCHRIEBEN:*

> Seinen Engeln wird er befehlen deinetwegen,
> dich zu bewahren.
> [Ps 91,11]

[11] Und:

> Auf Händen werden sie dich tragen,
> damit du deinen Fuß nicht etwa an einen Stein stößt.
> [Ps 91,12]

[12] Und Jesus antwortete und sagte ihm: Es ist gesagt:

> Du sollst den *HERRN*, deinen Gott, nicht **versuchen**.
> [Dtn 6,16 LXX]

[13] Und als der Teufel jede **Versuchung** beendet hatte, entfernte er sich von ihm bis
zu einem (bestimmten) Zeitpunkt.

[Lukas 4,14–9,50: Jesu Wirken in Galiläa]

[Lk 4,14–30: Jesu Predigt in Nazareth]

[14] Und Jesus kehrte in der Kraft des Geistes nach Galiläa zurück. Und die Kunde
über ihn verbreitete sich in der ganzen Umgebung. [15] Und er lehrte in ihren *Synagogen* und wurde von allen gepriesen.

[16] Und er kam nach Nazareth, wo er aufgezogen worden war, und ging nach seiner Gewohnheit am Tag des Sabbats in die *Synagoge* und stand auf, um vorzulesen.
[17] Und ihm wurde die Buchrolle des Propheten Jesaja überreicht, und als er die
Buchrolle aufwickelte, fand er die Stelle, wo geschrieben war:

> [18] Der Geist des *HERRN* (ist) auf mir,
> weil er mich gesalbt hat,
> um Armen die Frohbotschaft auszurichten,
> hat er mich gesandt[a],
> um Gefangenen *Entlassung* zu verkünden

---

a Oder: „er hat mich gesandt".

und Blinden erneutes Sehvermögen
[Jes 61,1 LXX],
um Zerschlagene in *Entlassung* zu senden
[Jes 58,6],
[19] um ein WILLKOMMENES Jahr des *HERRN* zu verkünden.
[Jes 61,2 LXX]
[20] Und er wickelte die Buchrolle zusammen, gab sie dem Diener zurück und setzte sich. Und die Augen aller in der *Synagoge* waren auf ihn gerichtet. [21] Er begann aber, zu ihnen zu reden: Heute ist diese Schriftstelle erfüllt, (die noch) in euren Ohren (klingt).

[22] Und alle stimmten ihm zu und wunderten sich über die Worte der Gnade, die aus seinem Mund kamen, und sagten: Ist dieser nicht Josephs Sohn?

[23] Und er sagte zu ihnen: Jedenfalls werdet ihr mir dieses Sprichwort sagen: Arzt, heile dich selbst! Alles, was, wie wir gehört haben, in Kapernaum geschehen ist, tu auch hier in deiner Vaterstadt! [24] Er sagte aber: Amen, ich sage euch: Kein Prophet ist WILLKOMMEN in seiner Vaterstadt.

[25] In Wahrheit aber sage ich euch:
Viele Witwen waren in den Tagen Elias in Israel, als der Himmel für drei Jahre und sechs Monate verschlossen war, als eine große Hungersnot über das ganze Land kam, [26] und zu keiner von ihnen wurde Elia geschickt, sondern nur nach Sarepta in Sidonien zu einer verwitweten Frau.[a]

[27] Und viele Aussätzige waren in Israel zur Zeit von Elisa, dem Propheten, und keiner von ihnen wurde rein außer Naiman der Syrer.[b]

[28] Und alle in der *Synagoge* wurden von Wut erfüllt, als sie dies hörten; [29] und sie standen auf, warfen ihn aus der Stadt hinaus und führten ihn bis an einen Abhang des Berges, auf dem ihre Stadt gebaut war, um ihn hinabzustürzen. [30] Er aber ging mitten durch sie hindurch und zog weg.

[Lk 4,31–37: Die Heilung eines Besessenen in Kapernaum]

[31] Und er ging hinab nach Kapernaum, einer Stadt in Galiläa. Und er lehrte sie an den Sabbaten. [32] Und sie entsetzten sich über seine Lehre, denn seine *Rede* geschah in **Vollmacht.**

[33] Und in der Synagoge war ein Mensch, der den Geist eines UNREINEN Dämons hatte, und er schrie mit lauter Stimme auf: [34] Oho, was (gibt es zwischen) uns und dir, Jesus, Nazarener? Bist du gekommen, uns zu vernichten? Ich kenne dich (und weiß), wer du bist: der Heilige GOTTES!

[35] Und Jesus BEDROHTE ihn, indem er sagte: Verstumme und *fahr* von ihm *aus*!

Und der Dämon warf ihn in die Mitte und *fuhr* aus ihm *aus*, ohne ihm einen Schaden zu tun.

---

a Vgl. 1Kön 17,9.　　　　b Vgl. 2Kön 5,14.

[36] Und ein Schrecken kam über alle, und sie redeten miteinander und sagten: Was ist das für eine Rede? Denn in **Vollmacht** und Kraft gebietet er den UNREINEN Geistern, und sie *fahren aus.* [37] Und die Kunde von ihm drang hinaus an jeden Ort der Umgebung.

[Lk 4,38–39: Die Heilung der Schwiegermutter des Simon]

[38] Er machte sich aber auf aus der *Synagoge* und ging in das Haus Simons hinein. Die Schwiegermutter des Simon aber war von hohem Fieber befallen, und sie baten ihn für sie. [39] Und er beugte sich über sie und BEDROHTE das Fieber, und es verließ sie. Sofort aber stand sie auf und diente ihnen.

[Lk 4,40–41: Heilung vieler Kranker und Besessener]

[40] Als aber die Sonne untergegangen war, brachten alle, die Kranke mit mancherlei Leiden hatten, sie zu ihm. Indem er aber jedem einzelnen von ihnen die Hände auflegte, machte er sie gesund. [41] Aus vielen aber *fuhren* auch Dämonen *aus*, indem sie schrien und sagten: Du bist GOTTES SOHN! Und er BEDROHTE sie und ließ sie nicht reden, denn sie wussten, dass er der Christus war.

[Lk 4,42–44: Jesu Wirksamkeit in ganz Judäa]

[42] Als es aber Tag geworden war, ging er hinaus und ging an einen einsamen Ort, und die VOLKSMENGEN suchten ihn, und sie kamen bis zu ihm hin und wollten ihn festhalten, damit er nicht von ihnen weggehe. [43] Er aber sagte zu ihnen: Ich muss auch den anderen Städten die KÖNIGSHERRSCHAFT GOTTES verkündigen; denn dazu bin ich gesandt worden. [44] Und er verkündigte in den *Synagogen* von Judäa.

[Lk 5,1–11: Der Fischzug des Petrus]

[1] Es geschah aber, als die VOLKSMENGE zu ihm drängte und das WORT GOTTES hörte, da stand er am See Genezareth [2] und sah zwei Boote am Ufer liegen; die Fischer aber waren aus ihnen ausgestiegen und wuschen die Netze. [3] Er aber stieg in eines der Boote, das Simon gehörte, und bat ihn, ein wenig vom Land wegzufahren. Er setzte sich aber und lehrte die VOLKSMENGEN vom Boot aus. [4] Als er aber aufgehört hatte zu reden, sagte er zu Simon: Fahr weg auf das tiefe (Wasser), und lasst eure Netze herab zum Fang! [5] Und Simon antwortete und sagte: Meister, die ganze Nacht hindurch haben wir uns abgemüht und nichts gefangen; doch auf deine Weisung hin werde ich die Netze herablassen. [6] Und als sie dies getan hatten, umschlossen sie eine große Menge von Fischen, ihre Netze aber drohten zu reißen. [7] Und sie winkten den Genossen in dem anderen

Boot, sie sollten kommen und ihnen helfen. Und sie kamen und füllten beide Boote, so dass sie zu sinken drohten.

[8] Als Simon Petrus es aber sah, fiel er zu den Knien Jesu nieder und sagte: Geh weg von mir, denn ich bin ein SÜNDIGER Mann, *HERR*!

[9] Denn ein Schrecken hatte ihn erfasst und alle, die bei ihm waren, über den Fischfang, den sie getan hatten, [10] ebenso aber auch Jakobus und Johannes, die Söhne des Zebedäus, die Simons Teilhaber waren.

Und Jesus sagte zu Simon: Fürchte dich nicht! Von jetzt an wirst du einer sein, der Menschen einfängt.

[11] Und sie brachten die Boote ans Land und verließen alles und folgten ihm.

[Lk 5,12–16: Die Heilung eines Aussätzigen]

[12] Und es geschah, als er in einer der Städte war, siehe, da war ein Mann voller Aussatz. Als er aber Jesus sah, warf er sich nieder aufs Angesicht und flehte ihn an und sagte: *HERR*, wenn du willst, kannst du mich *reinigen*.

[13] Und er streckte die Hand aus, berührte ihn und sagte: Ich will, sei *rein*!

Und sofort ging der Aussatz von ihm weg.

[14] Und er befahl ihm, es niemandem zu sagen, sondern: Geh weg, zeig dich dem Priester und bring für deine *Reinigung* (ein Opfer) dar, wie Mose angeordnet hat, ihnen zum Zeugnis.

[15] Doch das Wort über ihn verbreitete sich umso mehr, und es kamen große VOLKSMENGEN zusammen, um zu hören und von ihren Krankheiten geheilt zu werden.

[16] Er selbst aber hielt sich zurückgezogen an einsamen Orten auf und *BETETE*.

[Lk 5,17–26: Die Heilung eines Gelähmten]

[17] Und es geschah an einem der Tage, da lehrte er, und **PHARISÄER** und Gesetzeskundige saßen da, die aus jedem Dorf Galiläas und Judäas und (aus) Jerusalem gekommen waren.

Und des *HERRN* Kraft war da, dass er heile.

[18] Und siehe, (da waren) Männer, die auf einem Bett einen Menschen brachten, der gelähmt war; und sie versuchten, ihn hineinzubringen und vor ihn hinzulegen.

[19] Und da sie wegen der VOLKSMENGE nicht herausfanden, auf welchem (Weg) sie ihn hineinbringen könnten, stiegen sie auf das Dach und ließen ihn samt dem Tragebett durch die Ziegel hinunter in die Mitte vor Jesus hin.

[20] Und als er ihren Glauben sah, sagte er: Mensch, *dir sind deine* SÜNDEN *vergeben*.

[21] Und die Schriftgelehrten und die **PHARISÄER** begannen zu überlegen und sagten: Wer ist dieser, der da Lästerungen redet? Wer kann SÜNDEN *vergeben* außer GOTT allein?

²² Als aber Jesus ihre Überlegungen erkannte, antwortete er und sagte ihnen: Was überlegt ihr in euren Herzen? ²³ Was ist leichter, zu sagen: ‚*Dir sind deine* SÜNDEN *vergeben*‘, oder zu sagen: ‚Steh auf und geh umher‘? ²⁴ Damit ihr aber wisst, dass der Menschensohn **Vollmacht** hat, auf der Erde SÜNDEN *zu vergeben* – sagte er dem Gelähmten: Dir sage ich: Steh auf und nimm dein Tragebett und geh in dein Haus!

²⁵ Und sogleich stand er vor ihnen auf, hob auf, worauf er gelegen hatte, ging weg in sein Haus und LOBTE GOTT.

²⁶ Und Begeisterung ergriff alle, und sie LOBTEN GOTT und wurden von Furcht erfüllt und sagten: Wir haben heute Unerwartetes gesehen!

[Lk 5,27–32: Die Berufung des Levi]

²⁷ Und danach ging er hinaus und sah einen ZÖLLNER namens Levi am ZOLLHAUS sitzen, und er sagte ihm: Folge mir!

²⁸ Und er verließ alles, stand auf und folgte ihm.

²⁹ Und Levi veranstaltete für ihn ein großes Gastmahl in seinem Haus, und da war eine große VOLKSMENGE von ZÖLLNERN und anderen; die lagen mit ihnen zu Tisch.

³⁰ Und die **PHARISÄER** und ihre Schriftgelehrten murrten gegen seine Jünger und sagten: Warum ESST UND TRINKT ihr mit den ZÖLLNERN und SÜNDERN?

³¹ Und Jesus antwortete und sagte zu ihnen: Nicht die Gesunden bedürfen eines Arztes, sondern die, denen es schlechtgeht. ³² Ich bin nicht gekommen, Gerechte zu rufen, sondern SÜNDER – zur Umkehr.

[Lk 5,33–39: Die Fastenfrage]

³³ Sie aber sagten zu ihm: Die Jünger des Johannes **fasten** oft, und sie verrichten *GEBETE*, ähnlich auch die der **PHARISÄER**, die deinen aber ESSEN UND TRINKEN.

³⁴ Jesus aber sagte zu ihnen: Könnt ihr etwa die Hochzeitsgäste, solange der Bräutigam bei ihnen ist, **fasten** lassen?

³⁵ Es werden aber Tage kommen, und wenn der Bräutigam von ihnen weggenommen sein wird, dann werden sie **fasten**, in jenen Tagen.

³⁶ Er sagte aber auch ein Gleichnis zu ihnen:

Niemand schneidet einen Flicken aus einem neuen Kleid und flickt ihn auf ein altes Kleid.

Wenn aber doch, wird er das neue zerschneiden, und der Flicken vom neuen wird nicht zum alten passen.

³⁷ Und *niemand* gießt neuen Wein in alte Schläuche.

Wenn aber doch, wird der neue Wein die Schläuche zerreißen, und er selbst wird verschüttet werden, und die Schläuche werden verderben.

³⁸ Sondern neuen Wein muss man in neue Schläuche gießen.

[39] Und *niemand*, der alten getrunken hat, will neuen, denn er sagt: Der alte ist liebreich.

[Lk 6,1–5: Das Ährenausraufen am Sabbat]

[1] Es geschah aber an einem SABBAT, dass er durch Saatfelder ging, und seine Jünger rauften die Ähren aus und *aßen* sie, indem sie sie mit den Händen zerrieben.

[2] Einige aber von den **PHARISÄERN** sagten: Warum tut ihr, was am SABBAT nicht erlaubt ist?

[3] Und Jesus antwortete und sagte zu ihnen: Habt ihr auch nicht das gelesen, was David tat, als er hungrig wurde, er und die, die bei ihm waren – [4] wie er in das Haus GOTTES hineinging und die Schaubrote nahm und *aß* und sie denen gab, die bei ihm waren[a], (Brote,) die zu *essen* niemandem erlaubt ist außer den Priestern?

[5] Und er sagte ihnen: Der Menschensohn ist *HERR* über den SABBAT.

[Lk 6,6–11: Die Heilung einer abgestorbenen Hand am Sabbat]

[6] Es geschah aber an einem anderen SABBAT, dass er in die Synagoge hineinging und lehrte. Und dort war ein Mensch, und seine rechte *Hand* war *abgestorben*.

[7] Es belauerten ihn aber die Schriftgelehrten und die **PHARISÄER**, ob er am SABBAT heilen würde, damit sie (etwas) fänden, um ihn anzuklagen.

[8] Er aber kannte ihre Überlegungen, sagte aber zu dem Mann, der die *abgestorbene Hand* hatte: Steh auf und stell dich in die Mitte!

Und er stand auf und stellte sich hin.

[9] Jesus aber sagte zu ihnen: Ich frage euch, ob es erlaubt ist, am SABBAT Gutes zu tun oder Böses zu tun, Leben zu retten oder zu verderben.

[10] Und er blickte sie alle ringsum an und sagte ihm: Streck deine Hand aus!

Er aber tat es, und seine Hand wurde wiederhergestellt.

[11] Sie aber wurden mit Unverstand erfüllt, und sie beredeten miteinander, was sie Jesus antun könnten.

[Lk 6,12–16: Die Berufung der zwölf Apostel]

[12] Es geschah aber in diesen Tagen, dass er hinausging auf den Berg, um zu *BETEN*, und er verbrachte die Nacht im *GEBET* zu GOTT.

[13] Und als es Tag wurde, rief er seine **Jünger** heran und wählte von ihnen zwölf aus, die er auch Apostel nannte:

[14] Simon, den er auch Petrus nannte,
und Andreas, seinen Bruder,
und Jakobus
und Johannes

---

a Vgl. 1Sam 21,1–7.

und Philippus
und Bartholomäus
¹⁵ und Matthäus
und Thomas
und Jakobus, (den Sohn) des Alphäus,
und Simon, der Zelot genannt wurde,
¹⁶ und Judas, (den Sohn) des Jakobus,
und Judas Iskarioth, der zum Verräter wurde.

[Lk 6,17–19: Heilungen]

¹⁷ Und er stieg mit ihnen hinab und stellte sich auf einen ebenen Platz, und eine große Menge seiner **Jünger** und eine große Schar des VOLKES aus ganz Judäa und Jerusalem und dem Küstengebiet von Tyrus und Sidon, ¹⁸ die gekommen waren, um ihn zu hören und von ihren Krankheiten *geheilt* zu werden. Auch die von unreinen Geistern Geplagten wurden gesund gemacht, ¹⁹ und die ganze VOLKSMENGE suchte, ihn zu berühren, denn eine Kraft ging von ihm aus und *heilte* alle.

[Lk 6,20–26: Seligpreisungen und Weherufe]

²⁰ Und er richtete seine Augen auf seine Jünger und sagte:

Selig (seid ihr,) die Armen,
denn euer ist die KÖNIGSHERRSCHAFT GOTTES.
²¹ **Selig** (seid ihr,) die jetzt Hungernden,
denn ihr werdet gesättigt werden.
Selig (seid ihr,) die jetzt Weinenden,
denn ihr werdet lachen.

²² **Selig** seid ihr, wenn euch die Menschen hassen und wenn sie euch ausgrenzen und beschimpfen und euren Namen als böse verwerfen wegen des Menschensohnes. ²³ Freut euch an jenem Tag und tanzt, denn siehe, euer Lohn im Himmel ist groß, *denn ebenso taten ihre Väter den Propheten.*

²⁴ Jedoch: *Wehe euch* Reichen,
denn ihr habt euren Trost empfangen.
²⁵ *Wehe euch*, die ihr jetzt satt seid,
denn ihr werdet hungern.
Wehe, die ihr jetzt lacht,
denn ihr werdet trauern und weinen.

²⁶ *Wehe*, wenn alle Menschen gut von euch reden, denn *ebenso taten ihre Väter den* falschen *Propheten.*

[Lk 6,27–36: Von der Feindesliebe]

²⁷ Aber euch sage ich, den Zuhörenden:

> **Liebt eure Feinde,**
> behandelt die gut, die euch hassen,
> ²⁸ segnet die, die euch fluchen,
> *BETET* für die, die euch beschimpfen.

²⁹ Dem, der dich auf die Wange schlägt,
> biete auch die andere dar;
und dem, der dir den Mantel wegnimmt,
> verweigere auch das Untergewand nicht.
³⁰ Jedem, der dich bittet,
> gib;
und von dem, der das Deine wegnimmt,
> fordere es nicht zurück.

³¹ Und so wie ihr wollt, dass euch die Menschen tun, tut ihnen gleichermaßen.

³² Und wenn ihr die liebt, die euch lieben,
> was für eine Art von Gunst habt ihr?
>> Denn auch die *SÜNDER* lieben die, die sie lieben.
³³ Und wenn ihr denen Gutes tut, die euch Gutes tun,
> was für eine Art von Gunst habt ihr?
>> Auch die *SÜNDER* tun dasselbe.
³⁴ Und wenn ihr denen leiht, von denen ihr zu empfangen hofft,
> was für eine Art von Gunst habt ihr?
>> Auch *SÜNDER* leihen *SÜNDERN*, um das Gleiche zurückzubekommen.

³⁵ Jedoch, **liebt eure Feinde**
und tut Gutes
und leiht, ohne etwas zurückzuerhoffen,

und euer Lohn wird groß sein,
und ihr werdet Söhne des Höchsten sein;
denn er ist gütig gegen die Undankbaren und Bösen.

³⁶ Werdet barmherzig, wie euer Vater barmherzig ist.

[Lk 6,37–41: Vom Richten]

³⁷ Und richtet nicht,
> und ihr werdet nicht gerichtet werden.
Und beschuldigt nicht,
> und ihr werdet nicht beschuldigt werden.

Lasst frei,
und ihr werdet freigelassen werden.
³⁸ Gebt,
und euch wird gegeben werden.

Ein gutes, gedrücktes, gerütteltes, überfließendes *Maß* werden sie in euren Schoß geben. Denn mit welchem *Maß* ihr messt, wird euch zurückgemessen werden.

³⁹ Er sagte ihnen aber auch ein Gleichnis:
Kann etwa ein Blinder einen Blinden führen? Werden nicht beide in eine Grube fallen?
⁴⁰ Ein Jünger steht nicht über dem Lehrer; voll ausgebildet aber, wird jeder wie sein Lehrer sein.
⁴¹ Was aber siehst du den *Splitter* im Auge deines Bruders, den Balken aber in deinem eigenen Auge nimmst du nicht wahr? ⁴² Wie kannst du deinem Bruder sagen: ‚Bruder, lass mich den *Splitter* in deinem Auge herausziehen‘, während du selber den Balken in deinem Auge nicht siehst? Du Heuchler, zieh zuerst den Balken aus deinem Auge, und dann wirst du klar sehen, um den *Splitter* im Auge deines Bruders herauszuziehen.

[Lk 6,43–45: Vom Baum und seinen Früchten]

⁴³ Denn es gibt keinen schönen Baum, der faule *Frucht* bringt, noch umgekehrt einen faulen Baum, der schöne *Frucht* bringt. ⁴⁴ Denn jeder Baum wird an seiner eigenen *Frucht* erkannt. Denn man sammelt von Disteln keine Feigen, und vom Dornstrauch pflückt man keine Traube.
⁴⁵ Der gute Mensch bringt aus dem guten Schatz des Herzens das Gute hervor, und der böse (Mensch) bringt aus dem bösen (Schatz des Herzens) das Böse hervor. Denn aus dem Überfluss des Herzens heraus redet sein Mund.

[Lk 6,46–49: Doppelgleichnis vom Hausbau]

⁴⁶ Was aber nennt ihr mich Herr, Herr und tut nicht, was ich sage?
⁴⁷ Jeder, der zu mir kommt und auf meine Worte hört und sie tut – zeigen werde ich euch, wem er gleich ist. ⁴⁸ Er ist einem Menschen gleich, der ein Haus baute (und) der grub und in die Tiefe ging und ein Fundament auf den Felsen legte.
Als aber eine Überschwemmung kam, stieß der Fluss gegen jenes Haus, und er vermochte nicht, es zu erschüttern, weil es gut gebaut war.
⁴⁹ Wer aber hört und nicht tut, ist einem Menschen gleich, der ein Haus auf die Erde gebaut hat ohne Fundament;
gegen das (Haus) stieß der Fluss, und es stürzte sofort ein, und der Zusammenbruch jenes Hauses war groß.

[Lk 7,1–10: Der Zenturio von Kapernaum]

[1] Nachdem er alle seine Worte vollendet hatte vor den Ohren des VOLKES, ging er nach Kapernaum hinein.

[2] Der Sklave eines Zenturios aber war krank und lag im Sterben; der war ihm wertvoll. [3] Als er aber von Jesus gehört hatte, sandte er Älteste der Juden zu ihm und ließ ihn bitten, dass er komme und seinen Sklaven rette.

[4] Als die aber bei Jesus angekommen waren, baten sie ihn inständig und sagten: Er ist *würdig*, dass du ihm dies gewährst; [5] denn er liebt unser Volk, und die Synagoge hat er uns gebaut.

[6] Jesus aber ging mit ihnen.

Als er aber schon nicht mehr weit von dem Haus entfernt war, schickte der Zenturio Freunde und ließ ihm sagen: *HERR*, bemühe dich nicht! Denn ich bin nicht genug, dass du unter mein Dach gehst. [7] Deshalb habe ich mich auch selber nicht für *würdig* gehalten, zu dir zu kommen. Aber sag es mit einem Wort, und mein Sklave soll geheilt werden. [8] Denn auch ich bin ein Mensch, der unter Befehlsgewalt steht, und habe unter mir Soldaten, und ich sage diesem: Geh!, und er geht, und einem anderen: Komm!, und er kommt, und meinem Sklaven: Tu dies!, und er tut es.

[9] Als Jesus dies aber hörte, wunderte er sich über ihn, und er wandte sich um und sagte zu der VOLKSMENGE, die ihm folgte: Ich sage euch, nicht einmal in Israel habe ich so großen Glauben gefunden.

[10] Und als die Abgesandten in das Haus zurückkehrten, fanden sie den Sklaven gesund.

[Lk 7,11–17: Die Auferweckung eines Jünglings in Nain]

[11] Und es geschah in der Folgezeit, da ging er in eine Stadt namens Nain; und seine Jünger gingen mit ihm und eine große VOLKSMENGE.

[12] Als er sich aber dem Tor der Stadt näherte, siehe, da wurde ein Toter – einziger Sohn seiner *Mutter* – hinausgetragen, und sie war Witwe. Und eine erhebliche VOLKSMENGE aus der Stadt war bei ihr.

[13] Und als der *HERR* sie sah, empfand er Mitleid mit ihr und sagte ihr: Weine nicht!

[14] Und er trat herzu und berührte den Sarg; die Träger aber blieben stehen. Und er sagte: Jüngling, ich sage dir, steh auf!

[15] Und der Tote setzte sich auf und fing an zu reden, und er gab ihn seiner *Mutter*.

[16] Alle aber ergriff Furcht, und sie priesen GOTT, indem sie sagten:

Ein großer Prophet wurde bei uns erweckt,
und: GOTT hat sein VOLK besucht.

[17] Und diese Rede verbreitete sich in ganz Judäa über ihn und der ganzen Umgebung.

[Lk 7,18–35: Die Anfrage des Täufers und das Zeugnis Jesu über ihn]

¹⁸ Und dem Johannes berichteten seine Jünger über dies alles.

Und Johannes rief zwei seiner Jünger herbei ¹⁹ und schickte sie zum *HERRN* und ließ ihm sagen: *Bist du der Kommende, oder sollen wir auf einen anderen warten?*

²⁰ Als aber die Männer bei ihm angekommen waren, sagten sie: Johannes der Täufer hat uns zu dir gesandt und lässt (dir) sagen: *Bist du der Kommende, oder sollen wir auf einen anderen warten?*

²¹ In jener Stunde heilte er viele von Krankheiten und Plagen und bösen Geistern, und vielen Blinden schenkte er das Sehen. ²² Und er antwortete und sagte ihnen: Geht und berichtet Johannes, was ihr gesehen und gehört habt:

Blinde sehen wieder

Lahme gehen umher,

Aussätzige werden rein gemacht,

und Taube hören,

Tote werden auferweckt,

[Jes 29,18; 35,5–6; 42,18; 26,19; 61,1]

Armen wird eine gute Botschaft verkündigt.

²³ Und selig ist, wer an mir keinen Anstoß nimmt.

²⁴ Als aber die Boten des Johannes fortgegangen waren, begann er zu den *VOLKSMENGEN* über Johannes zu reden:

WARUM SEID IHR HINAUSGEGANGEN in die Wüste? Um ein Rohr anzuschauen, das vom Wind geschüttelt wird?

²⁵ Oder WARUM SONST SEID IHR HINAUSGEGANGEN? Um einen in weiche Gewänder gekleideten Menschen zu sehen? Siehe, die, die in herrlicher Kleidung und Luxus sind, sind in den königlichen Palästen.

²⁶ Oder WARUM SONST SEID IHR HINAUSGEGANGEN? Um einen Propheten zu sehen? Ja, ich sage euch: noch mehr als einen Propheten. ²⁷ Dieser ist es, über den geschrieben ist:

Siehe, ich sende meinen Engel vor deinem Angesicht her,

der deinen Weg vor dir herrichten wird.

[Ex 23,20; Mal 3,1]

²⁸ Ich sage euch: Unter den von Frauen Geborenen ist niemand größer als Johannes; der Kleinste aber in der KÖNIGSHERRSCHAFT GOTTES ist größer als er. ²⁹ Und das ganze Volk, das zuhörte, und die Zöllner *gaben* GOTT *Recht*, indem sie sich mit der Taufe des Johannes taufen liessen, ³⁰ die PHARISÄER aber und die Gesetzeskundigen lehnten den Ratschluss GOTTES für sich ab, indem sie sich von ihm nicht taufen ließen.

³¹ Mit wem nun soll ich die Menschen dieser Generation vergleichen, und wem sind sie gleich? ³² Sie sind den Kindern gleich, die auf dem Markt sitzen und einander zurufen; die sagen:

Wir haben für euch Flöte gespielt,
  doch ihr habt nicht getanzt;
wir haben Klagelieder gesungen,
  doch ihr habt nicht geweint.

[33] Denn Johannes der Täufer *ist gekommen*, aß kein Brot und trank keinen Wein. *Und ihr sagt*: Er hat einen Dämon. [34] Der Menschensohn *ist gekommen*, essend und trinkend. *Und ihr sagt*: Siehe, ein Fresser und Weinsäufer, ein Freund von Zöllnern und SÜNDERN! [35] Und die Weisheit **erhielt Recht** von allen ihren Kindern.

[Lk 7,36–50: Jesu Salbung durch eine Sünderin]

[36] Es bat ihn aber einer der **PHARISÄER**, dass er bei ihm esse. Und er ging in das Haus des **PHARISÄERS** hinein und legte sich zu Tisch. [37] Und siehe, (es gab da) eine Frau, die in der Stadt war, eine SÜNDERIN; und nachdem sie erfahren hatte, dass er im Haus des **PHARISÄERS** zu Tisch lag, brachte sie ein Alabastergefäß mit Salböl [38] und stellte sich nach hinten zu seinen Füßen, weinte und fing an, seine Füße mit den Tränen zu benetzen, und wischte sie mit den Haaren ihres Kopfes ab und küsste seine Füße und salbte sie mit dem Salböl. [39] Als aber der **PHARISÄER** es sah, der ihn eingeladen hatte, sagte er bei sich selbst: Wenn dieser ein Prophet wäre, wüsste er, wer und was für eine Frau es ist, die ihn berührt – dass sie eine SÜNDERIN ist. [40] Und Jesus antwortete und sagte zu ihm: Simon, ich habe dir etwas zu sagen. Der aber sagt: Lehrer, sprich! [41] Ein Gläubiger hatte zwei Schuldner. Der eine war fünfhundert Denare[a] schuldig, der andere aber fünfzig. [42] Da sie nicht zurückzahlen konnten, schenkte er es beiden. Wer nun von ihnen wird ihn mehr lieben? [43] Simon antwortete und sagte: Ich denke, der, dem er mehr geschenkt hat. Er aber sagte ihm: Du hast recht geurteilt.

[44] Und er wandte sich um zu der Frau und sagte zu Simon: Siehst du diese Frau? Ich bin in dein Haus gekommen:
  Du hast mir kein Wasser für die Füße gegeben;
diese aber hat meine Füße mit den Tränen benetzt und sie mit ihren Haaren abgewischt. [45] Du hast mir keinen Kuss gegeben;
diese aber hat, seit ich hereingekommen bin, nicht davon abgelassen, meine Füße abzuküssen. [46] Du hast meinen Kopf nicht mit Öl gesalbt;
diese aber hat meine Füße mit Salböl gesalbt.

---

a Vgl. zu Mt 20,2.

[47] Deshalb sage ich dir: Ihre vielen SÜNDEN sind *vergeben*, denn sie hat viel geliebt. Wem aber wenig *vergeben* wird, (der) liebt wenig.

[48] Er sagte aber zu ihr: Deine SÜNDEN sind *vergeben*.

[49] Und die, die mit zu Tisch lagen, fingen an, bei sich selbst zu sagen: Wer ist dieser, der sogar SÜNDEN *vergibt*?

[50] Er sagte aber zu der Frau: Dein Glaube hat dich gerettet; geh in Frieden!

[Lk 8,1–3: Nachfolge von Frauen]

[1] Und es geschah in der Folgezeit, da wanderte er von Stadt zu Stadt und Dorf zu Dorf, indem er predigte und die KÖNIGSHERRSCHAFT GOTTES verkündigte,
und die Zwölf mit ihm [2] und einige Frauen, die von bösen Geistern und (von) Krankheiten geheilt worden waren,
Maria, die sogenannte Magdalenerin, von der sieben Dämonen ausgefahren waren,
[3] und Johanna, die Frau des Chuza, eines Verwalters des Herodes,
und Susanna
und viele andere, die ihnen aus ihrem Vermögen dienten.

[Lk 8,4–15: Das Gleichnis vom Sämann und seine Deutung]

[4] Als aber eine große VOLKSMENGE zusammenkam und sie von Stadt zu Stadt zu ihm hinkamen, sagte er in einem Gleichnis:

[5] Der Sämann ging hinaus, um seinen Samen zu säen. Und als er säte,
fiel das eine an den Weg
und wurde zertreten, und die Vögel des Himmels fraßen es auf.
[6] Und anderes fiel auf den Felsen nieder
und *ging auf* und vertrocknete, weil es keine Feuchtigkeit hatte.
[7] Und anderes fiel mitten in die Dornsträucher;
und die Dornsträucher *gingen mit auf* und erstickten es.
[8] Und anderes fiel auf die gute Erde
und *ging auf* und brachte hundertfache Frucht.

Als er das sagte, rief er: Wer Ohren hat zu hören, höre!

[9] Seine Jünger aber fragten ihn, was dieses Gleichnis sei.

[10] Er aber sagte: Euch ist es gegeben, die Geheimnisse der KÖNIGSHERRSCHAFT GOTTES zu erkennen, den übrigen aber in Gleichnissen,
damit sie sehend nicht sehen
und hörend nicht verstehen.
[vgl. Jes 6,9–10]

[11] Dies aber ist das Gleichnis:
Der Same ist das WORT GOTTES.

¹² Die am Wege sind die, die gehört haben, dann kommt der Teufel und nimmt das WORT weg aus ihrem Herzen, damit sie nicht glauben und gerettet werden,
¹³ die auf dem Felsen aber (sind die,) die, wenn sie hören, das WORT mit Freuden aufnehmen; doch diese haben keine Wurzel, eine Zeit lang glauben sie, und zur Zeit der Versuchung fallen sie ab.
¹⁴ Das in die Dornsträucher Gefallene aber, das sind die, die gehört haben, doch von Sorgen und Reichtum und Genüssen des Lebens werden sie unterwegs erstickt und kommen nicht zur Reife.
¹⁵ Das aber in der guten Erde, das sind die, welche mit einem guten und edlen Herzen das WORT gehört haben und festhalten und in Geduld Frucht bringen.

[Lk 8,16–18: Sprüche von der Lampe und vom rechten Hören]

¹⁶ Niemand aber, der eine Lampe angezündet hat, bedeckt sie mit einem Gefäß oder stellt sie unter ein Bett; vielmehr stellt er sie auf einen Leuchter, damit die Eintretenden das Licht sehen.

¹⁷ Denn es gibt nichts Verborgenes,
   das nicht offenbar werden wird,
und nichts Geheimes,
   das nicht bekannt wird und ins Offenbare kommt.

¹⁸ Seht also zu, wie ihr hört!
   Denn wer hat,
dem wird gegeben werden,
   und wer nicht hat,
von dem wird auch das, was er zu haben meint, weggenommen werden.

[Lk 8,19–21: Jesu wahre Verwandte]

¹⁹ Zu ihm kamen aber seine MUTTER und seine *Brüder* und konnten nicht zu ihm gelangen wegen der VOLKSMENGE. ²⁰ Ihm wurde aber berichtet: Deine MUTTER und deine *Brüder* stehen draußen und wollen dich sehen.
²¹ Er aber antwortete und sagte zu ihnen: Meine MUTTER und meine *Brüder*, das sind die, die das WORT GOTTES hören und tun.

[Lk 8,22–25: Stillung eines Sturms]

²² Es geschah aber an einem der Tage, da stiegen er und seine Jünger in ein **Boot**. Und er sagte zu ihnen: Lasst uns auf die andere Seite des Sees hinüberfahren.
   Und sie fuhren ab. ²³ Während sie aber dahinsegelten, schlief er ein. Und ein Sturmwind kam herab auf den See, und sie wurden überflutet und waren in Gefahr.
²⁴ Sie kamen aber heran, weckten ihn und sagten: Meister, Meister, wir gehen zugrunde!

Er aber erwachte und bedrohte den Wind und die Woge des Wassers.

Und sie hörten auf, und Stille trat ein.

²⁵ Er sagte aber zu ihnen: Wo ist euer Glaube?

Sie fürchteten sich aber und wunderten sich und sagten zueinander: Wer ist denn dieser, dass er den Winden und dem Wasser gebietet und sie ihm gehorchen?

[Lk 8,26–39: Heilung des Besessenen von Gerasa]

²⁶ Und sie fuhren in das Gebiet der Gerasener, das Galiläa gegenüberliegt.

²⁷ Als er aber an Land gestiegen war, kam ihm ein Mann aus der Stadt entgegen, der DÄMONEN hatte, und seit geraumer Zeit zog er kein Gewand an und blieb nicht im Haus, sondern in den Grabstätten.

²⁸ Als er aber Jesus sah, schrie er auf, fiel vor ihm nieder und sagte mit lauter Stimme: Was (gibt es zwischen) mir und dir, Jesus, du Sohn des höchsten GOTTES? Ich bitte dich, quäle mich nicht!

²⁹ Denn er hatte dem unreinen Geist befohlen, *auszufahren* von dem Menschen. Denn oft hatte er ihn gepackt, und er war gebunden mit Ketten und Fußfesseln und wurde bewacht. Und er zerriss die Fesseln und wurde von dem DÄMON in die Wüsten getrieben.

³⁰ Jesus aber fragte ihn: Was ist dein Name?

Er aber sagte: Legion – denn viele DÄMONEN waren in ihn gefahren.

³¹ Und sie baten ihn, dass er ihnen nicht befehle, in die Unterwelt zu fahren.

³² Es war aber dort eine Herde von vielen Schweinen, die am Berg weidete; und sie baten ihn, dass er ihnen erlaube, in jene (Schweine) hineinzufahren.

Und er erlaubte es ihnen.

³³ Als aber die DÄMONEN aus dem Menschen *ausgefahren* waren, fuhren sie in die Schweine hinein, und die Herde stürmte den Abhang hinab in den See und ertrank.

³⁴ Als aber die Hirten sahen, was geschehen war, flohen sie und berichteten es in der STADT und auf den Höfen.

³⁵ Sie gingen aber hinaus, um zu sehen, was geschehen war, und kamen zu Jesus. Und sie fanden den Menschen, von dem die DÄMONEN *ausgefahren* waren, bekleidet und vernünftig zu Jesu Füßen sitzen; und sie gerieten in Furcht.

³⁶ Die aber, die es gesehen hatten, berichteten ihnen, wie der Besessene gerettet worden war.

³⁷ Und die ganze Menge aus der Umgebung der Gerasener ersuchte ihn, von ihnen wegzugehen; denn sie waren von großer Furcht ergriffen.

Er aber stieg in ein **Boot** und kehrte zurück.

³⁸ Es bat ihn aber der Mann, aus dem die DÄMONEN *ausgefahren* waren, bei ihm sein zu dürfen.

Er schickte ihn aber weg, indem er sagte: ³⁹ Kehre zurück in dein Haus und erzähle, WIE VIEL GOTT FÜR DICH GETAN HAT!

Und er ging fort und verkündigte in der ganzen STADT, WIE VIEL Jesus FÜR IHN GE-
TAN HATTE.

[Lk 8,40–56: Die Auferweckung der Tochter des Jairus
und die Heilung einer an Blutungen leidenden Frau]

[40] Als Jesus aber zurückkehrte, nahm ihn die VOLKSMENGE auf. Denn alle erwarteten
ihn.
[41] Und siehe, es kam ein Mann mit Namen Jairus, und dieser war Vorsteher der
Synagoge. Und er fiel Jesus zu Füßen und bat ihn, in sein Haus zu kommen, [42] denn
eine einzige Tochter hatte er, ungefähr **zwölf** Jahre alt, und diese lag im Sterben.

Als er sich aber aufmachte, drohten die VOLKSMENGEN ihn zu erdrücken. [43] Und eine
Frau, die seit **zwölf** Jahren an Blutfluss litt, die ihr ganzes Vermögen für Ärzte auf-
gewendet und (doch) von niemandem hatte geheilt werden können, [44] trat von hinten heran und berührte den Saum seines Gewandes. Und sofort kam ihr Blutfluss
zum Stillstand.
[45] Und Jesus sagte: Wer ist es, der mich berührt hat?
Als aber alle es abstritten, sagte Petrus: Meister, die VOLKSMENGEN umringen und
bedrängen dich.
[46] Jesus aber sagte: Es hat mich jemand berührt. Ich habe nämlich bemerkt, dass
eine Kraft von mir ausgegangen ist.
[47] Als die Frau aber sah, dass sie nicht verborgen blieb, kam sie zitternd und fiel
vor ihm nieder und berichtete vor dem ganzen VOLK, aus welchem Grund sie ihn
berührt hatte und wie sie sofort geheilt worden war.
[48] Er aber sagte ihr: Tochter, dein GLAUBE hat dich GERETTET. Geh hin in Frieden!

[49] Während er noch redet, kommt einer vom Synagogenvorsteher und sagt: Deine
Tochter ist gestorben. Bemühe den Lehrer nicht länger!
[50] Als aber Jesus es hörte, antwortete er ihm: Fürchte dich nicht, GLAUBE nur, und
sie wird GERETTET werden.
[51] Als er aber in das Haus kam, ließ er niemanden mit sich hineingehen außer
Petrus und Johannes und Jakobus und den Vater des Mädchens und die Mutter.
[52] Alle aber weinten und trauerten um sie.
Er aber sagte: Weint nicht! Denn sie ist nicht gestorben, sondern schläft.
[53] Und sie lachten ihn aus, da sie wussten, dass sie gestorben war.
[54] Er aber ergriff ihre Hand und rief: Mädchen, steh auf!
[55] Und ihr Geist kehrte zurück, und sie stand sofort auf.
Und er ordnete an, dass ihr zu essen gegeben werde.
[56] Und ihre Eltern gerieten außer sich.
Er aber befahl ihnen, niemandem zu sagen, was geschehen war.

[Lk 9,1–6: Aussendung der Zwölf]

[1] Er rief aber die Zwölf zusammen und gab ihnen Kraft und Vollmacht über alle Dämonen und zum Heilen von Krankheiten. [2] Und er sandte sie, die KÖNIGSHERRSCHAFT GOTTES zu verkünden und die Kranken[a] zu heilen. [3] Und er sagte zu ihnen: Nehmt nichts mit auf den Weg,

> weder Stab
> noch Tasche,
> noch Brot
> noch Geld,
> noch (sollt ihr) zwei Unterkleider haben.

[4] Und in was für ein Haus auch immer ihr hineingeht, dort bleibt, und von dort *geht fort.* [5] Und welche auch immer euch nicht aufnehmen – *geht fort* von jener Stadt und schüttelt den Staub von euren Füßen zum Zeugnis gegen sie! [6] Sie aber *gingen fort* und wanderten von Dorf zu Dorf, indem sie predigten und überall heilten.

[Lk 9,7–9: Die Verwirrung des Herodes]

[7] Herodes aber, der Tetrarch, hörte alles, was geschah, und er war ratlos, weil von einigen gesagt wurde: Johannes ist aus den Toten auferweckt worden, [8] von einigen (anderen) aber: Elia ist erschienen, (von wieder) anderen aber: Einer der alten Propheten ist auferstanden. [9] Herodes aber sagte: Johannes habe ich enthauptet; wer aber ist dieser, über den ich so etwas höre?
Und er bemühte sich, ihn zu Gesicht zu bekommen.

[Lk 9,10–17: Die Speisung der Fünftausend]

[10] Und die Apostel kehrten zurück und erzählten ihm alles, was sie getan hatten.
Und er nahm sie mit und zog sich (mit ihnen) allein in eine Stadt namens Bethsaida zurück. [11] Die VOLKSMENGEN aber merkten es und folgten ihm.
Und er nahm sie auf und redete zu ihnen über die KÖNIGSHERRSCHAFT GOTTES, und die, die der Heilung bedurften, machte er gesund. [12] Der Tag aber begann sich zu neigen. Die Zwölf aber kamen herbei und sagten ihm: Entlasse die VOLKSMENGE, damit sie in die umliegenden Dörfer und Höfe gehen, rasten und Verpflegung finden, denn hier sind wir an einem einsamen Ort. [13] Er sagte aber zu ihnen: Gebt ihr ihnen zu essen!

---

a In einigen Textzeugen fehlen die Worte „die Kranken".

Sie aber sagten: Wir haben nicht mehr als fünf Brote und zwei Fische, falls wir nicht hingehen und für dieses ganze VOLK Speisen kaufen sollen.
^{14} Denn es waren ungefähr fünftausend Männer.
Er sagte aber zu seinen Jüngern: Lasst sie sich lagern in Tischgemeinschaften von ungefähr je fünfzig.
^{15} Und sie taten es so und ließen alle sich lagern.
^{16} Er nahm aber die fünf Brote und die zwei Fische, blickte zum Himmel auf, sprach den Segen über sie und brach sie und gab sie den Jüngern, sie der VOLKSMEN-GE vorzulegen.
^{17} Und sie aßen und wurden alle satt.
Und das, was ihnen an Brocken übrig geblieben war, wurde aufgehoben, zwölf Körbe.

[Lk 9,18–27: Das Messiasbekenntnis des Petrus, die erste Leidens- und Auferstehungsankündigung und der Ruf in die Nachfolge]

^{18} Und es geschah, als er für sich allein *BETETE*, da waren die Jünger bei ihm, und er fragte sie und sagte: Was sagen die VOLKSMENGEN, wer ich bin?
^{19} Sie aber antworteten und sagten: Johannes den Täufer, andere aber: Elia, (wieder) andere aber: einer der alten Propheten ist auferstanden.
^{20} Er aber sagte ihnen: Ihr aber, was sagt ihr, wer ich bin?
Petrus aber antwortete und sagte: der Christus GOTTES.
^{21} Er aber bedrohte sie und befahl, dies niemandem zu sagen, ^{22} und sagte: Der Menschensohn muss viel leiden und verworfen werden von den Ältesten und Hohenpriestern und Schriftgelehrten und getötet werden und am dritten Tag auferweckt werden.

^{23} Er sagte aber zu allen: Wenn einer hinter mir hergehen will, verleugne er sich selbst und nehme sein Kreuz, Tag für Tag, und folge mir.

> ^{24} Denn wer sein Leben RETTEN will,
> wird es *verlieren*.
> Wer aber sein Leben *verliert* um meinetwillen,
> der wird es RETTEN.

^{25} Denn was für einen Nutzen hat ein Mensch, der die ganze Welt gewinnt, aber sich selbst *verliert* oder geschädigt wird?
^{26} Denn wer auch immer sich meiner und meiner Worte schämt, dessen wird sich der Menschensohn schämen, wenn er in seiner *HERRLICHKEIT* kommt und (der) des Vaters und der heiligen Engel.
^{27} Doch ich sage euch in Wahrheit: Es gibt einige unter denen, die hier stehen, die werden den Tod nicht schmecken, bis sie die KÖNIGSHERRSCHAFT GOTTES sehen.

[Lk 9,28–36: Die Verklärung Jesu]

²⁸ Es geschah aber etwa acht Tage nach diesen Worten, da nahm er Petrus und Johannes und Jakobus mit und ging auf den Berg hinauf, um zu *BETEN*. ²⁹ Und während er *BETETE*, wurde das Aussehen seines Gesichtes anders, und seine Kleidung blitzte weiß auf.

³⁰ Und siehe, zwei Männer redeten mit ihm, das waren Mose und Elia; ³¹ die erschienen in *HERRLICHKEIT* und sprachen von seinem Ende, das sich in Jerusalem erfüllen sollte.

³² Petrus aber und die, die bei ihm waren, wurden von tiefem Schlaf niedergehalten. Als sie aber aufwachten, sahen sie seine *HERRLICHKEIT* und die zwei Männer, die bei ihm standen.

³³ Und es geschah, als die sich von ihm trennen wollten, da sagte Petrus zu Jesus: ,Meister, es ist gut, dass wir hier sind, und wir wollen drei Zelte machen, eines für dich und eines für Mose und eines für Elia' – wobei er nicht wusste, was er sagt.

³⁴ Während er dies aber sagte, kam eine *WOLKE* und überschattete sie. Sie fürchteten sich aber, als sie in die *WOLKE* hineingingen.

³⁵ Und eine *STIMME KAM* aus der *WOLKE* und sagte: Dieser ist mein erwählter Sohn, auf ihn hört!

³⁶ Und als *DIE STIMME KAM*, fand man Jesus allein. Und sie schwiegen und berichteten in jenen Tagen niemandem etwas von dem, was sie gesehen hatten.

[Lk 9,37–43a: Die Heilung des epileptischen Knaben]

³⁷ Es geschah aber am folgenden Tag, als sie vom Berg hinuntergingen, da kam ihm eine große *VOLKSMENGE* entgegen.

³⁸ Und siehe, ein Mann aus der *VOLKSMENGE* rief: Lehrer, ich bitte dich, nach meinem Sohn zu schauen, denn er ist mein einziger. ³⁹ Und siehe, ein *Geist* packt ihn, und plötzlich schreit er und ZERRT an ihm mit Schaum, und er zieht sich kaum einmal von ihm zurück und reibt ihn auf. ⁴⁰ Und ich bat deine Jünger, ihn auszutreiben, und sie vermochten es nicht.

⁴¹ Jesus aber antwortete und sagte: O du ungläubige und verdrehte Generation, wie lange soll ich bei euch sein und euch ertragen? Bring deinen Sohn hierher!

⁴² Aber noch während er herbeikam, riss ihn der Dämon nieder und ZERRTE ihn hin und her. Jesus aber bedrohte den unreinen *Geist* und heilte den Knaben und gab ihn seinem Vater zurück.

⁴³ᵃ Alle aber gerieten außer sich über die Größe *GOTTES*.

[Lk 9,43b–45: Die zweite Leidensankündigung]

[43b] Als aber alle über alles staunten, was er tat, sagte er zu seinen Jüngern: [44] Legt ihr diese Worte in eure Ohren: Der Menschensohn wird nämlich in Menschenhände ausgeliefert werden.

[45] Sie aber verstanden dieses Wort nicht, und es war vor ihnen verborgen, so dass sie es nicht begriffen, und sie fürchteten sich, ihn nach diesem Wort zu fragen.

[Lk 9,46–50: Rangstreit der Jünger; der fremde Exorzist]

[46] Es kam aber eine Überlegung bei ihnen auf, wer wohl der *Größte* von ihnen sei.

[47] Jesus aber kannte die Überlegung ihres Herzens, nahm ein *Kind*, stellte es neben sich [48] und sagte zu ihnen:

Wer auch immer dieses *Kind* aufnimmt IN MEINEM NAMEN,
    nimmt mich auf,
und wer auch immer mich aufnimmt,
    nimmt den auf, der mich gesandt hat.
Denn wer der Kleinste unter euch allen ist, der ist *groß*.

[49] Johannes aber antwortete und sagte: Meister, wir sahen einen, der IN DEINEM NAMEN Dämonen austrieb, und wir wollten ihn (daran) hindern, weil er nicht mit uns nachfolgt.

[50] Jesus aber sagte zu ihm: Hindert (ihn) nicht; denn wer nicht gegen euch ist, ist für euch.

[Lukas 9,51–19,27:
Jesu Reise nach Jerusalem]

[Lk 9,51–56: Die Wendung nach Jerusalem]

[51] Es geschah aber, als sich die Tage seiner Aufnahme (in den Himmel) erfüllten, da richtete er das AUGENMERK darauf, NACH JERUSALEM zu *WANDERN*. [52] Und er sandte Boten vor seinem Angesicht her.

Und sie *WANDERTEN* und kamen in ein *Dorf* der Samariter hinein, um ihm (eine Unterkunft) zu bereiten.

[53] Und sie nahmen ihn nicht auf, weil sein AUGENMERK darauf ging, NACH JERUSALEM zu *WANDERN*.

[54] Als aber die Jünger Jakobus und Johannes es sahen, sagten sie: *HERR*, willst du, dass wir sagen, dass
    Feuer vom Himmel herunterkommen und sie verzehren soll?
    [2Kön 1,10.12]

⁵⁵ Er aber wandte sich um und bedrohte sie.
⁵⁶ Und sie WANDERTEN in ein anderes *Dorf.*

[Lk 9,57–62: Über Nachfolge]

⁵⁷ Und als sie auf dem Wege WANDERTEN, sagte einer zu ihm: Ich werde *dir folgen,* wohin auch immer du gehst.
⁵⁸ Und Jesus sagte ihm: Die Füchse haben Höhlen und die Vögel des Himmels Nester, der Menschensohn aber hat nichts, wo er den Kopf bettet.
⁵⁹ Er sagte aber zu einem anderen: *Folge mir!*
Der aber sagte: *HERR*[a], *erlaube mir, zuerst* wegzugehen und meinen Vater zu begraben.
⁶⁰ Er aber sagte ihm: Lass die Toten ihre Toten begraben! Du aber geh hin und verkünde die KÖNIGSHERRSCHAFT GOTTES.

⁶¹ Es sagte aber noch ein anderer: Ich werde *dir folgen, HERR; zuerst* aber *erlaube mir,* mich von denen in meinem *HAUS* zu verabschieden.
⁶² Jesus aber sagte: Niemand, der die Hand an den Pflug gelegt hat und nach hinten schaut, ist brauchbar für die KÖNIGSHERRSCHAFT GOTTES.

[Lk 10,1–20: Aussendung und Rückkehr der Zweiundsiebzig]

¹ Danach aber bestimmte der *HERR* andere Zweiundsiebzig[b] und sandte sie zu zweit vor seinem Angesicht her in jede STADT und an jeden Ort, wo er selbst hingehen wollte.
² Er sagte aber zu ihnen: Die ERNTE ist zwar groß, die Arbeiter aber sind wenige. Bittet nun den *HERRN* der ERNTE darum, dass er Arbeiter in seine ERNTE hinausschickt.
³ Geht, siehe, ich sende euch wie Lämmer mitten unter Wölfe.
⁴ Tragt keinen Geldbeutel, keine Tasche, keine Sandalen mit euch, und grüßt niemanden am Wege.
⁵ Doch *in was für ein HAUS auch immer ihr hineingeht,* sagt zuerst: FRIEDE diesem *HAUS.* ⁶ Und wenn dort ein Sohn des FRIEDENS ist, wird euer FRIEDE auf ihm ruhen; wenn aber nicht, wird er auf euch zurückkehren. ⁷ In eben dem *HAUS* aber bleibt, esst und trinkt, was (euch) von ihnen (vorgesetzt wird). Denn der Arbeiter ist seinen Lohn wert. Wechselt nicht von *HAUS* zu *HAUS.*
⁸ Und *in was für eine* STADT *auch immer ihr hineingeht und sie euch aufnehmen,* (da) esst, was euch vorgesetzt wird. ⁹ Und heilt die Kranken in ihr und sagt ihnen: Die KÖNIGSHERRSCHAFT GOTTES ist nahe zu euch gekommen.

---

a „Herr" fehlt in einigen Textzeugen.
b Nach zahlreichen anderen Textzeugen: „Siebzig".

[10] Doch *in was für eine* STADT *auch immer ihr geht und sie euch* nicht *aufnehmen*, (da) geht hinaus auf ihre Straßen und sagt: [11] Auch den Staub, der uns von eurer STADT an den Füßen haftet, wischen wir (vor) euch ab; doch dies sollt ihr wissen, dass die KÖNIGSHERRSCHAFT GOTTES nahe gekommen ist. [12] Ich sage euch: Sodom[a] wird es an jenem Tag erträglicher gehen als jener STADT.

[13] Wehe dir, Chorazin; wehe dir, Bethsaida! Denn wenn in Tyrus und Sidon die Machttaten geschehen wären, die in euch geschehen sind, wären sie längst, in Sack und Asche sitzend, umgekehrt. [14] Doch wird es Tyrus und Sidon im Gericht erträglicher gehen als euch.

[15] Und du, Kapernaum, wirst du etwa bis zum Himmel erhöht werden? Bis zum Hades wirst du hinabsteigen.

[16] Wer euch hört,
    hört mich,
und wer euch abweist,
    weist mich ab;
wer aber mich abweist,
    weist den ab, der mich gesandt hat.

[17] Es kehrten aber die Zweiundsiebzig[b] mit Freuden zurück und sagten: *HERR*, auch die Dämonen sind uns in deinem Namen UNTERTAN.

[18] Er aber sagte ihnen: Ich sah den Satan wie einen Blitz aus dem Himmel fallen.

[19] Siehe, ich habe euch die Vollmacht gegeben, auf Schlangen und Skorpione zu treten, und über alle Kraft des Feindes, und nichts wird euch jemals schädigen.

[20] Doch freut euch nicht darüber, dass die Geister euch UNTERTAN sind; freut euch aber, dass eure Namen aufgeschrieben sind in den Himmeln.

[Lk 10,21–24: Jubelruf Jesu;
Seligpreisung der Jünger]

[21] In eben der Stunde jubelte er im *heiligen Geist* und sagte:

Ich preise dich, *Vater*, *HERR* des Himmels und der Erde,
weil du dies vor den Weisen und Verständigen verborgen hast
und es den Unmündigen *OFFENBART* hast.
Ja, *Vater*, denn so war es wohlgefällig vor dir.

[22] Alles wurde mir übergeben von meinem *Vater*,
und niemand erkennt, wer der SOHN ist, als nur der *Vater*,
und wer der *Vater* ist, als nur der SOHN
und wem der SOHN es *OFFENBAREN* will.

---

a Vgl. Gen 19,24–25.
b Nach zahlreichen anderen Textzeugen: „Siebzig".

²³ Und er wandte sich an die Jünger allein und sagte: Selig die Augen, die SEHEN, was ihr SEHT. ²⁴ Denn ich sage euch: Viele Propheten und Könige wollten betrachten, was ihr SEHT, und haben es nicht betrachtet, und HÖREN, was ihr HÖRT, und haben es nicht GEHÖRT.

[Lk 10,25–37: Gleichnis vom barmherzigen Samariter]

²⁵ Und siehe, ein Gesetzeskundiger stand auf, um ihn zu versuchen, und sagte: Lehrer, was soll ich tun, damit ich ewiges **Leben** erbe?

²⁶ Er aber sagte zu ihm: Was ist im Gesetz geschrieben; wie liest du?

²⁷ Er aber antwortete und sagte:

Du sollst den Herrn, deinen GOTT, lieben
aus deinem ganzen Herzen
und mit deinem ganzen Leben
und mit deiner ganzen Kraft
und mit deinem ganzen Denken
[Dtn 6,5],
und deinen NÄCHSTEN wie dich selbst.
[Lev 19,8]

²⁸ Er aber sagte ihm: Du hast richtig geantwortet, tu dies, und du wirst **leben**.

²⁹ Der aber wollte sich rechtfertigen und sagte zu Jesus: Und wer ist mein NÄCHSTER?

³⁰ Jesus nahm das auf und sagte:

Ein Mensch ging von Jerusalem nach Jericho hinab und fiel unter Räuber. Die zogen ihn aus und versetzten ihm Schläge, gingen weg und ließen ihn halbtot zurück. ³¹ Zufällig aber ging ein Priester auf jenem Weg hinab, *und als er ihn sah, ging er vorbei.* ³² Gleichermaßen aber kam auch ein Levit an den Ort, *und als er* (ihn) *sah, ging er vorbei.* ³³ Ein Samariter aber, der unterwegs war, kam in seine Nähe, *und als er* (ihn) *sah,* **hatte er Mitleid.** ³⁴ Und er trat herzu, verband seine Wunden, goss Öl und Wein darauf und setzte ihn auf sein eigenes Reittier und führte ihn in eine Herberge und sorgte für ihn. ³⁵ Und am nächsten Tag holte er zwei Denareᵃ heraus, gab sie dem Herbergswirt und sagte: Sorge für ihn, und was du zusätzlich aufwendest, werde ich dir, wenn ich wiederkomme, bezahlen.

³⁶ Wer von diesen dreien, scheint es dir, ist dem, der unter die Räuber gefallen ist, zum NÄCHSTEN geworden?

³⁷ Er aber sagte: Der ihm die Barmherzigkeit erwiesen hat.
Jesus aber sagte ihm: Geh auch du hin, handle entsprechend!

---

a Vgl. zu Mt 20,2.

[Lk 10,38–42: Maria und Martha]

[38] Als sie aber WANDERTEN, ging er in ein Dorf hinein.
Eine Frau aber namens Martha nahm ihn auf.
[39] Und diese hatte eine Schwester, Maria genannt; die auch setzte sich[a] zu den Füßen des *HERRN* und hörte seinem Wort zu.
[40] Martha aber wurde von vielem *Dienen* stark belastet. Sie trat aber heran und sagte: *HERR*, kümmert es dich nicht, dass meine Schwester mich allein *dienen* lässt? Sag ihr doch, dass sie mir hilft.
[41] Der *HERR* aber antwortete und sagte ihr: Martha, Martha, du bist besorgt und beunruhigt um vieles, [42] eines aber ist nötig; Maria nämlich hat das gute Teil erwählt; das wird ihr nicht genommen werden.

[Lk 11,1–13: Vom Gebet]

[1] Und es geschah, als er an irgendeinem Ort *BETETE*, da sagte, als er aufhörte, einer seiner Jünger zu ihm: *HERR*, lehre uns *BETEN*, wie auch Johannes seine Jünger lehrte.
[2] Er aber sagte zu ihnen: Wenn ihr *BETET*, sagt:

Vater,
geheiligt werde dein Name,
es komme deine KÖNIGSHERRSCHAFT,
[3] unser für den nächsten Tag nötiges[b] Brot gib uns jeden Tag,
[4] und vergib uns unsere Sünden,
    denn auch wir vergeben jedem, der uns etwas schuldet,
und führe uns nicht in Versuchung.

[5] Und er sagte zu ihnen: Wer von euch wird einen FREUND haben und um Mitternacht zu ihm gehen und ihm sagen: FREUND, leih mir drei Brote, [6] weil mein FREUND von unterwegs zu mir gekommen ist und ich nichts habe, was ich ihm anbieten könnte – [7] und jener würde von drinnen antworten und sagen: Bereite mir keine Mühen; die Tür ist schon abgeschlossen, und meine Kinder sind mit mir im Bett, ich kann nicht aufstehen und dir geben.
[8] Ich sage euch: Wenn er schon nicht aufstehen und ihm geben wird, weil er sein FREUND ist, wird er sich doch wegen seiner Zudringlichkeit erheben und ihm geben, was er braucht.

[9] Und ich sage euch:
Bittet, und es wird euch gegeben werden;
    sucht, und ihr werdet finden;
        klopft an, und es wird euch geöffnet werden;

---

a Nach anderen Textzeugen: „und sie setzte sich".
b Oder: „für den jeweiligen Tag nötiges" oder:

„zum Dasein nötiges". Die Bedeutung des Wortes ist nicht gesichert.

¹⁰ denn jeder *Bittende* empfängt,
und der Suchende findet,
und dem Anklopfenden wird geöffnet werden.

¹¹ Welchen Vater aber unter euch wird der Sohn um einen Fisch *bitten*,
und statt eines Fischs wird er ihm eine Schlange reichen?
¹² Oder auch (wenn er) um ein Ei *bitten* wird,
wird er ihm einen Skorpion reichen?

¹³ Wenn nun ihr, die ihr böse seid, es versteht, euren Kindern gute Gaben zu geben, wie viel mehr wird der Vater aus dem Himmel heraus denen, die ihn *bitten*, *heiligen Geist* geben!

[Lk 11,14–23: Zur Austreibung von Dämonen]

¹⁴ Und er TRIEB EINEN DÄMON AUS, und der war stumm. Es geschah aber, als der Dämon ausfuhr, da redete der Stumme, und die VOLKSMENGEN wunderten sich.
¹⁵ Einige aber von ihnen sagten: *Durch Beelzebul*, den Führer der Dämonen, TREIBT ER DIE DÄMONEN AUS.
¹⁶ Andere aber versuchten ihn und forderten von ihm ein Zeichen aus dem Himmel.
¹⁷ Er aber kannte ihre Gedanken und sagte zu ihnen: Jedes KÖNIGREICH, das IN SICH SELBST GESPALTEN ist, wird verwüstet, und ein Haus stürzt über das andere. ¹⁸ Wenn aber auch der Satan IN SICH SELBST GESPALTEN ist, wie wird sein KÖNIGREICH bestehen? Denn ihr sagt, dass ich *durch Beelzebul* DIE DÄMONEN AUSTREIBE.
¹⁹ Wenn ich aber *durch Beelzebul* DIE DÄMONEN AUSTREIBE, durch wen treiben eure Söhne (sie) aus? Darum werden sie eure Richter sein.
²⁰ Wenn ich aber durch GOTTES Finger DIE DÄMONEN AUSTREIBE, dann ist das KÖNIGREICH GOTTES zu euch gekommen.
²¹ Wenn der Starke bewaffnet seinen Palast bewacht, ist sein Eigentum in Frieden.
²² Wenn aber einer, der stärker ist als er, kommt und ihn besiegt, nimmt der seine Rüstung weg, auf die er vertraut hatte, und verteilt seine Beute.

²³ Wer nicht mit mir ist,
ist gegen mich,
und wer nicht mit mir sammelt,
zerstreut.

[Lk 11,24–26: Von der Rückkehr des unreinen Geistes]

²⁴ Wenn der unreine Geist von dem *Menschen* ausfährt, durchstreift er wasserlose Stätten und sucht Ruhe. Und da er keine findet, sagt er[a]: Ich werde in mein Haus

---

a Nach anderen Textzeugen: „… sucht Ruhe und findet keine. Dann sagt er".

zurückkehren, von wo ich ausgefahren bin. [25] Und wenn er kommt, findet er es geputzt und geschmückt. [26] Dann geht er und nimmt sieben andere Geister mit, böser als er selbst, und sie fahren dort hinein und wohnen dort. Und es wird am Ende mit jenem *Menschen* schlimmer als am Anfang.

[Lk 11,27–28: Eine Seligpreisung der Mutter Jesu und ihre Korrektur]

[27] Es geschah aber, als er dies sagte, da erhob eine Frau aus der VOLKSMENGE ihre Stimme und sagte ihm: Selig ist der Leib, der dich getragen hat, und die Brüste, an denen du gesogen hast.

[28] Er aber sagte: Selig sind vielmehr die, die das Wort GOTTES hören und befolgen.

[Lk 11,29–32: Die Verweigerung eines Beglaubigungszeichens]

[29] Als aber die VOLKSMENGEN sich noch weiter ansammelten, fing er an zu reden:

DIESE GENERATION ist eine böse GENERATION; sie verlangt ein *Zeichen*, und ihr wird kein *Zeichen* gegeben werden außer dem *Zeichen Jonas*. [30] Denn wie *Jona* für die Niniviten zum *Zeichen* wurde, so wird es auch der Menschensohn für DIESE GENERATION sein.

[31] Die Königin des Südens wird auferweckt werden beim Gericht
mit den Männern DIESER GENERATION
und sie verurteilen;
denn sie kam von den Enden der Erde, um die Weisheit Salomos zu hören[a],
und siehe, hier ist mehr als Salomo.

[32] Die Männer von Ninive werden auferstehen beim Gericht
mit DIESER GENERATION
und sie verurteilen;
denn auf *Jonas* Verkündigung hin kehrten sie um[b],
und siehe, hier ist mehr als *Jona*.

[Lk 11,33–36: Bildrede vom Licht]

[33] Niemand zündet eine **Lampe** an und stellt sie ins Verborgene[c], sondern auf den **Leuchter**, damit die Hereinkommenden das Licht sehen.

[34] Die **Lampe** des Leibes ist dein Auge. Wenn dein Auge klar ist, ist auch DEIN GANZER LEIB *HELL*. Wenn es aber böse ist, ist auch dein Leib finster. [35] Sieh nun zu, dass das Licht in dir nicht Finsternis ist!

[36] Wenn nun DEIN GANZER LEIB *HELL* ist und keinen finsteren Teil hat, wird er als ganzer *HELL* sein, wie wenn die **Lampe** dich mit ihrem Strahl beleuchtet.

---

a Vgl. 1Kön 10,1.
b Vgl. Jon 3,5.

c In einigen Textzeugen folgt: „auch nicht unter den Scheffel".

[Lk 11,37–52: Weherufe gegen Pharisäer und Gesetzeskundige]

[37] Während er aber redet, bittet ihn ein **PHARISÄER**, dass er bei ihm esse.
Er aber trat ein und legte sich zu Tisch.
[38] Als der **PHARISÄER** es sah, wunderte er sich, dass er sich vor dem Essen nicht zuerst wasche.
[39] Der *HERR* sagte aber zu ihm:
Wohlan, ihr **PHARISÄER**, die Außenseite des Bechers und des Tellers reinigt ihr, euer Inneres aber ist voll von Raub und Bosheit.
[40] Ihr Dummköpfe, hat nicht der, der die Außenseite geschaffen hat, auch das Innere geschaffen? [41] Doch gebt das, was darin ist, als Almosen, und siehe, alles ist euch rein.
[42] Aber **wehe euch**, den **PHARISÄERN**, denn ihr verzehntet die Minze und die Raute und jegliches Gemüse und geht am Recht und an der Liebe zu Gott vorbei. Dies aber sollte man tun und jenes nicht weglassen.
[43] **Wehe euch**, den **PHARISÄERN**, denn ihr liebt den Ehrenplatz in den Synagogen und die Begrüßungen auf den Marktplätzen.
[44] **Wehe euch**, denn ihr seid wie die unkenntlichen *Gräber*, und die Menschen, die darauf umhergehen, wissen es nicht.

[45] Einer von den GESETZESKUNDIGEN aber antwortet und sagt ihm: Lehrer, wenn du dies sagst, beleidigst du auch uns.
[46] Er aber sagte:
Auch **euch**, den GESETZESKUNDIGEN, **wehe**, denn ihr belastet die Menschen mit schwer zu tragenden Lasten, und ihr selbst rührt nicht mit einem einzigen eurer Finger die Lasten an.
[47] **Wehe euch**, denn ihr baut die *Gräber* der PROPHETEN, *eure Väter* aber haben sie getötet. [48] Also seid ihr Zeugen und billigt die Werke *eurer Väter*, denn sie haben sie getötet, ihr aber baut.
[49] Deshalb sagte auch die Weisheit GOTTES: Ich werde zu ihnen PROPHETEN und Apostel senden, und (einige) von ihnen werden sie töten und verfolgen, [50] damit das Blut aller PROPHETEN, das seit Grundlegung der Welt vergossen worden ist, VON DIESER GENERATION GEFORDERT WERDE, [51] vom Blut Abels bis zum Blut des Zacharias, der zwischen dem Altar und dem Haus umkam[a]. Ja, ich sage euch, es WIRD VON DIESER GENERATION GEFORDERT WERDEN.
[52] **Wehe euch**, den GESETZESKUNDIGEN, denn ihr habt den Schlüssel zur Erkenntnis weggenommen. Ihr selbst seid nicht hineingegangen, und die, die hineingehen wollten, habt ihr gehindert.

---

a Vgl. 2Chr 24,20–22.

[Lk 11,53–12,12: Ermahnung zu freimütigem Bekenntnis]

[53] Und als er von dort hinausgegangen war, begannen die Schriftgelehrten und die **PHARISÄER**, ihm hart zuzusetzen und ihn über sehr viele Dinge auszufragen, [54] und lauerten auf ihn, um etwas aus seinem Mund erhaschen zu können. [12,1] Als sich dabei Zehntausende der VOLKSMENGE sammelten, so dass sie einander auf die Füße traten, begann er zu seinen Jüngern zu reden: Hütet euch in erster Linie vor dem Sauerteig – das heißt der Heuchelei – der **PHARISÄER**!

[2] Es gibt aber nichts Verhülltes,
   das nicht enthüllt werden wird,
und (nichts) Verborgenes,
   das nicht erkannt werden wird.
[3] Darum wird alles, was ihr in der Finsternis gesagt habt,
   im Licht gehört werden,
und was ihr in den Kammern ins Ohr geredet habt,
   auf den Dächern verkündigt werden.

[4] Ich sage aber euch, meinen Freunden: *Fürchtet* euch nicht vor denen, die den Leib töten und danach nichts haben, um etwas darüber hinaus zu tun. [5] Ich werde euch aber zeigen, wen ihr euch *fürchten* sollt; *fürchtet* den, der nach dem Töten die Macht hat, in die Gehenna[a] zu werfen! Ja, ich sage euch: Diesen *fürchtet*! [6] Werden nicht fünf Sperlinge für zwei As[b] verkauft? Und nicht einer von ihnen ist vor GOTT vergessen. [7] Aber auch die Haare auf eurem Kopf sind alle gezählt. *Fürchtet* euch nicht, ihr seid mehr wert als viele Sperlinge. [8] Ich sage euch aber:

Jeder, der sich zu mir bekennt
   vor den Menschen,
zu dem wird sich auch der Menschensohn bekennen
   vor den Engeln GOTTES.
[9] Der aber, der mich verleugnet
   vor den Menschen,
wird verleugnet werden
   vor den Engeln GOTTES.

[10] Und jeder, der ein Wort gegen den Menschensohn redet,
   dem wird vergeben werden.
Dem aber, der gegen den **heiligen Geist** lästert,
   wird nicht vergeben werden.

[11] Wenn sie euch aber vor die Synagogen und die Mächte und die Gewalten bringen, sorgt euch nicht darum, wie oder womit ihr euch verteidigen oder was ihr sagen

---

a Hölle.   b Vgl. zu Mt 20,2.

sollt; [12] denn der *heilige Geist* wird euch in eben der Stunde lehren, was ihr sagen müsst.

[Lk 12,13–21: Das Gleichnis vom törichten Reichen]

[13] Einer aus der VOLKSMENGE aber sagte ihm: Lehrer, sag meinem Bruder, das Erbe mit mir zu teilen! [14] Er aber sagte ihm: Mensch, wer hat mich zum Richter oder Verteiler über euch eingesetzt? [15] Er sagte aber zu ihnen: Seht zu und hütet euch vor aller Habsucht; denn (auch) dadurch, dass einer Überfluss hat, kommt sein Leben nicht aus dem, was er besitzt. [16] Er sagte aber ein Gleichnis zu ihnen: Eines reichen Menschen Land hatte gut getragen. [17] Und er überlegte bei sich selbst und sagte: Was soll ich tun, da ich nichts habe, wohin ich meine Früchte SAMMELN könnte? [18] Und er sagte: Dies werde ich tun: ich werde meine **Scheunen** niederreißen und größere bauen, und ich werde dort all mein Getreide und meine *Güter* SAMMELN. [19] Und ich werde zu meiner SEELE sagen: SEELE, du hast viele *Güter* für viele Jahre liegen. Ruhe aus, iss, trink, sei fröhlich. [20] GOTT aber sagte ihm: Du Narr, in dieser Nacht fordern sie deine SEELE von dir. Was du aber vorbereitet hast, wem wird es (dann) gehören? [21] So (geht es dem,) der für sich selbst SCHÄTZE anhäuft und nicht reich ist bei GOTT.

[Lk 12,22–34: Befreiung von der Sorge]

[22] Er sagte aber zu seinen Jüngern: Deshalb sage ich euch: *Sorgt* euch nicht um die SEELE, was ihr essen sollt, auch nicht um den Leib, was ihr anziehen sollt. [23] Denn die SEELE ist mehr als die Nahrung, und der Leib (ist mehr) als die Kleidung.

[24] *Schaut auf* die Raben: Sie säen nicht und ernten nicht, ihnen gehört keine Vorratskammer und keine **Scheune**, und GOTT ernährt sie. Wie viel mehr wert seid ihr als die Vögel!

[25] Wer aber von euch kann, indem er sich *sorgt*, zu seiner Lebenslänge eine Elle hinzufügen? [26] Wenn ihr nun nicht einmal das Geringste könnt, was *sorgt* ihr euch um das übrige?

[27] *Schaut auf* die Lilien, wie sie wachsen; sie mühen sich nicht ab und spinnen nicht. Ich sage euch aber: Nicht einmal Salomo in all seiner Pracht war angezogen wie eine von diesen. [28] Wenn aber GOTT das Gras, das heute auf dem Feld ist und morgen in den Ofen geworfen wird, so bekleidet, wie viel mehr euch, ihr Kleingläubigen!

[29] Und ihr, SUCHT nicht, was ihr essen und was ihr trinken sollt, und ängstigt euch nicht; [30] denn nach all diesem SUCHEN die Völker der Welt. EUER VATER aber weiß, dass ihr dies braucht. [31] SUCHT jedoch seine KÖNIGSHERRSCHAFT, und dies wird euch dazugegeben werden.

³² Fürchte dich nicht, du kleine Herde; denn es hat EUREM VATER gefallen, euch die KÖNIGSHERRSCHAFT zu geben.

³³ Verkauft, was euch gehört, und gebt Almosen. Schafft euch Geldbeutel, die nicht alt werden, einen unerschöpflichen SCHATZ in den Himmeln, wo sich kein Dieb naht noch eine Motte zerfrisst; ³⁴ denn wo euer SCHATZ ist, da wird auch euer Herz sein.

[Lk 12,35–48: Die wachsamen und die nachlässigen Sklaven]

³⁵ Eure Hüften sollen *umgürtet*
[Ex 12,11]
und eure Lampen angezündet sein, ³⁶ und ihr (sollt) Menschen gleich (sein), die auf ihren *HERRN* warten, wann er vom Hochzeitsfest aufbricht, damit sie, wenn er kommt und anklopft, ihm sofort öffnen. ³⁷ *Selig* jene Sklaven, die der *HERR* bei seinem Kommen wachend finden wird! Amen, ich sage euch: Er wird sich *gürten* und sie zu Tisch liegen lassen und hinzutreten und sie bedienen.

³⁸ Und wenn er in der zweiten und wenn er in der dritten Nachtwache kommt und sie so findet – *selig* sind jene!

³⁹ Dies aber erkennt: Wenn der Hausherr wüsste, zu welcher Stunde der Dieb kommt, so ließe er nicht zu, dass in sein Haus eingebrochen wird. ⁴⁰ Seid auch ihr bereit; denn zu einer Stunde, da ihr es nicht meint, kommt der Menschensohn.

⁴¹ Petrus aber sagte: *HERR*, sagst du dieses Gleichnis zu uns oder auch zu allen?

⁴² Und der *HERR* sagte: Wer also ist der treue und kluge Verwalter, den der *HERR* über seine Dienerschaft einsetzen wird, dass er (ihnen) rechtzeitig die Verpflegungsration gibt? ⁴³ *Selig* jener Sklave, den sein *HERR*, wenn er kommt, bei solchem Tun finden wird! ⁴⁴ In Wahrheit sage ich euch: Über alles, was er hat, wird er ihn einsetzen.

⁴⁵ Wenn aber jener Sklave in seinem Herzen sagt: ‚Mein *HERR* lässt sich Zeit zu kommen', und beginnt, die Knechte und die Mägde zu prügeln, zu essen und zu trinken und sich zu berauschen, ⁴⁶ wird der *HERR* jenes Sklaven an einem Tag kommen, an dem er es nicht erwartet, und in einer Stunde, in der er es nicht erkennt, und er wird ihn entzweischneiden und ihm seinen Platz bei den Ungläubigen zuweisen.

⁴⁷ Jener Sklave aber, der den Willen seines *HERRN* kennt und nichts vorbereitet hat oder nicht nach seinem Willen getan hat, wird mit vielen (Schlägen) geschlagen werden. ⁴⁸ Wer (ihn) aber nicht kennt, aber getan hat, was Schläge verdient, wird mit wenigen geschlagen werden.

Jedem aber, dem viel gegeben wurde: von dem wird viel gefordert werden; und wem sie viel anvertraut haben: von dem werden sie umso mehr verlangen.

[Lk 12,49–53: Jesu Kommen als Stunde der Entscheidung]

[49] Feuer auf die Erde zu werfen, bin ich gekommen, und wie wünschte ich, es wäre schon entflammt!
[50] Mit einer Taufe aber muss ich getauft werden, und wie drängt es mich, bis sie vollzogen ist!
[51] Meint ihr, dass ich gekommen sei, um Frieden auf der Erde zu geben? Nein, sage ich euch, sondern *Entzweiung*.

[52] Denn es werden von jetzt an fünf in ein und demselben Haus *entzweit* sein, drei gegen zwei und zwei gegen drei; [53] es werden sich *entzweien*

Vater gegen Sohn

und Sohn gegen Vater,

Mutter gegen die Tochter

und Tochter gegen die Mutter,

Schwiegermutter gegen ihre Schwiegertochter

und Schwiegertochter gegen die Schwiegermutter.
[vgl. Mi 7,6]

[Lk 12,54–59: Über die rechte Einschätzung der Zeit]

[54] Er sagte aber auch zu den VOLKSMENGEN:
Wenn ihr eine Wolke im Westen aufsteigen seht, sagt ihr sofort: Es kommt Regen; und es geschieht so.
[55] Und wenn (ihr) den Südwind wehen (seht), sagt ihr: Es wird Hitze sein; und es geschieht.
[56] Heuchler, das Antlitz der Erde und des Himmels versteht ihr einzuschätzen; diese Zeit aber, wieso wisst ihr die nicht einzuschätzen?
[57] Warum aber beurteilt ihr nicht auch von euch selbst aus, was gerecht ist?
[58] Denn wenn du mit deinem Widersacher zu einer Behörde gehst, gib dir auf dem Wege Mühe, von ihm loszukommen, damit (es) nicht (geschieht, dass) er dich vor den Richter schleppt und der Richter dich dem Gerichtsdiener ausliefert und der Gerichtsdiener dich ins Gefängnis wirft. [59] Ich sage dir, du wirst von dort keinesfalls herauskommen, bis du auch das letzte Lepton[a] zurückzahlst.

[Lk 13,1–9: Umkehrruf und Feigenbaumgleichnis]

[1] Zu eben der Zeit waren aber einige anwesend, die ihm von den Galiläern berichteten, deren Blut Pilatus mit ihren Opfern vermischt hatte.
[2] Und er antwortete und sagte ihnen:

---

a Vgl. zu Mt 20,2.

Meint ihr, dass diese Galiläer sündiger gewesen seien als alle Galiläer, weil sie dies erlitten haben?

³ NEIN, SAGE ICH EUCH, SONDERN WENN IHR NICHT UMKEHRT, WERDET IHR ALLE gleichermaßen UMKOMMEN.

⁴ Oder jene Achtzehn, auf die der Turm in Siloam fiel und sie tötete:
Meint ihr, dass sie schuldiger gewesen seien als alle die Menschen, die in Jerusalem wohnen?

⁵ NEIN, SAGE ICH EUCH, SONDERN WENN IHR NICHT UMKEHRT, WERDET IHR ALLE ebenso UMKOMMEN.

⁶ Er sagte aber dieses Gleichnis:
Jemand hatte einen Feigenbaum, der in seinem Weinberg gepflanzt war, und er kam und suchte *Frucht* an ihm und fand keine.

⁷ Er sagte aber zum Weingärtner: Siehe, seit drei Jahren komme ich und suche eine *Frucht* an diesem Feigenbaum und finde keine. Hau ihn ab! Warum soll er die Erde entkräften?

⁸ Der aber antwortet und sagt ihm: *HERR*, lass ihn noch dieses Jahr, bis ich um ihn herum umgrabe und Mist streue; ⁹ vielleicht bringt er künftig *Frucht*. Wenn aber nicht, sollst du ihn abhauen.

[Lk 13,10–17: Heilung der verkrümmten Frau am Sabbat]

¹⁰ Er lehrte aber in einer der Synagogen am SABBAT.

¹¹ Und siehe, (da war) eine Frau, die seit achtzehn Jahren einen Krankheitsgeist hatte, und sie war zusammengekrümmt und konnte sich nicht ganz aufrichten.

¹² Als Jesus sie aber sah, rief er sie herbei und sagte ihr: Frau, du bist von deiner Krankheit ERLÖST, ¹³ und er legte ihr die Hände auf.
Und sogleich richtete sie sich wieder auf und pries GOTT.

¹⁴ Der Synagogenvorsteher aber, ärgerlich darüber, dass Jesus am SABBAT geheilt hatte, ergriff das Wort und sagte der *VOLKSMENGE*: Es gibt sechs Tage, an denen man arbeiten soll. An ihnen nun sollt ihr kommen und euch heilen lassen – und nicht am Tag des SABBATS.

¹⁵ Der *HERR* aber antwortete ihm und sagte: Ihr Heuchler, LÖST nicht jeder von euch am SABBAT seinen Ochsen oder den Esel von der Krippe und führt ihn weg und tränkt ihn? ¹⁶ Diese aber, die eine Tochter Abrahams ist, die der Satan *gefesselt* hat, siehe, achtzehn Jahre lang, sollte am Tag des SABBATS nicht GELÖST werden von dieser *Fessel*?

¹⁷ Und als er dies sagte, wurden alle beschämt, die gegen ihn waren.
Und die ganze *VOLKSMENGE* freute sich über alle herrlichen Dinge, die durch ihn geschahen.

[Lk 13,18–21: Gleichnisse vom Senfkorn und vom Sauerteig]

¹⁸ Er sagte nun: Wem ist die KÖNIGSHERRSCHAFT GOTTES gleich, und womit soll ich sie vergleichen? ¹⁹ Sie ist gleich einem Senfkorn, das ein Mensch nahm und in seinen Garten warf, und es wuchs und wurde zu einem Baum, und
die Vögel des Himmels nisteten in seinen Zweigen.
[Ps 103,12 LXX]
²⁰ Und wieder sagte er: Womit soll ich die KÖNIGSHERRSCHAFT GOTTES vergleichen? ²¹ Sie ist gleich einem Sauerteig, den eine Frau nahm und unter drei Sat[a] Weizenmehl mengte, bis es ganz durchsäuert war.

[Lk 13,22–30: Die enge Tür]

²² Und er DURCHWANDERTE Stadt für Stadt und Dorf für Dorf, wobei er lehrte und auf der WANDERSCHAFT nach JERUSALEM war.
²³ Einer aber sagte zu ihm: *HERR, ob (es nur) wenige (sind), die gerettet werden?*
Er aber sagte zu ihnen: ²⁴ Kämpft darum, durch die enge TÜR hineinzukommen, denn viele, sage ich euch, werden versuchen hineinzukommen und werden es nicht können.

²⁵ Sobald der Hausherr aufgestanden ist und die TÜR abgeschlossen hat
und ihr beginnt, draußen zu stehen und an die TÜR zu klopfen und zu sagen: *HERR, öffne uns!,*
da wird er antworten und euch sagen: *Ich weiß nicht von euch, woher ihr seid.*
²⁶ Dann werdet ihr anfangen zu sagen: Wir haben vor dir gegessen und getrunken, und in unseren Straßen hast du gelehrt.
²⁷ Und er wird euch sagen: *Ich weiß nicht, woher ihr seid.*
Entfernt euch von mir, all ihr Täter von Ungerechtigkeit!
[Ps 6,9]
²⁸ Dort wird Weinen und Zähneknirschen sein, wenn ihr Abraham und Isaak und Jakob und alle *PROPHETEN* im KÖNIGREICH GOTTES seht, euch (selbst) aber hinausgeworfen, draußen.
²⁹ Und sie werden von Osten und Westen und von Norden und Süden kommen und zu Tische liegen im KÖNIGREICH GOTTES.
³⁰ Und siehe, es gibt Letzte, die Erste sein werden, und es gibt Erste, die Letzte sein werden.

[Lk 13,31–35: Jesus muss in Jerusalem sterben]

³¹ In eben der Stunde kamen etliche **PHARISÄER** herbei und sagten ihm: Brich auf und geh weg von hier, denn Herodes will dich töten.

---

a 1 Sat = ca. 13 Liter.

³² Und er sagte ihnen: Geht hin und sagt diesem Fuchs: Siehe, ich treibe Dämonen aus und vollbringe Heilungen heute und morgen, und am dritten (Tag) werde ich vollendet. ³³ Doch muss ich heute und morgen und am folgenden (Tag) WANDERN, denn es geht nicht an, dass ein PROPHET außerhalb von JERUSALEM umkomme.

³⁴ JERUSALEM, JERUSALEM, die du tötest die PROPHETEN und die steinigst, die zu dir gesandt worden sind: Wie oft habe ich deine Kinder versammeln wollen, so wie eine Henne ihre Brut unter die Flügel, und ihr habt nicht gewollt!

³⁵ Siehe, euer Haus wird euch (im Stich) gelassen. Ich sage euch aber: Ihr werdet mich nicht mehr sehen, bis ihr sagtᵃ:
>   Gesegnet, der da kommt im Namen des *HERRN!*
>   [Ps 118,26]

[Lk 14,1–6: Heilung eines Wassersüchtigen am Sabbat]

¹ Und es geschah, als er ins Haus eines der Vorsteher der **PHARISÄER** kam, um am *Sabbat* Brot zu essen, da belauerten sie ihn.
² Und siehe, da war ein wassersüchtiger Mensch vor ihm.
³ Und Jesus ergriff das Wort und sprach zu den GESETZESKUNDIGEN und **PHARISÄERN** und sagte: Ist es erlaubt, am *Sabbat* zu heilen, oder nicht?
⁴ Sie aber schwiegen.
Und er fasste ihn an, machte ihn gesund und entließ ihn.
⁵ Und zu ihnen sagte er: Wem von euch wird ein Sohn oder Ochse in einen Brunnen fallen, und er wird ihn am Tag des *Sabbats* nicht sofort herausziehen?
⁶ Und sie vermochten darauf nichts zu entgegnen.

[Lk 14,7–14: Über die Rangordnung von Gästen]

⁷ Er sagte aber zu den *EINGELADENEN* ein Gleichnis, da er beobachtete, wie sie sich die Ehrenplätze aussuchten:
⁸ Wenn du von jemandem zu einer Hochzeit *EINGELADEN* wirst, leg dich nicht auf den Ehrenplatz nieder, damit (es) nicht etwa (so sei, dass) ein Vornehmerer als du von ihm *EINGELADEN* ist ⁹ und der, der dich und ihn *EINGELADEN* hat, kommen und dir sagen wird: ,Mach diesem Platz!', und du dich dann mit Beschämung daran machen wirst, den letzten Platz einzunehmen.
¹⁰ Sondern wenn du *EINGELADEN* bist, geh und leg dich auf den letzten Platz, damit, wenn der kommt, der dich *EINGELADEN* hat, er dir sagen wird: Freund, rücke höher hinauf! Dann wirst du Ehre haben vor allen, die mit dir zu Tisch liegen.
¹¹ Denn jeder, der sich selbst erhöht,
    wird erniedrigt werden,

---

a Nach anderen Textzeugen: „bis (die Zeit) kommen wird, da ihr sagt".

und der, der sich selbst erniedrigt,
wird erhöht werden.

¹² Er sagte aber auch zu dem, der ihn EINGELADEN hatte:
Wenn du ein Frühstück oder Abendessen gibst, ruf weder deine Freunde noch
deine Brüder, noch deine Verwandten, noch reiche Nachbarn, damit nicht auch sie
dich im Gegenzug EINLADEN und dir *Rückerstattung* zuteil wird.
¹³ Sondern wenn du ein Essen gibst, sollst du *Arme, Krüppel, Lahme, Blinde* EIN-
LADEN! ¹⁴ Und **selig** wirst du sein, dass sie es dir nicht *zurückerstatten* können; denn
es wird dir *zurückerstattet* werden in der Auferstehung der Gerechten.

[Lk 14,15–24: Das Gleichnis vom großen Gastmahl]

¹⁵ Als aber einer von denen, die mit zu Tische lagen, dies hörte, sagte er ihm: **Selig**,
wer Brot im KÖNIGREICH GOTTES isst!
¹⁶ Er aber sagte ihm:

Ein Mensch veranstaltete ein großes Abendessen und LUD viele EIN. ¹⁷ Und er sandte
seinen Sklaven zur Stunde des Abendessens, um den EINGELADENEN zu sagen:
Kommt, denn es ist schon bereit.
¹⁸ Und sie begannen auf einmal alle, sich zu *entschuldigen.*
Der erste sagte ihm: Ich habe einen Acker gekauft und bin gezwungen, hinauszu-
gehen und ihn zu besichtigen; *ich bitte dich, sieh mich als entschuldigt an.*
¹⁹ Und ein anderer sagte: Ich habe fünf Paar Ochsen gekauft und gehe hin, sie zu
prüfen; *ich bitte dich, sieh mich als entschuldigt an.*
²⁰ Und ein anderer sagte: Ich habe eine Frau geheiratet und kann darum nicht
kommen.
²¹ Und der Sklave kam und berichtete dies seinem *HERRN.*
Da wurde der Hausherr zornig und sagte seinem Sklaven: Geh schnell hinaus auf
die Straßen und Gassen der Stadt und bring *die Armen und Krüppel und Blinden*
und Lahmen hierher.
²² Und der Sklave sagte: *HERR*, es ist geschehen, was du angeordnet hast, und es
ist noch Platz.
²³ Und der *HERR* sagte zum Sklaven: Geh hinaus an die Wege und Zäune und
zwinge sie hereinzukommen, damit mein Haus gefüllt werde. ²⁴ Denn ich sage euch:
Keiner jener Männer, die EINGELADEN waren, wird mein Abendessen kosten.

[Lk 14,25–35: Jesu Rede über Jüngerschaft]

²⁵ Es zogen aber große VOLKSMENGEN mit ihm.
Und er wandte sich um und sagte zu ihnen: ²⁶ Wenn einer zu mir kommt und
nicht hasst seinen Vater und die Mutter und die Frau und die Kinder und die Brüder und die Schwestern und auch noch sein Leben, KANN ER NICHT MEIN JÜNGER SEIN.

[27] Wer sein Kreuz nicht trägt und hinter mir hergeht, KANN NICHT MEIN JÜNGER SEIN.

[28] Denn wer von euch, der einen Turm bauen will, *setzt sich nicht zuerst hin* und berechnet die Kosten, ob er (genug) zur Fertigstellung hat? [29] Damit nicht etwa, wenn er ein Fundament gelegt hat und es nicht vollenden kann, alle, die es sehen, anfangen, über ihn zu spotten [30] und sagen: Dieser Mensch fing an zu bauen und konnte es nicht vollenden.

[31] Oder welcher König, der auszieht, um mit einem anderen König Krieg zu führen, *setzt sich nicht zuerst hin* und berät sich, ob er in der Lage ist, mit Zehntausend dem entgegenzutreten, der mit Zwanzigtausend gegen ihn heranrückt? [32] Wenn aber nicht, schickt er, solange der noch fern ist, eine Gesandtschaft und bittet um die Friedensbedingungen.

[33] So KANN nun KEINER von euch, der sich nicht von allem abkehrt, was ihm gehört, MEIN JÜNGER SEIN.

[34] Nun ist das Salz gut. Wenn aber auch das Salz fade wird, womit wird es gewürzt werden? [35] Weder für das Land noch für den Mist ist es tauglich; sie werfen es hinaus.

Wer Ohren hat zu hören, höre!

[Lk 15,1–10: Gleichnisse von dem verlorenen Schaf
und von der verlorenen Drachme]

[1] Es näherten sich ihm aber alle Zöllner und SÜNDER, um ihn zu hören.

[2] Und sowohl die **PHARISÄER** als auch die Schriftgelehrten murrten und sagten: Dieser nimmt SÜNDER an und isst mit ihnen.

[3] Er sagte aber dieses Gleichnis zu ihnen:

[4] Welcher Mensch von euch, der hundert Schafe hat und eines von ihnen VERLIERT, lässt nicht die NEUNUNDNEUNZIG in der Wüste und geht dem VERLORENEN nach, bis er es findet? [5] Und wenn er es gefunden hat, nimmt er es auf seine Schulter und FREUT sich; [6] und wenn er nach Hause kommt, ruft er die Freunde und die Nachbarn herbei und sagt ihnen: FREUT *euch mit mir, denn ich habe* mein Schaf *gefunden*, das VERLORENGEGANGEN war.

[7] Ich sage euch: So wird mehr FREUDE im Himmel sein *ÜBER EINEN EINZIGEN* SÜNDER, *DER UMKEHRT*, als über NEUNUNDNEUNZIG Gerechte, die UMKEHR nicht brauchen.

[8] Oder welche Frau, die zehn Drachmen[a] hat, zündet nicht, wenn sie eine einzige Drachme VERLIERT, eine Lampe an und kehrt das Haus und sucht sorgfältig, bis sie sie findet? [9] Und wenn sie sie gefunden hat, ruft sie die Freundinnen und Nachbarinnen herbei und sagt: FREUT *euch mit mir, denn ich habe* die Drachme *gefunden*, die ich VERLOREN hatte.

---

a 1 Drachme = $^3/_4$ Denar (vgl. zu Mt 20,2).

¹⁰ So, sage ich euch, entsteht FREUDE vor den Engeln GOTTES *über einen einzigen Sünder, der umkehrt.*

[Lk 15,11–32: Das Gleichnis vom Erbarmen des Vaters]

¹¹ Er sagte aber:
Ein Mensch hatte zwei Söhne.
¹² Und der jüngere von ihnen sagte dem Vater: Vater, gib mir den Teil des Vermögens, der mir zusteht!
Er aber teilte die Habe unter ihnen auf.
¹³ Und nach nicht vielen Tagen packte der jüngere Sohn alles zusammen und zog davon in ein fernes Land. Und dort verschwendete er sein Vermögen durch ein liederliches Leben.

¹⁴ Als er aber alles verbraucht hatte, kam eine arge Hungersnot über jenes Land, und er begann Mangel zu leiden. ¹⁵ Und er ging hin und schloss sich einem der Bürger jenes Landes an. Und der schickte ihn auf seine Felder, um Schweine zu hüten. ¹⁶ Und er hätte sich gern an den Schoten gesättigt, die die Schweine fraßen, doch niemand gab sie ihm.

¹⁷ Als er aber zu sich kam, sagte er: Wie viele Tagelöhner meines Vaters haben Brote im Übermaß, ich aber gehe hier vor Hunger zugrunde. ¹⁸ Ich werde mich aufmachen, zu meinem Vater gehen und ihm sagen: *Vater, ich habe gegen den Himmel und vor dir gesündigt,* ¹⁹ *ich bin es nicht mehr wert, dein Sohn genannt zu werden;* mach mich zu einem deiner Tagelöhner.
²⁰ Und er machte sich auf und kam zu seinem Vater.

Als er aber noch weit entfernt war, sah ihn sein Vater und hatte Mitleid und lief hin, fiel ihm um den Hals und küsste ihn.
²¹ Der Sohn aber sagte ihm: *Vater, ich habe gegen den Himmel und vor dir gesündigt, ich bin es nicht mehr wert, dein Sohn genannt zu werden.*
²² Der Vater aber sagte zu seinen Sklaven: Holt schnell das beste Gewand hervor und zieht ihn an und gebt ihm einen Ring an seine Hand und Sandalen an die Füße.
²³ Und bringt DAS GEMÄSTETE KALB, SCHLACHTET es, und wir wollen essen und *feiern.*
²⁴ **Denn dieser** mein Sohn **war tot und ist** wieder **zum Leben gekommen, er war** VERLOREN **und ist gefunden worden.**
Und sie begannen zu *feiern.*

²⁵ Sein älterer Sohn aber war auf dem Feld, und als er kam und sich dem Haus näherte, hörte er Musik und Tanz, ²⁶ und er rief einen der Knechte herbei und erkundigte sich, was das sei.
²⁷ Der aber sagte ihm: Dein Bruder ist gekommen, und dein Vater hat DAS GEMÄSTETE KALB GESCHLACHTET, weil er ihn unversehrt wiedererhalten hat.
²⁸ Er aber wurde wütend und wollte nicht hineingehen.
Sein Vater aber ging hinaus und redete ihm gut zu.

²⁹ Der aber antwortete und sagte seinem Vater: Siehe, so viele Jahre leiste ich dir Sklavendienste und habe dein Gebot nie übertreten, und mir hast du niemals einen Ziegenbock gegeben, damit ich mit meinen Freunden *feiere*. ³⁰ Nachdem aber dieser dein Sohn, der deinen Besitz mit Huren verprasste, gekommen ist, hast du für ihn DAS GEMÄSTETE KALB GESCHLACHTET.

³¹ Er aber sagte ihm: Kind, du bist immer bei mir, und alles, was mein ist, ist dein. ³² Wir mussten aber *feiern* und uns freuen. **Denn dieser dein Bruder war tot und ist zum Leben gekommen, und er war** VERLOREN **und ist gefunden worden.**

[Lk 16,1–13: Das Gleichnis vom ungerechten Verwalter
mit verschiedenen Anwendungen]

¹ Er sagte aber auch zu den Jüngern:

Es war ein reicher Mensch; der hatte einen Verwalter. Und dieser wurde bei ihm beschuldigt, sein Vermögen zu verschwenden.

² Und er rief ihn und sagte ihm: Was höre ich dies über dich? Leg Rechenschaft über deine Verwaltung ab, denn du kannst die Verwaltung nicht mehr ausüben.

³ Der Verwalter aber sagte bei sich selbst: Was soll ich tun? Denn mein *HERR* nimmt mir die Verwaltung weg. Graben kann ich nicht; zu betteln schäme ich mich.

⁴ Ich weiß, was ich tun werde, DAMIT, WENN ich aus der Verwaltung entlassen werde, SIE mich IN ihre Häuser AUFNEHMEN.

⁵ Und er rief jeden einzelnen der Schuldner seines *HERRN* herbei und sagte dem ersten: Wie viel schuldest du meinem *HERRN*?

⁶ Der aber sagte: Hundert Batᵃ Öl.

Er aber sagte ihm: Nimm deine Schuldscheine und setz dich hin und schreib schnell: fünfzig!

⁷ Danach sagte er einem anderen: Du aber, wie viel schuldest du?

Der aber sagte: Hundert Korᵇ Weizen.

Er sagt ihm: Nimm deine Schuldscheine und schreib: achtzig!

⁸ Und der *HERR* lobte den Verwalter DER UNGERECHTIGKEIT, weil er klug gehandelt hatte,

denn die Söhne dieser Welt sind ihresgleichen gegenüber klüger als die Söhne des Lichts.

⁹ Und ich sage euch: Macht euch Freunde mit dem *Mammon* DER UNGERECHTIG-KEIT, DAMIT, WENN er ausgeht, SIE euch IN die ewigen Zelte AUFNEHMEN.

¹⁰ Der im Kleinsten *Treue* ist auch im Großen *treu*, und der im Kleinsten UNGE-RECHTE ist auch im Großen UNGERECHT.

¹¹ Wenn ihr nun beim UNGERECHTEN *Mammon* nicht *treu* werdet, wer wird euch das Wahre anvertrauen? ¹² Und wenn ihr beim Fremden nicht *treu* werdet, wer wird euch das Eure geben?

---

a 1 Bat = ca. 37 Liter. b 1 Kor = ca. 393 Liter.

¹³ Kein Hausdiener kann für zwei Herren Sklavendienst verrichten; denn entweder wird er den einen hassen und den anderen lieben, oder er wird sich an den einen halten und den anderen verachten.

Nicht könnt ihr für GOTT Sklavendienst verrichten und (zugleich) für den *Mammon*.

[Lk 16,14–18: Jesu Urteil über die Pharisäer, das Gesetz und die Scheidung]

¹⁴ Dies alles hörten aber die **PHARISÄER**, die geldgierig sind, und sie rümpften die Nase über ihn.

¹⁵ Und er sagte ihnen: Ihr seid die, die sich selber vor den Menschen rechtfertigen, GOTT aber kennt eure Herzen. Denn was bei Menschen hoch ist, ist vor GOTT ein Gräuel.

¹⁶ Das *Gesetz* und die Propheten (reichen) bis Johannes; von da an wird die KÖNIGSHERRSCHAFT GOTTES verkündigt, und jeder drängt gewaltsam in sie hinein.

¹⁷ Es ist aber leichter, dass der Himmel und die Erde vergehen, als dass ein einziges Häkchen vom *Gesetz* wegfällt.

¹⁸ Jeder, der seine Frau entlässt und eine andere heiratet, begeht Ehebruch; und wer eine vom Mann Entlassene heiratet, begeht Ehebruch.

[Lk 16,19–31: Das Gleichnis vom reichen Mann und vom armen Lazarus]

¹⁹ Ein Mensch aber war REICH, und er kleidete sich in Purpur und feinstes Leinen und feierte Tag für Tag prächtig.

²⁰ Ein ARMER aber, namens *LAZARUS*, lag voller Geschwüre an seiner Tür ²¹ und war voller Verlangen, sich von dem zu sättigen, was vom Tisch des *REICHEN* fiel; aber auch die Hunde kamen und beleckten seine Geschwüre.

²² Es geschah aber, dass der ARME starb und dass er von den Engeln in den Schoß ABRAHAMS weggetragen wurde.

Es starb aber auch der *REICHE* und wurde begraben. ²³ Und im Hades hebt er seine Augen auf, da er sich in Qualen befindet, und sieht ABRAHAM von weitem und *LAZARUS* in seinem Schoß. ²⁴ Und er rief und sagte: Vater ABRAHAM, erbarme dich über mich und schick *LAZARUS*, damit er die Spitze seines Fingers in Wasser tauche und meine Zunge kühle, denn ich *leide Schmerzen* in dieser Flamme.

²⁵ ABRAHAM aber sagte: Kind, denke daran, dass du dein Gutes in deinem Leben empfangen hast, und *LAZARUS* ebenso das Böse. Jetzt aber wird er hier getröstet, du aber *leidest Schmerzen*. ²⁶ Und bei alldem ist zwischen uns und euch eine große Kluft gesetzt, damit die, die von hier zu euch hinübergehen wollen, es nicht können und (damit) man auch von dort nicht zu uns herübergelangt.

²⁷ Er sagte aber: Ich bitte dich nun, Vater, dass du ihn in das Haus meines Vaters schickst, ²⁸ denn ich habe fünf Brüder – auf dass er sie warne, damit nicht auch sie an diesen Ort der Qual kommen.

²⁹ ABRAHAM aber sagt: Sie haben **Mose und die Propheten**; auf die sollen sie hören.

³⁰ Er aber sagte: Nein, Vater ABRAHAM, sondern wenn EINER VON DEN TOTEN zu ihnen ginge, würden sie umkehren.

³¹ Er aber sagte ihm: Wenn sie auf **Mose und die Propheten** nicht hören, dann werden sie sich auch nicht überzeugen lassen, wenn EINER AUS DEN TOTEN aufersteht.

[Lk 17,1–10: Jüngerschaft]

¹ Er sagte aber zu seinen Jüngern: Es ist ausgeschlossen, dass die ÄRGERNISSE nicht kommen; doch wehe dem, durch den sie kommen. ² Es wäre für ihn vorteilhafter, wenn ein Mühlstein um seinen Hals gelegt und *ins Meer* gestürzt würde, als dass er einem einzigen dieser Kleinen ÄRGERNIS gäbe. ³ Nehmt euch in Acht!

Wenn dein Bruder sündigt, weise ihn zurecht, und wenn er umkehrt, vergib ihm. ⁴ Und wenn er siebenmal am Tag gegen dich sündigt und sich siebenmal zu dir umwendet und sagt: ‚Ich kehre um‘, sollst du ihm vergeben.

⁵ Und die Apostel sagten dem *HERRN*: Verleihe uns GLAUBEN!

⁶ Der *HERR* sagte aber: Wenn ihr GLAUBEN hättet wie ein Senfkorn, würdet ihr diesem Maulbeerbaum sagen: Entwurzele dich und pflanze dich *ins Meer*!, und er würde euch gehorchen.

⁷ Wer aber von euch, der einen *Sklaven* hat, der pflügt oder als Hirte arbeitet, wird ihm, wenn er vom Feld heimkommt, sagen: ‚Komm rasch her und leg dich zu Tisch!‘? ⁸ Wird er ihm nicht vielmehr sagen: ‚Bereite zu, was ich speisen werde, und gürte dich und bediene mich, bis ich gegessen und getrunken habe, und danach iss und trink du!‘? ⁹ Dankt er dem *Sklaven* etwa dafür, dass er das Befohlene getan hat?

¹⁰ So auch ihr, wenn ihr alles getan habt, was euch befohlen war, sagt: Wir sind nutzlose *Sklaven*; wir haben getan, was wir zu tun verpflichtet waren.

[Lk 17,11–19: Heilung von zehn Aussätzigen]

¹¹ Und es geschah, als er nach Jerusalem wanderte, da zog er mitten durch Samarien und Galiläa hindurch. ¹² Und als er in ein Dorf kam, kamen ihm zehn aussätzige Männer entgegen; die blieben in der Ferne stehen, ¹³ und sie erhoben ihre Stimme und sagten: Jesus, Meister, erbarme dich über uns!

¹⁴ Und als er sie sah, sagte er ihnen: Geht und zeigt euch den Priestern!

Und es geschah, als sie hingingen, da wurden sie **rein**.

¹⁵ Einer aber von ihnen, als er sah, dass er geheilt war, kehrte um, wobei er mit lauter Stimme GOTT *pries*. ¹⁶ Und er fiel aufs Angesicht ihm zu Füßen und dankte ihm. Und der war ein Samariter.

¹⁷ Jesus aber antwortete und sagte: Wurden nicht die zehn **rein**? Wo aber (sind) die neun? ¹⁸ Haben sich keine gefunden, die zurückkehrten, um GOTT zu *preisen*, außer diesem Ausländer?

¹⁹ Und er sagte ihm: Steh auf und geh, dein GLAUBE hat dich gerettet.

[Lk 17,20–37: Das Kommen der Gottesherrschaft
und die Tage des Menschensohnes]

[20] Als er aber von den **PHARISÄERN** gefragt wurde, wann die Königsherrschaft Gottes komme, antwortete er ihnen und sagte: Die Königsherrschaft Gottes kommt nicht so, dass es sich beobachten ließe. [21] Auch werden sie nicht sagen: ‚Siehe hier!‘, oder: ‚Dort!‘ Denn siehe, die Königsherrschaft Gottes ist mitten unter euch.

[22] Er sagte aber zu den Jüngern: Es werden Tage kommen, an denen ihr danach verlangen werdet, einen der *Tage des Menschensohns* zu sehen, und ihr werdet ihn nicht sehen.

[23] Und sie werden euch sagen: ‚Siehe dort!‘, ‚Siehe hier!‘ Geht nicht weg und folgt (dem) nicht! [24] Denn wie der Blitz bei seinem Blitzen von einem Ende des Himmels zum anderen leuchtet, so wird der *Menschensohn* sein an seinem *Tag* [a]. [25] Zuerst aber muss er vieles leiden und von dieser Generation verworfen werden.

[26] Und wie es in den Tagen Noahs **zuging**, so wird es auch in den *Tagen des Menschensohns* sein. [27] *Sie aßen, tranken*, heirateten (und) wurden geheiratet bis zu dem Tag, an dem Noah in den Kasten hineinging, und es kam die Flut und vernichtete alle. [b]

[28] Ebenso wie es in den Tagen Lots **zuging**, *sie aßen, tranken*, kauften, verkauften, pflanzten, bauten; [29] an dem Tag aber, an dem der Lot aus Sodom hinausging, regnete es Feuer und Schwefel vom Himmel und vernichtete alle. [c]

[30] Genauso wird es sein an dem *Tag*, an dem der *Menschensohn* offenbart wird. [31] An jenem *Tag* soll der, der auf dem Dach sein und seine Sachen im Haus (haben) wird, nicht hinabsteigen, um sie zu holen, und ebenso soll der auf dem Feld sich nicht nach hinten umwenden. [32] Erinnert euch an Lots Frau. [d]

[33] Wer auch immer sein Leben zu bewahren sucht,
   wird es verlieren,
wer auch immer es aber verliert,
   wird es lebendigerhalten.

[34] Ich sage euch:

In jener Nacht werden zwei auf ein und demselben Bett sein,
   der eine wird angenommen werden,
      und der andere wird zurückgelassen werden.
[35] Es werden zwei am selben Ort mahlen,
   die eine wird angenommen werden,
      die andere aber wird zurückgelassen. [e]

---

a Die Worte „an seinem Tag" fehlen in wichtigen Textzeugen.
b Vgl. Gen 6–8.
c Vgl. Gen 19,24.
d Vgl. Gen 19,26.

e Lk 17,36 („Zwei werden auf dem Feld sein, einer wird angenommen werden, und der andere wird zurückgelassen werden") gehört nicht zum ursprünglichen Text; vgl. Mt 24,40.

³⁷ Und sie antworten und sagen ihm: Wo, *HERR*?
Er aber sagte ihnen: Wo der Leichnam ist, da werden sich auch die Geier sammeln.

[Lk 18,1–8: Das Gleichnis vom gottlosen Richter]

¹ Er sagte ihnen aber ein Gleichnis dazu, dass sie allezeit *BETEN* und nicht nachlassen sollten, ² und sprach:

Ein Richter war in einer Stadt, der GOTT NICHT FÜRCHTETE UND SICH VOR KEINEM MENSCHEN SCHEUTE.
³ Eine Witwe aber war in jener Stadt, und sie kam (immerfort) zu ihm und sagte: *Verschaffe* mir *Recht* gegenüber meinem Gegner!
⁴ Und er wollte eine Zeitlang nicht. Danach aber sagte er bei sich selbst: Wenn ich auch GOTT NICHT FÜRCHTE UND MICH VOR KEINEM MENSCHEN SCHEUE, ⁵ werde ich, weil diese Witwe mir Mühe macht, ihr *Recht verschaffen*, damit sie nicht am Ende kommt und mir ins Gesicht schlägt.

⁶ Der *HERR* sagte aber: Hört, was der ungerechte Richter sagt! ⁷ GOTT aber, sollte er seinen Auserwählten (dann) etwa kein *Recht verschaffen*, die Tag und Nacht zu ihm schreien, und wird er bei ihnen auf sich warten lassen? ⁸ Ich sage euch: Er wird ihnen rasch *Recht verschaffen*.
Doch wird der *MENSCHENSOHN*, wenn er kommt, wohl den GLAUBEN finden auf der Erde?

[Lk 18,9–14: Das Gleichnis vom Pharisäer und Zöllner]

⁹ Er sagte aber auch zu einigen, die bei sich davon überzeugt waren, dass sie **gerecht** seien, und die ÜBRIGEN verachteten, dieses Gleichnis:
¹⁰ Zwei Menschen gingen in das Heiligtum hinauf, um zu *BETEN*, der eine ein **PHARISÄER** und der andere ein *Zöllner*.
¹¹ Der **PHARISÄER** stellte sich hin und *BETETE* dies bei sich selbst: GOTT, ich danke dir, dass ich nicht wie die ÜBRIGEN Menschen bin: Räuber, Ungerechte, Ehebrecher oder auch wie dieser *Zöllner*. ¹² Ich faste zweimal die Woche, ich verzehnte alles, was ich erwirtschafte.
¹³ Der *Zöllner* aber stand weit weg und wollte nicht einmal seine Augen zum Himmel emporheben, sondern schlug an seine Brust und sagte: GOTT, sei mir Sünder gnädig!
¹⁴ Ich sage euch: Dieser ging **gerechtfertigt** in sein Haus hinunter im Unterschied zu jenem.

> Denn jeder, der sich selbst erhöht,
>> wird erniedrigt werden,
> wer sich aber selbst erniedrigt,
>> wird erhöht werden.

[Lk 18,15–17: Die Kinder und die Königsherrschaft Gottes]

[15] Sie brachten aber auch Säuglinge zu ihm, damit er sie berühre. Als aber die Jünger es sahen, bedrohten sie sie. [16] Jesus aber rief sie herbei und sagte: Lasst die Kinder zu mir kommen und hindert sie nicht, denn solchen gehört die KÖNIGSHERRSCHAFT GOTTES. [17] Amen, ich sage euch: Wer die KÖNIGSHERRSCHAFT GOTTES nicht annimmt wie ein Kind, wird in sie nicht hineinkommen.

[Lk 18,18–30: Der reiche Vorsteher]

[18] Und ein Vorsteher fragte ihn und sagte: Guter Lehrer, was muss ich tun, damit ich EWIGES LEBEN erbe? [19] Jesus aber sagte ihm: Was nennst du mich gut? Niemand ist gut außer einzig und allein GOTT. [20] Die Gebote kennst du:

Du sollst keinen Ehebruch begehen!

Du sollst nicht töten!

Du sollst nicht stehlen!

Du sollst nicht falsch aussagen!

Ehre deinen Vater und die Mutter!

[Ex 20,12–16]

[21] Er aber sagte: Dies alles habe ich von Jugend auf gehalten. [22] Als aber Jesus es hörte, sagte er ihm: Eines fehlt dir noch. Alles, was du hast, verkaufe und verteile es an Arme, und du wirst einen Schatz in den Himmeln haben. Und auf, FOLGE MIR! [23] Als er dies aber hörte, wurde er tief betrübt. Denn er war sehr **reich**.

[24] Als Jesus ihn aber sah, sagte er: Wie schwer kommen die Begüterten in die KÖNIGSHERRSCHAFT GOTTES hinein! [25] Denn es ist einfacher, dass ein Kamel durch ein Nadelöhr eingeht, als dass ein **Reicher** in die KÖNIGSHERRSCHAFT GOTTES eingeht. [26] Die aber, die es hörten, sagten: Und wer kann gerettet werden? [27] Er aber sagte: Das bei Menschen Unmögliche ist bei GOTT möglich. [28] Petrus aber sagte: Siehe, wir haben das Eigentum *verlassen* und sind DIR GEFOLGT. [29] Er aber sagte ihnen: Amen, ich sage euch: Es gibt niemanden, der Haus oder Frau oder Brüder oder Eltern oder Kinder wegen der KÖNIGSHERRSCHAFT GOTTES *verlassen* hat, [30] der es nicht vielfach zurückbekommt in dieser Zeit und in der kommenden Welt EWIGES LEBEN.

[Lk 18,31–34: Weitere Leidens- und Auferstehungsankündigung]

[31] Er nahm aber die Zwölf beiseite und sagte zu ihnen: Siehe, wir gehen nach Jerusalem hinauf, und es wird alles vollendet werden, was durch die Propheten über den

MENSCHENSOHN geschrieben ist. [32] Denn er wird den Heiden ausgeliefert werden, und er wird verspottet und misshandelt und angespien werden, [33] und sie werden ihn auspeitschen und töten; und am dritten Tag wird er auferstehen.

[34] Und sie begriffen nichts davon, und diese Rede war vor ihnen verborgen, und sie verstanden das Gesagte nicht.

[Lk 18,35–43: Heilung eines Blinden bei Jericho]

[35] Es geschah aber, als er sich Jericho näherte, da saß ein Blinder am Weg und bettelte. [36] Als er aber die VOLKSMENGE vorbeigehen hörte, erkundigte er sich, was das sei.
[37] Sie berichteten ihm aber: Jesus, der Nazoräer, geht vorbei.
[38] Und er rief: Jesus, *Sohn Davids, erbarme dich meiner!*
[39] Und die, die vorausgingen, bedrohten ihn, damit er schweige.
Er aber schrie noch viel mehr: *Sohn Davids, erbarme dich meiner!*
[40] Jesus aber blieb stehen und befahl, dass er zu ihm geführt werde.
Als er sich aber näherte, fragte er ihn: [41] Was willst du, dass ich für dich tun soll?
Er aber sagte: HERR, dass ich wieder sehe.
[42] Und Jesus sagte ihm: Sei wieder sehend! Dein Glaube hat dich gerettet.
[43] Und sofort sah er wieder und folgte ihm und pries GOTT.
Und das ganze VOLK sah es und lobte GOTT.

[Lk 19,1–10: Zachäus]

[1] Und er betrat und durchzog Jericho.
[2] Und siehe, da war ein Mann, der den Namen Zachäus hatte, und er war Oberzöllner, und er war reich. [3] Und er suchte, Jesus zu sehen, wer er sei, und konnte es nicht wegen der VOLKSMENGE, denn er war klein von Gestalt. [4] Und er lief voraus nach vorne und stieg auf einen Maulbeerbaum, damit er ihn sehe; denn dort sollte er durchkommen.
[5] Und als er an den Ort kam, sah Jesus hinauf und sagte zu ihm: Zachäus, *steig schnell herunter*; denn HEUTE muss ich in deinem Haus bleiben.
[6] Und er *stieg schnell herunter* und nahm ihn auf und freute sich.
[7] Und als sie es sahen, murrten sie alle und sagten: Bei einem SÜNDIGEN Mann ist er eingekehrt, um Rast zu machen.
[8] Zachäus aber trat hin und sagte zum HERRN: Siehe, die Hälfte meines Besitzes, HERR, gebe ich den Armen, und wenn ich etwas von jemandem erpresst habe, gebe ich es vierfach zurück.
[9] Jesus aber sagte zu ihm: HEUTE ist diesem Haus **Rettung** widerfahren, weil auch er Abrahams Sohn ist.
[10] Denn der MENSCHENSOHN ist gekommen, um das Verlorene zu suchen und zu **retten.**

[Lk 19,11–27: Das Gleichnis von den anvertrauten Geldern]

¹¹ Als sie dies aber hörten, sagte er zusätzlich ein Gleichnis, weil er nahe bei Jerusalem war und sie meinten, dass die KÖNIGSHERRSCHAFT GOTTES sogleich erscheinen werde. ¹² Er sagte nun:

Ein Mensch von vornehmer Herkunft zog in ein fernes Land, um für sich eine KÖNIGSHERRSCHAFT zu erhalten und (dann) zurückzukehren. ¹³ Er rief aber zehn seiner Sklaven, gab ihnen zehn Minen[a] und sagte zu ihnen: Macht (damit) Geschäfte, bis ich komme!

¹⁴ Seine Bürger aber hassten ihn und schickten eine Gesandtschaft hinter ihm her und ließen sagen: *WIR WOLLEN NICHT, DASS DIESER ÜBER UNS* KÖNIG SEI.

¹⁵ Und es geschah, als er zurückkam, nachdem er die KÖNIGSHERRSCHAFT erhalten hatte, da sagte er, man solle jene Sklaven, denen er das Geld gegeben hatte, zu ihm rufen, damit er erfahre, was sie herausgewirtschaftet hatten.

¹⁶ Der erste aber trat herzu und sagte: *HERR*, deine Mine hat zehn Minen hinzuerworben.

¹⁷ Und er sagte ihm: Recht so, du guter Sklave; weil du im Geringsten treu gewesen bist, sollst du Machthaber über zehn Städte sein.

¹⁸ Und der zweite kam und sagte: Deine Mine, *HERR*, hat fünf Minen erbracht. ¹⁹ Er sagte aber auch zu diesem: Auch du sollst (Machthaber) über fünf Städte sein.

²⁰ Und der andere kam und sagte: *HERR*, siehe, (da ist) deine Mine, die ich in einem Taschentuch verwahrt hielt. ²¹ Denn ich fürchtete mich vor dir, weil du *ein strenger Mensch* bist; du *nimmst, was du nicht angelegt hast, und erntest, was du nicht gesät hast.*

²² Er sagt ihm: (Mit den Worten) aus deinem (eigenen) Mund werde ich dich richten, du böser Sklave. Wusstest du, dass ich *ein strenger Mensch* bin, *nehme, was ich nicht angelegt habe, und ernte, was ich nicht gesät habe?* ²³ Und warum hast du mein Geld nicht zur Bank gebracht? Dann hätte ich es bei meiner Ankunft mit Zinsen eingefordert.

²⁴ Und den Dabeistehenden sagte er: Nehmt ihm die Mine weg und gebt sie dem, der die zehn Minen hat.

²⁵ Und sie sagten ihm: *HERR*, er hat zehn Minen.

²⁶ Ich sage euch:

Jedem, der hat,
    wird gegeben werden;
dem aber, der nicht hat,
    wird auch das, was er hat, weggenommen werden.

---

a 1 Mine = 100 Drachmen (vgl. zu Lk 15,8).

[27]{.sup} Doch diese meine Feinde, die NICHT WOLLTEN, DASS ICH ÜBER SIE KÖNIG SEI, bringt hierher und schlachtet sie ab vor meinen Augen.

[Lukas 19,28–21,38:
Jesu Wirken in Jerusalem]

[Lk 19,28–44: Der Einzug in Jerusalem]

[28]{.sup} Und als er dies gesagt hatte, ging er voran und zog hinauf nach Jerusalem.

[29]{.sup} Und es geschah, als er sich Bethphage und Bethanien näherte, gegen den sogenannten Ölberg hin, da sandte er zwei von den Jüngern [30]{.sup} und sagte: Geht in das Dorf gegenüber! Wenn ihr hineingeht, werdet ihr darin ein Füllen angebunden finden, auf dem noch nie ein Mensch gesessen hat. Und ihr sollt es losbinden und (hierher) führen. [31]{.sup} Und wenn euch einer fragt: Warum bindet ihr es los?, dann sagt: *Der HERR braucht es.*

[32]{.sup} Die aber, die gesandt worden waren, gingen weg und fanden es, wie er es ihnen gesagt hatte.

[33]{.sup} Als sie aber das Füllen losbanden, sagten seine Herren zu ihnen: Warum bindet ihr das Füllen los?

[34]{.sup} Sie aber sagten: Weil *der HERR es braucht.*

[35]{.sup} Und sie führten es zu Jesus und warfen ihre Kleider auf das Füllen und setzten Jesus darauf.

[36]{.sup} Als er aber hinzog, breiteten sie ihre Kleider auf dem Weg aus.

[37]{.sup} Als er sich aber schon dem Abhang des Ölbergs näherte, begann die ganze Schar der Jünger voller Freude mit lauter Stimme GOTT zu loben wegen all der Krafttaten, die sie gesehen hatten, [38]{.sup} und sie sagten:

Gelobt der Kommende,
der König, im Namen des *HERRN!*
[vgl. Ps 118,26]
Friede im Himmel
und Herrlichkeit in den Höhen!

[39]{.sup} Und einige der **PHARISÄER** aus der VOLKSMENGE sagten zu ihm: **Lehrer**, weise deine Jünger zurecht!

[40]{.sup} Und er antwortete und sagte: Ich sage euch, wenn diese schweigen werden, werden die Steine schreien.

[41]{.sup} Und als er sich näherte und die Stadt sah, weinte er über sie [42]{.sup} und sagte:

Wenn doch auch du erkennen würdest an diesem Tag, was zum Frieden (dient)! Doch jetzt ist es vor deinen Augen verborgen.
[43]{.sup} Denn es werden Tage über dich kommen, da werden deine Feinde einen Wall vor dir aufwerfen und dich umringen und dich von allen Seiten bedrängen. [44]{.sup} Und

sie werden dich und deine Kinder in dir dem Erdboden gleichmachen, und sie werden in dir keinen Stein auf dem anderen lassen,
weil du die Zeit deiner Heimsuchung nicht erkannt hast.

[Lk 19,45–46: Die Tempelreinigung]

⁴⁵ Und er ging in das Heiligtum hinein, begann die Verkäufer hinauszuwerfen ⁴⁶ und sagte ihnen: Es ist geschrieben:
Und mein Haus soll ein Bethaus sein.
[vgl. Jes 56,7]
Ihr aber habt es gemacht zu
einer Räuberhöhle.
[Jer 7,11]

[Lk 19,47–48: Regelmäßige Lehrtätigkeit Jesu im Tempel]

⁴⁷ Und er **lehrte** täglich im Heiligtum.
Die Hohenpriester aber und die Schriftgelehrten trachteten danach, ihn umzubringen, ebenso die Ersten des VOLKES. ⁴⁸ Und sie fanden nicht heraus, was sie machen könnten, denn das ganze VOLK hing an ihm und hörte auf ihn.

[Lk 20,1–8: Die Vollmachtsfrage]

¹ Und es geschah an einem der Tage, als er das VOLK im Heiligtum **lehrte** und (das Evangelium) verkündigte, da traten die Hohenpriester und die Schriftgelehrten mit den Ältesten hinzu ² und sagten zu ihm: Sag uns, in welcher *Vollmacht* tust du dies? Oder wer ist es, der dir diese *Vollmacht* gegeben hat?
³ Er antwortete aber und sagte zu ihnen: Auch ich werde euch eine Sache fragen, und ihr sollt mir sagen: ⁴ Die Taufe des Johannes, war sie vom Himmel oder von Menschen?
⁵ Sie aber überlegten bei sich selbst und sagten: Wenn wir sagen: Vom Himmel, wird er sagen: Warum habt ihr ihm nicht geglaubt? ⁶ Wenn wir aber sagen: Von Menschen, wird uns das ganze VOLK steinigen; denn es ist überzeugt, dass Johannes ein Prophet ist. ⁷ Und sie antworteten, sie wüssten nicht, woher.
⁸ Und Jesus sagte ihnen: Und ich sage euch nicht, in welcher *Vollmacht* ich dies tue.

[Lk 20,9–19: Das Gleichnis von den bösen Winzern]

⁹ Er begann aber, zu dem VOLK dieses Gleichnis zu sagen:
Ein Mensch pflanzte einen Weinberg und verpachtete ihn an Winzer und ging für lange Zeit außer Landes. ¹⁰ Und als es an der Zeit war,

SANDTE er zu den Winzern einen Sklaven, damit sie ihm von der Frucht des Weinbergs gäben. Doch die Winzer SANDTEN IHN, nachdem sie ihn GESCHLAGEN hatten, MIT LEEREN HÄNDEN FORT.

[11] Und er SCHICKTE noch einen anderen Sklaven. Doch auch jenen SCHLUGEN und entehrten sie und SANDTEN IHN MIT LEEREN HÄNDEN FORT.

[12] Und er SCHICKTE noch einen dritten. Doch sie verwundeten auch diesen und stießen ihn hinaus.

[13] Der *HERR DES WEINBERGS* aber sagte: Was soll ich tun? Ich werde meinen geliebten Sohn SCHICKEN; vielleicht werden sie diesen achten. [14] Doch als die Winzer ihn sahen, überlegten sie miteinander und sagten: Dieser ist der Erbe; lasst uns ihn töten, damit das Erbe unser werde. [15] Und sie stießen ihn aus dem Weinberg hinaus und töteten ihn.

Was nun wird der *HERR DES WEINBERGS* mit ihnen tun? [16] Er wird kommen und diese Winzer vernichten und den Weinberg anderen geben.

Als sie es aber hörten, sagten sie: Nur das nicht!

[17] Er aber sah sie an und sagte: Was bedeutet denn dieses Geschriebene:

,Der Stein, den die Bauleute verworfen haben,
dieser ist zum Eckstein geworden'?
[Ps 118,22]

[18] Jeder, der auf diesen Stein fällt, wird zerschmettert werden; auf wen er aber fällt, den wird er zermalmen.

[19] Und die Schriftgelehrten und die Hohenpriester suchten, in eben der Stunde Hand an ihn zu legen, doch fürchteten sie das VOLK, denn sie hatten verstanden, dass er mit Bezug auf sie dieses Gleichnis gesagt hatte.

[Lk 20,20–26: Die Frage nach der Steuer für den Kaiser]

[20] Und sie belauerten (ihn) und sandten Spitzel, die vorgaben, gerecht zu sein, damit sie ihn *bei einem Wort zu fassen bekämen*, so dass sie ihn der Obrigkeit und der Gewalt des Statthalters ausliefern könnten.

[21] Und sie fragten ihn und sagten: **Lehrer,** wir wissen, dass du recht redest und lehrst und nicht auf die Person achtest, sondern in Wahrheit den Weg GOTTES lehrst. [22] Ist es uns erlaubt, dem Kaiser Steuer zu geben oder nicht?

[23] Er bemerkte aber ihre List und sagte zu ihnen: [24] Zeigt mir einen Denar! Wessen Bild und Aufschrift hat er?

Sie aber sagten: Des Kaisers.

[25] Er aber sagte zu ihnen: Demnach gebt, was des Kaisers ist, dem Kaiser, und was GOTTES ist, GOTT.

[26] Und sie vermochten nicht, ihn *bei einem Wort zu fassen zu bekommen* vor dem VOLK, und wunderten sich über seine Antwort und schwiegen.

[Lk 20,27–40: Die Frage nach der Auferstehung]

²⁷ Es kamen aber einige der Sadduzäer herbei, die sagen, es gebe keine *Auferstehung*, und fragten ihn ²⁸ und sagten: **Lehrer**, Mose hat für uns aufgeschrieben:

Wenn jemandes Bruder stirbt,
der eine Frau hat und selbst kinderlos ist,
soll sein Bruder die Frau nehmen
und seinem Bruder Nachkommenschaft erwecken.
[vgl. Dtn 25,5]

²⁹ Nun waren sieben Brüder. Und der erste nahm eine Frau und starb kinderlos. ³⁰ Und der zweite ³¹ und der dritte nahm(en) sie, ebenso aber auch die Sieben; sie hinterließen keine Kinder und starben. ³² Zuletzt starb auch die Frau. ³³ Die Frau nun, wessen Frau wird sie bei der *Auferstehung*? Denn die Sieben haben sie zur Frau gehabt.

³⁴ Und Jesus sagte ihnen: Die SÖHNE dieser Welt heiraten und werden verheiratet; ³⁵ die aber, die für würdig gehalten sind, jene Welt zu erlangen und die *Auferstehung* von den Toten, heiraten nicht und werden nicht verheiratet. ³⁶ Denn sie können auch nicht mehr sterben. Denn sie sind engelgleich und sind GOTTES SÖHNE, weil sie SÖHNE der *Auferstehung* sind.

³⁷ Dass aber die Toten auferweckt werden, hat auch Mose beim Dornbusch angedeutet, als er den

HERRN
den GOTT Abrahams
und GOTT Isaaks
und GOTT Jakobs
[Ex 3,6]
nennt.

³⁸ GOTT aber ist nicht (ein Gott) der Toten, sondern der Lebenden; denn alle leben ihm.

³⁹ Einige der Schriftgelehrten aber antworteten und sagten: **Lehrer**, du hast gut geredet. ⁴⁰ Denn sie wagten nicht mehr, ihn etwas zu fragen.

[Lk 20,41–44: Zur Davidssohnschaft des Messias]

⁴¹ Er sagte aber zu ihnen: Wieso sagen sie, der Christus sei Davids Sohn? ⁴² Denn David selbst sagt im Buch der Psalmen:

Der *HERR* sagte meinem *HERRN*:
Setz dich zu meiner Rechten,
⁴³ bis ich deine Feinde hinlege
als Schemel für deine Füße.
[Ps 110,1]

⁴⁴ David nennt ihn also ‚*HERR*'. Und wie ist er sein *SOHN*?

[Lk 20,45–47: Warnung vor den Schriftgelehrten]

45 Als aber das ganze VOLK zuhörte, sagte er den Jüngern: 46 Hütet euch vor den Schriftgelehrten, die Gefallen daran haben, in Talaren umherzugehen, und Begrüßungen auf den Märkten und Ehrensitze in den Synagogen und Ehrenplätze bei den Mahlzeiten lieben; 47 die fressen die Häuser der *Witwen* und verrichten zum Schein lange *GEBETE*. Diese werden ein sehr hartes Urteil empfangen.

[Lk 21,1–4: Das Opfer der armen Witwe]

1 Er blickte aber auf und sah die Reichen, die ihre Gaben in den Opferkasten warfen. 2 Er sah aber eine mittellose *Witwe*, die dort zwei Lepta[a] einwarf. 3 Und er sagte: Wahrhaftig, ich sage euch: Diese arme *Witwe* hat mehr als alle eingeworfen. 4 Denn diese alle haben (etwas) aus ihrem Überfluss eingeworfen zu den Gaben, diese aber hat aus ihrem Mangel den ganzen Lebensunterhalt, den sie hatte, eingeworfen.

[Lk 21,5–36: Jesu Rede über die Endzeit]

5 Und als einige über das HEILIGTUM sagten, dass es mit schönen Steinen und Weihegeschenken geschmückt sei,

sagte er: 6 Diese Dinge, die ihr betrachtet – es werden Tage kommen, an denen kein Stein auf dem anderen gelassen wird, der nicht zertrümmert werden wird.

7 Sie fragten ihn aber und sagten: **Lehrer**, wann wird dies nun sein, und was ist das Zeichen, (das erkennen lässt,) wann dies geschehen wird?

8 Er aber sagte: Seht zu, dass ihr nicht in die Irre geführt werdet, denn viele werden in meinem Namen kommen und sagen: ‚Ich bin es‘, und: ‚Der Zeitpunkt ist nahe gekommen.‘ Lauft ihnen nicht nach!

9 Wenn ihr aber hört von Kriegen und Aufständen, erschreckt nicht. Denn dies muss zuerst geschehen; aber das Ende (kommt) nicht sofort.

10 Danach sagte er ihnen: Ein Volk wird sich gegen das andere erheben und ein Königreich gegen das andere, 11 und es werden große Erdbeben und an mancherlei Orten Hungersnöte und Seuchen sein, und Schrecknisse wird es geben und vom Himmel her große Zeichen.

12 Vor all diesem aber werden sie Hand an euch legen und (euch) verfolgen, wobei sie (euch) den Synagogen und Gefängnissen AUSLIEFERN (und ihr) vor Könige und Statthalter geführt werdet um *meines Namens* willen. 13 Es wird für euch ausgehen zu einem Zeugnis.

14 Nehmt es euch nun zu Herzen, euch nicht vorher darum zu sorgen, euch zu verteidigen. 15 Denn ich werde euch Mund und Weisheit geben, der alle eure Widersacher nicht werden widerstehen oder widersprechen können.

---

a Vgl. zu Mt 20,2.

^{16} Ihr werdet aber AUSGELIEFERT werden auch von Eltern und Brüdern und Verwandten und Freunden; und sie werden (einige) von euch töten. ^{17} Und ihr werdet gehasst sein von allen um *meines Namens* willen. ^{18} Und kein Haar von eurem Kopf wird verlorengehen. ^{19} In eurer Geduld werdet ihr euer Leben gewinnen.

^{20} Wenn ihr aber Jerusalem von Heeren umzingelt seht, dann erkennt, dass ihre (Jerusalems) Verwüstung nahe gekommen ist. ^{21} Dann sollen die in Judäa in die Berge fliehen, und die in ihr sollen entweichen, und die auf dem Lande sollen nicht in sie hineingehen. ^{22} Denn das sind Tage der Rache, damit all das Geschriebene erfüllt werde.

^{23} Wehe den Schwangeren und den Stillenden in jenen Tagen! Denn es wird große Not sein auf der Erde und Zorn für dieses VOLK, ^{24} und sie werden fallen durch die Schneide des Schwertes und gefangen weggeführt werden zu allen *HEIDEN*, und Jerusalem wird von *HEIDEN* zertreten werden, bis die Zeiten der *HEIDEN* vollendet sind.

^{25} Und es werden Zeichen an Sonne und Mond und Sternen sein und auf der Erde Angst unter den *HEIDEN* angesichts der Ratlosigkeit vor dem Brausen und Wogen des Meeres, ^{26} da die Menschen vergehen vor Furcht und Erwartung der Dinge, die über den ganzen Erdkreis kommen, denn

die Kräfte der Himmel
[Jes 34,4]

werden erschüttert werden.

^{27} Und dann werden sie sehen

den MENSCHENSOHN kommen in einer Wolke
[Dan 7,13–14]

mit Kraft und großer Herrlichkeit. ^{28} Wenn aber dies zu geschehen beginnt, richtet euch auf und erhebt eure Häupter, da eure Erlösung naht.

^{29} Und er sagte ihnen ein Gleichnis: Seht den Feigenbaum und alle Bäume an! ^{30} Wenn sie schon ausschlagen (und) ihr es seht, wisst ihr von selbst, dass der Sommer schon nahe ist. ^{31} So auch ihr: Wenn ihr dies geschehen seht, wisst, dass die KÖNIGSHERRSCHAFT GOTTES nahe ist.

^{32} Amen, ich sage euch: Diese Generation wird nicht *vergehen*, bis alles geschieht. ^{33} Der Himmel und die Erde werden *vergehen*, meine Worte aber werden nicht *vergehen*.

^{34} Hütet euch aber, dass eure Herzen nicht belastet werden mit Rausch und Saufen und alltäglichen Sorgen und (dass) jener Tag (nicht) plötzlich über euch komme ^{35} wie ein Fallstrick; denn er wird über alle kommen, die auf der Oberfläche der ganzen Erde wohnen. ^{36} Seid aber zu jedem Zeitpunkt wach und *BETET*, dass ihr in der Lage seid, all diesem zu entfliehen, was geschehen wird, und vor dem MENSCHENSOHN zu bestehen.

[Lk 21,37–38: Jesu Lehrtätigkeit im Tempel]

[37] Tagsüber aber war er im HEILIGTUM und **lehrte**; nachts aber ging er hinaus und übernachtete auf dem sogenannten Ölberg.

[38] Und das ganze VOLK machte sich früh auf zu ihm, um ihn im HEILIGTUM zu hören.

[Lukas 22,1–24,52: Passion, Auferstehung und Himmelfahrt Jesu]

[Lk 22,1–6: Der Tötungsplan der jüdischen Oberen
und die Kontaktaufnahme des Judas mit ihnen]

[1] Es nahte aber das Fest der Ungesäuerten (Brote), das Passah heißt.

[2] Und die Hohenpriester und die Schriftgelehrten suchten, wie sie ihn beseitigen könnten; denn sie fürchteten das VOLK.

[3] Es fuhr aber Satan in Judas hinein, der Iskariot genannt wurde (und) aus der Zahl der Zwölf war. [4] Und er ging weg und redete mit den Hohenpriestern und Hauptleuten, wie er ihn an sie AUSLIEFERN könne.

[5] Und sie freuten sich und vereinbarten, ihm Geld zu geben.

[6] Und er stimmte zu und suchte eine günstige Gelegenheit, ihn abseits von der *VOLKSMENGE* an sie AUSZULIEFERN.

[Lk 22,7–23: Vorbereitung des Passahmahls;
Abendmahl; Weissagung der Auslieferung]

[7] Es kam aber der Tag der Ungesäuerten (Brote), an dem das Passah(lamm) geschlachtet werden musste.

[8] Und er sandte Petrus und Johannes und sagte: Geht hin und bereitet uns das Passah(lamm) zu, damit wir es essen.

[9] Sie aber sagten ihm: Wo, willst du, sollen wir es zubereiten?

[10] Er aber sagte ihnen: Siehe, wenn ihr in die Stadt hineinkommt, wird euch ein Mensch begegnen, der einen Krug mit Wasser trägt. Folgt ihm in das Haus, in das er hineingeht; [11] und ihr werdet dem Hausherrn sagen: ‚Der Lehrer lässt dir sagen: Wo ist der Raum, wo ich das Passah(lamm) mit meinen Jüngern essen kann?‘ [12] Und jener wird euch ein großes, ausgepolstertes Oberzimmer zeigen. Dort bereitet es zu.

[13] Sie gingen aber hin und fanden es, wie er ihnen gesagt hatte, und bereiteten das Passahlamm zu.

[14] Und als die Stunde kam, legte er sich zu Tisch und die Apostel mit ihm. [15] Und er sagte zu ihnen: Mich hat stark danach verlangt, dieses Passah(lamm) mit euch zu es-

sen, bevor ich leide. ¹⁶ Denn ich sage euch: Ich werde es nicht (mehr) essen, bis es sich erfüllt in der KÖNIGSHERRSCHAFT GOTTES.

¹⁷ Und er nahm einen *Becher*, dankte und sagte: Nehmt diesen und teilt ihn unter euch. ¹⁸ Denn ich sage euch: Ich werde von jetzt an nicht (mehr) von dem Gewächs des Weinstocks trinken, bis die KÖNIGSHERRSCHAFT GOTTES kommt.

¹⁹ Und er nahm Brot, dankte und brach es und gab es ihnen, indem er sagte: Dies ist mein Leib, der für euch gegeben wird; dies tut zur Erinnerung an mich.

²⁰ Und den *Becher* ebenso, nach dem Mahl, indem er sagte: Dieser *Becher* (ist) der neue Bund in meinem Blut – das (Blut), das für euch vergossen wird.

²¹ Doch siehe, die Hand dessen, der mich AUSLIEFERT, (ist) mit mir am Tisch. ²² Denn der MENSCHENSOHN geht zwar (seinen Weg), wie es bestimmt ist; doch wehe jenem Menschen, durch den er AUSGELIEFERT wird!

²³ Und sie fingen an, miteinander zu disputieren, wer von ihnen es wohl sei, der dies tun werde.

[Lk 22,24–38: Gespräche mit den Jüngern]

²⁴ Es entstand aber auch ein Streit unter ihnen, wer von ihnen als der Größte gelte.

²⁵ Er aber sagte ihnen: Die Könige der Völker herrschen über sie, und die über sie Macht Ausübenden lassen sich Wohltäter nennen. ²⁶ Ihr aber nicht so! Sondern der Größte bei euch werde wie der Jüngste, und der Herrschende wie der *Dienende*. ²⁷ Denn wer ist größer: der zu Tisch Liegende oder der *Dienende*? Nicht der zu Tisch Liegende? Ich aber bin in eurer Mitte wie der *Dienende*.

²⁸ Ihr aber seid die, die bei mir ausgeharrt haben in meinen Versuchungen. ²⁹ Und ich vermache euch, wie sie mir mein Vater vermacht hat, KÖNIGSHERRSCHAFT, ³⁰ dass ihr esst und trinkt an meinem Tisch in meiner KÖNIGSHERRSCHAFT, und ihr werdet auf Thronen sitzen und die zwölf Stämme Israels richten.

³¹ Simon, Simon, siehe, der Satan hat sich euch ausgebeten, (euch) zu sieben wie den Weizen. ³² Ich aber habe für dich *GEBETET*, dass dein Glaube nicht aufhöre. Und (so) sollst du, wenn du dich dereinst bekehrt hast, deine Brüder stärken.

³³ Er aber sagte ihm: *HERR*, mit dir bin ich bereit, auch ins Gefängnis und in den Tod zu gehen.

³⁴ Er aber sagte: Ich sage dir, Petrus, (der) Hahn wird heute nicht krähen, bis du dreimal geleugnet hast, mich zu kennen.

³⁵ Und er sagte ihnen: Als ich euch ausgesandt habe ohne Geldbeutel und Tasche und Sandalen, habt ihr da etwa irgendetwas entbehrt?

Sie aber sagten: Nichts.

³⁶ Er aber sagte ihnen: Aber jetzt: Wer einen Geldbeutel hat, nehme ihn, ebenso auch eine Tasche, und wer nicht hat, verkaufe sein Obergewand und kaufe ein Schwert! ³⁷ Denn ich sage euch: Dieses Geschriebene muss an mir *vollendet* werden, nämlich:

Und zu den Gesetzlosen wurde er gerechnet.
[Jes 53,12]

Denn was mich betrifft, hat eine *Vollendung*.
[38] Sie aber sagten: *HERR*, siehe, hier (sind) zwei **Schwerter**.
Er aber sagte ihnen: Es ist genug.

[Lk 22,39–46: Jesus am Ölberg]

[39] Und er ging hinaus und ging nach Gewohnheit an den Ölberg. Es folgten ihm aber auch die Jünger. [40] Als er aber an den Ort kam, sagte er ihnen: *BETET, NICHT IN VERSUCHUNG ZU KOMMEN!*

[41] Und er entfernte sich von ihnen, etwa einen Steinwurf weit, und kniete nieder und *BETETE*, [42] indem er sagte: Vater, wenn du willst, nimm diesen Becher von mir. Doch nicht mein Wille, sondern deiner geschehe![a]

[45] Und er stand auf von dem *GEBET*, kam zu den Jüngern und fand sie schlafend vor Kummer. [46] Und er sagte ihnen: Was schlaft ihr? Steht auf und *BETET*, damit ihr *NICHT IN VERSUCHUNG KOMMT!*

[Lk 22,47–53: Die Auslieferung Jesu durch Judas]

[47] Als er noch redete, siehe, eine *VOLKSMENGE*; und der, der Judas hieß, einer von den Zwölfen, ging vor ihnen her und näherte sich Jesus, um ihn zu küssen.

[48] Jesus aber sagte ihm: Judas, mit einem Kuss LIEFERST du den MENSCHENSOHN AUS?

[49] Als aber die um ihn herum sahen, was geschehen werde, sagten sie: *HERR*, sollen wir mit dem **Schwert** zuschlagen?

[50] Und einer von ihnen schlug den Sklaven des Hohenpriesters und hieb sein rechtes Ohr ab.

[51] Jesus aber antwortete und sagte: Lasst, nicht weiter! Und er berührte das Ohr und heilte ihn.

[52] Jesus aber sagte zu den zu ihm gekommenen Hohenpriestern und Hauptleuten des HEILIGTUMS und Ältesten: Wie gegen einen Räuber seid ihr ausgezogen mit Schwertern und Stöcken. [53] Als ich täglich bei euch im HEILIGTUM war, habt ihr nicht Hand an mich gelegt. Aber dies ist eure Stunde und die Macht der Finsternis.

[Lk 22,54–62: Die dreifache Verleugnung des Petrus]

[54] Sie ergriffen ihn aber und führten ihn ab und führten ihn hinein in das Haus des Hohenpriesters.

---

a Das Stück Lk 22,43–44, das wahrscheinlich nicht zum ursprünglichen Text gehört, lautet: [43] Es erschien ihm aber ein Engel vom Himmel und stärkte ihn. [44] Und er geriet in Angst und betete heftiger. Und sein Schweiß wurde wie Blutstropfen, die auf die Erde fielen.

Petrus aber folgte von ferne. [55] Als sie aber mitten im Hof ein Feuer angezündet und sich zusammengesetzt hatten, setzte Petrus sich mitten unter sie.

[56] Es sah ihn aber eine Magd bei dem Feuer sitzen und betrachtete ihn genau und sagte: Auch dieser war bei ihm.

[57] Er aber leugnete und sagte: Ich kenne ihn nicht, Frau.

[58] Und kurz danach sah ihn ein anderer und sagte: Auch du bist von denen.

Petrus aber sagte: Mensch, ich bin es nicht.

[59] Und als etwa eine Stunde vergangen war, behauptete es ein anderer und sagte: Wahrhaftig, auch dieser war mit ihm; denn auch er ist GALILÄER.

[60] Petrus aber sagte: Mensch, ich weiß nicht, was du sagst.

Und sofort, während er noch redete, krähte ein Hahn.

[61] Und der HERR wandte sich um und sah Petrus an.

Und Petrus erinnerte sich an das Wort des HERRN, wie er zu ihm gesagt hatte: Ehe heute der Hahn kräht, wirst du mich dreimal verleugnen.

[62] Und er ging hinaus nach draußen und weinte bitterlich.

[Lk 22,63–65: Verspottung und Misshandlung Jesu]

[63] Und die Männer, die ihn gefangen hielten, verspotteten und prügelten ihn, [64] und sie verhüllten ihn und fragten: Weissage, wer ist es, der dich geschlagen hat?

[65] Und viele andere Dinge sagten sie lästernd gegen ihn.

[Lk 22,66–71: Jesus vor dem Hohen Rat]

[66] Und als es Tag wurde, versammelte sich der Ältestenrat des VOLKES, Hohepriester und Schriftgelehrte, und sie führten ihn vor ihren Hohen Rat [67] und sagten: Wenn du der Christus bist, sag es uns!

Er sagte aber zu ihnen: Wenn ich es euch sagte, würdet ihr nicht glauben; [68] wenn ich aber fragte, würdet ihr nicht antworten. [69] Doch von jetzt an wird der MENSCHEN-SOHN zur Rechten der Kraft GOTTES sitzen.

[70] Alle aber sagten: Bist du nun der Sohn GOTTES?

Er aber sagte zu ihnen: Ihr sagt es, ich bin es.

[71] Sie aber sagten: Was brauchen wir noch eine Zeugenaussage? Denn wir selbst haben es aus seinem Mund gehört.

[Lk 23,1–25: Jesus vor Pilatus und Herodes Antipas]

[1] Und ihre ganze Versammlung stand auf, und sie führten ihn zu Pilatus. [2] Sie fingen aber an, ihn zu beschuldigen, und sagten: Wir haben gefunden, dass dieser unser Volk aufhetzt und verhindert, dem Kaiser Steuern zu zahlen, und sagt, er sei Christus, ein **KÖNIG**.

³ Pilatus aber fragte ihn und sagte: Bist du *DER KÖNIG DER JUDEN?*
Er aber antwortete ihm und sagte: Du sagst es.

⁴ Pilatus aber sagte zu den Hohenpriestern und zu den VOLKSMENGEN: ICH FINDE KEINE SCHULD AN DIESEM MENSCHEN.

⁵ Sie aber erklärten noch dringlicher: Er wiegelt das VOLK auf und lehrt in ganz Judäa, und zwar angefangen von GALILÄA bis hierher.

⁶ Als aber Pilatus es hörte, fragte er, ob der Mensch GALILÄER sei. ⁷ Und als er erfuhr, dass er aus dem Herrschaftsbereich des Herodes sei, schickte er ihn zu Herodes hinauf, der in diesen Tagen auch in Jerusalem war.

⁸ Herodes aber, als er Jesus sah, freute sich sehr; denn er wollte ihn schon seit geraumer Zeit sehen, weil er von ihm gehört hatte, und hoffte, irgendein Zeichen zu sehen, das von ihm vollbracht würde. ⁹ Er befragte ihn aber mit zahlreichen Worten.
Er aber antwortete ihm nichts.

¹⁰ Die Hohenpriester aber und die Schriftgelehrten standen dabei und beschuldigten ihn heftig.

¹¹ Herodesᵃ aber behandelte ihn mit seinen Soldaten verächtlich und verspottete ihn, indem er ihm ein glänzendes Gewand umhängte, und schickte ihn zu Pilatus zurück.

¹² An eben dem Tag aber wurden Herodes und Pilatus Freunde; vorher standen sie nämlich in Feindschaft gegeneinander.

¹³ Pilatus aber rief die Hohenpriester und die Oberen und das VOLK zusammen ¹⁴ und sagte zu ihnen: Ihr habt diesen Menschen zu mir gebracht als einen, der das VOLK aufhetzt; und siehe, ich habe ihn vor euch verhört und KEINE SCHULD AN DIESEM MENSCHEN GEFUNDEN (im Hinblick auf das,) um dessentwillen ihr ihn beschuldigt; ¹⁵ aber auch Herodes nicht, denn er hat ihn zu uns zurückgeschickt. Und siehe, nichts Todeswürdiges ist von ihm getan worden. ¹⁶ **Ich werde ihn nun züchtigen und freilassen.**ᵇ

¹⁸ Sie schrien aber alle miteinander: Hinweg mit diesem, gib uns aber Barabbas los!

¹⁹ Der war *wegen eines Aufruhrs*, der in der Stadt geschehen war, *und wegen eines Mordes ins Gefängnis geworfen worden.*

²⁰ Wiederum aber redete Pilatus auf sie ein, weil er Jesus freilassen wollte.

²¹ Sie aber riefen (immerfort) aus: Kreuzige, kreuzige ihn!

²² Er aber sagte zum dritten Mal zu ihnen: Was hat dieser denn Böses getan? ICH HABE KEINE TODESSCHULD AN IHM GEFUNDEN. **Ich werde ihn nun züchtigen und freilassen.**

²³ Sie aber bedrängten (ihn) mit lauten Schreien und forderten, dass er gekreuzigt werde. Und ihre Schreie drangen durch.

---

a Nach anderen Textzeugen: „Auch Herodes".
b Lk 23,17 („Er musste ihnen aber an jedem Fest einen freilassen") gehört nicht zum ursprünglichen Text; vgl. Mt 27,15.

²⁴ Und Pilatus entschied, dass ihre Forderung erfüllt werde. ²⁵ Er ließ aber den *wegen Aufruhrs und Mordes ins Gefängnis Geworfenen* frei, den sie forderten; Jesus aber gab er ihrem Willen preis.

[Lk 23,26–32: Jesu Weg zur Hinrichtungsstätte]

²⁶ Und als sie ihn abführten, ergriffen sie einen gewissen Simon, einen Kyrenäer, der (gerade) vom Acker kam, und legten ihm das Kreuz auf, es Jesus hinterher zu tragen.

²⁷ Es folgte ihm aber eine große Schar aus dem VOLK und (eine Schar) von Frauen, die sich an die Brust schlugen und ihn beklagten.

²⁸ Jesus aber wandte sich zu ihnen um und sagte: Töchter von Jerusalem, weint nicht über mich. Doch über euch selber weint und über eure Kinder! ²⁹ Denn siehe, es kommen Tage, an denen sie sagen werden:

Selig die Unfruchtbaren
und die Bäuche, die nicht geboren haben,
und Brüste, die nicht genährt haben!

³⁰ Dann werden sie anfangen,

den Bergen zu sagen:
Fallt auf uns!,
und zu den Hügeln:
Bedeckt uns!
[Hos 10,8]

³¹ Denn wenn sie dies am frischen Holz tun, was wird am dürren werden?

³² Es wurden aber auch zwei andere *Übeltäter* hingeführt, um mit ihm hingerichtet zu werden.

[Lk 23,33–49: Jesu Kreuzigung und Tod]

³³ Und als sie an den Ort kamen, der ‚Schädel' heißt, kreuzigten sie dort ihn und die *Übeltäter*, den einen zur Rechten, den anderen zur Linken.

³⁴ᵃ Jesus aber sagte: Vater, vergib ihnen; denn sie wissen nicht, was sie tun.ᵃ

³⁴ᵇ Als sie aber seine Kleider verteilten,
warfen sie Lose.
[Ps 22,19]

³⁵ Und das VOLK stand da und sah zu.

Es höhnten aber auch die Obersten und sagten: Andere hat er gerettet; ER RETTE SICH SELBER, wenn er denn der Christus GOTTES ist, der Auserwählte.

---

a Vers 34a (vgl. Apg 7,60) fehlt in einigen der wichtigsten Handschriften; ob er zum ursprünglichen Text gehört, ist unsicher.

³⁶ Doch auch die Soldaten verspotteten ihn, indem sie herbeikamen, ihm Essig herbeibrachten ³⁷ und sagten: Wenn du *DER KÖNIG DER JUDEN* bist, *RETTE DICH SELBER*!

³⁸ Es war aber auch eine Aufschrift über ihm: *DER KÖNIG DER JUDEN* (ist) dieser.

³⁹ Einer der aufgehängten *Übeltäter* aber lästerte ihn, indem er sagte: Bist du nicht der Christus? *RETTE DICH SELBER* und uns!

⁴⁰ Der andere aber antwortete, wies ihn zurecht und sagte: Nicht einmal du fürchtest GOTT, da du (doch) unter demselben Urteil stehst? ⁴¹ Und wir zu Recht, denn wir empfangen, was unseren Taten entspricht; dieser aber hat nichts Unstatthaftes getan.

⁴² Und er sagte: Jesus, erinnere dich an mich, wenn du in dein KÖNIGREICH kommst!

⁴³ Und er sagte ihm: Amen, ich sage dir: Heute wirst du mit mir im Paradies sein.

⁴⁴ Und es war schon um die sechste Stunde^a, und eine Finsternis kam über die ganze Erde bis zur neunten Stunde, ⁴⁵ wobei die Sonne erlosch.

Der Vorhang im Tempel aber riss mittendurch.

⁴⁶ Und Jesus rief mit lauter Stimme und sagte: Vater,

in deine Hände lege ich meinen Geist!

[Ps 31,6]

Als er dies aber gesagt hatte, hauchte er (sein Leben) aus.

⁴⁷ Als aber der Hauptmann sah, was da geschah, pries er GOTT und sagte: Dieser Mensch war wirklich ein **Gerechter.**

⁴⁸ Und als alle *VOLKSMENGEN*, die zu diesem Schauspiel zusammengekommen waren, die Geschehnisse sahen, schlugen sie sich an die Brust und kehrten zurück.

⁴⁹ Es standen aber alle seine Bekannten in der Ferne, auch Frauen, die ihm aus Galiläa gefolgt waren und dies (nun) sahen.

[Lk 23,50–56: Das Begräbnis Jesu]

⁵⁰ Und siehe, (da war) ein Mann namens Joseph, ein Ratsherr, der ein guter und **gerechter** Mann war – ⁵¹ dieser hatte ihren Beschluss und ihr Handeln nicht gebilligt – aus Arimathäa, einer Stadt der Juden, der auf die KÖNIGSHERRSCHAFT GOTTES wartete. ⁵² Dieser ging zu Pilatus und bat um den Leib Jesu, ⁵³ und er nahm ihn herunter, wickelte ihn in ein Leinentuch und legte ihn in ein (in den Felsen) gehauenes Grab, wo noch nie jemand gelegen hatte.

⁵⁴ Und es war Rüsttag, und der Sabbat war im Begriff anzubrechen.

⁵⁵ Die Frauen aber, die mit ihm aus Galiläa gekommen waren, gingen hinterher und betrachteten das Grab und wie sein Leib hineingelegt wurde. ⁵⁶ Nachdem sie

---

a Ca. 12 Uhr.

aber zurückgekehrt waren, bereiteten sie Spezereien und Salben zu. Und den Sabbat über ruhten sie nach dem Gebot.

[Lk 24,1–12: Die Verkündigung der Auferstehung Jesu im leeren Grab]

¹ Am ersten (Tag) der Woche aber kamen sie sehr früh zum Grab und brachten die Spezereien, die sie zubereitet hatten. ² Sie fanden aber den Stein weggewälzt vom Grab. ³ Als sie aber hineingingen, fanden sie den Leib des Herrn Jesus nicht.

⁴ Und es geschah, als sie darüber ratlos waren, siehe, da traten zwei Männer mit glänzendem Gewand zu ihnen.

⁵ Als sie aber in Furcht gerieten und die Gesichter zur Erde neigten, sagten sie zu ihnen: Was sucht ihr den Lebenden bei den Toten? ⁶ Er ist nicht hier, sondern er wurde auferweckt. ERINNERT euch daran, wie er zu euch geredet hat, als er noch in GALILÄA war ⁷ und sagte: Der MENSCHENSOHN muss in die Hände sündiger Menschen ausgeliefert und gekreuzigt werden und am dritten Tage auferstehen.

⁸ Und sie ERINNERTEN sich an seine Worte.

⁹ Und sie kehrten vom Grab zurück und berichteten dies alles den Elf und allen übrigen.

¹⁰ Es waren aber die Magdalenerin Maria und Johanna und Maria, die des Jakobus, und die übrigen mit ihnen; sie sagten dies zu den Aposteln.

¹¹ Und ihnen erschienen diese Worte wie Geschwätz, und sie glaubten ihnen nicht.

¹² Petrus aber stand auf und lief zum Grab; und er beugt sich vor und sieht nur die Leinenbinden. Und er ging heim und wunderte sich über das Geschehene.

[Lk 24,13–35: Die Erscheinung des Auferstandenen
vor zwei Jüngern auf dem Weg nach Emmaus]

[24,13–16: Exposition]

¹³ Und siehe, zwei von ihnen gingen an eben dem Tag in ein Dorf, sechzig Stadien[a] von Jerusalem entfernt; dessen Name ist Emmaus. ¹⁴ Und sie unterhielten sich miteinander über alle diese Begebenheiten. ¹⁵ Und es geschah, als sie sich unterhielten und besprachen, da näherte sich Jesus selbst und ging mit ihnen. ¹⁶ *Ihre Augen aber wurden* gehindert, *so dass sie ihn nicht* **erkannten**.

[24,17–27: Weggespräch]

¹⁷ Er aber sagte zu ihnen: Was sind dies für Reden, die ihr unterwegs miteinander wechselt?

---

a Etwa 11 Kilometer.

Und sie blieben mit trübem Blick stehen. [18] Einer (von ihnen) aber, namens Kleopas, antwortete und sagte zu ihm: Weilst du (einsam und) allein in Jerusalem, dass du nicht weißt, was dort in diesen Tagen geschehen ist?

[19] Und er sagte ihnen: Was denn?

Sie aber sagten ihm: Das mit Jesus, dem Nazarener, der ein Prophet war, mächtig in Tat und Wort vor GOTT und allem VOLK; [20] und wie ihn unsere Hohenpriester und Oberen zur Todesstrafe ausgeliefert und ihn gekreuzigt haben. [21] Wir aber hofften, dass er es sei, der Israel erlösen werde. Aber mit all diesem verbringt er nun auch diesen dritten Tag (im Grab), seitdem dies geschehen ist. [22] Aber auch einige Frauen von uns haben uns erschreckt, die in der Frühe beim Grab waren [23] und, als sie seinen Leib nicht fanden, kamen und sagten, sie hätten gar eine Erscheinung von Engeln gesehen, die sagten, dass er lebe. [24] Und einige von denen bei uns gingen hin zum Grab und fanden es so, wie die Frauen auch gesagt hatten, ihn aber sahen sie nicht.

[25] Und er sagte zu ihnen: O ihr Unständigen und im Herzen (zu) Schwerfälligen, um an alles zu glauben, was die *PROPHETEN* geredet haben! [26] Musste nicht der *CHRISTUS* dies LEIDEN und in seine Herrlichkeit hineingehen?

[27] Und anfangend bei *MOSE* und bei allen *PROPHETEN*, legte er ihnen in allen *SCHRIFTEN* das aus, was über ihn (gesagt war).

[24,28–32: Mahlszene]

[28] Und sie näherten sich dem Dorf, wohin sie wanderten. Und er stellte sich, als wollte er weitergehen.

[29] Und sie nötigten ihn und sagten: Bleib bei uns; denn es geht dem Abend zu, und der Tag hat sich schon geneigt.

Und er ging hinein, bei ihnen zu bleiben.

[30] Und es geschah, als er mit ihnen zu Tisch lag, da nahm er das Brot, sprach den Segen, brach es und gab es ihnen.

[31] *Ihre Augen aber wurden* geöffnet, *und sie* **erkannten** *ihn.*

Und er verschwand von ihnen.

[32] Und sie sagten zueinander: Brannte nicht unser Herz, als er mit uns auf dem Weg redete, als er uns die *SCHRIFTEN* öffnete?

[24,33–35: Rückkehr von Emmaus nach Jerusalem]

[33] Und sie standen in eben der Stunde auf, kehrten zurück nach Jerusalem und fanden die Elf versammelt und die bei ihnen waren; [34] die sagten:

Der Herr wurde wirklich auferweckt
und erschien Simon.

[35] Und sie erzählten, was auf dem Weg (geschehen war) und wie er beim Brechen des Brotes von ihnen **erkannt** wurde.

[Lk 24,36–53: Jesu Erscheinung vor den Jüngern]

³⁶ Als sie aber davon redeten, trat er selbst in ihre Mitte und sagt ihnen: Friede (sei mit) euch!

³⁷ Sie erschraken aber und gerieten in Furcht und meinten, einen *Geist* zu sehen.

³⁸ Und er sagte ihnen: Was seid ihr verwirrt, und warum steigen Gedanken (des Zweifels) in eurem Herzen auf? ³⁹ Seht meine Hände und meine Füße, dass ich es selber bin. Fasst mich an und seht; denn ein *Geist* hat nicht Fleisch und Knochen, wie ihr seht, dass ich sie habe.

⁴⁰ Und als er dies gesagt hatte, zeigte er ihnen die Hände und die Füße.

⁴¹ Da sie aber vor **Freude** noch nicht glaubten und sich wunderten, sagte er ihnen: Habt ihr etwas Essbares hier?

⁴² Sie aber legten ihm ein Stück gebratenen Fisch vor.

⁴³ Und er nahm es und aß vor ihnen.

⁴⁴ Er sagte aber zu ihnen: Dies sind meine Worte, die ich zu euch geredet habe, als ich noch bei euch war: Es muss alles erfüllt werden, was von mir geschrieben ist im Gesetz des *Mose* und den *Propheten* und den Psalmen.

⁴⁵ Da öffnete er ihnen den Sinn zum Verständnis der *Schriften*, ⁴⁶ und er sagte ihnen: So ist es geschrieben,

> dass der Christus leidet
> und von den Toten aufersteht am dritten Tag

⁴⁷ und dass verkündigt wird in seinem Namen Umkehr zur Vergebung der Sünden unter allen Völkern, angefangen in Jerusalem. ⁴⁸ Ihr seid dafür Zeugen. ⁴⁹ Und siehe, ich schicke die Verheißung meines Vaters auf euch. Ihr aber sollt in der Stadt bleiben, bis ihr ausgerüstet seid mit Kraft aus der Höhe.

⁵⁰ Er führte sie aber bis nach Bethanien hinaus und hob seine Hände und segnete sie. ⁵¹ Und es geschah, als er sie segnete, entschwand er von ihnen und wurde hinaufgetragen in den Himmel.

⁵² Und sie huldigten ihm und kehrten mit großer **Freude** nach Jerusalem zurück ⁵³ und waren ständig im Heiligtum und priesen Gott.

4. Das Evangelium nach Johannes

Das Johannesevangelium ist nicht aus einem Guss. Kap. 15–17 und Kap. 21 geben sich deutlich als Nachträge zu erkennen. Dabei ist den Unterschieden, die zwischen den in Kap. 15–17 enthaltenen Einzelabschnitten bestehen, zu entnehmen, dass die Bearbeitung in mehreren Etappen vor sich ging. Ferner haben die Bearbeiter (vgl. das „wir" in 21,24) den Text vermutlich auch an anderen Stellen erweitert. Im Verdacht, ebenfalls später hinzugefügt zu sein, stehen z. B. Joh 3,31–36; 5,28 f; 6,51c–58 und 12,44–50.

Die Frage, ob der Verfasser des Grundstocks des Johannesevangeliums eines bzw. mehrere der synoptischen Evangelien kannte, ist umstritten. Falls nicht, spricht viel dafür, dass er seinem Werk eine schriftliche Quelle, die vor allem von Wundern Jesu erzählte, sowie einen eigenständigen Passionsbericht einverleibt hat, der den Grundbestand von Joh 2,13–19; 11,47–13,38 und 18–20 umfasste.

Auch wenn man annimmt, der Evangelist sei von den Synoptikern unabhängig, wird man sein Werk für jünger als zumindest das Markusevangelium halten. Die meisten Exegeten gehen davon aus, dass es zwischen 90 und 110 n.Chr. entstanden ist. Gemäß dem Zeugnis der Kirchenväter gehört es nach Kleinasien (Ephesus); werkimmanente Gesichtspunkte deuten eher auf den syrischen Raum hin.

Laut Joh 21,20–24 stammt das 4. Evangelium von einem unmittelbaren Nachfolger Jesu, dem „Jünger, den Jesus liebte" (vgl. 13,23–25; 19,26 f; 20,2–8; 21,7). Diese Behauptung trifft sicher nicht zu. In der Alten Kirche hat sich die Auffassung durchgesetzt, dass der Jünger, den Jesus liebte, mit Johannes, dem Sohn des Zebedäus (vgl. Mk 3,17; Joh 21,2), identisch sei. Im Text des Evangeliums bleibt der Lieblingsjünger jedoch anonym.

Anders als der Jesus der Synoptiker redet der johanneische Jesus vor allem von sich selbst. Seine Worte kreisen dabei immer um ein und denselben Gedanken: dass er der von Gott in die Welt gesandte Sohn ist und dass das Heil des Menschen davon abhängt, ob er diesen Anspruch anerkennt oder nicht. Beugt er sich ihm, ist er bereits jetzt im Besitz des ewigen Lebens (vgl. 5,24; 6,47; 8,51; 11,25 f).

[Johannes 1,1–18:
Prolog]

[1] Im Anfang war der Logos[a],
und der Logos war bei GOTT,
und GOTT war (er,) der Logos.
[2] Dieser war im Anfang bei GOTT.
[3] Alles wurde durch ihn,
und ohne ihn wurde auch nicht eines, das geworden ist.
[4] In ihm war Leben,
und das Leben war das LICHT der Menschen.
[5] Und das LICHT scheint in der Finsternis,
und die Finsternis hat es nicht ergriffen.

[6] Es trat ein Mensch auf, gesandt von GOTT, sein Name: Johannes. [7] Dieser kam zum *Zeugnis*, damit er *Zeugnis ablege* von dem LICHT, damit alle **zum Glauben kämen** durch ihn. [8] Nicht war jener (selbst) das LICHT, sondern (er kam,) damit er *Zeugnis ablege* von dem LICHT.

[9] Er war das wahre LICHT,
das jeden Menschen erleuchtet,
der in die WELT kommt[b].
[10] In der WELT war er,
und die WELT wurde durch ihn,
und die WELT erkannte ihn nicht.
[11] In das Seine[c] kam er,
und die Seinen nahmen ihn nicht an.
[12] Alle aber, die ihn aufnahmen,
denen gab er Macht,
Kinder GOTTES zu werden,
den an seinen Namen **Glaubenden**,
[13] die   nicht aus Blut[d]
            noch aus Fleischeswillen,
            noch aus Manneswillen,
            sondern aus GOTT gezeugt worden sind.

[14] Und der Logos wurde Fleisch
und wohnte unter uns,
und wir schauten seine Herrlichkeit,
eine Herrlichkeit wie (die des) Einziggezeugten beim Vater,
voll Gnade und Wahrheit.

---

a D.h.: „das Wort".
b Oder: „indem es in die Welt kommt".

c Plural.
d Plural.

[15] Johannes *legt Zeugnis ab* von ihm und hat gerufen: Dieser war es, von dem ich gesagt habe: Der nach mir Kommende ist mir voraus, denn er war eher als ich.

[16] Denn aus seiner Fülle .
haben wir alle empfangen,
und (zwar) Gnade um Gnade.

[17] Denn das Gesetz wurde durch Mose gegeben,
die Gnade und die Wahrheit wurde(n) durch Jesus Christus.

[18] GOTT hat niemand jemals gesehen;
der einziggezeugte GOTT, der im Schoß des Vaters ist, jener hat Kunde gebracht.

[Johannes 1,19–12,50:
Das öffentliche Wirken Jesu]

[Joh 1,19–34: Das Zeugnis des Johannes]

[19] Und dieses ist das *Zeugnis* des Johannes, als die Juden zu ihm aus Jerusalem Priester und Leviten sandten, damit sie ihn fragten: Wer bist du? [20] Und er bekannte und leugnete nicht, und er bekannte: Ich bin nicht der Christus. [21] Und sie fragten ihn: Was (denn) nun? Bist du Elia?
Und er sagt: Ich bin es nicht.
Bist du der Prophet?
Und er antwortete: Nein. [22] Sie sagten ihm nun: Wer bist du? (Sag es,) damit wir Antwort geben denen, die uns geschickt haben. Was sagst du über dich selbst? [23] Er sagte: Ich (bin die)

Stimme eines Rufers in der Wüste:
Ebnet den Weg des Herrn
[Jes 40,3 LXX],
wie Jesaja, der Prophet, gesagt hat.

[24] Und sie waren gesandt von den Pharisäern. [25] Und sie fragten ihn und sagten ihm: Warum taufst du nun, wenn du nicht der Christus bist noch Elia, noch der Prophet? [26] Johannes antwortete ihnen und sagte: Ich taufe mit Wasser. Mitten unter euch steht, den ihr nicht kennt, [27] der nach mir Kommende, dessen ich nicht wert bin, dass ich den Riemen seiner Sandale löse. [28] Dies geschah in Bethanien, jenseits des Jordan, wo Johannes taufte.

[29] AM NÄCHSTEN (Tag) sieht er, dass Jesus zu ihm kommt, und sagt: SIEHE, DAS LAMM GOTTES, das die Sünde der *WELT* wegnimmt. [30] Dieser ist es, von dem ich ge-

sagt habe: Nach mir kommt ein Mann, der mir voraus ist, denn er war eher als ich. [31] **Auch ich kannte ihn nicht**, aber damit er Israel offenbar werde, deswegen bin ich gekommen, mit Wasser taufend. [32] Und Johannes *bezeugte* und sagte: Ich habe den *GEIST* herabkommen sehen wie eine Taube aus dem Himmel, und er *BLIEB* auf ihm. [33] **Auch ich kannte ihn nicht**, aber der mich geschickt hat, mit Wasser zu taufen, jener sagte mir: ‚Auf wen du den *GEIST* herabkommen und auf ihm *BLEIBEN* siehst, dieser ist es, der mit heiligem *GEIST* tauft.‘ [34] Und ich habe es gesehen und habe *bezeugt*: Dieser ist der Sohn GOTTES.

[Joh 1,35–51: Die ersten Jünger]

[35] AM NÄCHSTEN (Tag) stand Johannes wieder da und zwei von seinen Jüngern. [36] Und als er Jesus erblickte, wie er umherging, sagt er: SIEHE, DAS LAMM GOTTES!

[37] Und die zwei Jünger hörten ihn reden und folgten Jesus.

[38] Jesus aber wandte sich um und sah sie folgen und sagt ihnen: Was sucht ihr?

Die aber sagten ihm: Rabbi – was übersetzt heißt: Lehrer –, wo *HAST DU* (deine) *BLEIBE*?

[39] Er sagt ihnen: Kommt, und ihr werdet es sehen!

Sie kamen nun und sahen, wo er (seine) *BLEIBE HAT(TE)*, und *BLIEBEN* bei ihm jenen Tag.

Es war etwa die zehnte Stunde.

[40] Andreas, der Bruder des Simon Petrus, war einer von den zweien, die es von Johannes gehört hatten und ihm gefolgt waren. [41] Dieser FINDET zuerst seinen eigenen Bruder Simon und sagt ihm: Wir haben den Messias GEFUNDEN – was übersetzt ist: Christus (= Gesalbter).

[42] Er führte ihn zu Jesus.

Jesus erblickte ihn und sagte: ‚Du bist Simon, der Sohn des Johannes, du wirst Kephas genannt werden‘ – was übersetzt wird: Petrus (= Stein).

[43] AM NÄCHSTEN (Tag) wollte er nach Galiläa weggehen und FINDET Philippus.

Und Jesus sagt ihm: Folge mir!

[44] Philippus aber war aus Bethsaida, aus der Stadt des Andreas und des Petrus.

[45] Philippus FINDET Nathanael und sagt ihm: Den, von dem Mose im Gesetz geschrieben hat und die Propheten, haben wir GEFUNDEN: Jesus, den Sohn des Joseph, aus Nazaret.

[46] Und Nathanael sagte ihm: Kann aus Nazaret etwas Gutes kommen?

Philippus sagt ihm: Komm und sieh!

[47] Jesus sah, dass Nathanael zu ihm kam, und sagt über ihn: Siehe, wahrhaftig ein Israelit, in dem kein Trug ist!

[48] Nathanael sagt ihm: Woher kennst du mich?

Jesus antwortete und sagte ihm: Bevor dich Philippus rief, als du unter dem Feigenbaum warst, sah ich dich.

[49] Nathanael antwortete ihm: Rabbi, du bist der Sohn GOTTES, du bist der König Israels.

[50] Jesus antwortete und sagte ihm: Weil ich dir gesagt habe, dass ich dich unter dem Feigenbaum sah, **glaubst** du? Größeres als dies wirst du sehen. – [51] Und er sagt ihm: Amen, amen, ich sage euch: Ihr werdet den Himmel geöffnet sehen und die Engel GOTTES hinaufsteigen und herabsteigen[a] auf den Menschensohn.

[Joh 2,1–12: Das Weinwunder auf der Hochzeit in Kana]

[1] Und am dritten Tag fand eine Hochzeit statt in Kana in Galiläa, und die Mutter Jesu war dort. [2] Eingeladen wurde(n) aber auch Jesus und seine Jünger zu der Hochzeit.

[3] Und als Wein fehlte, sagt die Mutter Jesu zu ihm: Sie haben keinen Wein.

[4] Und Jesus sagt ihr: Was (gibt es zwischen) mir und dir, Frau? Meine Stunde ist noch nicht gekommen.

[5] Seine Mutter sagt den Dienern: Was auch immer er euch sagen mag, (das) tut!

[6] Es standen aber dort sechs steinerne Wasserkrüge zum Zweck der Reinigung der Juden, (Wasserkrüge,) die jeweils zwei oder drei Metretes[b] fassten.

[7] Jesus sagt ihnen: Füllt die Wasserkrüge mit Wasser!

Und sie füllten sie bis oben hin.

[8] Und er sagt ihnen: Schöpft jetzt und bringt (es) dem Speisemeister!

Die aber brachten (es ihm).

[9] Als aber der Speisemeister das zu Wein gewordene Wasser gekostet hatte und nicht wusste, woher es sei – die Diener aber wussten es, die das Wasser geschöpft hatten –, ruft der Speisemeister den Bräutigam [10] und sagt ihm: Jeder Mensch setzt (seinen Gästen) zuerst den guten Wein vor und, sobald sie betrunken sind, den minderwertigen; du hast den guten Wein aufbewahrt bis jetzt.

[11] Dies tat als (den) Anfang der ZEICHEN Jesus in Kana in Galiläa, und er offenbarte seine Herrlichkeit, und seine Jünger **kamen zum Glauben** an ihn.

[12] Danach ging er hinab nach Kapernaum, er und seine Mutter und seine Brüder und seine Jünger, und dort blieben sie nicht viele Tage.

[Joh 2,13–22: Tempelreinigung und Tempelwort]

[13] Und nahe war das Passah der Juden, und Jesus ging hinauf nach Jerusalem.

[14] Und er fand im Heiligtum die, die Rinder und Schafe und Tauben verkauften, und die Geldwechsler sitzen. [15] Und nachdem er eine Geißel aus Stricken gemacht hatte, warf er alle hinaus aus dem Heiligtum und die Schafe und die Rinder, und das Geld der Wechsler schüttete er aus, und die Tische (der Wechsler) stieß er um,

---

a Vgl. Gen 28,12. b Ein Metretes entspricht ca. 39 Litern.

¹⁶ und denen, die Tauben verkauften, sagte er: Nehmt diese Dinge weg von hier! Macht das Haus meines Vaters nicht zu einem Kaufhaus!

¹⁷ SEINE JÜNGER ERINNERTEN SICH, dass geschrieben ist:
Der Eifer um dein Haus wird mich auffressen.
[Ps 69,10]

¹⁸ Die Juden antworteten nun und sagten ihm: Was für ein ZEICHEN zeigst du uns (als Legitimation dafür), dass du dies tust?

¹⁹ Jesus antwortete und sagte ihnen: Brecht diesen Tempel ab, und innerhalb von drei Tagen werde ich ihn (wieder) AUFRICHTEN.

²⁰ Die Juden sagten nun: Sechsundvierzig Jahre ist dieser Tempel gebaut worden, und *du* willst ihn innerhalb von drei Tagen AUFRICHTEN?

²¹ Jener aber sprach über den Tempel seines Leibes.

²² Als er nun AUFERWECKT war[a] aus (den) Toten, ERINNERTEN SICH SEINE JÜNGER, dass er das gesagt hatte. Und sie **glaubten** der Schrift und dem Wort, das Jesus gesagt hatte.

[Joh 2,23–25: Zeichen Jesu in Jerusalem]

²³ Als er aber in Jerusalem war, am Passah, auf dem Fest, **kamen** viele **zum Glauben** an seinen Namen, da sie seine ZEICHEN sahen, die er tat.

²⁴ Jesus selbst aber vertraute sich ihnen nicht an, da er alle kannte ²⁵ und weil er es nicht nötig hatte, dass einer Zeugnis ablege über den *Menschen*; denn er selbst wusste, was im *Menschen* war.

[Joh 3,1–21: Das Gespräch Jesu mit Nikodemus]

¹ Es war aber ein *Mensch* von den Pharisäern, Nikodemus (war) sein Name, ein Ratsherr der Juden. ² Dieser kam zu ihm des Nachts und sagte ihm: Rabbi, wir wissen, dass du als Lehrer von GOTT gekommen bist. Denn niemand kann diese ZEICHEN tun, die du tust, wenn GOTT nicht mit ihm ist.

³ Jesus antwortete und sagte ihm: Amen, amen, ich sage dir: Wenn einer nicht von neuem[b] *geboren* wird, kann er das Königreich GOTTES nicht sehen.

⁴ Nikodemus sagt zu ihm: Wie kann ein *Mensch* *geboren* werden, der ein Greis ist? Kann er etwa ein zweites Mal in den Bauch seiner Mutter hineinkommen und *geboren* werden?

⁵ Jesus antwortete: Amen, amen, ich sage dir: Wenn einer nicht *geboren* wird aus Wasser und *GEIST*, kann er nicht hineinkommen in das Königreich GOTTES. ⁶ Das aus dem Fleisch *Geborene* ist Fleisch, und das aus dem *GEIST Geborene* ist *GEIST*.

⁷ Wundere dich nicht, dass ich dir gesagt habe: Ihr müsst von neuem *geboren* wer-

---

a „auferweckt war" = „aufgerichtet war" (vgl. V. 19f).   b „von neuem" = „von oben".

den. [8] Der *WIND*[a] weht, wo er will, und sein Sausen hörst du, aber du weißt nicht, woher er kommt und wohin er geht; so ist jeder, der aus dem *GEIST geboren* ist.

[9] Nikodemus antwortete und sagte ihm: Wie kann dies geschehen?

[10] Jesus antwortete und sagte ihm: *Du* bist der Lehrer Israels, und dies verstehst du nicht? [11] Amen, amen, ich sage dir: Was wir wissen, reden wir, und was wir gesehen haben, bezeugen wir, und ihr nehmt unser Zeugnis nicht an. [12] Wenn ich euch die irdischen Dinge gesagt habe und ihr nicht **glaubt**, wie werdet ihr **glauben**, wenn ich euch die himmlischen Dinge sage? [13] Und niemand ist hinaufgestiegen in den Himmel außer dem, der aus dem Himmel herabgestiegen ist, der Menschensohn. [14] Und wie Mose die Schlange in der Wüste erhöhte[b], so muss erhöht werden der Menschensohn, [15] damit jeder, der **glaubt**, in ihm ewiges **LEBEN** habe.

[16] Denn so hat GOTT die *WELT* geliebt, dass er den einziggezeugten Sohn gab, damit jeder, der an ihn **glaubt**, nicht verlorengehe, sondern ewiges **LEBEN** habe. [17] Denn GOTT hat den Sohn nicht in die *WELT* gesandt, damit er die *WELT RICHTE*, sondern damit die *WELT* durch ihn gerettet werde. [18] Wer an ihn **glaubt**, wird nicht *GERICHTET*; wer aber nicht **glaubt**, ist schon *GERICHTET*, weil er nicht **zum Glauben gekommen** ist an den Namen des einziggezeugten Sohnes GOTTES.

[19] Dieses aber ist das *GERICHT*:

> Das LICHT ist in die *WELT* gekommen,
> und die *Menschen* liebten die Finsternis mehr als das LICHT,
> denn ihre WERKE waren böse.

> [20] Denn jeder, der Schlechtes vollbringt, hasst das LICHT
> und kommt nicht zum LICHT,
> damit seine WERKE nicht bloßgestellt werden.

> [21] Wer aber die Wahrheit tut, kommt zum LICHT,
> damit seine WERKE offenbar werden,
> dass sie in GOTT gewirkt sind.

[Joh 3,22–36: Das letzte Zeugnis des Täufers über Jesus]

[22] Danach kam(en) Jesus und seine Jünger in das judäische Land, und dort verweilte er mit ihnen und taufte.

[23] Aber auch Johannes taufte in Änon nahe Salim, weil dort viel *WASSER* war; und sie kamen hin und ließen sich taufen. [24] Denn Johannes war noch nicht ins Gefängnis geworfen worden.

[25] Es entstand nun ein Streit vonseiten der Jünger des Johannes mit einem Juden über Reinigung. [26] Und sie kamen zu Johannes und sagten ihm: Rabbi; der mit dir jenseits des Jordan war, für den du Zeugnis abgelegt hast, siehe, dieser tauft, und alle kommen zu ihm.

---

a „der Wind" = „der Geist".   b Vgl. Num 21,8 f.

[27] Johannes antwortete und sagte: Ein *Mensch* kann auch nicht eines nehmen, wenn es ihm nicht gegeben ist aus dem Himmel. [28] Ihr selbst bezeugt mir, dass ich gesagt habe, dass ich nicht der Christus bin, sondern dass ich vor jenem her gesandt bin. [29] Wer die Braut hat, ist der Bräutigam; der Freund des Bräutigams aber, der dasteht und ihn hört, freut sich mit (großer) Freude über die Stimme des Bräutigams. Diese meine Freude nun ist erfüllt. [30] Jener muss wachsen, ich aber abnehmen.

[31] Der von oben kommt, ist über allen;
der von der Erde ist, ist von der Erde und redet von der Erde her.
Der aus dem Himmel kommt, ist über allen.

[32] Was er gesehen und gehört hat, das bezeugt er. Und sein Zeugnis nimmt niemand an. [33] Wer sein Zeugnis annimmt, hat besiegelt, dass GOTT wahrhaftig ist. [34] Denn der, den GOTT gesandt hat, redet die Worte GOTTES, denn ohne Maß gibt er den Geist. [35] Der Vater liebt den Sohn, und alles hat er gegeben in seine Hand.

[36] Wer an den Sohn **glaubt**,
hat ewiges **LEBEN**.
Wer aber dem Sohn ungehorsam ist,
wird (das) **LEBEN** nicht sehen,
sondern der Zorn GOTTES bleibt auf ihm.

[Joh 4,1–42: Jesus in Samarien]

[1] Wie nun Jesus[a] erkannte, dass die Pharisäer gehört hatten: Jesus macht und tauft mehr Jünger als Johannes – [2] obgleich ja Jesus selbst nicht taufte, sondern seine Jünger –, [3] verließ er Judäa und ging wieder fort nach Galiläa. [4] Er musste aber durch Samarien hindurchziehen.

[5] Er kommt nun in eine Stadt Samariens, genannt Sychar, dicht bei dem Grundstück, das Jakob seinem Sohn Joseph gegeben hatte.[b] [6] Es war aber dort die Quelle Jakobs. Jesus nun, müde von der Wanderung, setzte sich ohne weiteres an die Quelle. Es war etwa die sechste Stunde.

[7] Eine Frau aus Samarien kommt, um *WASSER* zu schöpfen.
Jesus sagt ihr: Gib mir zu trinken!
[8] Denn seine Jünger waren weggegangen in die Stadt, um Speisen zu kaufen.
[9] Die samaritische Frau sagt nun zu ihm: Wieso bittest du, der du ein Jude bist, von mir zu trinken, die ich eine samaritische Frau bin?
Denn Juden verkehren nicht mit Samaritern.
[10] Jesus antwortete und sagte ihr: Wenn du kenntest die Gabe GOTTES und (wüsstest,) wer es ist, der dir sagt: Gib mir zu trinken!, hättest du ihn gebeten, und er hätte dir **LEBENDIGES** *WASSER* gegeben.

---

a Nach anderen Textzeugen: „der Herr".   b Vgl. Gen 48,22; Jos 24,32.

¹¹ Die Frau sagt[a] ihm: Herr, du hast kein Schöpfgefäß, und der Brunnen ist tief. Woher nun hast du das **LEBENDIGE** *WASSER*? ¹² Bist du etwa größer als unser Vater Jakob, der uns den Brunnen gegeben und selbst aus ihm getrunken hat und seine Söhne und seine Herdentiere?

¹³ Jesus antwortete und sagte ihr: Jeder, der von diesem *WASSER* trinkt, wird wieder Durst haben. ¹⁴ Wer aber von dem *WASSER* trinkt, das ich ihm geben werde, wird keinen Durst haben in Ewigkeit, sondern das *WASSER*, das ich ihm geben werde, wird in ihm zu einer Quelle von *WASSER* werden, das ins ewige **LEBEN** sprudelt.

¹⁵ Die Frau sagt zu ihm: Herr, gib mir dieses *WASSER*, damit ich keinen Durst (mehr) habe und nicht (mehr) hierher komme(n muss), um zu schöpfen!

¹⁶ Er sagt ihr: Geh hin, ruf deinen Mann und komm hierher!

¹⁷ Die Frau antwortete und sagte ihm: Ich habe keinen Mann.

Jesus sagt ihr: Recht hast du gesagt: Ich habe keinen Mann. ¹⁸ Denn fünf Männer hast du gehabt, und der, den du jetzt hast, ist nicht dein Mann. Das hast du ganz richtig gesagt.

¹⁹ Die Frau sagt ihm: Herr, ich sehe, dass du ein Prophet bist. ²⁰ Unsere Väter haben (Gott) auf diesem Berg *angebetet*, und ihr sagt: In Jerusalem ist der Ort, wo man *anbeten* muss.

²¹ Jesus sagt ihr: **Glaube** mir, Frau: *ES KOMMT EINE STUNDE*, da ihr weder auf diesem Berg noch in Jerusalem den Vater *anbeten* werdet. ²² Ihr *betet an*, was ihr nicht kennt; wir *beten an*, was wir kennen, denn die Rettung kommt von den Juden. ²³ Aber *ES KOMMT EINE STUNDE* und ist jetzt da, da die wahren *Anbeter* den Vater *anbeten* werden in Geist und Wahrheit, denn solche sucht auch der Vater als die, die ihn *anbeten*. ²⁴ GOTT ist Geist, und die, die ihn *anbeten*, müssen in Geist und Wahrheit *anbeten*.

²⁵ Die Frau sagt ihm: Ich weiß, dass der Messias kommt, der Christus genannt wird; wenn jener kommt, wird er uns alles verkünden.

²⁶ Jesus sagt ihr: Ich bin es: der, der zu dir redet.

²⁷ Und darüber kamen seine Jünger und wunderten sich, dass er mit einer Frau redete. Niemand freilich sagte: Was suchst du?, oder: Was redest du mit ihr?

²⁸ Die Frau ließ nun ihren Wasserkrug zurück und ging fort in die Stadt und sagt den Menschen: ²⁹ Kommt! Seht einen Menschen, der *mir alles gesagt hat, was ich getan habe*! Ist dieser etwa der Christus?

³⁰ Sie gingen hinaus aus der Stadt und kamen zu ihm.

³¹ In der Zwischenzeit baten ihn seine Jünger und sagten: Rabbi, iss!

³² Der aber sagte ihnen: Ich habe Speise zu essen, die ihr nicht kennt.

³³ Die Jünger sagten nun zueinander: Hat ihm etwa einer zu essen gebracht?

³⁴ Jesus sagt ihnen: Meine Nahrung ist, dass ich den Willen dessen tue, der mich geschickt hat, und sein Werk vollende. ³⁵ Sagt ihr nicht: ‚Es sind noch vier Monate,

---

a Nach anderen Textzeugen: „Sie sagt".

dann kommt die Ernte'? Siehe, ich sage euch: Hebt eure Augen auf und schaut die Felder an, sie sind weiß zur Ernte. Schon [36] empfängt der Erntende Lohn und sammelt Frucht ein für das ewige **LEBEN**, damit sich der Säende gemeinsam mit dem Erntenden freue. [37] Denn darin ist das Wort wahr: Einer ist es, der sät, und ein anderer, der erntet. [38] Ich habe euch gesandt, zu ernten, wofür ihr nicht gearbeitet habt; andere haben gearbeitet, und ihr seid in ihre Arbeit eingetreten.

[39] Aus jener Stadt aber **kamen** viele von den Samaritern **zum Glauben** an ihn wegen des Wortes der Frau, die bezeugte: Er *hat mir alles gesagt, was ich getan habe.*

[40] Wie nun die Samariter zu ihm kamen, baten sie ihn, bei ihnen zu bleiben; und er blieb dort ZWEI TAGE.

[41] Und noch viel mehr **kamen zum Glauben** wegen seines Wortes.

[42] Und der Frau sagten sie: Nicht mehr wegen deiner Rede **glauben** wir; denn selbst haben wir gehört und wissen: Dieser ist wahrhaftig der Retter der Welt.

[Joh 4,43–45: Jesu Weiterreise nach Galiläa]

[43] Nach den ZWEI TAGEN aber ging er von dort weg nach Galiläa. [44] Denn Jesus selbst bezeugte: Ein Prophet hat in seiner eigenen Vaterstadt keine Ehre.

[45] Als er nun nach Galiläa kam, nahmen ihn die Galiläer auf, da sie alles gesehen hatten, was er in Jerusalem auf dem Fest getan hatte; denn auch sie waren zu dem Fest gekommen.

[Joh 4,46–54: Die Heilung des Sohnes des königlichen Beamten]

[46] Er kam nun wieder nach Kana in Galiläa, wo er das *WASSER* zu Wein gemacht hatte.

Und es war ein königlicher (Beamter), dessen Sohn krank war in Kapernaum. [47] Als dieser hörte, dass Jesus aus Judäa nach Galiläa gekommen sei, ging er zu ihm und bat, dass er herabkomme und seinen Sohn heile; denn er war im Begriff zu sterben.

[48] Jesus sagte nun zu ihm: Wenn ihr nicht Zeichen und Wunder seht, werdet ihr nicht **glauben**.

[49] Der königliche (Beamte) sagt ihm: Herr, komm herab, bevor mein Kind stirbt!

[50] Jesus sagt ihm: Geh fort! Dein Sohn **LEBT**.

Der Mensch **glaubte** dem Wort, das Jesus ihm sagte, und ging fort.

[51] Doch schon während er hinabging, kamen seine Sklaven ihm entgegen und sagten: Dein Kind **LEBT**.

[52] Er erkundigte sich nun bei ihnen nach der Stunde, in der es besser mit ihm geworden war.

Sie sagten ihm nun: Gestern zur siebten Stunde verließ ihn das Fieber.

[53] Der Vater erkannte nun, dass (es) in jener Stunde (war), in der Jesus ihm gesagt hatte: Dein Sohn **LEBT**. Und er **kam zum Glauben**, er und sein ganzes Haus.

[54] Dieses nun aber tat Jesus als zweites Zeichen, als er aus Judäa nach Galiläa gekommen war.

[Joh 5,1–18: Die Heilung eines Kranken am Sabbat]

[1] Danach war ein Fest der Juden, und Jesus ging hinauf nach Jerusalem.

[2] Es gibt aber in Jerusalem bei dem Schaftor einen Teich, der auf Hebräisch Bethsatha[a] genannt wird (und) der fünf Säulenhallen hat. [3a] In diesen lag eine Menge von Kranken, Blinden, Lahmen, Verkrüppelten.[b]

[5] Es war aber ein Mensch dort, der achtunddreißig Jahre mit seiner Krankheit zubrachte.

[6] Als Jesus diesen danieder liegen sah und erkannte, dass er schon lange Zeit (so) zubrachte, sagt er ihm: Willst du gesund werden?

[7] Der Kranke antwortete ihm: Herr, ich habe keinen Menschen, der mich, sobald das Wasser aufgerührt wird, in den Teich werfen könnte; während ich aber selber komme, steigt ein anderer vor mir herab.

[8] Jesus sagt ihm: Steh auf, NIMM DEINE BAHRE UND GEH UMHER!

[9] Und sofort wurde der Mensch gesund und NAHM SEINE BAHRE UND GING UMHER.

Es war aber SABBAT an jenem Tag.

[10] Die Juden sagten nun zu dem Geheilten: Es ist SABBAT, und es ist dir nicht erlaubt, deine Bahre zu tragen.

[11] Der aber antwortete ihnen: Der mich gesund gemacht hat, jener hat mir gesagt: NIMM DEINE BAHRE UND GEH UMHER!

[12] Sie fragten ihn: Wer ist der Mensch, der dir gesagt hat: ‚Nimm (sie) und geh umher!‘?

[13] Der Kurierte aber wusste nicht, wer es ist, denn Jesus war ausgewichen, weil eine Volksmenge an dem Ort war.

[14] Danach fand Jesus ihn im Heiligtum und sagte ihm: Siehe, du bist gesund geworden, sündige nicht mehr, damit dir nicht etwas Ärgeres widerfahre!

[15] Der Mensch ging fort und berichtete den Juden, dass Jesus es sei, der ihn gesund gemacht habe.

[16] Und deshalb verfolgten die Juden Jesus, weil er dies am SABBAT tat.

[17] Jesus aber[c] antwortete ihnen: Mein VATER wirkt bis jetzt, und ich wirke (auch).

[18] Deshalb nun versuchten die Juden umso mehr, ihn zu töten, weil er nicht nur den SABBAT auflöste, sondern auch GOTT seinen VATER nannte und sich damit GOTT gleich machte.

---

a Nach anderen guten Textzeugen: „Bethesda“.
b Joh 5,3b–4 ist eine spätere Hinzufügung. Sie lautet: [3b] die auf die Bewegung des Wassers warteten. [4] Denn ein Engel des Herrn stieg zu bestimmter Zeit in den Teich herab und rührte das Wasser auf. Wer nun als Erster nach dem Aufrühren des Wassers hineinstieg, wurde gesund, an welcher Krankheit er auch litt.
c Nach anderen Textzeugen: „Er aber“.

[Joh 5,19–30: Die Gerichtsrede]

¹⁹ Jesus antwortete nun und sagte ihnen:

Amen, amen, ich sage euch:
Nichts kann der SOHN von sich aus tun,
außer wenn er den VATER etwas tun sieht.
Denn was auch immer jener tut,
dies tut ebenso auch der SOHN.
²⁰ Denn der VATER liebt den SOHN
und zeigt ihm alles, was er selbst tut.
Und größere Werke als diese wird er ihm zeigen, damit ihr euch wundert.
²¹ Denn wie der VATER die Toten auferweckt und **LEBENDIG** macht,
so macht auch der SOHN, welche er will, **LEBENDIG**.
²² Denn auch *RICHTET* der VATER niemanden,
sondern er hat das ganze *GERICHT* dem SOHN gegeben,
²³ damit alle den SOHN ehren,
wie sie den VATER ehren.
Wer den SOHN nicht ehrt, ehrt den VATER nicht, der ihn geschickt hat.

²⁴ Amen, amen, ich sage euch: Wer mein Wort hört und dem **glaubt**, der mich geschickt hat, hat ewiges **LEBEN** und kommt nicht in ein *GERICHT*, sondern ist hinübergegangen aus dem Tod in das **LEBEN**.
²⁵ Amen, amen, ich sage euch: *ES KOMMT EINE STUNDE* und ist jetzt da, da die Toten die Stimme des SOHNES GOTTES hören werden und die, die gehört haben, **LEBEN** werden. ²⁶ Denn wie der VATER **LEBEN** in sich hat, so hat er auch dem SOHN gegeben, **LEBEN** in sich zu haben. ²⁷ Und Vollmacht hat er ihm gegeben, *GERICHT* zu halten, denn er ist der MenschenSOHN.
²⁸ Wundert euch nicht darüber, denn *ES KOMMT EINE STUNDE*, in der alle, die in den Gräbern sind, seine Stimme hören werden ²⁹ und die, die das Gute getan haben, zur Auferstehung ins **LEBEN** herauskommen werden, die aber, die das Böse verübt haben, zur Auferstehung ins *GERICHT*.
³⁰ Nichts kann ich von mir aus tun. So wie ich höre, *RICHTE* ich, und mein *GERICHT* ist gerecht. Denn ich suche nicht meinen Willen, sondern den Willen dessen, der mich geschickt hat.

[Joh 5,31–47: Das Zeugnis für Jesus]

³¹ Wenn ich *Zeugnis ablege* von mir selbst, ist mein *Zeugnis* nicht wahr. ³² Ein anderer ist es, der von mir *Zeugnis ablegt*, und ich weiß, dass das *Zeugnis* wahr ist, das er von mir *ablegt*.
³³ Ihr habt zu Johannes gesandt, und er hat für die Wahrheit *Zeugnis abgelegt*.
³⁴ Ich aber nehme von einem Menschen das *Zeugnis* nicht an, sondern dies sage

ich, damit ihr gerettet werdet. [35] Jener war die brennende und scheinende Lampe; ihr aber wolltet euch (bloß), für eine Stunde, an seinem Licht freuen.

[36] Ich aber habe das *Zeugnis* (als eines, das) größer (ist) als (das des) Johannes, denn die Werke, die mir der VATER gegeben hat, damit ich sie vollende, eben diese Werke, die ich tue, *legen Zeugnis ab* von mir, dass der VATER mich gesandt hat. [37] Und der VATER, der mich geschickt hat, jener hat von mir *Zeugnis abgelegt*. Weder habt ihr seine Stimme jemals gehört noch seine Gestalt gesehen. [38] Und sein Wort habt ihr nicht als bleibendes in euch, weil ihr dem, den er gesandt hat, nicht **glaubt**. [39] Ihr durchforscht die Schriften, weil ihr meint, in ihnen ewiges LEBEN zu haben. Und jene sind es, die von mir *Zeugnis ablegen*. [40] Und ihr wollt nicht zu mir kommen, um LEBEN zu haben.

[41] Ehre von Menschen nehme ich nicht an; [42] vielmehr habe ich euch erkannt, dass ihr die Liebe GOTTES nicht in euch habt. [43] Ich bin im Namen meines VATERS gekommen, und ihr nehmt mich nicht an. Wenn ein anderer im eigenen Namen kommt, jenen werdet ihr annehmen. [44] Wie könnt ihr **glauben**, indem ihr Ehre voneinander annehmt, und die Ehre, die von dem alleinigen GOTT kommt, sucht ihr nicht?

[45] Meint nicht, dass ich euch anklagen werde beim VATER! Der, der euch anklagt, ist Mose, auf den ihr gehofft habt. [46] Denn wenn ihr Mose **glauben** würdet, würdet ihr mir **glauben**, denn über mich hat jener geschrieben. [47] Wenn ihr aber seinen Schriften nicht **glaubt**, wie werdet ihr meinen Worten **glauben**?

[Joh 6,1–15: Die Speisung der Fünftausend]

[1] Danach ging Jesus weg auf die andere Seite des Sees von Galiläa, von Tiberias. [2] Es folgte ihm aber eine große Volksmenge, denn sie sahen die Zeichen, die er an den Kranken tat. [3] Jesus aber ging hinauf auf den Berg und setzte sich dort nieder mit seinen Jüngern. [4] Es war aber das Passah nahe, das Fest der Juden.

[5] Als Jesus nun die Augen aufgehoben und gesehen hatte, dass eine große Volksmenge zu ihm kommt, sagt er zu Philippus: Woher werden wir *BROTE* kaufen, damit diese essen (können)?

[6] Das aber sagte er, um ihn zu prüfen. Denn er wusste, was er tun würde.

[7] Philippus antwortete ihm: *BROTE* für zweihundert Denare[a] reichen für sie nicht aus, dass jeder (auch nur) ein wenig nehme.

[8] Einer von seinen Jüngern, Andreas, der Bruder des Simon Petrus, sagt ihm: [9] Es ist ein Kind hier, (ein Junge,) der fünf Gersten-*BROTE* und zwei Fische hat. Aber was ist dies für so viele?

[10] Jesus sagte: Lasst die Menschen sich lagern!

Es war aber viel Gras an dem Ort.

Die Männer lagerten sich nun, etwa fünftausend an der Zahl.

---

a Vgl. zu Mt 20,2.

[11] Jesus nahm nun die *BROTE* und sprach das Dankgebet und verteilte (sie) an die Lagernden, in gleicher Weise auch von den Fischen, so viel sie wollten. [12] Als sie aber satt geworden waren, sagt er seinen Jüngern: Sammelt die übriggebliebenen Brocken ein, damit nichts verlorengehe! [13] Sie sammelten nun ein und füllten zwölf Körbe mit Brocken von den fünf Gersten-*BROTEN*, die denen übrigblieben, die gespeist hatten. [14] Als nun die Menschen sahen, was für ein Zeichen er getan hatte, sagten sie: Dieser ist wahrhaftig der Prophet, der in die Welt kommt. [15] Als nun Jesus erkannte, dass sie kommen und ihn entführen wollten, um ihn zum König zu machen, zog er sich wieder auf den Berg zurück, er allein.

[Joh 6,16–21: Jesu Seewandel]

[16] Als es aber Abend wurde, gingen seine Jünger hinab zum See. [17] Und sie stiegen in ein Boot und fuhren auf die andere Seite des Sees nach Kapernaum. Und es war schon finster geworden, und Jesus war noch nicht zu ihnen gekommen. [18] Und der See wurde, weil ein heftiger Wind wehte, aufgewühlt. [19] Als sie nun etwa fünfundzwanzig oder dreißig Stadien[a] gerudert waren, sehen sie Jesus auf dem See umhergehen und dem Boot nahe kommen, und sie fürchteten sich. [20] Er aber sagt ihnen: Ich bin es. Fürchtet euch nicht! [21] Sie wollten ihn nun in das Boot nehmen, und sofort kam das Boot an das Land, zu dem sie fuhren.

[Joh 6,22–71: Das Brot des Lebens]

[22] Am nächsten (Tag) sah die Volksmenge, die auf der anderen Seite des Sees stand, dass kein anderes Kleinboot außer dem einen dort gewesen war und dass Jesus nicht mit seinen Jüngern in das Boot gegangen war, sondern seine Jünger allein weggegangen waren. [23] Andere Boote kamen aus Tiberias nahe zu dem Ort, wo sie das *BROT* gegessen hatten, nachdem der Herr das Dankgebet gesprochen hatte. [24] Als nun die Volksmenge sah, dass Jesus nicht dort war noch seine Jünger, stiegen sie selbst in die Kleinboote, und sie kamen nach Kapernaum und suchten Jesus. [25] Und als sie ihn auf der anderen Seite des Sees fanden, sagten sie ihm: Rabbi, wann bist du hierher gekommen? [26] Jesus antwortete ihnen und sagte: Amen, amen, ich sage euch: Ihr sucht mich nicht (deshalb), weil ihr Zeichen gesehen habt, sondern (deshalb,) weil ihr von den *BROTEN* gegessen habt und satt geworden seid. [27] Wirkt nicht auf die vergängliche Speise hin, sondern auf die zum ewigen LEBEN bleibende Speise, die der Menschensohn euch geben wird; denn diesen hat der VATER beglaubigt: GOTT.

---

a 1 Stadion = ca. 200 Meter.

²⁸ Sie sagten nun zu ihm: Was sollen wir tun, damit wir die Werke GOTTES wirken?

²⁹ Jesus antwortete und sagte ihnen: Dies ist das Werk GOTTES, dass ihr an den **glaubt**, den jener gesandt hat.

³⁰ Sie sagten ihm nun: Was nun tust du für ein Zeichen, damit wir sehen und dir **glauben**? Was wirkst du? ³¹ Unsere VÄTER aßen das Manna in der Wüste, wie geschrieben ist:

BROT aus dem HIMMEL gab er ihnen zu essen.

[Ps 78,24]

³² Jesus sagte nun zu ihnen: Amen, amen, ich sage euch: Nicht Mose hat euch das BROT aus dem HIMMEL gegeben, sondern mein VATER gibt euch das wahre BROT aus dem HIMMEL. ³³ Denn das BROT GOTTES ist das, das aus dem HIMMEL HERABKOMMT und der Welt LEBEN gibt.

³⁴ Sie sagten nun zu ihm: Herr, gib uns allezeit dieses BROT!

³⁵ Jesus sagte ihnen:

Ich bin das BROT des LEBENS.
Wer zu mir kommt, wird keinen Hunger haben,
und wer an mich **glaubt**, wird nie mehr Durst haben.

³⁶ Aber ich habe euch gesagt: Ihr habt mich gesehen und **glaubt** doch nicht. ³⁷ Alles, was mir der VATER gibt, wird zu mir kommen; und den, der zu mir kommt, werde ich nicht hinauswerfen. ³⁸ Denn ich bin aus dem HIMMEL HERABGEKOMMEN, nicht damit ich meinen Willen tue, sondern den Willen dessen, der mich geschickt hat.

³⁹ Dies aber ist der Wille dessen, der mich geschickt hat, dass ich von allem, was er mir gegeben hat, nichts verlorengehen lasse, sondern es *auferstehen lasse am letzten Tag*.

⁴⁰ Denn dies ist der Wille meines VATERS, dass jeder, der den Sohn sieht und an ihn **glaubt**, ewiges LEBEN habe, und ich werde ihn *auferstehen lassen am letzten Tag*.

⁴¹ Die Juden murrten nun über ihn, weil er sagte: ‚Ich bin das BROT, das aus dem HIMMEL HERABGEKOMMEN ist‘, ⁴² und sagten: Ist dieser nicht Jesus, der Sohn Josephs, dessen VATER und Mutter wir kennen? Wie sagt er jetzt: ‚Aus dem HIMMEL bin ich HERABGEKOMMEN‘?

⁴³ Jesus antwortete und sagte ihnen: Murrt nicht untereinander! ⁴⁴ Niemand kann zu mir kommen, wenn ihn der VATER, der mich geschickt hat, nicht zieht, und ich werde ihn *auferstehen lassen am letzten Tag*. ⁴⁵ Es ist geschrieben in den Propheten: Und sie werden

alle von Gott gelehrt sein.

[Jes 54,13]

Jeder, der vom VATER gehört und gelernt hat, kommt zu mir. ⁴⁶ Nicht dass einer den VATER gesehen hat außer dem, der von GOTT ist! Dieser hat den VATER gesehen. ⁴⁷ Amen, amen, ich sage euch: Wer **glaubt**, hat ewiges LEBEN. ⁴⁸ Ich bin das BROT des **LEBENS**. [49] Eure Väter haben in der Wüste das Manna gegessen und sind gestorben. [50] Dies ist das *BROT*, das aus dem *Himmel herabkommt* – dass einer von ihm isst und nicht stirbt. [51] Ich bin das **LEBENDIGE** *BROT*, das aus dem *Himmel herabgekommen* ist. Wenn einer von diesem *BROT* isst, wird er in Ewigkeit **LEBEN**.

Und zwar ist das *BROT*, das ich geben werde, mein **FLEISCH** für das **LEBEN** der Welt.

[52] Die Juden zankten nun untereinander und sagten: Wie kann dieser uns sein **FLEISCH** zu essen geben?

[53] Jesus sagte ihnen nun: Amen, amen, ich sage euch: Wenn ihr das **FLEISCH** des Menschensohns nicht esst und sein *BLUT* nicht trinkt, habt ihr kein **LEBEN** in euch. [54] Wer mein **FLEISCH** verzehrt und mein *BLUT* trinkt, hat ewiges **LEBEN**, und ich werde ihn *auferstehen lassen am letzten Tag*. [55] Denn mein **FLEISCH** ist wahre Speise, und mein *BLUT* ist wahrer Trank. [56] Wer mein **FLEISCH** verzehrt und mein *BLUT* trinkt, bleibt in mir und ich in ihm. [57] Wie mich der **LEBENDIGE** **VATER** gesandt hat und ich durch den Vater **LEBE**, so wird auch jener, der mich verzehrt, durch mich **LEBEN**. [58] Dies ist das *BROT*, das aus dem *Himmel herabgekommen* ist, nicht wie die Väter gegessen haben und gestorben sind. Wer dieses *BROT* verzehrt, wird in Ewigkeit **LEBEN**.

[59] Dies sagte er in der Synagoge, als er in Kapernaum lehrte.

[60] Viele nun von seinen Jüngern hörten es und sagten: Hart ist diese Rede. Wer kann sie hören?

[61] Weil aber Jesus bei sich wusste, dass seine Jünger darüber murrten, sagte er ihnen: Dies gibt euch Anstoß? [62] Wenn ihr nun den Menschensohn (dahin) hinaufsteigen seht, wo er früher war? [63] Der Geist ist es, der **LEBENDIG** macht, das FLEISCH nützt nichts. Die Worte, die ich zu euch geredet habe, sind Geist und sind **LEBEN**. [64] Aber es sind von euch etliche, die nicht **glauben**.

Denn Jesus wusste von Anfang an, welche die waren, die nicht **glaubten**, und wer der war, der ihn ausliefern würde.

[65] Und er sagte: Deswegen habe ich euch gesagt: Niemand kann zu mir kommen, wenn es ihm nicht gegeben ist vom Vater.

[66] Von da an zogen viele von seinen Jüngern sich zurück und gingen nicht mehr mit ihm umher.

[67] Jesus sagte nun den Zwölf: Wollt etwa auch ihr weggehen?

[68] Simon Petrus antwortete ihm: Herr, zu wem sollten wir gehen? Worte ewigen **LEBENS** hast du, [69] und wir sind **zum Glauben** und zur Erkenntnis **gekommen**, dass du der Heilige Gottes bist.

[70] Jesus antwortete ihnen: Habe ich nicht euch Zwölf erwählt? Und von euch ist einer ein Teufel.

[71] Er meinte aber Judas, (den Sohn) des Simon Iskariot. Denn dieser sollte ihn ausliefern, einer von den Zwölf.

[Joh 7,1–13: Jesu heimlicher Gang zum Laubhüttenfest nach Jerusalem]

¹ Und danach ging Jesus in Galiläa umher; denn er wollte nicht in Judäa umhergehen, weil die Juden ihn zu töten suchten.

² Es war aber nahe das Fest der Juden, das Laubhüttenfest.

³ Seine Brüder sagten nun zu ihm: Zieh von hier hinüber und geh nach Judäa, damit auch deine Jünger deine Werke sehen, die du tust! ⁴ Denn niemand tut etwas *im Verborgenen* und sucht selber (zugleich) in öffentlicher Geltung zu stehen. Wenn du diese (Werke) tust, offenbare dich der Welt!

⁵ Denn nicht einmal seine Brüder **glaubten** an ihn.

⁶ Jesus sagt ihnen nun: Meine Zeit ist noch nicht da, aber eure Zeit ist immer da. ⁷ Die Welt kann euch nicht hassen, mich aber hasst sie, denn ich lege von ihr Zeugnis ab, dass ihre Werke böse sind. ⁸ Geht ihr hinauf zu dem Fest! Ich gehe nicht hinauf zu diesem Fest, denn meine Zeit ist noch nicht erfüllt.

⁹ Nachdem er dies aber gesagt hatte, blieb er selbst in Galiläa.

¹⁰ Als aber seine Brüder zu dem Fest hinaufgegangen waren, da ging auch er selbst hinauf, nicht öffentlich, sondern wie *im Verborgenen*.

¹¹ Die Juden nun suchten ihn auf dem Fest und sagten: Wo ist jener?

¹² Und es war viel Raunen über ihn bei den Volksmengen. Die einen sagten: Er ist gut. Andere aber sagten: Nein, sondern er führt das Volk in die Irre. ¹³ Niemand jedoch redete öffentlich über ihn aus Furcht vor den Juden.

[Joh 7,14–36: In der Mitte des Laubhüttenfestes]

¹⁴ Als aber das Fest schon halb vorbei war, ging Jesus hinauf in das Heiligtum und LEHRTE.

¹⁵ Die Juden wunderten sich nun und sagten: Wieso verfügt dieser über Schriftkenntnisse, ohne Unterricht empfangen zu haben?

¹⁶ Jesus antwortete ihnen nun und sagte: Meine LEHRE ist nicht meine, sondern die dessen, der mich geschickt hat. ¹⁷ Wenn einer dessen Willen tun will, wird er über die LEHRE erkennen, ob sie aus GOTT ist oder ob ich von mir aus rede. ¹⁸ Wer von sich aus redet, sucht seine eigene Ehre; wer aber die Ehre dessen sucht, der ihn geschickt hat, der ist wahrhaftig, und es ist keine Ungerechtigkeit in ihm. ¹⁹ Hat nicht MOSE euch das Gesetz gegeben? Und niemand von euch tut das Gesetz. Was sucht ihr mich zu töten?

²⁰ Die Volksmenge antwortete: Du hast einen Dämon; wer sucht dich zu töten?

²¹ Jesus antwortete und sagte ihnen: Ein einziges Werk habe ich getan, und alle wundert ihr euch. ²² Deshalb: MOSE hat euch die Beschneidung gegeben – nicht dass sie von MOSE sei, sondern von den Vätern –, und am Sabbat beschneidet ihr einen Menschen. ²³ Wenn ein Mensch die Beschneidung am Sabbat empfängt, damit das Gesetz des MOSE nicht aufgelöst werde, zürnt ihr mir, weil ich einen ganzen Men-

schen am Sabbat gesund gemacht habe? [24] Urteilt nicht nach der äußeren Erscheinung, sondern fällt ein gerechtes Urteil!

[25] Einige von den Jerusalemern sagten nun: Ist dieser nicht der, den sie zu töten suchen? [26] Und siehe, öffentlich redet er, und sie sagen ihm nichts. Ob die Obersten vielleicht wirklich erkannt haben, dass dieser der Christus ist? [27] Aber von diesem wissen wir, woher er ist; wenn aber der Christus kommt, weiß niemand, woher er ist.

[28] Jesus nun rief, während er im Heiligtum LEHRTE und redete: Ihr kennt mich und wisst, woher ich bin; doch von mir selbst bin ich nicht gekommen, sondern wahrhaftig ist der, der mich geschickt hat, den kennt ihr nicht. [29] Ich kenne ihn, denn von ihm bin ich, und jener hat mich gesandt.

[30] Sie suchten ihn nun zu ergreifen, doch niemand legte Hand an ihn, denn seine Stunde war noch nicht gekommen.

[31] Aus dem Volk aber **kamen** viele **zum Glauben** an ihn und sagten: Wird der Christus, wenn er kommt, etwa mehr Zeichen tun als die, die dieser getan hat?

[32] Die Pharisäer hörten das Volk dies über ihn tuscheln, und die Hohenpriester und die Pharisäer sandten Diener, damit sie ihn ergreifen sollten.

[33] Jesus sagte nun: Noch eine kurze Zeit bin ich bei euch, und (dann) gehe ich fort zu dem, der mich geschickt hat. [34] Ihr werdet mich suchen und mich nicht finden, und wo ich bin, (dahin) könnt ihr nicht kommen.

[35] Die Juden sagten nun zueinander: Wohin wird dieser gehen, dass wir ihn nicht finden werden? Wird er etwa in die Diaspora unter den Griechen gehen und die Griechen LEHREN? [36] Was ist dies für ein Wort, das er gesagt hat: ‚Ihr werdet mich suchen und mich nicht finden, und wo ich bin, (dahin) könnt ihr nicht kommen‘?

[Joh 7,37–52: Auseinandersetzungen am letzten Tag des Laubhüttenfestes]

[37] Am letzten, dem großen Tag des Festes aber stand Jesus da und rief:

> Wenn einer Durst hat, komme er zu mir,
> und es trinke, [38] wer an mich **glaubt**!

Wie die Schrift gesagt hat:
> Ströme lebendigen Wassers werden aus seinem Inneren fließen.[a]

[39] Das aber sagte er über den Geist, den die empfangen sollten, die **zum Glauben** an ihn **gekommen** waren. Denn (der) Geist war noch nicht da, weil Jesus noch nicht verherrlicht worden war.

[40] Aus dem Volk nun hörten (einige) diese Worte und sagten: Dieser ist wahrhaftig der Prophet.

[41] Andere sagten: Dieser ist der Christus.

---

a Die Herkunft des Zitats ist unbekannt.

Wieder andere sagten: Kommt der Christus denn etwa aus Galiläa? [42] Hat die Schrift nicht gesagt: ‚Aus der Nachkommenschaft Davids und aus Bethlehem, der Stadt, wo David war, kommt der Christus‘?[a] [43] Es entstand nun eine Spaltung im Volk seinetwegen. [44] Einige von ihnen aber wollten ihn ergreifen; doch niemand legte Hand an ihn.

[45] Es kamen nun die Diener zu den Hohenpriestern und Pharisäern, und jene sagten ihnen: Weshalb habt ihr ihn nicht hergeführt? [46] Die Diener antworteten: Niemals hat ein Mensch so geredet. [47] Die Pharisäer nun antworteten ihnen: Seid etwa auch ihr in die Irre geführt worden? [48] Ist etwa einer von den Obersten **zum Glauben** an ihn **gekommen** oder von den Pharisäern? [49] Aber dieses Volk, das das Gesetz nicht kennt – verflucht sind sie! [50] Nikodemus sagt zu ihnen, der früher zu ihm gekommen war (und) der einer von ihnen war: [51] *RICHTET* denn unser Gesetz den Menschen, ohne ihn zuvor verhört und erkannt zu haben, was er tut? [52] Sie antworteten und sagten ihm: Bist etwa auch du aus Galiläa? Forsche nach und sieh, dass aus Galiläa kein Prophet ersteht![b]

[Joh 8,12–20: Streitgespräch über die Legitimation Jesu]

[12] Wiederum nun redete Jesus zu ihnen und sagte:
Ich bin das Licht der Welt.
Wer mir nachfolgt,
wird nicht umhergehen in der Finsternis,
sondern wird das Licht des Lebens haben.
[13] Die Pharisäer sagten ihm nun:

---

a Vgl. 2Sam 7,12; Mi 5,1.
b Der Abschnitt Joh 7,53–8,11 ist in den ältesten Textzeugen nicht enthalten. Er lautet wie folgt:
[7,53] Und sie gingen, ein jeder in sein Haus.
[8,1] Jesus aber ging zum Ölberg.
[2] Am Morgen aber begab er sich wieder zum Heiligtum, und das ganze Volk kam zu ihm. Und er setzte sich nieder und lehrte sie.
[3] Die Schriftgelehrten und die Pharisäer aber bringen eine Frau, die beim Ehebruch ergriffen worden ist, und stellen sie in die Mitte [4] und sagen ihm: Lehrer, diese Frau wurde beim Ehebruch auf frischer Tat ergriffen. [5] Im Gesetz aber hat Mose uns aufgetragen, solche (Frauen) zu steinigen. Du nun, was sagst du?
[6] Das aber sagten sie, um ihn zu versuchen, damit sie (etwas) hätten, ihn anzuklagen.

Jesus aber beugte sich nieder und schrieb mit dem Finger auf die Erde.
[7] Als sie ihn aber weiter fragten, richtete er sich auf und sagte ihnen: Wer von euch ohne Sünde ist, werfe als erster einen Stein auf sie!
[8] Und wiederum beugte er sich nieder und schrieb auf die Erde.
[9] Als sie es aber gehört hatten, gingen sie fort, einer nach dem anderen, angefangen von den Ältesten, und er wurde allein zurückgelassen, und die Frau, die in der Mitte war.
[10] Jesus aber richtete sich auf und sagte ihr: Frau, wo sind sie? Hat dich niemand verurteilt?
[11] Sie aber sagte: Niemand, Herr.
Jesus aber sagte: Auch ich verurteile dich nicht. Geh hin, und sündige von jetzt an nicht mehr!

Du *legst* von dir selbst *Zeugnis ab*;
dein *Zeugnis* ist nicht wahr.
¹⁴ Jesus antwortete und sagte ihnen:
Auch wenn ich von mir selbst *Zeugnis ablege*,
ist mein *Zeugnis* wahr,
denn ich weiß, woher ich gekommen bin und wohin ich gehe;
ihr aber wisst nicht, woher ich komme oder wohin ich gehe.
¹⁵ Ihr *RICHTET* nach dem Fleisch,
ich *RICHTE* niemanden.
¹⁶ Und wenn ich doch *RICHTE*,
ist mein *GERICHT* wahr,
denn ich bin nicht allein,
sondern ich und der VATER, der mich geschickt hat.
¹⁷ Auch in eurem Gesetz ist doch geschrieben:
Zweier Menschen *Zeugnis* ist wahr.
[vgl. Dtn 19,15]
¹⁸ Ich bin es, der ich von mir selbst *Zeugnis ablege*,
und *Zeugnis legt ab* von mir der VATER, der mich geschickt hat.
¹⁹ Sie sagten ihm nun: Wo ist dein VATER?
Jesus antwortete:
Weder mich kennt ihr
noch meinen VATER.
Würdet ihr mich kennen,
würdet ihr auch meinen VATER kennen.

²⁰ Diese Worte redete er bei der Schatzkammer, als er im Heiligtum lehrte. Und niemand ergriff ihn, denn seine Stunde war noch nicht gekommen.

[Joh 8,21–29: Jesu Zeugnis über seinen Fortgang]

²¹ Er sagte ihnen nun wiederum: Ich gehe fort, und ihr werdet mich suchen, und ihr werdet in eurer SÜNDE sterben. Wohin ich gehe, könnt ihr nicht kommen.
²² Die Juden sagten nun: Er wird sich doch nicht etwa selbst töten, dass er sagt: ‚Wohin ich gehe, könnt ihr nicht kommen'?
²³ Und er sagte ihnen:
Ihr seid von unten,
ich bin von oben;
ihr seid aus dieser Welt,
ich bin nicht aus dieser Welt.
²⁴ Ich habe nun zu euch gesagt: Ihr werdet in euren SÜNDEN sterben. Denn wenn ihr nicht **glaubt**, dass ich bin, werdet ihr in euren SÜNDEN sterben.
²⁵ Sie sagten ihm nun: Wer bist du?

Jesus sagte ihnen: Dass ich überhaupt noch zu euch rede! [26] Viel habe ich über euch zu reden und zu urteilen, aber der mich geschickt hat, ist wahrhaftig, und was ich von ihm gehört habe, das rede ich zur Welt. [27] Sie erkannten nicht, dass er vom VATER zu ihnen sprach.

[28] Jesus sagte ihnen nun: Wenn ihr den Menschensohn erhöht, dann werdet ihr erkennen, dass ich (es) bin und nichts von mir aus tue, sondern wie mich der VATER gelehrt hat – das rede ich. [29] Und der mich geschickt hat, ist mit mir. Er hat mich nicht alleingelassen, denn ich tue jederzeit, was ihm gefällt.

[Joh 8,30–59: Streitgespräch über Abrahams-, Gottes- und Teufelskindschaft]

[30] Als er dies redete, **kamen** viele **zum Glauben** an ihn.

[31] Jesus sagte nun zu den Juden, die ihm **glaubten**:

Wenn ihr in meinem **WORT** bleibt,
seid ihr wahrhaft meine Jünger
[32] und werdet die *WAHRHEIT* erkennen,
und die *WAHRHEIT* wird euch *FREI* machen.

[33] Sie antworteten ihm: Wir sind Nachkommenschaft ABRAHAMS und sind niemandem jemals versklavt gewesen; wieso sagst du: Ihr werdet *FREI* werden? [34] Jesus antwortete ihnen: Amen, amen, ich sage euch: Jeder, der die *SÜNDE* tut, ist ein Sklave der *SÜNDE*. [35] Der Sklave aber bleibt nicht im Haus in Ewigkeit, der Sohn bleibt in Ewigkeit. [36] Wenn nun der Sohn euch *FREI* macht, werdet ihr wirklich *FREI* sein. [37] Ich weiß, dass ihr Nachkommenschaft ABRAHAMS seid; aber ihr sucht mich zu töten, denn mein **WORT** findet keinen Raum in euch. [38] Was ich vom VATER gesehen habe, rede ich; auch ihr nun: was ihr vom VATER gehört habt, tut ihr. [39] Sie antworteten und sagten ihm: Unser VATER ist ABRAHAM.

Jesus sagt ihnen: Wenn ihr ABRAHAMS Kinder wäret, tätet ihr die Werke ABRAHAMS. [40] Jetzt aber sucht ihr mich zu töten, einen Menschen, der ich die *WAHRHEIT* zu euch geredet habe, die ich gehört habe von GOTT. Das hat ABRAHAM nicht getan. [41] Ihr tut die Werke eures VATERS.

Sie sagten ihm nun: Wir sind nicht aus Unzucht geboren; als einzigen VATER haben wir GOTT.

[42] Jesus sagte ihnen: Wenn GOTT euer VATER wäre, würdet ihr mich lieben, denn ich bin von GOTT ausgegangen und gekommen; denn nicht von mir selbst aus bin ich gekommen, sondern jener hat mich gesandt. [43] Weshalb versteht ihr meine Sprache nicht? Weil ihr mein **WORT** nicht hören könnt! [44] Ihr seid von dem VATER, dem Teufel, und die Begierden eures VATERS wollt ihr tun. Jener war ein Menschenmörder von Anfang an und steht nicht in der *WAHRHEIT*, weil in ihm keine *WAHRHEIT* ist. Wenn er die Lüge redet, redet er aus dem Seinen, denn er ist ein Lügner und ihr (der Lüge) VATER. [45] Ich aber – weil ich die *WAHRHEIT* sage, **glaubt** ihr mir nicht.

⁴⁶ Wer von euch überführt mich einer *SÜNDE*? Wenn ich **WAHRHEIT** sage, weshalb **glaubt** ihr mir nicht? ⁴⁷ Wer aus GOTT ist, hört die Worte GOTTES; deshalb hört ihr nicht, weil ihr nicht aus GOTT seid.

⁴⁸ Die Juden antworteten und sagten ihm: Sagen wir nicht mit Recht, dass du ein Samariter bist und einen *DÄMON* hast?

⁴⁹ Jesus antwortete: Ich habe keinen *DÄMON*, sondern ehre meinen VATER, und ihr verunehrt mich. ⁵⁰ Ich aber suche nicht meine Herrlichkeit. Es gibt den, der (sie) sucht und (der) richtet. ⁵¹ Amen, amen, ich sage euch:

Wenn einer mein **WORT** bewahrt,

wird er den Tod nicht sehen in Ewigkeit.

⁵² Die Juden sagten ihm nun: Jetzt haben wir erkannt, dass du einen *DÄMON* hast. ABRAHAM ist gestorben und die Propheten, und du sagst:

Wenn einer mein **WORT** bewahrt,

wird er den Tod nicht schmecken in Ewigkeit.

⁵³ Bist du etwa größer als unser VATER ABRAHAM, der gestorben ist? Auch die Propheten sind gestorben. Zu wem machst du dich selbst?

⁵⁴ Jesus antwortete: Wenn ich mich selbst verherrliche, ist meine Herrlichkeit nichts; es ist mein VATER, der mich verherrlicht, von dem ihr sagt: ,Er ist unser GOTT', ⁵⁵ und ihr habt ihn nicht erkannt; ich aber kenne ihn. Und wenn ich sagte: ,Ich kenne ihn nicht', würde ich gleich euch zu einem Lügner werden. Aber ich kenne ihn und bewahre sein **WORT**. ⁵⁶ ABRAHAM, euer VATER, jubelte, dass er meinen Tag sehen sollte, und er sah (ihn) und freute sich.

⁵⁷ Die Juden sagten nun zu ihm: Du bist noch nicht fünfzig Jahre und hast ABRAHAM gesehen?

⁵⁸ Jesus sagte ihnen: Amen, amen, ich sage euch: Bevor ABRAHAM war, bin ich.

⁵⁹ Sie hoben nun Steine auf, um sie auf ihn zu werfen.

Jesus aber verbarg sich und ging aus dem Heiligtum hinaus.

[Joh 9,1–41: Der Blindgeborene]

¹ Und im Vorübergehen sah er einen von Geburt an blinden Menschen.

² Und seine Jünger fragten ihn und sagten: Rabbi, wer hat GESÜNDIGT, dieser oder seine Eltern, dass er blind geboren ist?

³ Jesus antwortete: Weder dieser hat GESÜNDIGT noch seine Eltern, sondern (er ist blind geboren,) damit die Werke GOTTES an ihm offenbar werden. ⁴ Wir müssen die Werke dessen wirken, der mich geschickt hat, solange es Tag ist; es kommt die Nacht, da niemand wirken kann. ⁵ Solange ich in der Welt bin, bin ich das Licht der Welt.

⁶ Nachdem er dies gesagt hatte, spuckte er auf die Erde und machte einen Brei aus dem Speichel und strich ihm den Brei auf die Augen ⁷ und sagte ihm: Geh hin, wasch dich im Teich Siloa! – was übersetzt heißt: Gesandter.

Er ging nun fort und wusch sich und kam sehend (zurück).

[8] Die Nachbarn nun und die, die ihn früher gesehen hatten, dass er ein Bettler war, sagten: Ist dieser nicht der, der dasaß und bettelte?

[9] Die einen sagten: Dieser ist es.

Andere sagten: Nein, sondern er ist ihm ähnlich.

Jener sagte: Ich bin es.

[10] Sie sagten nun zu ihm: Wie nun sind deine Augen geöffnet worden?

[11] Jener antwortete: Der Mensch, der Jesus heißt, hat einen Brei gemacht und meine Augen bestrichen und mir gesagt: Geh hin zum Siloa und wasch dich! Als ich nun weggegangen war und mich gewaschen hatte, wurde ich sehend.

[12] Und sie sagten ihm: Wo ist jener?

Er sagt: Ich weiß nicht.

[13] Sie führen ihn zu den Pharisäern, den ehemals Blinden. [14] Es war aber SABBAT an dem Tag, an dem Jesus den Brei gemacht und seine Augen geöffnet hatte.

[15] Wiederum nun fragten ihn auch die Pharisäer, wie er sehend geworden sei.

Der aber sagte ihnen: Einen Brei hat er mir auf die Augen gelegt, und ich wusch mich und sehe.

[16] Von den Pharisäern sagten nun einige: Dieser Mensch ist nicht von GOTT, denn er hält den SABBAT nicht.

Andere aber sagten: Wie kann ein *SÜNDIGER* Mensch derartige Zeichen tun?

Und es war eine Spaltung unter ihnen.

[17] Sie sagen nun dem Blinden wiederum: Was sagst du über ihn, dass er deine Augen geöffnet hat?

Der aber sagte: Er ist ein Prophet.

[18] Die Juden nun **glaubten** nicht von ihm, dass er blind gewesen und sehend geworden war, bis sie seine – des sehend Gewordenen – Eltern riefen [19] und sie fragten: Ist dieser euer Sohn, von dem ihr sagt, dass er blind geboren sei? Wieso nun sieht er jetzt?

[20] Seine Eltern antworteten nun und sagten: Wir wissen, dass dies unser Sohn ist und dass er blind geboren ist; [21] wieso er aber jetzt sieht, wissen wir nicht; oder wer seine Augen geöffnet hat, wissen wir nicht. Fragt ihn! Er ist alt genug; er wird selbst über sich reden.

[22] Dies sagten seine Eltern, weil sie die Juden fürchteten; denn die Juden waren schon übereingekommen, dass, wenn einer ihn als Christus bekennen würde, er aus der Synagoge ausgeschlossen werde. [23] Deshalb sagten seine Eltern: Er ist alt genug; fragt ihn!

[24] Sie riefen nun den Menschen zum zweiten Mal, der blind gewesen war, und sagten ihm: Gib GOTT die Ehre! Wir wissen, dass dieser Mensch ein *SÜNDER* ist.

[25] Jener antwortete nun: Ob er ein *SÜNDER* ist, weiß ich nicht; eines weiß ich: dass ich, der ich doch blind war, jetzt sehe.

[26] Sie sagten nun zu ihm: Was hat er mit dir gemacht? Wie hat er deine Augen geöffnet?

²⁷ Er antwortete ihnen: Ich habe es euch schon gesagt, und ihr habt nicht darauf gehört; was wollt ihr es abermals hören? Wollt etwa auch ihr seine Jünger werden?

²⁸ Und sie schmähten ihn und sagten: Du bist ein Jünger von jenem, wir aber sind Jünger des Mose. ²⁹ Wir wissen, dass GOTT zu Mose geredet hat. Von diesem aber wissen wir nicht, woher er ist.

³⁰ Der Mensch antwortete und sagte ihnen: Darin liegt ja das Erstaunliche, dass ihr nicht wisst, woher er ist, und dass er mir die Augen geöffnet hat. ³¹ Wir wissen, dass GOTT auf SÜNDER nicht hört, sondern wenn einer gottesfürchtig ist und seinen Willen tut, auf den hört er. ³² Von Urzeit an ist nicht gehört worden, dass einer die Augen eines Blindgeborenen geöffnet hat. ³³ Wenn dieser nicht von GOTT wäre, könnte er nichts tun.

³⁴ Sie antworteten und sagten ihm: Du bist ganz und gar in SÜNDEN geboren, und du belehrst uns? Und sie warfen ihn hinaus.

³⁵ Jesus hörte, dass sie ihn hinausgeworfen hatten, und fand ihn und sagte: **Glaubst du an den Menschensohn?**

³⁶ Jener antwortete und sagte: Und wer ist es, Herr, dass ich an ihn **glaube**?

³⁷ Jesus sagte ihm: Du hast ihn erblickt: der mit dir redet, jener ist es.

³⁸ Der aber sagte: ‚Ich **glaube**, Herr', und warf sich vor ihm nieder.

³⁹ Und Jesus sagte: Zum Gericht bin ich in diese Welt gekommen, damit die, die nicht sehen, sehen, und die, die sehen, blind werden.

⁴⁰ Dies hörten (einige) von den Pharisäern, die bei ihm waren, und sie sagten ihm: Sind etwa auch wir blind?

⁴¹ Jesus sagte ihnen: Wenn ihr blind wäret, hättet ihr keine SÜNDE; jetzt aber sagt ihr: ‚Wir sehen' – eure SÜNDE bleibt.

[Joh 10,1–21: Die Hirtenrede]

¹ Amen, amen, ich sage euch:

Wer nicht durch die *TÜR* in den Hof der Schafe hineingeht, sondern von anderswoher einsteigt, jener ist ein Dieb und Räuber.

² Wer aber durch die *TÜR* hineingeht, ist ein **HIRTE** der Schafe.

³ Diesem öffnet der Türhüter, und die Schafe hören auf seine Stimme, und seine eigenen Schafe ruft er mit Namen und führt sie hinaus.

⁴ Wenn er die eigenen (Schafe) alle hinausgetrieben hat, geht er vor ihnen her, und die Schafe folgen ihm, denn sie kennen seine Stimme.

⁵ Einem Fremden aber werden sie nicht folgen, sondern werden vor ihm fliehen, denn sie kennen die Stimme der Fremden nicht.

⁶ Diese Rätselrede sagte ihnen Jesus.

Jene aber verstanden nicht, was es war, das er zu ihnen redete.

⁷ Jesus sagte nun wiederum:

Amen, amen, ich sage euch:

Ich bin die *TÜR* der Schafe.

[8] Alle, welche vor mir gekommen sind, sind Diebe und Räuber, aber die Schafe haben nicht auf sie gehört.

[9] Ich bin die *TÜR*;
wenn einer durch mich hineingeht,
wird er gerettet werden
und hineingehen und hinausgehen
und eine Weide finden.

[10] Der Dieb kommt nicht,
außer um zu stehlen und zu schlachten und zu verderben.
Ich bin gekommen,
damit sie Leben haben und Überfluss haben.

[11] Ich bin der gute **HIRTE**.
Der gute **HIRTE** GIBT SEIN LEBEN DAHIN für die Schafe.

[12] Der, der Lohnknecht und nicht **HIRTE** ist, dem die Schafe nicht zu eigen sind, sieht den Wolf kommen und verlässt die Schafe und flieht – und der Wolf raubt und versprengt sie –, [13] denn er ist ein Lohnknecht und kümmert sich nicht um die Schafe.

[14] Ich bin der gute **HIRTE**
und kenne die Meinen,
und die Meinen kennen mich,
[15] wie mich der VATER kennt
und ich den VATER kenne,
und MEIN LEBEN GEBE ICH DAHIN für die Schafe.

[16] Und andere Schafe habe ich, die nicht aus diesem Hof sind; auch jene muss ich führen, und sie werden auf meine Stimme hören, und es wird sein eine einzige Herde, ein einziger **HIRTE**.

[17] Deshalb liebt mich der VATER,
weil ICH MEIN LEBEN DAHINGEBE,
damit ich es wiederum nehme.

[18] Niemand nimmt es von mir weg,
sondern von mir aus GEBE ICH ES DAHIN.
Ich habe Macht, es DAHINZUGEBEN,
und ich habe Macht, es wiederum zu nehmen.
Dieses Gebot habe ich von meinem VATER empfangen.

[19] Wiederum entstand eine Spaltung unter den Juden wegen dieser Worte.

[20] Viele von ihnen aber sagten: Einen Dämon hat er und ist verrückt. Was hört ihr auf ihn?

[21] Andere sagten: Diese Worte sind nicht die eines von einem Dämon Besessenen. Kann etwa ein Dämon Augen von Blinden öffnen?

[Joh 10,22–39: Jesu Verteidigung gegen den Vorwurf der Lästerung]

22 Daraufhin fand das Tempelweihfest statt in Jerusalem; es war Winter. 23 Und Jesus ging umher im Heiligtum in der Halle Salomos.
24 Es umringten ihn nun die Juden und sagten ihm: Wie lange noch hältst du uns hin? Wenn du der Christus bist, sag es uns frei heraus!
25 Jesus antwortete ihnen: Ich habe es euch gesagt, und ihr **glaubt** nicht. Die WERKE, die ich im Namen meines VATERS tue, diese legen Zeugnis über mich ab.
26 Aber ihr **glaubt** nicht, denn ihr seid nicht von meinen Schafen. 27 Meine Schafe hören auf meine Stimme, und ich kenne sie, und sie folgen mir, 28 und ich gebe ihnen ewiges Leben, und sie gehen in Ewigkeit nicht verloren, und keiner wird sie aus meiner Hand rauben. 29 Was mein VATER mir gegeben hat, ist größer als alles, und niemand kann es aus der Hand des VATERS rauben.
30 Ich und der VATER sind eins.
31 Wieder hoben die Juden Steine auf, um ihn zu steinigen.
32 Jesus antwortete ihnen: Viele gute WERKE habe ich euch gezeigt vom VATER. Wegen welchen WERKES von ihnen wollt ihr mich steinigen?
33 Die Juden antworteten ihm: Wegen eines guten WERKES steinigen wir dich nicht, sondern wegen *Lästerung*, und weil du, der du ein Mensch bist, dich selbst zu GOTT machst.
34 Jesus antwortete ihnen: Ist nicht geschrieben in eurem Gesetz:
,Ich habe gesagt: Götter seid ihr‘?
[Ps 82,6]
35 Wenn er jene (nun) Götter genannt hat, an die das Wort GOTTES erging und die Schrift nicht aufgehoben werden kann, 36 sagt ihr dem, den der VATER geheiligt und in die Welt gesandt hat: ,Du *lästerst*‘, weil ich gesagt habe: ,Ich bin GOTTES Sohn‘?
37 Wenn ich nicht die WERKE meines VATERS tue, **glaubt** mir nicht! 38 Wenn ich sie aber tue, so **glaubt**, auch wenn ihr mir nicht **glaubt**, den WERKEN, damit ihr die Erkenntnis gewinnt und behaltet, dass in mir der VATER ist und ich im VATER bin!
39 Sie suchten nun, ihn wieder zu ergreifen; doch er entkam aus ihrer Hand.

[Joh 10,40–42: Jesus an der ersten Taufstelle des Johannes]

40 Und er ging wieder fort auf die andere Seite des Jordan an den Ort, wo Johannes zuerst getauft hatte, und blieb dort.
41 Und viele kamen zu ihm und sagten: Johannes hat zwar kein Zeichen getan; alles aber, was Johannes über diesen gesagt hat, war wahr.
42 Und viele **kamen** dort **zum Glauben** an ihn.

[Joh 11,1–44: Die Auferweckung des Lazarus]

1 Es war aber einer krank, Lazarus von Bethanien, aus dem Dorf Marias und Marthas, ihrer Schwester.

[2] Es war aber Maria die, die den Herrn mit Salböl gesalbt und seine Füße mit ihren Haaren abgewischt hatte[a]; deren Bruder Lazarus war krank.

[3] Die Schwestern sandten nun zu ihm und ließen sagen: Herr, siehe, der, den du lieb hast, ist krank.

[4] Nachdem Jesus es aber gehört hatte, sagte er: Diese Krankheit ist nicht zum Tode, sondern für die Herrlichkeit GOTTES, damit der Sohn GOTTES durch sie verherrlicht werde.

[5] Jesus aber liebte Martha und ihre Schwester und Lazarus.

[6] Als er nun gehört hatte, dass er krank sei, da blieb er an dem Ort, an dem er war, zwei Tage.

[7] Erst danach sagt er den Jüngern: Lasst uns wieder nach Judäa gehen!

[8] Die Jünger sagen ihm: Rabbi, gerade suchten die Juden dich zu steinigen, und du gehst wieder dorthin?

[9] Jesus antwortete: Hat der Tag nicht zwölf Stunden?

> Wenn einer am Tag umhergeht,
> stößt er nicht an,
>> denn er sieht das Licht dieser Welt.
> [10] Wenn aber einer in der Nacht umhergeht,
> stößt er an,
>> denn das Licht ist nicht in ihm.

[11] Dies sagte er, und danach sagt er ihnen: Lazarus, unser Freund, ist eingeschlafen, aber ich gehe hin, um ihn aufzuwecken.

[12] Die Jünger sagten nun zu ihm: Herr, wenn er eingeschlafen ist, wird er gesund werden.

[13] Jesus aber hatte über seinen Tod gesprochen, jene aber meinten, dass er über den Schlummer des Schlafes spreche.

[14] Daraufhin nun sagte ihnen Jesus frei heraus: Lazarus ist gestorben. [15] Und ich freue mich euretwegen – damit ihr **zum Glauben kommt** –, dass ich nicht dort war. Aber lasst uns zu ihm gehen!

[16] Thomas, der Didymus (Zwilling) genannt wurde, sagte nun zu seinen Mitjüngern: Lasst auch uns gehen, damit wir mit ihm sterben.

[17] Nachdem Jesus nun angekommen war, fand er ihn schon vier Tage im Grab liegen.

[18] Es war aber Bethanien in der Nähe von Jerusalem, etwa fünfzehn Stadien[b] entfernt. [19] Viele aber von den Juden waren zu Martha und Maria gekommen, um sie zu trösten wegen des Bruders.

[20] Martha nun, als sie hörte, dass Jesus komme, ging ihm entgegen; Maria aber saß im Haus.

---

a Vgl. Joh 12,3.   b 1 Stadion = ca. 200 Meter.

²¹ Martha sagte nun zu Jesus: *HERR, WENN DU HIER GEWESEN WÄREST, WÄRE MEIN BRU-DER NICHT GESTORBEN*. ²² Aber auch jetzt weiß ich, dass, worum auch immer du GOTT bittest, GOTT dir geben wird.

²³ Jesus sagt ihr: Dein Bruder wird auferstehen.

²⁴ Martha sagt ihm: Ich weiß, dass er auferstehen wird bei der Auferstehung am letzten Tag.

²⁵ Jesus sagt ihr:
Ich bin die Auferstehung und das Leben.
Wer an mich **glaubt**, wird, auch wenn er stirbt, leben,
²⁶ und jeder, der lebt und an mich **glaubt**, stirbt in Ewigkeit nicht.
Glaubst du das?

²⁷ Sie sagt ihm:
Ja, Herr, ich bin **zum Glauben gekommen**, dass du der Christus bist,
der Sohn GOTTES, der in die Welt kommt.

²⁸ Und nachdem sie das gesagt hatte, ging sie fort und rief Maria, ihre Schwester, heimlich und sagte: Der Lehrer ist da und ruft dich.

²⁹ Jene aber, als sie es hörte, stand schnell auf und ging zu ihm.

³⁰ Noch aber war Jesus nicht in das Dorf gekommen, sondern er war noch an dem Ort, wo Martha ihm entgegengekommen war.

³¹ Als nun die Juden, die mit ihr im Haus waren und sie trösteten, sahen, dass Maria schnell aufstand und hinausging, folgten sie ihr, in der Meinung, dass sie fortgehe zum Grab, um dort zu weinen.

³² Als nun Maria, wie sie (dorthin) gekommen war, wo Jesus war, ihn erblickte, warf sie sich vor seine Füße und sagte ihm: *HERR, WENN DU HIER GEWESEN WÄREST, WÄRE MEIN BRUDER NICHT GESTORBEN*.

³³ Jesus nun, als er sie weinen sah und die Juden, die mit ihr gekommen waren, weinen, ergrimmte im Geist und geriet in Erschütterung ³⁴ und sagte: Wohin habt ihr ihn gelegt?

Sie sagen ihm: Herr, komm und sieh!

³⁵ Jesus brach in Tränen aus.

³⁶ Die Juden sagten nun: Siehe, wie lieb er ihn gehabt hat!

³⁷ Einige von ihnen aber sagten: Konnte dieser, der die Augen des Blinden geöffnet hat, nicht machen, dass auch dieser nicht sterbe?

³⁸ Jesus nun, wieder innerlich ergrimmt, kommt zum Grab; es war aber eine Höhle, und ein Stein lag davor. ³⁹ Jesus sagt: Hebt den Stein weg!

Die Schwester des Gestorbenen, Martha, sagt ihm: Herr, er stinkt schon; er ist ja vier Tage (tot).

⁴⁰ Jesus sagt ihr: Habe ich dir nicht gesagt: ,Wenn du **glaubst**, wirst du die Herrlichkeit GOTTES sehen'?

⁴¹ Sie hoben nun den Stein weg.

Jesus aber hob die Augen nach oben auf und sagte: Vater, ich danke dir, dass du mich erhört hast. [42] Ich wusste aber, dass du mich allezeit erhörst, doch wegen der Volksmenge, die ringsherum steht, habe ich es gesagt, damit sie **glauben**, dass du mich gesandt hast.

[43] Und nachdem er dies gesagt hatte, rief er mit lauter Stimme: Lazarus, komm heraus!

[44] Der Gestorbene kam heraus, die Füße und die Hände mit Binden umwickelt, und sein Gesicht war mit einem Schweißtuch verhüllt. Jesus sagt ihnen: Macht ihn los und lasst ihn gehen!

[Joh 11,45–54: Der Todesbeschluss des Hohen Rates
und Jesu Rückzug nach Ephraim]

[45] Viele nun von den Juden, (nämlich) die, die zu Maria gekommen waren und gesehen hatten, was er getan hatte, **kamen zum Glauben** an ihn. [46] Einige von ihnen aber gingen weg zu den Pharisäern und sagten ihnen, was Jesus getan hatte.

[47] Es beriefen nun die HOHENPRIESTER und die Pharisäer eine Ratsversammlung ein und sagten: Was tun wir (eigentlich angesichts dessen,) dass dieser Mensch viele Zeichen tut? [48] Wenn wir ihn so (gewähren) lassen, werden alle an ihn **glauben**, und die Römer werden kommen und uns sowohl die Stätte als auch das Volk wegnehmen.

[49] Einer von ihnen aber, Kaiphas, der HOHERPRIESTER jenes Jahres war, sagte ihnen: Ihr wisst gar nichts, [50] auch bedenkt ihr nicht, dass es euch nützt, wenn ein (einziger) Mensch für das (Gottes-)Volk stirbt und nicht das ganze Volk zugrunde geht.

[51] Das aber sagte er nicht von sich aus; sondern weil er HOHERPRIESTER jenes Jahres war, sagte er prophetisch, dass Jesus für das Volk sterben solle, [52] und (zwar) nicht für das Volk allein, sondern damit er auch die zerstreuten Kinder GOTTES in eins versammle.

[53] Von jenem Tag an beratschlagten sie nun (darüber), dass sie ihn töten würden.

[54] Jesus nun ging nicht mehr öffentlich unter den Juden umher, sondern ging von dort weg in die Gegend nahe der Wüste, in eine Stadt namens Ephraim, und dort blieb er mit den Jüngern.

[Joh 11,55–57: Im Vorfeld des Passahfestes]

[55] Es war aber nahe das Passah der Juden. Und viele gingen vor dem Passah aus dem Land hinauf nach Jerusalem, um sich zu heiligen. [56] Sie suchten nun Jesus und sagten, als sie miteinander im Heiligtum standen: Was meint ihr? Dass er etwa nicht zum Fest kommt?

[57] Die HOHENPRIESTER und die Pharisäer aber hatten Anweisungen gegeben, dass, wenn einer wisse, wo er sei, er Anzeige erstatte, damit sie ihn ergreifen könnten.

[Joh 12,1–11: Die Salbung Jesu in Bethanien]

[1] Jesus nun kam sechs Tage vor dem Passah nach Bethanien, wo Lazarus war, den Jesus von (den) Toten auferweckt hatte.
[2] Sie bereiteten ihm nun dort ein Gastmahl, und Martha bediente. Lazarus aber war einer von denen, die mit ihm zu Tisch lagen.
[3] Maria nun nahm eine Litra[a] kostbaren Salböls von echter Narde, salbte die Füße Jesu und wischte mit ihren Haaren seine Füße ab.
Das Haus aber wurde vom Duft des Salböls erfüllt.
[4] Es sagt aber Judas Iskariot, einer seiner Jünger, der, der ihn ausliefern sollte:
[5] Weshalb wurde dieses Salböl nicht für dreihundert Denare[b] verkauft und (der Erlös) *Armen* gegeben?
[6] Er sagte das aber nicht, weil ihm etwas an den *Armen* lag, sondern weil er ein Dieb war und (als derjenige, der) die Kasse hatte, die Einlagen veruntreute.
[7] Jesus sagte nun: Lass sie! (Es wurde nicht verkauft,) damit sie es für den Tag meiner Zurüstung zum Begräbnis aufbewahre. [8] Denn die *Armen* habt ihr jederzeit bei euch, mich aber habt ihr nicht jederzeit.
[9] Es erfuhr nun in großer Zahl die Volksmenge aus den Juden, dass er dort sei. Und sie kamen nicht wegen Jesus allein, sondern um auch Lazarus zu sehen, den er von (den) Toten auferweckt hatte.
[10] Die HOHENPRIESTER beschlossen aber, auch Lazarus zu töten, [11] weil (immerfort) viele der Juden seinetwegen hingingen und an Jesus **glaubten**.

[Joh 12,12–19: Der Einzug Jesu in Jerusalem]

[12] Als am nächsten (Tag) die (Leute aus der) zahlreiche(n) Volksmenge, die zum Fest gekommen war, hörten, dass Jesus nach Jerusalem komme, [13] nahmen sie die Zweige der Palmbäume und gingen hinaus zur Begegnung (mit) ihm und schrien (immerfort):

Hosanna,
gepriesen sei, der im Namen des Herrn kommt!
[Ps 118,25–26]

Und: KÖNIG Israels!
[14] Jesus aber fand ein Eselchen und setzte sich darauf, wie geschrieben ist:

[15] Fürchte dich nicht
[Jes 35,4; 40,9],
Tochter Zion!
Siehe, dein KÖNIG kommt,
sitzend auf dem Füllen eines Esels.
[Sach 9,9]

---

a Eine Litra sind ca. 330 Gramm.   b Vgl. zu Mt 20,2.

¹⁶ Dies verstanden seine Jünger zuerst nicht. Aber als Jesus VERHERRLICHT war, da erinnerten sie sich, dass dies über ihn geschrieben war und dass sie ihm dies getan hatten.

¹⁷ (Immerfort) legte nun die Volksmenge, die bei ihm (gewesen) war, als er Lazarus aus dem Grab rief und ihn auferweckte von (den) Toten, Zeugnis ab. ¹⁸ Deshalb ging(en) ihm die (Leute aus der) Volksmenge entgegen, weil sie hörten, dass er dieses Zeichen getan hatte.

¹⁹ Die Pharisäer nun sagten zueinander: Ihr seht, dass ihr nichts tun könnt. Siehe, die WELT ist hinter ihm her weggegangen.

[Joh 12,20–36: Die letzte öffentliche Rede Jesu]

²⁰ Es waren aber einige Griechen da, (welche) von denen (waren,) die hinaufzogen, um (Gott) anzubeten auf dem Fest. ²¹ Diese nun kamen zu Philippus, dem aus Bethsaida in Galiläa, und baten ihn und sagten: Herr, wir wollen Jesus sehen.

²² Philippus geht und sagt es Andreas; Andreas und Philippus gehen und sagen es Jesus.

²³ Jesus aber antwortet ihnen und sagt: Gekommen ist die **STUNDE**, dass der Menschensohn VERHERRLICHT werde.

²⁴ Amen, amen, ich sage euch:
Wenn das Weizenkorn nicht in die Erde fällt und stirbt,
    bleibt es für sich allein;
wenn es aber stirbt,
    bringt es viel Frucht.
²⁵ Wer sein Leben liebt,
    verliert es,
und wer sein Leben hasst in dieser WELT,
    wird es ins ewige Leben bewahren.
²⁶ Wenn mir einer dient, folge er mir nach,
    und wo ich bin, dort wird auch mein Diener sein.
Wenn einer mir dient,
    wird ihn der Vater ehren.

²⁷ Jetzt ist meine Seele erschüttert [Ps 6,4]. Und was soll ich sagen? ,Vater, errette mich aus dieser **STUNDE**!'? Aber deshalb bin ich in diese **STUNDE** gekommen. ²⁸ Vater, VERHERRLICHE deinen Namen!

Es kam nun eine Stimme aus dem Himmel: Ich habe (ihn) VERHERRLICHT und werde (ihn) wieder VERHERRLICHEN.

²⁹ Die Volksmenge nun, die dastand und (es) gehört hatte, sagte, ein Donner sei geschehen; andere sagten: Ein Engel hat zu ihm geredet.

³⁰ Jesus antwortete und sagte: Nicht meinetwegen ist diese Stimme geschehen, sondern euretwegen. ³¹ Jetzt ist Gericht über diese WELT: Jetzt wird der Herrscher

dieser *WELT* hinausgeworfen werden, [32] und ich, wenn ich von der Erde erhöht bin, werde alle zu mir ziehen.

[33] Das aber sagte er, um anzudeuten, welchen Tod er sterben sollte.

[34] Die Volksmenge nun antwortete ihm: Wir haben aus dem Gesetz gehört, dass der Christus bis in Ewigkeit bleibt. Und wieso sagst du: ‚Der Menschensohn muss erhöht werden'? Wer ist dieser Menschensohn?

[35] Jesus nun sagte ihnen:

Noch eine kurze Zeit ist das LICHT unter euch.
Wandelt umher, *solange ihr das* LICHT *habt*,
damit nicht die Finsternis euch ergreife!
Und wer in der Finsternis umherwandelt, weiß nicht, wohin er geht.
[36] *Solange ihr das* LICHT *habt*, **glaubt** an das LICHT,
damit ihr Söhne (des) LICHTES werdet!

Dies redete Jesus, und er ging weg und verbarg sich vor ihnen.

[Joh 12,37–43: Abschluss der Darstellung des öffentlichen Wirkens Jesu]

[37] Obwohl er aber so große Zeichen getan hatte vor ihnen, **glaubten** sie nicht an ihn, [38] (und zwar geschah dies,) damit das Wort Jesajas, des Propheten, erfüllt werde, das er sagte:

Herr, wer hat unserer Botschaft **geglaubt**?
Und der Arm des Herrn, wem ist er offenbart worden?
[Jes 53,1 LXX]

[39] Deshalb konnten sie nicht **glauben**, weil Jesaja wiederum sagte:

[40] Geblendet hat er ihre Augen,
und verhärtet hat er ihr Herz,
damit (es) nicht (geschehe, dass) sie mit den Augen sehen
und mit dem Herzen begreifen
und umkehren und ich sie heilen werde.
[Jes 6,10 LXX]

[41] Dies sagte Jesaja, weil er seine Herrlichkeit sah, und er redete über ihn.

[42] Dennoch **kamen** zwar auch von den Obersten viele **zum Glauben** an ihn, aber wegen der Pharisäer bekannten sie (es) nicht, um nicht aus der Synagoge ausgeschlossen zu werden. [43] Denn sie liebten die Ehre der Menschen mehr als die Ehre GOTTES.

[Joh 12,44–50: Eine Rede Jesu]

[44] Jesus aber rief und sagte:

Wer an mich **glaubt**, **glaubt** nicht an mich, sondern an den, der mich geschickt hat, [45] und wer mich sieht, sieht den, der mich geschickt hat. [46] Ich bin als LICHT in die *WELT* gekommen, damit jeder, der an mich **glaubt**, nicht in der Finsternis bleibe.

⁴⁷ Und wenn einer meine Aussagen hört und sie nicht befolgt, *RICHTE ich* ihn nicht; denn ich bin nicht gekommen, um die WELT zu *RICHTEN*, sondern um die WELT zu retten. ⁴⁸ Wer mich verwirft und meine Aussagen nicht annimmt, hat das, das ihn *RICHTET*: Das Wort, das ich geredet habe, jenes *RICHTET* ihn am letzten Tag. ⁴⁹ Denn ich habe nicht aus mir selbst geredet, sondern der Vater, der mich geschickt hat, der hat mir ein Gebot gegeben, was ich sagen und was ich reden soll. ⁵⁰ Und ich weiß, dass sein Gebot ewiges Leben ist. Was ich nun rede: wie der Vater es mir gesagt hat, so rede ich (es).

[Johannes 13,1–17,26:
Der Abschied Jesu von den Jüngern]

[Joh 13,1–20: Die Fußwaschung beim letzten Mahl]

¹ Als Jesus aber vor dem Passahfest wusste, dass seine **STUNDE** gekommen war, hinüberzugehen aus dieser WELT zum Vater, hat er als einer, der die in der WELT (befindlichen) Seinen *geliebt* hatte, sie bis zum äußersten *geliebt*.

² Und als ein Gastmahl stattfindet – nachdem der Teufel (dem Judas) schon in das Herz gesetzt hat, dass (er, nämlich) Judas Iskariot, (der Sohn) des Simon, ihn ausliefere –, ³ als er weiß, dass der Vater ihm alles in die Hände gegeben hat und dass er von GOTT ausgegangen ist und zu GOTT (zurück)geht, ⁴ steht er auf vom Gastmahl und legt seine Kleider ab, nimmt ein Leinentuch und umgürtete sich damit. ⁵ Daraufhin gießt er Wasser in das Becken und begann, die Füße der Jünger zu waschen und mit dem Leinentuch abzuwischen, mit dem er umgürtet war.

⁶ Er kommt nun zu Simon Petrus.
Der sagt ihm: Herr, *du* willst *mir* die Füße waschen?
⁷ Jesus antwortete und sagte ihm: Was ich tue, verstehst du jetzt nicht; du wirst es aber hernach erkennen.
⁸ Petrus sagt ihm: Du sollst mir nie und nimmer die Füße waschen!
Jesus antwortete ihm: Wenn ich dich nicht wasche, hast du keinen Teil mit mir.
⁹ Simon Petrus sagt ihm: Herr, nicht nur meine Füße, sondern auch die Hände und den Kopf!
¹⁰ Jesus sagt ihm: Wer gebadet ist, braucht sich nicht zu waschen[a], sondern er ist ganz rein. Auch ihr seid rein, aber nicht alle.
¹¹ Denn er kannte den, der ihn auslieferte. Deshalb sagte er: Nicht alle seid ihr rein.

---

a Die meisten Textzeugen lesen zusätzlich: „ausgenommen die Füße".

[12] Als er nun ihre Füße gewaschen und seine Kleider angelegt und sich wieder zu Tisch gelegt hatte, sagte er ihnen:

Versteht ihr, was ich euch getan habe? [13] Ihr ruft mich ‚Lehrer' und ‚Herr', und zu Recht sagt ihr es, denn ich bin es. [14] Wenn nun ich eure Füße gewaschen habe als der Herr und der Lehrer, seid auch ihr verpflichtet, einander die Füße zu waschen. [15] Denn ein Beispiel habe ich euch gegeben, damit auch ihr tut, wie ich an euch getan habe.

[16] Amen, amen, ich sage euch: Ein Sklave ist nicht größer als sein Herr noch ein Gesandter größer als der, der ihn geschickt hat. [17] Wenn ihr diese Dinge wisst: Selig seid ihr, wenn ihr sie tut.

[18] Nicht von euch allen spreche ich; ich weiß, was für welche ich erwählt habe. Aber damit die Schrift erfüllt werde:

> Der mein Brot verzehrt,
> hat gegen mich seine Ferse erhoben.
> [Ps 41,10]

[19] Schon jetzt sage ich es euch, bevor es geschieht, damit ihr, wenn es geschieht, **glaubt,** dass ich bin.

[20] Amen, amen, ich sage euch:
Wer, wenn ich einen schicken werde, (ihn) aufnimmt,
nimmt mich auf;
wer aber mich aufnimmt,
nimmt den auf, der mich geschickt hat.

[Joh 13,21–30: Die Ankündigung der Auslieferung durch Judas]

[21] Nachdem er dies gesagt hatte, geriet Jesus innerlich in Erschütterung und bezeugte und sagte: Amen, amen, ich sage euch: Einer von euch wird mich ausliefern.

[22] Die Jünger blickten einander an, zweifelnd, über wen er spreche.

[23] Einer von seinen Jüngern lag (bei Tisch) an der Brust Jesu, den *liebte* Jesus. [24] Diesem nickt nun Simon Petrus zu und sagt ihm: Sag, wer ist es, von dem er spricht?[a]

[25] Es neigt nun jener sich demgemäß an Jesu Brust zurück und sagt ihm: Herr, wer ist es?

[26] Jesus antwortet: Jener ist es, dem ich den Bissen eintunken und geben werde.

Er tunkt nun den Bissen ein, nimmt ihn und gibt ihn Judas, (dem Sohn) des Simon Iskariot.

[27] Und nach dem Bissen – da fuhr in jenen der Satan hinein.

Jesus nun sagt ihm: Was du tust, tu möglichst schnell!

---

a Nach anderen Textzeugen: „Diesem nickt nun
Simon Petrus zu, sich zu erkundigen, wer es sei,
über den er spreche."

²⁸ Das aber verstand niemand von denen, die zu Tisch lagen, wozu er ihm das sagte. ²⁹ Denn einige meinten, weil Judas die Kasse hatte, dass Jesus ihm sage: ‚Kauf ein, was wir für das Fest brauchen!‘, oder dass er den Armen etwas geben solle. ³⁰ Nachdem jener nun den Bissen genommen hatte, ging er sofort hinaus. Es war aber Nacht.

[Joh 13,31–38: Abschiedsankündigung, Liebesgebot
und Voraussage der Verleugnung des Petrus]

³¹ Als er (Judas) nun hinausging, sagt Jesus:

Jetzt wurde der Menschensohn verherrlicht,
und GOTT wurde in ihm verherrlicht.
³² Wenn GOTT in ihm verherrlicht wurde[a],
wird auch (umgekehrt) GOTT ihn in sich verherrlichen,
und sofort wird er ihn verherrlichen.

³³ Kinderlein, noch eine kurze Zeit bin ich bei euch; ihr werdet mich suchen, und wie ich zu den Juden gesagt habe: ‚Wohin ich gehe, (dahin) könnt ihr nicht kommen‘, (so) sage ich jetzt auch euch.
³⁴ Ein neues Gebot gebe ich euch, dass ihr einander *lieben* sollt, wie ich euch *geliebt* habe, damit auch ihr einander *liebt*. ³⁵ Daran werden alle erkennen, dass ihr meine Jünger seid, wenn ihr untereinander *Liebe* habt.
³⁶ Simon Petrus sagt ihm: Herr, wohin gehst du?
Jesus antwortet ihm: Wo ich hingehe, (dahin) kannst du mir jetzt nicht folgen; du wirst aber später folgen.
³⁷ Petrus sagt ihm: Herr, warum kann ich dir nicht jetzt folgen? Mein Leben werde ich für dich hingeben.
³⁸ Jesus antwortet: Dein Leben wirst du für mich hingeben? Amen, amen, ich sage dir: (Der) Hahn wird nicht krähen, bis du mich dreimal verleugnet hast.

[Joh 14,1–31: Über Jesu Fortgehen und sein erneutes Kommen]

¹ Euer Herz lasse sich nicht erschüttern! **Glaubt** an GOTT und **glaubt** an mich!
² In dem Haus meines VATERS sind viele Wohnungen;
wenn (es) aber nicht (so wäre), hätte ich euch dann gesagt,
dass ich weggehe, um euch einen Platz zu bereiten?
³ Und wenn ich weggegangen bin und euch einen Platz bereitet habe,
komme ich wieder und werde euch zu mir nehmen,
damit, wo ich bin, auch ihr seid.

---

a Dieser „Wenn"-Satz fehlt in wichtigen Handschriften.

⁴ Und wohin ich fortgehe – ihr kennt den WEG.

⁵ Thomas sagt ihm: Herr, wir wissen nicht, wohin du fortgehst; wie können wir den WEG wissen?

⁶ Jesus sagt ihm:

Ich bin der WEG und die Wahrheit und das Leben.

Niemand kommt zum VATER außer durch mich.

⁷ Wenn ihr mich ERKANNT habt, werdet ihr auch meinen VATER ERKENNEN. Und schon jetzt ERKENNT ihr ihn und habt ihn gesehen.

⁸ Philippus sagt ihm: Herr, zeige uns den VATER, und das genügt uns.

⁹ Jesus sagt ihm: So lange Zeit bin ich bei euch, und du hast mich nicht ERKANNT, Philippus? Wer mich gesehen hat, hat den VATER gesehen; wieso sagst du: ‚Zeige uns den VATER!'? ¹⁰ Glaubst du nicht, dass ich im VATER (bin) und der VATER in mir ist? Die Worte, die ich euch sage, rede ich nicht von mir aus. Aber der VATER, indem er in mir (ist und) bleibt, tut seine Werke. ¹¹ Glaubt mir, dass ich im VATER (bin) und der VATER in mir! Wenn (ihr mir) aber nicht (glaubt), glaubt wegen der Werke selbst!

¹² Amen, amen, ich sage euch: Wer an mich glaubt – die Werke, die ich tue, wird auch jener tun, und größere als diese wird er tun, denn ich gehe zum VATER. ¹³ Und worum auch immer ihr bitten werdet in meinem Namen, das werde ich tun, damit der VATER im Sohn verherrlicht werde. ¹⁴ Wenn ihr mich um etwas bitten werdet in meinem Namen, werde ich es tun. ¹⁵ Wenn ihr mich *liebt*, werdet ihr meine Gebote bewahren.

¹⁶ Und ich werde den VATER ersuchen, und er wird euch einen anderen BEISTAND geben, damit er für immer bei euch sei, ¹⁷ den Geist der Wahrheit, den die *WELT* nicht erfassen kann, denn sie sieht ihn nicht und ERKENNT (ihn) nicht. Ihr ERKENNT ihn, denn er bleibt bei euch und wird in euch sein.

¹⁸ Nicht werde ich euch Waisen sein lassen; ich komme zu euch. ¹⁹ Noch eine kurze Zeit, und die *WELT* sieht mich nicht mehr; ihr aber seht mich, weil *ich* lebe und *ihr* leben werdet. ²⁰ An jenem Tag werdet ihr ERKENNEN, dass ich in meinem VATER (bin) und ihr in mir und ich in euch.

²¹ Wer meine Gebote hat und sie bewahrt,

jener ist es, der mich *liebt*;

wer mich aber *liebt*,

wird von meinem VATER *geliebt* werden,

und ich werde ihn *lieben* und mich ihm offenbaren.

²² Judas, nicht der Iskariot, sagt ihm: Herr, wie kommt es, dass du dich uns offenbaren willst und nicht der *WELT*?

²³ Jesus antwortete und sagte ihm:

Wenn einer mich *liebt*,

wird er mein Wort bewahren,

und mein VATER wird ihn *lieben*;

und wir werden zu ihm kommen

und bei ihm Wohnung nehmen.

²⁴ Wer mich nicht *liebt*, bewahrt meine Worte nicht. Und das Wort, das ihr hört, ist nicht meines, sondern (das) des VATERS, der mich geschickt hat.

²⁵ Dies habe ich zu euch geredet, (während ich noch) anwesend (bin) bei euch. ²⁶ Der **BEISTAND** aber, der heilige Geist, den der VATER in meinem Namen schicken wird, jener (Beistand) wird euch alles lehren und euch an alles erinnern, was ich euch gesagt habe.

²⁷ Frieden lasse ich euch zurück, meinen Frieden gebe ich euch; nicht wie die WELT gibt, gebe ich (ihn) euch. Euer Herz lasse sich nicht erschüttern und sei nicht verzagt!

²⁸ Ihr habt gehört, dass ich euch gesagt habe: ,Ich gehe fort' und: ,Ich komme zu euch.' Wenn ihr mich *liebtet*, würdet ihr euch freuen, dass ich zum VATER gehe, denn der VATER ist größer als ich. ²⁹ Und jetzt habe ich (es) euch gesagt, bevor es geschieht, damit ihr, wenn es geschieht, **zum Glauben kommt.**

³⁰ Nicht mehr viel werde ich mit euch reden, denn es kommt der Herrscher der WELT. Doch an mir hat er nichts, ³¹ sondern (dies geschieht,) damit die WELT ER-KENNE, dass ich den VATER *liebe* und so handele, wie mir der VATER geboten hat. Steht auf; gehen wir weg von hier!

[Joh 15,1–17: Die Weinstockrede]

¹ Ich bin der wahre Weinstock,
    und mein VATER ist der Winzer.
² Jede Ranke an mir, die nicht FRUCHT bringt, entfernt er,
    und jede, die FRUCHT bringt, reinigt er, damit sie (noch) mehr FRUCHT bringt.
³ Ihr seid schon rein wegen des Wortes, das ich zu euch geredet habe.
⁴ *BLEIBT* in mir,
    so (bleibe) ich in euch.
Wie die Ranke von sich aus keine FRUCHT bringen kann,
    wenn sie nicht am Weinstock *BLEIBT*,
so auch ihr nicht,
    wenn ihr nicht in mir *BLEIBT*.
⁵ Ich bin der Weinstock,
    ihr (seid) die Ranken.
Wer in mir *BLEIBT* und ich in ihm,
    der bringt viel FRUCHT, denn ohne mich könnt ihr nichts tun.
⁶ Wenn einer nicht in mir *BLEIBT*,
    wird er hinausgeworfen wie die Ranke und verdorrt; und sie sammeln sie und werfen sie ins Feuer, und sie verbrennen.
⁷ Wenn ihr in mir *BLEIBT* und meine Worte in euch *BLEIBEN*, (dann) bittet, worum ihr auch wollt, und es wird euch zuteil werden. ⁸ Darin wird mein VATER verherrlicht, dass ihr viel FRUCHT bringt und mir zu Jüngern werdet.

⁹ Wie mich der VATER *geliebt* hat, so habe auch ich euch *geliebt*. BLEIBT in meiner *Liebe*! ¹⁰ Wenn ihr meine Gebote bewahrt, werdet ihr in meiner *Liebe* BLEIBEN, so wie ich die Gebote meines VATERS bewahrt habe und in seiner *Liebe* BLEIBE. ¹¹ Dies habe ich zu euch geredet, damit meine Freude in euch sei und eure Freude vollendet werde.

¹² Dieses ist mein Gebot, dass ihr einander *liebt*, wie ich euch *geliebt* habe.

¹³ Eine größere *Liebe* als diese hat niemand, dass einer sein Leben hingibt für seine Freunde. ¹⁴ Ihr seid meine Freunde, wenn ihr tut, was ich euch gebiete. ¹⁵ Ich nenne euch nicht mehr Sklaven, denn der Sklave weiß nicht, was sein Herr tut; euch aber habe ich Freunde genannt, weil ich alles, was ich von meinem VATER gehört habe, euch kundgetan habe. ¹⁶ Nicht ihr habt mich erwählt, sondern ich habe euch erwählt und euch (dazu) bestimmt, dass ihr hingeht und FRUCHT bringt und eure FRUCHT *BLEIBT*, damit das, was auch immer ihr den VATER in meinem Namen bittet, er euch gebe.

¹⁷ Dies gebiete ich euch, dass ihr einander *liebt*.

[Joh 15,18–16,15: Vom Hass der Welt und vom Kommen des Beistandes]

¹⁸ Wenn die WELT euch HASST,
wisst, dass sie mich eher als euch zu HASSEN begonnen hat!

¹⁹ Wenn ihr aus der WELT wäret, würde die WELT das Ihrige lieben. Weil ihr aber nicht aus der WELT seid, sondern ich euch erwählt habe aus der WELT, deshalb HASST euch die WELT. ²⁰ Erinnert euch an das Wort, das ich euch gesagt habe: ‚Ein Sklave ist nicht größer als sein Herr‘ᵃ!

Wenn sie mich verfolgt haben,
werden sie auch euch verfolgen.

Wenn sie mein Wort bewahrt haben,
werden sie auch eures bewahren.

²¹ Aber all dies werden sie an euch tun um meines Namens willen, denn sie kennen den nicht, der mich geschickt hat.

²² Wenn ich nicht gekommen wäre und zu ihnen geredet hätte,
hätten sie keine Sünde.
Jetzt aber haben sie keine Entschuldigung für ihre Sünde.

²³ Wer mich HASST, HASST auch meinen VATER.

²⁴ Wenn ich die Werke nicht unter ihnen getan hätte, die kein anderer tat,
hätten sie keine Sünde.

---

a Vgl. Joh 13,16.

Jetzt aber haben sie sie gesehen und haben doch zu HASSEN begonnen sowohl mich als auch meinen VATER.

[25] Aber damit das Wort erfüllt werde, das in ihrem Gesetz geschrieben ist:

Sie haben mich grundlos GEHASST.

[Ps 35,19; 69,5]

[26] Wenn der BEISTAND kommt, den ich euch schicken werde vom VATER, der Geist der Wahrheit, der vom VATER ausgeht, wird jener von mir Zeugnis ablegen. [27] Auch ihr aber legt Zeugnis ab, weil ihr von Anfang an mit mir seid.

[16,1] Dies habe ich zu euch geredet, damit ihr nicht abfallt.

[2] Sie werden euch aus der Synagoge ausschließen; aber es kommt eine Stunde, dass jeder, der euch tötet, meint, GOTT einen Dienst zu erweisen. [3] Und dies werden sie tun, weil sie weder den VATER noch mich erkannt haben. [4] Aber diese Dinge habe ich zu euch geredet, damit ihr euch, wenn ihre Stunde kommt, ihrer erinnert, dass ich sie euch gesagt habe.

Dies aber habe ich euch (deshalb) nicht von Anfang an gesagt, weil ich bei euch war. [5] Jetzt aber gehe ich zu dem, der mich geschickt hat, und niemand von euch fragt mich: ‚Wohin gehst du?‘, [6] sondern weil ich dies zu euch geredet habe, hat die Trauer euer Herz erfüllt. [7] Aber ich sage euch die Wahrheit: Es nützt euch, dass ich fortgehe. Denn wenn ich nicht fortginge, würde der BEISTAND nicht zu euch kommen. Wenn ich aber weggehe, werde ich ihn zu euch schicken.

[8] Und wenn jener kommt, wird er die *WELT* überführen

in Bezug auf Sünde
und in Bezug auf Gerechtigkeit
und in Bezug auf Gericht:

[9] in Bezug auf Sünde,
        weil sie nicht an mich **glauben**;
[10] in Bezug auf Gerechtigkeit aber,
        weil ich zum VATER gehe und ihr mich nicht mehr seht;
[11] in Bezug auf Gericht aber,
        weil der Herrscher dieser *WELT* gerichtet ist.

[12] Noch viele Dinge habe ich euch zu sagen, aber ihr könnt es jetzt nicht aushalten. [13] Wenn aber jener kommt, der Geist der Wahrheit, wird er euch führen in die ganze Wahrheit. Denn er wird nicht von sich aus reden, sondern

was er hören wird, wird er reden,
und die kommenden Dinge wird er euch verkünden.

[14] Jener wird mich verherrlichen, denn

von dem Meinen wird er nehmen
und wird es euch verkünden.

[15] Alles, was der VATER hat, ist mein; deshalb habe ich gesagt:

Von dem Meinen nimmt er
und wird es euch verkünden.

[Joh 16,16–33: Trauer und Freude,
Rätselrede und offene Rede]

[16] Eine kurze Zeit, und ihr seht mich nicht mehr, und wiederum eine kurze Zeit, und ihr werdet mich sehen.

[17] (Einige) von seinen Jüngern sagten nun zueinander: Was ist das, was er uns sagt: ‚Eine kurze Zeit, und ihr seht mich nicht; und wiederum eine kurze Zeit, und ihr werdet mich sehen‘? Und: ‚Denn ich gehe zum VATER‘?

[18] Sie sagten nun: Was ist das, was er sagt[a], das ‚eine kurze Zeit‘? Wir wissen nicht, was er redet.

[19] Jesus wusste, dass sie ihn fragen wollten, und sagte ihnen: Macht ihr euch miteinander darüber Gedanken, dass ich sagte: ‚Eine kurze Zeit, und ihr seht mich nicht, und wiederum eine kurze Zeit, und ihr werdet mich sehen‘?

[20] Amen, amen, ich sage euch:

Weinen und klagen werdet ihr,
die *WELT* aber wird sich *FREUEN*.
Ihr werdet TRAUERN,
aber eure TRAUER wird zu *FREUDE* werden.

[21] Die Frau, wenn sie gebiert, hat TRAUER, weil ihre Stunde gekommen ist; wenn sie aber das Kind geboren hat, gedenkt sie der Trübsal nicht mehr, aus *FREUDE* darüber, dass ein Mensch zur *WELT* gekommen ist.

[22] So habt auch ihr jetzt zwar TRAUER; wiederum aber werde ich euch sehen, und euer Herz wird sich *FREUEN*, und eure *FREUDE* nimmt niemand von euch.

[23] Und an jenem Tag werdet ihr mich nichts fragen.

Amen, amen, ich sage euch: Worum auch immer ihr den VATER in meinem Namen bittet, wird er euch geben. [24] Bis jetzt habt ihr in meinem Namen um nichts gebeten. Bittet, und ihr werdet empfangen, damit eure *FREUDE* vollendet sei.

[25] Dies habe ich in RÄTSELREDEN zu euch geredet. Es kommt eine Stunde, da ich nicht mehr in RÄTSELREDEN zu euch reden, sondern euch (in) OFFENHEIT vom VATER verkünden werde. [26] An jenem Tag werdet ihr in meinem Namen bitten, und ich sage euch nicht, dass ich den VATER für euch bitten werde. [27] Denn der VATER selbst liebt euch, weil ihr mich liebgewonnen habt und **zum Glauben gekommen** seid, dass ich von GOTT ausgegangen bin.

[28] Ich bin vom VATER ausgegangen
und in die *WELT* gekommen;
ich verlasse die *WELT* wieder
und gehe zum VATER.

---

a „was er sagt“ fehlt in etlichen Textzeugen.

^{29} Seine Jünger sagen: Siehe, jetzt redest du in OFFENHEIT und sagst keine RÄTSELREDE. ^{30} Jetzt wissen wir, dass du alles weißt und nicht nötig hast, dass einer dich frage. Darum **glauben** wir, dass du von GOTT ausgegangen bist.

^{31} Jesus antwortete ihnen: Jetzt **glaubt** ihr? ^{32} Siehe, es kommt eine Stunde und ist gekommen, dass ihr zerstreut werdet, jeder in das Seine, und mich allein lasst. Doch ich bin nicht allein, denn der VATER ist mit mir.

^{33} Dies habe ich zu euch geredet, damit ihr in mir Frieden habt. In der WELT habt ihr Trübsal; aber seid getrost, ich habe die WELT besiegt.

[Joh 17,1–26: Das Abschiedsgebet Jesu]

^{1} Dies redete Jesus, und er hob seine Augen auf zum Himmel und sagte:

VATER, die Stunde ist gekommen; verherrliche deinen Sohn, damit der Sohn dich verherrliche, ^{2} wie du ihm Vollmacht *gegeben* hast über alles Fleisch, damit er allen, die du ihm *gegeben* hast, ewiges Leben *gebe.* ^{3} Dieses aber ist das ewige Leben, dass sie dich als den allein wahren GOTT ERKENNEN und den, den du GESANDT hast, Jesus Christus.

^{4} Ich habe dich auf der Erde verherrlicht, indem ich das Werk vollendet habe, das du mir *gegeben* hast, damit ich es tue.

^{5} Und jetzt verherrliche du mich, VATER, bei dir mit der Herrlichkeit, die ich, bevor die WELT war, bei dir hatte!

^{6} Ich habe deinen Namen den Menschen offenbart, die du mir aus der WELT *gegeben* hast. Dein waren sie, und mir hast du sie *gegeben*, und dein Wort haben sie bewahrt. ^{7} Jetzt haben sie ERKANNT, dass alles, was du mir *gegeben* hast, von dir ist. ^{8} Denn die Worte, die du mir *gegeben* hast, habe ich ihnen *gegeben*. Und sie haben sie angenommen und wahrhaftig ERKANNT, dass ich von dir ausgegangen bin, und sind **zum Glauben gekommen**, dass du mich GESANDT hast.

^{9} Ich bitte für sie, nicht für die WELT bitte ich, sondern für die, die du mir *gegeben* hast, denn sie sind dein, ^{10} und alles, was mein ist, ist dein, und was dein ist, ist mein, und ich bin in ihnen verherrlicht. ^{11} Und ich bin nicht mehr in der WELT, doch sie sind in der WELT, und ich komme zu dir.

Heiliger VATER, bewahre sie in deinem Namen, den du mir *gegeben* hast, damit sie eins seien wie wir!

^{12} Als ich bei ihnen war, bewahrte ich sie in deinem Namen, den du mir *gegeben* hast, und bewachte sie, und niemand von ihnen verdarb außer dem Sohn des Verderbens, damit die Schrift erfüllt werde. ^{13} Jetzt aber komme ich zu dir, und dies rede ich in der WELT, damit sie meine Freude als vollendete (Freude) in sich haben.

^{14} Ich habe ihnen dein Wort *gegeben*, und die WELT hat sie gehasst, weil sie nicht aus der WELT sind, wie ich nicht aus der WELT bin. ^{15} Ich bitte nicht, dass du sie aus der WELT nimmst, sondern dass du sie vor dem Bösen bewahrst. ^{16} Aus der WELT sind sie nicht, wie ich nicht aus der WELT bin.

^{17} Heilige sie in der Wahrheit! Dein Wort ist Wahrheit.

¹⁸ Wie du mich in die *Welt* GESANDT hast, habe auch ich sie in die *Welt* GE-SANDT. ¹⁹ Und ich heilige mich selbst für sie, damit auch sie geheiligt seien in Wahrheit. ²⁰ Nicht allein für diese aber bitte ich, sondern auch für die, die durch ihr Wort an mich **glauben,** ²¹ dass alle eins seien, wie du, Vater, in mir und ich in dir, dass auch sie in uns seien, damit die *Welt* **glaube,** dass du mich GESANDT hast.

²² Und ich habe die Herrlichkeit, die du mir *gegeben* hast, ihnen *gegeben*, damit sie eins seien, wie wir eins (sind), ²³ ich in ihnen und du in mir, damit sie in eins vollendet seien, damit die *Welt* ERKENNE, dass du mich GESANDT hast und sie[a] *geliebt* hast, wie du mich **geliebt** hast.

²⁴ Vater, was du mir *gegeben* hast, ich will, dass, wo ich bin, auch jene bei mir sind, damit sie meine Herrlichkeit sehen, die du mir *gegeben* hast, weil du mich vor Grundlegung der *Welt* **geliebt** hast.

²⁵ Gerechter Vater, die *Welt* hat dich nicht ERKANNT; ich aber habe dich ERKANNT, und diese haben ERKANNT, dass du mich GESANDT hast. ²⁶ Und ich habe ihnen deinen Namen kundgetan und werde ihn kundtun, damit die *Liebe*, mit der du mich **geliebt** hast, in ihnen sei und ich in ihnen.

[Johannes 18,1–21,25: Leiden, Tod und Auferstehung Jesu]

[Joh 18,1–11: Die Auslieferung Jesu durch Judas]

¹ Nachdem er dies gesagt hatte, ging Jesus mit seinen Jüngern hinaus auf die andere Seite des Winterbachs Kidron, wo ein Garten war; in den ging(en) er und seine Jünger hinein.

² Es kannte aber auch Judas, der ihn auslieferte, den Ort, weil Jesus dort oftmals mit seinen Jüngern zusammenkam.

³ Nachdem nun Judas die Kohorte (einerseits) und Diener von den Hohenpriestern und von den Pharisäern (andererseits) genommen hatte, kommt er dorthin mit Fackeln und Laternen und Waffen.

⁴ Da nun Jesus alles wusste, was über ihn kommen sollte, ging er hinaus und sagt ihnen: Wen sucht ihr?

⁵ Sie antworteten ihm: Jesus, den Nazoräer.

Er sagt ihnen: (Das) bin ich.

Es stand aber auch Judas, der ihn auslieferte, bei ihnen.

⁶ Als er ihnen nun sagte: ‚(Das) bin ich‘, wichen sie zurück und stürzten zu Boden.

⁷ Wiederum nun fragte er sie: Wen sucht ihr?

Die aber sagten: Jesus, den Nazoräer.

a Plural.

⁸ Jesus antwortete: Ich habe euch gesagt, dass ich es bin. Wenn ihr nun mich sucht, lasst diese gehen! – ⁹ damit das Wort erfüllt werde, das er gesagt hatte: Von denen, die du mir *gegeben* hast, habe ich keinen verloren.

¹⁰ Simon Petrus nun hatte ein Schwert, zog es und schlug den Sklaven des HOHEN-PRIESTERS und hieb ihm die rechte Ohrmuschel ab. Der Name des Sklaven aber war Malchus.

¹¹ Jesus sagte nun zu Petrus: Steck das Schwert in die Scheide! Der Becher, den mir der VATER *gegeben* hat, soll ich ihn nicht trinken?

[Joh 18,12–27: Gefangennahme Jesu,
Verhör vor Hannas, dreifache Verleugnung des Petrus]

¹² Die Kohorte nun und der Hauptmann und die Diener der *Juden* nahmen Jesus fest und fesselten ihn ¹³ und führten (ihn) zuerst zu Hannas, denn er war der Schwiegervater des Kaiphas, der HOHERPRIESTER jenes Jahres war. ¹⁴ Es war aber Kaiphas, der den *Juden* geraten hatte, dass es nützlich sei, dass ein einziger Mensch sterbe für das Volk.

¹⁵ Simon Petrus aber folgte Jesus und ein anderer Jünger. Jener Jünger aber war dem HOHENPRIESTER bekannt; und er ging zusammen mit Jesus hinein in den Hof des HO-HENPRIESTERS. ¹⁶ Petrus aber stand vor der Tür draußen. Es kam nun der andere Jünger, der Bekannte des HOHENPRIESTERS, heraus und sprach mit der Türhüterin und führte Petrus hinein.

¹⁷ Es sagt nun dem Petrus die Magd, die Türhüterin: Bist etwa auch du von den Jüngern dieses Menschen?

Jener sagt: Bin ich nicht!

¹⁸ Es standen aber die Sklaven und die Diener da, hatten ein Kohlenfeuer ge-macht, denn es war kalt, und wärmten sich. Aber auch Petrus stand bei ihnen und wärmte sich.

¹⁹ Der HOHEPRIESTER nun fragte Jesus nach seinen Jüngern und nach seiner Lehre.

²⁰ Jesus antwortete ihm: Ich habe öffentlich zur Welt geredet; ich habe jederzeit gelehrt in (der) Synagoge und im Heiligtum, wo alle *Juden* zusammenkommen; und im Verborgenen habe ich nichts geredet. ²¹ Was fragst du mich? Frag die, die ge-hört haben, was ich zu ihnen geredet habe! Siehe, diese wissen, was ich gesagt habe.

²² Als er aber dies gesagt hatte, gab einer der Diener, der dabeistand, Jesus eine Ohrfeige und sagte: So antwortest du dem HOHENPRIESTER?

²³ Jesus antwortete ihm: Wenn ich schlecht geredet habe, leg Zeugnis ab über das Schlechte; wenn aber gut, was schlägst du mich?

²⁴ Hannas sandte ihn nun gefesselt zu Kaiphas, dem HOHENPRIESTER.

²⁵ Simon Petrus aber stand da und wärmte sich.

Sie sagten ihm nun: Bist etwa auch du von seinen Jüngern?

Jener leugnete und sagte: Bin ich nicht!

^{26} Einer von den Sklaven des *HOHENPRIESTERS*, (nämlich) ein Verwandter dessen, dem Petrus das Ohr abgehauen hatte, sagt: Habe ich dich nicht in dem Garten bei ihm gesehen? ^{27} Wieder nun leugnete Petrus, und sogleich krähte ein Hahn.

[Joh 18,28–19,16a: Jesus vor Pilatus]

^{28} Sie führen nun Jesus von Kaiphas zum Prätorium; es war aber am frühen Morgen. Und sie selbst gingen nicht in das Prätorium hinein, um nicht unrein zu werden, sondern das Passah essen zu können.

^{29} Pilatus kam nun heraus zu ihnen und sagt: Was für eine Anklage bringt ihr gegen diesen Menschen vor? ^{30} Sie antworteten und sagten ihm: Wenn dieser kein Übeltäter wäre, hätten wir ihn dir nicht ausgeliefert. ^{31} Pilatus nun sagte ihnen: Nehmt ihr ihn und richtet ihn nach eurem Gesetz!

Die *Juden* sagten ihm: Wir dürfen niemanden töten – ^{32} damit das Wort Jesu erfüllt werde, das er gesagt hatte, um anzudeuten, welchen Tod er sterben sollte.

^{33} Pilatus ging nun wieder in das Prätorium hinein und rief Jesus und sagte ihm: Bist du der KÖNIG der *Juden*? ^{34} Jesus antwortete: Sagst du das von dir aus, oder haben es andere dir über mich gesagt? ^{35} Pilatus antwortete: Bin ich etwa ein *Jude*? Dein Volk und die *HOHENPRIESTER* haben dich mir ausgeliefert. Was hast du getan? ^{36} Jesus antwortete: Mein KÖNIGTUM ist nicht aus dieser Welt. Wenn mein KÖNIGTUM aus dieser Welt wäre, würden meine Diener kämpfen, damit ich den *Juden* nicht ausgeliefert werde. Jetzt aber ist mein KÖNIGTUM nicht von hier. ^{37} Pilatus nun sagte ihm: Also bist du doch ein KÖNIG?

Jesus antwortete: Du sagst es: Ich bin ein KÖNIG. Ich bin dazu geboren und dazu in die Welt gekommen, dass ich für die Wahrheit Zeugnis ablege. Jeder, der aus der Wahrheit ist, hört meine Stimme. ^{38} Pilatus sagt ihm: Was ist Wahrheit?

Und nachdem er das gesagt hatte, ging er wieder zu den *Juden* hinaus und sagt ihnen: Ich finde keine Schuld an ihm. ^{39} Es ist aber eine Gewohnheit für euch, dass ich euch einen freilasse am Passah. Wollt ihr nun, dass ich euch den KÖNIG der *Juden* freilasse? ^{40} Sie schrien nun wiederum und sagten: Nicht diesen, sondern Barabbas! Barabbas aber war ein Räuber.

^{19,1} Daraufhin nun nahm Pilatus Jesus und ließ ihn geißeln. ^{2} Und die Soldaten flochten einen Kranz aus Dornen, setzten ihn auf sein Haupt und zogen ihm ein purpurnes Gewand an ^{3} und kamen zu ihm und sagten: Heil dir, KÖNIG der *Juden*! Und sie gaben ihm Ohrfeigen.

⁴ Und Pilatus kam wieder heraus und sagt ihnen: Seht, ich führe ihn euch heraus, damit ihr erkennt, dass ich keine Schuld an ihm finde.

⁵ Jesus nun kam heraus, den Dornenkranz tragend und das purpurne Gewand. Und er sagt ihnen: Siehe, (da ist) der Mensch!

⁶ Als ihn nun die HOHENPRIESTER und die Diener sahen, schrien sie und sagten: Kreuzige, kreuzige!

Pilatus sagt ihnen: Nehmt ihr ihn und kreuzigt (ihn)! Denn ich finde keine Schuld an ihm.

⁷ Die *Juden* antworteten ihm: Wir haben ein Gesetz, und nach dem Gesetz muss er sterben, denn er hat sich selbst zu GOTTES Sohn gemacht.

⁸ Als nun Pilatus dieses Wort hörte, fürchtete er sich noch mehr ⁹ und ging wieder in das Prätorium hinein und sagt Jesus: Woher bist du?

Jesus aber gab ihm keine Antwort.

¹⁰ Pilatus nun sagt ihm: Redest du nicht mit mir? Weißt du nicht, dass ich Macht habe, dich freizulassen, und Macht habe, dich kreuzigen zu lassen?

¹¹ Jesus antwortete ihm: Du hättest keine Macht gegen mich, wenn es dir nicht von oben gegeben wäre. Deshalb hat der, der mich dir ausgeliefert hat, (umso) größere Sünde.

¹² Aus diesem (Grund) versuchte Pilatus, ihn freizulassen.

Die *Juden* aber schrien: Wenn du diesen freilässt, bist du kein Freund des Kaisers. Jeder, der sich selbst zu einem KÖNIG macht, widersetzt sich dem Kaiser.

¹³ Nachdem nun Pilatus diese Worte gehört hatte, führte er Jesus heraus und setzte sich auf einen Richterstuhl an einem Platz, der Lithostroton (Steinpflaster) heißt, auf Hebräisch aber Gabbatha.

¹⁴ Es war aber der Rüsttag des Passah; es war etwa die sechste Stunde.

Und er sagt den *Juden*: Siehe, (da ist) euer KÖNIG!

¹⁵ Jene schrien nun: Weg, weg! Kreuzige ihn!

Pilatus sagt ihnen: Euren KÖNIG soll ich kreuzigen?

Die HOHENPRIESTER antworteten: Wir haben keinen KÖNIG außer dem Kaiser.

¹⁶ᵃ Daraufhin nun lieferte er ihn ihnen aus, damit er gekreuzigt werde.

[Joh 19,16b–30: Kreuzigung und Tod Jesu]

¹⁶ᵇ Sie übernahmen nun Jesus. ¹⁷ Und indem er selber das Kreuz trug, ging er hinaus zu der sogenannten Schädelstätte, was auf Hebräisch Golgotha genannt wird, ¹⁸ wo sie ihn kreuzigten und mit ihm zwei andere auf der einen und anderen Seite, als mittleren aber Jesus.

¹⁹ Pilatus schrieb aber auch eine Aufschrift und befestigte (sie) am Kreuz. Es war aber geschrieben: Jesus, der Nazoräer, der KÖNIG der *Juden*.

²⁰ Diese Aufschrift nun lasen viele der *Juden*, denn der Ort, wo Jesus gekreuzigt wurde, war nahe der Stadt. Und sie war geschrieben hebräisch, lateinisch (und) grie-

chisch. [21] Die HOHENPRIESTER der *Juden* sagten nun zu Pilatus: Schreib nicht: ‚Der KÖNIG der *Juden*‘, sondern: ‚Jener hat gesagt: Ich bin KÖNIG der *Juden*.‘
[22] Pilatus antwortete: Was ich geschrieben habe, habe ich geschrieben.

[23] Die Soldaten nun, als sie Jesus gekreuzigt hatten, nahmen seine Kleider und machten vier Teile, für jeden Soldaten ein Teil, und das Untergewand. Das Untergewand aber war ohne Naht, von oben an ganz durchgewebt. [24] Sie sagten nun zueinander: ‚Lasst es uns nicht zerreißen, sondern um es losen, wem es gehören soll‘ – damit die Schrift erfüllt werde:

Sie teilten meine Kleider unter sich,
und über meine Kleidung warfen sie ein Los.
[Ps 22,19]

Die Soldaten zwar taten nun dies. [25] Es standen aber bei dem Kreuz Jesu seine Mutter und die Schwester seiner Mutter, (außerdem) Maria, die des Klopas, und Maria, die Magdalenerin.

[26] Als Jesus nun die Mutter sah und den Jünger dabeistehen, den er liebte, sagt er der Mutter: Frau, siehe, (das ist) dein Sohn!

[27] Dann sagt er dem Jünger: Siehe, (das ist) deine Mutter!

Und von jener Stunde an nahm der Jünger sie zu sich.

[28] Danach, als Jesus wusste, dass schon alles vollbracht war, sagt er, damit die Schrift zur Erfüllung gebracht werde: Ich habe Durst.

[29] Es stand ein Gefäß voll mit Essig da. Sie steckten nun einen Schwamm voll mit dem Essig auf einen Ysop und brachten (ihn) an seinen Mund.

[30] Als nun Jesus den Essig genommen hatte, sagte er: Es ist vollbracht!, und neigte das Haupt und übergab den Geist.

[Joh 19,31–37: Die Feststellung des Todes Jesu]

[31] Die *Juden* nun, weil Rüsttag war, baten, damit die Leiber nicht am Sabbat am Kreuz blieben – denn groß war der Tag jenes Sabbats –, den Pilatus, dass ihre (der Gekreuzigten) Schenkel gebrochen und (die Leiber dann) weggeschafft werden sollten.

[32] Die Soldaten kamen nun und brachen zwar die Schenkel des ersten und des anderen mit ihm Gekreuzigten. [33] Als sie aber zu Jesus kamen (und) wie sie sahen, dass er schon gestorben war, brachen sie seine Schenkel nicht, [34] sondern einer der Soldaten stach mit einer Lanze in seine Seite, und es kamen sogleich Blut und Wasser heraus.

[35] Und der es gesehen hat, hat es bezeugt, und sein Zeugnis ist wahrheitsgemäß, und jener weiß, dass er Wahres sagt – damit auch ihr **glaubt**.

[36] Denn dies geschah, damit die Schrift erfüllt werde:

Kein Knochen von ihm wird zerbrochen werden.
[Ps 34,21; vgl. Ex 12,10 LXX]

³⁷ Und wiederum sagt eine andere Schrift(stelle):

> Sie werden auf den sehen, den sie durchbohrt haben.
>
> [Sach 12,10]

[Joh 19,38–42: Die Bestattung Jesu]

³⁸ Danach aber bat den Pilatus Joseph von Arimathäa als einer, der ein Jünger Jesu war, aber ein heimlicher aus Furcht vor den *Juden*, dass er den Leib Jesu wegschaffe(n dürfe).

Und Pilatus erlaubte es.

Er kam nun und schaffte seinen Leib weg.

³⁹ Es kam aber auch Nikodemus, der das erste Mal bei Nacht zu ihm gekommen war, und brachte eine Mischung aus Myrrhe und Aloe, etwa einhundert Litra^a.

⁴⁰ Sie nahmen nun den Leib Jesu und banden ihn mit Leinenbinden zusammen mit den Spezereien, wie es Sitte ist (bei) den *Juden*, zum Begräbnis zuzurüsten.

⁴¹ Es war aber bei dem Ort, wo er gekreuzigt worden war, ein Garten und in dem Garten ein neues Grab, in das noch nie jemand gelegt worden war. ⁴² Dorthin nun – wegen des Rüsttags der *Juden*, denn das Grab war in der Nähe – legten sie Jesus.

[Joh 20,1–18: Das leere Grab und die Erscheinung Jesu vor Maria Magdalena]

¹ Am ersten (Tag) der Woche aber kommt Maria, die Magdalenerin, am frühen Morgen, als es noch finster ist, zum Grab und sieht den Stein weggenommen vom Grab.

² Sie läuft nun und kommt zu Simon Petrus und zu dem anderen Jünger, (nämlich dem,) den Jesus liebte, und sagt ihnen: Sie haben den **HERRN** weggenommen aus dem Grab, und wir wissen nicht, wohin sie ihn gelegt haben.

³ Es ging(en) nun Petrus und der andere Jünger hinaus, und sie gingen zum Grab. ⁴ Die zwei aber liefen gemeinsam; und der andere Jünger lief voraus, schneller als Petrus, und kam als erster zum Grab. ⁵ Und er beugt sich vor und sieht die Leinenbinden daliegen, ging jedoch nicht hinein. ⁶ Es kommt nun auch Simon Petrus, ihm folgend, und ging in das Grab hinein und sieht die Leinenbinden daliegen ⁷ und das Schweißtuch, das auf seinem Kopf gewesen war, nicht bei den Leinenbinden liegen, sondern abseits zusammengewickelt an einem eigenen Ort. ⁸ Daraufhin nun ging auch der andere Jünger hinein, der als erster zum Grab gekommen war, und sah und **glaubte**.

⁹ Denn sie verstanden die Schrift noch nicht, dass er von den Toten auferstehen müsse.

¹⁰ Die Jünger gingen nun wieder heim.

---

a Eine Litra sind etwa 330 Gramm.

¹¹ Maria aber stand vor dem Grab draußen und weinte. Als sie nun weinte, beugte sie sich vor in das Grab ¹² und sieht zwei Engel in weißen (Gewändern) dasitzen, einen beim Kopf und einen bei den Füßen, wo der Leib Jesu gelegen hatte.

¹³ Und jene sagen ihr: *Frau, was weinst du?*

Sie sagt ihnen: Sie haben meinen HERRN weggenommen, und ich weiss nicht, wohin sie ihn gelegt haben.

¹⁴ Nachdem sie dies gesagt hatte, wandte sie sich nach hinten um und sieht Jesus dastehen und wusste nicht, dass es Jesus ist.

¹⁵ Jesus sagt ihr: *Frau, was weinst du? Wen suchst du?*

Jene meint, es sei der Gärtner, und sagt ihm: HERR, wenn du ihn weggetragen hast, sag mir, wohin du ihn gelegt hast, und ich werde ihn holen.

¹⁶ Jesus sagt ihr: Maria!

Jene wendet sich um und sagt ihm auf Hebräisch: Rabbuni! – das heißt: Lehrer.

¹⁷ Jesus sagt ihr: Rühr mich nicht an! Denn ich bin noch nicht hinaufgestiegen zum Vater. Geh aber zu meinen Brüdern und sag ihnen: Ich steige hinauf zu meinem Vater und eurem Vater und meinem GOTT und eurem GOTT.

¹⁸ Maria, die Magdalenerin, geht und verkündet den Jüngern: ‚Ich habe den HERRN gesehen‘, und dass er ihr dies gesagt habe.

[Joh 20,19–23: Die Erscheinung Jesu am Osterabend]

¹⁹ Als es nun Abend geworden war an jenem ersten (Tag) der Woche und die Türen verschlossen waren, wo die Jünger waren – aus Furcht vor den *Juden* –, kam Jesus und trat in die Mitte und sagt ihnen: Friede (sei mit) euch!

²⁰ Und nachdem er das gesagt hatte, zeigte er ihnen die Hände und die Seite.

Die Jünger freuten sich nun, als sie den HERRN sahen.

²¹ Jesus sagte ihnen nun wieder: Friede (sei mit) euch! Wie mich der Vater gesandt hat, so schicke ich euch.

²² Und nachdem er das gesagt hatte, hauchte er (sie) an und sagt ihnen: Nehmt heiligen Geist! ²³ Wenn ihr die Sünden irgendwelcher (Menschen) vergebt, sind sie ihnen vergeben; wenn ihr (die Sünden) irgendwelcher (Menschen) festhaltet, sind sie festgehalten.

[Joh 20,24–29: Die Erscheinung Jesu vor Thomas]

²⁴ Thomas aber, einer von den Zwölfen, genannt Didymos (Zwilling), war nicht bei ihnen, als Jesus kam.

²⁵ Die anderen Jünger sagten nun zu ihm: Wir haben den HERRN gesehen.

Er aber sagte ihnen: Wenn ich nicht an seinen Händen das Mal der Nägel sehe und meinen Finger nicht in das Mal der Nägel lege und meine Hand nicht in seine Seite lege, werde ich nicht **glauben**.

[26] Und nach acht Tagen waren seine Jünger wieder drinnen und Thomas mit ihnen.

Jesus kommt bei verschlossenen Türen und trat in die Mitte und sagte: Friede (sei mit) euch!

[27] Daraufhin sagt er Thomas: Reich deinen Finger hierher und sieh meine Hände und reich deine Hand und leg sie in meine Seite und sei nicht **ungläubig**, sondern **gläubig**!

[28] Thomas antwortete und sagte ihm: Mein **HERR** und mein GOTT.

[29] Jesus sagt ihm: Weil du mich gesehen hast, bist du **zum Glauben gekommen**? Selig sind, die nicht sehen und (doch) **glauben**!

[Joh 20,30–31: Der erste Buchschluss]

[30] Auch viele andere Zeichen nun hat Jesus vor seinen Jüngern getan; die sind nicht aufgeschrieben in diesem Buch. [31] Diese aber sind aufgeschrieben, damit ihr **glaubt**, dass Jesus der Christus ist, der Sohn GOTTES, und damit ihr als **Glaubende** Leben habt in seinem Namen.

[Joh 21,1–14: Die Erscheinung Jesu am See von Tiberias]

[1] Danach offenbarte sich Jesus abermals den Jüngern, (und zwar) am See von Tiberias. Er offenbarte (sich) aber so:

[2] Es waren zusammen

> Simon Petrus
> und Thomas, der Didymus (Zwilling) genannt wird,
> und Nathanael aus Kana in Galiläa
> und die (Söhne) des Zebedäus
> und zwei andere von seinen Jüngern.

[3] Simon Petrus sagt ihnen: Ich gehe fischen.

Sie sagen ihm: Auch wir kommen mit dir.

Sie gingen hinaus und stiegen in das Boot, und in jener Nacht fingen sie nichts.

Als es aber schon Morgen geworden war, trat Jesus an das Ufer. Allerdings wussten die Jünger nicht, dass es Jesus war.

[5] Jesus sagt ihnen nun: Kinder, ihr habt wohl keine (Fisch-)Zukost?

Sie antworteten ihm: Nein.

[6] Er aber sagte ihnen: Werft auf der rechten Seite des Bootes das Netz aus, und ihr werdet fündig werden!

Sie warfen nun (das Netz) aus, und sie vermochten es nicht mehr zu ziehen wegen der Menge der Fische.

[7] Jener Jünger, den Jesus liebte, sagt nun zu Petrus: Es ist der **HERR**.

Als nun Simon Petrus gehört hatte, dass es der **HERR** sei, gürtete er sich das Oberkleid um, denn er war nackt, und warf sich in den See.

⁸ Die anderen Jünger aber kamen mit dem Kleinboot, denn sie waren nicht fern vom Land, sondern davon (nur) etwa zweihundert Ellenᵃ (entfernt), (und) schleppten das Netz (mit der großen Menge) der Fische. ⁹ Als sie nun an Land gingen, sehen sie ein Kohlenfeuer daliegen und Bratfisch darauf liegen und Brot.

¹⁰ Jesus sagt ihnen: Bringt von den Fischen, die ihr jetzt gefangen habt!

¹¹ Simon Petrus nun stieg hinauf und zog das Netz an Land, gefüllt mit hundertdreiundfünfzig großen Fischen. Und obwohl es so viele waren, zerriss das Netz nicht.

¹² Jesus sagt ihnen: Kommt, frühstückt!

Keiner der Jünger aber wagte, ihn auszuforschen: ‚Wer bist du?‘, da sie wussten, dass es der **HERR** ist.

¹³ Jesus kommt und nimmt das Brot und gibt (es) ihnen und den Bratfisch ebenso.

¹⁴ Damit offenbarte Jesus sich bereits zum dritten Mal den Jüngern, nachdem er von (den) Toten auferweckt worden war.

[Joh 21,15–19: Der Auferstandene und Simon Petrus]

¹⁵ Als sie nun gefrühstückt hatten,
sagt Jesus zu Simon Petrus: Simon, (Sohn) des Johannes, hast du mich mehr als diese?

Er sagt ihm: Ja, **HERR**, du weißt, dass ich dich lieb habe.

Er sagt ihm: Weide meine Lämmer!

¹⁶ Er sagt ihm wiederum, zum zweiten Mal: Simon, (Sohn) des Johannes, liebst du mich?

Er sagt ihm: Ja, **HERR**, du weißt, dass ich dich lieb habe.

Er sagt ihm: Hüte meine Schafe!

¹⁷ Er sagt ihm zum dritten Mal: Simon, (Sohn) des Johannes, hast du mich lieb?

Petrus wurde traurig, weil er ihm zum dritten Mal gesagt hatte: Hast du mich lieb? Und er sagt ihm: **HERR**, du weißt alles. Du erkennst, dass ich dich lieb habe.

Jesus sagt ihm: Weide meine Schafe!

¹⁸ Amen, amen, ich sage dir:

> Als du jünger warst,
> > gürtetest du dich selbst
> > und wandeltest, wohin du wolltest.
> Wenn du aber alt geworden bist,
> > wirst du deine Hände ausstrecken, und ein anderer wird dich gürten
> > und dich führen, wohin du nicht willst.

---

a Eine Elle entspricht etwa einem halben Meter.

¹⁹ Das aber sagte er, um anzudeuten, mit welchem Tod er GOTT verherrlichen sollte. Und nachdem er das gesagt hat, sagt er ihm: *Folge* mir!

[Joh 21,20–25: Petrus und der Lieblingsjünger;
der zweite Buchschluss]

²⁰ Petrus wendet sich um und sieht den Jünger, den Jesus liebte, *folgen*, der auch bei dem Gastmahl an seiner Brust gelegen und gesagt hatte: **HERR**, wer ist es, der dich ausliefert?

²¹ Diesen nun sieht Petrus und sagt zu Jesus: **HERR**, was (soll) aber dieser?

²² Jesus sagt ihm: Wenn ich will, dass er bleibt, bis ich komme, was (geht es) dich an? Du *folge* mir!

²³ Dieses Wort nun verbreitete sich unter den Brüdern: Jener Jünger stirbt nicht.

Jesus hatte ihm aber nicht gesagt, dass er nicht sterbe, sondern: Wenn ich will, dass er bleibt, bis ich komme, was (geht es) dich an?

²⁴ Dieser ist der Jünger, der für dies Zeugnis ablegt und der dies geschrieben hat, und wir wissen, dass sein Zeugnis wahr ist.

²⁵ Es gibt aber noch viele andere Dinge, die Jesus getan hat; wenn die in den Einzelheiten aufgeschrieben würden, (dann wäre es,) meine ich, (so,) dass nicht einmal die Welt die geschriebenen Bücher fassen würde.

5. Die Apostelgeschichte

Zur Einführung vgl. oben, S. 123.

[Apostelgeschichte 1,1–8,3: Die Urgemeinde in Jerusalem]

[Apg 1,1–8: Rückblick; Abschiedsreden und -taten Jesu]

[1] Den ersten Bericht, Theophilus, habe ich verfasst über alles, was Jesus anfing zu tun und zu lehren, [2] bis zu dem Tag, an dem er, nachdem er den Aposteln, die er auserwählt hatte, durch *heiligen Geist* Aufträge erteilt hatte, (in den Himmel) AUFGENOMMEN wurde. [3] Ihnen erwies er sich auch nach seinem Leiden durch viele Beweise lebendig, indem er sich von ihnen vierzig Tage lang sehen ließ und über das sprach, was die KÖNIGSHERRSCHAFT GOTTES (betrifft).

[4] Und als er (mit ihnen) zusammen war, befahl er ihnen, sich nicht von Jerusalem zu entfernen, sondern auf die Verheißung des *Vaters* zu warten, die ihr (so sagte er) von mir gehört habt. [5] Denn Johannes taufte mit Wasser, ihr aber werdet mit *heiligem Geist* getauft werden nicht (erst) nach vielen von diesen Tagen.

[6] Als sie nun zusammengekommen waren, fragten sie ihn und sagten: *HERR*, stellst du zu dieser Zeit die KÖNIGSHERRSCHAFT für Israel wieder her?

[7] Er sagte aber zu ihnen: Es ist nicht eure Sache, Zeiten oder Zeitpunkte zu wissen, die der *Vater* in seiner eigenen Vollmacht festgesetzt hat, [8] sondern ihr werdet Kraft empfangen, wenn der *heilige Geist* über euch gekommen ist; und ihr werdet meine Zeugen sein, sowohl in Jerusalem als auch in ganz Judäa und Samaria und bis ans Ende der Erde.

[Apg 1,9–11: Jesu Himmelfahrt]

[9] Und als er dies gesagt hatte, wurde er, während sie zuschauten, emporgehoben, und eine Wolke nahm ihn von ihren Augen weg.

[10] Und als sie *in den Himmel* starrten, während er auffuhr, siehe, da standen zwei Männer bei ihnen in weißen Gewändern. [11] Und sie sagten: Galiläische Männer, was steht ihr und schaut *in den Himmel*? Dieser Jesus, der von euch weg *in den Himmel* AUFGENOMMEN worden ist, wird so kommen, wie ihr ihn *in den Himmel* habt auffahren sehen.

[Apg 1,12–14: Die älteste Gemeinde]

[12] Daraufhin kehrten sie nach Jerusalem zurück vom sogenannten Ölberg; der ist nahe bei Jerusalem, einen Sabbatweg entfernt. [13] Und als sie hineinkamen, stiegen sie in das obere Stockwerk hinauf, wo sie sich gewöhnlich aufhielten:

> Petrus und Johannes und Jakobus und Andreas,
> Philippus und Thomas,
> Bartholomäus und Matthäus,
> Jakobus, (der Sohn) des Alphäus,
> und Simon, der Zelot,
> und Judas, (der Sohn) des Jakobus.

[14] Diese alle verharrten einmütig beim *GEBET* mit Frauen und Maria, der Mutter Jesu, und seinen Brüdern.

[Apg 1,15–26: Judas wird durch Matthias ersetzt]

[15] Und in diesen Tagen stand Petrus inmitten der Brüder auf und sagte – es war eine Menge von etwa hundertzwanzig Personen beisammen –:

[16] Männer, Brüder, es musste die Schrift(stelle) erfüllt werden, die der **heilige Geist** durch den Mund Davids über Judas vorhergesagt hat, der zum Führer derer wurde, die Jesus festnahmen, [17] denn er gehörte zu uns und hatte das Los für DIESEN DIENST empfangen. [18] Dieser nun kaufte mit dem Lohn für das Unrecht einen Acker. Und er stürzte vornüber und barst mitten auseinander, und alle seine Eingeweide wurden ausgeschüttet. [19] Und es wurde allen Einwohnern von Jerusalem bekannt, so dass jener Acker in ihrer Sprache ‚Hakeldamach‘ genannt wurde, das heißt Blutacker. [20] Denn im Buch der Psalmen ist geschrieben:

> Sein Landhaus soll vereinsamen,
> und keiner soll da sein, der darin wohne.
> [Ps 69,26]

Und:

> Sein Aufsichtsamt empfange ein anderer.
> [Ps 109,8]

[21] Es muss nun von den Männern, die uns begleitet haben in der ganzen Zeit, in der der Herr Jesus bei uns ein- und ausgegangen ist, [22] angefangen von der Taufe des Johannes bis zu dem Tag, an dem er (in den Himmel) aufgenommen wurde von uns weg – einer von diesen (muss) mit uns zum Zeugen seiner Auferstehung werden.

[23] Und sie stellten zwei auf: Joseph, genannt Barsabbas, der den Beinamen Justus hat, und Matthias. [24] Und sie *BETETEN* und sagten: Du, *HERR*, Herzenskenner aller, zeige, wen von diesen beiden du als den einen auserwählt hast, [25] den Ort DIESES DIENSTES und Apostelamts zu übernehmen, von dem Judas abgetreten ist, um an seinen eigenen Ort zu gehen. [26] Und sie gaben ihnen Lose, und das Los fiel auf Matthias. Und er wurde zu den elf Aposteln hinzugefügt.

[Apg 2,1–13: Das Kommen des Heiligen Geistes am Pfingsttag]

[1] Und als sich der Pfingsttag[a] erfüllte, waren alle an einem Ort beisammen.

[2] Und plötzlich kam vom Himmel ein Geräusch, wie (das) eines daherfahrenden starken Windes, und durchdrang das ganze Haus, wo sie saßen.

[3] Und es erschienen ihnen ZUNGEN wie von Feuer, die sich zerteilten, und es setzte sich auf jeden einzelnen von ihnen.

[4] Und sie wurden alle mit *heiligem Geist* erfüllt und fingen an, in anderen ZUNGEN[b] zu reden, wie der *Geist* ihnen zu sprechen gab.

[5] Es wohnten aber in Jerusalem JUDEN, fromme Männer aus jedem Volk unter dem Himmel. [6] Als aber dieses Tosen geschah, kam die Menge zusammen und wurde verwirrt, denn jeder einzelne hörte sie in seiner eigenen *Sprache* reden. [7] Sie ENTSETZTEN SICH aber und wunderten sich und sagten: Siehe, sind nicht diese alle, die da reden, Galiläer? [8] Und wieso HÖREN WIR SIE, ein jeder in unserer eigenen *Sprache*, in der wir geboren sind?

[9] Parther
und Meder
und Elamiter
und die Bewohner
   von Mesopotamien
und Judäa
und Kappadozien,
Pontus
und Asien
[10] Phrygien
und Pamphylien,
Ägypten
und den Gebieten Libyens, das gegen Kyrene hin (liegt),
und die sich hier aufhaltenden Römer,
[11] JUDEN und Proselyten,
Kreter und Araber –

---

a Wochenfest, das sieben Wochen nach dem Passahfest zur Erinnerung an die Gesetzgebung am Sinai gefeiert wurde.

b „Zungen" = „Sprachen".

WIR HÖREN SIE in unseren ZUNGEN von den großen Taten GOTTES reden.
^{12} *SIE ENTSETZTEN SICH* aber alle und waren unsicher und sagten einer zum anderen: Was soll das bedeuten?
^{13} Andere aber spotteten und sagten: Sie sind voll von Most.

[Apg 2,14–36: Die Rede des Petrus zu Pfingsten]

^{14} Petrus aber stand auf mit den Elf, erhob seine Stimme und redete zu ihnen:

Männer, ihr **JUDEN** und alle Einwohner Jerusalems, dies sei euch bekannt, und nehmt meine Worte zu Gehör! ^{15} Denn diese sind nicht, wie ihr annehmt, betrunken; denn es ist die dritte Stunde des Tages[a]. ^{16} Sondern das ist, was durch den Propheten Joel gesagt ist:
^{17} Und es wird sein in den letzten Tagen, sagt GOTT,
da werde ich *von meinem Geist ausgießen* auf alles Fleisch,
und eure Söhne und eure Töchter werden *prophezeien*,
und eure jungen Männer werden Visionen sehen,
und eure Ältesten werden Träume träumen;
^{18} und sogar auf meine Sklaven und auf meine Sklavinnen werde ich in jenen Tagen
von meinem Geist ausgießen, und sie werden *prophezeien*.
^{19} Und ich werde *WUNDER* geben oben am Himmel
und *ZEICHEN* unten auf der Erde,
Blut und Feuer und rauchigen Dunst;
^{20} die Sonne wird sich in Finsternis verwandeln und der Mond in Blut,
ehe der große und herrliche Tag des *HERRN* kommt.
^{21} Und es wird geschehen:
jeder, der den **NAMEN** des *HERRN* anruft, wird gerettet werden.
[vgl. Jo 3,1–5 LXX]
^{22} Israelitische Männer, hört diese Worte: Jesus, den Nazoräer, einen Mann, der von GOTT bei euch beglaubigt worden ist durch Machttaten und *WUNDER* und ZEICHEN, die GOTT durch ihn mitten unter euch tat, wie ihr selbst wisst, ^{23} diesen – preisgegeben nach dem bestimmten Ratschluss und Vorauswissen GOTTES – habt ihr durch die Hand Gesetzloser (ans Kreuz) geheftet und umgebracht; ^{24} den LIESS GOTT AUFERSTEHEN, nachdem er die Wehen des Todes aufgelöst hatte, wie es denn nicht möglich war, dass er von ihm festgehalten wurde. ^{25} Denn **David** sagt über ihn:

Ich sah den *HERRN* stets vor mir;
denn er ist zu meiner Rechten, damit ich nicht wanke.
^{26} Darum freute sich mein Herz,
und meine Zunge jubelte;
es wird auch noch mein Fleisch hoffnungsvoll wohnen;
^{27} denn du wirst meine Seele nicht im **HADES** lassen,
noch geben, dass dein Frommer *VERWESUNG* sieht.
^{28} Du hast mir Wege des Lebens bekannt gemacht;
du wirst mich mit Freude erfüllen vor deinem Angesicht.
[Ps 15,8–11 LXX]

---

a Ca. 9 Uhr.

²⁹ Männer, Brüder, ich darf mit Freimut zu euch über den Stammvater **David** reden, dass er starb und begraben wurde, und sein Grab ist bis auf diesen Tag bei uns. ³⁰ Da er nun ein *Prophet* war und wusste, dass GOTT ihm mit einem Eid geschworen hatte, (einen) von seinen leiblichen Nachkommenᵃ auf seinen Thron zu setzen, ³¹ hat er voraussehend von der AUFERSTEHUNG des Christus geredet, dass er weder im HADES gelassen wurde, noch sein Fleisch *VERWESUNG* sah. ³² Diesen Jesus LIESS GOTT AUFERSTEHEN, wofür wir alle Zeugen sind. ³³ Nachdem er nun zur *Rechten* GOTTES erhöht worden ist und die Verheißung des *heiligen Geistes* vom Vater empfangen hat, goss er dies aus, was ihr seht und hört. ³⁴ Denn nicht **David** stieg in die Himmel hinauf; er sagt aber selbst:

Der *HERR* sagte meinem *HERRN*:
Setz dich zu meiner *Rechten*,
³⁵ bis ich deine Feinde zum Schemel deiner Füße mache.
[Ps 109,1 LXX]

³⁶ Mit Gewissheit nun soll das ganze Haus Israel erkennen, dass GOTT ihn sowohl zum *HERRN* als auch zum *Christus* gemacht hat, diesen Jesus, den ihr gekreuzigt habt.

[Apg 2,37–41: Die Reaktion auf die Pfingstpredigt des Petrus]

³⁷ Als sie es aber hörten, ging ihnen ein Stich durchs Herz, und sie sagten zu Petrus und den übrigen Aposteln: Was sollen wir tun, Männer, Brüder?

³⁸ Petrus aber (sagte) zu ihnen: Kehrt um, undᵇ jeder von euch soll sich *TAUFEN* lassen auf den **NAMEN** Jesu Christi zur Vergebung eurer Sünden, und ihr werdet das Geschenk des *heiligen Geistes* empfangen. ³⁹ Denn euch gilt die Verheißung und euren Kindern und allen in der Ferne, so viele der *HERR*, unser GOTT, herbeirufen wird.

⁴⁰ Und mit anderen Worten mehr beschwor und ermahnte er sie und sagte: Lasst euch **retten**, weg von dieser verkehrten Generation!

⁴¹ Die nun, die sein Wort annahmen, wurden *GETAUFT*; und an jenem Tag wurden etwa dreitausend Seelen hinzugetan.

[Apg 2,42–47: Das Leben der Gemeinde]

⁴² Sie *verharrten* aber bei der Lehre der Apostel und der Gemeinschaft, dem BROTBRECHEN und den **GEBETEN**.

⁴³ Es war aber Furcht in jeder Seele, und viele WUNDER und ZEICHEN geschahen durch die Apostel.

⁴⁴ Alle Glaubenden aber waren an einem Ort beisammen und hatten alles gemeinsam. ⁴⁵ Und sie verkauften die Güter und den Besitz und verteilten sie an alle, je nachdem einer Bedarf hatte.

⁴⁶ Und täglich *verharrten* sie einmütig im HEILIGTUM und BRACHEN in ihren Häusern BROT, nahmen Speise zu sich mit Jubel und einfältigem Herzen, ⁴⁷ LOBTEN GOTT und fanden Anerkennung beim GANZEN VOLK.

---

a Wörtlich: „(einen) aus der Frucht seiner Lende".

b Nach anderen Textzeugen: „Kehrt um, sagt er, und".

Der *HERR* aber tat täglich die, die **gerettet** wurden, hinzu.

[Apg 3,1–10: Die Heilung eines Lahmen durch Petrus]

[1] Petrus aber und Johannes gingen in das HEILIGTUM hinauf zur Stunde des Gebets, der neunten.

[2] Und ein Mann, der von Mutterleib an lahm war, wurde (herbei)getragen; den setzten sie täglich an das sogenannte Schöne Tor des HEILIGTUMS, um ihn ein *Almosen* erbitten zu lassen von denen, die in das HEILIGTUM hineingingen. [3] Als der Petrus und Johannes sah, wie sie im Begriff waren, in das HEILIGTUM hineinzugehen, bat er darum, ein *Almosen* zu bekommen.

[4] Petrus aber blickte ihn fest an mit Johannes und sagte: Sieh uns an!

[5] Er aber betrachtete sie aufmerksam und erwartete, etwas von ihnen zu bekommen.

[6] Petrus aber sagte: Silber und Gold besitze ich nicht; was ich aber habe, das gebe ich dir: Im **NAMEN** Jesu Christi, des Nazoräers: *GEH UMHER*!

[7] Und er fasste ihn bei der rechten Hand und richtete ihn auf.

Sofort aber wurden seine Füße und seine Knöchel fest, [8] und er *sprang* auf, stellte sich hin und *GING UMHER*. Und er ging mit ihnen in das HEILIGTUM hinein, *GING UMHER* und *sprang* und LOBTE GOTT.

[9] Und das GANZE VOLK sah ihn *UMHERGEHEN* und GOTT LOBEN. [10] Sie erkannten ihn aber, dass er der war, der wegen des *Almosens* am Schönen Tor des HEILIGTUMS gesessen hatte. Und sie wurden mit Staunen und Entsetzen erfüllt über das, was sich mit ihm ereignet hatte.

[Apg 3,11–26: Die Rede des Petrus in der Halle Salomos]

[11] Während er aber Petrus und Johannes festhielt, lief das GANZE VOLK bei ihnen zusammen an der sogenannten Halle Salomos (und war) voller Erstaunen.

[12] Als Petrus es aber sah, begann er zum VOLK zu sprechen:

Israelitische Männer, was verwundert ihr euch über diesen, oder was blickt ihr uns an, als hätten wir aus eigener Kraft oder Frömmigkeit bewirkt, dass er *UMHERGEHT*? [13] Der GOTT Abrahams und Isaaks und Jakobs[a], der GOTT unserer Väter [Ex 3,6], hat *SEINEN KNECHT* Jesus verherrlicht, den ihr ausgeliefert und vor dem Angesicht des Pilatus *verleugnet* habt, als jener zum Urteil gekommen war, (ihn) freizugeben. [14] Ihr aber habt den Heiligen und Gerechten *verleugnet* und gebeten, dass euch ein Mörder geschenkt werde; [15] den Anführer des Lebens aber habt ihr getötet. Den hat GOTT aus den Toten auferweckt, wofür wir Zeugen sind. [16] Und durch den *GLAUBEN* an seinen **NAMEN** hat diesen,

---

a Nach anderen Textzeugen: „Der Gott Abrahams und der Gott Isaaks und der Gott Jakobs".

den ihr seht und kennt, sein **NAME** gefestigt; und der durch ihn (gewirkte) *GLAUBE* hat ihm diese Unversehrtheit gegeben vor euch allen. [17] Und jetzt, Brüder, weiß ich, dass ihr in Unwissenheit gehandelt habt wie auch eure Herrscher. [18] GOTT aber hat das, was er *durch den Mund* aller **Propheten** vorher bekannt gemacht hat, dass sein Christus leiden werde, auf diese Weise erfüllt. [19] So kehrt nun um und bekehrt euch, damit eure Sünden ausgelöscht werden, [20] auf dass vom Angesicht des *HERRN* her Zeiten der Erquickung kommen mögen und er den euch im Voraus bestimmten Christus, (nämlich) Jesus, schicke. [21] Den muss der Himmel aufnehmen bis zu den Zeiten der Wiederherstellung aller Dinge, von denen Gott *durch den Mund* seiner heiligen *Propheten* von jeher geredet hat. [22] Mose hat gesagt:

> Einen *Propheten* wird euch erstehen lassen der Herr, euer GOTT,
> aus euren Brüdern, (einen Propheten) wie mich;
> auf ihn sollt ihr hören in allem,
> wie viel er auch zu euch redet.

[23] Es wird aber sein:
> jede Seele, die auf jenen *Propheten* nicht hört,
> wird aus dem VOLK ausgerottet werden.
> [vgl. Dtn 18,15–20]

[24] Aber auch alle **Propheten**, von Samuel und den folgenden an, so viele geredet haben, haben auch diese Tage verkündet. [25] Ihr seid die Söhne der **Propheten** und des Bundes, den GOTT für eure Väter eingerichtet hat, als er zu Abraham sagte:

> Und in deiner Nachkommenschaft
> werden alle Volksstämme der Erde *gesegnet* werden.
> [Gen 22,18; 26,4]

[26] Euch zuerst hat GOTT *SEINEN KNECHT* aufstehen lassen und ihn gesandt, der euch *segnet*, wenn ihr euch, jeder (einzelne), von euren Bosheiten abkehrt.

[Apg 4,1–22: Petrus und Johannes vor dem Hohen Rat]

[1] Während sie aber zu dem VOLK redeten, traten zu ihnen die Priester und der Hauptmann des Heiligtums und die Sadduzäer hinzu [2] und ärgerten sich, weil sie das VOLK **lehrten** und an (dem Beispiel von) Jesus die Auferstehung aus den Toten verkündigten. [3] Und sie legten Hand an sie und nahmen sie bis zum nächsten Tag in Haft, denn es war schon Abend. [4] Viele aber von denen, die das Wort gehört hatten, kamen zum Glauben; und die Zahl der Männer stieg auf fünftausend[a]. [5] Es geschah aber am nächsten Tag, dass sich ihre Herrscher und Ältesten und Schriftgelehrten in Jerusalem versammelten, [6] und (zwar) Hannas, der Hohepriester, und Kaiphas und Johannes und Alexander und alle, die von hohepriesterlicher Abkunft waren. [7] Und sie stellten sie in die Mitte und vernahmen (sie): Durch welche Kraft oder durch welchen **NAMEN** habt ihr dies getan? [8] Da sagte Petrus, erfüllt mit *heiligem Geist*, zu ihnen:

---

a Nach anderen Textzeugen: „etwa fünftausend".

Herrscher des VOLKES und Älteste! [9] Wenn wir heute wegen der Wohltat an einem kranken Menschen verhört werden, wodurch dieser GERETTET worden sei, [10] so sei euch allen und dem ganzen VOLK Israel bekannt: Durch den **NAMEN** Jesu Christi, des Nazoräers, den ihr gekreuzigt habt, den GOTT aus den Toten auferweckt hat – durch diesen steht dieser gesund vor euch. [11] Dieser ist der Stein, der als der, der von euch, den Baumeistern, verachtet wurde, zum Schlussstein geworden ist.[a] [12] Und es ist in keinem anderen die RETTUNG. Denn unter dem Himmel ist auch kein anderer bei den Menschen gegebener **NAME**, in dem wir GERETTET werden sollen.

[13] Als sie aber den FREIMUT des Petrus und Johannes sahen und erfassten, dass sie ungebildete Menschen und Laien waren, verwunderten sie sich; und sie erkannten, dass sie mit Jesus zusammen gewesen waren. [14] Und da sie den Menschen, der gesund gemacht worden war, bei ihnen stehen sahen, hatten sie nichts zu entgegnen. [15] Sie befahlen ihnen aber, den Hohen Rat zu verlassen, und berieten miteinander:

[16] Was sollen wir diesen Menschen tun? Denn dass ein deutliches Zeichen durch sie geschehen ist, ist allen Einwohnern von Jerusalem offenbar, und wir können es nicht leugnen. [17] Aber damit es nicht weiter unter dem VOLK verbreitet werde, wollen wir ihnen *drohend* gebieten, in diesem **NAMEN** zu keinem Menschen mehr zu reden.

[18] Und sie ließen sie rufen und befahlen ihnen, im **NAMEN** Jesu überhaupt nicht zu reden und zu **lehren**. [19] Petrus aber und Johannes antworteten und sagten zu ihnen: Ob es gerecht ist vor GOTT, auf euch mehr zu hören als auf GOTT, (darüber) urteilt (selbst)! [20] Denn wir sind außerstande, das, was wir gesehen und gehört haben, nicht zu sagen. [21] Sie aber *drohten* nochmals und LIESSEN SIE FREI, da sie nichts fanden, wie sie sie bestrafen könnten, wegen des VOLKES; denn alle priesen GOTT für das, was geschehen war. [22] Denn mehr als vierzig Jahre alt war der Mensch, an dem sich dieses Zeichen der Heilung ereignet hatte.

[Apg 4,23–31: Gebet der Gemeinde
nach der Freilassung des Petrus und des Johannes]

[23] Nachdem sie aber FREIGELASSEN worden waren, kamen sie zu den Ihrigen und berichteten alles, was die Hohenpriester und die Ältesten zu ihnen gesagt hatten. [24] Als die es aber gehört hatten, erhoben sie einmütig (ihre) Stimme zu GOTT und sagten:

Gebieter,

der du den Himmel geschaffen hast
und die Erde und das Meer und alles, was darin ist
[2Kön 19,15; Jes 37,16; Neh 9,6; Ex 20,11; Ps 146,6];
[25] der du (durch) den Mund unseres Vaters David, deines Knechtes, durch den *heiligen Geist* gesagt hast:

---

a Vgl. Ps 118,22.

Warum tobten die Heiden
und sannen die Völker Nichtiges?
[26] Es traten auf die Könige der Erde,
und die Herrscher VERSAMMELTEN sich an einem Ort
gegen den *HERRN* und gegen seinen Gesalbten[a].

[Ps 2,1–2 LXX]

[27] Denn in Wahrheit VERSAMMELTEN sich in dieser Stadt gegen *DEINEN heiligen KNECHT* Jesus, den du gesalbt hast, Herodes und Pontius Pilatus mit den Heiden und den Völkern Israels, [28] um alles zu tun, was deine Hand und dein Ratschluss zu geschehen vorherbestimmt hatte. [29] Und jetzt, *HERR*, sieh ihre *Drohungen* an und gib deinen Sklaven, mit allem FREIMUT dein Wort zu reden, [30] dadurch, dass du deine Hand zur Heilung ausstreckst und Zeichen und WUNDER geschehen lässt durch den NAMEN *DEINES heiligen KNECHTES* Jesus.

[31] Und als sie *GEBETET* hatten, bebte der Ort, an dem sie versammelt waren; und sie wurden alle vom *heiligen Geist* erfüllt und redeten das Wort GOTTES mit FREIMUT.

[Apg 4,32–37: Das Leben der Gemeinde;
das Geschenk des Barnabas]

[32] Die Menge der zum Glauben Gekommenen aber war ein Herz und eine Seele; und auch nicht einer sagte, dass etwas von seinem Besitz sein eigen sei, sondern es war ihnen alles gemeinsam. [33] Und mit großer Kraft machten die Apostel die Zeugenaussage von der Auferstehung des *HERRN* Jesus; und große Gnade war auf ihnen allen. [34] Denn es war auch kein Bedürftiger unter ihnen, denn alle, die Besitzer von Grundstücken oder Häusern waren, VERKAUFTEN sie, brachten die Beträge, (die sie) für das Veräußerte (erhielten), [35] und *legten sie den Aposteln zu Füßen*; es wurde aber jedem zugeteilt, je nachdem einer Bedarf hatte.

[36] Joseph aber, der von den Aposteln den Beinamen Barnabas erhalten hatte – das heißt übersetzt: Sohn des Trostes –, ein Levit, Zyprer von Geburt, [37] der einen Acker besaß, VERKAUFTE ihn, brachte das Geld herbei und *legte es den Aposteln zu Füßen*.

[Apg 5,1–11: Hananias und Saphira]

[1] Ein Mann namens Hananias aber, mit Saphira, seiner Frau, VERKAUFTE ein Gut [2] und SCHAFFTE (etwas) VON DEM BETRAG BEISEITE, wovon auch die Frau wusste; und er brachte einen Teil und *legte ihn den Aposteln zu Füßen*. [3] Petrus aber sagte: Hananias, warum hat der Satan DEIN HERZ erfüllt, dass du den *heiligen Geist* belogen und (etwas) VON DEM BETRAG, (den du) für das <u>Grundstück</u> (erhalten hast), BEISEITE GESCHAFFT hast? [4] (Ist es) nicht (so, dass) es, solange es (unverkauft) blieb, dein blieb und (der Ertrag), als es veräußert war, in deiner Verfü-

---

a „seinen Gesalbten" = „seinen Christus".

gung war? Warum hast du in DEINEM HERZEN diese Sache beschlossen? Du hast nicht Menschen **belogen**, sondern GOTT.

[5] Als aber Hananias diese Worte hörte, FIEL ER HIN UND HAUCHTE SEIN LEBEN AUS.

Und große Furcht kam über alle, die es hörten.

[6] Die Jüngeren aber standen auf und hüllten ihn ein, und sie TRUGEN IHN HINAUS UND BEGRUBEN IHN.

[7] Es geschah aber nach Ablauf von ungefähr drei Stunden, da kam seine Frau herein, ohne zu wissen, was geschehen war.

[8] Petrus aber redete sie an: Sag mir, habt ihr das Grundstück für so viel hergegeben?

Sie aber sagte: Ja, für so viel.

[9] Petrus aber (sagte) zu ihr: Warum bloß wurde von euch vereinbart, den *Geist* des *HERRN* zu versuchen? Siehe, die Füße derer, die deinen Mann begraben haben, (sind) an der Tür, und sie werden dich hinaustragen.

[10] SIE FIEL aber sofort *zu seinen Füßen* nieder UND HAUCHTE IHR LEBEN AUS.

Als aber die jungen Männer hereinkamen, fanden sie sie tot; und sie TRUGEN SIE HINAUS UND BEGRUBEN SIE bei ihrem Mann.

[11] *Und große Furcht kam* über die ganze Gemeinde und *über alle, die dies hörten.*

[Apg 5,12–16: Wundertaten der Apostel]

[12] Durch die Hände der Apostel aber geschahen viele Zeichen und Wunder im VOLK. Und sie waren alle einmütig in der Säulenhalle Salomos. [13] Von den übrigen aber wagte niemand, sich ihnen anzuschließen, doch das VOLK pries sie. [14] Umso mehr aber wurden solche, die glaubten, (von) dem *HERRN* hinzugetan, Mengen von Männern und Frauen, [15] so dass man die Kranken sogar auf die Straßen hinaustrug und sie auf Betten und Tragen legte, damit, wenn Petrus kam, wenigstens sein Schatten auf einen von ihnen falle.

[16] Es kam aber auch die Menge aus den Städten um Jerusalem zusammen, und sie brachten Kranke und von unreinen Geistern Geplagte, welche alle gesund gemacht wurden.

[Apg 5,17–42: Festnahme und Befreiung der Apostel]

[17] Es erhob sich aber der Hohepriester und alle, die bei ihm waren, nämlich die Partei der Sadduzäer, und sie wurden von Eifer erfüllt [18] und legten Hand an die Apostel und nahmen sie in öffentlichen Gewahrsam.

[19] Ein Engel des *HERRN* aber öffnete während der Nacht die Türen des Gefängnisses und führte sie hinaus und sagte: [20] Geht und tretet hin und redet im HEILIGTUM zum VOLK alle Worte dieses Lebens!

²¹ Als sie es aber gehört hatten, gingen sie in der Morgenfrühe in das HEILIGTUM hinein und **lehrten.**

Der Hohepriester aber kam und die, die mit ihm waren, und sie riefen den Hohen Rat und die ganze Ältestenschaft der Söhne Israels zusammen und sandten in den Kerker, um sie vorführen zu lassen.

²² Die (dorthin) gekommenen Diener aber fanden sie in dem Gefängnis nicht. Sie kehrten aber zurück, berichteten ²³ und sagten: Wir fanden den Kerker ganz fest verschlossen und die Wachen an den Türen stehen. Als wir aber öffneten, fanden wir niemanden darin.

²⁴ Als aber der Hauptmann des HEILIGTUMS und die Hohenpriester diese Worte hörten, gerieten sie ihretwegen in Verlegenheit darüber, was das wohl werden sollte.

²⁵ Es kam aber irgendeiner und berichtete ihnen: Siehe, die Männer, die ihr ins Gefängnis geworfen habt, stehen im HEILIGTUM und **lehren** das VOLK.

²⁶ Da ging der Hauptmann mit den Dienern hin und führte sie ab, nicht mit Gewalt, denn sie fürchteten das VOLK, dass sie gesteinigt würden. ²⁷ Sie führten sie aber ab und stellten sie vor den Hohen Rat.

Und der Hohepriester befragte sie ²⁸ und sagte: Wir haben euch streng befohlen, nicht in diesem NAMEN zu **lehren,** und siehe, ihr habt Jerusalem mit eurer **Lehre** erfüllt und wollt das Blut dieses Menschen auf uns bringen.

²⁹ Petrus aber und die Apostel antworteten und sagten:

Man muss GOTT mehr *GEHORCHEN* als Menschen. ³⁰ Der GOTT unserer Väter hat Jesus auferweckt, an den ihr Hand gelegt habt, indem ihr ihn ans Holz hängtet. ³¹ Diesen hat GOTT zum Herrscher und Retter zu seiner Rechten erhöht, um Israel Umkehr zu geben und Sündenvergebung. ³² Und wir sind Zeugen dieser Vorgänge und der *heilige Geist*, den GOTT denen gegeben hat, die ihm *GEHORCHEN*.

³³ Die aber, die es hörten, wurden wütend und wollten sie umbringen.

³⁴ Es erhob sich aber einer im Hohen Rat, ein Pharisäer namens Gamaliel, ein Gesetzes**lehrer,** angesehen beim ganzen VOLK, und befahl, die Leute für kurze Zeit hinauszuschaffen. ³⁵ Und er sagte zu ihnen:

Israelitische Männer, nehmt euch in Acht bei diesen Menschen, was ihr tun wollt! ³⁶ Denn vor diesen Tagen *trat* Theudas *auf* und sagte, er sei jemand; dem schloss sich eine Anzahl von etwa vierhundert Männern an; er wurde getötet, und *alle, die ihm Gehör gaben*, wurden versprengt und wurden zu nichts. ³⁷ Nach diesem *trat* Judas der Galiläer *auf*, in den Tagen der Registrierung[a], und brachte das VOLK hinter sich; auch der kam um, und *alle, die ihm Gehör gaben*, wurden zerstreut. ³⁸ Und jetzt sage ich euch: Lasst ab von diesen Menschen und gebt sie frei! Denn wenn dieses Vorhaben oder dieses Unternehmen von Menschen sein sollte, wird es zunichte werden. ³⁹ Wenn es aber von GOTT ist, werdet ihr sie nicht zunichte machen können. Damit ihr nicht etwa noch als gegen GOTT Kämpfende befunden werdet!

---

a Vgl. Lk 2,1 f.

Sie gaben ihm aber *Gehör.* [40] Und sie riefen die Apostel herbei, ließen sie schlagen und befahlen ihnen, nicht im NAMEN Jesu zu reden, und ließen sie frei.

[41] Die nun gingen vom Hohen Rat fort und freuten sich, dass sie gewürdigt worden waren, für den NAMEN verächtlich behandelt zu werden.

[42] Und sie hörten nicht auf, jeden Tag im HEILIGTUM und in den Häusern zu **lehren** und Jesus als den Christus zu verkündigen.

[Apg 6,1–7: Die Einsetzung von sieben Männern zum Tischdienst]

[1] In diesen Tagen aber, als die JÜNGER zahlreicher wurden, entstand ein Murren der Hellenisten gegen die Hebräer, weil beim täglichen Dienst ihre Witwen übersehen wurden.

[2] Die Zwölf aber beriefen die MENGE der JÜNGER ein und sagten: Es ist nicht richtig, dass wir das **Wort** GOTTES vernachlässigen und Tischdienst leisten. [3] Seht euch aber um, Brüder, nach sieben Männern von euch mit gutem Ruf, voll *Geist* und *WEISHEIT*; die werden wir für diese Aufgabe einsetzen. [4] Wir aber werden uns weiter dem *GEBET* und dem Dienst am **Wort** widmen.

[5] Und die Rede fand Zustimmung bei der ganzen MENGE; und sie wählten

Stephanus aus, einen Mann voll *GLAUBEN* und *heiligem Geist*,
und Philippus
und Prochorus
und Nikanor
und Timon
und Parmenas
und Nikolaus, einen Proselyten aus Antiochia.

[6] Die stellten sie vor die Apostel.
Und sie *BETETEN* und legten ihnen die Hände auf.

[7] Und das **Wort** GOTTES wuchs, und die Zahl der JÜNGER in Jerusalem nahm sehr zu; und eine große Menge der Priester gehorchte dem Glauben.

[Apg 6,8–15: Die Verhaftung des Stephanus]

[8] Stephanus aber, voll Gnade und Kraft, tat Wunder und große Zeichen im VOLK.

[9] Es traten aber einige von denen aus der sogenannten Synagoge der Libertiner und Kyrenäer und Alexandriner und von denen aus Kilikien und Asien auf und führten mit Stephanus Streitgespräche. [10] Und sie waren nicht imstande, der WEISHEIT und dem *Geist*, mit dem er redete, zu widerstehen.

[11] Da stifteten sie Männer an, die sagten: Wir haben ihn Lästerworte reden hören gegen **MOSE** und GOTT.

[12] Und sie hetzten das VOLK und die Ältesten und die Schriftgelehrten auf und traten heran, packten ihn und führten ihn vor den Hohen Rat.

¹³ Und sie stellten falsche Zeugen auf, die sagten: Dieser Mensch hört nicht auf, Worte gegen diesen^a heiligen Ort und das *Gesetz* zu reden. ¹⁴ Denn wir haben ihn sagen hören: Jesus, der Nazoräer, dieser wird diesen Ort zerstören und die Gebräuche verändern, die uns **MOSE** überliefert hat. ¹⁵ Und alle, die im Hohen Rat saßen, richteten ihren Blick auf ihn und sahen sein Gesicht wie das Gesicht eines Engels.

[Apg 7,1–53: Die Rede des Stephanus]

¹ Der Hohepriester aber sagte: Verhält sich dies so?
² Er aber sprach:

[*7,2b–8: Abraham*]

Männer, Brüder und Väter, hört!
Der GOTT der Herrlichkeit erschien **unserem Vater ABRAHAM**, als er in Mesopotamien war, bevor er sich in Haran niederließ, ³ und sagte zu ihm:
Geh aus deinem *Land* und von deiner Verwandtschaft fort,
und auf in das *Land*, das ich dir zeigen werde.
[Gen 12,1]
⁴ Da ging er aus dem *Land* der Chaldäer fort und ließ sich in Haran nieder.
Und von dort ließ er ihn, nachdem sein Vater gestorben war, in dieses *Land* umsiedeln, in dem ihr jetzt wohnt. ⁵ Und er gab ihm keinen Erbbesitz darin, nicht einmal einen Fuß breit; doch er verhieß,
es ihm zum Besitz zu geben und seiner Nachkommenschaft nach ihm
[Gen 48,4],
obwohl er kein Kind hatte. ⁶ GOTT aber sprach so:
Seine Nachkommenschaft wird Beisasse^b sein in einem fremden *Land*;
und sie werden sie versklaven und schlecht behandeln vierhundert Jahre lang.
⁷ Und über das Volk, dem sie als Sklaven dienen, werde ich urteilen,
sagte GOTT,
und danach werden sie ausziehen und mir an diesem Ort dienen.
[Gen 15,13–14; Ex 2,22]
⁸ Und er gab ihm den Bund der Beschneidung; und so zeugte er Isaak und beschnitt ihn am achten Tag, und Isaak (zeugte) Jakob und Jakob die zwölf *Stammväter*.

[*7,9–16: Abrahams Nachkommen*]

⁹ Und die *Stammväter* wurden eifersüchtig auf Joseph und gaben ihn weg nach Ägypten. Und GOTT war mit ihm ¹⁰ und holte ihn aus allen seinen BEDRÄNGNISSEN heraus und gab ihm Gnade und Weisheit vor Pharao, dem König von Ägypten; und er setzte ihn zum Regenten über Ägypten und über sein ganzes Haus ein.
¹¹ Es kam aber eine Hungersnot über ganz Ägypten und Kanaan und eine große BE-DRÄNGNIS, und UNSERE VÄTER fanden keine Nahrungsmittel. ¹² Als aber Jakob hörte, dass in

---

a Nach anderen Textzeugen: „den".   b Einwohner ohne Rechte.

Ägypten Getreide vorhanden sei, sandte er UNSERE VÄTER zum ersten Mal los. [13] Und beim zweiten Mal gab sich Joseph seinen Brüdern zu erkennen, und dem Pharao wurde die Herkunft Josephs offenbar. [14] Joseph aber sandte hin und lud seinen Vater Jakob und die ganze Verwandtschaft ein, fünfundsiebzig Seelen. [15] Und Jakob zog nach Ägypten hinab und starb, er und UNSERE VÄTER; [16] und sie wurden nach Sichem überführt und in die Grabstätte gelegt, die ABRA-HAM für Silbergeld von den Söhnen Hamors in Sichem erworben hatte.

[*7,17–22: Die ersten vierzig Jahre des Mose*]

[17] Als aber die Zeit der Verheißung nahte, die GOTT dem ABRAHAM zugesagt hatte, wuchs das VOLK und vermehrte sich in Ägypten, [18] bis

ein anderer König über Ägypten auftrat,

der Joseph nicht kannte.

[Ex 1,8 LXX]

[19] Dieser ging mit List gegen unseren Volksstamm vor und behandelte DIE VÄTER schlecht und ließ sogar ihre Neugeborenen *aussetzen*, damit sie nicht am Leben blieben.

[20] Zu der Zeit wurde MOSE geboren, und er war GOTT angenehm; er wurde drei Monate im Haus des Vaters aufgezogen. [21] Als er aber *ausgesetzt* wurde, nahm ihn die Tochter Pharaos auf und erzog ihn sich zum Sohn. [22] Und MOSE wurde in aller WEISHEIT der Ägypter ausgebildet; er war aber in seinen Worten und Taten stark.

[*7,23–29: Der vierzigjährige Mose*]

[23] Als er aber ein Alter von VIERZIG JAHREN erreicht hatte, stieg es in seinem Herzen auf, nach seinen Brüdern, den Söhnen Israels, zu sehen. [24] Und als er einen Unrecht leiden sah, stand er ihm bei und rächte den Misshandelten, indem er den Ägypter erschlug. [25] Er meinte aber, seine Brüder würden verstehen, dass GOTT ihnen durch seine Hand Rettung bringe; doch sie verstanden es nicht.

[26] Und am folgenden Tag erschien er bei ihnen, als sie sich stritten, und er wollte sie zum Frieden versöhnen und sagte: Männer, ihr seid Brüder, warum tut ihr einander Unrecht?

[27] Der aber, der dem Nächsten Unrecht tat, stieß ihn weg und sagte:

Wer hat dich zum Herrscher und Richter eingesetzt über uns?

[28] Willst du mich etwa umbringen,

wie du gestern den Ägypter umgebracht hast?

[Ex 2,14]

[29] MOSE aber floh auf dieses Wort hin und wurde ein Beisasse im Land Midian, wo er zwei Söhne zeugte.

[*7,30–34: Der achtzigjährige Mose*]

[30] Und als VIERZIG JAHRE erfüllt waren, erschien ihm in der WÜSTE des Berges Sinai ein Engel in der Feuerflamme eines Dornbuschs. [31] Als MOSE es aber sah, wunderte er sich über die Erscheinung. Während er herbeikam, um sie *genau anzusehen*, geschah die Stimme des *HERRN*:

^{32} Ich bin der GOTT deiner Väter,
der GOTT **ABRAHAMS** und Isaaks und Jakobs.

[Ex 3,6]

MOSE erzitterte aber und wagte nicht, *genau hinzusehen.*
^{33} Der *HERR* aber sagte ihm:

Löse die Sandale(n) von deinen Füßen,
denn der Ort, auf dem du stehst, ist heiliges Land.
^{34} Gesehen habe ich die Misshandlung meines VOLKES, das in Ägypten ist,
und ihr Seufzen habe ich gehört,
und ich bin herabgekommen, sie herauszuholen.
Und jetzt auf, ich will dich nach Ägypten schicken.

[Ex 3,5.7–8.10]

[*7,35–43: Die letzten vierzig Jahre des Mose*]

^{35} *DIESEN* **MOSE**, den sie verleugneten, indem sie sagten:

Wer hat dich zum Herrscher und Richter eingesetzt?

[Ex 2,14],

DIESEN hat GOTT als Herrscher und Retter gesandt durch die Hand des Engels, der ihm im Dornbusch erschien. ^{36} *DIESER* führte sie heraus, indem er *WUNDER* und Zeichen tat im Land Ägypten und im Roten Meer und in der WÜSTE VIERZIG JAHRE lang. ^{37} *DIESER* ist der **MOSE**, der den Söhnen Israels sagte:

Einen Propheten wird euch GOTT aufstehen lassen
aus euren Brüdern, (einen Propheten) wie mich.

[Dtn 18,15]

^{38} *DIESER* ist es, der in der Versammlung in der WÜSTE mit dem Engel, der auf dem Berg Sinai zu ihm geredet hatte, und mit *UNSEREN VÄTERN* war, der lebendige Worte empfing, sie uns zu geben.
^{39} Ihm wollten *UNSERE VÄTER* nicht gehorsam sein, sondern sie stießen ihn weg und wandten sich in ihren Herzen Ägypten zu ^{40} und sagten zu Aaron:

Mach uns Götter, die vor uns herziehen werden;
denn *DIESER* **MOSE**, der uns aus dem Land Ägypten geführt hat –
wir wissen nicht, was ihm geschehen ist.

[Ex 32,1.23]

^{41} Und sie machten in jenen Tagen ein Kalb und brachten dem Götterbild ein Opfer und freuten sich an den Werken ihrer Hände.
^{42} GOTT aber wandte sich ab und gab sie dahin, dem Heer des Himmels zu dienen, wie es geschrieben ist im Buch der Propheten:

Habt ihr mir etwa Schlachtopfer und Opfer dargebracht
VIERZIG JAHRE lang in der Wüste, Haus Israel?
^{43} Und ihr nahmt das Zelt des Moloch mit
und das Sternbild des[a] Gottes Räphan,
die Bildwerke, die ihr gemacht hattet, um sie anzubeten.
Und ich werde euch umsiedeln über Babylon hinaus.

[Am 5,25–27 LXX]

---

a Nach anderen Textzeugen: „eures".

[7,44–50: Von der Landnahme bis zum Bau des Tempels]

[44] Das Zelt des Zeugnisses war bei UNSEREN VÄTERN in der WÜSTE, wie der mit MOSE Redende befohlen hatte, es nach dem Muster zu machen, das er gesehen hatte. [45] Das auch haben UNSERE VÄTER übernommen und (ins Land) hineingebracht mit Josua bei der Besitzergreifung (des Landes) der Heiden, die GOTT vor dem Angesicht UNSERER VÄTER vertrieb, bis zu den Tagen Davids; [46] der fand Gnade vor GOTT und bat darum, eine Wohnstätte zu finden für das Haus Jakobs. [47] Salomo aber baute ihm ein Haus. [48] Aber der Höchste wohnt nicht in etwas, das von *Händen* gemacht ist, wie der Prophet sagt:

[49] Der Himmel ist mir Thron,
die Erde aber Schemel meiner Füße.
Was für ein Haus werdet ihr mir bauen, sagt der *HERR*,
oder welches ist der Ort meiner Ruhe?
[50] Hat nicht *meine Hand* dies alles gemacht?
[Jes 66,1–2]

[7,51–53: Anwendung auf die Hörer]

[51] Halsstarrige und Unbeschnittene an Herzen und Ohren! Ihr widerstrebt allezeit dem *heiligen Geist*, wie EURE VÄTER, so auch ihr. [52] Welchen der Propheten haben EURE VÄTER nicht verfolgt? Und sie töteten die, die die Ankunft des Gerechten im Voraus verkündigten, dessen Verräter und Mörder ihr jetzt geworden seid, [53] ihr, die ihr das *Gesetz* auf Anordnung von Engeln erhalten und es nicht befolgt habt.

[Apg 7,54–8,3: Die Steinigung des Stephanus
und die Verfolgung der Gemeinde]

[54] Als sie dies aber hörten, wurden sie in ihren Herzen wütend und knirschten mit den Zähnen gegen ihn.
[55] Erfüllt von *heiligem Geist* aber blickte er fest zum Himmel und sah die Herrlichkeit GOTTES und JESUS ZUR RECHTEN GOTTES STEHEN [56] und sagte: Siehe, ich sehe die Himmel geöffnet und den MENSCHENSOHN ZUR RECHTEN GOTTES STEHEN.
[57] Sie *schrien* aber *mit lauter Stimme*, hielten ihre Ohren zu und stürzten einmütig auf ihn los. [58] Und sie stießen (ihn) aus der Stadt hinaus und STEINIGTEN (ihn).
Und die Zeugen legten ihre Kleider ab zu den Füßen eines jungen Mannes, der Saulus hieß.
[59] Und sie STEINIGTEN Stephanus, der (den Herrn) anrief und sagte: *HERR* Jesus, nimm meinen Geist auf!
[60] Er beugte aber die Knie und *schrie mit lauter Stimme*: *HERR*, rechne ihnen diese Sünde nicht an!
Und nachdem er das gesagt hatte, entschlief er.
[8,1] Saulus aber billigte seine Ermordung.

An jenem Tag aber kam eine große Verfolgung über die GEMEINDE in Jerusalem. Alle aber wurden in die Gegenden von Judäa und Samaria ZERSTREUT, mit Ausnahme der Apostel.

 ² Den Stephanus aber bestatteten fromme Männer, und sie stimmten eine große Klage über ihn an.

 ³ Saulus aber bemühte sich, die GEMEINDE zugrunde zu richten, indem er in die einzelnen Häuser hineinging; er schleppte sowohl Männer als auch Frauen fort und lieferte sie ins Gefängnis ein.

[Apostelgeschichte 8,4–15,35: Die Verbreitung des Evangeliums in der Heidenwelt]

[Apg 8,4–25: Überwindung des Magiers Simon durch Philippus; Übermittlung des heiligen Geistes durch Petrus]

 ⁴ Die ZERSTREUTEN nun zogen umher und predigten das **Wort**.

 ⁵ Philippus aber ging hinab in die Stadt Samarias und verkündigte ihnen den Christus.

 ⁶ Die Volksmengen aber HINGEN dem von Philippus Gesagten einmütig AN, indem sie zuhörten und die Zeichen sahen, die er tat. ⁷ Denn viele von denen, die unreine Geister hatten – mit lauter Stimme schreiend fuhren sie aus; viele Gelähmte und Lahme aber wurden gesund gemacht. ⁸ Es entstand aber große Freude in jener Stadt.

 ⁹ Ein Mann aber namens Simon war schon vorher in der Stadt gewesen, der zauberte und RISS das Volk von Samaria HIN, indem er sagte, er selbst sei ein *Großer*; ¹⁰ dem HINGEN alle AN, vom Kleinen bis zum *Großen*, und sagten: Dieser ist *die Kraft* GOTTES, die die *große* genannt wird.

 ¹¹ Sie HINGEN ihm aber AN, weil er sie geraume Zeit mit den Zaubereien HINGE-RISSEN hatte.

 ¹² Als sie aber Philippus glaubten, der von der KÖNIGSHERRSCHAFT GOTTES und dem Namen Jesu Christi predigte, ließen sie sich **taufen**, sowohl Männer als auch Frauen.

 ¹³ Simon aber, auch er kam zum Glauben, und nachdem er sich hatte **taufen** lassen, hielt er sich zu Philippus. Und als er beobachtete, dass Zeichen und *große Kräf-te* geschahen, war er HINGERISSEN.

 ¹⁴ Als aber die Apostel in Jerusalem hörten:

Samaria hat das **Wort** GOTTES angenommen,

sandten sie Petrus und Johannes zu ihnen.

¹⁵ Die zogen hinab und *BETETEN* für sie, damit sie *heiligen Geist empfingen*. ¹⁶ Denn er war noch auf keinen von ihnen gefallen, sondern sie waren auf den NAMEN des Herrn Jesus lediglich **getauft**. ¹⁷ Daraufhin legten sie die Hände auf sie, und sie *empfingen heiligen Geist*.

¹⁸ Als aber Simon sah, dass durch das Auflegen der Hände der Apostel der *Geist* gegeben wurde, brachte er ihnen GELD ¹⁹ und sagte: Gebt auch mir diese Macht, dass derjenige, dem ich die Hände auflege, *heiligen Geist empfange*.

²⁰ Petrus aber sagte zu ihm: Dein Silber fahre mit dir ins Verderben, weil du damit gerechnet hast, das Geschenk GOTTES durch GELD zu erwerben. ²¹ Du hast weder Anteil noch Anrecht an dieser Sache, denn dein Herz ist vor GOTT nicht aufrichtig. ²² Kehre nun um von dieser deiner Schlechtigkeit und *bitte* den *HERRN*, ob dir vielleicht der Gedanke deines Herzens vergeben werde. ²³ Denn ich sehe, dass du in bitterer Galle und in einer Fessel der Ungerechtigkeit bist.

²⁴ Simon aber antwortete und sagte: *Bittet* ihr beim *HERRN* für mich, dass nichts über mich komme von dem, was ihr gesagt habt.

²⁵ Sie nun kehrten, nachdem sie Zeugnis abgelegt und das **Wort** des *HERRN* geredet hatten, nach Jerusalem zurück und predigten (in) vielen Dörfern der Samariter.

[Apg 8,26–40: Philippus und die Bekehrung des Eunuchen aus Äthiopien]

²⁶ Ein Engel des *HERRN* aber redete zu Philippus und sagte: Steh auf und geh nach Süden auf die Straße, die von Jerusalem nach Gaza hinabführt! Sie ist einsam. ²⁷ Und er stand auf und ging los.

Und siehe, ein Äthiopier, ein Eunuch, Hofbeamter der Kandake, der Königin der Äthiopier, der ihren ganzen Schatz verwaltete, der war nach Jerusalem gekommen, um anzubeten, ²⁸ und war (nun) auf dem Rückweg und saß auf seinem Wagen und *las den Propheten Jesaja*.

²⁹ Der *Geist* aber sagte zu Philippus: Tritt heran und schließ dich diesem Wagen an!

³⁰ Philippus aber lief hin, hörte ihn *den Propheten Jesaja lesen* und sagte: Verstehst du denn, was du liest?

³¹ Der aber sagte: Wie könnte ich denn, wenn keiner mich anleitet?

Und er bat Philippus, aufzusteigen und sich zu ihm zu setzen.

³² Die Stelle der Schrift aber, die er las, war diese:

> Wie ein Schaf zur Schlachtung geführt wurde
> und wie ein Lamm vor seinem Scherer stumm ist,
> so TAT er SEINEN MUND nicht AUF.
> ³³ Durch die Erniedrigung wurde sein Gericht aufgehoben.
> Seine Generation – wer wird sie beschreiben?
> Denn sein Leben wird von der Erde weggenommen.

[Jes 53,7–8]

[34] Der Eunuch wandte sich aber an Philippus und sagte: Ich bitte dich, von wem sagt der Prophet das? Von sich selbst oder von einem anderen?

[35] Philippus TAT aber SEINEN MUND AUF, und von dieser Schriftstelle ausgehend predigte er ihm Jesus.

[36] Als sie aber auf der Straße weiterfuhren, kamen sie an ein Wasser, und der Eunuch sagt: Siehe, Wasser! Was hindert, dass ich **getauft** werde?[a]

[38] Und er befahl, der Wagen solle anhalten.

Und sie stiegen beide in das Wasser hinab, sowohl Philippus als auch der Eunuch; und er **taufte** ihn.

[39] Als sie aber aus dem Wasser heraufstiegen, entrückte der *Geist* des *HERRN* den Philippus; und der Eunuch sah ihn nicht mehr. Denn er zog seines Wegs fröhlich.

[40] Philippus aber fand man in Aschdod; und er reiste umher und predigte (in) allen Städten, bis er nach Cäsarea kam.

[Apg 9,1–19a: Die Bekehrung des Saulus]

[1] Saulus aber schnaubte noch (immer) Drohung und Mord gegen die JÜNGER des *HERRN*, ging zum Hohenpriester [2] und erbat sich von ihm Briefe nach *DAMASKUS* an die Synagogen, damit er, wenn er welche finde, die zum ‚Weg‘ gehörten, sowohl Männer als auch Frauen, sie gefesselt nach Jerusalem führen könne.

[3] Auf der Reise aber geschah es, dass er sich *DAMASKUS* näherte, und plötzlich umstrahlte ihn ein Licht aus dem Himmel. [4] Und er fiel auf die Erde und hörte eine Stimme, die ihm sagte: Saul, Saul, was verfolgst du mich?

[5] Er aber sagte: Wer bist du, *HERR*?

Der aber: Ich bin Jesus, den du verfolgst. [6] Doch STEH AUF und geh in die Stadt hinein, und es wird dir gesagt werden, was du tun musst!

[7] Die Männer aber, die mit ihm reisten, standen sprachlos da, weil sie zwar die Stimme hörten, aber niemanden sahen.

[8] Saulus aber STAND von der Erde AUF; als er aber seine Augen öffnete, sah er nichts.

Sie nahmen ihn aber bei der Hand und führten ihn nach *DAMASKUS* hinein.

[9] Und er konnte drei Tage nicht sehen und aß nicht und trank nicht.

[10] Es war aber ein JÜNGER in *DAMASKUS*, namens Hananias.

Und der *HERR* sagte zu ihm in einer Vision: Hananias!

Der aber sagte: Hier bin ich, *HERR*!

---

a Apg 8,37 („Philippus aber sagte ihm: Wenn du aus deinem ganzen Herzen glaubst, ist es erlaubt. Er aber antwortete und sagte: Ich glaube, dass Je- sus Christus der Sohn Gottes ist") gehört nicht zum ursprünglichen Text.

[11] Der *HERR* aber (sagte) zu ihm: Steh auf und geh in die sogenannte Gerade Straße und frag im *Haus* des Judas nach einem Tarser namens Saulus! Denn siehe, er **BETET**. [12] Und er sah einen Mann mit Namen Hananias hereinkommen und ihm die Hände auflegen, damit er WIEDER SEHEND werde.

[13] Hananias aber antwortete: *HERR*, ich habe von vielen über diesen Mann gehört, wie viel Böses er deinen *Heiligen* angetan hat in Jerusalem. [14] Und hier hat er Vollmacht von den Hohenpriestern, alle in Fesseln zu legen, die deinen **NAMEN** anrufen.

[15] Der *HERR* aber sagte zu ihm: Geh! Denn ein auserwähltes Werkzeug ist dieser für mich, um meinen **NAMEN** vor HEIDEN und Könige und die Söhne Israels zu tragen. [16] Ich werde ihm nämlich zeigen, wie viel er für meinen **NAMEN** leiden muss.

[17] Hananias aber ging fort und ging hinein in das *Haus* und legte die Hände auf ihn und sagte: Saul, Bruder, der *HERR* hat mich gesandt, Jesus – der dir erschienen ist auf dem Weg, den du kamst –, damit du WIEDER SEHEND und mit *heiligem Geist* erfüllt wirst.

[18] Und sogleich fiel es ihm wie Schuppen von den Augen, und er wurde WIEDER SEHEND und stand auf und ließ sich **taufen**. [19a] Und er nahm Speise zu sich und kam zu Kräften.

[Apg 9,19b–31: Die Flucht des Saulus vor den Juden von Damaskus, sein Aufenthalt in Jerusalem und sein Aufbruch nach Tarsus]

[19b] Er war aber einige Tage bei den JÜNGERN in *DAMASKUS*. [20] Und sogleich verkündigte er in den Synagogen Jesus, dass dieser der Sohn GOTTES sei.

[21] Alle aber, die es hörten, gerieten außer sich und sagten: Ist dieser nicht der, der in Jerusalem die zugrunde richtete, die diesen **NAMEN** anrufen? Und ist er (nicht) dazu hierher gekommen, dass er sie gefesselt zu den Hohenpriestern führe?

[22] Saulus aber wurde noch stärker und brachte die **JUDEN**, die in *DAMASKUS* wohnten, in Verwirrung, indem er bewies, dass dieser der Christus sei.

[23] Als aber etliche Tage vergangen waren, kamen die **JUDEN** überein, ihn UMZUBRINGEN.

[24] Doch wurde ihr Anschlag Saulus bekannt.

Sie bewachten aber auch Tag und Nacht die Tore, damit sie ihn UMBRÄCHTEN.

[25] Seine JÜNGER aber nahmen ihn bei Nacht und ließen ihn durch die Mauer hinab, indem sie ihn in einem Korb hinunterließen.

[26] Als er aber in Jerusalem angekommen war, versuchte er, sich den JÜNGERN anzuschließen.

Doch alle fürchteten sich vor ihm, da sie nicht glaubten, dass er ein JÜNGER sei.

[27] Barnabas aber nahm ihn und führte ihn zu den Aposteln, und er erzählte ihnen, wie er unterwegs den *HERRN* gesehen und dass der zu ihm geredet hatte und wie er in Damaskus FREIMÜTIG im **NAMEN** Jesu GESPROCHEN hatte.

²⁸ Und er ging bei ihnen in Jerusalem ein und aus und SPRACH FREIMÜTIG im NA-MEN des *HERRN*. ²⁹ Und er redete und disputierte mit den Hellenisten^a.

Die aber trachteten, ihn UMZUBRINGEN.

³⁰ Als die Brüder es aber erfuhren, führten sie ihn nach Cäsarea hinab und schickten ihn weg nach Tarsus.

³¹ Die Gemeinde nun hatte durch ganz Judäa und Galiläa und Samaria hin Frieden und wurde erbaut und lebte in der Furcht vor dem *HERRN* und wuchs durch den Zuspruch des *heiligen Geistes*.

[Apg 9,32–43: Zwei Wundertaten des Petrus]

³² Es geschah aber, dass Petrus, als er bei allen umherreiste, auch zu den *Heiligen* hinabkam, die in Lydda wohnten.

³³ Er fand dort aber einen Menschen namens Äneas, der seit acht Jahren auf einer Bahre lag; der war gelähmt.

³⁴ Und Petrus sagte ihm: Äneas, (in diesem Moment) heilt dich Jesus Christus. STEH AUF und mach dir selbst dein Bett!

Und sogleich STAND ER AUF.

³⁵ Und es sahen ihn alle Bewohner von Lydda und Saron; die wandten sich dem *HERRN* zu.

³⁶ In Joppe aber war eine Jüngerin namens Tabita, was übersetzt Gazelle (Dorkas) heißt. Diese war reich an guten Werken und Almosen, die sie gab.

³⁷ Es geschah aber in jenen Tagen, dass sie erkrankte und starb.

Sie wuschen sie aber und legten sie ins OBERE STOCKWERK.

³⁸ Da aber Lydda nahe bei Joppe liegt, sandten die JÜNGER, als sie gehört hatten, dass Petrus dort war, zwei Männer zu ihm und ließen ihn bitten: Zögere nicht, zu uns herüberzukommen!

³⁹ Petrus aber stand auf und ging mit ihnen.

Nachdem er angekommen war, führten sie ihn in das OBERE STOCKWERK. Und alle Witwen traten weinend zu ihm und zeigten ihm all die Untergewänder und Kleider, die Dorkas gemacht hatte, als sie bei ihnen war.

⁴⁰ Petrus aber warf sie alle hinaus und kniete nieder und *BETETE*. Und zum Körper gewandt, sagte er: Tabitha, STEH AUF!

Sie aber öffnete ihre Augen, und als sie Petrus sah, setzte sie sich auf.

⁴¹ Er gab ihr aber die Hand und ließ sie AUFSTEHEN. Er rief aber die *Heiligen* und die Witwen und stellte sie lebendig hin.

⁴² Es wurde aber in ganz Joppe bekannt, und viele kamen zum Glauben an den *HERRN*.

⁴³ Es geschah aber, dass er etliche Tage in Joppe BEI EINEM GEWISSEN SIMON, EINEM GERBER, blieb.

---

a Griechischsprachige Juden.

[Apg 10,1–48: Die Bekehrung des Kornelius]

[10,1–8: Kornelius' Beauftragung durch einen Engel]

[1] Ein Mann aber in Cäsarea mit Namen Kornelius – ein Hauptmann von der soge-nannten Italischen Kohorte, [2] fromm und gottesfürchtig mit seinem ganzen Haus, der dem (jüdischen) VOLK viele Almosen gab und allezeit zu GOTT betete – [3] sah in einer Vision ungefähr um die neunte Stunde des Tages[a] deutlich, wie ein **Engel** GOT-TES zu ihm hereinkam und zu ihm sagte: Kornelius!
[4] Er aber blickte ihn an und sagte voll Furcht: Was ist, *HERR*?
Er sagte aber zu ihm: Deine *GEBETE* und deine Almosen sind hinaufgestiegen zum Gedenken vor GOTT. [5] Und jetzt schicke Männer nach Joppe und lass einen ge-wissen Simon holen, der den Beinamen Petrus hat. [6] Dieser ist Gast BEI EINEM GEWIS-SEN SIMON, EINEM GERBER, dessen Haus am Meer ist.
[7] Als aber der **Engel**, der mit ihm redete, weggegangen war, rief er zwei von den Hausdienern und einen frommen Soldaten von denen, die ihm treu ergeben waren, [8] und erzählte ihnen alles und sandte sie nach Joppe.

[10,9–16: Vision des Petrus über Rein und Unrein]

[9] Am nächsten Tag aber, als jene reisten und sich der Stadt näherten, stieg Petrus auf das Dach, um zu *BETEN*, etwa zur sechsten Stunde[b]. [10] Er wurde aber hungrig und wollte essen. Während sie aber (etwas) zubereiteten, kam eine Verzückung über ihn. [11] Und er sieht den Himmel geöffnet und ein Gefäß, wie ein großes Leinentuch, her-abkommen, das an vier Zipfeln auf die Erde herabgelassen wird. [12] Darin waren alle Vierfüßler und Kriechtiere der Erde und Vögel des Himmels.
[13] Und eine Stimme erging an ihn: Steh auf, Petrus, schlachte und iss!
[14] Petrus aber sagte: Keinesfalls, *HERR*! Denn niemals habe ich irgendetwas Pro-fanes und Unreines gegessen.
[15] Und eine Stimme (erging) wiederum, zum zweiten Mal, an ihn: Was GOTT ge-reinigt hat, mach du nicht profan!
[16] Das aber geschah dreimal, und sogleich wurde das Gefäß in den Himmel hi-naufgenommen.

[10,17–23a: Die von Kornelius Gesandten und Petrus]

[17] Als Petrus aber bei sich ratlos war, was die Vision, die er gesehen hatte, wohl be-deute, siehe, da standen die von Kornelius gesandten Männer, die sich zu Simons Haus durchgefragt hatten, am Tor. [18] Und sie riefen und erkundigten sich, ob Si-mon, der den Beinamen Petrus habe, dort zu Gast sei.

---

a Ca. 15 Uhr.   b Ca. 12 Uhr.

[19] Während Petrus aber über die Vision nachdachte, sagte ihm der *Geist*: Siehe, (da sind) drei Männer, die dich suchen. [20] Steh aber auf und steig hinab und geh mit ihnen und zweifle nicht daran, dass ich sie gesandt habe.

[21] Petrus aber stieg zu den Männern hinab und sagte: Siehe, ich bin der, den ihr sucht. Was ist der Grund, weswegen ihr hier seid?

[22] Sie aber sagten: Kornelius, ein Hauptmann, ein gerechter, gottesfürchtiger Mann und mit gutem Ruf beim ganzen Volk der JUDEN, erhielt von einem heiligen **Engel** die Weisung, dich in sein Haus zu holen und Worte von dir zu hören.

[23a] Er rief sie nun herein und nahm sie als Gäste auf.

[*10,23b–33: Petrus und Kornelius*]

[23b] *Am nächsten Tag aber* stand er auf und ging mit ihnen los, und einige der Brüder aus Joppe gingen mit ihm.

[24] *Am nächsten Tag aber* kamen sie nach Cäsarea hinein. Kornelius aber erwartete sie und hatte seine Verwandten und engsten Freunde zusammengerufen. [25] Als es aber geschah, dass Petrus eintrat, ging Kornelius ihm entgegen, fiel ihm zu Füßen und huldigte ihm.

[26] Petrus aber richtete ihn auf und sagte: Steh auf! Auch ich selbst bin ein Mensch.

[27] Und während er sich mit ihm unterhielt, ging er hinein und findet viele versammelt [28] und sagte zu ihnen: Ihr wisst, dass es einem jüdischen Mann nicht gestattet ist, sich einem Andersstämmigen anzuschließen oder ihn zu besuchen. Doch mir hat GOTT gezeigt, keinen Menschen als profan oder unrein zu bezeichnen. [29] Darum kam ich auch ohne Widerrede, als ich geholt wurde. Ich erkundige mich nun: Aus welchem Grund habt ihr mich holen lassen?

[30] Und Kornelius sagte: Vor vier Tagen, zu dieser Stunde, *BETETE* ich um die neunte (Stunde) in meinem Haus; und siehe, ein Mann stand vor mir in einem leuchtenden Gewand [31] und sagt: Kornelius! Dein *GEBET* ist erhört worden, und deiner Almosen ist vor GOTT gedacht worden. [32] Schick nun nach Joppe und lass Simon holen, der den Beinamen Petrus hat. Dieser ist zu Gast im Haus SIMONS, EINES GERBERS, am Meer. [33] Sofort nun schickte ich zu dir, und du tatst gut daran zu kommen. Jetzt sind wir nun alle hier vor GOTT, um alles zu hören, was dir vom *HERRN* aufgetragen ist.

[*10,34–48: Rede des Petrus*]

[34] Petrus aber tat den Mund auf und sagte:

In Wahrheit begreife ich, dass GOTT nicht parteiisch ist, [35] sondern in jedem Volk ist ihm angenehm, wer ihn fürchtet und Gerechtigkeit ausübt. [36] Das Wort sandte er den Söhnen Israels, indem er Frieden verkündigte durch Jesus Christus; dieser ist der *HERR* aller. [37] Ihr kennt die Sache, die in ganz Judäa geschehen ist, angefangen von Galiläa, nach der Taufe, die Johannes verkündigte – [38] Jesus von Nazareth, wie GOTT ihn mit *heiligem Geist* und Kraft salbte, der umherging und Gutes tat und alle heilte, die vom Teufel unterdrückt waren, denn GOTT war mit ihm. [39] Und wir sind *Zeugen* von allem, was er im Land der JU-DEN und in Jerusalem getan hat.

Den auch haben sie umgebracht,
indem sie ihn an ein Holz hängten.
[40] Diesen hat GOTT auferweckt am dritten Tag,
und er hat ihn sichtbar werden lassen,
[41] nicht dem ganzen VOLK, aber den von GOTT zuvor auserwählten *Zeugen*, uns, die wir mit ihm gegessen und getrunken haben, nachdem er von den Toten auferstanden war. [42] Und er hat uns befohlen, dem VOLK zu verkündigen und feierlich zu *bezeugen*, dass dieser der von GOTT eingesetzte Richter von Lebenden und Toten ist. [43] Für diesen *bezeugen* alle Propheten, dass jeder, der an ihn *GLAUBT*, durch seinen **NAMEN** Vergebung der Sünden empfängt.

[44] Noch während Petrus diese Worte redete, fiel der *heilige Geist* auf alle, die die Rede hörten. [45] Und die *GLÄUBIGEN* aus der Beschneidung, die mit Petrus gekommen waren, gerieten außer sich darüber, dass auch auf die HEIDEN das Geschenk des *heiligen Geistes* ausgegossen worden war. [46] Denn sie hörten sie in Zungen reden und GOTT preisen.

Da ergriff Petrus das Wort: [47] Kann einer etwa das Wasser verweigern, so dass diese nicht getauft werden, welche den *heiligen Geist* empfingen wie auch wir?

[48] Er ordnete aber an, dass sie im **NAMEN** Jesu Christi getauft würden. Da baten sie ihn, einige Tage zu bleiben.

[Apg 11,1–18: Der Bericht des Petrus in Jerusalem]

[1] Die Apostel und die Brüder, die in Judäa waren, hörten aber:

Auch die HEIDEN haben das **Wort** GOTTES angenommen.

[2] Als aber Petrus nach Jerusalem hinaufkam, stritten die aus der Beschneidung mit ihm [3] und sagten: Du bist bei unbeschnittenen Männern eingekehrt und hast mit ihnen gegessen.

[4] Petrus aber fing an, es ihnen der Reihe nach auseinanderzusetzen, und sagte:

[5] Ich war in der Stadt Joppe und *BETETE*, und ich sah in Verzückung eine Erscheinung, ein herabkommendes Gefäß, wie ein großes Leinentuch, das an vier Zipfeln herabgelassen wurde aus dem Himmel; und es kam bis zu mir. [6] Als ich gespannt hineinschaute, bemerkte und sah ich die Vierfüßler der Erde und die Wildtiere und die Kriechtiere und die Vögel des Himmels. [7] Ich hörte aber auch eine Stimme zu mir sagen: Steh auf, Petrus, schlachte und iss! [8] Ich sagte aber: Keineswegs, *HERR*! Denn niemals ist Profanes oder Unreines in meinen Mund gekommen. [9] Eine Stimme antwortete aber zum zweiten Mal aus dem Himmel: Was GOTT gereinigt hat, mach du nicht profan! [10] Dies aber geschah dreimal; und alles wurde wieder in den Himmel hinaufgezogen.

[11] Und siehe, sogleich standen an dem Haus, in dem ich war, drei Männer, die aus Cäsarea zu mir gesandt worden waren. [12] Der *Geist* aber sagte mir, ohne Bedenken mit ihnen zu gehen. Mit mir gingen aber auch diese sechs Brüder, und wir gingen in das Haus des Mannes. [13] Er berichtete uns aber, wie er den Engel in seinem Haus habe stehen sehen und sagen (hören): Sende nach Joppe und lass Simon holen, der den Beinamen Petrus hat; [14] der wird Worte zu dir reden, durch die du errettet werden wirst, du und dein ganzes Haus.

[15] Während ich aber zu reden begann, fiel der *heilige Geist* auf sie, so wie auch auf uns am Anfang. [16] Ich erinnerte mich aber an das Wort des *HERRN*, wie er sagte: Johannes taufte mit Wasser, ihr aber werdet mit *heiligem Geist* getauft werden.

[17] Wenn GOTT ihnen nun das gleiche Geschenk gegeben hat wie auch uns, nachdem sie *ZUM GLAUBEN GEKOMMEN* waren an den *HERRN* Jesus Christus, wer war ich, (dass ich) imstande (gewesen wäre), GOTT zu hindern?

[18] Als sie dies aber hörten, verstummten sie und verherrlichten GOTT und sagten:

Also auch den HEIDEN hat GOTT die Umkehr zum Leben gegeben.

[Apg 11,19–30: Die Gemeinde in Antiochia;
Kollekte für die Gemeinde in Jerusalem]

[19] Die nun, die infolge der Bedrängnis, die wegen Stephanus entstanden war, zerstreut worden waren, zogen umher bis nach Phönizien und Zypern und Antiochia und redeten zu niemandem das **Wort** als allein zu den JUDEN.

[20] Einige von ihnen waren aber Männer aus Zypern und Kyrene; die kamen nach Antiochia und redeten auch zu den GRIECHEN[a], indem sie den *HERRN* Jesus predigten. [21] Und die Hand des *HERRN* war mit ihnen, und eine große Zahl, die *ZUM GLAUBEN KAM*, bekehrte sich zum *HERRN*.

[22] Die Kunde über sie kam aber der Gemeinde, die in Jerusalem war, zu Ohren, und sie sandten Barnabas los nach Antiochia.

[23] Nachdem der angekommen war und die Gnade GOTTES gesehen hatte, freute er sich und ermahnte alle, mit entschlossenem Herzen beim *HERRN* zu bleiben. [24] Denn er war ein guter Mann und voll von *heiligem Geist* und *GLAUBEN*. Und eine erhebliche Menge wurde (von) dem *HERRN* hinzugetan.

[25] Er ging aber weg nach Tarsus, um Saulus aufzusuchen. [26] Und als er ihn gefunden hatte, führte er ihn nach Antiochia. Es ergab sich aber für sie, dass sie sogar ein ganzes Jahr in der Gemeinde zusammenkamen und eine beträchtliche Menge lehrten und dass in Antiochia die JÜNGER erstmalig Christen genannt wurden.

[27] In diesen Tagen aber kamen aus Jerusalem Propheten nach Antiochia hinab. [28] Einer von ihnen namens Agabus stand aber auf und kündigte durch den *Geist* an, dass eine große Hungersnot über den ganzen Erdkreis kommen werde. Die trat unter Claudius[b] ein.

---

a Nach anderen Textzeugen: „zu den Hellenisten", d.h. zu griechischsprachigen Juden.

b Römischer Kaiser 41–54 n.Chr.

²⁹ Von den Jüngern aber, (so) beschlossen sie, sollte ein jeder, nach dem Maß seiner Vermögenslage, den in Judäa wohnenden Brüdern (etwas) zur Unterstützung schicken. ³⁰ Das taten sie auch und sandten es an die Ältesten durch die Hand des Barnabas und Saulus.

[Apg 12,1–25: Die Verfolgung der Urgemeinde]

[*12,1–2: Ermordung des Jakobus*]

¹ Um jene Zeit aber legte Herodes, der König[a], Hand an einige von der Gemeinde, um ihnen Böses zuzufügen. ² Er brachte aber Jakobus, den Bruder des Johannes, mit dem Schwert um.

[*12,3–19: Festnahme und Befreiung des Petrus*]

³ Als er aber sah, dass es den JUDEN gefiel, nahm er auch noch Petrus fest – es waren aber die Tage der Ungesäuerten (Brote). ⁴ Den warf er auch, nachdem er ihn ergriffen hatte, ins Gefängnis, wobei er ihn an vier Abteilungen von je vier Soldaten zur Bewachung übergab, in der Absicht, ihn nach dem Passah dem VOLK *vorzuführen*. ⁵ Petrus nun wurde im Gefängnis verwahrt; von der Gemeinde aber wurde unaufhörlich für ihn zu GOTT *GEBETET*.

⁶ Als Herodes aber im Begriff war, ihn *vorzuführen*, in jener Nacht schlief Petrus zwischen zwei Soldaten, gefesselt mit zwei Ketten, und Posten vor der Tür bewachten das Gefängnis.

⁷ Und siehe, ein **Engel** des *HERRN* trat heran, und Licht leuchtete im Kerker. Er stieß Petrus aber in die Seite, weckte ihn und sagte: Steh schnell auf!

Und die Ketten fielen ihm von den Händen.

⁸ Der **Engel** aber sagte zu ihm: Gürte dich und binde deine Sandalen unter.

Er aber machte es so.

Und er sagt ihm: Wirf dein Oberkleid um und folge mir!

⁹ Und er ging hinaus und folgte und wusste nicht, dass das, was durch den **Engel** geschah, real war. Er meinte vielmehr, eine Erscheinung zu sehen.

¹⁰ Als sie aber durch die erste und die zweite Wache gegangen waren, kamen sie an das eiserne Tor, das in die Stadt führte; das öffnete sich für sie von selbst; und nachdem sie hinausgegangen waren, gingen sie auf einer Straße voran. Und sogleich ging der **Engel** von ihm weg.

¹¹ Und Petrus kam zu sich und sagte: Jetzt weiß ich wahrhaftig, dass der *HERR* seinen **Engel** ausgesandt und mich aus der Hand des Herodes und aller Erwartung des VOLKES der JUDEN herausgeholt hat.

---

a Im Folgenden geht es um Herodes Agrippa I.,
der von 41 bis 44 n.Chr. den Königstitel führte.

¹² Und als er sich (darüber) klar geworden war, kam er an das Haus Marias, der Mutter des Johannes, der den Beinamen Markus hat, wo ziemlich viele versammelt waren und *BETETEN*.

¹³ Als er aber an die Tür des (äußeren) Tores klopfte, kam eine Magd namens Rhode herbei, um zu hören. ¹⁴ Und als sie die Stimme des Petrus erkannte, öffnete sie vor Freude das Tor nicht; sie lief aber hinein und berichtete, Petrus stehe vor dem Tor.

¹⁵ Die aber sagten zu ihr: Du bist verrückt.

Sie aber beteuerte, es sei so.

Die aber sagten: Es ist sein **Engel**.

¹⁶ Petrus aber klopfte weiter.

Als sie aber öffneten, sahen sie ihn und gerieten außer sich.

¹⁷ Er aber winkte ihnen mit der Hand zu schweigen, und erzählte, wie der *HERR* ihn aus dem Gefängnis herausgeführt hatte, und sagte: Berichtet dies Jakobus und den Brüdern!

Und er ging hinaus und begab sich an einen anderen Ort.

¹⁸ Als es aber Tag geworden war, war unter den Soldaten eine nicht geringe Aufregung darüber, was wohl (aus) Petrus geworden sei.

¹⁹ Als aber Herodes nach ihm verlangte und ihn nicht fand, verhörte er die Wächter und befahl, sie abzuführen. Und er ging von Judäa nach Cäsarea hinab und hielt sich (dort) auf.

[*12,20–23: Tod des Verfolgers*]

²⁰ Er war aber sehr zornig über die Tyrer und Sidonier.

Einmütig aber kamen sie zu ihm und überredeten Blastus, den Kämmerer des Königs, und baten um Frieden, weil ihr Land von dem des Königs ernährt wurde.

²¹ An einem festgesetzten Tag aber legte Herodes ein königliches Gewand an, setzte sich auf den Richterstuhl und hielt eine Ansprache an sie.

²² Das Volk aber schrie: Eines GOTTES Stimme und nicht eines Menschen!

²³ Sogleich aber schlug ihn ein **Engel** des *HERRN* dafür, dass er GOTT nicht die Ehre gegeben hatte. Und von Würmern zerfressen, hauchte er sein Leben aus.

[*12,24–25: Barnabas und Saulus kehren nach Antiochia zurück*]

²⁴ Das WORT GOTTES aber wuchs und nahm zu.

²⁵ Barnabas aber und Saulus kehrten, nachdem sie in Jerusalem den Dienst erfüllt hatten[a], zurück und nahmen Johannes mit, der den Beinamen Markus hatte.

a Vgl. Apg 11,29 f.

[Apg 13,1–12: Barnabas und Saulus auf Zypern]

[1] Es waren aber in Antiochia, in der dort befindlichen Gemeinde, Propheten und Lehrer:

Barnabas
und Simeon, der Niger genannt wurde,
und Lucius, der Kyrenäer,
und Manaen, der mit HERODES, dem Vierfürsten, aufgezogen worden war,
und Saulus.

[2] Als sie aber dem *HERRN* dienten und *fasteten*, sagte der **heilige Geist**: Sondert mir doch Barnabas und Saulus zu dem Werk aus, zu dem ich sie berufen habe!

[3] Da *fasteten* und *BETETEN* sie und legten ihnen die Hände auf und verabschiedeten sie.

[4] Sie nun, fortgeschickt vom **heiligen Geist**, gingen nach Seleucia hinab, und von dort segelten sie nach Zypern.

[5] Und als sie in Salamis angekommen waren, verkündigten sie das **Wort** GOTTES in den Synagogen der **JUDEN**. Sie hatten aber auch Johannes als Gehilfen.

[6] Nachdem sie aber ganze Insel bis Paphos durchzogen hatten, fanden sie einen Mann, einen *MAGIER*, einen **JÜDISCHEN** Lügenpropheten, mit Namen Bar-Jesus, [7] der bei dem Prokonsul Sergius Paulus, einem verständigen Mann, war. Dieser rief Barnabas und Saulus herbei und verlangte, das **Wort** GOTTES zu hören.

[8] Elymas, der *MAGIER* – denn so wird sein Name übersetzt – trat ihnen aber entgegen und versuchte, den Prokonsul vom *GLAUBEN* abzubringen.

[9] Saulus aber, der auch Paulus (heißt), blickte ihn, mit **heiligem Geist** erfüllt, fest an [10] und sagte: O du von aller List und aller Tücke erfüllter (Mann), Teufelssohn, Feind aller Gerechtigkeit! Wirst du nicht aufhören, die geraden Wege des *HERRN* krumm zu machen? [11] Und jetzt siehe, die Hand des *HERRN* ist auf dir! Und du wirst blind sein und die Sonne eine Zeitlang nicht sehen.

Und sogleich fiel Dunkel und Finsternis auf ihn. Und er ging umher und suchte solche, die ihn an der Hand führten.

[12] Daraufhin, als der Prokonsul sah, was geschehen war, kam er zum *GLAUBEN*, überwältigt von der Lehre des *HERRN*.

[Apg 13,13–52: Paulus und Barnabas in Antiochia in Pisidien]

[*13,13–16a: Ankunft in Antiochia und Besuch der dortigen Synagoge*]

[13] Nachdem sie aber von Paphos abgereist waren, kamen die um Paulus nach Perge in Pamphylien. Johannes aber trennte sich von ihnen und kehrte nach Jerusalem zurück.

[14] Sie aber zogen von Perge fort und kamen nach Antiochia in Pisidien.

Und sie gingen am Sabbattag in die Synagoge und setzten sich. [15] Nach dem Vorlesen des *Gesetzes* und der Propheten aber sandten die Vorsteher der Synagoge zu ihnen und sagten: Männer, Brüder, wenn bei euch ein **Wort** des Zuspruchs an das VOLK ist, redet!

[16] Paulus aber stand auf, winkte mit der Hand und sagte:

[*13,16b–25: Rückblick auf die Geschichte des Volkes Israel*]

Männer, Israeliten, und die, DIE IHR GOTT FÜRCHTET, hört! [17] Der GOTT dieses VOLKES Israel hat unsere Väter auserwählt und hat das VOLK erhöht in der Fremde, im Land Ägypten, und sie mit erhobenem Arm von dort herausgeführt [18] und sie etwa *vierzig Jahre* in der Wüste ertragen. [19] Und nachdem er sieben Völker im Land Kanaan vernichtet hatte, hat er (ihnen) deren Land als Erbe gegeben [20] etwa vierhundertfünfzig Jahre. Und danach gab er Richter bis hin zum Propheten Samuel. [21] Von da an forderten sie einen König, und GOTT gab ihnen Saul, den Sohn des Kisch, einen Mann aus dem Stamm Benjamin, *vierzig Jahre* lang. [22] Und nachdem er ihn abgesetzt hatte, erweckte er ihnen David zum König, dem er auch Zeugnis gab und sagte: Ich habe David gefunden, den Sohn Isais, einen Mann nach meinem Herzen, der all meinen Willen tun wird.[a]

[23] Aus dessen Nachkommenschaft hat GOTT, gemäß Verheißung, für Israel als Retter Jesus gebracht, [24] nachdem Johannes vor dessen Auftreten eine Umkehrtaufe dem ganzen VOLK Israel vorher verkündigt hatte. [25] Als aber Johannes seinen Lauf vollendete, sagte er: Was, meint ihr, bin ich? Ich bin es nicht. Doch siehe, es kommt einer nach mir, dem die Sandale(n) der Füße loszubinden ich nicht würdig bin.

[*13,26–37: Ausführungen über Tod und Auferstehung Jesu*]

[26] Männer, Brüder, Söhne aus der Nachkommenschaft Abrahams, und die, DIE BEI EUCH GOTT FÜRCHTEN, uns wurde das **Wort** dieser Rettung geschickt. [27] Denn die Bewohner Jerusalems und ihre Herrscher haben, da sie diesen nicht erkannten, auch die Stimmen der Propheten, die jeden Sabbat gelesen werden, durch ihr eigenes Urteil zur Erfüllung gebracht. [28] Und obwohl sie keine todeswürdige Schuld fanden, baten sie Pilatus, er solle getötet werden. [29] Als sie aber alles ausgeführt hatten, was über ihn geschrieben ist, nahmen sie ihn vom Holz herab und legten ihn in ein Grab.

[30] GOTT aber erweckte ihn aus den Toten.

[31] Er erschien mehrere Tage
denen, die mit ihm von Galiläa nach Jerusalem hinaufgezogen waren.

Die sind jetzt Zeugen für ihn gegenüber dem VOLK. [32] Und wir verkündigen euch die an die Väter ergangene Verheißung, [33] dass GOTT diese den Kindern, uns, erfüllt hat, indem er Jesus auferstehen ließ, wie auch im zweiten Psalm geschrieben ist:

> Mein Sohn bist du,
> ich habe dich heute gezeugt.
> [Ps 2,7]

[34] Dass er ihn aber aus den Toten hat auferstehen lassen als einen, der nicht mehr zur VERWESUNG zurückkehren sollte, hat er so gesagt:

---

a Vgl. Ps 89,21; 1Sam 13,14; Jes 44,28.

Ich werde euch das Heilige Davids geben, auf das Verlass ist.

[vgl. Jes 55,3 LXX]

35 Deshalb sagt er auch anderswo:

Du wirst nicht zulassen, dass dein Frommer VERWESUNG sehe.

[Ps 16,10]

36 Denn David entschlief zwar, nachdem er seiner Generation gedient hatte, dem Willen GOTTES gemäß und wurde zu seinen Vätern hinzugelegt und sah VERWESUNG. 37 Der aber, den GOTT auferweckt hat, sah keine VERWESUNG.

[*13,38–41: Verkündigung der Sündenvergebung und der Rechtfertigung des Glaubenden*]

38 So sei euch kund, Männer, Brüder, dass euch durch diesen Sündenvergebung verkündigt wird. Von allem, wovon ihr durch das *Gesetz* des Mose nicht gerecht gemacht werden konntet, 39 wird durch diesen jeder GLAUBENDE gerecht gemacht.

40 Seht nun zu, dass nicht eintreffe, was in den Propheten gesagt ist:

41 Seht, ihr Verächter,

und staunt und verschwindet!

Denn ein Werk wirke ich in euren Tagen,

ein Werk, das ihr nicht GLAUBEN werdet, wenn es euch einer erzählt.

[Hab 1,5 LXX]

[*13,42–52: Widerstand der Juden und Wendung zu den Heiden*]

42 Als sie aber hinausgingen, baten sie, dass ihnen (auch) am folgenden Sabbat diese Dinge gesagt würden. 43 Als aber die Versammlung aufgelöst war, folgten viele der JUDEN und der gottesfürchtigen Proselyten dem Paulus und Barnabas; die sprachen zu ihnen und redeten ihnen zu, bei der Gnade GOTTES zu bleiben.

44 Am nächsten Sabbat aber versammelte sich fast die ganze Stadt, um das **Wort** des *HERRN* zu hören. 45 Als aber die JUDEN die Volksmengen sahen, wurden sie von Eifersucht erfüllt und widersprachen dem von Paulus Gesagten, indem sie lästerten.

46 Und Paulus und Barnabas redeten freimütig und sagten:

Euch musste das **Wort** GOTTES zuerst gesagt werden. Weil ihr es wegstoßt und euch selber *des ewigen Lebens* nicht für würdig haltet, siehe, so wenden wir uns an die HEIDEN. 47 Denn so hat uns der *HERR* geboten:

Ich habe dich zum Licht der HEIDEN eingesetzt,

damit du zur Rettung werdest bis an das Ende der Erde.

[Jes 49,6]

48 Als die HEIDEN es aber hörten, freuten sie sich und verherrlichten das **Wort** des *HERRN*; und es kamen so viele zum GLAUBEN, wie zum *ewigen Leben* bestimmt waren.

49 Das **Wort** des *HERRN* aber wurde über die ganze Gegend ausgebreitet. 50 Die JUDEN aber wiegelten die gottesfürchtigen vornehmen Frauen und die Ersten der

Stadt auf und erregten eine Verfolgung gegen Paulus und Barnabas und warfen sie aus ihrem Gebiet hinaus.

[51] Die aber schüttelten den Staub der Füße gegen sie ab und kamen nach Ikonium.

[52] Und die JÜNGER wurden mit Freude und *heiligem Geist* erfüllt.

[Apg 14,1–7: Gründung einer Gemeinde in Ikonium
durch Paulus und Barnabas]

[1] Es geschah aber, dass sie in Ikonium ebenfalls in die Synagoge der JUDEN gingen und so redeten, dass eine große Menge sowohl von JUDEN als auch von GRIE-CHEN zum *GLAUBEN* kam.

[2] Die JUDEN aber, die nicht gehorchten, erregten und erbitterten die Seelen der HEIDEN gegen die Brüder.

[3] Sie blieben nun geraume Zeit dort und sprachen freimütig über den *HERRN*, der das **Wort** seiner Gnade bekräftigte, indem er durch ihre Hände Zeichen und Wunder geschehen ließ.

[4] Die Menge der Stadt aber war gespalten, und die einen waren mit den JUDEN, die anderen mit den Aposteln.

[5] Als aber die HEIDEN und JUDEN samt ihren Obersten danach drängten, sie zu misshandeln und zu steinigen, [6] merkten sie es und flohen in die Städte von Lykaonien, Lystra und Derbe und die Umgebung. [7] Und dort predigten sie.

[Apg 14,8–20a: Paulus und Barnabas in Lystra]

[8] Und in Lystra saß ein Mann, kraftlos an den Füßen, lahm von Mutterleib an, der noch nie umhergegangen war. [9] Dieser hörte Paulus reden.

Als der ihn fest anblickte und sah, dass er *GLAUBEN* hatte, gerettet zu werden, [10] sagte er mit lauter Stimme: Stell dich aufrecht auf deine Füße!

Und er sprang auf und ging umher.

[11] Und als die Volksmengen sahen, was Paulus tat, erhoben sie ihre Stimme und sagten auf Lykaonisch: Die Götter sind in Menschengestalt zu uns herabgestiegen.

[12] Und sie nannten Barnabas Zeus, Paulus aber Hermes, weil er das Wort führte.

[13] Und der Priester des Zeus(tempels), der vor der Stadt war, brachte Stiere und Kränze an die Tore und wollte mit den Volksmengen **opfern**.

[14] Als die Apostel Barnabas und Paulus es aber hörten, zerrissen sie ihre Kleider, sprangen in die Volksmenge hinein und schrien [15] und sagten:

Männer, warum tut ihr dies? Auch wir sind Menschen von gleicher Art wie ihr und ver-kündigen, dass ihr euch von diesen Nichtsen dem lebendigen GOTT zuwenden sollt,
der den Himmel und die Erde und das Meer gemacht hat
und alles, was in ihnen ist.
[vgl. Ex 20,11; Ps 146,6]

[16] Er ließ in den vergangenen Generationen alle HEIDEN ihre Wege gehen. [17] Und doch hat er sich als Wohltäter nicht unbezeugt gelassen, indem er euch vom Himmel Regen und fruchtbare Zeiten gab (und) indem er mit Speise und Fröhlichkeit eure Herzen füllte.

[18] Und obwohl sie dies sagten, brachten sie die Volksmengen nur mit Mühe davon ab, ihnen zu **opfern**.

[19] Es kamen aber aus Antiochia und Ikonion JUDEN an; und sie überredeten die Volksmengen und steinigten Paulus und schleiften ihn aus der Stadt hinaus, in der Meinung, er sei gestorben.

[20a] Als aber die JÜNGER ihn umringten, stand er auf und ging in die Stadt hinein.

[Apg 14,20b–28: Rückkehr von Paulus und Barnabas nach Antiochia]

[20b] Und am nächsten Tag ging er mit Barnabas nach Derbe fort. [21] Und als sie (in) jener Stadt gepredigt und ziemlich viele als JÜNGER gewonnen hatten, kehrten sie nach Lystra und nach Ikonium und nach Antiochia zurück, [22] stärkten die Seelen der JÜNGER und ermahnten sie, im *GLAUBEN* zu bleiben, und
dass wir durch viele Bedrängnisse
hineingehen müssen in das KÖNIGREICH GOTTES.
[23] Nachdem sie aber für sie in jeder Gemeinde Älteste eingesetzt hatten, *BETETEN* sie unter Fasten und vertrauten sie dem *HERRN* an, an den sie nun *GLAUBTEN*.
[24] Und sie durchzogen Pisidien und kamen nach Pamphylien. [25] Und nachdem sie in Perge das **Wort** gesagt hatten, zogen sie nach Attalia hinab. [26] Von dort segelten sie nach Antiochia, von wo sie der Gnade GOTTES übergeben worden waren zu dem Werk, das sie erfüllt hatten. [27] Als sie aber angekommen waren und die Gemeinde versammelt hatten, berichteten sie, wie viel GOTT mit ihnen getan und dass er den HEIDEN eine Tür des *GLAUBENS* geöffnet hatte. [28] Sie hielten sich aber eine nicht geringe Zeit bei den JÜNGERN auf.

[Apg 15,1–35: Die Konferenz in Jerusalem und ihr Ergebnis]

[*15,1–5: Der Streit um die Beschneidung*
und die Reise einer antiochenischen Delegation nach Jerusalem]

[1] Und einige kamen von Judäa herab und lehrten die Brüder: Wenn ihr euch nicht **beschneiden** lasst nach der Sitte des Mose, könnt ihr nicht gerettet werden.
[2] Da aber Paulus und Barnabas in nicht geringen Zwist und STREIT mit ihnen gerieten, ordnete man an, dass Paulus und Barnabas und einige andere von ihnen wegen dieser STREITFRAGE zu den Aposteln und Ältesten nach Jerusalem hinaufgehen sollten.

³ Sie nun zogen, von der Gemeinde geleitet, durch Phönikien und Samarien, erzählten von der Bekehrung der HEIDEN und bereiteten allen Brüdern große Freude.

⁴ In Jerusalem angekommen, wurden sie von der Gemeinde und den Aposteln und den Ältesten aufgenommen, und berichteten, wie viel GOTT mit ihnen getan hatte.

⁵ Einige aber von denen aus der Partei der Pharisäer, die GLÄUBIG geworden waren, standen auf und sagten: Man muss sie *beschneiden* und ihnen gebieten, das *Gesetz* des Mose zu halten.

[*15,6–21: Verhandlungen*]

⁶ Und die Apostel und die Ältesten versammelten sich, um wegen dieser Sache zu sehen. ⁷ Als aber großer STREIT entstand, stand Petrus auf und sagte zu ihnen:

Männer, Brüder, ihr wisst, dass GOTT seit alters seine Wahl unter euch (so) getroffen hat, dass durch meinen Mund die HEIDEN das **Wort** des Evangeliums hören und zum GLAUBEN kommen. ⁸ Und GOTT, der Herzenskenner, bekräftigte es, indem er ihnen den *heiligen Geist* gab wie auch uns. ⁹ Und er machte keinen Unterschied zwischen uns und ihnen, da er durch den GLAUBEN ihre Herzen reinigte. ¹⁰ Was stellt ihr jetzt also GOTT auf die Probe, ein Joch auf den Hals der JÜNGER zu legen, das weder unsere Väter noch wir zu tragen vermochten? ¹¹ Vielmehr GLAUBEN wir, durch die Gnade des *HERRN* Jesus in derselben Weise errettet zu werden wie auch jene.

¹² Die ganze Menge aber verstummte, und sie hörten Barnabas und Paulus erzählen, wie viele Zeichen und Wunder GOTT unter den HEIDEN durch sie getan hatte.

¹³ Danach aber, als sie schwiegen, ergriff Jakobus das Wort und sagte:

Männer, Brüder, hört mir zu!

¹⁴ Symeon hat erzählt, wie GOTT zuerst darauf gesehen hat, aus den HEIDEN ein VOLK für seinen Namen zu gewinnen. ¹⁵ Und damit stimmen die Worte der Propheten überein, wie geschrieben ist:

¹⁶ Danach werde ich umkehren
[Jer 12,15]
und wieder aufbauen die verfallene Hütte Davids,
und ihre Trümmer werde ich wieder aufbauen
und sie wieder aufrichten,
¹⁷ damit die übrigen Menschen den *HERRN* suchen
und alle HEIDEN, über denen mein Name ausgerufen worden ist,
sagt der *HERR*, der dies tut
[Am 9,11–12 LXX],
¹⁸ was von jeher bekannt ist.
[Jes 45,21]

¹⁹ Deshalb urteile ich, man solle denen keine Schwierigkeiten machen, die sich von den HEIDEN zu GOTT bekehren, ²⁰ sondern sie anweisen,
sich zu enthalten von

den Verunreinigungen durch die Götzen
und der Unzucht
und dem Erstickten
und dem Blut.[a]

[21] Denn Mose hat seit alten Zeiten in jeder Stadt die, die ihn verkündigen, da er an jedem Sabbat in den Synagogen vorgelesen wird.

[15,22–35: Beschluss und Ausführung]

[22] Da beschlossen die Apostel und die Ältesten mit der ganzen Gemeinde, Männer aus ihrer Mitte auszuwählen und sie mit Paulus und Barnabas nach Antiochia zu schicken, (nämlich) JUDAS, der Barsabas genannt wurde, und SILAS, führende Männer bei den Brüdern, [23] und durch sie ein Schreiben überbringen zu lassen:

Die Apostel und die Ältesten, (eure) Brüder,
    grüßen die in Antiochia und Syrien und Kilikien (befindlichen) Brüder aus den HEIDEN.
    [24] Da wir gehört haben, dass einige von uns, denen wir keine Anweisung erteilt haben, euch mit (ihren) Reden beunruhigten und eure Seelen verwirrten, [25] haben wir, nachdem wir einmütig geworden waren, beschlossen, Männer auszuwählen und zu euch zu schicken mit unseren geliebten (Brüdern) Barnabas und Paulus, [26] Menschen, die ihr Leben hingegeben haben für den NAMEN unseres *HERRN* Jesus Christus. [27] Wir haben also JUDAS und SILAS gesandt, die auch selber mündlich dasselbe mitteilen (werden). [28] Denn es hat dem *heiligen Geist* und uns gefallen, euch keine weitere Last aufzulegen als folgendes, was unerlässlich ist:
    [29] sich zu enthalten von
        Götzenopferfleisch
        und Blut
        und Ersticktem
        und Unzucht.
    Wenn ihr euch davor in Acht nehmt, werdet ihr recht tun.
    Lebt wohl!

[30] Die nun, die *verabschiedet* worden waren, kamen nach Antiochia hinab, und sie versammelten die Menge und übergaben den Brief. [31] Als sie ihn aber gelesen hatten, freuten sie sich über den Zuspruch. [32] Und JUDAS und SILAS, die auch selbst Propheten waren, ermutigten die Brüder mit vielen Worten und stärkten sie. [33] Nachdem sie sich aber eine Zeit lang aufgehalten hatten, wurden sie mit einem Friedensgruß von den Brüdern zu denen *verabschiedet*, die sie gesandt hatten.[b]

---

a Vgl. Lev 17 f.
b Apg 15,34 („Silas aber hielt es für richtig, dort zu bleiben") erscheint in den ältesten Manuskripten nicht.

[35] Paulus aber und Barnabas blieben in Antiochia und lehrten und predigten mit noch vielen anderen das **Wort** des *HERRN*.

[Apostelgeschichte 15,36–21,14: Die große Missionsreise des Paulus]

[Apg 15,36–16,5: Trennung von Paulus und Barnabas; Besuch der vorher gegründeten Gemeinden]

[36] Nach einigen Tagen aber sagte Paulus zu Barnabas: Wir wollen doch zurückkehren und nach den Brüdern sehen in allen Städten, in denen wir das **Wort** des *HERRN* verkündigt haben, wie es ihnen geht.

[37] Barnabas aber wollte auch Johannes, der Markus genannt wurde, mitnehmen.

[38] Paulus aber hielt es für richtig, den, der sie von Pamphylien aus verlassen und sie nicht zum Werk (der Mission) begleitet hatte[a], nicht mitzunehmen.

[39] Es kam aber zu einem bitteren Streit, so dass sie sich voneinander trennten und Barnabas den Markus mitnahm und nach Zypern segelte.

[40] Paulus aber wählte sich SILAS und reiste weg, von den Brüdern der Gnade des Herrn übergeben. [41] Er durchzog aber Syrien und Kilikien und stärkte die Gemeinden.

[16,1] Er kam aber nach Derbe und nach Lystra. Und siehe, dort war ein JÜNGER namens Timotheus, Sohn einer gläubigen Jüdin, aber eines GRIECHISCHEN Vaters, [2] der von den in Lystra und Ikonion (befindlichen) Brüdern empfohlen wurde. [3] Paulus wollte, dass dieser mit ihm ausziehe, und nahm ihn und beschnitt ihn wegen der JUDEN, die in jenen Orten waren; denn sie wussten alle, dass sein Vater GRIECHE war.

[4] Als sie aber die Städte durchzogen, übergaben sie ihnen zur Befolgung die Verfügungen, die von den in Jerusalem (befindlichen) Aposteln und Ältesten beschlossen worden waren.

[5] Die Gemeinden nun wurden im *GLAUBEN* gestärkt und nahmen täglich an Zahl zu.

[Apg 16,6–10: Ruf an Paulus, nach Makedonien zu kommen]

[6] Sie zogen aber durch Phrygien und die galatische Landschaft, nachdem sie vom *heiligen Geist* gehindert worden waren, das **Wort** in Asien zu sagen. [7] Als sie aber bis gegen Mysien kamen, versuchten sie, nach Bithynien zu reisen, doch der *Geist* Jesu ließ sie nicht. [8] Als sie aber an Mysien vorbeigezogen waren, stiegen sie nach Troas hinab.

---

a Vgl. Apg 13,13.

[9] Und Paulus wurde in der Nacht eine Erscheinung zuteil. Ein makedonischer Mann stand da und bat ihn und sagte: Komm herüber nach Makedonien und hilf uns!

[10] Als er aber die Erscheinung gesehen hatte, bemühten wir uns sogleich, nach Makedonien fortzureisen, denn wir machten uns klar, dass GOTT uns gerufen hatte, ihnen zu predigen.

[Apg 16,11–40: Paulus und Silas in Philippi]

[*16,11–15: Bekehrung der Lydia*]

[11] Wir liefen aber von Troas aus und fuhren direkt nach Samothrake, am folgenden Tag aber nach Neapolis [12] und von da nach Philippi; das ist eine Stadt des ersten Bezirks von Makedonien[a], eine Kolonie. In dieser Stadt aber hielten wir uns einige Tage auf.

[13] Und am Sabbattag gingen wir zum Tor hinaus an einen Fluss, wo wir eine Gebetsstätte vermuteten, und wir setzten uns und redeten mit den Frauen, die zusammengekommen waren.

[14] Und eine Frau namens **Lydia**, Purpurhändlerin aus der Stadt Thyatira, eine Gottesfürchtige, hörte zu; deren Herz öffnete der *HERR*, auf das von Paulus Gesagte achtzugeben.

[15] Als sie aber getauft worden war und ihr HAUS, bat sie und sagte: Wenn ihr zu dem Urteil gekommen seid, dass ich an den *HERRN* GLAUBE, kommt in mein HAUS und bleibt.

Und sie drängte uns.

[*16,16–18: Exorzismus*]

[16] Es geschah aber, als wir zur Gebetsstätte gingen, dass uns eine Magd, die einen Wahrsagegeist hatte, begegnete; die brachte ihren *Herren* durch Weissagen großen *GEWINN* ein. [17] Diese folgte Paulus und uns und schrie: Diese Menschen sind Sklaven des höchsten GOTTES, die euch den Weg der Rettung verkündigen!

[18] Das aber tat sie viele Tage lang.

Paulus aber wurde ärgerlich und wandte sich um und sagte dem Geist: Ich gebiete dir im Namen Jesu Christi, aus ihr AUSZUFAHREN!

Und er FUHR AUS zu eben der Stunde.

---

a Gemäß den Handschriften: „das ist eine erste Stadt (des) Bezirks von Makedonien". Der Text ist hier vermutlich verderbt.

[16,19–40: Einkerkerung;
Bekehrung des Gefängniswärters; Befreiung]

[19] Als aber ihre *Herren* sahen, dass die Hoffnung auf ihren *GEWINN* AUSGEFAHREN war, ergriffen sie Paulus und Silas und schleppten sie auf den Markt vor die Behörden. [20] Und sie führten sie zu den Prätoren und sagten: Diese Menschen beunruhigen unsere Stadt, es sind JUDEN, [21] und sie verkünden Gebräuche, die anzunehmen und auszuüben uns nicht erlaubt ist, da wir *Römer* sind.

[22] Und die Volksmenge erhob sich gleichfalls gegen sie, und die Prätoren rissen ihnen die Kleider ab und ordneten an, sie auszupeitschen. [23] Und nachdem sie ihnen viele Schläge zugefügt hatten, warfen sie sie ins Gefängnis und befahlen dem Gefängnisaufseher, sie sicher zu verwahren. [24] Der warf sie, nachdem er solchen Befehl empfangen hatte, in das innere Gefängnis und sicherte ihre Füße im Block.

[25] Gegen Mitternacht aber *BETETEN* Paulus und Silas und sangen GOTT Loblieder; die Gefangenen aber hörten ihnen zu.

[26] Plötzlich aber geschah ein großes Erdbeben, so dass die Grundmauern des Kerkers erschüttert wurden. Sofort öffneten sich aber alle Türen, und allen fielen die Fesseln ab.

[27] Als aber der Gefängnisaufseher aus dem Schlaf erwacht war und die Türen des Gefängnisses geöffnet sah, zog er das Schwert und wollte sich umbringen, da er meinte, die Gefangenen seien entflohen.

[28] Paulus aber rief mit lauter Stimme und sagte: Tu dir kein Leid an, denn wir sind alle hier!

[29] Er verlangte aber Leuchter, lief hinein und fiel zitternd vor Paulus und Silas nieder. [30] Und er führte sie hinaus und sagte: Ihr *Herren*, was muss ich tun, dass ich gerettet werde?

[31] Sie aber sagten: *GLAUBE* an den *HERRN* Jesus, und du wirst gerettet werden, du und dein HAUS.

[32] Und sie redeten das **Wort** des *HERRN* zu ihm samt allen in seinem HAUS. [33] Und er nahm sie in jener Stunde der Nacht zu sich und wusch (ihnen die Wunden) von den Schlägen. Und sogleich wurden er und alle die Seinen getauft. [34] Und er führte sie hinauf in sein HAUS, ließ den Tisch decken und frohlockte mit seinem ganzen HAUS, weil er zum *GLAUBEN* an GOTT gekommen war.

[35] Als es aber Tag geworden war, sandten die Prätoren die Gerichtsdiener und ließen (ihm) sagen: Lass jene Menschen frei!

[36] Der Gefängnisaufseher aber teilte Paulus die[a] Worte mit: Die Prätoren haben hergesandt, dass ihr frei gelassen werden sollt. Geht jetzt also hinaus und zieht hin in Frieden.

[37] Paulus aber sagte zu ihnen: Sie haben uns ohne Gerichtsurteil öffentlich geschlagen, obwohl wir *römische* Bürger sind, und ins Gefängnis geworfen, und jetzt

---

a Nach anderen Textzeugen: „diese".

werfen sie uns heimlich hinaus? So nicht; sondern sie sollen selbst kommen und uns hinausgeleiten.

[38] Die Gerichtsdiener aber meldeten diese Worte den Prätoren. Sie gerieten aber in Furcht, als sie hörten, dass sie *Römer* seien. [39] Und sie kamen und redeten ihnen zu, und sie geleiteten sie hinaus und baten sie, aus der Stadt fortzugehen.

[40] Als sie aber aus dem Gefängnis herausgegangen waren, gingen sie zu **Lydia**. Und sie sahen die Brüder, redeten ihnen zu und gingen weg.

[Apg 17,1–15: Paulus und Silas in Thessalonich und Beröa]

[1] Sie reisten aber durch Amphipolis und Apollonia und kamen nach Thessalonich, wo eine Synagoge der JUDEN war. [2] Nach seiner Gewohnheit aber ging Paulus zu ihnen hinein und unterredete sich mit ihnen an drei Sabbaten aufgrund der Schriften, [3] wobei er erklärte und darlegte:
>Der Christus musste leiden und aus Toten auferstehen, und:
>Dieser ist der Christus, Jesus, den ich euch verkündige.

[4] Und einige von ihnen ließen sich überzeugen und schlossen sich Paulus und Silas an, außerdem eine große Menge von den gottesfürchtigen GRIECHEN und nicht wenige von (den) Frauen der Vornehmsten.

[5] Die JUDEN aber wurden eifersüchtig und holten sich einige üble Männer vom Marktgesindel und machten einen Volksauflauf und brachten die Stadt in Aufruhr. Und sie kamen vor das Haus JASONS und suchten, sie vor die Volksversammlung zu führen. [6] Als sie sie aber nicht fanden, schleppten sie JASON und einige Brüder vor die *Stadträte* und riefen: Die, die den Erdkreis aufgewiegelt haben, die sind jetzt auch hierher gekommen; [7] JASON hat sie aufgenommen. Und diese alle handeln gegen die Verfügungen des Kaisers, indem sie sagen, ein anderer sei König: Jesus.

[8] Sie beunruhigten aber die Volksmenge und die *Stadträte*, die dies hörten. [9] Und nachdem sie von JASON und den übrigen eine Kaution genommen hatten, ließen sie sie frei.

[10] Die Brüder aber schickten sogleich bei Nacht Paulus und Silas fort nach Beröa; die begaben sich, nachdem sie angekommen waren, in die Synagoge der JUDEN.

[11] Diese aber waren anständiger als die in Thessalonich; sie nahmen mit aller Bereitwilligkeit das **Wort** auf und untersuchten täglich die Schriften, ob dies sich so verhalte. [12] Viele nun von ihnen KAMEN ZUM GLAUBEN und nicht wenige von den angesehenen GRIECHISCHEN Frauen und Männern.

[13] Als aber die JUDEN von Thessalonich erfuhren, dass von Paulus auch in Beröa das **Wort** GOTTES verkündigt wurde, kamen sie und brachten auch dort die Volksmengen in Unruhe und Aufregung.

[14] Daraufhin aber sandten die Brüder Paulus sofort los, sich bis ans Meer zu begeben, doch Silas und Timotheus blieben dort. [15] Die aber, die Paulus begleiteten, führten ihn bis nach Athen, und nachdem sie für Silas und Timotheus einen Auftrag empfangen hatten, dass sie möglichst bald zu ihm kommen sollten, reisten sie ab.

[Apg 17,16–34: Paulus in Athen]

[16] Während aber Paulus sie in Athen erwartete, ergrimmte sein Geist in ihm, als er sah, dass die Stadt voll von Götzenbildern war. [17] Er unterredete sich nun in der Synagoge mit den JUDEN und den Gottesfürchtigen und auf dem Markt an jedem Tag mit denen, die gerade vorbeikamen. [18] Einige der epikureischen und stoischen Philosophen aber disputierten mit ihm, und einige sagten: Was will dieser Schwätzer wohl sagen? Andere: Er scheint ein Verkünder *fremder* Dämonen zu sein. Denn er predigte Jesus und die AUFERSTEHUNG. [19] Und sie nahmen ihn mit, führten ihn zum Areopag und sagten: Können wir erfahren, was diese *neue* Lehre ist, die von dir dargelegt wird? [20] Denn du bringst etwas *Fremdes* vor unsere Ohren. Wir möchten nun erfahren, was dies sein will. [21] Alle Athener aber und die *Fremden*, die sich da aufhielten, hatten für nichts anderes Zeit, als etwas möglichst *Neues* zu sagen oder zu hören.

[22] Paulus aber trat in die Mitte des Areopags und sprach:

Ihr Männer von Athen, ich sehe, dass ihr in jeder Hinsicht sehr religiös seid. [23] Denn als ich umherging und eure Heiligtümer betrachtete, fand ich auch einen Altar, auf dem geschrieben war: ‚Einem unbekannten GOTT.‘ Was ihr nun, ohne es zu kennen, verehrt, das verkünde ich euch. [24] Der GOTT, der die Welt gemacht hat und alles, was in ihr ist, dieser, der *HERR* des Himmels und der Erde ist, wohnt nicht in handgemachten Tempeln, [25] noch lässt er sich von menschlichen Händen wie einer, der irgendetwas braucht, bedienen, da er selber allen Leben und Atem und alles gibt. [26] Und er hat aus einem einzigen (Menschen) das ganze Menschenvolk gemacht, dass es auf der ganzen Oberfläche der Erde wohne, und er setzte bestimmte Zeiten und die Grenzen ihres Wohnortes fest, [27] dass sie GOTT suchen sollten, ob sie ihn wohl ertasten und finden könnten, er ist ja nicht fern von einem jeden von uns. [28] Denn in ihm leben wir und bewegen wir uns und sind wir, wie auch einige eurer Dichter gesagt haben:

Wir STAMMEN ja auch von ihm AB.

[29] Da wir nun von GOTT ABSTAMMEN, dürfen wir nicht meinen, das Göttliche sei Gold oder Silber oder Stein gleich, einem Gebilde der Kunst und der Erfindung des Menschen. [30] Nachdem GOTT nun über die Zeiten der Unwissenheit hinweggesehen hat, befiehlt er den Menschen jetzt, dass alle überall umkehren sollen, [31] denn er hat einen Tag festgesetzt, an dem er den Erdkreis mit Gerechtigkeit richten wird durch einen Mann, den er bestimmt hat, und er hat allen dadurch den Beweis erbracht, dass er ihn aus *Toten* AUFERSTEHEN ließ.

[32] Als sie aber von der AUFERSTEHUNG der *Toten* hörten, spotteten die einen, die anderen sagten: Wir wollen dich darüber noch einmal hören. [33] So ging Paulus aus ihrer Mitte weg. [34] Einige Männer aber schlossen sich ihm an und KAMEN ZUM *GLAUBEN*, unter ihnen auch Dionysius, der Areopagit, und eine Frau mit Namen Damaris und andere mit ihnen.

[Apg 18,1–17: Paulus in Korinth]

[*18,1–11: Das missionarische Wirken des Paulus*]

[1] Danach verließ er Athen und kam nach Korinth.

[2] Und er fand einen JUDEN namens Aquila, aus Pontus gebürtig, der kürzlich aus Italien gekommen war, und Priskilla, seine Frau, denn Claudius hatte angeordnet, dass alle JUDEN Rom verlassen sollten[a]. Er ging zu ihnen, [3] und weil er das gleiche Handwerk ausübte, blieb er bei ihnen und arbeitete. Sie waren nämlich von Beruf Zeltmacher.

[4] Er unterredete sich aber in der SYNAGOGE an jedem Sabbat und versuchte JUDEN und GRIECHEN zu überzeugen.

[5] Als nun aus Makedonien Silas und Timotheus herabkamen[b], widmete sich Paulus ganz dem Wort und bezeugte den JUDEN, dass Jesus der Christus sei. [6] Als sie aber widerstrebten und lästerten, schüttelte er die Kleider aus und sagte zu ihnen: Euer Blut auf euren Kopf! Ich bin rein; von jetzt an werde ich zu den HEIDEN gehen.

[7] Und er ging von dort fort und kam in das Haus eines Gottesfürchtigen namens Titius Justus, dessen Haus an die SYNAGOGE grenzte.

[8] Krispus aber, der SYNAGOGENVORSTEHER, KAM mit seinem ganzen Haus ZUM GLAUBEN an den HERRN; und viele Korinther, die es hörten, GLAUBTEN (ebenfalls) und ließen sich taufen.

[9] Der HERR aber sagte bei Nacht durch eine Vision zu Paulus: Fürchte dich nicht, sondern rede, und schweige nicht! [10] Denn ich bin bei dir, und niemand wird dir nachstellen, um dir Böses zuzufügen; denn ich habe ein großes VOLK in dieser Stadt.

[11] Er hielt sich (dort) aber ein Jahr und sechs Monate auf und lehrte bei ihnen das **Wort** GOTTES.

[*18,12–17: Paulus vor dem Richterstuhl Gallios*]

[12] Als aber Gallio Prokonsul von Achaja war[c], traten die JUDEN einmütig gegen Paulus auf und führten ihn vor den *Richterstuhl* [13] und sagten: Dieser überredet die Menschen, GOTT gegen das *Gesetz* zu verehren.

[14] Als Paulus aber den Mund auftun wollte, sagte Gallio zu den JUDEN: Wenn es irgendein Verbrechen oder ein schlimmes Vergehen wäre, ihr JUDEN, würde ich eure Klage ordnungsgemäß annehmen. [15] Wenn es aber Streitigkeiten über Lehre und über Namen und über das bei euch (geltende) *Gesetz* sind, seht selbst zu! Darüber will ich kein Richter sein.

[16] Und er jagte sie vom *Richterstuhl* weg.

---

a Claudius war von 41 bis 54 n.Chr. römischer Kaiser. Die von ihm befohlene Aktion gegen die Juden fand im Jahr 41 oder 49 n.Chr. statt.

b Vgl. Apg 17,14f.

c Gallio war 51–52 oder 52–53 n.Chr. im Amt.

[17] Alle aber ergriffen Sosthenes, den SYNAGOGENVORSTEHER, und schlugen ihn vor dem *Richterstuhl*; und Gallio kümmerte sich um nichts davon.

[Apg 18,18–23: Reisen des Paulus:
Ephesus – Cäsarea, Jerusalem, Antiochia – Galatien, Phrygien]

[18] Paulus aber blieb noch etliche Tage da, *verabschiedete* sich dann von den Brüdern und segelte nach Syrien ab – und mit ihm Priskilla und Aquila –, nachdem er sich in Kenchreä den Kopf hatte scheren lassen, denn er hatte ein Gelübde. [19] Sie kamen aber nach Ephesus, und er ließ jene dort zurück; er selbst aber ging in die SYNAGOGE und unterredete sich mit den JUDEN.

[20] Als sie ihn aber baten, für längere Zeit zu bleiben, willigte er nicht ein, [21] sondern *verabschiedete* sich und sagte: ‚Ich werde wieder zu euch zurückkehren, wenn GOTT will', und fuhr von Ephesus ab. [22] Und er gelangte nach Cäsarea, zog hinauf[a] und begrüßte die Gemeinde und zog nach Antiochia hinab.

[23] Und nachdem er einige Zeit geblieben war, ging er weg, durchzog nacheinander das galatische Land und Phrygien und stärkte alle JÜNGER.

[Apg 18,24–28: Apollos in Ephesus]

[24] Ein JUDE aber namens Apollos, von Geburt Alexandriner, ein gelehrter Mann, kam nach Ephesus, der war sehr bewandert in den Schriften. [25] Dieser war im WEG des HERRN unterwiesen worden, und im *Geist* brennend redete er und lehrte das über Jesus (sehr) *genau*, obwohl er nur DIE TAUFE DES JOHANNES kannte. [26] Und dieser begann, freimütig in der SYNAGOGE zu reden.

Als aber Priskilla und Aquila ihn gehört hatten, nahmen sie ihn beiseite und setzten ihm den WEG Gottes (noch) *genauer* auseinander.

[27] Als er aber nach Achaja hinüberreisen wollte, ermunterten (ihn) die Brüder und schrieben den JÜNGERN (einen Brief mit der Bitte), ihn aufzunehmen.

Nachdem er angekommen war, half er denen viel, die durch die Gnade zum GLAUBEN gekommen waren. [28] Denn kräftig widerlegte er öffentlich die JUDEN, indem er durch die Schriften bewies, dass Jesus der Christus ist.

[Apg 19,1–7: Paulus und die Johannesjünger in Ephesus]

[1] Es geschah aber, während Apollos in Korinth war, dass Paulus, nachdem er die höher gelegenen Gegenden durchzogen hatte, nach Ephesus hinabkam und einige JÜNGER fand. [2] Und er sagte zu ihnen: Habt ihr *heiligen Geist* empfangen, als ihr zum GLAUBEN gekommen seid?

Die aber (sagten) zu ihm: Nein, wir haben nicht einmal gehört, dass es einen *heiligen Geist* gibt.

---

a Wenn „hinaufziehen" absolut gebraucht wird,
bezieht es sich immer auf Jerusalem.

³ Und er sagte: Worauf seid ihr denn getauft worden?
Die aber sagten: Auf DIE TAUFE DES JOHANNES.

⁴ Paulus aber sagte: Johannes vollzog die Umkehrtaufe und sagte dem VOLK, dass sie an den GLAUBEN sollten, der nach ihm komme, das heißt an Jesus.

⁵ Als sie es aber hörten, ließen sie sich auf den NAMEN DES *HERRN* JESUS taufen.

⁶ Und als Paulus die Hände auf sie legte, kam der *heilige Geist* auf sie, und sie redeten in Zungen und prophezeiten. ⁷ Es waren aber insgesamt ungefähr zwölf Männer.

[Apg 19,8–12: Das weitere Wirken des Paulus in Ephesus]

⁸ Er ging aber in die SYNAGOGE und redete drei Monate lang freimütig, *unterredete sich* und suchte, von der KÖNIGSHERRSCHAFT GOTTES zu überzeugen. ⁹ Als sich aber einige verhärteten und ungehorsam waren, indem sie den Weg vor der Menge schmähten, trennte er sich von ihnen, sonderte die JÜNGER ab und *unterredete sich* täglich in der Schule des Tyrannus. ¹⁰ Das aber geschah zwei Jahre lang, so dass alle Bewohner Asiens das **Wort** des *HERRN* hörten, JUDEN und GRIECHEN.

¹¹ Und ungewöhnliche Wunder tat GOTT durch die Hände des Paulus, ¹² so dass man sogar Schweißtücher oder Schurze von seiner Haut weg zu den Kranken brachte und die Krankheiten von ihnen wichen und die bösen Geister ausfuhren.

[Apg 19,13–22: Die Niederlage der jüdischen Exorzisten in Ephesus
und die Verbrennung der Zauberbücher; Reisepläne des Paulus]

¹³ Es unternahmen aber auch einige von den umherziehenden jüdischen Exorzisten, über die, die die bösen Geister hatten, den NAMEN DES *HERRN* JESUS zu nennen, indem sie sagten: Ich beschwöre euch bei dem Jesus, den Paulus verkündigt!

¹⁴ Es waren aber sieben Söhne eines gewissen Skeuas, eines jüdischen Hohenpriesters, die das taten.

¹⁵ Der böse Geist aber antwortete und sagte ihnen: Jesus kenne ich, und von Paulus weiß ich; ihr aber, wer seid ihr?

¹⁶ Und der Mensch, in dem der böse Geist war, stürzte sich auf sie, überwältigte alle miteinander und ließ seine Kraft an ihnen aus, so dass sie nackt und verwundet aus jenem Haus flohen.

¹⁷ Das aber wurde allen JUDEN und GRIECHEN bekannt, die in Ephesus wohnten; und Furcht fiel auf sie alle, und der NAME DES *HERRN* JESUS wurde gepriesen.

¹⁸ Und viele von denen, die zum *GLAUBEN* gekommen waren, kamen und bekannten und meldeten ihre Taten.

¹⁹ Etliche aber von denen, die die Zauberkünste getrieben hatten, trugen die Bücher zusammen und verbrannten sie vor allen; und sie rechneten ihren Wert zusammen und kamen auf fünfzigtausend Silberstücke.

²⁰ So wuchs und erstarkte das **Wort** des *HERRN* mit Macht.

²¹ Als dies aber abgeschlossen war, entschied Paulus im *Geist*, durch Makedonien und Achaja zu ziehen und nach Jerusalem zu reisen, und sagte: Nachdem ich dort gewesen bin, muss ich auch *Rom* sehen.
²² Er sandte aber zwei von denen, die ihm dienten, Timotheus und Erastus, nach Makedonien und blieb selbst (noch) eine Zeit lang in Asien.

[Apg 19,23–40: Aufruhr der Silberschmiede in Ephesus gegen Paulus]

²³ Es enstand aber zu jener Zeit ein nicht geringer Tumult wegen des WEGES. ²⁴ Denn einer namens **Demetrius**, ein Silberschmied, der silberne Tempel der Artemis herstellte, verschaffte den *Handwerkern* (damit) einen nicht geringen *Gewinn*. ²⁵ Die versammelte er und die bei solchen Dingen (beschäftigten) Arbeiter und sagte:

> Männer, ihr wisst, dass aus diesem *Gewinn* unser Wohlstand kommt; ²⁶ und ihr seht und hört, dass dieser Paulus eine ziemlich große VOLKSMENGE nicht allein von Ephesus, sondern beinahe von ganz Asien überredet und zum Abfall bewogen hat, indem er sagte: Die von Händen gemachten (Götter) sind keine Götter. ²⁷ Doch droht uns nicht nur dieser Geschäftszweig in Verruf zu kommen, sondern auch das Heiligtum der großen Göttin Artemis für nichts geachtet zu werden und sie zukünftig sogar ihrer Pracht verlustig zu gehen, die ganz Asien und der Erdkreis verehrt.

²⁸ Als sie es aber hörten und von Wut erfüllt wurden, schrien sie:

> Groß ist die Artemis der Epheser!

²⁹ Und die Stadt wurde von dem Tumult erfüllt, und sie stürmten alle zusammen ins Theater und rissen die Makedonier Gaius und Aristarchus, die Reisegefährten des Paulus, mit sich fort.
³⁰ Als Paulus aber in die VOLKSVERSAMMLUNG gehen wollte, ließen ihn die Jünger nicht. ³¹ Aber auch einige von den Asiarchen[a], die seine Freunde waren, schickten zu ihm und baten ihn, sich nicht ins Theater zu begeben.
³² (Die einen) nun schrien (dies), andere etwas anderes; denn die VERSAMMLUNG war völlig durcheinander, und die meisten wussten nicht, weshalb sie zusammengekommen waren.
³³ Aus der VOLKSMENGE aber benachrichtigten (einige) Alexander, als die **JUDEN** ihn vorschoben.
Alexander aber winkte mit der Hand und wollte eine Schutzrede an die VOLKSVERSAMMLUNG halten.
³⁴ Als sie aber merkten, dass er **JUDE** war, kam es dazu, dass alle mit einer einzigen Stimme etwa zwei Stunden lang schrien:

> Groß ist die Artemis der Epheser!

³⁵ Der Stadtschreiber aber beruhigt die MENSCHENMENGE und sagt:

---

a Offizielle Vertreter der römischen Provinz Asien, deren vornehmliche Aufgabe es war, den Kult des regierenden Kaisers und der Göttin Roma zu fördern.

Männer, Epheser, welcher unter den Menschen wüsste denn nicht, dass die Stadt der Epheser die Tempelhüterin der großen Artemis und des vom Himmel gefallenen (Bildes) ist? [36] Da dies nun unbestritten ist, ist es nötig, dass ihr euch ruhig verhaltet und nichts Voreiliges tut. [37] Denn ihr habt diese Männer hergeführt, die weder Tempelräuber sind noch unsere Göttin lästern. [38] Wenn also **Demetrius** und die mit ihm (arbeitenden) *Handwerker* gegen jemanden eine Sache haben, (so) werden (ja) Gerichtstage abgehalten, und es gibt Prokonsuln; (da) sollen sie einander verklagen! [39] Wenn ihr aber etwas darüber hinaus verlangt, wird es in der gesetzmäßigen VERSAMMLUNG geklärt werden. [40] Denn wir laufen Gefahr, des Aufruhrs angeklagt zu werden wegen des heutigen Tages, da kein Grund vorliegt, mit dem wir diesen Auflauf werden rechtfertigen können.

Und nachdem er dies gesagt hatte, löste er die VERSAMMLUNG auf.

[Apg 20,1–6: Reise von Ephesus nach Makedonien und Griechenland;
Rückreise bis Troas]

[1] Nachdem der Tumult aber aufgehört hatte, ließ Paulus die JÜNGER holen und *ermunterte* sie, nahm Abschied und reiste ab, um nach Makedonien zu gehen. [2] Er zog aber durch jene Gegenden und *ermunterte* sie (die dortigen Jünger) mit vielen Worten und kam nach Griechenland. [3] Und nachdem er drei Monate geblieben war, kam er, da von den **JUDEN** ein Anschlag auf ihn unternommen wurde, als er nach Syrien auslaufen wollte, zu dem Entschluss, über Makedonien zurückzukehren. [4] Es begleiteten ihn aber

Sopater, (der Sohn) des Pyrrhus, ein Beröer;
an Thessalonichern aber Aristarchus und Sekundus,
dazu Gaius, ein Derbäer, und Timotheus;
an Asiaten aber Tychikus und Trophimus.

[5] Diese aber gingen voraus und erwarteten uns in Troas. [6] Wir aber segelten nach den Tagen der Ungesäuerten (Brote) von Philippi ab und kamen in fünf Tagen zu ihnen nach Troas, wo wir uns sieben Tage aufhielten.

[Apg 20,7–12: Die Auferweckung des Eutychus in Troas]

[7] Am ersten Tag der Woche aber, als wir zum BRECHEN DES BROTS versammelt waren, *unterredete* Paulus sich mit ihnen, da er am nächsten Tag abreisen wollte. Und er zog seine Rede in die Länge bis Mitternacht. [8] Es waren aber etliche Lampen im oberen Stockwerk, wo wir versammelt waren.
[9] Es saß aber ein junger Mann namens Eutychus im Fenster, wurde von tiefem Schlaf überwältigt, weil Paulus sich immer weiter *unterredete*, und fiel, überwältigt vom Schlaf, vom dritten Stock hinunter und wurde tot aufgehoben.
[10] Paulus aber ging hinunter, warf sich über ihn und umfasste ihn und sagte: Beunruhigt euch nicht, denn seine Seele ist in ihm.

[11] Nachdem er aber hinaufgegangen und DAS BROT GEBROCHEN und gegessen und noch geraume Zeit bis zur Morgenröte geredet hatte, ging er weg. [12] Sie führten aber den Jungen lebendig (herbei) und wurden nicht wenig getröstet.

[Apg 20,13–16: Reise von Troas nach Milet]

[13] Wir aber gingen voraus auf das Schiff und fuhren ab nach Assos und wollten von dort Paulus an Bord nehmen; denn so hatte er es angeordnet, da er selbst zu Fuß gehen wollte. [14] Als er aber in Assos mit uns zusammentraf, nahmen wir ihn an Bord und kamen nach Mitylene. [15] Und von dort segelten wir am folgenden (Tag) ab und kamen Chios gegenüber an, am anderen (Tag) aber fuhren wir hinüber nach Samos, am nächsten (Tag) aber kamen wir nach Milet. [16] Denn Paulus hatte beschlossen, an Ephesus vorbeizufahren, um in Asien keine Zeit zu verlieren; denn er beeilte sich, um nach Möglichkeit am Pfingsttag in Jerusalem zu sein.

[Apg 20,17–38: Abschiedsrede des Paulus in Milet
an die Ältesten von Ephesus]

[17] Von Milet aber schickte er nach Ephesus und rief die Ältesten der Gemeinde zusammen. [18] Als sie aber bei ihm eingetroffen waren, sagte er ihnen:

Ihr wisst, wie ich vom ersten Tag an, seit ich Asien betrat, die ganze Zeit bei euch gewesen bin, [19] dem HERRN als Sklave dienend mit aller Demut und Tränen und Prüfungen, die mir bei den Anschlägen der JUDEN begegnet sind; [20] dass ich nichts von dem, was von Nutzen ist, ZURÜCKGEHALTEN habe, als ob ich es euch nicht verkündigt und gelehrt hätte, öffentlich und in den Häusern, [21] bezeugte ich doch JUDEN und GRIECHEN die Umkehr hin zu GOTT und den GLAUBEN an unseren HERRN Jesus.

[22] Und jetzt, siehe, gehe ich, gebunden im *Geist*, nach Jerusalem, ohne zu wissen, was mir dort begegnen wird, [23] außer dass der *heilige Geist* mir in jeder Stadt *bezeugt* und sagt, dass Fesseln und Bedrängnisse auf mich warten. [24] Aber ich achte mein Leben für nicht der Rede wert, wenn ich nur meinen Lauf vollende und den Dienst, den ich von dem HERRN Jesus empfangen habe: das Evangelium von der Gnade GOTTES zu *bezeugen*.

[25] Und jetzt, siehe, weiß ich, dass ihr MEIN GESICHT NICHT MEHR SEHEN WERDET, ihr alle, bei denen ich gewesen bin und die KÖNIGSHERRSCHAFT verkündigt habe. [26] Deshalb *bezeuge* ich euch am heutigen Tag, dass ich vom Blut aller rein bin. [27] Denn ich habe nicht ZURÜCKGEHALTEN, euch den ganzen Willen GOTTES zu verkünden.

[28] Achtet auf euch selbst und auf die ganze *Herde*, in der euch der *heilige Geist* zu Aufsehern eingesetzt hat, die Gemeinde GOTTES zu weiden, die er sich durch sein eigenes Blut erworben hat. [29] Ich weiß, dass nach meinem Weggang grausame Wölfe bei euch eindringen werden, die die *Herde* nicht schonen. [30] Und aus euren eigenen Reihen werden Männer aufstehen, die Verkehrtes reden, um die JÜNGER hinter sich herzuziehen. [31] Darum wacht und denkt daran, dass ich drei Jahre lang Nacht und Tag nicht aufgehört habe, einen jeden unter Tränen zu ermahnen.

³² **Und jetzt** vertraue ich euch GOTT und dem Wort seiner Gnade an, das aufzubauen und unter allen Geheiligten das Erbteil zu geben vermag. ³³ Silber oder Gold oder Kleidung habe ich von niemandem verlangt. ³⁴ Ihr selbst wisst, dass meinen Bedürfnissen und denen, die bei mir sind, diese Hände gedient haben. ³⁵ In allem habe ich euch gezeigt, dass solche, die so arbeiten, sich der Schwachen annehmen und der Worte des HERRN gedenken müssen, denn er hat selbst gesagt:

   Seliger ist zu geben, als zu bekommen.[a]

³⁶ Und nachdem er dies gesagt hatte, KNIETE ER NIEDER und *BETETE* mit ihnen allen.

³⁷ Es brachen aber alle in heftiges Wehklagen aus; und sie fielen Paulus um den Hals und küssten ihn, ³⁸ wobei sie insbesondere über das Wort betrübt waren, das er gesagt hatte: dass sie SEIN GESICHT NICHT MEHR SEHEN würden.

Sie geleiteten ihn aber zum Schiff.

[Apg 21,1–6: Reise von Milet nach Tyrus]

¹ Als es aber geschah, dass wir absegelten, nachdem wir uns von ihnen losgerissen hatten, kamen wir direkt nach Kos, am folgenden (Tag) nach Rhodos und von dort nach Patara. ² Und da wir ein Schiff fanden, das nach Phönikien übersetzte, bestiegen wir es und segelten ab. ³ Nachdem wir aber Zypern gesichtet und es zur Linken hatten liegen lassen, segelten wir nach Syrien und legten in Tyrus an, denn dort sollte das Schiff die Ladung löschen.

⁴ Wir machten aber die JÜNGER ausfindig und blieben sieben Tage dort. Die sagten Paulus durch den *Geist*, er solle nicht nach Jerusalem hinaufgehen.

⁵ Als wir aber die Tage (dort) zugebracht hatten, gingen wir weg und reisten weiter, wobei alle mit Frau und Kindern uns bis vor die Stadt geleiteten. Und WIR KNIETEN NIEDER am Ufer, *BETETEN* ⁶ und nahmen voneinander Abschied und stiegen in das Schiff; jene aber kehrten nach Hause zurück.

[Apg 21,7–14: Reise von Tyrus nach Cäsarea; Prophezeiung des Agabus]

⁷ Wir aber vollendeten die Seereise und gelangten von Tyrus nach Ptolemais. Und wir begrüßten die Brüder und blieben einen Tag bei ihnen.

⁸ Am nächsten Tag aber gingen wir weg und kamen nach Cäsarea. Und wir gingen in das Haus des Evangelisten Philippus hinein, der einer von den Sieben war[b], und blieben bei ihm. ⁹ Dieser aber hatte vier jungfräuliche Töchter, die Prophetengabe besaßen.

¹⁰ Als wir aber mehrere Tage blieben, kam aus Judäa ein Prophet namens Agabus herab ¹¹ und kam zu uns und nahm den Gürtel des Paulus, *FESSELTE* sich die Füße und Hände und sagte: Dies spricht der *heilige Geist*: Den Mann, dem dieser Gürtel

---

a Oder: „Selig ist, mehr zu geben als zu bekommen."

b Vgl. Apg 6,5.

gehört, werden die **JUDEN** in Jerusalem so *FESSELN* und in die Hände von HEIDEN übergeben. [12] Als wir dies aber hörten, baten wir und die Einheimischen, er solle nicht nach Jerusalem hinaufgehen. [13] Da antwortete Paulus: Was tut ihr, dass ihr weint und mein Herz brecht? Denn ich bin nicht nur bereit, *GEFESSELT* zu werden, sondern auch dazu, in Jerusalem für den **NAMEN** des *HERRN* Jesus zu sterben. [14] Da er sich aber nicht überreden ließ, gaben wir Ruhe und sagten: Des *HERRN* Wille geschehe!

[Apostelgeschichte 21,15–28,31:
Paulus in Jerusalem, Cäsarea und Rom]

[Apg 21,15–26: Weiterreise nach Jerusalem und Begrüßung;
Vereinbarung über ein Gelübde]

[15] Nach diesen Tagen aber machten wir uns reisefertig und zogen nach Jerusalem hinauf. [16] Es kamen aber auch (einige) von den JÜNGERN aus Cäsarea mit uns und führten uns zu einem, bei dem wir Unterkunft bekamen, einem gewissen Mnason, einem Zyprier, einem alten JÜNGER. [17] Als wir aber in Jerusalem angekommen waren, nahmen uns die Brüder freudig auf. [18] Am folgenden Tag aber ging Paulus mit uns zu Jakobus, und alle Ältesten fanden sich ein. [19] Und er begrüßte sie und erzählte im Einzelnen, was GOTT unter den HEIDEN durch seinen Dienst getan hatte. [20] Als sie es aber hörten, priesen sie GOTT und sagten ihm:

Du siehst, Bruder, wie viele Zehntausende von *GLÄUBIG* Gewordenen es unter den **JUDEN** gibt, und alle sind Eiferer für das *Gesetz*. [21] Man hat ihnen *über dich berichtet*, dass du alle unter den HEIDEN (lebenden) **JUDEN** Abfall von Mose lehrst, indem du sagst,
sie sollen die Kinder nicht beschneiden
und nicht nach den (jüdischen) Gebräuchen leben.
[22] Was ist nun? Jedenfalls werden sie hören, dass du gekommen bist. [23] Tu nun das, was wir dir sagen: Wir haben vier Männer, die ein Gelübde auf sich (genommen) haben. [24] Diese nimm zu dir und lass dich mit ihnen reinigen und trag die Kosten für sie, damit sie sich den Kopf scheren lassen können, und alle werden erkennen, dass an dem, was ihnen *über dich berichtet* worden ist, nichts ist, sondern dass auch du selbst dich nach dem *Gesetz* ausrichtest und es befolgst.
[25] Was aber die *GLÄUBIG* gewordenen HEIDEN betrifft, haben wir beschlossen und verfügt[a], dass sie
sich hüten sollen vor

---

a Vgl. Apg 15,20.29.

Götzenopferfleisch
und Blut
und Ersticktem
und Unzucht.

[26] Da nahm Paulus die Männer zu sich, reinigte sich am folgenden Tag mit ihnen und ging in das HEILIGTUM, um (den Termin für) die Erfüllung der Tage der Reinigung anzuzeigen, (die so lange währten,) bis für einen jeden von ihnen das Opfer dargebracht wurde.

[Apg 21,27–36: Die Festnahme des Paulus im Tempel]

[27] Als aber die sieben Tage beinahe vorüber waren, sahen ihn die JUDEN aus Asien im HEILIGTUM, brachten die ganze Volksmenge durcheinander und legten Hand an ihn [28] und schrien: Ihr israelitischen Männer, kommt zu Hilfe! Dies ist der Mensch, der alle überall gegen das VOLK und das *Gesetz* und diesen Ort lehrt; und er hat auch noch GRIECHEN in das HEILIGTUM geführt und diesen heiligen Ort profaniert. [29] Sie hatten nämlich vorher den Epheser Trophimus mit ihm in der Stadt gesehen und meinten, Paulus habe ihn in das HEILIGTUM geführt. [30] Und die ganze Stadt kam in Bewegung, und es entstand ein Auflauf des VOLKES. Und sie ergriffen Paulus und schleppten ihn aus dem HEILIGTUM hinaus, und sogleich wurden die Türen geschlossen. [31] Und als sie versuchten, ihn zu töten, gelangte zum TRIBUN der Kohorte die Meldung hinauf, dass ganz Jerusalem durcheinandergebracht sei. [32] Der nahm sofort Soldaten und Hauptleute mit und lief zu ihnen hinab.

Als sie aber den TRIBUN und die Soldaten sahen, hörten sie auf, Paulus zu schlagen. [33] Da trat der TRIBUN herzu, ließ ihn ergreifen und befahl, ihn mit zwei Ketten zu fesseln. Und er erkundigte sich, wer er sei und was er getan habe. [34] In der Volksmenge riefen (die einen dieses,) andere aber etwas anderes.

Da er aber wegen des Tumults nichts Sicheres erfahren konnte, befahl er, ihn in die *Kaserne* zu führen. [35] Als er aber an die Treppe kam, kam es so weit, dass er von den Soldaten wegen des Ungestüms der Volksmenge getragen wurde. [36] Denn die Masse des VOLKES folgte und schrie: Weg mit ihm!

[Apg 21,37–22,21: Verteidigungsrede des Paulus]

[*21,37–22,2: Erlaubnis zum Reden und Redebeginn*]

[37] Und als Paulus in die *Kaserne* hineingeführt werden sollte, sagt er dem TRIBUN: Ist es mir erlaubt, etwas zu dir zu sagen?

Der aber sprach: Verstehst du Griechisch? [38] Du bist also nicht der Ägypter, der vor diesen Tagen einen Aufruhr gemacht und die viertausend Mann Sikarier[a] in die Wüste hinausgeführt hat?

[39] Paulus aber sagte: Ich bin ein jüdischer Mensch, ein Tarser aus Kilikien, Bürger einer nicht unbedeutenden Stadt; ich bitte dich aber, *gestatte* mir, zum VOLK zu reden.

[40] Da er es aber *gestattete*, winkte Paulus, auf der Treppe stehend, dem VOLK mit der Hand. Nachdem aber tiefe Stille eingetreten war, redete er sie in hebräischer Sprache an und sagte: [22,1] Männer, Brüder und Väter, meine Verteidigungsrede an euch sollt ihr jetzt hören!

[2] Als sie aber hörten, dass er sie in hebräischer Sprache anredete, hielten sie noch mehr Ruhe.

Und er spricht:

[22,3–5: Rückblick auf die Verfolgung der Gemeinde]

[3] Ich bin ein jüdischer Mann,
geboren in Tarsus in Kilikien,
aufgezogen aber in dieser Stadt,
zu den Füßen Gamaliels ausgebildet genau nach dem väterlichen *Gesetz*,
ein Eiferer für GOTT, wie ihr alle es heute seid. [4] Als solcher habe ich diesen Weg bis zum Tod verfolgt, indem ich Männer und Frauen fesselte und in Gefängnisse einlieferte, [5] wie auch der Hohepriester und das ganze Ältestenkollegium mir bestätigen kann. Von ihnen empfing ich auch Briefe an die Brüder und reiste nach Damaskus, um auch die, die dort waren, gefesselt nach Jerusalem zu bringen, damit sie bestraft würden.

[22,6–16: Bericht über die Bekehrung]

[6] Es geschah mir aber, als ich unterwegs war und mich Damaskus näherte, dass mich gegen Mittag plötzlich aus dem Himmel ein sehr helles *Licht* umstrahlte. [7] Und ich fiel zu Boden und hörte eine Stimme zu mir sagen: Saul, Saul, was verfolgst du mich?

[8] Ich aber antwortete: Wer bist du, *HERR*?

Und er sagte zu mir: Ich bin Jesus, der Nazoräer, den du verfolgst.

[9] Die aber, die bei mir waren, sahen zwar das *Licht*, doch die Stimme dessen, der mit mir redete, hörten sie nicht.

[10] Ich sagte aber: Was soll ich tun, *HERR*?

Der *HERR* aber sagte zu mir: Steh auf und reise nach Damaskus, und dort wird dir alles gesagt werden, was dir zu tun befohlen ist.

[11] Da ich aber wegen des Glanzes jenes *Lichtes* nichts mehr sah, wurde ich von denen, die bei mir waren, an der Hand geführt, und ich kam nach Damaskus.

[12] Ein gewisser Hananias aber, ein frommer Mann nach dem *Gesetz*, in gutem Ruf bei allen dort wohnenden **JUDEN**, [13] kam zu mir und trat heran und sagte mir: Bruder Saul, werde wieder sehend!

---

a „Dolchmänner".

Und in eben der Stunde sah ich wieder – auf ihn.

¹⁴ Er aber sagte: Der GOTT unserer Väter hat dich dazu bestimmt, seinen Willen zu erkennen und den Gerechten zu SEHEN und die Stimme aus seinem Mund zu hören. ¹⁵ Denn du sollst für ihn Zeuge sein vor allen Menschen von dem, was du GESEHEN und gehört hast. ¹⁶ Und jetzt – warum zögerst du? Steh auf, lass dich taufen und lass deine Sünden abwaschen, indem du seinen Namen anrufst.

[22,17–21: Bericht über eine Vision im Tempel]

¹⁷ Als ich nach Jerusalem zurückgekehrt war und im HEILIGTUM *BETETE*, geschah es mir aber, dass ich in Verzückung geriet ¹⁸ und ihn SAH, der zu mir sagte: Beeil dich und geh schnell aus Jerusalem weg, denn sie werden deine Zeugenaussage über mich nicht annehmen. ¹⁹ Und ich sagte: *HERR*, sie selbst wissen, dass ich es war, der von Synagoge zu Synagoge die ins Gefängnis brachte und prügelte, die an dich *GLAUBTEN*; ²⁰ und als das Blut deines Zeugen Stephanus vergossen wurde, stand auch ich dabei und war einverstanden und bewachte die Kleider von denen, die ihn umbrachten. ²¹ Und er sagte zu mir: Geh, denn ich werde dich in die Ferne zu den HEIDEN aussenden.

[Apg 22,22–29: Die Berufung des Paulus auf sein römisches Bürgerrecht]

²² Sie hörten ihm aber zu bis zu diesem Wort und erhoben ihre Stimme und sagten: Weg von der Erde mit so einem, denn es darf nicht sein, dass er lebt! ²³ Und als sie schrien und die Kleider von sich rissen und Staub in die Luft warfen, ²⁴ befahl der *TRIBUN*, ihn in die Kaserne zu führen, und sagte, er solle mit Peitschenhieben verhört werden, damit er erfahre, aus welchem Grund sie so gegen ihn brüllten. ²⁵ Als sie ihn aber für die Riemen ausgestreckt hatten, sagte Paulus zu dem *Hauptmann*, der dastand: Ist es euch erlaubt, einen *Römer*, noch dazu unverurteilt, auszupeitschen? ²⁶ Als es aber der *Hauptmann* hörte, ging er zu dem *TRIBUN* und meldete: Was willst du tun? Denn dieser Mensch ist *Römer*. ²⁷ Der *TRIBUN* aber kam herbei und sagte ihm: Sag mir, bist du *Römer*? Er aber sprach: Ja. ²⁸ Der *TRIBUN* aber antwortete: Ich habe dieses Bürgerrecht für eine große Summe erworben. Paulus aber sprach: Ich aber habe es schon durch Geburt. ²⁹ Sogleich nun ließen die, die ihn gerade verhören wollten, von ihm ab. Doch auch der *TRIBUN* bekam Angst, als er erfuhr, dass er *Römer* sei, und weil er ihn hatte fesseln lassen.

[Apg 22,30–23,11: Paulus vor dem Hohen Rat]

[30] Am nächsten Tag aber ließ er, weil er genau erfahren wollte, warum er von den JUDEN angeklagt wurde, ihm die Fesseln lösen und befahl den Hohenpriestern und dem ganzen Hohen Rat, sich zu versammeln. Und er ließ Paulus hinabführen und stellte ihn vor sie hin.

[23,1] Paulus aber blickte den Hohen Rat fest an und sagte: Männer, Brüder! Ich habe mein Leben mit einem in jeder Hinsicht guten Gewissen vor GOTT geführt bis zu diesem Tag.

[2] Der Hohepriester Hananias aber befahl denen, *die neben ihm standen*, ihn auf den Mund zu schlagen.

[3] Da sagte Paulus zu ihm: Schlagen wird dich GOTT, du getünchte Wand! Und du sitzt da und beurteilst mich nach dem *Gesetz*, und gegen das *Gesetz* befiehlst du, mich zu schlagen?

[4] Die aber, *die daneben standen*, sagten: Beschimpfst du den Hohenpriester GOTTES?

[5] Und Paulus sprach: Ich wusste nicht, Brüder, dass er der Hohepriester ist. Denn es ist geschrieben:

Von dem Herrscher deines VOLKES sollst du nicht schlecht reden.

[Ex 22,27]

[6] Da Paulus aber erkannte, dass der eine Teil aus Sadduzäern, der andere aber aus Pharisäern bestand, rief er im Hohen Rat aus: Männer, Brüder, ich bin Pharisäer, Sohn von Pharisäern; wegen der Hoffnung und der *Auferstehung* von Toten werde ich gerichtet.

[7] Als er das aber sagte, entstand ein STREIT zwischen den Pharisäern und den Sadduzäern, und die Menge spaltete sich. [8] Denn die Sadduzäer sagen, es gebe weder *Auferstehung*, noch **Engel**, noch *GEIST*; die Pharisäer aber bekennen das alles. [9] Es gab aber ein großes Geschrei, und einige Schriftgelehrte von der Partei der Pharisäer standen auf, disputierten heftig und sagten: Wir finden an diesem Menschen nichts Böses. Wenn aber ein *GEIST* zu ihm geredet hat oder ein **Engel**?

[10] Da der STREIT aber zunahm, fürchtete der *TRIBUN*, Paulus könnte von ihnen zerrissen werden, und befahl der Truppe, herabzukommen und ihn aus ihrer Mitte zu reißen und in die Kaserne zu führen.

[11] In der folgenden Nacht aber trat der *HERR* zu ihm und sagte: Sei guten Mutes! Denn wie du für meine Sache in Jerusalem Zeuge gewesen bist, so musst du auch in *Rom* Zeuge sein.

[Apg 23,12–35: Verschwörung gegen Paulus;
sein Transport nach Cäsarea]

[12] Als es aber Tag geworden war, schmiedeten die JUDEN ein Komplott und *verschworen sich und sagten, dass sie weder essen noch trinken würden, bis sie Paulus getötet hätten.* [13] Es waren aber mehr als vierzig, die diese Verschwörung gemacht hat-

ten. [14] Sie gingen zu den Hohenpriestern und den Ältesten und sagten: Durch einen heiligen Eid *haben wir uns verschworen, nichts zu uns zu nehmen, bis wir Paulus getötet haben.* [15] Teilt ihr also jetzt zusammen mit dem Hohen Rat dem *Tribun* mit, dass er ihn zu euch herabführen soll, als wolltet ihr das, was ihn betrifft, genauer untersuchen! Wir aber sind bereit, ihn, bevor er sich nähert, umzubringen.

[16] Der Sohn der Schwester des Paulus aber hörte von dem Hinterhalt, kam zur Kaserne und ging hinein und berichtete es Paulus.

[17] Paulus aber rief einen von den *Hauptleuten* herbei und sagte: Führe diesen jungen Mann zu dem *Tribun*, denn er hat ihm etwas zu berichten!

[18] Der nun nahm ihn mit, führte ihn zum *Tribun* und sagt: Der Gefangene Paulus rief mich herbei und bat mich, diesen Jüngling zu dir zu führen, da er dir etwas zu sagen habe.

[19] Der *Tribun* aber nahm ihn bei der Hand und trat (mit ihm) beiseite und erkundigte sich: Was ist es, das du mir zu berichten hast?

[20] Er aber sagte: Die **JUDEN** haben vereinbart, dich zu bitten, dass du Paulus morgen in den Hohen Rat hinunterführst, als wolle er etwas Genaueres über ihn erkunden. [21] Gehorche du ihnen nun nicht, denn mehr als vierzig Männer von ihnen stellen ihm nach. Die *haben sich verschworen, weder zu essen noch zu trinken, bis sie ihn* beseitigt haben. Und jetzt sind sie bereit und erwarten die Zusage von dir.

[22] Der *Tribun* nun entließ den Jüngling und befahl ihm: Verrate niemandem, dass du mir dies mitgeteilt hast.

[23] Und er rief zwei von den *Hauptleuten* herbei und sagte: Haltet zweihundert Soldaten zum Marsch nach Cäsarea bereit und siebzig Reiter und zweihundert Lanzenträger – von der dritten Nachtstunde[a] an. [24] Und man soll Maultiere bereitstellen, damit sie Paulus darauf setzen und ihn sicher zum Prokurator Felix bringen.

[25] Und er schrieb einen Brief, der folgenden Inhalt hatte:

[26] Klaudius Lysias
grüßt den hochgeehrten Prokurator Felix.
[27] Diesen Mann, der von den **JUDEN** ergriffen wurde und Gefahr lief, von ihnen beseitigt zu werden, habe ich, indem ich mit der Truppe einschritt, herausgeholt, da ich erfuhr, dass er *Römer* ist. [28] Und da ich den Grund erfahren wollte, aus dem sie ihn anklagten, ließ ich ihn vor ihren Hohen Rat hinabführen. [29] Da fand ich, dass man ihn wegen Streitfragen ihres *Gesetzes* anklagte, aber keine Anklage gegen ihn vorlag, die Tod oder Fesseln verdient. [30] Als mir aber gemeldet wurde, dass es einen Anschlag auf den Mann geben werde, habe ich (ihn) sofort zu dir geschickt und auch die Kläger angewiesen, vor dir zu sagen, was gegen ihn vorliegt.

[31] Die Soldaten nun nahmen, wie ihnen befohlen war, Paulus mit und führten ihn bei Nacht nach Antipatris. [32] Am nächsten Tag aber ließen sie die Reiter mit ihm weiterziehen und kehrten in die Kaserne zurück.

---

a Ca. 21 Uhr.

[33] Die kamen nach Cäsarea und übergaben dem Prokurator den Brief und führten ihm auch Paulus vor. [34] Als er aber gelesen und gefragt hatte, aus welcher Provinz er sei, und erfuhr: Aus Kilikien, [35] sagte er: ‚Ich werde dich verhören, wenn auch deine Ankläger angekommen sind‘, und befahl, ihn im Prätorium des Herodes zu bewachen.

[Apg 24,1–27: Paulus vor Felix in Cäsarea]

[24,1–23: Rede des Anwalts Tertullus und Gegenrede des Paulus]

[1] Nach fünf Tagen aber kam der Hohepriester Hananias mit einigen Ältesten und einem Anwalt, einem gewissen Tertullus, herab. Sie erstatteten beim Prokurator Anzeige gegen Paulus. [2] Als er aber gerufen worden war, begann Tertullus die Anklagerede und sagte:

Umfassenden Frieden genießen wir durch dich, und durch deine Fürsorge werden diesem Volk Reformen zuteil; [3] allseits und allenthalben erkennen wir das, hochgeehrter Felix, mit aller Dankbarkeit an. [4] Damit ich dich aber nicht länger aufhalte, bitte ich, dass du uns kurz anhörst in deiner Milde. [5] Denn wir haben diesen Mann als eine Pest gefunden und als einen, der Unruhen anstiftet unter allen JUDEN auf dem Erdkreis, und als Rädelsführer der Sekte der Nazoräer; [6] er hat auch versucht, das HEILIGTUM zu entweihen, und wir haben ihn ergriffen.[a] [8b] Von ihm kannst du selbst, wenn du ihn verhört hast, alles dies erfahren, dessen wir ihn anklagen.

[9] Es griffen aber auch die JUDEN mit an, indem sie sagten, dies verhalte sich so.

[10] Und Paulus antwortete, nachdem ihm der Prokurator zugenickt (und ihm damit) zu sprechen (erlaubt) hatte:

Da ich weiß, dass du seit vielen Jahren Richter über dieses Volk bist, verteidige ich meine Sache zuversichtlich. [11] Du kannst ja in Erfahrung bringen, dass nicht mehr als zwölf Tage hinter mir liegen, seit ich nach Jerusalem hinaufging, um anzubeten. [12] Und weder im HEILIGTUM haben sie mich dabei angetroffen, dass ich mit jemandem disputiert oder einen Volksauflauf erregt hätte, noch in den Synagogen, noch in der Stadt; [13] sie können dir das, dessen sie mich jetzt anklagen, auch nicht beweisen. [14] Ich bekenne dir aber dies: Nach dem Weg, den sie eine Sekte nennen, diene ich dem väterlichen GOTT, indem ich allem GLAUBE, was im *Gesetz* und bei den Propheten geschrieben ist, [15] und indem ich die Hoffnung zu GOTT habe, die auch diese selbst annehmen, dass eine Auferstehung der Gerechten wie der Ungerechten sein wird. [16] Darin übe ich mich auch selbst, immer ein unanstößiges Gewissen vor GOTT und den Menschen zu haben.

[17] Nach mehreren Jahren aber kam ich her, um Almosen für mein Volk und Opfer darzubringen. [18] Dabei fanden sie mich als einen Geheiligten im HEILIGTUM, nicht mit Volksauflauf und nicht mit Tumult, [19] nämlich einige JUDEN aus Asien. Die hätten vor dir erscheinen und Anklage erheben sollen, wenn sie etwas gegen mich hätten. [20] Oder sollen

---

a Apg 24,7–8a ist in den ältesten Handschriften nicht enthalten: [7] Doch der Tribun Lysias kam hinzu, entriss ihn mit großer Gewalt unseren Händen [8a] und befahl seinen Anklägern, zu dir zu kommen.

doch diese selbst sagen, welches Unrecht sie fanden, als ich vor dem Hohen Rat stand, [21] außer diesem einen Ausruf, den ich tat, als ich bei ihnen stand: Wegen der Auferstehung von Toten werde ich heute vor euch gerichtet.[a]

[22] Felix aber teilte ihnen einen Vertagungsbeschluss mit, da er recht genau über das den Weg (Betreffende) Bescheid wusste, und sagte: Wenn Lysias, der Tribun, herabkommt, will ich eure Sache entscheiden. [23] Und er befahl dem Hauptmann, dass er bewacht werde und Milderung (der Haft) habe und dass niemand von den Seinen daran gehindert werde, ihn zu bedienen.

[*24,24–27: Felix und Paulus*]

[24] Nach einigen Tagen aber kam Felix mit Drusilla, seiner Frau, einer Jüdin, und *ließ Paulus holen* und hörte ihn über den GLAUBEN an Christus Jesus. [25] Als er aber über Gerechtigkeit und Enthaltsamkeit und das kommende Gericht redete, bekam Felix Angst und antwortete: Für jetzt ist es genug, geh; wenn ich aber wieder Zeit habe, werde ich dich rufen lassen. [26] Zugleich hoffte er auch, dass ihm von Paulus Geld gegeben werde; deshalb *ließ er ihn* auch öfter *holen* und unterhielt sich mit ihm.

[27] Nach Ablauf von zwei Jahren aber bekam Felix einen Nachfolger: Porcius Festus. Und da Felix den JUDEN EINE GUNST ERWEISEN WOLLTE, ließ er Paulus als Gefangenen zurück.

[Apg 25,1–5: Festus in Jerusalem]

[1] Als nun Festus in die Provinz gekommen war, ging er nach drei Tagen von Cäsarea nach Jerusalem hinauf. [2] Und die Hohenpriester und die Vornehmsten der JUDEN erstatteten bei ihm Anzeige gegen Paulus und ersuchten ihn, [3] indem sie sich EINE GUNST gegen ihn erbaten, er solle ihn nach Jerusalem bringen lassen; denn sie planten einen Anschlag, um ihn unterwegs zu beseitigen. [4] Festus nun antwortete, Paulus werde in Cäsarea in Haft gehalten, er selbst aber werde in Kürze (dorthin) abreisen. [5] ‚So mögen denn die Zuständigen unter euch‘, sagte er, ‚mit hinabreisen und, wenn etwas Unrechtes an dem Mann ist, ihn anklagen.‘

---

a Vgl. Apg 23,6.

[Apg 25,6–12: Festus in Cäsarea;
die Appellation des Paulus an den Kaiser]

[6] Nachdem er sich aber nicht mehr als acht oder zehn Tage bei ihnen aufgehalten hatte, reiste er nach Cäsarea hinab, und am nächsten Tag setzte er sich auf den Richterstuhl und befahl, Paulus vorzuführen.

[7] Als er aber erschienen war, umringten ihn die von Jerusalem herabgekommenen JUDEN und brachten viele und schwere Beschuldigungen, die sie nicht beweisen konnten, vor, [8] während Paulus sich verteidigte: Weder gegen das *Gesetz* der JUDEN, noch gegen das HEILIGTUM, noch gegen den KAISER habe ich etwas verbrochen.

[9] Festus aber WOLLTE den JUDEN EINE GUNST ERWEISEN und antwortete Paulus und sagte: Willst du nach Jerusalem hinaufgehen und dort dieser Dinge wegen vor mir gerichtet werden?

[10] Paulus aber sagte: Ich stehe vor dem Richterstuhl des KAISERS, wo ich gerichtet werden muss. Den JUDEN habe ich kein Unrecht zugefügt, wie auch du sehr wohl weißt. [11] Wenn ich nun Unrecht tue und etwas Todeswürdiges begangen habe, entziehe ich mich dem Sterben nicht. Wenn aber nichts an dem ist, dessen diese mich anklagen, darf niemand mich ihnen PREISGEBEN. Ich appelliere an den KAISER.

[12] Daraufhin besprach Festus sich mit dem Rat und antwortete: An den KAISER hast du appelliert, zum KAISER sollst du reisen.

[Apg 25,13–22: Der Privatbericht des Festus vor König Agrippa]

[13] Als aber einige Tage vergangen waren, kamen der König Agrippa und Bernice nach Cäsarea und begrüßten Festus.

[14] Als sie sich dort aber mehrere Tage aufgehalten hatten, legte Festus dem König den Fall ‚Paulus' vor und sagte:

Ein Mann ist von Felix als Gefangener zurückgelassen worden, [15] gegen den, als ich nach Jerusalem kam, die Hohenpriester und die Ältesten der JUDEN Anzeige erstatteten; sie verlangten seine Verurteilung. [16] Diesen antwortete ich: Es ist bei den *Römern* nicht Sitte, einen Menschen PREISZUGEBEN, ehe der Angeklagte die Ankläger nicht persönlich vor sich hat und Gelegenheit zu einer Verteidigungsrede über die Beschuldigung bekommt. [17] Als sie nun hierher zusammengekommen waren, ließ ich keine Verzögerung eintreten, setzte mich am folgenden Tag auf den Richterstuhl und befahl, den Mann vorzuführen. [18] Als die Ankläger um ihn herum standen, brachten sie keine Anklage wegen (solcher) Verbrechen vor, die ich vermutet hatte; [19] vielmehr hatten sie einige Streitpunkte gegen ihn hinsichtlich ihres eigenen Gottesdienstes und hinsichtlich eines gewissen Jesus, der gestorben ist, von dem Paulus sagte, er lebe. [20] Da ich bei der Untersuchung dieser Dinge aber ratlos war, fragte ich, ob er nach Jerusalem gehen und dort wegen dieser Dinge gerichtet werden wolle. [21] Als Paulus aber Berufung einlegte, damit er für die Entscheidung seiner Majestät (zurückgestellt und) in Haft gehalten werde, befahl ich, ihn in Haft zu halten, bis ich ihn zum KAISER senden werde.

[22] Agrippa aber (sagte) zu Festus: Ich möchte den Menschen gern auch selbst hören.

Morgen, sagte er, sollst du ihn hören.

[Apg 25,23–27: Der Bericht des Festus vor König Agrippa
und anderen Würdenträgern in Anwesenheit des Paulus]

²³ Als nun am nächsten Tag Agrippa und Bernice mit großem Gepränge gekommen
und mit den Tribunen und den vornehmsten Männern der Stadt in den Saal gegangen waren und Festus Befehl gegeben hatte, wurde Paulus vorgeführt.
²⁴ Und Festus sagte:

König Agrippa und alle Männer, die ihr mit uns zugegen seid, ihr seht diesen (Mann), um
dessentwillen die ganze Menge der JUDEN an mich herangetreten ist, in Jerusalem und
hier, indem sie brüllten, er dürfe nicht mehr leben. ²⁵ Ich aber begriff, dass er nichts Todeswürdiges getan hatte. Da dieser selbst aber an seine Majestät appelliert hat, beschloss ich,
(ihn dorthin) zu schicken. ²⁶ Über ihn habe ich an den Herrn nichts Genaues zu schreiben.
Deshalb habe ich ihn euch und besonders dir, König Agrippa, vorgeführt, damit ich nach
erfolgter Vernehmung (etwas) habe, was ich schreiben kann. ²⁷ Denn es scheint mir sinnlos, wenn einer, der einen Gefangenen schickt, nicht auch die gegen ihn (vorliegenden) Beschuldigungen mitteilt.

[Apg 26,1–23: Rede des Paulus]

¹ Agrippa aber sagte zu Paulus: Es ist dir gestattet, für dich zu reden.
Da streckte Paulus die Hand aus und verteidigte sich:

[*26,2–3: Einleitung*]

² Ich schätze mich glücklich, König Agrippa, dass ich mich hinsichtlich aller Dinge, deren
ich von den JUDEN angeklagt werde, heute vor dir verteidigen soll, ³ besonders, da du ein
Kenner von allen bei den JUDEN (bestehenden) Sitten und Streitfragen bist. Darum bitte
ich, mich geduldig anzuhören.

[*26,4–11: Rückblick auf den vormaligen Lebenswandel*]

⁴ Meinen Lebenswandel nun von Jugend an, der sich von Anfang an in meinem Volk und
in Jerusalem vollzog, kennen alle JUDEN, ⁵ da sie von früher her wissen – wenn sie es
doch bezeugen wollten –, dass ich nach der strengsten Richtung unserer Religion lebte,
(nämlich) als Pharisäer. ⁶ Und jetzt stehe ich da und werde gerichtet wegen der Hoffnung
auf die von GOTT an unsere Väter ergangene Verheißung, ⁷ zu der unser Zwölfstämmereich, indem es (Gott) Nacht und Tag beharrlich dient, zu gelangen hofft. Wegen dieser
Hoffnung, König, werde ich von den JUDEN angeklagt. ⁸ Warum wird es bei euch als unglaubhaft beurteilt, wenn GOTT Tote auferweckt?
⁹ Meinerseits nun meinte ich, gegen den NAMEN Jesu, des Nazoräers, viel Feindseliges
unternehmen zu müssen; ¹⁰ das auch tat ich in Jerusalem; und viele von den Heiligen ließ
ich in Gefängnisse sperren, nachdem ich von den Hohenpriestern die Vollmacht erhalten
hatte; und sollten sie hingerichtet werden, stimmte ich dafür. ¹¹ Und durch alle Synagogen

hin versuchte ich oft, sie durch Strafen zum Lästern zu zwingen, und verfolgte sie maßlos rasend auch bis in die auswärtigen Städte.

[*26,12–18: Bericht über die Bekehrung*]

[12] Als ich dabei mit Vollmacht und Auftrag der Hohenpriester nach Damaskus reiste, [13] sah ich mitten am Tag unterwegs, König, vom Himmel her ein den Glanz der Sonne übertreffendes Licht, das mich und die, die mit mir reisten, umleuchtete. [14] Und als wir alle zu Boden stürzten, hörte ich eine Stimme in hebräischer Sprache zu mir sagen: Saul, Saul, was verfolgst du mich? Es ist schwierig für dich, gegen den Stachel auszuschlagen. [15] Ich aber sagte: Wer bist du, HERR? Der HERR aber sagte: Ich bin Jesus, den du verfolgst. [16] Aber steh auf und stell dich auf deine Füße. Denn dazu bin ich dir erschienen, dich zum Diener zu bestimmen und zum Zeugen dessen, was du gesehen hast, und dessen, was ich dir zeigen werde. [17] Ich werde dich retten vor dem VOLK und vor den HEIDEN, zu denen ich dich sende, [18] ihre Augen zu öffnen, dass sie sich HINWENDEN von Finsternis zu Licht und von der Macht des Satans zu GOTT, damit sie Sündenvergebung empfangen und ein Erbe unter denen, die durch den GLAUBEN an mich geheiligt sind.

[*26,19–23: Rechenschaft über das missionarische Wirken*]

[19] Daher, König Agrippa, war ich der himmlischen Erscheinung nicht ungehorsam, [20] sondern verkündigte zuerst denen in Damaskus und in Jerusalem und (dann) im ganzen Land Judäa und den HEIDEN, *umzukehren* und sich zu GOTT HINZUWENDEN und der *Umkehr* würdige Werke zu tun. [21] Deshalb haben mich die **JUDEN** im HEILIGTUM ergriffen und umzubringen versucht. [22] Da ich nun Hilfe von GOTT erlangt habe bis zu diesem Tag, stehe ich als Zeuge da für Kleine und Große und sage nichts außer dem, was die Propheten als zukünftiges Geschehen angesagt haben und Mose:
[23] dass der Christus dem Leiden ausgesetzt (sein wird),
dass er als der Erste aus der Auferstehung der Toten
Licht verkünden wird dem VOLK und den HEIDEN.

[Apg 26,24–32: Reaktionen auf die Rede des Paulus]

[24] Als er sich so verteidigte, sagte Festus mit lauter Stimme: Du bist WAHNSINNIG, Paulus! Das viele Studieren treibt dich in den WAHNSINN. [25] Paulus aber: Ich bin nicht WAHNSINNIG – sagt er –, hochgeehrter Festus, sondern ich rede Worte der Wahrheit und der Besonnenheit. [26] Denn der König versteht sich auf diese Dinge, zu dem ich auch freimütig rede. Denn dass ihm etwas von diesen Dingen verborgen ist, erscheint mir nicht glaubhaft, denn dies hat sich nicht in einem Winkel zugetragen. [27] GLAUBST du, König Agrippa, den Propheten? Ich weiß, dass du GLAUBST. [28] Agrippa aber zu Paulus: Bald überredest du mich (und wirst mich dadurch noch) zum Christen machen.

[29] Paulus aber: Ich wünschte bei GOTT, dass über kurz oder lang nicht allein du, sondern auch alle, die mich heute hören, so werden, wie ich bin, abgesehen von diesen Fesseln.

[30] Und der König stand auf und der Prokurator und Bernice und die, die bei ihnen saßen. [31] Und sie zogen sich zurück, redeten miteinander und sagten: Dieser Mensch tut nichts, was Tod oder Fesseln verdient.

[32] Agrippa aber sagte zu Festus: Dieser Mensch hätte freigelassen werden können, wenn er nicht an den KAISER appelliert hätte.

[Apg 27,1–12: Seereise von Cäserea bis Kreta]

[1] Als aber unsere Abreise nach Italien beschlossen war, übergaben sie **Paulus** und einige andere Gefangene einem Hauptmann namens Julius, von der Kohorte seiner Majestät. [2] Wir bestiegen aber ein Schiff aus Adramyttium, das zu den an (der Küste) Asien(s gelegenen) Orten segeln sollte, und fuhren ab; bei uns war der Makedonier Aristarchus aus Thessalonich.

[3] Und am folgenden Tag legten wir in Sidon an. Und Julius behandelte den **Paulus** menschenfreundlich und erlaubte ihm, zu den Freunden zu gehen und sich versorgen zu lassen.

[4] Und von dort fuhren wir ab und segelten im Schutz von Zypern, weil die Winde widrig waren. [5] Und wir durchsegelten das Meer längs Kilikien und Pamphylien und kamen nach Myra in Lykien. [6] Und dort fand der Hauptmann ein alexandrinisches Schiff, das nach Italien segelte, und ließ uns in es einsteigen.

[7] Als wir aber etliche Tage (nur) langsam vorankamen und mühsam auf die Höhe von Knidos gelangten, segelten wir, da uns der Wind nicht herankommen ließ, im Schutze Kretas gegen Salmone hin. [8] Und mühsam fuhren wir daran entlang und kamen an einen Ort, der ,Schöne Häfen' hieß; in seiner Nähe war die Stadt Lasäa.

[9] Da aber schon etliche Zeit verstrichen und die Seefahrt bereits gefährlich war, da auch die Fastenzeit bereits vorüber war, mahnte **Paulus** [10] und sagte ihnen: Männer, ich sehe, dass die Fahrt mit UNGLÜCK UND GROSSEM SCHADEN vor sich gehen wird, nicht nur für Ladung und Schiff, sondern auch für unser Leben.

[11] Der Hauptmann aber vertraute dem Kapitän und dem Schiffseigentümer mehr als dem, was von **Paulus** gesagt wurde.

[12] Da der Hafen aber zum Überwintern ungeeignet war, beschloss die Mehrheit, von dort abzufahren, ob es ihnen wohl möglich sei, nach Phönix zu gelangen und (dort) zu überwintern, einem Hafen von Kreta, der nach Südwesten und Nordwesten offen ist.

[Apg 27,13–26: Seesturm]

[13] Da aber ein leichter Südwind zu wehen anfing, meinten sie, die (Voraussetzung für die Verwirklichung ihrer) Absicht erreicht zu haben, brachen auf und fuhren ganz nahe an Kreta entlang. [14] Nicht lange danach aber brach von dorther ein Wir-

belsturm los, ‚Nordost‘ genannt. [15] Da das Schiff aber fortgerissen wurde und nicht gegen den Wind halten konnte, gaben wir es (dem Wind) preis und ließen uns treiben. [16] Als wir aber im Schutz einer kleinen Insel namens Kauda hinliefen, konnten wir uns mit Mühe des Beibootes bemächtigen. [17] Sie zogen es hoch und wandten Hilfsmaßnahmen an, indem sie das Schiff (mit Tauen) umspannten. Und da sie fürchteten, in die Syrte zu geraten, ließen sie das Gerät herab und trieben so dahin. [18] Da wir aber vom Sturm hart bedrängt wurden, warfen sie am folgenden Tag (Ladung) ab [19] und schmissen am dritten Tag mit eigenen Händen die Schiffsausrüstung über Bord. [20] Da aber viele Tage lang weder Sonne noch Sterne schienen und ein nicht geringer Sturm (uns) zusetzte, schwand zuletzt alle Hoffnung auf unsere Rettung. [21] Und als große Appetitlosigkeit herrschte, da trat **Paulus** mitten unter sie und sagte:

Männer, es wäre nötig gewesen, mir zu gehorchen und nicht von Kreta abzufahren und DIESES UNGLÜCK UND DEN SCHADEN zu vermeiden. [22] Und jetzt fordere ich euch auf, GUTEN MUTES ZU SEIN, denn kein Leben von euch wird verlorengehen, sondern nur das Schiff. [23] Denn letzte Nacht trat ein Engel des GOTTES, dem ich gehöre und dem ich diene, zu mir [24] und sagte: Fürchte dich nicht, **Paulus**! Du *musst* vor den KAISER treten; und siehe, GOTT hat dir alle geschenkt, die mit dir fahren. [25] Deshalb SEID GUTEN MUTES, Männer! Denn ich vertraue GOTT, dass es so sein wird, wie zu mir geredet worden ist. [26] Wir *müssen* aber auf eine Insel zutreiben.

[Apg 27,27–44: Schiffbruch]

[27] Als aber die vierzehnte Nacht kam, während wir in der Adria hin und her trieben, bemerkten die Matrosen gegen Mitternacht, dass ein Land auf sie zukam. [28] Und sie warfen das Lot aus und maßen zwanzig Orgyria[a]. Als sie aber ein kurzes Stück weitergefahren waren und das Lot noch einmal auswarfen, maßen sie fünfzehn Orgyria. [29] Und weil sie fürchteten, wir könnten irgendwo in Klippen geraten, warfen sie vom Heck vier Anker aus und sehnten den Anbruch des Tages herbei. [30] Als aber die Matrosen versuchten, aus dem Schiff zu fliehen, und das Beiboot unter dem Vorwand, vom Bug den Anker auszuwerfen, in das Meer hinabließen, [31] sagte **Paulus** zu dem Hauptmann und den Soldaten: Wenn diese nicht im Schiff bleiben, könnt ihr nicht GERETTET werden. [32] Daraufhin kappten die Soldaten die Taue des Beibootes und ließen es hinausfallen. [33] Bis es aber Tag werden wollte, *forderte* **Paulus** alle *auf, Nahrung zu sich nehmen*, und sagte: Heute ist der vierzehnte Tag, dass ihr wartet und nüchtern seid und nichts zu euch nehmt. [34] Deshalb *fordere ich euch auf, Nahrung zu euch zu nehmen*.

---

a 1 Orgyria = knapp 2 Meter.

Dies ist für eure RETTUNG, denn keinem von euch wird ein Haar auf dem Kopf verlorengehen.

[35] Als er dies aber gesagt und Brot genommen hatte, dankte er GOTT vor allen und brach es und begann zu essen. [36] Es fassten aber alle GUTEN MUT und nahmen gleichfalls Nahrung zu sich.

[37] Wir waren aber auf dem Schiff alle zusammen zweihundertsechsundsiebzig Seelen. [38] Als sie sich aber mit Speise gesättigt hatten, erleichterten sie das Schiff, indem sie das Getreide ins Meer hinauswarfen.

[39] Als es aber Tag wurde, erkannten sie das Land nicht, bemerkten aber eine Bucht, die einen Strand hatte, auf den sie nach Möglichkeit das Schiff auflaufen lassen wollten. [40] Und sie kappten die Anker und ließen sie hinunter ins Meer; zugleich lösten sie die Haltetaue der Steuerruder und holten das Vorsegel vor den Wind und hielten auf den Strand zu.

[41] Sie gerieten aber auf eine Sandbank und ließen das Schiff stranden, und der Bug bohrte sich hinein und blieb unbeweglich, das Heck aber zerbrach unter der Gewalt der Wogen.

[42] Die Soldaten aber planten, die Gefangenen zu töten, damit keiner hinausschwimme und entkomme.

[43] Der Hauptmann aber wollte **Paulus** RETTEN und hinderte sie an ihrem Vorhaben. Und er befahl, dass die, die schwimmen konnten, als erste über Bord springen und ans Land gehen sollten [44] und die übrigen teils auf Planken, teils auf einigen (Gegenständen) vom Schiff. Und so geschah es, dass alle aufs Land GERETTET wurden.

[Apg 28,1–10: Paulus auf der Insel Malta]

[1] Und als wir GERETTET waren, da erfuhren wir, dass die Insel Malta heiße. [2] Und die Einheimischen erwiesen uns eine ungewöhnliche Menschenfreundlichkeit. Denn sie zündeten ein Feuer an und holten uns alle heran wegen des einsetzenden Regens und wegen der Kälte.

[3] Als Paulus aber einen Haufen Reisig zusammenraffte und auf das Feuer legte, kam eine Giftschlange aus der Hitze heraus und biss sich an seiner Hand fest.

[4] Als aber die Einheimischen das Tier an seiner Hand hängen sahen, sagten sie zueinander: Sicherlich ist dieser Mensch ein Mörder; den lässt, nachdem er aus dem Meer GERETTET wurde, die (Göttin der) Gerechtigkeit nicht am Leben.

[5] Er schüttelte nun das Tier ins Feuer und erlitt nichts Schlimmes. [6] Sie aber erwarteten, dass er anschwellen oder plötzlich tot hinfallen werde. Als sie aber lange warteten und beobachteten, dass ihm nichts Ungewöhnliches geschah, änderten sie ihre Meinung und sagten, er sei ein GOTT.

[7] In der Umgebung jenes Ortes aber besaß der Erste der Insel, mit Namen Publius, Ländereien; der nahm uns auf und beherbergte uns DREI Tage freundlich.

^{8} Es geschah aber, dass der Vater des Publius, von Fieber und Ruhr befallen, daniederlag. Paulus ging zu ihm hinein und *BETETE*, legte ihm die Hände auf und heilte ihn.
^{9} Nachdem dies aber geschehen war, kamen auch die übrigen auf der Insel, die Krankheiten hatten, herbei und wurden gesund gemacht. ^{10} Sie erwiesen uns auch viele Ehren und gaben uns, als wir abfuhren, das mit, was wir brauchten.

[Apg 28,11–31: Ankunft des Paulus in Rom und sein dortiges Wirken]

^{11} Nach DREI Monaten aber fuhren wir ab in einem alexandrinischen Schiff mit dem Zeichen der Dioskuren, das auf der Insel überwintert hatte. ^{12} Und als wir in Syrakus eingelaufen waren, blieben wir DREI Tage. ^{13} Von dort fuhren wir an der Küste entlang und gelangten nach Rhegium. Und da am nächsten Tag Südwind einsetzte, kamen wir am zweiten Tag nach Puteoli. ^{14} Dort fanden wir *Brüder* und wurden gebeten, sieben Tage bei ihnen zu bleiben. Und so KAMEN WIR NACH ROM. ^{15} Und von dort kamen uns die *Brüder*, als sie von uns gehört hatten, bis Forum Appii und Tres Tabernae entgegen. Als Paulus sie sah, dankte er GOTT und fasste Mut.

^{16} Als WIR ABER NACH ROM KAMEN, wurde Paulus gestattet, mit dem Soldaten, der ihn bewachte, privat zu wohnen.

^{17} Es geschah aber nach DREI Tagen, dass er die Ersten der **JUDEN** einlud. Als sie zusammengekommen waren, sagte er zu ihnen:

Obgleich ich, Männer, Brüder, nichts gegen das VOLK oder die väterlichen Gebräuche getan habe, bin ich als Gefangener aus Jerusalem in die Hände der *Römer* übergeben worden. ^{18} Die wollten mich, nachdem sie mich verhört hatten, freilassen, weil keine einzige todeswürdige Schuld an mir war. ^{19} Weil aber die **JUDEN** widersprachen, war ich gezwungen, an den Kaiser zu appellieren – nicht als hätte ich eine Anklage gegen mein Volk vorzubringen. ^{20} Aus diesem Grund nun habe ich gebeten, euch zu sehen und zu euch zu reden; denn wegen der Hoffnung Israels trage ich diese Fessel.

^{21} Sie aber sagten zu ihm: Wir haben weder Briefe über dich aus Judäa erhalten, noch ist einer von den Brüdern hergekommen und hat etwas Schlimmes über dich berichtet oder gesagt. ^{22} Wir halten es aber für richtig, von dir zu hören, was du meinst, denn über diese Sekte ist uns bekannt, dass ihr überall widersprochen wird.

^{23} Nachdem sie mit ihm einen Tag vereinbart hatten, kamen sie in größerer Zahl zu ihm ins Quartier. Ihnen erklärte und bezeugte er die KÖNIGSHERRSCHAFT GOTTES und suchte, sie von Jesus zu *überzeugen*, (ausgehend) vom *Gesetz* des Mose und den Propheten, von morgens bis abends. ^{24} Und die einen ließen sich durch das, was gesagt wurde, *überzeugen*, die anderen blieben ungläubig. ^{25} Sie waren aber uneinig untereinander und gingen weg, als Paulus (noch) dies eine Wort sagte:

Gut hat der *heilige Geist* durch Jesaja, den Propheten, zu euren Vätern geredet:
^{26} Geh hin zu diesem VOLK und sprich:
Mit dem Gehör werdet ihr hören und nicht verstehen,
und sehend werdet ihr sehen und nicht wahrnehmen.

²⁷ Denn undurchlässig gemacht wurde das Herz dieses VOLKES,
und mit den Ohren hörten sie schwer,
und ihre Augen haben sie geschlossen,
damit (es) nicht etwa (geschieht, dass) sie mit den Augen sehen
und mit den Ohren hören
und mit dem Herzen verstehen
und sie sich bekehren werden und ich sie heilen werde.
[Jes 6,9–10 LXX]

²⁸ So sei euch nun kund, dass dieses Heil GOTTES den HEIDEN gesandt wurde; die werden darauf auch hören.^a

³⁰ Er aber blieb zwei volle Jahre in eigener Mietwohnung und nahm alle auf, die zu ihm kamen, ³¹ wobei er die KÖNIGSHERRSCHAFT GOTTES predigte und über das, was den *HERRN* Jesus Christus (betrifft), mit allem Freimut lehrte – ungehindert.

---

a Apg 28,29 („Und als er dies gesagt hatte, gingen die Juden weg und hatten viel Streit untereinander") fehlt in den ältesten Handschriften.

6. Der Brief an die Römer

Dies ist der einzige erhaltene Brief, den Paulus an eine nicht von ihm selbst gegründete Gemeinde gerichtet hat. Zur Zeit der Abfassung (ca. 55 n.Chr.) befindet der Apostel sich wahrscheinlich in Korinth. Er betrachtet seine Tätigkeit im Osten als abgeschlossen und will sich nunmehr dem Westen zuwenden, um in Spanien zu missionieren. Mit dem Brief bereitet er die römische Gemeinde darauf vor, dass er sie auf der Durchreise besuchen will (vgl. Röm 15,22–24). Vorher möchte er allerdings noch nach Jerusalem reisen, um der dortigen Gemeinde die einige Jahre zuvor vereinbarte Kollekte (vgl. Gal 2,10) zu überbringen (vgl. Röm 15,25 f). Kap. 16 wird von vielen Exegeten für ein ursprünglich an die Gemeinde von Ephesus gerichtetes Schreiben angesehen, das erst sekundär mit Kap. 1–15 verbunden worden sei.

Das Schreiben an die Römer ist ein wirklicher Brief, hat aber über weite Strecken den Charakter einer theologischen Abhandlung. Die äußere Notwendigkeit, wesentliche Inhalte des eigenen Glaubens in gleichsam systematischer Form zu entfalten, ergibt sich für Paulus daraus, dass seine Botschaft oftmals verunglimpft und entstellt wird. Indem er der römischen Gemeinde sein Verständnis des Evangeliums als der Offenbarung der Gottesgerechtigkeit darlegt, versucht er, die Vorbehalte, die auch in der Welthauptstadt gegen ihn bestehen mögen, von vornherein auszuräumen.

1,1–17	Adresse und Dank mit Briefthema:
	Gerechtigkeit Gottes aufgrund des Glaubens
1,18–3,20	Notwendigkeit der Gerechtigkeit Gottes – Gottes Zorn
3,21–4,25	Verwirklichung von Gottes Gerechtigkeit durch Jesus Christus
5,1–8,39	Wirklichkeit der Gerechtigkeit Gottes in den Glaubenden
9,1–11,36	Die Gerechtigkeit Gottes und das Schicksal Israels
12,1–15,13	Ermahnungen
15,14–16,23	Schluss

[Römer 1,1–17:
Adresse und Dank mit Briefthema:
Gerechtigkeit Gottes aufgrund des Glaubens]

[Röm 1,1–7: Adresse]

[1] Paulus,
Sklave Christi Jesu,

berufener *Apostel*,
abgesondert für GOTTES Evangelium,
² das er vorher durch seine Propheten ankündigen ließ in (den) heiligen Schriften,
   ³ über seinen Sohn,

> der geboren wurde aus Davids Samen
>   gemäß dem Fleisch
>   ⁴ (und) der eingesetzt wurde zum Sohn GOTTES in Kraft
>   gemäß dem Geist der Heiligkeit
> seitᵃ der Auferstehung von den Toten,

Jesus Christus, unseren Herrn,
   ⁵ durch den wir Gnade und *Apostelamt* empfangen haben, um GLAUBENSgehorsam unter allen *HEIDEN* (zu wirken) für seinen Namen,
      ⁶ unter denen auch ihr seid, **berufen** von JESUS CHRISTUS,
   ⁷ an alle, die in Rom sind als Geliebte GOTTES, als **berufene** Heilige:
Gnade euch und Friede von GOTT, unserem Vater, und dem Herrn Jesus Christus.

> [Röm 1,8–17: Danksagung und Besuchswunsch;
> Thema des Briefes]

⁸ Zunächst danke ich meinem GOTT durch Jesus Christus für euch alle, dass euer GLAUBE bekannt gemacht wird in der ganzen Welt. ⁹ Mein Zeuge ist nämlich GOTT – dem ich mit meinem Geist am **Evangelium** von seinem Sohn diene –, wie ich euer unablässig gedenke, ¹⁰ indem ich allezeit in meinen Gebeten bitte, dass es mir endlich einmal durch den Willen GOTTES gelingen möge, zu euch zu kommen. ¹¹ Denn ich sehne mich danach, euch zu sehen, damit ich euch etwas an geistiger Gnadengabe mitteile, damit ihr gestärkt werdet, ¹² dies aber heißt: damit ich bei euch mitgetröstet werde durch den gemeinsamen GLAUBEN, euren und meinen.

¹³ Ich will euch aber nicht in Unkenntnis darüber lassen, Brüder, dass ich mir oft vorgenommen habe, zu euch zu kommen – doch wurde ich bis jetzt daran gehindert –, damit ich auch bei euch einige Frucht bekomme, wie auch bei den übrigen *HEIDEN*. ¹⁴ GRIECHEN und Barbaren, Weisen und Ungebildeten bin ich verpflichtet; ¹⁵ dementsprechend bin ich, was mich betrifft, bereit, auch euch in Rom (das Evangelium) zu verkündigen.

¹⁶ Denn ich schäme mich des *EVANGELIUMS* nicht, denn GOTTES Kraft ist es zur Rettung für jeden GLAUBENDEN, für den JUDEN zuerst und auch für den *GRIECHEN*. ¹⁷ Denn die **GERECHTIGKEIT** GOTTES wird darin *offenbart* aus GLAUBEN zum GLAUBEN, wie geschrieben ist:

> Der Gerechte aber wird aus GLAUBEN leben.
> [Hab 2,4]

---

a Oder: „kraft".

[Römer 1,18–3,20:
Notwendigkeit der Gerechtigkeit Gottes – Gottes Zorn]

[Röm 1,18–32: Die Heiden unter Gottes Zorn]

[18] *Offenbart* wird nämlich GOTTES Zorn vom Himmel her über alle Gottlosigkeit und Ungerechtigkeit der Menschen, die die Wahrheit mit Ungerechtigkeit niederhalten.

[19] Denn das von GOTT Erkennbare ist bei ihnen bekannt; GOTT hat es ihnen nämlich bekannt gemacht. [20] Sein Unsichtbares wird nämlich seit Erschaffung der Welt in dem Gemachten, wenn es wahrgenommen wird, geschaut, seine ewige Kraft und Göttlichkeit, damit sie ohne Entschuldigung seien. [21] Denn obwohl sie GOTT kannten, haben sie ihn als GOTT nicht VERHERRLICHT oder ihm gedankt, sondern sie wurden zunichte gemacht in ihren Gedanken, und ihr unverständiges Herz wurde verfinstert. [22] Indem sie behaupteten, weise zu sein, wurden sie töricht [23] und haben die HERRLICHKEIT des unvergänglichen GOTTES VERTAUSCHT mit dem Abbild der Gestalt eines vergänglichen Menschen und von Vögeln und von Vierfüßlern und Kriechtieren.

[24] Darum hat GOTT sie in den Begierden ihrer Herzen PREISGEGEBEN an Unreinheit, dass ihre Körper geschändet würden durch sie selbst; [25] sie haben die Wahrheit GOTTES mit der Lüge VERTAUSCHT und dem Geschöpf[a] Verehrung und Dienst erwiesen statt dem Schöpfer, der gepriesen ist in Ewigkeit. Amen.

[26] Deswegen hat GOTT sie an schändliche Leidenschaften PREISGEGEBEN. Denn ihre Frauen haben den natürlichen Verkehr mit dem unnatürlichen VERTAUSCHT, [27] und ebenso sind auch die Männer, indem sie den natürlichen Verkehr mit der Frau aufgaben, in ihrer Begierde zueinander entbrannt, so dass sie als Männer mit Männern das Unanständige trieben und den Lohn, der ihrer Verirrung gebührte, an sich selbst empfingen.

[28] Und da sie es ja nicht für *gut befanden*, GOTT anzuerkennen, hat GOTT sie an *unguten* Sinn PREISGEGEBEN, zu tun, was sich nicht gehört, (sie, die)

[29] angefüllt (waren) mit
aller Ungerechtigkeit, Bosheit, Habsucht, Schlechtigkeit,
voll von
Neid, Mord, Streit, List, Tücke;
Klatschbasen,
[30] Verleumder,
Gotthasser,
Gewalttätige,
Hochmütige,
Prahler,

---

a Oder: „der Schöpfung".

Erfinder von Bösem,
den Eltern Ungehorsame,
[31] Unverständige,
Unbeständige,
.   Lieblose,
Unbarmherzige.

[32] Obwohl sie die Rechtsforderung GOTTES kennen, dass die, die solches machen, den Tod verdienen, tun sie es nicht nur, sondern zollen auch denen Beifall, die es machen.

[Röm 2,1–11: Die Juden unter Gottes Zorn]

[1] Deshalb bist du ohne Entschuldigung, o Mensch, als wer auch immer du **richtest**; denn worin du den anderen **richtest**, **verurteilst** du dich selbst; denn du machst dasselbe, der du **richtest**.
  [2] Wir wissen aber, dass das **Gericht** GOTTES der Wahrheit entsprechend ergeht gegen die, die solches machen.
  [3] Bist du aber, o Mensch, der du die **richtest**, die solches machen, und es (selber) tust, etwa der Meinung, dass du dem **Gericht** GOTTES entfliehen wirst? [4] Oder verachtest du den Reichtum seiner Gutherzigkeit und Nachsicht und Langmut, ohne zu erkennen, dass die Güte GOTTES dich zur Umkehr leiten will? [5] Gemäß deinem Starrsinn aber und (deinem) nicht umkehrwilligen Herzen häufst du dir selbst Zorn auf am Tag des Zorns und der Offenbarung des gerechten **Gerichts** GOTTES, [6] der
      jedem zurückgeben wird nach seinen *Werken*
      [Ps 62,13; Spr 24,12]:
[7] denen, die in geduld(igem Tun) von gutem *Werk* HERRLICHKEIT UND EHRE und Unvergänglichkeit suchen: ewiges Leben;
    [8] denen aber, die streitsüchtig und der Wahrheit ungehorsam sind, der Ungerechtigkeit aber gehorchen: Zorn und Grimm.
    [9] Bedrängnis und Not über die Seele eines jeden Menschen[a], der das Böse bewirkt, eines (jeden) JUDEN zuerst und auch eines (jeden) GRIECHEN;
[10] HERRLICHKEIT aber UND EHRE und Frieden jedem, der das Gute wirkt, einem (jeden) JUDEN zuerst und auch einem (jeden) GRIECHEN.
    [11] Denn es gibt keine Parteilichkeit bei GOTT.

[Röm 2,12–3,20: Heiden und Juden vor dem Gesetz]

[12] Denn alle, die ohne *Gesetz* gesündigt haben,
    werden auch ohne *Gesetz* zugrunde gehen.
Und alle, die mit *Gesetz* gesündigt haben,
    werden durch das *Gesetz* **gerichtet** werden.

---

a Wörtlich: „jede Seele eines Menschen“.

¹³ Denn nicht die Hörer des *Gesetzes* sind gerecht bei GOTT,
sondern die Täter des *Gesetzes* werden gerechtfertigt werden.

¹⁴ Denn wenn *HEIDEN*, die (das) *Gesetz* nicht haben, von Natur aus tun, was das
Gesetz fordert, sind diese, ohne ein *Gesetz* zu haben, sich selbst ein *Gesetz*. ¹⁵ Sie
zeigen, dass das Werk des *Gesetzes* in ihren Herzen geschrieben ist, indem ihr Gewissen es mitbezeugt und die Gedanken, die sich untereinander anklagen oder auch
sich verteidigen – ¹⁶ an dem Tag, da GOTT das Verborgene der Menschen **richtet**
nach meinem *EVANGELIUM* durch Christus Jesus.

¹⁷ Wenn du dich aber JUDE nennst
und dich auf das *Gesetz* stützt
und dich GOTTES rühmst
¹⁸ und den Willen (Gottes) kennst
und das, worauf es ankommt, prüfst,
       da du aus dem *Gesetz* unterrichtet bist,
¹⁹ und die Überzeugung hast,
       ein Führer für Blinde zu sein,
       ein Licht für die in der Finsternis,
       ²⁰ ein Erzieher für Unverständige,
       ein Lehrer für Unmündige,
       der die Verkörperung der Erkenntnis und der Wahrheit im *Gesetz* hat:
²¹ Der du nun einen anderen lehrst,
       lehrst dich selbst nicht?
Der du predigst, nicht zu stehlen,
       stiehlst?
²² Der du sagst, die Ehe nicht zu brechen,
       brichst die Ehe?
Der du die Götzenbilder verabscheust,
       beraubst den Tempel?
²³ Als der, der du dich des *Gesetzes* rühmst,
       verunehrst du GOTT durch die ÜBERTRETUNG DES *Gesetzes*?
²⁴ Denn

                   der Name GOTTES wird euretwegen bei den *HEIDEN* gelästert
                                                                    [Jes 52,5],
wie geschrieben ist.
²⁵ Denn BESCHNEIDUNG nützt zwar, wenn du das *Gesetz* befolgst; wenn du aber
ÜBERTRETER DES *Gesetzes* bist, ist deine BESCHNEIDUNG zur UNBESCHNITTENHEIT geworden.
²⁶ Wenn nun die UNBESCHNITTENHEIT die Rechtsforderungen des *Gesetzes* einhält,
wird nicht seine UNBESCHNITTENHEIT als BESCHNEIDUNG gewertet werden?
²⁷ Und die von Natur her (bestehende) UNBESCHNITTENHEIT, die das *Gesetz* erfüllt,
wird dich richten, der du mit Buchstabe und BESCHNEIDUNG ein ÜBERTRETER DES *Gesetzes* bist.

[28] Denn nicht der (ist Jude, der) sichtbar JUDE ist, und nicht die sichtbar am Fleisch (vollzogene Beschneidung ist) *BESCHNEIDUNG*, [29] sondern der im Verborgenen (Jude ist, ist) JUDE, und die *BESCHNEIDUNG* (ist die) des Herzens, im Geist, nicht im Buchstaben. Dessen[a] Lob (kommt) nicht von Menschen, sondern von GOTT.

[Röm 3,1–20: Die Schuldverfallenheit aller Menschen]

[1] Was nun ist der Vorzug des JUDEN, oder was ist der Nutzen der *BESCHNEIDUNG*? [2] Viel in jeder Hinsicht. Zuerst[b], dass ihnen die Worte GOTTES anvertraut worden sind.
[3] Was denn? Wenn einige untreu wurden, wird ihre Untreue die Treue GOTTES etwa aufheben? [4] Auf keinen Fall! Es soll aber GOTT sich als wahrhaftig erweisen, jeder Mensch aber als Lügner, wie geschrieben ist:

> Damit du gerechtfertigt wirst in deinen Worten
> und siegst, wenn du **gerichtet** wirst.
> [vgl. Ps 50,6 LXX]

[5] Wenn aber unsere Ungerechtigkeit GOTTES **GERECHTIGKEIT** erweist, was werden wir sagen? (Ist) Gott als der, der den Zorn auferlegt, etwa ungerecht? – Ich rede nach Menschenweise. – [6] Auf keinen Fall! Denn wie könnte GOTT (sonst) die Welt **richten**?
[7] Wenn aber die Wahrheit GOTTES sich durch meine Lüge als übergroß erwiesen hat zu seiner *VERHERRLICHUNG*, warum werde ich dann noch als *SÜNDER* **gerichtet**? [8] Und (gilt) etwa, wie wir verlästert werden und wie einige behaupten, dass wir sagen: ‚Lasst uns das Böse tun, damit (dadurch) das Gute komme!‘? Deren **Verurteilung** ist rechtmäßig.
[9] Was nun? Schützen wir etwas vor? Durchaus nicht! Denn wir haben vorher Anklage erhoben, dass JUDEN und *GRIECHEN* alle unter der *SÜNDE* sind; [10] wie geschrieben ist:

> Da ist kein Gerechter, auch nicht einer;
> [11] da ist keiner, der begreift;
> da ist keiner, der GOTT sucht.
> [12] Alle sind abgewichen, zugleich untauglich geworden;
> da ist keiner, der redlich handelt,
> da ist auch nicht einer.
> [Ps 14,1–3 = Ps 53,2–4]
> [13] Ein geöffnetes Grab ist ihre Kehle;
> mit ihren Zungen betrogen sie.
> [Ps 5,10]
> Schlangengift ist unter ihren Lippen.
> [Ps 140,4]

---

a Gemeint ist „der Jude“.

b Nach anderen Textzeugen: „Zuerst nämlich“.

¹⁴ Ihr Mund ist voll von Fluch und Bitterkeit.
[Ps 10,7]
¹⁵ Schnell (sind) ihre Füße, Blut zu vergießen,
¹⁶ Verwüstung und Elend (sind) auf ihren Wegen,
¹⁷ und den Weg des Friedens haben sie nicht erkannt.
[Jes 59,7–8]
¹⁸ Da ist keine GOTTESfurcht vor ihren Augen.
[Ps 36,2]
¹⁹ Wir wissen aber, dass das, was das *Gesetz* sagt, zu denen redet, die im *Gesetz* (sind), so dass jeder Mund verstopft wird und die ganze Welt vor GOTT schuldig ist. ²⁰ Denn aus Werken des *Gesetzes*
wird kein Fleisch vor ihm gerecht.
[vgl. Ps 143,2]
Durch das *Gesetz* nämlich kommt (nur) Erkenntnis der *SÜNDE*.

[Römer 3,21–4,25:
Verwirklichung von Gottes Gerechtigkeit
durch Jesus Christus]

[Röm 3,21–31: Offenbarung der Gerechtigkeit Gottes am Kreuz Jesu Christi]

²¹ Jetzt aber ist ohne *Gesetz* GOTTES **GERECHTIGKEIT** *offenbart* worden, bezeugt vom *Gesetz* und den Propheten: ²² GOTTES **GERECHTIGKEIT** aber durch GLAUBEN an Jesus Christus für alle, die GLAUBEN. Denn da ist kein Unterschied, ²³ denn alle haben gesündigt und ermangeln der HERRLICHKEIT GOTTES. ²⁴ Sie werden umsonst gerechtfertigt kraft seiner **Gnade** durch die Erlösung in Christus Jesus.

²⁵ Den hat GOTT öffentlich als Sühnemittel hingestellt
– durch den GLAUBEN –
in seinem Blut
zum *ERWEIS SEINER* **GERECHTIGKEIT**
wegen des Übergehens der vorher geschehenen *SÜNDEN*
²⁶ in der Nachsicht GOTTES,
für den *ERWEIS SEINER* **GERECHTIGKEIT** zum jetzigen Zeitpunkt,
dass er gerecht sei
und den rechtfertige, der aus GLAUBEN an Jesus lebt.

²⁷ Wo bleibt nun das Rühmen? Es ist ausgeschlossen. Durch welches *Gesetz*? Der Werke? Nein, sondern durch das *Gesetz* des GLAUBENS. ²⁸ Denn wir nehmen an, dass ein Mensch durch GLAUBEN gerechtfertigt wird, ohne Werke des *Gesetzes*.

²⁹ Oder (ist Gott) nur GOTT der JUDEN? Nicht auch der *HEIDEN*? Ja, auch der *HEIDEN*, ³⁰ so gewiss GOTT ein einziger ist,

der die BESCHNEIDUNG aus GLAUBEN rechtfertigen wird
und die UNBESCHNITTENHEIT durch den GLAUBEN.
[31] Heben wir nun das *Gesetz* durch den GLAUBEN auf? Auf keinen Fall! Sondern wir bestätigen das *Gesetz*.

[Röm 4,1–25: Schriftbegründung der Gerechtigkeit aus Glauben]

[1] Was, werden wir nun sagen, hat Abraham, unser Vorvater nach dem Fleisch, gefunden? [2] Denn wenn Abraham aus Werken gerechtfertigt worden ist, so hat er etwas, dessen er sich rühmen kann, aber nicht vor GOTT. [3] Denn was sagt die Schrift?

Abraham aber GLAUBTE GOTT,
und es wurde ihm als GERECHTIGKEIT ANGERECHNET.
[Gen 15,6]

[4] Dem aber, der Werke tut, wird der Lohn nicht ANGERECHNET nach **Gnade**, sondern nach Schuldigkeit. [5] Dem aber, der nicht Werke tut, sondern an den GLAUBT, der den Gottlosen rechtfertigt, wird sein GLAUBE als GERECHTIGKEIT ANGERECHNET, [6] wie auch David die Seligpreisung des Menschen ausspricht, dem GOTT GERECHTIGKEIT ohne Werke ANRECHNET:

[7] Glückselig die, deren Gesetzlosigkeiten vergeben wurden
und deren *SÜNDEN* bedeckt wurden!
[8] Glückselig der Mann, dem der Herr *SÜNDE* nicht ANRECHNET!
[Ps 32,1–2]

[9] (Bezieht sich) diese Seligpreisung nun auf die BESCHNEIDUNG oder auch auf die UNBESCHNITTENHEIT? Denn wir sagen, dass der GLAUBE dem Abraham als GERECHTIGKEIT ANGERECHNET wurde. [10] Wie nun wurde er (ihm) ANGERECHNET? Als er im Stand der BESCHNEIDUNG war oder im Stand der UNBESCHNITTENHEIT?

Nicht im Stand der BESCHNEIDUNG, sondern im Stand der UNBESCHNITTENHEIT! [11] Und das Zeichen der BESCHNEIDUNG empfing er als Siegel der GERECHTIGKEIT des GLAUBENS, (und zwar) des (Glaubens) im Stand der UNBESCHNITTENHEIT, damit er Vater all derer sei, die im Stand der UNBESCHNITTENHEIT GLAUBEN, so dass ihnen die GERECHTIGKEIT ANGERECHNET wird, [12] und Vater der BESCHNEIDUNG für die, die nicht nur aus der BESCHNEIDUNG (sind), sondern auch den Spuren des im Stand der UNBESCHNITTENHEIT (bewährten) GLAUBENS unseres Vaters Abraham folgen.

[13] Denn nicht durch das *Gesetz* (erging) die **Verheißung** an Abraham oder seinen Samen[a], dass er Erbe der Welt sein solle, sondern durch die GERECHTIGKEIT des GLAUBENS. [14] Denn wenn die aus dem *Gesetz* Erben (wären), wäre der GLAUBE entleert und die **Verheißung** vernichtet. [15] Denn das *Gesetz* bewirkt Zorn; wo aber kein *Gesetz* ist, (da ist) auch keine Übertretung.

[16] Deshalb (gilt:) aus GLAUBEN, damit (auch gilt:) nach **Gnade** – auf dass die **Verheißung** fest sei für die gesamte Nachkommenschaft, nicht nur für die (Nachkom-

---

a „Same" = „Nachkommenschaft" (vgl. 4,16.18)

menschaft) aus dem *Gesetz*, sondern auch für die aus dem GLAUBEN Abrahams, der Vater von uns allen ist, [17] wie geschrieben ist:

Zum Vater vieler Völker habe ich dich eingesetzt

[Gen 17,5],

angesichts GOTTES, an den er als den GLAUBTE,

der die Toten lebendig macht
und das Nichtseiende ins Sein ruft.

[18] Er GLAUBTE gegen *Hoffnung* auf *Hoffnung* hin, damit er Vater vieler Völker werde, gemäß der Aussage:

So soll dein Same sein.

[Gen 15,5]

[19] Und ohne im GLAUBEN schwach zu werden, sah er seinen eigenen schon erstorbenen Leib an, als er fast hundert Jahre alt war, und das Erstorbensein des Mutterschoßes der Sara. [20] An der **Verheißung** GOTTES aber zweifelte er nicht im Unglauben, sondern er wurde gestärkt im GLAUBEN, gab GOTT die EHRE [21] und war von der Gewissheit erfüllt: Was er verheißen hat, vermag er auch zu tun. [22] Darum wurde es ihm als GERECHTIGKEIT *ANGERECHNET*.

[23] Es wurde aber nicht allein seinetwegen geschrieben, dass es ihm *ANGERECHNET* wurde, [24] sondern auch unseretwegen, denen es *ANGERECHNET* werden soll, die wir an den GLAUBEN,

der Jesus, unseren Herrn, von den Toten *auferweckte*,
[25] der ausgeliefert wurde unserer Übertretungen wegen
und *auferweckt* wurde unserer Rechtfertigung wegen.

[Römer 5,1–8,39:
Wirklichkeit der Gerechtigkeit Gottes in den Glaubenden]

[Röm 5,1–11: Gewissheit künftigen Heils]

[1] Gerechtfertigt also aus GLAUBEN, haben wir Frieden mit GOTT durch unseren Herrn Jesus Christus, [2] durch den wir mittels des GLAUBENS auch Zugang erhalten haben zu dieser **Gnade**, in der wir stehen, und rühmen uns der *Hoffnung* auf die HERRLICHKEIT GOTTES. [3] NICHT ABER NUR (das), SONDERN WIR RÜHMEN UNS AUCH der *BEDRÄNGNISSE*, da wir wissen, dass

die *BEDRÄNGNIS* Geduld bewirkt,
[4] die Geduld aber Bewährung,
die Bewährung aber *Hoffnung*.

[5] Die *Hoffnung* aber beschämt nicht, denn die *LIEBE* GOTTES ist in unsere Herzen ausgeschüttet durch den heiligen Geist, der uns gegeben worden ist.

⁶ Denn CHRISTUS IST, ALS WIR NOCH SCHWACH WAREN, FÜR DAMALS GOTTLOSE GESTORBEN.
⁷ Denn kaum wird einer für einen Gerechten sterben … denn für den Guten wagt vielleicht einer auch zu sterben – ⁸ GOTT aber erweist seine *LIEBE* zu uns darin, dass CHRISTUS, ALS WIR NOCH SÜNDER WAREN, FÜR UNS GESTORBEN IST.
⁹ *Um wie viel mehr* nun *werden wir*, die wir jetzt durch sein Blut gerechtfertigt sind, durch ihn vor dem Zorn gerettet werden. ¹⁰ Denn wenn wir, als wir Feinde waren, mit GOTT VERSÖHNT wurden durch den Tod seines Sohnes, *um wie viel mehr werden wir* als VERSÖHNTE gerettet werden durch sein Leben. ¹¹ NICHT ABER NUR (das), SONDERN WIR RÜHMEN UNS AUCH GOTTES durch unseren Herrn Jesus Christus, durch den wir jetzt die VERSÖHNUNG empfangen haben.

[Röm 5,12–21: Durch Adam der Tod, durch Christus das Leben]

¹² Darum, wie DURCH EINEN MENSCHEN die *SÜNDE* in die Welt kam und durch die *SÜNDE* der *TOD* und so der *TOD* zu allen Menschen gelangte, weil alle *SÜNDIGTEN* …
¹³ Denn bis zum *Gesetz* war *SÜNDE* in der Welt; *SÜNDE* aber wird nicht angerechnet, wenn es kein *Gesetz* gibt.
¹⁴ Aber der *TOD* herrschte von Adam bis Mose auch über die, die nicht GESÜNDIGT hatten nach dem Abbild der Übertretung Adams, der ein Gegenbild des Kommenden ist.
¹⁵ Aber nicht wie der *FEHLTRITT*, so auch die *Gnadengabe*.
Denn wenn durch den *FEHLTRITT* DES EINEN die Vielen gestorben sind, ist umso mehr die **Gnade** GOTTES und das GESCHENK in der **Gnade** DES EINEN MENSCHEN Jesus Christus den Vielen in überreichem Maß zuteil geworden. ¹⁶ Und nicht wie durch (den) EINEN, der sündigte, (wirkt) das GESCHENK. Denn das **Gerichtsurteil** (führte) von (dem) EINEN her zur **Verurteilung**, die *Gnadengabe* aber von vielen *FEHLTRITTEN* her zum Rechtfertigungsspruch.
¹⁷ Denn wenn durch den *FEHLTRITT* DES EINEN der *TOD* die Herrschaft gewann durch DEN EINEN, werden umso mehr die, die den Überfluss der **Gnade** und des GESCHENKS der **GERECHTIGKEIT** empfangen haben, im Leben herrschen durch DEN EINEN, Jesus Christus.
¹⁸ Wie es nun also durch den *FEHLTRITT* (des) EINEN für alle Menschen zur **Verurteilung** (kam), so auch durch die Rechtstat (des) EINEN für alle Menschen zur Gerechtsprechung des Lebens.
¹⁹ Denn wie durch den Ungehorsam DES EINEN MENSCHEN die Vielen zu *SÜNDERN* gemacht wurden, so werden auch durch den Gehorsam DES EINEN die Vielen zu GERECHTEN gemacht werden.
²⁰ Das *Gesetz* aber kam dazwischen hinein, damit die Übertretung *zunehme*. Wo aber die *SÜNDE zugenommen* hatte, wurde die **Gnade** überreich, ²¹ damit, wie die *SÜNDE* durch den *TOD* zur Herrschaft kam, so auch die **Gnade** herrsche durch GERECHTIGKEIT zum ewigen Leben durch Jesus Christus, unseren Herrn.

[Röm 6,1–23: Rechtfertigung als Heiligung]

[*6,1–14: Befreiung von der Herrschaft der Sünde*]

¹ Was werden wir nun sagen? Lasst uns bleiben bei der Sünde, damit die **Gnade** *zunehme*? ² Auf keinen Fall!
Die wir für die Sünde gestorben sind, wie könnten wir noch in ihr leben?
³ Oder wisst ihr nicht, dass wir, die wir auf Christus Jesus getauft wurden, in seinen Tod hinein getauft wurden? ⁴ Wir wurden also mit ihm durch die Taufe in den Tod hinein begraben, damit, wie Christus durch die Herrlichkeit des Vaters von den Toten auferweckt wurde, so auch wir in der neuen Wirklichkeit des Lebens wandeln.
⁵ Denn wenn wir mit dem Abbild seines Todes zusammengewachsen sind, so werden wir es erst recht auch mit dem seiner Auferstehung sein. ⁶ Das erkennen wir: unser alter Mensch wurde mitgekreuzigt, damit der Leib der Sünde vernichtet werde, so dass wir der Sünde nicht mehr als Sklaven dienen. ⁷ Denn wer gestorben ist, der ist rechtskräftig frei von der Sünde.
⁸ Wenn wir aber mit Christus gestorben sind, glauben wir, dass wir auch mit ihm leben werden, ⁹ wissen wir doch, dass Christus, aus den Toten auferweckt, nicht mehr stirbt; der Tod herrscht nicht mehr über ihn. ¹⁰ Denn was sein Sterben angeht, ist er ein für allemal für die Sünde gestorben; was aber sein Leben angeht, lebt er für Gott.
¹¹ So seht auch ihr euch selbst als tot für die Sünde an, als lebendig aber für Gott in Christus Jesus.
¹² Es soll also die Sünde nicht in eurem sterblichen Leib herrschen, so dass ihr seinen Begierden gehorcht.
¹³ Und stellt der Sünde nicht *eure Glieder als Waffen der Ungerechtigkeit* zur Verfügung, sondern stellt euch Gott zur Verfügung wie solche, die aus Toten lebendig geworden sind, und *eure Glieder als Waffen der* **GERECHTIGKEIT** für Gott.
¹⁴ Denn die Sünde wird nicht mehr über euch herrschen, denn ihr seid nicht unter dem *Gesetz*, sondern unter der **Gnade**.

[*6,15–23: Befreiung zum Gehorsam*]

¹⁵ Was nun? Lasst uns sündigen, weil wir nicht unter dem *Gesetz*, sondern unter der **Gnade** sind? Auf keinen Fall!
¹⁶ Wisst ihr nicht? Wem ihr euch als Sklaven zur Verfügung stellt zum Gehorsam, dessen Sklaven seid ihr und gehorcht ihm, entweder (Sklaven) der Sünde zum Tod oder des Gehorsams zur **GERECHTIGKEIT**. ¹⁷ Dank aber sei Gott, dass ihr Sklaven der Sünde wart, aber von Herzen gehorsam geworden seid der Gestalt der Lehre, der ihr übergeben worden seid. ¹⁸ Befreit aber von der Sünde, wurdet ihr zu Sklaven gemacht für die **GERECHTIGKEIT**.
¹⁹ Auf menschliche Weise rede ich wegen der Schwachheit eures Fleisches.

Denn wie ihr eure Glieder (früher) der Unreinheit und der Gesetzlosigkeit zur Gesetzlosigkeit als Sklaven zur Verfügung stelltet, so stellt eure Glieder jetzt der GE-RECHTIGKEIT zur Heiligung als Sklaven zur Verfügung. [20] Denn als ihr Sklaven der *Sünde* wart, wart ihr der GERECHTIGKEIT gegenüber frei.

[21] Welche *Frucht* nun hattet ihr damals? (Dinge,) für die ihr euch jetzt schämt, denn das **Ergebnis** jener (Dinge war der) *Tod*.

[22] Jetzt aber, befreit von der *Sünde*, aber zu Sklaven GOTTES geworden, habt ihr eure *Frucht* zur Heiligung, als **Ergebnis** aber EWIGES LEBEN.

[23] Denn der Lohn der *Sünde* (ist der) *Tod*, die Gnadengabe GOTTES aber EWIGES LEBEN in Christus Jesus, unserem Herrn.

[Röm 7,1–25: Freiheit vom Gesetz]

[7,1–6: Befreiung vom Gesetz durch den Tod Christi]

[1] Oder wisst ihr nicht, Brüder – ich rede ja zu *Gesetzes*kundigen –, dass das *Gesetz* über den Menschen herrscht, solange er lebt?

[2] Denn die verheiratete Frau ist durch das *Gesetz* an den Mann gebunden, solange er lebt; wenn aber der Mann gestorben ist, ist sie vom *Gesetz* des Mannes entbunden. [3] Also wird sie, solange der Mann lebt, Ehebrecherin genannt, wenn sie einem anderen Mann zu eigen wird; wenn aber der Mann gestorben ist, ist sie frei vom *Gesetz*, so dass sie keine Ehebrecherin ist, wenn sie einem anderen Mann zu eigen wird.

[4] Daher, meine Brüder, wurdet auch ihr dem *Gesetz* gegenüber getötet durch den Leib Christi, auf dass ihr einem anderen zu eigen würdet, dem aus den Toten Auferweckten, damit wir GOTT *Frucht bringen*.

[5] Denn als wir im Fleisch waren, wirkten die durch das *Gesetz* (hervorgerufenen) Leidenschaften der *Sünden* in unseren Gliedern, um dem *Tod Frucht zu bringen*.

[6] Jetzt aber sind wir vom *Gesetz* entbunden, da wir dem gestorben sind, worin wir gefangen gehalten wurden, so dass wir in der neuen Wirklichkeit des GEISTES als Sklaven dienen und nicht in der alten Wirklichkeit des Buchstabens.

[7,7–13: Knechtschaft unter Sünde und Gesetz]

[7] Was werden wir nun sagen? Ist das *Gesetz SÜNDE*? Auf keinen Fall!

Aber: die *Sünde* hätte ich nicht erkannt außer durch das *Gesetz*. Denn auch von der *BEGIERDE* hätte ich nichts gewusst, wenn nicht das *Gesetz* gesagt hätte:

Du sollst nicht BEGEHREN.

[Dtn 5,21 LXX]

[8] Die *Sünde* aber ERGRIFF DURCH DAS GEBOT DIE GELEGENHEIT und bewirkte in mir jede *BEGIERDE*; denn ohne *Gesetz* (war) die *Sünde* tot.

⁹ Ich aber lebte einst ohne *Gesetz*; als aber das Gebot kam, lebte die Sünde auf, ¹⁰ ich aber starb. Und es erwies sich mir das Gebot, das zum Leben (gegeben war – dass gerade) dieses zum Tod (führt). ¹¹ Denn die Sünde ergriff durch das Gebot die Gelegenheit, täuschte mich und tötete mich durch seine Hilfe. ¹² Daher ist das *Gesetz* heilig und das Gebot heilig und gerecht und **GUT**. ¹³ Ist nun das **GUTE** mir zum Tod geworden? Auf keinen Fall!

Aber die Sünde bewirkte, damit sie als Sünde erscheine, mir durch das **GUTE** den Tod, damit die Sünde überaus sündig werde durch das Gebot.

[7,14–25: Das Elend des Menschen unter Gesetz und Sünde]

¹⁴ Denn wir wissen, dass das *Gesetz* geistig ist, ich aber bin fleischlich, unter die Sünde verkauft. ¹⁵ Denn was ich bewirke, erkenne ich nicht. *Denn nicht das, was ich will, mache ich, sondern was ich hasse, tue ich.* ¹⁶ Wenn ich aber das, was ich nicht will, tue, stimme ich dem *Gesetz* bei, dass es **GUT**[a] ist. ¹⁷ Nun aber bewirke nicht mehr ich es, sondern die in mir wohnende Sünde. ¹⁸ Denn ich weiss, dass in mir, das heißt in meinem Fleisch, nichts **GUTES** wohnt; denn das Wollen liegt bei mir bereit, das Bewirken des **GUTEN** aber nicht. ¹⁹ *Denn nicht das, was ich will, tue ich, (nämlich) GUTES; sondern das, was ich nicht will – Böses –, das mache ich.* ²⁰ Wenn ich aber das tue, was ich nicht will, bewirke nicht mehr ich es, sondern die in mir wohnende Sünde. ²¹ Ich finde also das *Gesetz*, dass bei mir, der ich das **GUTE** tun will, (gerade) das Böse liegt. ²² Denn ich freue mich am *Gesetz* Gottes nach dem inneren Menschen, ²³ sehe aber ein anderes *Gesetz* in meinen Gliedern, das gegen das *Gesetz* meiner Vernunft kämpft und mich gefangennimmt im *Gesetz* der Sünde, das in meinen Gliedern ist. ²⁴ Ich unglücklicher Mensch! Wer wird mich aus diesem Todesleib retten? ²⁵ Dank aber (sei) Gott durch Jesus Christus, unseren Herrn!

Also diene ich selbst nun mit der Vernunft dem *Gesetz* Gottes, mit dem Fleisch aber dem *Gesetz* der Sünde.[b]

[Röm 8,1–39: Leben im Geist;
Gewissheit der kommenden Vollendung]

¹ Also (gibt es) jetzt keine Verurteilung für die in Christus Jesus. ² Denn das *Gesetz* des Geistes des Lebens hat dich in Christus Jesus von dem *Gesetz* der Sünde und des Todes befreit. ³ Denn das dem *Gesetz* Unmögliche, worin es durch das Fleisch

---

a Griech. *kalos* (ebenso in 7,18b.21), in 7,12.13.18a.19 hingegen: *agathos*.

b Röm 7,25b ist einwandfrei bezeugt, klappt je-

doch nach und steht in einer gewissen Spannung zum Vorangehenden. Möglicherweise handelt es sich um eine frühe Glosse.

kraftlos war – Gott, der seinen eigenen Sohn schickte im Abbild des Fleisches der Sünde und wegen der Sünde, verurteilte die Sünde im Fleisch, [4] damit die Rechtsforderung des *Gesetzes* bei uns erfüllt werde,

> die wir nicht nach dem Fleisch leben,
>   sondern nach dem Geist.
> [5] Denn die, die nach dem Fleisch sind,
> streben nach dem, was des Fleisches ist;
>   die nach dem Geist aber nach dem,
>   was des Geistes ist.
> [6] Denn das Streben des Fleisches ist Tod;
>   das Streben des Geistes aber Leben und Frieden.

[7] Das Streben des Fleisches ist ja Feindschaft gegen Gott; denn es ordnet sich dem *Gesetz* Gottes nicht unter und kann es auch nicht. [8] Die aber im Fleisch sind, können Gott nicht gefallen.
    [9] Ihr aber seid nicht im Fleisch, sondern im Geist,
wenn denn Gottes Geist in euch wohnt.
    Wenn aber einer Christi Geist nicht hat, der ist nicht sein.
[10] Wenn aber Christus in euch (ist),
    ist der Leib zwar tot um der Sünde willen,
    der Geist aber Leben um der GERECHTIGKEIT willen.
[11] Wenn aber der Geist dessen, der Jesus von den Toten auferweckt hat, in euch wohnt, wird der, der Christus Jesus aus den Toten auferweckt hat, auch eure sterblichen Leiber lebendig machen durch seinen Geist, der in euch wohnt.

[12] Also, Brüder, sind wir nun nicht dem Fleisch verpflichtet, nach dem Fleisch zu leben.
    [13] Denn wenn ihr nach dem Fleisch lebt,
werdet ihr sterben.
    Wenn ihr aber durch den Geist die Taten des Leibes tötet,
werdet ihr leben.
    [14] Denn welche durch den Geist Gottes geleitet werden, das sind Söhne Gottes.
[15] Denn ihr habt nicht einen Geist der Sklaverei empfangen, (der) wieder zur Furcht (führt), sondern ihr habt einen Geist der Sohnschaft empfangen, in dem wir rufen: Abba, Vater! [16] Der Geist selbst bezeugt zusammen mit unserem Geist, dass wir Kinder Gottes sind. [17] Wenn aber Kinder, (dann) auch Erben, Erben Gottes, aber Miterben Christi, wenn wir denn mitleiden, damit wir auch mit verherrlicht werden.

[18] Denn ich rechne damit, dass die Leiden der jetzigen Zeit in keinem Verhältnis zu der Herrlichkeit stehen, die an uns offenbart werden soll.
    [19] Denn das Sehnen der Schöpfung wartet auf die Offenbarung der Söhne Gottes. [20] Denn die Schöpfung wurde der Nichtigkeit unterworfen, nicht freiwillig, sondern durch den, der sie unterworfen hat, auf *Hoffnung* hin, [21] dass auch die Schöp-

FUNG selbst befreit werden wird von der Sklaverei der Vergänglichkeit zur Freiheit der HERRLICHKEIT der Kinder GOTTES.

[22] Denn wir wissen, dass die ganze SCHÖPFUNG mit*seufzt* und mitklagt, bis zum heutigen Tag. [23] Nicht aber nur (sie), sondern auch wir, die wir die Erstlingsgabe des GEISTES haben, auch wir *seufzen* in uns selbst und warten auf die Kindschaft: die Erlösung unseres Leibes.

[24] Denn zur *Hoffnung* wurden wir gerettet. Eine *Hoffnung* aber, die gesehen wird, ist nicht *Hoffnung*. Denn wer *hofft*, was er sieht? [25] Wenn wir aber das *hoffen*, was wir nicht sehen, warten wir in Geduld.

[26] Ebenso nimmt auch der GEIST sich unserer Schwachheit an; denn was wir beten sollen, wie es sein muss, wissen wir nicht, aber der GEIST selbst legt Fürsprache ein mit wortlosen *Seufzern*. [27] Der aber die Herzen untersucht, weiß, was das Streben des GEISTES ist, weil er nach GOTTES Willen für Heilige Fürsprache einlegt.

[28] Wir wissen aber, dass denen, die GOTT *LIEBEN*, alle Dinge zum Guten mitwirken, denen, die gemäß (seiner) Absicht **berufen** sind.

[29] Denn die er im Voraus gekannt hat,
hat er auch im Voraus bestimmt
als dem Bild seines Sohnes Gleichgestaltete,
damit er der Erstgeborene sei unter vielen Brüdern.
[30] Die er aber im Voraus bestimmt hat,
diese hat er auch **berufen**;
und die er **berufen** hat,
diese hat er auch *GERECHTFERTIGT*;
die er aber *GERECHTFERTIGT* hat,
diese hat er auch VERHERRLICHT.

[31] Was werden wir nun hierzu sagen?

Wenn GOTT für uns (ist), wer (ist) gegen uns?
[32] Der sogar seinen eigenen Sohn nicht verschont hat,
sondern ihn für uns alle ausgeliefert hat:
wie wird er uns mit ihm nicht auch alles schenken?

[33] Wer wird gegen GOTTES Auserwählte Anklage erheben?
GOTT ist es, der *RECHTFERTIGT*.

[34] Wer ist, der verurteilt?
Christus Jesus ist es, der gestorben ist,
doch noch mehr: der auferweckt ist,
der auch zur Rechten GOTTES ist,
der auch Fürsprache für uns einlegt.

[35] Wer wird uns TRENNEN von der *LIEBE* Christi?
Bedrängnis
oder Not

oder Verfolgung
oder Hunger
oder Nacktheit
oder Gefahr
oder Schwert?
[36] Wie geschrieben ist:

Um deinetwillen werden wir den ganzen Tag getötet;
wir wurden wie Schlachtschafe angesehen.
[Ps 43,23 LXX]

[37] Aber in diesem allen siegen wir glänzend durch den, der uns *GELIEBT* hat.
[38] Denn ich bin überzeugt, dass

weder *TOD* noch Leben,
weder Engel noch Gewalten,
weder Gegenwärtiges noch Zukünftiges, noch Mächte,
[39] weder Höhe noch Tiefe, noch irgendein anderes Geschöpf

uns wird TRENNEN können von der *LIEBE* GOTTES, die in Christus Jesus (ist), unserem Herrn.

[Römer 9,1–11,36: Die Gerechtigkeit Gottes und das Schicksal Israels]

[Röm 9,1–5: Die Trauer des Paulus über Israel]

[1] Die Wahrheit sage ich in Christus, ich lüge nicht, und mein Gewissen bezeugt es mit mir im heiligen GEIST: [2] Ich habe große Trauer und unaufhörlichen Schmerz in meinem Herzen. [3] Denn ich wünschte, selber von Christus weg ein Fluch zu sein zugunsten meiner Brüder, meiner Volksgenossen NACH DEM FLEISCH, [4] die Israeliten sind, denen

die Sohnschaft (gehört)
und die HERRLICHKEIT
und die Bundesschlüsse
und die Gesetzgebung
und der Gottesdienst
und die Verheißungen

[5] (und) denen die Väter (gehören)
und aus denen der Christus (stammt) NACH DEM FLEISCH.
Der über allen ist, GOTT, sei gepriesen in Ewigkeit. Amen!

[Röm 9,6–29: Gottes freie Gnadenwahl]

⁶ Nicht aber, als wäre das **Wort** GOTTES verfallen. Denn nicht alle aus Israel sind Israel. ⁷ Und nicht (ist es so,) dass alle Kinder Nachkommenschaft Abrahams sind, sondern

in Isaak wird dir Nachkommenschaft berufen werden.

[Gen 21,12 LXX]

⁸ Das heißt, nicht die Kinder des Fleisches sind Kinder GOTTES, sondern die Kinder der *Verheißung* werden zur Nachkommenschaft gerechnet. ⁹ Denn (ein Wort) der *Verheißung* ist dieses **Wort**:

Zu diesem Zeitpunkt werde ich kommen,
und Sara wird einen Sohn haben.

[Gen 18,10.14]

¹⁰ Aber nicht nur (Sara), sondern auch Rebekka, die mit einem (einzigen Mann) Verkehr hatte, unserem Vater Isaak. ¹¹ Denn als sie (die Kinder) noch nicht geboren waren und noch nichts Gutes oder Schlechtes getan hatten – damit die gemäß Erwählung (gefasste) Absicht GOTTES (bestehen) bleibe: ¹² Nicht aufgrund von Werken, sondern aufgrund des Berufenden –, wurde ihr gesagt:

Der Größere wird dem Kleineren als Sklave dienen.

[Gen 25,23 LXX]

¹³ Wie geschrieben ist:

Jakob *LIEBTE* ich, Esau aber hasste ich.

[Mal 1,2–3 LXX]

¹⁴ Was werden wir nun sagen? Ist etwa Ungerechtigkeit bei GOTT? Auf keinen Fall!
¹⁵ Denn zu Mose sagt er:

Erbarmen werde ich haben, mit wem ich *Erbarmen* habe,
und ich werde Mitleid haben, mit wem ich Mitleid habe.

[Ex 33,19 LXX]

¹⁶ Also (ist das, worauf es ankommt,) nun nicht (die Sache) dessen, der will, noch dessen, der rennt, sondern des sich *erbarmenden* GOTTES. ¹⁷ Denn die Schrift sagt dem Pharao:

Gerade dazu habe ich dich erweckt,
damit ich an dir meine Macht zeige
und damit mein Name bekannt gemacht wird auf der ganzen Erde.

[Ex 9,16]

¹⁸ Also nun hat er, mit wem er will, *Erbarmen*; wen er aber will, verstockt er.
¹⁹ Du wirst mir nun sagen: Warum tadelt er dann noch? Denn wer hat seinem Willen widerstanden? ²⁰ O Mensch, wer bist du eigentlich, der du GOTT widersprichst?

Wird etwa das Gebilde zum Bildner sagen:
Warum hast du mich so geschaffen?

[Jes 29,16 LXX; 45,9]

²¹ Oder hat der Töpfer nicht freie Verfügung über den Ton, aus ein und derselben Masse das eine Gefäß zur Ehre zu machen, das andere aber zur Unehre? ²² Wenn aber GOTT, willens, seinen Zorn zu zeigen und seine Macht *bekannt zu machen*, in großer Geduld (die) zum Untergang bereitete(n) Gefäße des Zorns ertragen hat, ²³ (dann wird er) auch, damit er den Reichtum seiner HERRLICHKEIT *bekannt mache* an den Gefäßen der Barmherzigkeit, die er zur HERRLICHKEIT vorbereitet hat, ... ²⁴ Die auch hat er berufen, uns, nicht nur aus JUDEN, sondern auch aus *HEIDEN*, ²⁵ wie er auch bei Hosea sagt:

> Ich werde mein Nicht-Volk mein Volk nennen
> und die Nichtgeliebte Geliebte.
> [Hos 2,25]

²⁶ Und es wird geschehen an dem Ort, an dem ihnen gesagt wurde:
> ‚Ihr seid nicht mein Volk‘,
> dort werden sie Söhne des lebendigen GOTTES genannt werden.
> [Hos 2,1 LXX]

²⁷ JESAJA aber ruft über Israel:

> Wenn die Zahl der Söhne Israels wie der Sand des Meeres ist,
> wird der Rest gerettet werden.
> [Jes 10,22; Hos 2,1 LXX]

²⁸ Denn indem er (das) Wort vollendet und rasch ausführt,
> wird der Herr handeln auf der Erde.
> [vgl. Jes 10,22–23 LXX]

²⁹ Und wie JESAJA vorausgesagt hat:

> Wenn nicht der Herr Zebaoth
> uns Nachkommenschaft übrig gelassen hätte,
> wären wir wie Sodom geworden
> und glichen Gomorrha.
> [Jes 1,9 LXX]

[Röm 9,30–33: Israels Anstoß]

³⁰ Was nun werden wir sagen? *HEIDEN*, die nicht GERECHTIGKEIT erstrebten, haben GERECHTIGKEIT erlangt, GERECHTIGKEIT aber aus GLAUBEN, ³¹ Israel aber ist, indem es ein *Gesetz* der GERECHTIGKEIT erstrebte, nicht zum *Gesetz* gelangt. ³² Warum? Weil (solches Streben) nicht aus GLAUBEN, sondern wie aus Werken (geschieht)! Sie stießen an den Stein des Anstoßes, ³³ wie geschrieben ist:

> Siehe, ich lege in Zion einen Stein des Anstoßes hin
> und einen Felsen des Ärgernisses.
> Und wer an ihn GLAUBT,
> wird nicht beschämt werden.
> [Jes 28,16; 8,14]

[Röm 10,1–11,10: Die Rettung eines „Rests"]

[*10,1–13: Gerechtigkeit aus dem Gesetz und Gerechtigkeit aus Glauben*]

¹ Brüder, meines Herzens Wunsch und das Gebet zu GOTT (richtet sich) auf Rettung für sie. ² Denn ich bezeuge ihnen, dass sie Eifer für GOTT haben, aber nicht mit Erkenntnis. ³ Denn da sie die GERECHTIGKEIT GOTTES verkannten und danach strebten, die eigene zur Geltung zu bringen, haben sie sich der GERECHTIGKEIT GOTTES nicht untergeordnet. ⁴ Denn der Endpunkt des *Gesetzes* ist Christus, zur GERECHTIGKEIT für jeden, der GLAUBT.

⁵ Denn Mose schreibt im Blick auf die GERECHTIGKEIT aus dem *Gesetz*:
> Der Mensch, der die (Gebote) tut, wird durch sie leben.
> [vgl. Lev 18,5]

⁶ Die GERECHTIGKEIT aus GLAUBEN aber sagt so:
> Sprich nicht in deinem *HERZEN*
> [Dtn 9,4]:
> Wer wird in den Himmel hinaufsteigen?
> [Dtn 30,12]

– nämlich um Christus herabzuführen –
⁷ oder:
> Wer wird in die Unterwelt hinuntersteigen?
> [vgl. Dtn 30,13; Ps 107,26]

– nämlich um Christus von den Toten heraufzuführen.
⁸ Aber was sagt sie (stattdessen)?
> Nahe bei dir ist das Wort,
> in deinem *Mund* und in deinem *HERZEN*
> [Dtn 30,14],

nämlich das Wort vom GLAUBEN, das wir verkündigen. ⁹ Denn

> wenn du mit deinem *Mund bekennst*:
> Herr ist Jesus,
> und in deinem *HERZEN* GLAUBST:
> GOTT erweckte ihn aus den Toten,
> wirst du GERETTET werden.

¹⁰ Denn mit dem *HERZEN* wird GEGLAUBT zur GERECHTIGKEIT,
mit dem *Mund* aber wird *bekannt* zur *RETTUNG*.
¹¹ Denn die Schrift sagt:
> Keiner, der an ihn GLAUBT, wird beschämt werden.
> [Jes 28,16]

¹² Denn da ist kein Unterschied zwischen einem JUDEN und einem *GRIECHEN*. Denn (ein und) derselbe (ist) Herr von allen und ist reich für alle, die ihn **anrufen**.
¹³ Denn

jeder, der den Namen des Herrn *anruft*, wird gerettet werden.
[Jo 3,5]

[*10,14–21: Unglaube Israels*]

[14] Wie nun sollen sie den *anrufen*, an den sie nicht GLAUBEN?
Wie aber sollen sie an den GLAUBEN, von dem sie nicht GEHÖRT haben?
Wie aber sollen sie HÖREN, ohne dass einer *verkündigt*?
[15] Wie aber sollen sie *verkündigen*, wenn sie nicht gesandt sind?
Wie geschrieben ist:
Wie lieblich sind die Füße derer, die das Gute kundgeben.
[Jes 52,7; Nah 2,1]
[16] Aber nicht alle gehorchten dem *EVANGELIUM*.
Denn Jesaja sagt:
Herr, wer glaubte unserer PREDIGT?
[Jes 53,1 LXX]
[17] Also (kommt) der GLAUBE aus der PREDIGT, die PREDIGT aber durch das WORT Christi.
[18] **Aber ich sage:** Haben sie vielleicht nicht GEHÖRT? – Doch
über die ganze Erde ist ihre Stimme ausgegangen
und an die Grenzen der Welt ihre WORTE.
[Ps 18,5 LXX]
[19] **Aber ich sage:** Hat Israel vielleicht nicht verstanden? Als erster sagt Mose:
Ich werde euch eifersüchtig machen auf ein Nicht-Volk;
auf ein unverständiges Volk werde ich euch zornig machen.
[Dtn 32,21 LXX]
[20] Jesaja aber traut sich zu sagen:
Ich wurde von denen gefunden, die mich nicht suchten.
Sichtbar wurde ich denen, die nicht nach mir fragten.
[Jes 65,1 LXX]
[21] Zu Israel aber sagt er:
Den ganzen Tag breitete ich meine Hände aus
nach einem ungehorsamen und widerspenstigen Volk.
[Jes 65,2 LXX]

[*11,1–10: Der „Rest" wird durch Gnade gerettet*]

[1] Ich sage nun: *Hat* GOTT *sein Volk* etwa *verstoßen*? Auf keinen Fall! Denn auch ich bin ein Israelit, aus der Nachkommenschaft Abrahams, dem Stamme Benjamin.
[2] GOTT *hat sein Volk nicht verstoßen*
[1Sam 12,22; Ps 94,14],
das er vorher gekannt hat.

Oder wisst ihr nicht, was im (Abschnitt über) Elia die Schrift sagt, wie er bei GOTT gegen Israel auftritt:

> [3] ‚Herr, deine Propheten haben sie getötet,
> deine Altäre haben sie zertrümmert,
> und ich bin allein übrig geblieben,
> und sie trachten nach meinem Leben'?
> [1Kön 19,10.14]

[4] Aber was sagt ihm der Gottesspruch?

> Ich habe mir siebentausend Männer übrig gelassen,
> die das Knie vor Baal nicht gebeugt haben.
> [vgl. 1Kön 19,18]

[5] Ebenso ist nun auch zum jetzigen Zeitpunkt ein Rest vorhanden gemäß einer **Gnaden**auswahl. [6]Wenn aber durch **Gnade**, dann nicht mehr aufgrund von Werken; weil die **Gnade** (sonst) nicht mehr **Gnade** wäre.

[7] Was nun? Was Israel erstrebt, das hat es nicht erreicht. Die Auswahl aber hat es erreicht, die übrigen aber wurden verstockt; [8] wie geschrieben ist:

> GOTT hat ihnen einen Geist der Betäubung gegeben,
> *Augen, um nicht zu sehen,*
> und Ohren, um nicht zu hören,
> bis zum heutigen Tag.
> [Dtn 29,3; Jes 29,10]

[9] Und David sagt:

> Ihr Tisch soll ihnen zur Schlinge und zur Falle
> und zum Ärgernis und zur Vergeltung werden.
> [10] Verfinstern sollen sich ihre *Augen, um nicht zu sehen,*
> und ihren Rücken beuge allezeit!
> [vgl. Ps 68,23–24 LXX]

[Röm 11,11–36: Die Rettung ganz Israels]

[11] Ich sage nun: Sind sie etwa angestoßen, um zu fallen? Auf keinen Fall! Sondern durch ihren *Fehltritt* (ist) die Rettung den *HEIDEN* (zuteil geworden), um sie EIFERSÜCHTIG ZU MACHEN. [12] Wenn aber ihr *Fehltritt* Reichtum für die *WELT* (ist) und ihr Versagen Reichtum für die *HEIDEN*, um wie viel mehr ihre **VOLLE ZAHL**!

[13] Euch aber sage ich, den *HEIDEN*: Insofern ich nun Apostel der *HEIDEN* bin, preise ich meinen Dienst [14] ob ich wohl (sie, die) mein Fleisch (sind,) EIFERSÜCHTIG MACHEN und einige von ihnen retten werde.

[15] Denn wenn ihre Verwerfung Versöhnung der *WELT* (ist), was (ist) ihre Annahme, wenn nicht Leben aus Toten?

> [16] Wenn aber die Erstlingsgabe heilig (ist),
> (dann) auch der (ganze) Teig.
> Und wenn die Wurzel heilig (ist),

(dann) auch die Zweige.

[17] Wenn aber einige von den Zweigen herausgebrochen wurden, du aber, der du ein wilder Ölbaum[a] bist, eingepfropft worden bist unter sie und Teilhaber der Fett spendenden Wurzel des Ölbaums geworden bist, [18] rühme dich nicht gegenüber den Zweigen! Wenn du dich aber rühmst: Nicht du trägst die Wurzel, sondern die Wurzel dich.

[19] Du wirst nun sagen: Zweige wurden herausgebrochen, damit ich eingepfropft würde.

[20] Richtig! Infolge des UNGLAUBENS wurden sie herausgebrochen. Du aber stehst fest aufgrund des GLAUBENS.

Sei nicht hochmütig, sondern fürchte dich! [21] Denn wenn GOTT die **von Natur** aus (zum Ölbaum gehörenden) Zweige nicht verschonte, wird er auch dich nicht verschonen.

[22] Betrachte nun die Güte und Strenge GOTTES! Über die Hingefallenen Strenge, über dich aber die Güte GOTTES, wenn du in der Güte *bleibst*, denn (sonst) wirst auch du herausgehauen. [23] Jene aber werden, wenn sie nicht im Unglauben *bleiben*, eingepfropft werden. Denn GOTT ist imstande, sie wieder einzupfropfen.

[24] Denn wenn du aus dem **von Natur** wilden Ölbaum herausgebrochen und **wider die Natur** in den edlen Ölbaum eingepfropft wurdest, um wie viel mehr werden diese, die **von Natur** (zu ihm gehören), in ihren eigenen Ölbaum wieder eingepfropft werden.

[25] Denn ich will euch nicht in Unkenntnis lassen, Brüder, über dieses Geheimnis, damit ihr nicht auf eure eigene Einsicht baut:

> Verstockung ist Israel teilweise widerfahren,
> bis die **VOLLE ZAHL** der *HEIDEN* hineingeht.

[26] Und so wird ganz Israel gerettet werden, wie geschrieben ist:
> Kommen wird aus Zion der Erlöser.
> Er wird Gottlosigkeiten von Jakob abwenden.
> [27] Und dies (ist) der Bund von mir für sie,
> wenn ich wegnehme ihre *SÜNDEN*.
> [Jes 59,20–21; 27,9]

[28] Gemäß dem *EVANGELIUM* (sind sie) Feinde euretwegen, gemäß der Auswahl aber Geliebte wegen der Väter.

[29] Denn unwiderruflich sind die Gnadengaben und die Berufung GOTTES.

[30] Denn wie ihr **einst** GOTT UNGEHORSAM wart, jetzt aber *Erbarmen* gefunden habt infolge von deren UNGEHORSAM, [31] so sind auch diese **jetzt** UNGEHORSAM geworden infolge des euch erwiesenen *Erbarmens*, damit auch sie *Erbarmen* finden. [32] Denn

---

a Oder: „ein vom wilden Ölbaum stammender (Zweig)".

GOTT hat alle zusammen in UNGEHORSAM eingeschlossen, damit er sich über alle *erbarme*.

³³ O Tiefe des Reichtums
und der Weisheit und Erkenntnis GOTTES!

Wie unerforschlich sind seine Urteile
und unbegreiflich seine Wege!

³⁴ Denn wer hat den Sinn des Herrn erkannt,
oder wer ist sein Ratgeber geworden?
[Jes 40,13 LXX]
³⁵ Oder wer hat ihm etwas vorher gegeben,
so dass es ihm zurückgegeben werden müsste?
[Hiob 41,3]

³⁶ Denn aus ihm und durch ihn und hin zu ihm ist alles;
ihm (sei) die HERRLICHKEIT in Ewigkeit. Amen!

[Römer 12,1–15,13: Ermahnungen]

[Röm 12,1–2: Die rechte Gottesverehrung]

¹ Ich ermahne euch nun, Brüder, beim Mitleid GOTTES, eure Leiber darzubringen als ein lebendiges, heiliges, GOTT angenehmes Opfer – als eure vernünftige Gottesverehrung.
² Und passt euch nicht dieser Welt an, sondern lasst euch umgestalten durch die Erneuerung der Vernunft, dass ihr prüft, was der Wille GOTTES ist: das **GUTE** und Angenehme und Vollkommene.

[Röm 12,3–8: Viele Charismen und ein Leib]

³ Denn ich sage durch DIE MIR GEGEBENE GNADE jedem, der bei euch ist, nicht weiter zu *denken*, als man *denken* darf, sondern auf ein besonnenes *Denken* hin zu *denken*, wie GOTT jedem das Maß des GLAUBENS zugeteilt hat.
⁴ Denn wie wir an einem einzigen Leib viele Glieder haben, aber die Glieder nicht alle dieselbe Tätigkeit haben, ⁵ so sind wir, die vielen, ein einziger Leib in Christus, im Verhältnis zueinander aber Glieder.
⁶ Wir haben aber unterschiedliche Gnadengaben, je nach DER UNS GEGEBENEN GNADE,

sei es Prophetie – in Übereinstimmung mit dem GLAUBEN;
⁷ sei es Dienst – im Dienst;

sei es, der lehrt – bei der Lehre:
8 sei es, der ermahnt – in der Ermahnung;
der austeilt – in Schlichtheit;
der Vorsteher ist – mit Eifer;
der Barmherzigkeit übt – mit Fröhlichkeit.

[Röm 12,9–21: Bewährung der Liebe im Alltag]

9 Die *LIEBE* sei ungeheuchelt!
Verabscheut das Schlechte,
haltet fest am **GUTEN**.
10 In der Bruderliebe seid herzlich zueinander,
in Achtung übertrefft einer den anderen;
11 im Fleiß seid nicht träge,
im Geist brennt;
dient dem Herrn als Sklaven.
12 In Hoffnung *FREUT EUCH*;
in Bedrängnis haltet aus;
am Gebet haltet fest.
13 an den Bedürfnissen der Heiligen nehmt teil;
nach Gastfreundschaft strebt.

14 *Segnet*, die euch verfolgen; *segnet*, und verflucht nicht.
15 *SICH FREUEN* mit denen, die *SICH FREUEN*, weinen mit den Weinenden.
16 Habt den gleichen Sinn untereinander;
trachtet nicht nach dem Hohen, sondern beugt euch zum Niedrigen;
baut nicht auf eure eigene Einsicht.
17 Vergeltet niemandem **Böses** mit **Bösem**.

Seid bedacht auf GUTES[a] vor allen Menschen. 18 Wenn möglich, so viel an euch ist, lebt mit allen Menschen in Frieden.
19 Rächt euch nicht selbst, *GELIEBTE*, sondern macht Platz für den Zorn, denn es ist geschrieben:

Mir (gehört) die Rache;
ich werde vergelten
[Dtn 32,35],
sagt der Herr.

Aber

20 wenn dein Feind Hunger hat,
gib ihm zu essen;
wenn er Durst hat,
gib ihm zu trinken;

---

a *kalos* (12,2.9.21; 13,3f: *agathos*).

denn wenn du das tust,
wirst du brennende Kohlen auf seinen Kopf häufen.
[Spr 25,21–22 LXX]
²¹ Lass dich nicht vom **Bösen** *besiegen*, sondern *besiege* das **Böse** mit dem **GUTEN**.

[Röm 13,1–10: Verhalten gegenüber den Behörden; ethische Pflichten]

¹ Jeder *ordne sich* den übergeordneten *Mächten unter*; denn es gibt keine *Gewalt* außer von GOTT, und die bestehenden sind von GOTT angeordnet. ² Daher hat, wer der *Gewalt* entgegentritt, sich der Anordnung GOTTES widersetzt; die sich aber widersetzen, werden ein **Urteil** empfangen.
³ Denn die Regierenden sind kein Schrecken für das **GUTE** Werk, sondern für das **böse**. Willst du dich vor der *Gewalt* nicht fürchten?
Tu das **GUTE**, und du wirst Lob von ihr haben;
⁴ *denn sie ist* GOTTES *Dienerin*,
dir zum **GUTEN**.
Wenn du aber das **Böse** tust, fürchte dich,
denn sie trägt das Schwert nicht umsonst,
denn sie ist GOTTES *Dienerin*,
eine Rächerin zum Zorn für den, der **Böses** tut.
⁵ Darum ist es notwendig, *sich unterzuordnen*, nicht allein des Zorns wegen, sondern auch des Gewissens wegen.
⁶ Deshalb nämlich entrichtet ihr auch *STEUERN*; denn *sie sind* GOTTES Diener, die sich eben damit befassen.

⁷ Gebt allen, was ihr ihnen *schuldig* seid:
die *STEUER*, wem die *STEUER*,
den Zoll, wem der Zoll,
die Furcht, wem die Furcht,
die Ehre, wem die Ehre (zukommt).

⁸ Seid niemandem irgendetwas *schuldig*, als nur einander zu *LIEBEN*; denn wer den anderen *LIEBT*, hat das *Gesetz* erfüllt. ⁹ Denn das
Du sollst nicht ehebrechen,
du sollst nicht töten,
du sollst nicht stehlen,
du sollst nicht begehren
[Dtn 5,17–21]
und wenn es ein anderes Gebot (gibt), ist in diesem Wort zusammengefasst:
Du sollst deinen Nächsten *LIEBEN* wie dich selbst.
[Lev 19,18]
¹⁰ Die *LIEBE* tut dem Nächsten nichts Böses an. (So ist) nun des *Gesetzes* Erfüllung die *LIEBE*.

[Röm 13,11–14: Das Gebot der Stunde]

[11] Und dies (beherzigt) als solche, die den Zeitpunkt kennen: die Stunde ist schon da, dass ihr aus dem Schlaf aufgeweckt werdet; denn jetzt ist die Rettung uns näher als damals, als wir zum GLAUBEN kamen: [12] Die Nacht ist vorgerückt, der Tag aber nahe gekommen. Ablegen lasst uns nun die Werke der Finsternis, anlegen aber die Waffen des Lichts. [13] Wie am Tag lasst uns anständig leben,

> nicht in Schwelgereien und Trinkgelagen,
> nicht in Unzucht und Ausschweifungen,
> nicht in Streit und Eifersucht,

[14] sondern legt den Herrn Jesus Christus an und tragt nicht Sorge für das Fleisch zu Begierden.

[Röm 14,1–15,13: Mahnung zur Einigkeit
unter den „Starken" und „Schwachen"]

[*14,1–12: Gegen die Beurteilung des Bruders*]

[1] Den SCHWACHEN im GLAUBEN *nehmt an*, nicht zum Streit über Meinungen.
[2] Der eine GLAUBT, alles essen zu dürfen;
der SCHWACHE aber isst Gemüse.
[3] Wer isst, soll den, der nicht isst, nicht *verachten*;
wer aber nicht isst, soll über den, der isst, nicht **urteilen**; denn GOTT hat ihn *angenommen.*
[4] Wer bist du, dass du über einen fremden Haussklaven **urteilst**? Für den eigenen *HERRN STEHT* oder fällt er. *STEHEN* bleiben wird er aber; denn der *HERR* ist stark genug, ihn *STEHEND* zu halten.
[5] Der eine **beurteilt** einen *Tag* im Vergleich zum anderen; der andere aber **beurteilt** jeden *Tag* gleich. Ein jeder soll von seiner eigenen Meinung überzeugt sein!

> [6] Wer auf den *Tag* bedacht ist, ist dem *HERRN* bedacht;
> und wer isst, isst für den *HERRN*, er dankt nämlich GOTT;
> und wer nicht isst, isst nicht für den *HERRN* und dankt GOTT.

> [7] Denn keiner von uns lebt für sich,
>   und keiner stirbt für sich.
> [8] Leben wir, so leben wir für den *HERRN*;
>   sterben wir, so sterben wir für den *HERRN*.
> Ob wir nun leben oder sterben, wir gehören dem *HERRN*.

[9] Denn dazu ist Christus gestorben und lebendig geworden, dass er über Tote und Lebende *HERR* sei.

[10] Du aber, was **urteilst** du über deinen Bruder? Oder auch du, was *verachtest* du deinen Bruder? Denn alle werden wir vor den Richterstuhl Gottes gestellt werden. [11] Denn es ist geschrieben:

> (So wahr) ich lebe, sagt der Herr,
> mir wird sich beugen jedes Knie,
> und jede Zunge wird Gott preisen.
> [Jes 49,18; Jes 45,23 LXX]

[12] Also wird nun jeder von uns für sich vor Gott Rechenschaft geben.

[*14,13–15,13: Mahnung, dem Bruder keinen Anstoß zu geben*]

[13] Darum lasst uns nun nicht mehr einer über den anderen **urteilen**. Sondern **beurteilt** (es) vielmehr (als erstrebenswert), dem Bruder weder *Anstoß* noch Ärgernis zu bereiten.
[14] Ich weiß und bin gewiss im *Herrn* Jesus, dass nichts **unrein** ist durch sich selbst – außer für den, der es für **unrein** hält, für ihn ist es **unrein**.
[15] Wenn nämlich dein Bruder wegen einer Speise betrübt wird, lebst du nicht mehr aus *LIEBE*. Richte nicht durch deine Speise den zugrunde, für den Christus gestorben ist. [16] Euer **GUTES** soll doch nicht verlästert werden. [17] Denn das Reich Gottes ist nicht Essen und Trinken, sondern **GERECHTIGKEIT** und Friede und Freude im heiligen Geist.
[18] Wer nämlich darin Christus als Sklave dient, ist bei Gott angenehm und bei den Menschen angesehen. [19] Darum wollen wir nun die Sache des Friedens und der gegenseitigen Erbauung anstreben.
[20] Zerstöre nicht wegen der Speise das Werk Gottes. Zwar ist alles *rein*, aber schlecht für den Menschen, der es mit *Anstoß* isst. [21] Es ist gut, kein Fleisch zu essen und keinen Wein zu trinken und auch sonst nichts, woran dein Bruder *Anstoß* nimmt.
[22] Du sollst den **GLAUBEN**, den du auf deine Weise hast, vor Gott haben. Selig, wer sich selbst bei dem, was er für richtig hält, nicht **beurteilt**. [23] Wer aber zweifelt, wenn er isst, ist **verurteilt**, weil es nicht aus **GLAUBEN** heraus (geschieht). Alles aber, was nicht aus **GLAUBEN** heraus (geschieht), ist *SÜNDE*.
[15,1] Wir aber, die Starken, sind verpflichtet, die Gebrechen der Nicht-Starken zu tragen und uns nicht selbst zu *GEFALLEN*. [2] Jeder von uns soll dem Nächsten *GEFALLEN* zum **GUTEN** für die Erbauung. [3] Denn auch Christus *GEFIEL* sich nicht selbst, sondern wie geschrieben ist:

> Die Schmähungen derer, die dich schmähen,
> haben mich getroffen.
> [Ps 69,10]

[4] Denn alles, was früher geschrieben wurde, wurde zu unserer Belehrung geschrieben, damit wir durch die *GEDULD* und den *Trost* der Schriften die *Hoffnung* haben.

⁵ Der GOTT der GEDULD aber und des *Trostes* gebe euch, den gleichen Sinn untereinander zu haben, Christus Jesus gemäß, ⁶ damit ihr einmütig wie aus einem Mund den GOTT und Vater unseres Herrn Jesus Christus VERHERRLICHT.

⁷ Darum nehmt einander an, wie Christus euch angenommen hat zur HERRLICHKEIT GOTTES. ⁸ Denn ich sage: Christus ist ein Diener der Beschneidung geworden für die Wahrheit GOTTES, um die Verheißungen an die Väter zu bekräftigen, ⁹ die *HEIDEN* aber um des Erbarmens willen GOTT VERHERRLICHEN (zu lassen), wie geschrieben ist:

> Darum werde ich dich preisen bei den *HEIDEN*
> und für deinen Namen singen.
> [Ps 18,50]

¹⁰ Und wiederum heißt es:

> Freut euch, ihr *HEIDEN*, mit seinem Volk!
> [Dtn 32,43 LXX]

¹¹ Und wiederum:

> Lobt, alle *HEIDEN*, den HERRN,
> und es sollen ihn sehr loben alle Völker!
> [Ps 117,1]

¹² Und wiederum sagt Jesaja:

> Es wird sein die Wurzel Isais
> und der, der aufsteht, um über die *HEIDEN* zu herrschen;
> auf den werden die *HEIDEN* hoffen.
> [Jes 11,10 LXX]

¹³ Der GOTT der *Hoffnung* aber erfülle euch mit aller Freude und Frieden im GLAUBEN, so dass ihr überreich werdet an *Hoffnung* durch die Kraft des heiligen Geistes.

[Römer 15,14–16,23: Schluss]

[Röm 15,14–21: Apostolisches Wirken des Paulus]

¹⁴ Ich bin aber, meine Brüder, was euch betrifft, auch davon überzeugt, dass auch ihr selber voll Güte seid, erfüllt mit aller Erkenntnis und in der Lage, euch untereinander zurechtzuweisen. ¹⁵ Teilweise recht kühn habe ich euch geschrieben und um der Gnade willen, die mir von GOTT gegeben ist, euch (an Bekanntes) erinnert, ¹⁶ damit ich als Diener Christi Jesu für die *HEIDEN* das *EVANGELIUM* GOTTES priesterlich ausrichte und das Opfer der *HEIDEN* willkommen ist, geheiligt durch heiligen Geist. ¹⁷ So habe ich Ruhm in Christus Jesus vor GOTT. ¹⁸ Ich werde nämlich nicht wagen, von etwas zu reden, das nicht Christus für den Gehorsam der *HEIDEN* durch mich gewirkt hat

in Wort und Tat,
[19] in der Kraft von Zeichen und Wundern,
in der Kraft des Geistes GOTTES.

Dementsprechend habe ich von *Jerusalem* aus und ringsum bis nach Illyrien das *EVANGELIUM* von Christus vollendet, [20] aber so, dass ich mir eine Ehre daraus gemacht habe, (das Evangelium) zu verkündigen, nicht wo Christus schon genannt ist, um nicht auf fremdem Fundament zu bauen, [21] sondern wie geschrieben ist:
Denen nicht über ihn verkündigt wurde, die werden sehen,
und die nichts gehört haben, werden verstehen.
[Jes 52,15 LXX]

[Röm 15,22–33: Reisepläne des Paulus]

[22] Deshalb auch bin ich oft daran gehindert worden, zu euch zu kommen. [23] Nun aber habe ich keinen Raum mehr in diesen Gegenden, habe aber seit vielen Jahren das Verlangen, zu euch zu kommen, [24] wenn ich nach SPANIEN reise. Denn ich hoffe, bei der Durchreise euch zu sehen und von euch für die Weiterreise dorthin ausgestattet zu werden – wenn ich zuerst einigermaßen von euch erfüllt bin. [25] Jetzt aber reise ich nach *Jerusalem*, um den **Heiligen** zu dienen. [26] Denn Makedonien und Achaia haben BESCHLOSSEN, eine Gemeinschaftsspende für die Armen unter den **Heiligen** in *Jerusalem* zu sammeln. [27] Sie haben es BESCHLOSSEN und sind auch deren *Schuldner*. Denn wenn die *HEIDEN* an ihren geistigen (Gütern) Anteil bekommen haben, sind sie es ihnen *schuldig*, dass sie ihnen auch mit irdischen (Gütern) dienen. [28] Wenn ich das nun erledigt und diese Frucht für sie versiegelt habe, werde ich bei euch durch nach SPANIEN weiterreisen. [29] Ich weiß aber, dass ich, wenn ich zu euch komme, mit der Fülle des Segens Christi kommen werde. [30] Ich ermahne euch aber durch unseren Herrn Jesus Christus und durch die *LIEBE* des Geistes, mit mir gemeinsam – in euren Gebeten zu GOTT für mich – zu kämpfen, [31] damit ich vor den Ungehorsamen in Judäa gerettet werde und mein Dienst für *Jerusalem* den **Heiligen** willkommen ist, [32] damit ich mit Freude zu euch komme und durch GOTTES Willen bei euch Ruhe finde. [33] Der GOTT DES FRIEDENS aber mit euch allen! Amen.

[Röm 16,1–2: Empfehlung für Phöbe]

[1] Ich empfehle euch aber unsere Schwester Phöbe, Dienerin der Gemeinde in Kenchreä, [2] damit ihr sie *IM HERRN* aufnehmt, der **Heiligen** würdig, und ihr beisteht, in welcher Angelegenheit auch immer; denn auch sie ist für viele zur Helferin geworden, auch für mich selbst.

[Röm 16,3–16: Grußliste]

³ Grüßt Priska und Aquila, meine Mitarbeiter *in Christus* Jesus, ⁴ – die für mein Leben ihren Hals hingehalten haben, denen nicht allein ich danke, sondern auch alle Gemeinden der *HEIDEN* –, ⁵ und ihre Hausgemeinde.

Grüßt meinen *GELIEBTEN* Epainetus, den Erstling Asiens für Christus.

⁶ Grüßt Maria, die sich für euch viel Mühe gemacht hat.

⁷ Grüßt Andronikus und Junia, meine Landsleute und meine Mitgefangenen, die herausragen unter den Aposteln. Sie waren (schon) vor mir *in Christus*.

⁸ Grüßt meinen *im Herrn GELIEBTEN* Ampliatus.

⁹ Grüßt Urbanus, unseren Mitarbeiter *in Christus*, und meinen geliebten Stachys.

¹⁰ Grüßt Apelles, der *in Christus* bewährt ist.

Grüßt die aus dem Haus des Aristobul.

¹¹ Grüßt Herodion, meinen Landsmann.

Grüßt die aus dem Haus des Narzissus, die *im Herrn* sind.

¹² Grüßt Tryphäna und Tryphosa, die *im Herrn* arbeiten.

Grüßt die *GELIEBTE* Persis, die sich *im Herrn* viel Mühe gemacht hat.

¹³ Grüßt Rufus, den Ausgewählten *im Herrn*, und seine und meine Mutter.

¹⁴ Grüßt Asynkritus, Phlegon, Hermes, Patrobas, Hermas und die Brüder bei ihnen.

¹⁵ Grüßt Philologus und Julia, Nereus und seine Schwester und Olympas und alle Heiligen bei ihnen.

¹⁶ Grüßt einander mit **heiligem** Kuss.

Es grüßen euch alle Gemeinden Christi.

[Röm 16,17–20: Antihäretische Mahnung]

¹⁷ Ich ermahne euch aber, Brüder, achtzuhaben auf die, welche die Entzweiungen und die Ärgernisse anrichten gegen die Lehre, die ihr gelernt habt. Und weicht ihnen aus! ¹⁸ Denn solche dienen unserem Herrn Christus nicht als Sklaven, sondern ihrem eigenen Bauch, und mit ihrem Wohlreden und Schönreden betrügen sie die Herzen der Arglosen.

¹⁹ Euer Gehorsam gelangte ja zu allen. Nun freue ich mich euretwegen; ich will aber, dass ihr weise seid gegenüber dem **GUTEN**, unverdorben aber gegenüber dem Bösen.

²⁰ Der Gott DES FRIEDENS aber wird in Kürze den Satan unter euren Füßen zermalmen.

Die Gnade unseres Herrn Jesus mit euch!

[Röm 16,21–23: Grüße von Helfern des Paulus]

²¹ Es grüßt euch Timotheus, mein Mitarbeiter, und Lucius und Jason und Sosipater, meine Landsleute.

^{22} Ich, Tertius, der den Brief *IM HERRN* geschrieben hat, grüße euch.
^{23} Es grüßt euch Gaius, mein Gastgeber und der der ganzen Gemeinde. Es grüßt euch Erastus, der Stadtkämmerer, und der Bruder Quartus.[a]

a Am Ende des Römerbriefs finden sich zwei nicht vom Absender Paulus stammende Zusätze, die zu verschiedenen Zeitpunkten angefügt wurden:
– Röm 16,24 („Die Gnade unseres Herrn Jesus Christus sei mit euch allen. Amen") ist handschriftlich schwach bezeugt und wohl so entstanden, dass spätere Abschreiber 16,20b am Ende des Briefes wiederholt haben.
– Röm 16,25–27 fehlt in wichtigen Handschriften; in anderen findet sich der Abschnitt hinter Röm 14,23 bzw. 15,33. Er lautet: ^{25} Dem aber, der die Kraft hat, euch zu befestigen gemäß meinem Evangelium und der Verkündigung von Jesus Christus, gemäß der Offenbarung des Geheimnisses, das ewige Zeiten verschwiegen war, ^{26} jetzt aber enthüllt und durch prophetische Schriften gemäß dem Auftrag des ewigen GOTTES zum Glaubensgehorsam allen Heiden bekannt gemacht, ^{27} dem einzigen, weisen GOTT durch Jesus Christus, ihm sei die Herrlichkeit in Ewigkeit! Amen.

7. Der Erste Brief an die Korinther

Laut 16,8 befindet Paulus sich zur Zeit der Abfassung des Ersten Korintherbriefs in Ephesus; aus 15,32 geht hervor, dass er sich dort bereits geraume Zeit aufhält. Daraus folgt, dass der Brief während jener langen Wirksamkeit des Apostels in Ephesus niedergeschrieben wurde, von der in Apg 19,10 die Rede ist, und demnach – je nach Rekonstruktion der paulinischen Chronologie – aus dem Beginn oder der Mitte der 50er Jahre stammt.

Der Abfassung des Briefes sind die Gründung der aus Heidenchristen bestehenden korinthischen Gemeinde durch Paulus (vgl. 4,15) und ein Schriftwechsel mit ihr vorangegangen: In 5,9 kommt Paulus auf einen Brief zu sprechen, in dem er die Gemeinde aufgefordert hat, den Umgang mit Unzüchtigen zu meiden. Auf diesen (nicht erhaltenen) Brief ließen die Korinther Paulus ein Schreiben übermitteln, worin sie um Auskunft baten, wie das in ihrer Stadt (deren Bewohner für ihre Vergnügungssucht bekannt waren) wohl möglich sein solle, und zugleich weitere Fragen stellten. Darauf reagiert Paulus im vorliegenden Brief (vgl. bes. 7,1: „Was aber das betrifft, wovon ihr geschrieben habt …"). Zusätzlich waren Paulus mündliche Nachrichten zugeflossen (vgl. 5,1 und 11,18).

Der Erste Korintherbrief hat ein übergreifendes Thema: die Auferbauung der Gemeinde. Gleichwohl wird seine literarische Einheitlichkeit zuweilen angezweifelt. Die Gründe dafür sind z. B. die unterschiedlichen Beurteilungen der Lage in 1,10–13 einerseits und 11,18 f andererseits sowie widersprüchliche Aussagen des Paulus zum selben Thema: In 10,1–22 untersagt der Apostel jegliche Teilnahme an heidnischen Kultmahlzeiten, während er 8,1–13; 10,23–11,1 das Essen von Götzenopferfleisch grundsätzlich erlaubt.

1,1–9	Adresse und Dank
1,10–4,21	Parteiungen in der Gemeinde
5,1–6,20	Sittliche Missstände in der Gemeinde
7,1–11,1	Die Gemeinde in der Welt
11,2–14,40	Versammlungen der Gemeinde
15,1–58	Die Auferweckung Christi und die Auferstehung der Christen
16,1–24	Aktuelle Mitteilungen; Grüße

[1Korinther 1,1–9:
Adresse und Dank]

[1Kor 1,1–3: Adresse]

[1] Paulus, BERUFENER Apostel Christi Jesu durch den Willen GOTTES, und Sosthenes, der Bruder,
[2a] an die Gemeinde GOTTES, die in Korinth ist, (die) in Christus Jesus Geheiligten, BERUFENEN Heiligen, [2b] samt allen, die den Namen unseres Herrn Jesus Christus anrufen an jedem Ort, ihrem und unserem[a]:
[3] Gnade euch und Friede von GOTT, unserem Vater, und dem Herrn Jesus Christus.

[1Kor 1,4–9: Dank]

[4] Ich danke meinem GOTT *allezeit* euretwegen für die euch in Christus Jesus gegebene Gnade GOTTES, [5] dass ihr in ihm in *allem* reich gemacht wurdet, in *allem* Wort und *aller* Erkenntnis, [6] wie denn in euch das Zeugnis über Christus befestigt wurde, [7] so dass ihr an keiner Gnadengabe Mangel habt, indem ihr das Offenbarwerden unseres Herrn Jesus Christus erwartet, [8] der euch auch befestigen wird bis ans Ende, (so dass ihr) untadelig (seid) am Tag unseres Herrn Jesus.
[9] Treu (ist) GOTT, durch den ihr BERUFEN worden seid zur Gemeinschaft mit seinem Sohn Jesus Christus, unserem Herrn.

[1Korinther 1,10–4,21:
Parteiungen in der Gemeinde]

[1Kor 1,10–2,5: Das Wort vom Kreuz als Gottes Wort und Weisheit]

[*1,10–17: Einleitung*]

[10] Ich ermahne euch aber, Brüder, beim Namen unseres Herrn Jesus Christus, dass ihr alle dasselbe sagt und keine Spaltungen unter euch sind, dass ihr aber zusammengefügt seid in demselben Sinn und in derselben Überzeugung.
[11] Mir wurde nämlich über euch, meine Brüder, von den (Leuten) der Chloe mitgeteilt, dass es Streitigkeiten unter euch gibt. [12] Ich meine aber dies, dass jeder von euch sagt:

---

a Vers 2b ist vielleicht eine sekundäre Erweiterung, die den Brief an alle Christen geschrieben sein lässt.

‚Ich gehöre zu Paulus‘,
‚ich aber zu Apollos‘,
‚ich aber zu Kephas‘,
‚ich aber zu Christus‘.

[13] Ist Christus zerteilt? Ist etwa Paulus für euch GEKREUZIGT worden, oder seid ihr auf den Namen des Paulus **getauft** worden? [14] Ich danke GOTT, dass ich niemanden von euch **getauft** habe außer Krispus und Gaius, [15] damit nicht einer sage, dass ihr auf meinen Namen **getauft** worden seid. – [16] Ich habe aber auch das Haus des Stephanas **getauft**; ansonsten weiß ich nicht, ob ich (noch) einen anderen **getauft** habe. – [17] Denn Christus hat mich nicht gesandt zu **taufen**, sondern (das Evangelium) zu verkündigen, nicht in WEISHEIT der Rede, damit das *KREUZ* Christi nicht zunichte gemacht wird.

[*1,18–31: Torheit der Kreuzespredigt*]

[18] Denn das Wort vom *KREUZ* ist denen, die verlorengehen, *Torheit*;
denen aber, die errettet werden, uns, ist es GOTTES Kraft.
[19] Denn es ist geschrieben:
Ich werde die WEISHEIT der WEISEN vernichten,
und den Verstand der Verständigen werde ich verwerfen.
[vgl. Jes 29,14]
[20] Wo (ist) ein WEISER?
Wo ein Schriftgelehrter?
Wo ein Disputator dieses Zeitalters?

Hat GOTT die WEISHEIT der Welt nicht als *TORHEIT* erwiesen? [21] Denn weil ja in der WEISHEIT GOTTES die Welt durch die WEISHEIT GOTT nicht erkannt hat, hat es GOTT gefallen, durch die *TORHEIT* der Predigt die **Glaubenden** zu retten. [22] Denn während Juden Zeichen fordern und Griechen WEISHEIT suchen, [23] verkündigen wir Christus als *GEKREUZIGTEN*, (wobei dieser den) Juden ein Ärgernis (ist), (den) Heiden aber eine *Torheit*, [24] ihnen aber, den BERUFENEN, Juden wie Griechen, (verkündigen wir) Christus als GOTTES Kraft und als GOTTES WEISHEIT. [25] Denn das *Törichte* GOTTES ist WEISER als die Menschen, und das Schwache GOTTES ist stärker als die Menschen. [26] Denn seht auf eure BERUFUNG, Brüder, dass (es da)

nicht viele WEISE nach dem Fleisch (gibt),
nicht viele Mächtige,
nicht viele von vornehmer Herkunft,

[27] sondern das *Törichte* der Welt HAT GOTT AUSERWÄHLT, damit er die WEISEN beschäme;
und das Schwache der Welt HAT GOTT AUSERWÄHLT, damit er das Starke beschäme;

²⁸ und das Nicht-Vornehme der <u>Welt</u> und das Verachtete HAT GOTT AUSERWÄHLT – das, was nicht ist, damit er das, was ist, vernichte –, ²⁹ auf dass sich vor GOTT kein Fleisch *rühme*.

³⁰ Von ihm her aber seid ihr in Christus Jesus, der uns WEISHEIT geworden ist von GOTT und Gerechtigkeit und Heiligung und Erlösung, ³¹ damit (gilt), wie geschrieben ist:

> Wer sich *rühmt, rühme* sich des Herrn!
> [vgl. Jer 9,22–23]

[2,1–5: Rückblick auf die Gründungspredigt des Paulus]

¹ Und ich, als ich zu euch kam, Brüder, kam nicht mit überragender Beredsamkeit oder WEISHEIT, um euch das Geheimnis GOTTES zu verkündigen. ² Denn ich nahm mir vor, nichts unter euch zu wissen als nur Jesus Christus, und diesen als GEKREUZIGTEN.

³ Und ich kam in Schwachheit und in Furcht und mit vielem Zittern zu euch; ⁴ und mein Wort und meine Predigt (ergingen) nicht in überredenden Worten der WEISHEIT, sondern im Erweis des GEISTES und der Kraft, ⁵ damit euer **Glaube** nicht in der WEISHEIT von Menschen (begründet) sei, sondern in der Kraft GOTTES.

[1Kor 2,6–16: Die Offenbarung der verborgenen Weisheit Gottes]

⁶ WEISHEIT aber tragen wir vor unter den Vollkommenen, WEISHEIT aber nicht *dieses Weltalters*, auch nicht der Herrscher *dieses Weltalters*, die zunichte werden, ⁷ sondern wir tragen GOTTES WEISHEIT vor in einem Geheimnis, die verborgene, die GOTT vorherbestimmt hat *vor den Weltaltern* zu unserer Herrlichkeit, ⁸ die keiner der Herrscher *dieses Weltalters* ERKANNT hat; denn wenn sie sie ERKANNT hätten, hätten sie den Herrn der Herrlichkeit nicht GEKREUZIGT.

⁹ Vielmehr wie geschrieben ist:

> Was kein Auge gesehen und was kein Ohr gehört hat
> und in kein Menschenherz gekommen ist,
> was GOTT denen bereitet hat, die ihn lieben.^a

¹⁰ <u>Uns aber hat GOTT es offenbart **durch den GEIST**</u>. Denn der GEIST erforscht alles, auch die Tiefen GOTTES. ¹¹ Denn wer von den Menschen kennt das (Wesen) des Menschen, als nur der GEIST des Menschen, der in ihm ist? So hat auch das (Wesen) Gottes niemand ERKANNT, als nur der GEIST GOTTES.

¹² Wir aber haben nicht den GEIST der <u>Welt</u> empfangen, sondern den GEIST, der aus GOTT ist, damit wir um das wissen, was uns von GOTT geschenkt ist. ¹³ Davon reden wir auch, nicht in von menschlicher WEISHEIT gelehrten Worten, sondern in vom GEIST gelehrten (Worten), indem wir GEISTIGES durch GEISTIGES deuten.

---

a Die Herkunft des Zitates ist unbekannt. Vgl.
Jes 64,3.

[14] Ein seelischer Mensch aber nimmt das (Wesen) des GEISTES GOTTES nicht an, denn es ist ihm eine *Torheit*, und er kann es nicht ERKENNEN, weil es GEISTIG beurteilt wird. [15] Der GEISTIGE (Mensch) aber beurteilt alles, wird selbst aber von niemandem beurteilt. [16] Denn

wer hat den RATSCHLUSS des Herrn erkannt,
dass er ihn unterweisen könnte?
[Jes 40,13 LXX]

Wir aber haben den RATSCHLUSS Christi.

[1 Kor 3,1–23: Gegen das Parteiwesen in Korinth]

[1] Und ich, Brüder, konnte nicht zu euch reden wie zu GEISTIGEN (Menschen), sondern wie zu *fleischlichen* (Menschen), wie zu Unmündigen in Christus. [2] Milch habe ich euch zu trinken gegeben, nicht feste Speise; denn ihr vermochtet es noch nicht.

Aber auch jetzt vermögt ihr es noch nicht, [3] denn noch seid ihr *fleischlich*. Denn wo Eifersucht und Streit unter euch (sind), seid ihr nicht *fleischlich* und verhaltet euch nach Menschenweise?

[4] Denn wenn einer sagt: ‚Ich gehöre zu Paulus‘, ein anderer aber: ‚Ich zu Apollos‘, seid ihr (dann) nicht Menschen? [5] Was ist denn Apollos? Was aber ist Paulus? Diener, durch die ihr **zum Glauben gekommen** seid, und zwar jeder, wie (es ihm) der Herr gegeben hat.

[6] Ich habe gepflanzt,
   Apollos hat begossen,
      aber GOTT ließ es wachsen.
[7] So ist weder der, der pflanzt, etwas,
   noch der, der begießt,
      sondern GOTT, der es wachsen lässt.

[8] Der aber, der pflanzt, und der, der begießt, sind eins; jeder aber wird seinen eigenen Lohn empfangen gemäß seiner eigenen Arbeit. [9] Denn GOTTES Mitarbeiter sind wir; GOTTES Ackerfeld, GOTTES Bau seid ihr.

[10] Gemäß der mir gegebenen Gnade GOTTES habe ich als ein WEISER Baumeister das *FUNDAMENT* gelegt; ein anderer aber baut darauf; jeder aber sehe zu, wie er darauf baut. [11] Denn ein anderes *FUNDAMENT* kann niemand legen, außer dem, das gelegt ist, welches ist Jesus Christus.

[12] Wenn aber einer auf das *FUNDAMENT* Gold, Silber, kostbare Steine, Holz, Heu, Stroh baut, [13] wird das Werk eines jeden sichtbar werden, denn der Tag wird es kundtun, weil er im *Feuer* offenbar wird. Und wie das Werk eines jeden beschaffen ist, wird das *Feuer* erweisen.

[14] Wenn jemandes Werk, das er darauf gebaut hat, bleiben wird, wird er Lohn empfangen.

[15] Wenn jemandes Werk verbrennen wird, wird er Schaden leiden; er selbst aber wird gerettet werden, doch so wie durchs *Feuer*.

[16] Wisst ihr nicht, dass ihr GOTTES **Tempel** seid und der GEIST GOTTES in euch wohnt?

[17] Wenn jemand GOTTES **Tempel** *zerstört*:
zerstören wird diesen (Menschen) GOTT.

GOTTES **Tempel** ist nämlich heilig – das seid ihr.

[18] Niemand betrüge sich selbst! Wenn jemand meint, unter euch WEISE zu sein in diesem Weltalter, werde er *töricht*, damit er WEISE werde. [19] Denn die WEISHEIT dieser Welt ist *Torheit* bei GOTT; denn es ist geschrieben:
Der die WEISEN fängt in ihrer List.
[Hiob 5,12–13]

[20] Und wieder:
Der Herr kennt die Überlegungen der WEISEN,
dass sie nichtig sind.
[Ps 93,11 LXX]

[21] Deshalb soll sich niemand rühmen bei Menschen.

Denn alles gehört euch,
[22] sei es Paulus, sei es Apollos, sei es Kephas,
sei es Welt, sei es Leben, sei es Tod,
sei es Gegenwärtiges, sei es Zukünftiges;
alles (gehört) euch,
[23] ihr aber (gehört) Christus,
Christus aber (gehört) GOTT.

[1Kor 4,1–21: Persönliche Auseinandersetzung]

[1] So halte man uns für Diener Christi und Verwalter der Geheimnisse GOTTES. [2] Dabei wird ja in Bezug auf die Verwalter verlangt, dass einer für treu befunden wird. [3] Mir aber ist es das Geringste, dass ich von euch oder von einem menschlichen (Gerichts-)Tag *beurteilt* werde; aber auch ich (selbst) *beurteile* mich nicht. [4] Denn ich bin mir nicht (einer einzigen Sache) bewusst; aber nicht dadurch bin ich gerechtfertigt. Der mich aber *beurteilt*, ist der Herr. [5] Daher *richtet* nichts vor der Zeit, bis der Herr kommt,

der erhellen wird das Verborgene der Finsternis
und offenbar machen wird die Absichten der Herzen.

Und dann wird jedem das (ihm entsprechende) Lob zuteil werden von GOTT.

[6] Dies aber, Brüder, habe ich auf mich und Apollos bezogen um euretwillen, damit ihr an uns lernt das ‚Nicht hinaus über das, was geschrieben steht‘, damit sich bei euch keiner zugunsten des einen und gegen den anderen AUFBLÄHT.

[7] Denn wer räumt dir einen Vorrang ein? Was aber hast du, das du nicht empfangen hast? Wenn du es aber nun empfangen hast, was rühmst du dich, als hättest du es nicht empfangen?

[8] Schon seid ihr gesättigt,
schon seid ihr reich geworden;
ohne uns seid ihr ZUR HERRSCHAFT GELANGT.

Ja, wenn ihr doch wirklich ZUR HERRSCHAFT GELANGT wäret, damit auch wir mit euch HERRSCHEN könnten!

[9] Ich meine nämlich, GOTT hat uns, die Apostel, zu Letzten gemacht, wie zum Tode Verurteilte; denn wir sind ein Schauspiel geworden für die <u>Welt</u> und für Engel und für Menschen.

[10] Wir (sind) *Toren* um Christi willen,
    ihr aber (seid) klug in Christus;
wir schwach,
    ihr aber stark;
ihr geehrt,
    wir aber verachtet.

[11] Bis zur jetzigen Stunde
hungern wir
und dürsten
und sind schlecht gekleidet
und werden misshandelt
und sind obdachlos
[12] und mühen uns ab, indem wir mit unseren eigenen Händen arbeiten.

Werden wir beschimpft, segnen wir;
werden wir verfolgt, dulden wir;
[13] werden wir geschmäht, reden wir gut zu.

Wie Kehricht der <u>Welt</u> sind wir geworden, für alle ein Abschaum bis jetzt.

[14] Nicht um euch zu beschämen, schreibe ich dies, sondern um euch als meine geliebten Kinder zu ermahnen. [15] Denn wenn ihr zehntausend Zuchtmeister in Christus hättet, so doch nicht viele Väter; denn in Christus Jesus habe ich euch durch das Evangelium gezeugt.

[16] Ich bitte euch nun: Werdet meine Nachahmer! [17] Deshalb habe ich euch Timotheus geschickt, der mein geliebtes und treues Kind im Herrn ist; der wird euch er-

innern an meine Wege in Christus[a] (und daran), wie ich überall in jeder Gemeinde lehre.

[18] In der Meinung, ich würde nicht zu euch kommen, haben sich einige AUFGE-BLÄHT. [19] Ich werde aber bald zu euch kommen, wenn der Herr es will, und werde nicht das Gerede der AUFGEBLÄHTEN erkennen, sondern die *Kraft* (der Aufgeblähten). [20] Denn nicht in Gerede (besteht) die Königsherrschaft GOTTES, sondern in *Kraft*. [21] Was wollt ihr? Soll ich mit der Rute zu euch kommen oder mit **LIEBE** und dem Geist der Sanftmut?

[1 Korinther 5,1–6,20: Sittliche Missstände in der Gemeinde]

[1 Kor 5,1–13: Gericht über einen Unzüchtigen
und Warnung vor unzüchtigen Gemeindegliedern]

[1] Überhaupt hört man, (dass es) unter euch *UNZUCHT* (gibt), und zwar eine solche *UNZUCHT*, die nicht einmal unter den Heiden (vorkommt): dass einer die Frau seines Vaters hat. [2] Und ihr seid AUFGEBLÄHT und seid nicht vielmehr traurig darüber geworden, so dass der, der diese Tat begangen hat, aus eurer Mitte entfernt würde? [3] Ich nämlich habe, leiblich abwesend, im Geist aber anwesend, schon – als wäre ich anwesend – das Urteil gefällt über den, der dieses so verübt hat, [4] im Namen des Herrn[b] Jesus: Wenn ihr und mein Geist zusammengekommen seid mit der *Kraft* unseres Herrn Jesus, [5] den Betreffenden dem Satan zu übergeben zum Verderben des Fleisches, damit der Geist gerettet werde am Tage des Herrn. [6] Euer Rühmen ist nicht gut. **Wisst ihr nicht**, dass ein wenig *SAUERTEIG* den ganzen Teig *DURCHSÄUERT*? [7] Fegt den alten *SAUERTEIG* aus, damit ihr ein frischer Teig seid, wie ihr (ja bereits) *UNGESÄUERT* seid. Denn auch unser Passah(lamm), Christus, ist geschlachtet. [8] Daher lasst uns ein Fest feiern nicht mit altem *SAUERTEIG*, auch nicht mit *SAUERTEIG* der Schlechtigkeit und Bosheit, sondern mit dem *UNGESÄUERTEM* der Reinheit und Wahrheit.

[9] Ich habe euch in dem Brief geschrieben, KEINEN UMGANG ZU HABEN mit *UNZÜCHTI-GEN*, [10] nicht überhaupt mit

den *UNZÜCHTIGEN* dieser <u>Welt</u>
oder den Habsüchtigen
und Räubern
oder Götzendienern,

---

a Nach anderen Textzeugen: „Christus Jesus".   b Nach anderen Textzeugen: „unseres Herrn".

sonst müsstet ihr ja aus der <u>Welt</u> hinausgehen. [11] Jetzt aber habe ich euch geschrieben, KEINEN UMGANG ZU HABEN, wenn einer, der Bruder genannt wird,

> ein UNZÜCHTIGER ist
> oder ein Habsüchtiger
> oder ein Götzendiener
> oder ein Lästerer
> oder ein Trunkenbold
> oder ein Räuber –

mit dem Betreffenden nicht einmal zu essen. [12] Denn was (sollte) mir (wohl daran liegen), die draußen (Befindlichen) zu *richten*? *Richtet* ihr nicht die drinnen (Befindlichen)? [13] Die draußen aber *richtet* GOTT.

> Schafft den Bösen aus eurer Mitte!
> [Dtn 17,7 LXX]

[1 Kor 6,1–11: Kein Rechtsstreit von Christen vor heidischen Richtern;
statt dessen: Rechtsverzicht]

[1] Einer von euch, der eine Streitsache mit dem anderen hat, bringt es fertig, vor den UNGERECHTEN zu prozessieren und nicht vor den *Heiligen*? [2] Oder **wisst ihr nicht**, dass die *Heiligen* die <u>Welt</u> RICHTEN WERDEN? Und wenn durch euch die <u>Welt</u> gerichtet wird, seid ihr ungeeignet für die geringsten Rechtshändel? [3] **Wisst ihr nicht**, dass wir Engel RICHTEN WERDEN – geschweige denn über alltägliche Dinge? [4] Wenn ihr nun alltägliche Rechtshändel habt, setzt ihr dann (ausgerechnet) die, die in der Gemeinde nichts gelten, (als Richter) ein? [5] Zur Beschämung sage ich es euch.

So ist unter euch kein WEISER, der zwischen seinem Bruder (und einem anderen Bruder) entscheiden könnte? [6] Sondern Bruder rechtet mit Bruder, und dies vor Ungläubigen?

[7] Es ist nun überhaupt schon ein Fehler an euch, dass ihr gegeneinander prozessiert. Warum leidet ihr nicht lieber UNRECHT? Warum lasst ihr euch nicht lieber berauben? [8] Stattdessen begeht ihr UNRECHT und begeht Raub – und dies an Brüdern.

[9] Oder **wisst ihr nicht**, dass UNGERECHTE DIE KÖNIGSHERRSCHAFT GOTTES nicht ERBEN werden? Irrt euch nicht!

> Weder UNZÜCHTIGE
> noch Götzendiener,
> noch Ehebrecher,
> noch Wollüstige,
> noch Knabenschänder,
> [10] noch Diebe,
> noch Habsüchtige,

nicht Trunkenbolde,
nicht Lästerer,
nicht Räuber

werden DIE KÖNIGSHERRSCHAFT GOTTES ERBEN. [11] Und dies sind etliche von euch gewesen.

> Aber ihr wurdet abgewaschen,
> aber ihr wurdet geheiligt,
> aber ihr wurdet gerechtfertigt

durch den Namen des Herrn Jesus Christus
und durch den Geist unseres GOTTES.

[1 Kor 6,12–20: Warnung vor Unzucht]

[12] ALLES IST MIR ERLAUBT,
> ABER nicht alles nützt.
ALLES IST MIR ERLAUBT,
> ABER ich werde mich nicht von etwas beherrschen lassen.

[13] Die Speisen für den Bauch und der Bauch für die Speisen; GOTT aber wird sowohl jenen als auch diese zunichte machen.
Der *LEIB* aber nicht für die *UNZUCHT*, sondern für den Herrn, und der Herr für den *LEIB*.

[14] GOTT aber hat den Herrn auferweckt
und wird auch uns auferwecken durch seine Macht.

[15] **Wisst ihr nicht**, dass eure *LEIBER* Glieder Christi sind? Soll ich nun die Glieder Christi nehmen und zu Gliedern einer Hure machen? Das sei ferne!
[16] Oder **wisst ihr nicht**, dass, wer der Hure anhängt, ein einziger *LEIB* (mit ihr) ist? Denn es werden, heißt es,

> die zwei zu einem einzigen Fleisch werden.
> [Gen 2,24 LXX]

[17] Wer aber dem Herrn anhängt, ist ein einziger Geist (mit ihm).
[18] Fliehet die *UNZUCHT*!

Jede Sünde, die ein Mensch begehen mag, ist außerhalb des *LEIBES*;
wer aber *UNZUCHT* treibt, sündigt gegen den eigenen *LEIB*.

[19] Oder **wisst ihr nicht**, dass euer *LEIB* ein **Tempel** des in euch (befindlichen) heiligen GEISTES ist, den ihr von GOTT habt, und dass ihr euch nicht selbst gehört?
[20] Denn ihr wurdet rechtmäßig[a] gekauft.
Gebt also GOTT die Ehre mit eurem *LEIB*.

---

a Wörtlich: „gegen Barzahlung".

[1Korinther 7,1–11,1:
Die Gemeinde in der Welt]

[1Kor 7,1–16: Ehe, Ehelosigkeit, Scheidung]

[1] Was aber das betrifft, wovon ihr geschrieben habt: (Es ist) gut für einen Menschen, keine Frau zu berühren. [2] Doch um der UNZUCHTSTATEN willen soll jeder seine eigene Frau haben, und jede (Frau) soll ihren eigenen Mann haben.

[3] Der Frau gegenüber soll der Mann die Pflicht erfüllen, ebenso aber auch die Frau dem Mann gegenüber. [4] Die Frau verfügt nicht über ihren eigenen *LEIB*, sondern der Mann; ebenso aber verfügt auch der Mann nicht über seinen eigenen *LEIB*, sondern die Frau.

[5] Entzieht euch einander nicht, es sei denn nach Übereinkunft eine Zeitlang, damit ihr euch dem Gebet widmet und (dann) wieder zusammen seid, damit der Satan euch infolge eures ungezügelten Verlangens nicht versucht. [6] Dies aber sage ich als Zugeständnis, nicht als Befehl.

[7] Wünschen würde ich allerdings, dass alle Menschen sind WIE AUCH ICH SELBST; doch jeder hat seine eigene Gnadengabe von GOTT, der eine so, der andere so.

[8] Ich sage aber den Unverheirateten und den Witwen: (Es ist) gut für sie, wenn sie bleiben WIE AUCH ICH. [9] Wenn sie sich aber nicht enthalten, sollen sie heiraten. Denn es ist besser, zu heiraten, als (vor ungezügeltem Verlangen) zu brennen.

[10] Den Verheirateten aber gebiete ich, nicht ich, sondern der Herr, dass eine Frau sich vom Mann nicht (durch Scheidung) trennen soll – [11] wenn sie sich aber doch trennt, soll sie unverheiratet bleiben oder sich mit dem Mann versöhnen – und dass ein Mann seine Frau *nicht entlassen* soll.

[12] Den übrigen aber sage ich, nicht der Herr:
Wenn ein Bruder eine ungläubige Frau hat
und diese willigt ein, bei ihm zu wohnen,
soll er sie *nicht entlassen*.
[13] Und eine Frau: Wenn sie einen ungläubigen Mann hat
und dieser willigt ein, bei ihr zu wohnen,
soll sie den Mann *nicht entlassen*.
[14] Denn der ungläubige Mann ist durch die Frau geheiligt,
und die ungläubige Frau ist durch den Bruder geheiligt;
sonst wären ja eure Kinder unrein, jetzt aber sind sie heilig.

[15] Wenn aber der Ungläubige sich (durch Scheidung) trennt, soll er sich trennen. Der Bruder oder die Schwester ist in solchen Fällen nicht gebunden.
Im Frieden aber hat euch GOTT BERUFEN.
[16] Denn was weißt du, Frau, ob du den Mann retten wirst? Oder was weißt du, Mann, ob du die Frau retten wirst?

[1Kor 7,17–24: Bleiben in der Berufung]

¹⁷ Nur: wie es einem jeden der Herr zugeteilt hat,
wie einen jeden GOTT BERUFEN hat,
so soll er sich verhalten;
und so ordne ich es in allen Gemeinden an.

¹⁸ Ist einer als Beschnittener BERUFEN worden,
soll er sich keine Vorhaut überziehen;
     ist einer mit Vorhaut BERUFEN worden,
     soll er sich nicht beschneiden lassen.
¹⁹ Die Beschneidung ist nichts, und die Vorhaut ist nichts,
sondern das Halten der Gebote GOTTES.

²⁰ Jeder in der BERUFUNG, in der er BERUFEN worden ist – darin soll er *bleiben*!

²¹ Bist du als Sklave BERUFEN worden,
soll es dich nicht kümmern;
     aber wenn du auch frei werden kannst,
     mach umso mehr daraus.
²² Denn der im Herrn BERUFENE Sklave ist ein Freigelassener des Herrn;
ebenso der als freier (Mensch) BERUFENE ein Sklave Christi.

²³ Ihr wurdet rechtmäßig gekauft;
werdet nicht (wieder) zu Sklaven von Menschen.

²⁴ Jeder, Brüder, soll vor Gott darin bleiben, worin er BERUFEN worden ist.

[1Kor 7,25–40: Über die Jungfrauen
und die Wiederheirat von Witwen]

²⁵ Über die **Jungfrauen** aber habe ich kein Gebot des Herrn; ich sage aber (meine) Meinung als einer, dem vom Herrn die Barmherzigkeit widerfahren ist, glaubwürdig zu sein. ²⁶ Ich meine nun, dass dies um der gegenwärtigen Not willen gut ist – dass es für einen Menschen gut ist, so zu sein:

²⁷ Bist du an eine Frau gebunden, suche keine Trennung;
bist du von einer Frau getrennt, suche keine Frau.
²⁸ Wenn du aber doch heiratest, sündigst du nicht;
und wenn die **Jungfrau** heiratet, sündigt sie nicht.

Solche (Menschen) aber werden Trübsal für das Fleisch haben, ich aber möchte euch schonen.

²⁹ Dies aber sage ich, Brüder: Die Zeit ist gedrängt. Fortan (gilt), dass
     die, die Frauen haben, sein sollen, als hätten sie keine,
       ³⁰ und die Weinenden, als weinten sie nicht,

und die sich Freuenden, als freuten sie sich nicht,
und die Kaufenden, als behielten sie (es) nicht,
[31] und die die <u>Welt</u> Nutzenden, als benutzten sie sie nicht.
Denn die Gestalt dieser <u>Welt</u> vergeht.

[32] Ich will aber, dass ihr ohne *Sorge* seid.

Der Unverheiratete *sorgt* sich um das, was den Herrn betrifft: wie er dem Herrn gefalle.
[33] Der Verheiratete aber *sorgt* sich um das, was die <u>Welt</u> betrifft: wie er der Frau gefalle, [34] und ist (daher) gespalten.
Auch die unverheiratete Frau und die **Jungfrau** *sorgt* sich um das, was den Herrn betrifft, damit sie heilig sei an Leib und Geist.
Die Verheiratete aber *sorgt* sich um das, was die <u>Welt</u> betrifft: wie sie dem Mann gefalle.

[35] Dies aber sage ich zu eurem eigenen Vorteil – nicht, um euch eine Schlinge überzuwerfen, sondern (als Ermahnung) zum Anstand und zur Beharrlichkeit für den Herrn, ohne Ablenkung.

[36] Wenn aber einer denkt, er handle unanständig mit seiner **Jungfrau**, wenn er[a] überreif ist und es so geschehen muss, (so) tue er, was er will. Er sündigt nicht; sie sollen heiraten.
[37] Wer aber in seinem Herzen fest steht und keine Not hat, sondern Macht hat über seinen eigenen Willen und dies in seinem eigenen Herzen beschlossen hat, seine **Jungfrau** (als solche) zu bewahren, der handelt gut.
[38] Daher: Wer seine **Jungfrau** heiratet, handelt gut, und wer sie nicht heiratet, handelt besser.

[39] Eine Frau ist gebunden, solange ihr Mann lebt; wenn aber der Mann entschlafen ist, ist sie frei, sich zu verheiraten, mit wem sie will – nur: im Herrn. [40] Seliger aber ist sie, wenn sie so bleibt – (jedenfalls) nach meinem Urteil. Auch ich aber meine, den Geist Gottes zu haben.

[1Kor 8,1–13: Mahnung zur Rücksichtnahme auf die Schwachen
beim Essen von Götzenopferfleisch]

[1] Was aber das Götzenopferfleisch betrifft, **wissen wir**: Wir alle haben Erkenntnis. Die Erkenntnis bläht auf, die **Liebe** aber erbaut. [2] Wenn einer meint, er habe etwas erkannt, hat er noch nicht erkannt, wie man erkennen soll; [3] wenn aber einer Gott **liebt**, der ist von ihm erkannt.
[4] Was nun das Essen des Götzenopferfleisches betrifft, **wissen wir**, dass es keinen Götzen in der <u>Welt</u> gibt und dass kein Gott ist als nur einer.

---

a Oder: „sie".

⁵ Denn wenn es auch sogenannte Götter gibt, sei es im Himmel, sei es auf Erden, wie es ja viele Götter und viele Herren gibt, ⁶ ist doch für uns

ein einziger GOTT, der Vater,
  von dem alle Dinge sind
  und wir auf ihn hin,
und ein einziger Herr, Jesus Christus,
  durch den alle Dinge sind
  und wir durch ihn.

⁷ Aber nicht in allen (ist) die ERKENNTNIS. Vielmehr essen einige in der Gewöhnung an den Götzen bis jetzt (Fleisch) als Götzenopferfleisch, und ihr Gewissen wird, weil es SCHWACH ist, befleckt. ⁸ Speise aber wird uns nicht vor GOTT stellen. Weder haben wir, wenn wir nicht essen, einen Mangel, noch haben wir, wenn wir essen, einen Vorteil. ⁹ Seht aber zu, dass nicht etwa dieses euer RECHT den SCHWACHEN zum Anstoß werde. ¹⁰ Denn wenn einer dich, der du ERKENNTNIS hast, im Götzentempel zu Tisch liegen sieht, wird nicht sein Gewissen, weil er SCHWACH ist, ‚erbaut' werden, die Götzenopfer zu essen? ¹¹ Denn der SCHWACHE kommt durch deine ERKENNTNIS um, der Bruder, um dessentwillen Christus gestorben ist. ¹² Indem ihr aber so gegen die Brüder sündigt und ihr SCHWACHES Gewissen verletzt, sündigt ihr gegen Christus. ¹³ Darum, wenn eine Speise meinen Bruder zu Fall bringt, so will ich überhaupt kein Fleisch essen in Ewigkeit, damit ich meinen Bruder nicht zu Fall bringe.

[1 Kor 9,1–27: Der Verzicht des Paulus auf seine Rechte als Apostel]

¹ Bin ich nicht *FREI*?
Bin ich nicht ein Apostel?
Habe ich nicht Jesus, unseren Herrn, gesehen?
Seid ihr nicht mein Werk im Herrn?

² Wenn ich für andere kein Apostel bin, so bin ich es doch für euch; denn das Siegel meines Apostelamts seid ihr im Herrn. ³ Meine Verteidigung vor denen, die über mich urteilen, ist diese:

⁴ Haben wir etwa kein *RECHT*,
  zu essen und zu trinken?
⁵ Haben wir etwa kein *RECHT*,
  eine Schwester als Frau mitzunehmen,
  wie (es) die übrigen Apostel und die Brüder des Herrn und Kephas (tun)?
⁶ Oder haben allein ich und Barnabas nicht das *RECHT*,
  nicht zu arbeiten?

⁷ Wer leistet jemals Kriegsdienst
  auf eigenen Sold?

Wer pflanzt einen Weinberg
und nährt sich nicht von dessen Frucht?
Oder wer hütet eine Herde
und nährt sich nicht von der Milch der Herde?

[8] Rede ich dies etwa nach menschlicher Weise, oder sagt das nicht auch das *Gesetz*? [9] Denn in dem *Gesetz* des Mose ist geschrieben:
Du sollst dem Ochsen, der da drischt, nicht das Maul verbinden.
[Dtn 25,4]
Kümmert GOTT sich etwa um die Ochsen? [10] Oder redet er nicht überhaupt um unseretwillen? Denn um unseretwillen ist geschrieben:
Es soll auf Hoffnung pflügen der Pflügende
und der Dreschende auf Hoffnung,
um (am Ertrag) teilzuhaben.
[vgl. Sir 6,19]
[11] Wenn wir für euch das GEISTIGE gesät haben, (was ist es da) Großes, wenn wir von euch das Fleischliche ernten wollen?

[12] Wenn andere am (Verfügungs-)*RECHT* über euch teilhaben, (dann) nicht viel mehr wir? Aber wir haben von diesem *RECHT* keinen Gebrauch gemacht, sondern wir ertragen alles, damit wir dem *Evangelium* über Christus keinerlei Hemmnis bereiten.

[13] Wisst ihr nicht, dass die, die die heiligen (Dienste) tun, essen, was vom Heiligtum (kommt), (und dass) die, die am Altar tätig sind, Anteil am Altar haben?

[14] So hat auch der Herr denen, die das *Evangelium* verkündigen, verordnet, vom *Evangelium* zu leben.[a] [15] Ich aber habe von keinem dieser Dinge Gebrauch gemacht.

Ich habe dies aber nicht geschrieben, damit es so mit mir geschehe; denn es wäre besser für mich zu sterben als – meinen Ruhm soll niemand zunichte machen. [16] Denn wenn ich (das Evangelium) predige, habe ich keinen Ruhm, denn ein Zwang liegt auf mir; denn wehe mir, wenn ich (das Evangelium) nicht predigte!

[17] Denn wenn ich dies freiwillig tue, habe ich Lohn; wenn aber unfreiwillig, bin ich mit einem Verwalteramt betraut. [18] Was ist nun mein Lohn? Dass ich bei meiner Predigt das *Evangelium* kostenlos darbiete, um mein *RECHT* am *Evangelium* nicht auszunutzen.

[19] Denn obwohl ich allen gegenüber *FREI* bin,
habe ich mich allen zum Sklaven gemacht,
DAMIT ICH immer mehr GEWINNE.

[20] Und ich bin den Juden wie ein Jude geworden,
DAMIT ICH Juden GEWINNE;

---

a Vgl. Lk 10,7.

denen, die unter dem *Gesetz* sind, wie einer unter dem *Gesetz*
– obwohl ich selbst nicht unter dem *Gesetz* bin –,
DAMIT ICH die, (die) unter dem *Gesetz* (sind), GEWINNE;

[21] denen, (die) ohne *Gesetz* (sind), wie einer ohne *Gesetz*
– obwohl ich nicht ohne *Gesetz* bin vor GOTT,
sondern unter dem *Gesetz* Christi –,
DAMIT ICH (die) GEWINNE, die ohne *Gesetz* (sind).

[22] Den Schwachen bin ich ein Schwacher geworden,
DAMIT ICH die Schwachen GEWINNE.

Allen bin ich alles geworden,
DAMIT ICH wenigstens einige rette.

[23] Ich tue aber alles um des *Evangeliums* willen, um an ihm Anteil zu bekommen.

[24] Wisst ihr nicht, dass die, die im Stadion LAUFEN, zwar alle LAUFEN, (dass) aber nur einer den Preis empfängt? LAUFT so, dass ihr ihn erlangt. [25] Jeder aber, der am Wettkampf teilnimmt, übt völlige Enthaltsamkeit; jene freilich, damit sie einen vergänglichen Siegeskranz empfangen, wir aber einen unvergänglichen. [26] Ich LAUFE daher so: wie (einer, der) nicht ins Ungewisse (läuft); ich kämpfe so: wie einer, der nicht in die Luft schlägt. [27] Sondern ich quäle meinen Leib und knechte ihn, damit ich nicht, nachdem ich anderen verkündigt habe, selbst verwerflich werde.

[1 Kor 10,1–22: Das warnende Beispiel der Wüstengeneration;
die Unverträglichkeit von Herrenmahl und Dämonenmahl]

[1] Denn ich will euch nicht in Unkenntnis lassen, Brüder, dass
unsere Väter *alle* unter der Wolke waren
und *alle* durch das Meer hindurchgingen,
[2] und *alle* auf Mose getauft wurden in der Wolke und im Meer
[3] und *alle* dieselbe GEISTIGE Speise aßen
[4] und *alle* denselben GEISTIGEN Trank tranken.
Denn sie tranken aus einem GEISTIGEN, (sie) begleitenden Felsen; der Fels aber war Christus. [5] Aber an den meisten von ihnen hatte GOTT kein Wohlgefallen, denn sie sind in der Wüste hingestreckt worden.
[6] Diese Dinge aber sind **Vorbilder** für uns geworden, damit wir nicht böse Dinge begehren, so wie jene begehrlich gewesen sind.
[7] Werdet auch nicht GÖTZENDIENER wie einige von ihnen, wie geschrieben ist:
Das Volk setzte sich nieder, zu essen und zu trinken,
und sie standen auf, zu spielen.
[Ex 32,6 LXX]

⁸ Auch lasst uns nicht *Unzucht* treiben, wie einige von ihnen *Unzucht* trieben, und es fielen an einem einzigen Tag dreiundzwanzigtausend[a].

⁹ Lasst uns auch Christus nicht **versuchen**, wie einige von ihnen (ihn) **versuchten**, und sie kamen durch die Schlangen um[b].

¹⁰ Murrt auch nicht, wie einige von ihnen murrten, und sie sind durch den Verderber umgekommen[c].

¹¹ Dies aber widerfuhr jenen **vorbildhaft**, geschrieben aber wurde es zur Ermahnung für uns, über die das Ende[d] der Zeitalter gekommen ist.

¹² Deshalb, wer zu stehen meint, sehe zu, dass er nicht falle.

¹³ Keine *Versuchung* hat euch ergriffen als nur eine menschliche. Gott aber ist treu; der wird nicht zulassen, dass ihr über das hinaus, was ihr vermögt, *versucht* werdet, sondern wird zugleich mit der *Versuchung* auch den Ausgang schaffen, so dass ihr (sie) ertragen könnt.

¹⁴ Darum, meine Geliebten, flieht vor dem Götzendienst!

¹⁵ Zu verständigen (Leuten) rede ich. Beurteilt selber, was ich sage!

¹⁶ Der Becher der Segnung, den wir segnen – ist er nicht Anteilhabe am Blut Christi?

Das Brot, das wir brechen – ist es nicht Anteilhabe am Leib Christi?

¹⁷ Denn ein einziges Brot, ein einziger Leib sind wir, die vielen, denn wir alle nehmen teil an dem einen Brot.

¹⁸ Seht auf das Israel nach dem Fleisch. Sind nicht die, die die Schlachtopfer essen, Teilhaber am Altar?[e]

¹⁹ Was sage ich nun? Dass Götzenopferfleisch etwas ist? Oder dass ein Götzenbild etwas ist? ²⁰ (Nein,) sondern dass sie das, was sie opfern, *Dämonen* und nicht Gott opfern. Ich will aber nicht, dass ihr Anteil nehmt an den *Dämonen*.

²¹ Ihr könnt nicht den Becher des Herrn trinken und (zugleich) den Becher der *Dämonen*.

Ihr könnt nicht am Tisch des Herrn teilnehmen und (zugleich) am Tisch der *Dämonen*.

²² Oder wollen wir den Herrn zur Eifersucht reizen?[f] Sind wir etwa stärker als er?

[1Kor 10,23–11,1: Die christliche Freiheit]

²³ Alles ist erlaubt,

Aber nicht alles nützt;

Alles ist erlaubt,

Aber nicht alles erbaut.

²⁴ Niemand suche das Seine, sondern (jeder suche) das des anderen.

---

a Vgl. Num 25,1.9; 26,62.
b Vgl. Num 21,5–6; Ps 78,18.
c Vgl. Ex 16,2–3; Num 14,2.36; 16,11–35.

d Plural.
e Vgl. Lev 7,6.15.
f Vgl. Dtn 32,21.

²⁵ Alles, was auf dem Fleischmarkt verkauft wird, esst, OHNE ES UM DES GEWISSENS WILLEN ZU UNTERSUCHEN. ²⁶ Denn

dem Herrn gehört die Erde und ihre Fülle.

[Ps 24,1]

²⁷ Wenn einer von den Ungläubigen euch einlädt und ihr hingehen wollt, esst alles, was euch vorgesetzt wird, OHNE ES UM DES GEWISSENS WILLEN ZU UNTERSUCHEN.

²⁸ Wenn aber einer zu euch sagt: ‚Dies ist Opferfleisch', esst nicht (davon), um jenes (Menschen) willen, der es anzeigt, und um des GEWISSENS willen; ²⁹ ich meine aber nicht das eigene GEWISSEN, sondern das des anderen.

Denn warum sollte meine Freiheit (denn) von einem anderen GEWISSEN beurteilt werden?

³⁰ Wenn ich mit Danksagung teilnehme, warum sollte ich verlästert werden für das, wofür ich danksage?

³¹ Ob ihr nun esst oder trinkt oder sonst etwas tut, alles tut zu GOTTES Ruhm!

³² Seid unanstößig sowohl für Juden als auch für Griechen als auch für die Gemeinde GOTTES; ³³ wie auch ich in allen Dingen allen zu gefallen suche, indem ich nicht meinen eigenen Vorteil suche, sondern den der vielen, dass sie gerettet werden. ¹¹,¹ Meine Nachahmer werdet, wie auch ich Christi (Nachahmer bin).

[1Korinther 11,2–14,40: Versammlungen der Gemeinde]

[1Kor 11,2–16: Über die Verschleierung der Frauen beim Beten und ihr Prophezeien]

² Ich **LOBE** euch aber, dass ihr mich in jeder Hinsicht im Gedächtnis behaltet und die Überlieferungen bewahrt, wie ich sie euch überliefert habe.

³ Ich will aber, dass ihr wisst: Eines jeden Mannes *HAUPT* ist Christus, *HAUPT* der Frau aber der Mann, *HAUPT* Christi aber GOTT.

⁴ Jeder Mann, der *betet* oder PROPHEZEIT und dabei etwas auf dem *HAUPT* trägt, SCHÄNDET sein *HAUPT*.

⁵ Jede Frau aber, die *betet* oder PROPHEZEIT mit unverhülltem *HAUPT*, SCHÄNDET ihr *HAUPT*; denn sie ist ein und dasselbe wie die Kahlgeschorene. ⁶ Denn wenn eine Frau sich nicht verhüllt, soll sie sich doch (gleich) scheren lassen; wenn es aber SCHÄNDLICH ist für eine Frau, sich scheren oder kahlrasieren zu lassen, soll sie sich verhüllen.

⁷ Denn der Mann freilich soll sich das *HAUPT* nicht verhüllen, da er GOTTES Bild und Abglanz ist; die Frau aber ist des Mannes Abglanz. ⁸ Denn der Mann ist nicht aus der Frau, sondern die Frau aus dem Mann; ⁹ denn der Mann wurde auch nicht

um der Frau willen geschaffen, sondern die Frau um des Mannes willen[a]. ¹⁰ Deshalb soll die Frau eine Macht auf dem *HAUPT* haben, um der Engel willen. ¹¹ Dennoch ist im Herrn weder die Frau ohne den Mann, noch der Mann ohne (die) Frau. ¹² Denn wie die Frau aus dem Mann ist, so ist auch der Mann durch die Frau; alles aber von GOTT.

¹³ Urteilt bei euch selbst: Ist es anständig, dass eine Frau unverhüllt zu GOTT betet? ¹⁴ Lehrt euch nicht auch die Natur selbst, dass es, wenn ein Mann langes Haar hat, eine Schande für ihn ist, ¹⁵ (dass) es aber, wenn eine Frau langes Haar hat, eine Ehre für sie ist? Denn das Haar ist ihr anstatt eines Schleiers gegeben.

¹⁶ Wenn es aber einer für gut hält, streitsüchtig zu sein: wir haben eine derartige Sitte nicht und auch die Gemeinden GOTTES nicht.

[1 Kor 11,17–34: Missstände beim Herrenmahl]

¹⁷ Dies aber **LOBE** ich bei meinen Anordnungen nicht, dass ihr nicht zum Besseren, sondern zum Schlechteren zusammenkommt.

¹⁸ Denn erstens höre ich, dass es, wenn ihr in der Gemeinde **zusammenkommt**, Spaltungen unter euch gibt, und zum Teil glaube ich es. ¹⁹ Denn es müssen auch Parteiungen unter euch sein, damit auch die Bewährten unter euch offenbar werden.

²⁰ Wenn ihr nun an einem Ort **zusammenkommt**, ist es nicht möglich, das Herrenmahl zu essen. ²¹ Denn jeder nimmt beim Essen sein eigenes Mahl vorweg, und der eine ist hungrig, der andere ist betrunken.

²² Habt ihr denn etwa keine Häuser, um zu essen und zu trinken? Oder verachtet ihr die Gemeinde GOTTES und beschämt die, die nichts haben? Was soll ich euch sagen? Soll ich euch **LOBEN**? Hierin **LOBE** ich nicht.

²³ Denn ich habe vom Herrn empfangen, was ich euch auch überliefert habe:

Der Herr Jesus in der Nacht, in der er ausgeliefert wurde, nahm Brot ²⁴ und dankte, brach es und sagte: Dies ist mein Leib für euch; DIES TUT ZUR ERINNERUNG AN MICH.

²⁵ Ebenso auch den Becher nach dem Mahl und sagte: Dieser Becher ist der neue Bund in meinem Blut; DIES TUT, sooft ihr trinkt, ZUR ERINNERUNG AN MICH.

²⁶ Denn sooft ihr dieses BROT ESST und den BECHER TRINKT, verkündigt ihr den Tod des Herrn, bis er kommt.

²⁷ Wer also unwürdig das BROT ISST oder den BECHER des Herrn TRINKT, wird schuldig sein am Leib und am Blut des Herrn.

²⁸ Es prüfe aber (jeder) Mensch sich selbst, und *so* soll er vom BROT ESSEN und aus dem BECHER TRINKEN. ²⁹ Denn wer isst und trinkt, isst und trinkt sich selbst Ge-

---

a Vgl. Gen 2,21 f.

richt, wenn er den Leib nicht (von profaner Speise) unterscheidet. [30] Deshalb sind viele unter euch schwach und kraftlos, und etliche sind entschlafen. [31] Wenn wir uns aber selbst beurteilten, würden wir nicht *gerichtet.* [32] Wenn wir aber vom Herrn *gerichtet* werden, werden wir gezüchtigt, damit wir nicht mit der Welt verurteilt werden.

[33] Daher, meine Brüder, wenn ihr **zusammenkommt,** um zu essen, wartet aufeinander! [34] Wenn einer Hunger hat, esse er daheim, damit ihr nicht zum *Gericht* **zusammenkommt.**

Das übrige aber werde ich anordnen, sobald ich komme.

[1Kor 12,1–3: Das Kennzeichen des Geistes]

[1] Was aber die GEISTESGABEN betrifft, Brüder, will ich euch nicht in Unkenntnis lassen. [2] Ihr wisst, dass ihr, als ihr Heiden wart – wie ihr da zu den stummen Götzen hingezogen wurdet (und) fortgerissen. [3] Daher tue ich euch kund:

Niemand, der im GEIST GOTTES redet,
  sagt: Ein Fluch ist Jesus,
  und niemand kann sagen: Herr ist Jesus,
  außer im heiligen GEIST.

[1Kor 12,4–31a: Die Einheit der Gemeinde]

[4] Zuteilungen von **Gnadengaben** aber gibt es,
  aber (es ist) derselbe GEIST;
[5] und Zuteilungen von Diensten gibt es,
  und (es ist) derselbe Herr;
[6] und Zuteilungen von Wirkkräften gibt es,
  aber (es ist) derselbe GOTT, der alles in allen wirkt.

[7] Jedem aber wird die Offenbarung des GEISTES zum Nutzen gegeben. [8] Denn dem einen wird durch den GEIST das Wort der Weisheit gegeben, einem anderen aber das Wort der ERKENNTNIS nach demselben GEIST; [9] einem anderen Glaube in demselben GEIST, einem anderen aber **Gnadengaben** der Heilungen in dem einen GEIST, [10] einem anderen aber Wirkkräfte für Machttaten,
  einem anderen aber *Prophetie,*
  einem anderen aber Unterscheidungen der GEISTER;
  einem anderen aber Arten der ZUNGENREDE,
  einem anderen aber Auslegung der ZUNGENREDE.

[11] Dies alles aber wirkt ein und derselbe GEIST, indem er es jedem gesondert zuweist, wie er will.

[12] Denn wie der *LEIB* ein einziger ist und viele GLIEDER hat, alle GLIEDER des LEI-BES aber, obgleich es viele sind, ein einziger *LEIB* sind, so auch Christus. [13] Denn

in ein und demselben GEIST
wurden wir alle zu ein und demselben *LEIB* getauft,
seien wir Juden oder Griechen,
seien wir Sklaven oder Freie,
und wurden alle mit ein und demselben GEIST getränkt.

[14] Denn auch der *LEIB* ist nicht ein einziges GLIED, sondern viele.

[15] Wenn der Fuß sagt: Weil ich nicht Hand bin, gehöre ich nicht zum *LEIB* – gehört er deswegen nicht zum *LEIB*?

[16] Und wenn das Ohr sagt: Weil ich nicht Auge bin, gehöre ich nicht zum *LEIB* – gehört es deswegen nicht zum *LEIB*?

[17] Wenn der ganze *LEIB* Auge (wäre), wo (wäre) das Gehör? Wenn ganz Gehör, wo der Geruchssinn?

[18] Jetzt aber hat GOTT die GLIEDER eingesetzt, jedes einzelne von ihnen im *LEIB*, wie er es wollte.

[19] Wenn aber alles ein einziges GLIED wäre, wo (wäre) der *LEIB*? [20] Jetzt aber sind zwar viele GLIEDER, aber ein einziger *LEIB*.

[21] Nicht kann aber das Auge zur Hand sagen: Ich *brauche dich nicht*; oder wieder das Haupt zu den Füßen: Ich *brauche euch nicht*.

[22] Sondern gerade die GLIEDER des *LEIBES*, die schwächer zu sein scheinen, sind notwendig;

[23] und die, die uns die weniger EHRBAREN am *LEIB* zu sein scheinen, die umgeben wir mit besonderer EHRE;
und unsere unanständigen (Glieder) erhalten (durch Bedecken) eine umso größere WOHLANSTÄNDIGKEIT;

[24] unsere WOHLANSTÄNDIGEN (Glieder) aber *brauchen es nicht*.
Aber GOTT hat den *LEIB* zusammengefügt und dabei dem Zurückstehenden größere EHRE gegeben, [25] damit keine Spaltung im *LEIB* ist, sondern die GLIEDER dieselbe Sorge füreinander haben. [26] Und wenn ein einziges GLIED leidet, leiden alle GLIE-DER mit; oder wenn ein einziges GLIED verherrlicht wird, freuen sich alle GLIEDER mit.

[27] Ihr aber seid der *LEIB* Christi und, einzeln genommen, GLIEDER. [28] Und die einen hat GOTT in der Gemeinde eingesetzt

erstens als APOSTEL,
zweitens als *Propheten*,
drittens als *Lehrer*,
dann MACHTERWEISE,
dann **Gnadengaben** zu Heilungen, Hilfeleistungen, Leitungen
(und) Arten der ZUNGENREDE.

[29] (Sind) etwa alle APOSTEL?

(Sind) etwa alle *Propheten*?
(Sind) etwa alle *Lehrer*?
(Vollbringen) etwa alle MACHTERWEISE?
³⁰ Haben etwa alle (die) **Gnadengaben** zu Heilungen?
REDEN etwa alle IN ZUNGEN?
Legen etwa alle aus?

^{31a} Eifert aber um die größeren **Gnadengaben**!

[1 Kor 12,31b–13,13: Die Liebe]

^{31b} Und einen Weg noch weit darüber hinaus zeige ich euch:
^{13,1} *Wenn* ich in den Zungen der Menschen und der Engel rede, aber keine **LIEBE** habe, bin ich ein tönendes Erz geworden oder eine schallende Zimbel.
² Und *wenn* ich *Prophetengabe* habe und alle Geheimnisse und alle ERKENNTNIS weiß und *wenn* ich allen Glauben habe, so dass ich Berge versetze, aber keine **LIEBE** habe, bin ich nichts.
³ Und *wenn* ich alle meine Habe zur Speisung (der Armen) austeile und *wenn* ich meinen Leib hingebe, damit ich verbrannt werde, aber keine **LIEBE** habe, nützt es mir nichts.

⁴ Die **LIEBE** ist langmütig,
die **LIEBE** ist gütig;
sie neidet nicht;
die **LIEBE** prahlt nicht,
sie bläht sich nicht auf,
⁵ sie benimmt sich nicht unanständig,
sie sucht nicht das Ihre,
sie lässt sich nicht reizen,
sie rechnet Böses nicht zu,
⁶ sie freut sich nicht über die Ungerechtigkeit,
sondern sie freut sich mit der Wahrheit,

⁷ sie erträgt alles,
sie glaubt alles,
sie hofft alles,
sie erduldet alles.

⁸ Die **LIEBE** vergeht niemals;

seien es aber *Prophezeiungen*, sie werden *weggetan* werden;
seien es Zungen, sie werden aufhören;
sei es ERKENNTNIS, sie wird *weggetan* werden.

⁹ Denn (nur) stückweise ERKENNEN wir, und (nur) stückweise *prophezeien* wir; ¹⁰ wenn aber das Vollkommene kommt, wird das, (was) stückweise (ist), *weggetan* werden.

¹¹ Als ich ein Kind war, redete ich wie ein Kind, dachte wie ein Kind, urteilte wie ein Kind; als ich ein Mann wurde, *tat ich weg*, was kindlich war.

¹² Denn wir sehen jetzt mittels eines Spiegels, undeutlich, dann aber von Angesicht zu Angesicht. Jetzt ERKENNE ich stückweise, dann aber werde ich ERKENNEN, gleichwie auch ich ERKANNT WORDEN BIN.

¹³ Jetzt aber bleiben Glaube, Hoffnung, LIEBE, diese drei; die größte aber von diesen ist die LIEBE.

[1 Kor 14,1–40: Der Aufbau der Gemeinde als Aufbau der Charismen, erläutert am Zungenreden und Prophezeien]

¹ Jagt der LIEBE nach; eifert aber nach den GEISTESGABEN, besonders aber danach, dass ihr *prophezeit*.

² Denn wer IN ZUNGEN REDET, redet nicht zu Menschen, sondern zu GOTT; denn niemand hört ihnᵃ, im GEIST aber redet er Geheimnisse.

³ Wer aber *prophezeit*, redet zu Menschen (zur) ERBAUUNG und Ermahnung und Tröstung.

⁴ Wer IN ZUNGEN REDET, ERBAUT sich selbst; wer aber *prophezeit*, ERBAUT die Gemeinde.

⁵ Ich möchte aber, dass ihr alle IN ZUNGEN REDET, erst recht aber, dass ihr *prophezeit*. Größer aber ist der, der *prophezeit*, als der, der IN ZUNGEN REDET, es sei denn, dass er es auslegt, damit die Gemeinde ERBAUUNG empfängt.

⁶ Jetzt aber, Brüder, wenn ich zu euch komme und IN ZUNGEN REDE, was werde ich euch nützen, wenn ich nicht zu euch rede in Offenbarung oder in ERKENNTNIS oder in *Prophezeiung* oder in Lehre?

⁷ Gleichermaßen die leblosen Dinge, die einen Ton von sich geben, Flöte oder Harfe – wenn sie den Klängen keinen Unterschied geben, wie wird man erkennen, was auf der Flöte oder auf der Harfe gespielt wird? ⁸ Und wenn die Posaune einen undeutlichen Ton gibt, wer wird sich zum Kampf rüsten?

⁹ So auch ihr: Wenn ihr mit der ZUNGE keine verständliche Rede von euch gebt, wie soll man erkennen, was geredet wird? Denn ihr werdet in den Wind reden. ¹⁰ Es gibt zum Beispiel so viele Arten von Sprachen in der Welt, und nichts (ist) ohne Sprache. ¹¹ Wenn ich nun die Bedeutung der Sprache nicht kenne, werde ich für den Redenden ein Barbar sein und der Redende für mich ein Barbar.

¹² So auch ihr: Da ihr nach Geistern eifert, strebt zur ERBAUUNG der Gemeinde danach, dass ihr Überfluss habt.

---

a Oder: „es".

¹³ Darum, wer IN ZUNGEN REDET, soll beten, dass er es (auch) auslege(n kann).
¹⁴ Denn wenn ich IN ZUNGENREDE bete, betet mein GEIST, aber mein VERSTAND ist fruchtlos.
¹⁵ Was ist nun?

> Beten will ich mit dem GEIST,
> beten will ich aber auch mit dem VERSTAND.
> Lobsingen will ich mit dem GEIST,
> lobsingen will ich aber auch mit dem VERSTAND.

¹⁶ Denn wenn du mit dem GEIST preist, wie soll der, der die Stelle des Unkundigen einnimmt, das Amen sprechen zu deiner *Danksagung*, da er ja nicht weiß, was du sagst? ¹⁷ Denn du magst zwar schön *Dank sagen*, aber der andere wird nicht ERBAUT.
¹⁸ Ich *danke* GOTT, mehr als ihr alle REDE ich IN ZUNGEN. ¹⁹ Aber in der Gemeinde will ich lieber fünf Worte mit meinem VERSTAND REDEN, damit ich auch andere unterweise, als zehntausend Worte IN ZUNGEN.

²⁰ Brüder, seid nicht Kinder hinsichtlich der Einsicht, sondern hinsichtlich der Bosheit seid kindlich; hinsichtlich der Einsicht aber seid Erwachsene. ²¹ Es ist im Gesetz geschrieben:

> Durch Menschen anderer Zungen
> und durch Lippen anderer
> werde ich zu diesem Volk reden,
> und auch so werden sie nicht auf mich hören
> [Jes 28,11–12],
> spricht der Herr.

²² Daher dient das ZUNGENREDEN als Zeichen
> nicht für die **Glaubenden**,
> > sondern für die Ungläubigen;
> die *Prophezeiung* aber
> > nicht für die Ungläubigen,
> sondern für die **Glaubenden**.

²³ Wenn nun die ganze Gemeinde am selben Ort ZUSAMMENKOMMT und alle IN ZUNGEN REDEN, ABER LAIEN ODER UNGLÄUBIGE HEREINKOMMEN, werden sie nicht sagen, dass ihr verrückt seid?
²⁴ Wenn aber alle *prophezeien*, ABER IRGENDEIN UNGLÄUBIGER ODER LAIE HEREINKOMMT, wird er von allen überführt (und) wird von allen beurteilt; ²⁵ das Verborgene seines Herzens wird offenbar, und so wird er auf sein Angesicht fallen und GOTT anbeten und verkünden:

> GOTT ist wirklich unter euch.
> [Jes 45,14]

[26] Was ist nun, Brüder? Wenn ihr ZUSAMMENKOMMT,
hat jeder einen Psalm,
hat eine Lehre,
hat eine Offenbarung,
hat eine ZUNGENREDE,
hat eine Auslegung.
Alles soll zur ERBAUUNG geschehen!
[27] Wenn nun einer IN ZUNGEN REDET, dann jeweils zwei oder höchstens drei und nacheinander, und einer soll auslegen. [28] Wenn aber kein Ausleger da ist, soll er schweigen in der Gemeinde, für sich aber soll er reden und für GOTT.
[29] *Propheten* aber sollen zwei oder drei reden, und die anderen sollen (darüber) urteilen. [30] Wenn aber einem anderen, der da sitzt, (etwas) offenbart wird, soll der erste schweigen. [31] Denn ihr könnt einer nach dem anderen *alle prophezeien*, damit *alle* lernen und *alle* getröstet werden. [32] Und die Geister der *Propheten* ordnen sich den *Propheten* unter. [33a] Denn GOTT ist nicht (ein Gott) der *UNORDNUNG*, sondern des Friedens.

[33b] Wie in allen Gemeinden der Heiligen [34] sollen die Frauen in den Gemeinden schweigen, denn es wird ihnen nicht erlaubt, zu reden, sondern sie sollen sich unterordnen, wie auch das Gesetz sagt. [35] Wenn sie aber etwas lernen wollen, sollen sie daheim ihre eigenen Männer fragen; denn es ist schändlich für eine Frau, in der Gemeinde zu reden.[a]

[36] Oder ist von euch das Wort GOTTES ausgegangen? Oder ist es allein zu euch gelangt?
[37] Wenn einer meint, ein *Prophet* zu sein oder ein vom GEIST Erfasster, soll er anerkennen, dass das, was ich euch schreibe, ein Gebot des Herrn ist.

[38] Wenn aber einer nicht ERKENNT,
wird er (von Gott) nicht ERKANNT.

[39] Daher, Brüder, eifert danach, zu *prophezeien*, und hindert nicht das REDEN IN ZUNGEN.
[40] Alles aber geschehe anständig und in *ORDNUNG*.

---

a Möglicherweise stammt das Stück 1 Kor 14,33b–35 nicht von Paulus, sondern ist nachträglich von Paulusschülern hinzugefügt worden (vgl. 1 Tim 2,10–13).

[1 Korinther 15,1–58:
Die Auferweckung Christi und die Auferstehung der Christen]

[1 Kor 15,1–11: Die Zeugen der Auferweckung Christi und die Glaubenspredigt]

[1] Ich tue euch aber, Brüder, das Evangelium kund, das ich euch verkündigt habe, das ihr auch angenommen habt, in dem ihr auch fest steht, [2] durch das ihr auch gerettet werdet, wenn ihr es festhaltet in dem Wort(laut), in dem ich es euch verkündigt habe; es sei denn, ihr wäret umsonst **zum Glauben gekommen.**
[3] Denn an erster Stelle habe ich euch weitergegeben, was ich auch empfangen habe,

dass Christus STARB für unsere *Sünden nach den Schriften*
[4] und dass er begraben wurde
und dass er AUFERWECKT ist am dritten Tage *nach den Schriften*
[5] und dass er Kephas ERSCHIEN, dann den Zwölfen.

[6] Danach ERSCHIEN er mehr als fünfhundert Brüdern auf einmal,
von denen die meisten am Leben sind bis jetzt, einige aber sind entschlafen.
[7] Danach ERSCHIEN er Jakobus, dann allen Aposteln.

[8] Zuletzt aber von allen, gleichsam als der unzeitigen Geburt, ERSCHIEN er auch mir.
[9] Denn ich bin der geringste der Apostel, der ich nicht würdig bin, ein Apostel genannt zu werden, weil ich die Gemeinde GOTTES verfolgt habe. [10] Durch die *Gnade* GOTTES aber bin ich, was ich bin; und seine *Gnade* mir gegenüber ist nicht vergeblich gewesen, sondern ich habe mehr gearbeitet als sie alle; nicht aber ich, sondern die *Gnade* GOTTES, die mit mir ist.
[11] Ob nun ich oder jene: so predigen wir, und so seid ihr **zum Glauben gekommen.**

[1 Kor 15,12–34: Das „Dass" der Totenauferweckung]

[12] Wenn aber gepredigt wird, dass Christus aus den Toten AUFERWECKT ist, wie sagen einige unter euch, dass es keine Auferstehung der Toten gibt?
[13] Wenn es aber keine Auferstehung der Toten gibt, ist auch Christus nicht AUFERWECKT; [14] wenn aber Christus nicht AUFERWECKT ist, ist also auch unsere Predigt inhaltslos, inhaltslos auch euer **Glaube.** [15] Wir werden aber auch als falsche Zeugen GOTTES erfunden, weil wir gegen GOTT bezeugt haben, dass er Christus AUFERWECKT habe, den er nicht AUFERWECKT hat, wenn denn Tote nicht AUFERWECKT werden.
[16] Denn wenn Tote nicht AUFERWECKT werden, ist auch Christus nicht AUFERWECKT. [17] Wenn aber Christus nicht AUFERWECKT ist, ist euer **Glaube** nichtig, (dann) seid ihr noch in euren *Sünden.* [18] Also sind auch die, die in Christus entschlafen sind, verlorengegangen.

[19] Wenn wir allein in diesem Leben unsere Hoffnung auf Christus gesetzt haben, sind wir bemitleidenswerter als alle Menschen.

[20] Jetzt aber ist Christus aus den Toten AUFERWECKT als Erster der Entschlafenen.

[21] Denn weil durch einen Menschen der Tod (kam), so auch durch einen Menschen die Auferstehung der Toten. [22] Denn wie in Adam alle STERBEN, so werden auch in Christus alle lebendig gemacht werden.

[23] Jeder aber in seiner eigenen Gruppe: als Erster Christus; sodann die, welche zu Christus gehören bei seiner Ankunft; [24] dann das Ende, wenn er die Königsherrschaft dem GOTT und Vater übergibt; wenn er alle Herrschaft und alle Gewalt und Macht VERNICHTET hat. [25] Denn er muss König sein, bis er alle

> Feinde unter seine Füße gelegt hat.
>
> [Ps 110,1]

[26] Als letzter Feind wird der Tod VERNICHTET. [27] Denn

> alles hat er unter seine Füße unterworfen.
>
> [Ps 8,7]

Wenn es aber heißt, dass alles unterworfen sei, (ist) klar, dass der ausgenommen ist, der ihm alles unterworfen hat. [28] Wenn ihm aber alles unterworfen ist, dann wird auch der Sohn selbst sich dem unterwerfen, der ihm alles unterworfen hat, damit GOTT alles in allem sei.

[29] Denn was werden (sonst) die tun, die sich für die Toten taufen lassen? Wenn Tote überhaupt nicht AUFERWECKT werden, warum lassen sie sich dann für sie taufen? [30] Warum sind wir dann jede Stunde in Gefahr? [31] Täglich STERBE ich, so wahr ihr mein Ruhm seid, Brüder, den ich in Christus Jesus, unserem Herrn, habe. [32] Wenn ich nach Menschenweise mit wilden Tieren gekämpft habe in Ephesus, was nützt es mir?

Wenn Tote nicht AUFERWECKT werden,

> lasst uns essen und trinken, denn morgen STERBEN wir.
>
> [Jes 22,13 LXX]

[33] Irrt euch nicht:

> Schlechter Umgang verdirbt gute Sitten.[a]

[34] Werdet rechtschaffen nüchtern und **sündigt** nicht, denn manche sind in Unwissenheit über GOTT. Zur Beschämung sage ich es euch.

[1Kor 15,35–58: Das „Wie" der Totenauferweckung]

[35] Aber es könnte einer sagen: Wie werden die Toten AUFERWECKT? Mit was für einem Leib aber kommen sie?

---

a Euripides (5. Jh. v.Chr.) oder Menander (4. Jh. v.Chr.).

[36] Du Narr! Was du säest, wird nicht lebendig gemacht, wenn es nicht STIRBT. [37] Und was du säest – nicht den Leib, der werden soll, säest du, sondern ein nacktes Korn, sei es von Weizen oder von sonst etwas. [38] GOTT aber gibt ihm einen Leib, wie er gewollt hat, und jedem (einzelnen) der Samen einen eigenen Leib.

[39] Nicht alles Fleisch (ist) dasselbe Fleisch;
    sondern anders (ist das Fleisch) von Menschen,
    anders aber das Fleisch des Viehs,
    anders aber das Fleisch der Vögel,
    anders aber das der Fische.
[40] Und (es gibt) himmlische Leiber und irdische Leiber.
    Aber anders ist der Glanz der himmlischen,
    anders aber der der irdischen (Leiber).
    [41] Anders ist der Glanz der Sonne,
    anders der Glanz des Mondes
    und anders der Glanz der Sterne;
      denn es unterscheidet sich Stern von Stern im Glanz.

[42] So auch die Auferstehung der Toten:
Es wird gesät in Verweslichkeit,
    es wird *AUFERWECKT* in **UNVERWESLICHKEIT.**
[43] Es wird gesät in Schande,
    es wird *AUFERWECKT* in Herrlichkeit.
Es wird gesät in Schwachheit,
    es wird *AUFERWECKT* in Kraft.
[44] Es wird gesät ein seelischer Leib,
    es wird *AUFERWECKT* ein GEISTIGER Leib.

Wenn es einen seelischen Leib gibt, gibt es auch einen GEISTIGEN. [45] So ist auch geschrieben:
      Es wurde der erste Mensch, Adam, zu einer lebendigen Seele
        [vgl. Gen 2,7 LXX],
      der letzte Adam zu einem lebendig machenden Geist.
[46] Aber nicht zuerst das GEISTIGE, sondern das Seelische, danach das GEISTIGE.
  [47] Der erste Mensch (ist) von der Erde, irdisch;
    der zweite Mensch vom Himmel.
  [48] Wie der Irdische beschaffen ist, so auch die Irdischen;
    und wie der Himmlische beschaffen ist, so auch die Himmlischen.
  [49] Und wie wir das Bild des Irdischen getragen haben,
    werden wir auch das Bild des Himmlischen tragen.

[50] Dies aber sage ich, Brüder:
    Fleisch und Blut können die Königsherrschaft GOTTES nicht erben,
    auch erbt die Verweslichkeit die **UNVERWESLICHKEIT** nicht.

⁵¹ Siehe, ein Geheimnis sage ich euch:

Alle werden wir nicht entschlafen,
alle aber *werden wir verwandelt werden*,
  ⁵² in einem Nu,
in einem Augenblick,
bei der letzten Posaune;
denn posaunen wird es,
und die Toten werden *AUFERWECKT* werden als UNVERWESLICHE,
und *wir werden verwandelt werden*.

⁵³ Denn dieses Verwesliche muss UNVERWESLICHKEIT anziehen, und dieses Sterbliche (muss) Unsterblichkeit anziehen. ⁵⁴ Wenn aber dieses Verwesliche UNVERWESLICHKEIT anzieht und dieses Sterbliche Unsterblichkeit anzieht, dann wird das Wort erfüllt werden, das geschrieben ist:

Verschlungen ist der *TOD* in *Sieg*.
[Jes 25,8]
  ⁵⁵ Wo, *TOD*, ist dein *Sieg?*
Wo, *TOD*, ist dein STACHEL?
[vgl. Hos 13,14]

⁵⁶ Der STACHEL des *TODES* aber ist die *Sünde*, die Kraft der *Sünde* aber das Gesetz. ⁵⁷ GOTT aber (sei) Dank, der uns den *Sieg* gibt durch unseren Herrn Jesus Christus! ⁵⁸ Daher, meine geliebten Brüder, werdet beständig, unerschütterlich, unerschöpflich im Werk des Herrn allezeit, da ihr wisst, dass eure Mühe im Herrn nicht vergeblich ist.

[1 Korinther 16,1–24:
Aktuelle Mitteilungen; Grüße]

[1 Kor 16,1–14: Reisepläne
im Zusammenhang der Kollekte für die Jerusalemer Gemeinde]

¹ Was aber die Sammlung für die Heiligen betrifft: Wie ich es für die Gemeinden von Galatien angeordnet habe, so sollt auch ihr es machen. ² Jeweils am ersten (Tag) der Woche soll jeder von euch bei sich zurücklegen und sammeln, so viel er vermag, damit nicht erst dann, wenn ich komme, Sammlungen stattfinden. ³ Wenn ich aber da bin, werde ich die, die ihr für geeignet haltet, mit Briefen hinschicken, damit sie eure Gabe nach Jerusalem bringen. ⁴ Wenn es aber angemessen ist, dass auch ich hinreise, sollen sie mit mir reisen.

[5] Ich werde aber zu euch kommen, wenn ich durch Makedonien gezogen bin. Denn durch Makedonien ziehe ich. [6] Bei euch aber werde ich vielleicht (länger) bleiben oder sogar überwintern, damit ihr mir das Geleit gebt, wohin auch immer ich reise. [7] Denn ich will euch jetzt nicht (nur) im Vorbeigehen sehen, denn ich hoffe, einige Zeit bei euch zu bleiben, wenn der Herr es erlaubt.

[8] Ich werde aber in Ephesus bleiben bis Pfingsten, [9] denn mir hat sich eine große und wirkmächtige Tür geöffnet, und es gibt viele Widersacher.

[10] Wenn aber Timotheus kommt[a], seht zu, dass er ohne Furcht bei euch sei; denn er betreibt das Werk des Herrn wie auch ich. [11] Keiner also soll ihn verachten. Geleitet ihn vielmehr in Frieden, dass er zu mir komme; denn ich erwarte ihn mit den Brüdern.

[12] Was aber den Bruder Apollos betrifft: Ich habe ihn mehrfach gebeten, dass er mit den Brüdern zu euch komme. Und es war überhaupt nicht (sein) Wille, dass er jetzt komme. Er wird aber kommen, sobald er Gelegenheit findet.

[13] Wachet, steht fest im **Glauben**, seid mannhaft, seid stark! [14] Alles bei euch geschehe in **LIEBE**!

[1 Kor 16,15–18: Stephanas und sein Haus]

[15] Ich ermahne euch aber, Brüder – ihr kennt das Haus des Stephanas, dass es (hinsichtlich derer, die zum Glauben gekommen sind) der Erstling von Achaja ist und sie sich in den Dienst für die Heiligen gestellt haben –, [16] dass auch ihr euch solchen unterordnet und jedem, der mitarbeitet und sich müht.

[17] Ich freue mich aber über die Ankunft von Stephanas und Fortunatus und Achaikus, denn diese haben (durch ihre Anwesenheit) euer Fehlen ausgeglichen. [18] Sie haben nämlich meinen und euren Geist erquickt. Schenkt also solchen (Leuten) Anerkennung!

[1 Kor 16,19–24: Schlussgrüße und -wünsche]

[19] Es grüßen euch die Gemeinden Asiens. Es grüßen euch im Herrn vielmals Aquila und Priska samt der Gemeinde in ihrem Haus. [20] Es grüßen euch alle Brüder. Grüßt einander mit heiligem Kuss.

[21] Der Gruß mit meiner, des Paulus, Hand. [22] Wenn einer den Herrn nicht lieb hat, sei er verflucht! Maranatha![b] [23] Die Gnade des Herrn Jesus (sei) mit euch! [24] Meine **LIEBE** (ist) mit euch allen in Christus Jesus.

---

a Vgl. 1 Kor 4,17. b Aramäisch: „Unser Herr, komm!"

8. Der Zweite Brief an die Korinther

Es gibt Indizien dafür, dass es sich beim Zweiten Brief an die Korinther um ein aus mehreren Einzelbriefen zusammengesetztes Dokument handelt:

a) Paulus setzt sich in Kap. 10–13 scharf mit der Gemeinde auseinander, obwohl er sich vorher überglücklich darüber zeigt, dass heftige Spannungen zwischen ihm und den Korinthern durch einen Brief überwunden worden sind, den er ihnen kurz zuvor geschrieben hat (7,8; vgl. 2,4).

b) In Kap. 9 behandelt Paulus noch einmal dasselbe Thema wie in Kap. 8 (Geldsammlung), nun jedoch mit anderem Tonfall und mit anderem Ziel.

c) 2Kor 2,12 f lässt sich unmittelbar mit 7,5 ff verbinden.

Über den genauen Umfang und die Reihenfolge der einzelnen Briefe wird kaum je ein Konsens erreichbar sein. Jedoch nötigt nichts zu der Annahme, dass Teile des Zweiten Korintherbriefs früher entstanden seien als der Erste Korintherbrief.

Aus etlichen Stellen geht hervor, dass Paulus sich erbitterter Opposition judenchristlicher Missionare gegenüber sah, die seine Legitimität als Apostel bestritten.

[2Korinther 1,1–11:
Adresse mit Lob an Gott]

[2Kor 1,1–2: Adresse]

[1] Paulus, Apostel Christi Jesu durch GOTTES Willen, und Timotheus, der Bruder,
an die Gemeinde GOTTES, die in Korinth ist, mit allen Heiligen, die in ganz Achaia sind:
[2] Gnade euch und Friede von GOTT, unserem Vater, und dem Herrn Jesus Christus.

[2Kor 1,3–11: Lobpreis Gottes für die Errettung des Paulus]

³ Gepriesen (sei) der GOTT und Vater unseres Herrn Jesus Christus, der Vater des Erbarmens und GOTT allen *TROSTES*, ⁴ der uns *TRÖSTET* in all unserer BEDRÄNGNIS, so dass wir die *TRÖSTEN* können, die in jedweder BEDRÄNGNIS (sind), durch den *TROST*, mit dem wir selber von GOTT *GETRÖSTET* werden. ⁵ Denn wie die **Leiden** Christi überreich auf uns kommen, so ist durch Christus auch unser *TROST* überreich. ⁶ Sei es aber, dass wir BEDRÄNGT werden, (so ist es) zu eurem *TROST* und eurer Bewahrung; sei es, dass wir *GETRÖSTET* werden, (so ist es) zu eurem *TROST*, der wirksam wird im geduldigen Ertragen derselben **Leiden**, die auch wir **leiden**. ⁷ Und unsere Hoffnung für euch ist fest, da wir wissen: Wie ihr Anteil an den **Leiden** habt, so auch am *TROST*.

⁸ Denn wir wollen euch nicht in Unkenntnis lassen, Brüder, über unsere BEDRÄNGNIS, die (uns) in Asien widerfahren ist, dass wir übermäßig (und) über Vermögen belastet wurden, so dass wir sogar am Leben verzweifelten. ⁹ Aber wir selbst hatten in uns (schon) das Todesurteil empfangen, so dass wir nicht auf uns selbst vertrauten, sondern auf

GOTT, der die Toten auferweckt,

¹⁰ der (nun) uns aus so großer Todesgefahr *rettete* und *retten* wird; auf ihn haben wir unsere Hoffnung gesetzt, dass er (uns) auch ferner *retten* wird – ¹¹ wobei auch ihr durch das Gebet für uns mitwirkt, damit von vielen Menschen für die uns geschenkte Gnade vielstimmig gedankt werde um unseretwillen.

[2Korinther 1,12–2,13: Selbstverteidigung des Paulus]

[2Kor 1,12–14: Der Ruhm des Paulus und sein gutes Gewissen]

¹² Denn unser RÜHMEN ist dies, die Zeugenaussage unseres Gewissens, dass wir in Einfachheit und Lauterkeit vor GOTT, nicht mit fleischlicher Weisheit, sondern mit GOTTES Gnade unser Leben in der Welt geführt haben, ganz besonders aber bei euch. ¹³ Denn nichts anderes schreiben wir euch, als was ihr lest oder auch *VERSTEHT*. Ich hoffe aber, dass ihr vollständig *VERSTEHEN* werdet, ¹⁴ wie ihr uns zum Teil auch *VERSTANDEN* habt, dass wir euer RUHM sind, wie auch ihr unserer, am Tag unseres Herrn Jesus.

[2Kor 1,15–2,4: Die Zuverlässigkeit des Paulus]

[15] Und in diesem Vertrauen wollte ich zuerst zu euch kommen, damit ihr eine zweite Gnade bekommt, [16] und über euch nach Makedonien reisen und wieder von Makedonien zu euch kommen und von euch nach Judäa geleitet werden.
[17] Als ich dies nun wollte – bin ich da etwa leichtfertig vorgegangen? Oder will ich, was ich will, nach dem Fleisch, so dass bei mir *Ja, Ja* auch *Nein, Nein* ist?
[18] Treu aber (ist) Gott (und bürgt dafür), dass unser Wort an euch *nicht Ja und Nein* (zugleich) ist.
[19] Denn Gottes Sohn, Christus Jesus, der unter euch durch uns verkündigt worden ist – durch mich und Silvanus und Timotheus – ist *nicht Ja und Nein* (zugleich) gewesen, sondern in ihm ist (das) *Ja* geworden. [20] Denn so viele Verheißungen Gottes (es gibt), in ihm (ist) das *Ja*; deshalb auch durch ihn das Amen, Gott zur Ehre, durch uns.
[21] Der aber, der uns mit euch in Christus fest macht und uns gesalbt hat, ist Gott, [22] der uns auch versiegelt hat und das Unterpfand des Geistes in unsere Herzen gegeben hat.
[23] Ich aber rufe Gott zum Zeugen an bei meinem Leben, dass ich, (nur) um euch zu schonen, nicht mehr nach Korinth gekommen bin.
[24] Nicht, dass wir über euren Glauben herrschen, sondern wir sind Mitarbeiter an eurer *Freude*; denn ihr steht im Glauben.
[2,1] Ich habe nämlich dies bei mir beschlossen, nicht noch einmal in *Betrübnis* zu euch zu kommen. [2] Denn wenn ich euch *betrübe*, wer soll mich dann fröhlich machen außer dem, der durch mich *betrübt* wird? [3] Und eben dieses habe ich *geschrieben*, damit ich nicht bei meinem Kommen von denen *Betrübnis* empfange, über die ich mich *freuen* sollte – im Vertrauen auf euch alle, dass meine *Freude* euer aller (Freude) ist. [4] Denn aus großer *Bedrängnis* und Herzensbeklemmung habe ich euch unter vielen Tränen *geschrieben*, nicht damit ihr *betrübt* werdet, sondern damit ihr die Liebe erkennt, die ich ganz besonders zu euch habe.

[2Kor 2,5–13: Paulus und sein Beleidiger in Korinth;
Sehnsucht nach den Korinthern]

[5] Wenn aber einer *Betrübnis* verursacht hat, hat er nicht mich *betrübt*, sondern teilweise – um nicht zu viel zu sagen – euch alle. [6] Für den Betreffenden genügt diese von der Mehrheit (verhängte) Strafe, [7] so dass ihr im Gegenteil vielmehr verzeihen und ermuntern solltet, damit der Betreffende nicht etwa durch allzu große *Betrübnis* untergehe. [8] Darum ermahne ich euch, euch ihm gegenüber zur Liebe zu entscheiden.
[9] Denn dazu habe ich auch *geschrieben*, dass ich eure Bewährung erkenne, ob ihr in jeder Hinsicht gehorsam seid. [10] Wem ihr aber etwas verzeiht, (dem verzeihe) auch ich; denn auch was ich verziehen habe – wenn ich etwas zu verzeihen hatte –

(geschah) um euretwillen vor dem Angesicht Christi, [11] damit wir vom Satan nicht überlistet werden; denn seine Gedanken sind uns nicht unbekannt.

[12] Als ich aber nach Troas kam für das **Evangelium** Christi und als eine Tür für mich aufgetan wurde im Herrn, [13] hatte ich, weil ich Titus, meinen Bruder, nicht fand, keine Ruhe in meinem Geist, sondern ich nahm Abschied von ihnen und reiste fort nach Makedonien.

[2Korinther 2,14–7,4: Das apostolische Amt des Paulus]

[2Kor 2,14–4,6: Der Freimut des Paulus]

[14] GOTT aber (sei) Dank, der uns allezeit im Triumphzug herumführt in Christus und den Geruch seiner Erkenntnis durch uns an jedem Ort offenbar macht. [15] Denn wir sind ein Wohlgeruch Christi für GOTT bei denen, die gerettet werden, und bei denen, die verlorengehen; [16] den einen ein Geruch vom Tod zum Tod, den anderen aber ein Geruch vom Leben zum Leben.

Und wer (ist) dazu TAUGLICH? [17] Denn wir sind nicht wie die vielen, die das Wort GOTTES verschachern, sondern wie aus Reinheit, sondern wie aus GOTT reden wir vor GOTT in Christus.

[3,1] Fangen wir wieder an, uns selbst zu empfehlen? Oder brauchen wir etwa wie gewisse (Leute) Empfehlungsbriefe an euch oder von euch?

[2] Unser Brief seid ihr, eingeschrieben in unsere Herzen, verstanden und gelesen von allen Menschen, [3] wird doch an euch offenbar, dass ihr ein Brief Christi seid, ausgefertigt von uns, geschrieben

> nicht mit Tinte,
> sondern mit dem GEIST des lebendigen GOTTES,
> nicht auf <u>steinerne</u> Tafeln,
> sondern auf Tafeln, die Herzen aus Fleisch sind.

[4] Solches Vertrauen aber haben wir durch Christus zu GOTT: [5] nicht, dass wir von uns aus TAUGLICH sind, etwas wie aus uns selbst zu bedenken, sondern unsere TAUGLICHKEIT (ist) von GOTT, [6] der uns auch TAUGLICH gemacht hat zu Dienern eines neuen Bundes,

> nicht des Buchstabens,
> sondern des GEISTES.
> Denn der Buchstabe tötet,
> der GEIST aber macht lebendig.

⁷ Wenn aber der *Dienst* des Todes, mit Buchstaben auf <u>Steine</u> gemeißelt, in HERRLICHKEIT geschah, so dass die Söhne Israels nicht in das Angesicht des Mose schauen konnten wegen der HERRLICHKEIT seines Angesichts, die VERGING,
⁸ wie wird nicht erst recht der *Dienst* des GEISTES in HERRLICHKEIT sein?
⁹ Denn wenn dem *Dienst*, der Verurteilung (bringt), HERRLICHKEIT (eignete),
so ist der *Dienst* der Gerechtigkeit umso reicher an HERRLICHKEIT.
¹⁰ Denn in dieser Hinsicht ist das VERHERRLICHTE gar nicht (wirklich) VERHERRLICHT,
wegen der überragenden HERRLICHKEIT.
¹¹ Denn wenn das VERGEHENDE in HERRLICHKEIT (war),
wie viel mehr (ist) das Bleibende in HERRLICHKEIT.

¹² Da wir nun solche Hoffnung haben, gehen wir mit viel Freimut vor ¹³ und nicht wie Mose, (der) eine DECKE auf sein Angesicht legte, damit die Söhne Israels nicht auf das Ende dessen schauten, was VERGING. ¹⁴ Doch ihre Gedanken wurden verstockt. Denn bis zum heutigen Tag bleibt dieselbe DECKE auf der Vorlesung des alten Bundes, ohne AUFGEDECKT zu werden, weil er (nur) in Christus VERGEHT. ¹⁵ Sondern bis heute, sooft Mose vorgelesen wird, liegt eine DECKE auf ihrem Herzen.
¹⁶ Wenn er sich aber hinwendet zum Herrn,
wird die DECKE weggenommen.
[vgl. Ex 34,34]
¹⁷ Der Herr aber ist der GEIST; wo aber der GEIST des Herrn (ist), (ist) Freiheit.
¹⁸ Wir alle aber schauen mit AUFGEDECKTEM Angesicht die HERRLICHKEIT des Herrn an und werden in dasselbe Bild verwandelt von HERRLICHKEIT zu HERRLICHKEIT, wie (es) vom Herrn, dem GEIST, (geschieht).

^{4,1} Deshalb, da wir diesen Dienst haben, so wie wir Erbarmen fanden, *VERZAGEN WIR NICHT*, ² sondern wir haben uns losgesagt von den heimlichen Dingen, deren man sich schämen muss, leben nicht mit Hinterlist und verfälschen das Wort GOTTES nicht, sondern durch das Offenbarmachen der Wahrheit empfehlen wir uns jedem menschlichen Gewissen vor GOTT.
³ Wenn aber unser *Evangelium* auch VERDECKT ist, ist es (doch nur) bei denen VERDECKT, die verlorengehen, ⁴ bei denen der GOTT dieses Weltalters die Gedanken der Ungläubigen geblendet hat, damit sie das ERSTRAHLEN des *Evangeliums* von der HERRLICHKEIT Christi, der GOTTES Bild ist, nicht sehen. ⁵ Denn nicht uns selbst verkündigen wir, sondern Jesus Christus als Herrn, uns aber als eure Sklaven um Jesu willen. ⁶ Denn GOTT, der gesagt hat:
Aus Finsternis wird Licht leuchten
[vgl. Gen 1,3],
der hat in unseren Herzen geleuchtet zum ERSTRAHLEN der Erkenntnis der HERRLICHKEIT GOTTES auf dem Angesicht Jesu Christi.

[2Kor 4,7–6,10: Die verborgene Herrlichkeit des Apostels und des Evangeliums]

[*4,7–18: Der sterbliche Leib und die Hoffnung*]

[7] Wir haben aber diesen Schatz in Tongefäßen, damit das Übermaß an Kraft von GOTT ist und nicht aus uns.

[8] In jeder Hinsicht werden wir bedrängt,
   aber nicht erdrückt;
sind im Zweifel,
   aber nicht verzweifelt;
[9] werden verfolgt,
   aber nicht im Stich gelassen;
werden niedergeworfen,
   aber nicht vernichtet

[10] und tragen allezeit die Tötung Jesu am Leib umher, DAMIT AUCH DAS LEBEN JESU AN UNSEREM Leib OFFENBAR WERDE.
[11] Denn ständig werden wir, die Lebenden, dem Tod ausgeliefert um Jesu willen, DAMIT AUCH DAS LEBEN JESU AN UNSEREM sterblichen Fleisch OFFENBAR WERDE.
[12] Daher wirkt der Tod in uns, das Leben aber in euch.

[13] Da wir aber denselben GEIST des Glaubens haben gemäß dem, was geschrieben ist:
   Ich habe geglaubt, darum habe ich GEREDET
   [Ps 115,1 LXX],
glauben auch wir, darum REDEN wir auch, [14] denn wir wissen,

   dass der, der den Herrn Jesus auferweckt hat,
   auch uns mit Jesus auferwecken wird

und mit euch zusammen (vor sich) stellen wird. [15] Das alles (geschieht) nämlich euretwegen, damit die Gnade durch die (immer) zahlreicheren (Gläubigen) zunehme und den Dank zum Ruhm GOTTES überreich mache.
[16] Deshalb ***VERZAGEN WIR NICHT***, sondern wenn (es) auch (so sein mag, dass) unser äußerer Mensch aufgerieben wird, wird doch unser innerer (Mensch) Tag für Tag erneuert. [17] Denn die rasch vorübergehende leichte Last unserer BEDRÄNGNIS erwirkt uns über alles Maß und Ziel hinaus ein ewiges Gewicht an HERRLICHKEIT,
[18] da wir den Blick nicht auf das Sichtbare richten, sondern auf das Unsichtbare.
Denn das Sichtbare (ist) vergänglich, das Unsichtbare aber ewig.

[*5,1–10: Das ewige Haus im Himmel*]

[5,1] Denn wir **wissen**, dass wir, wenn unser irdisches Zelthaus abgebrochen wird, einen Bau von GOTT haben, ein nicht mit Händen gemachtes, ewiges Haus in den Himmeln. [2] Denn darum *SEUFZEN* wir auch und sehnen uns danach, unsere Behau-

sung vom Himmel überzuziehen, [3] insofern wir doch, nachdem wir (sie) angezogen[a] haben, nicht als Nackte sollen gefunden werden. [4] Denn auch als die, die im Zelt sind, SEUFZEN wir und werden bedrückt, weil wir nicht ausgezogen, sondern angezogen werden wollen, damit das Sterbliche verschlungen werde vom Leben.

[5] Der uns aber dazu befähigt hat, (ist) GOTT, der uns das Unterpfand des Geistes gegeben hat.

[6] Da wir nun allezeit MUTIG sind und *wissen*, dass wir, wenn wir im Leib daheim sind, fern sind vom Herrn, [7] denn wir leben durch Glauben, nicht durch Schauen – [8] wir sind aber MUTIG und halten es für gut, lieber fern vom Leib zu sein und beim Herrn daheim zu sein. [9] Deshalb setzen wir auch unsere Ehre darein, sei es daheim oder fern, ihm angenehm zu sein. [10] Denn wir alle müssen vor dem Richterstuhl Christi OFFENBAR werden, damit jeder den Lohn empfange, der dem entspricht, was er durch den Leib getan hat, es sei Gutes oder Böses.

[*5,11–6,10: Botschafter für Christus*]

[11] Da wir nun von der Furcht vor dem Herrn *wissen*, überreden wir Menschen, GOTT aber sind wir OFFENBAR geworden.

Ich hoffe aber, auch in euren Gewissen OFFENBAR zu sein. [12] Wir empfehlen uns euch nicht wieder selbst, sondern geben euch Anlass zum Rühmen unseretwegen, damit ihr (etwas vorzuweisen) habt gegen die, die sich aufgrund von Äußerem rühmen und nicht des Herzens. [13] Denn gerieten wir außer uns, (so) für GOTT; sind wir vernünftig, (so) für euch.

[14] Denn die LIEBE Christi hält uns zusammen, da wir zu diesem Urteil gekommen sind:

> einer STARB FÜR ALLE,
>> folglich starben alle.
> [15] Und FÜR ALLE STARB er,
>> damit die Lebenden
>> nicht mehr für sich selbst leben, sondern
> für den, der für sie starb
> und auferweckt wurde.

[16] Daher kennen wir von jetzt an niemanden nach dem Fleisch. Wenn wir Christus auch nach dem Fleisch gekannt haben, so kennen wir ihn doch jetzt nicht mehr (so). [17] Daher:

> Wenn einer in Christus (ist), (ist er eine) neue Schöpfung;
> das Alte verging; siehe, Neues ist geworden.

[18] Das alles aber (kommt) von GOTT,

> der uns mit sich durch Christus *versöhnte*

---

a Nach anderen Textzeugen: „ausgezogen".

und uns den Dienst der *Versöhnung* gab;

[19] denn

GOTT war in Christus
und *versöhnte* die Welt mit sich,
er rechnete ihnen ihre Übertretungen nicht an
und setzte bei uns das Wort von der *Versöhnung* ein.

[20] Anstelle von Christus wirken wir nun als Gesandte, indem ja GOTT durch uns aufruft; wir bitten anstelle von Christus: Lasst euch mit GOTT *versöhnen*.

[21] Den, der Sünde nicht kannte, machte er für uns zur Sünde,
damit wir GOTTES Gerechtigkeit würden in ihm.

[6,1] Als Mitarbeiter (Gottes) aber rufen wir euch dazu auf, die Gnade GOTTES nicht vergeblich zu empfangen. [2] Denn es heißt:

Zur *willkommenen Zeit* habe ich dich erhört,
und am TAG DER RETTUNG habe ich dir geholfen.
[Jes 49,8 LXX]
Siehe, jetzt (ist) die höchst *willkommene Zeit*,
siehe, jetzt (ist) der TAG DER RETTUNG.

[3] In nichts geben wir irgendeinen Anstoß, damit der Dienst nicht verhöhnt wird, [4] sondern in jeder Hinsicht empfehlen wir uns als GOTTES Diener,

in viel Geduld,
in BEDRÄNGNISSEN,
in Nöten,
in Ängsten,
[5] in Schlägen,
in Gefängnissen,
in Unruhen,
in Mühen,
in durchwachten Nächten,
in Fasten;
[6] in Reinheit,
in Erkenntnis,
in Langmut,
in Güte,

im heiligen Geist,
in ungeheuchelter LIEBE,
[7] im Wort der Wahrheit,
in der Kraft GOTTES,

mit den Waffen der Gerechtigkeit in der Rechten und in der Linken,
[8] mit Ruhm und Schande,

mit böser und guter Nachrede,
als Betrüger und Wahrhaftige.
[9] als Unbekannte und Wohlbekannte,
als Sterbende, und siehe, wir leben,
als Gezüchtigte und nicht Getötete,
[10] als Betrübte, aber stets sich Freuende,
als Arme, aber viele reich Machende,
als nichts Habende und alles Besitzende.

[2Kor 6,11–13: Bitte um Vertrauen]

[11] Unser Mund hat sich euch gegenüber geöffnet, Korinther; unser Herz ist weit geworden. [12] Ihr seid nicht beengt in uns; beengt seid ihr aber in eurem Inneren. [13] Als Gegenleistung aber – ich rede wie zu Kindern – sollt auch ihr (in eurem Inneren) weit werden!

[2Kor 6,14–7,1: Warnung vor der Gemeinschaft mit den Ungläubigen[a]]

[14] Geht nicht unter fremdem Joch mit Ungläubigen!

Denn was haben Gerechtigkeit und Gesetzlosigkeit miteinander gemein?
Oder welche Gemeinschaft hat Licht mit Finsternis?
[15] Welche Übereinstimmung aber hat Christus mit Beliar?
Oder welchen Anteil hat der Gläubige mit dem Ungläubigen?
[16] Wie aber verträgt sich ein Tempel GOTTES mit Götzen?

Wir sind nämlich (der) Tempel des lebendigen GOTTES, wie GOTT gesagt hat:
Ich werde unter ihnen wohnen und wandeln,
und ich werde ihr GOTT sein, und sie werden mein Volk sein.
[Lev 26,11–12; Ez 37,27]
[17] Darum geht aus ihrer Mitte heraus
und sondert euch ab, sagt der Herr,
und rührt *Unreines* nicht an,
und ich werde euch aufnehmen.
[Jes 52,11.4; Ez 20,34]
[18] Und ich werde euch Vater sein,
und ihr werdet mir Söhne und Töchter sein,
sagt der Herr, der Allmächtige.
[vgl. 2Sam 7,14]

---

a 2Kor 6,14–7,1 wird oftmals als ein nicht von
Paulus stammendes Stück angesehen.

^{7,1} Da wir nun diese Verheißungen haben, Geliebte, wollen wir uns von jeder Befleckung des Fleisches und des Geistes *reinigen* und die Heiligkeit vollenden in der Furcht GOTTES.

[2Kor 7,2–4: Fortsetzung der Bitte um Vertrauen]

^{2} Gebt uns Raum;

> niemandem haben wir unrecht getan,
> niemanden haben wir zugrunde gerichtet,
> niemanden haben wir überlistet.

^{3} Nicht sage ich es zur Verurteilung; denn ich habe (gerade) vorher gesagt, dass ihr in unseren Herzen seid zum Mitsterben und Mitleben.

> ^{4} Viel Freimut habe ich euch gegenüber,
> viel RÜHMEN habe ich euretwegen;
> erfüllt bin ich vom Trost,
> überreich bin ich an **Freude** bei all unserer BEDRÄNGNIS.

[2Korinther 7,5–16:
Ankunft des Titus; Versöhnung mit Korinth]

^{5} Denn auch als wir nach Makedonien kamen, hatte unser Fleisch keine Ruhe, sondern wir waren in jeder Hinsicht BEDRÄNGT; von außen Kämpfe, von innen Ängste. ^{6} Aber der die Niedrigen TRÖSTET, GOTT, TRÖSTETE uns durch die Ankunft des Titus; ^{7} nicht aber nur durch seine Ankunft, sondern auch durch den *TROST*, mit dem er bei euch GETRÖSTET worden ist, berichtete er uns doch von eurem Sehnen, eurem Klagen, eurem Eifer für mich, so dass ich mich noch mehr **freute**. ^{8} Denn wenn ich euch auch durch den Brief BETRÜBT habe, bereue ich es nicht. Wenn ich es auch bereute, sehe ich, dass jener Brief, wenn er euch auch kurze Zeit *BETRÜBTE* – ^{9} (jedenfalls) **freue** ich mich jetzt, nicht weil ihr BETRÜBT wurdet, sondern weil ihr zur *Umkehr* BETRÜBT wurdet. Denn ihr wurdet gemäß GOTT BETRÜBT, so dass ihr in keiner Weise von uns geschädigt wurdet. ^{10} Denn die GOTT gemäße *BETRÜBNIS* bewirkt eine nie zu bereuende *Umkehr* zur Rettung; die *BETRÜBNIS* der Welt aber bewirkt den Tod. ^{11} Denn siehe, eben dies, dass ihr gemäß GOTT BETRÜBT wurdet, wie viel hat es bei euch bewirkt an

> BEMÜHEN,
> ja Entschuldigung,
> ja Unwillen,
> ja Furcht,
> ja Sehnen,

ja Eifer,
ja Bestrafung.

In allem habt ihr erwiesen, dass ihr in der Sache rein seid.

¹² Also, wenn ich euch auch geschrieben habe, (so) nicht dessentwegen, der Unrecht tat, noch dessentwegen, der Unrecht erlitt, sondern damit euer BEMÜHEN um uns bei euch offenbar werde vor GOTT. ¹³ Deswegen sind wir GETRÖSTET worden.

Außer unserem TROST aber haben wir uns noch viel mehr **gefreut** über die **Freude** des Titus, denn sein Geist ist von euch allen zur Ruhe gebracht worden. ¹⁴ Denn wenn ich ihm gegenüber etwas zu euren Gunsten GERÜHMT habe, wurde ich nicht beschämt, sondern wie wir euch alles in Wahrheit gesagt haben, so ist auch unser RÜHMEN vor Titus Wahrheit geworden. ¹⁵ Und sein Inneres ist euch ganz besonders zugetan, wenn er sich an den Gehorsam von euch allen erinnert, wie ihr ihn mit Furcht und Zittern empfangen habt. ¹⁶ Ich **freue** mich, dass ich in jeder Hinsicht Zutrauen zu euch habe.

[2Korinther 8,1–9,15: Organisation der Kollekte]

[2Kor 8,1–24: Aufruf zur Geldsammlung]

[8,1–15: Beteiligung an der Kollekte]

¹ Wir tun euch aber kund, Brüder, die *Gnadengabe* GOTTES, die in den Gemeinden Makedoniens gegeben ist, ² dass bei oftmaliger Bewährung in BEDRÄNGNIS das Übermaß ihrer **Freude** und ihre tiefe Armut in hohem Maße zum Reichtum ihrer Redlichkeit geworden ist. ³ Denn nach Vermögen – ich bezeuge es – und über Vermögen hinaus haben sie als Freiwillige, ⁴ mit viel Ermunterung uns um die *Gnadengabe* und um die Gemeinschaft am Dienst für die Heiligen bittend, ⁵ und nicht (nur so gegeben), wie wir erhofft hatten, sondern sie haben sich selbst gegeben zuerst dem Herrn und uns durch den Willen GOTTES, ⁶ so dass wir Titus ermahnten, dass er so, wie er früher schon angefangen hatte, bei euch auch diese *Gnadengabe* (jetzt) auch vollende.

⁷ Aber so wie ihr in jeder Hinsicht *überreich seid*,

in Glauben
und Wort
und Erkenntnis
und jeglichem BEMÜHEN
und der von uns in euch (geweckten) **Liebe**,

sollt ihr auch in dieser *Gnadengabe überreich sein.* [8] Nicht als Befehl sage ich es, sondern indem ich am BEMÜHEN anderer auch das Echte eurer LIEBE prüfe. [9] Denn ihr kennt die *Gnadengabe* unseres Herrn Jesus Christus, dass er

euretwegen arm wurde,
obwohl er reich war,

damit ihr durch seine Armut reich würdet.

[10] Und hierzu sage ich (meine) Meinung; denn dies nützt euch, die ihr nicht nur das TUN, sondern auch das *WOLLEN* vorher begonnen habt – seit letztem Jahr. [11] Jetzt aber vollendet auch das TUN, damit, wie die Bereitschaft des *WOLLENS*, so auch das Vollenden aus dem Haben (komme). [12] Denn wenn die Bereitschaft vorhanden ist, (so ist sie) gemäß dem, was sie hat, höchst willkommen, nicht gemäß dem, was sie nicht hat. [13] Nicht nämlich, damit für andere Ruhe (und) für euch BEDRÄNGNIS (ist), sondern aus Gleichheit heraus. [14] Zum jetzigen Zeitpunkt (soll) euer *Überfluss* für den MANGEL jener (da sein), damit auch der *Überfluss* jener für euren MANGEL diene, damit Gleichheit entstehe, [15] wie geschrieben ist:

Wer viel (besaß), hatte keinen *Überfluss*,
und wer wenig (besaß), hatte keinen Mangel.
[Ex 16,18]

[8,16–24: Durchführung der Kollekte]

[16] Dank aber sei GOTT, der dasselbe BEMÜHEN um euch in das Herz des Titus gegeben hat. [17] Denn er nahm zwar die Ermunterung an, doch da er besonders BEMÜHT war, reiste er freiwillig zu euch ab. [18] WIR HABEN ABER MIT IHM DEN BRUDER GESCHICKT, dessen Lob in Sachen **Evangelium** durch alle Gemeinden (geht); [19] doch nicht allein das, sondern er ist von den Gemeinden auch zu unserem Reisegefährten bei dieser *Gnadengabe* gewählt worden, die von uns besorgt wird zur Ehre des Herrn selbst und zur (Stärkung der) Bereitwilligkeit von uns, [20] wobei wir es zu vermeiden suchen, dass uns einer verhöhnt bei diesem von uns besorgten reichen Ertrag; [21] denn wir bedenken, was gut ist, nicht nur vor dem Herrn, sondern auch vor Menschen.

[22] WIR HABEN ABER MIT IHNEN UNSEREN BRUDER GESCHICKT; den haben wir in vielem oft erprobt als einen, der BEMÜHT ist, jetzt aber noch viel mehr BEMÜHT ist in großem Vertrauen zu euch. [23] Sei es bezüglich Titus – (er ist) mein Gefährte und für euch (mein) Mitarbeiter; seien es unsere Brüder, (sie sind) Apostel der Gemeinden, Christi Herrlichkeit. [24] Den Erweis eurer **Liebe** und (der Berechtigung) unseres RÜHMENS über euch sollt ihr nun ihnen gegenüber erbringen vor den Gemeinden!

[2 Kor 9,1–15: Weitere Ausführungen zur Kollekte]

[9,1–5: Rückblick auf die Zusage der Gemeinde]

¹ Denn über den Dienst für die Heiligen euch zu schreiben, ist für mich überflüssig. ² Denn ich kenne eure Bereitschaft, die ich an euch den Makedoniern gegenüber RÜHME, dass seit vorigem Jahr Achaia *bereit steht*, und euer Eifer hat die meisten angespornt. ³ Ich habe aber die Brüder geschickt, damit nicht unser Rühmen über euch in diesem Teil entleert wird, damit ihr, wie ich gesagt habe, *bereit steht*, ⁴ so dass nicht etwa, wenn die Makedonier mit mir kommen und euch unvorbereitet finden, wir – um nicht zu sagen: ihr – in dieser Zuversicht beschämt werden. ⁵ Ich hielt es daher für nötig, die Brüder zu bitten, dass sie zu euch vorausreisen und eure früher zugesagte SEGEN(sgabe) vorher einsammeln, damit diese so wie ein SEGEN verfügbar ist und nicht wie Geiz.

[9,6–10: Empfangen und Geben]

⁶ Dies aber: Wer spärlich sät, wird auch spärlich ernten^a, und wer auf SEGEN hin sät, wird auch auf SEGEN hin ernten. ⁷ Jeder (gebe), wie er es sich im Herzen vorgenommen hat, nicht aus BETRÜBNIS oder aus Zwang, denn

einen fröhlichen Geber liebt GOTT.
[vgl. Spr 22,8 LXX]

⁸ GOTT aber vermag, JEDE Gnade im Überfluss auf euch kommen zu lassen, damit ihr in JEDER Hinsicht JEDERZEIT JEGLICHES Auskommen habt und Überfluss habt zu JEDEM guten Werk, ⁹ wie geschrieben ist:

Er hat ausgestreut, er hat den Armen gegeben;
seine *Gerechtigkeit* bleibt in Ewigkeit.
[Ps 111,9 LXX]

¹⁰ Der aber darreicht

Samen dem Sämann und Brot zur Speise
[Jes 55,10],

wird euren Samen reichen und mehren und die Erträge eurer *Gerechtigkeit* wachsen lassen.

[9,11–15: Die Wirkung der Kollekte]

¹¹ In jeder Hinsicht (werdet ihr) reich gemacht (sein) zu jeder <u>Redlichkeit</u>, die durch uns DANKSAGUNG an GOTT bewirkt. ¹² Denn der Dienst an dieser Sammlung füllt nicht nur die Mängel der Heiligen auf, sondern macht auch reich durch viele DANKSAGUNGEN an GOTT. ¹³ Infolge der Bewährung dieses Dienstes preisen sie GOTT wegen des Gehorsams eures Bekenntnisses zum **Evangelium** Christi und (wegen) der <u>Red-</u>

---

a Vgl. Spr 11,24.

lichkeit der Gemeinschaft ihnen und allen gegenüber; [14] und in ihrem Gebet für euch sehnen sie sich nach euch wegen der überschwänglichen Gnade GOTTES bei euch. [15] GOTT *DANK* für sein unsagbares Geschenk!

[2Korinther 10,1–13,10: Auseinandersetzung über das apostolische Amt]

[2Kor 10,1–11: Die Zuversicht des Paulus]

[1] Ich selbst aber, Paulus, ermahne euch bei der Sanftmut und Milde Christi, der ich von Angesicht (zu Angesicht) zwar unterwürfig bei euch (bin), abwesend aber *mutig* euch gegenüber bin.[a] [2] Ich bitte aber darum, anwesend nicht *mutig* sein (zu müssen), in der Zuversicht, mit der ich gegen gewisse (Leute) tapfer zu sein **gedenke**, die **denken**, dass wir wie *NACH DEM FLEISCH WANDELN*.

[3] Denn obschon wir im Fleisch *WANDELN*, kämpfen wir doch nicht *NACH DEM FLEISCH*. [4] Denn die Waffen unseres Kampfes (sind) nicht *FLEISCHLICH*, sondern mächtig durch GOTT zur Zerstörung von Festungen, zerstören wir doch Gedanken [5] und jede Höhe, die sich gegen die Erkenntnis GOTTES auflehnt, und führen jedes Denken gefangen in den *Gehorsam* gegenüber Christus hinein [6] und sind bereit, jeden *Ungehorsam* zu bestrafen, sobald euer *Gehorsam* vollendet ist.

[7] Seht, was vor Augen ist! Wenn einer für sich überzeugt ist, Christus anzugehören, soll er dies noch einmal bei sich bedenken, dass, wie er Christus (angehört), so auch wir. [8] Denn auch wenn ich mich wegen unserer Vollmacht noch etwas mehr rühmen würde, die der Herr gegeben hat zu (eurer) Erbauung und nicht zu eurer Zerstörung, würde ich nicht beschämt werden.

[9] Dass ich ja nicht den Anschein erwecke, als wollte ich euch durch die Briefe einschüchtern! [10] Denn die Briefe, sagen sie, (sind) gewichtig und stark, die leibliche Anwesenheit aber (ist) schwach und die Rede zu verachten. [11] Solch einer soll daran denken: Genauso (stark), wie wir bei unserer Abwesenheit mit dem in Briefen (geschriebenen) Wort sind, sind wir mit der Tat auch bei unserer Anwesenheit.

---

a Paulus dürfte sich hier ironisch auf Vorwürfe beziehen, die ihm seitens seiner Gegner gemacht wurden; vgl. V. 10 und bereits 5,11.

[2Kor 10,12–12,18: Die Verwegenheit des Paulus]

[*10,12–18: Das Maß des Rühmens*]

[12] Denn wir wagen nicht, uns gewissen (Leuten) von denen zuzuzählen oder uns ihnen gleichzustellen, die sich selbst empfehlen, aber weil sie sich an sich selbst messen und sich mit sich selbst gleichstellen, verstehen sie nichts.

[13] Wir aber werden uns *nicht ins Maßlose* RÜHMEN, sondern nach dem Maßstab des BEREICHS, den Gott uns als Maß zugemessen hat: auch bis zu euch GELANGT zu sein. [14] Denn (es ist ja) nicht (so), als ob wir nicht zu euch GELANGT wären und uns (jetzt) zu weit vorwagen. Denn wir sind mit dem **Evangelium** Christi auch bis zu euch gekommen; [15] dabei RÜHMEN wir uns *nicht ins Maßlose* wegen fremder (Leute) Mühen, sondern haben die Hoffnung, dass wir, wenn euer Glaube bei euch wächst, noch sehr viel größer werden entsprechend unserem BEREICH, [16] um über euch hinaus (das Evangelium) zu predigen, nicht uns in fremdem BEREICH zu RÜHMEN im Blick auf das, was (schon) fertig ist. [17] Wer sich aber RÜHMT, RÜHME sich des Herrn!

[vgl. Jer 9,23]

[18] Denn nicht der, der sich selbst empfiehlt, ist bewährt, sondern der, den der Herr empfiehlt.

[*11,1–21a: Vorbereitung der Narrenrede*]

[1] Möget ihr doch ein wenig *Narrheit* von mir ERTRAGEN! Aber ihr ERTRAGT mich (ja) auch. [2] Denn ich eifere um euch mit GOTTES Eifer; denn ich verlobte euch mit einem einzigen Mann, um Christus eine reine Jungfrau zuzuführen. [3] Ich fürchte aber, dass, wie die Schlange Eva durch ihre Hinterlist betrog[a], eure Gedanken verdorben werden könnten, weg von der Redlichkeit und der Reinheit Christus gegenüber.

[4] Denn wenn der, der kommt, einen *anderen* Jesus verkündigt, den wir nicht verkündigt haben, oder ihr einen *anderen* Geist empfangt, den ihr nicht empfangen habt, oder ein *anderes* **Evangelium**, das ihr nicht angenommen habt, (dann) ERTRAGT ihr es gut.

[5] Ich denke nämlich, in nichts hinter den Überaposteln zurückzustehen. [6] Wenn ich aber auch im Reden Laie (bin), so doch nicht in der Erkenntnis. Vielmehr haben wir sie euch gegenüber in jeder Hinsicht unter allen offenbar gemacht.

[7] Oder habe ich eine Sünde begangen, als ich mich selbst erniedrigte, damit ihr erhöht werdet, indem ich euch unentgeltlich das **Evangelium** GOTTES verkündigte?

[8] Andere Gemeinden habe ich geplündert, indem ich (von ihnen) Lohn für den Dienst an euch genommen habe.

[9] Und als ich bei euch war und Mangel litt, fiel ich niemandem zur Last, denn meinem Mangel halfen die Brüder ab, als sie aus Makedonien kamen[b]. Und in jeder

---

a Vgl. Gen 3,4.13.   b Vgl. Phil 4,10.15.

Hinsicht achtete ich darauf und werde ich darauf achten, euch nicht beschwerlich zu werden. ¹⁰ (So gewiss) die Wahrheit Christi in mir ist: Dieses RÜHMEN wird im Blick auf mich nicht verstummen in den Gegenden von Achaia. ¹¹ Warum? Weil ich euch nicht LIEBE? GOTT weiß es.

¹² Was ich aber tue, werde ich auch tun, damit ich denen die Gelegenheit abschneide, die eine Gelegenheit (haben) wollen, in dem, weswegen sie sich RÜHMEN, so gefunden zu werden wie wir. ¹³ Denn solche (Leute sind) Lügenapostel, heimtückische Arbeiter, welche sich in Apostel Christi verwandeln. ¹⁴ Und kein Wunder, denn der Satan selbst verwandelt sich in einen Engel des Lichts. ¹⁵ (Es ist) nun nichts Großes, wenn auch seine Diener sich in Diener (der) Gerechtigkeit verwandeln; deren Ende wird gemäß ihren Werken sein.

¹⁶ Noch einmal sage ich: Keiner soll meinen, ich sei ein *Narr*; wenn aber doch, so nehmt mich wenigstens als einen *Narren* an, damit auch ich mich ein wenig RÜHME. ¹⁷ Was ich rede, rede ich nicht dem Herrn gemäß, sondern wie in *Narrheit*, bei diesem Unterfangen des RÜHMENS. ¹⁸ Weil viele sich gemäß dem Fleisch RÜHMEN, werde auch ich mich RÜHMEN. ¹⁹ Denn gern ERTRAGT ihr die *Narren* – so klug, wie ihr seid. ²⁰ Denn ihr ERTRAGT es,

> wenn einer euch versklavt,
> wenn einer (euch) auffrisst,
> wenn einer (euch) einfängt,
> wenn einer sich (über euch) erhebt,
> wenn einer euch ins Gesicht schlägt.

²¹ᵃ Zur Schande sage ich es, da wir dazu zu schwach waren.

[*11,21b–12,13: Narrenrede*]

²¹ᵇ Worin aber einer tapfer ist – ich rede in *Narrheit* –, bin ich auch tapfer.

²² Hebräer sind sie? Ich auch.
Israeliten sind sie? Ich auch.
Abrahams Nachkommenschaft sind sie? Ich auch.
²³ Diener Christi sind sie? – Verrückt rede ich: ich noch mehr.

> In Mühen ganz besonders,
> in Gefängnissen ganz besonders,
> in Schlägen übermäßig,
> in Todesgefahren oft.

²⁴ Von Juden habe ich fünfmal ‚vierzig (Hiebe) weniger einen' bekommen.
²⁵ Dreimal wurde ich mit dem Stock verprügelt,
einmal wurde ich gesteinigt;

> dreimal erlitt ich Schiffbruch;
> eine Nacht und einen Tag habe ich in Seenot zugebracht;

²⁶ oft auf Reisen,
in Gefahren von Flüssen,
Gefahren durch Räuber,
Gefahren durch (mein) Volk,
Gefahren durch Heiden,
Gefahren in der Stadt,
Gefahren in der Wüste,
Gefahren auf dem Meer,
Gefahren unter falschen Brüdern;

²⁷ in Mühe und Anstrengung,
in durchwachten Nächten oft,
in Hunger und Durst,
in Fasten oft,
in Kälte und Blöße;

²⁸ abgesehen von dem, was (ich) außen vor (lasse):
der Andrang auf mich Tag für Tag,
die Sorge um alle Gemeinden.

²⁹ Wer ist *schwach*, und ich bin nicht *schwach*?
Wer leidet Ärgernis, und ich brenne nicht?

³⁰ Wenn GERÜHMT werden muss, werde ich mich dessen RÜHMEN, was meine SCHWACH-
HEIT betrifft. ³¹ GOTT, der Vater des Herrn Jesus, der gepriesen sei in Ewigkeit, weiß,
dass ich nicht lüge.

³² In Damaskus ließ der Ethnarch des Königs Aretas die Stadt der Damaszener
bewachen, um mich gefangenzunehmen, ³³ und durch ein Fenster wurde ich in einem Korb durch die Mauer heruntergelassen und entrann seinen Händen.

^{12,1} GERÜHMT muss werden; zwar nützt es nichts, doch will ich auf Erscheinungen
und OFFENBARUNGEN des Herrn (zu sprechen) kommen.

² **Ich weiß** von einem Menschen in Christus: vor vierzehn Jahren – ob im Leib,
weiß ich nicht, oder außerhalb des Leibes, weiß ich nicht; GOTT weiß es – wurde dieser *bis in den dritten Himmel* **entrückt**.

³ Und **ich weiß** von dem betreffenden Menschen, ob im Leib oder getrennt vom
Leib, weiß ich nicht; Gott weiß es: ⁴ er wurde *in das Paradies* **entrückt** und hörte
unaussprechliche Worte, die zu sagen einem Menschen nicht erlaubt ist.

⁵ Für den will ich mich RÜHMEN; für mich selbst aber will ich mich nicht RÜHMEN,
außer wegen der SCHWACHHEITEN.

⁶ Denn wenn ich mich RÜHMEN wollte, würde ich kein *Narr* sein, denn ich würde
die Wahrheit sagen. Ich sehe aber davon ab, damit in Bezug auf mich keiner über
das hinaus denke, was er an mir sieht oder von mir hört, ⁷ auch wegen des Überma-
ßes der OFFENBARUNGEN.

Darum, *damit ich mich nicht überhebe*, wurde mir ein Stachel für das Fleisch gegeben, ein Engel Satans, dass er mich schlage, *damit ich mich nicht überhebe.* [8] Seinetwegen habe ich dreimal den Herrn angerufen, dass er von mir ablasse. [9] Und er hat zu mir gesagt: Meine Gnade ist genug für dich, denn die *Kraft* kommt in SCHWACHHEIT zur Vollendung.

Sehr gern will ich mich also vielmehr wegen meiner SCHWACHHEITEN RÜHMEN, damit die *Kraft* Christi bei mir einziehe. [10] Darum bin ich zufrieden

mit SCHWACHHEITEN,
mit Misshandlungen,
mit Nöten,
mit Verfolgungen
und Ängsten –

wegen Christus; denn wenn ich SCHWACH bin, dann bin ich stark.

[11] Ich bin ein *Narr* geworden; ihr habt mich (dazu) gezwungen. Denn ich hätte von euch empfohlen werden sollen, denn ich habe in nichts hinter den Überaposteln zurückgestanden, wenn ich auch nichts bin. [12] Die *Zeichen* des Apostels sind bei euch vollbracht worden in aller Geduld,

mit *Zeichen*
und Wundern
und Machttaten.

[13] Was ist es denn, worin ihr gegenüber den übrigen Gemeinden zu kurz gekommen seid, außer dass ich selbst euch nicht *beschwerlich* geworden bin? Verzeiht mir dieses Unrecht.

[2Kor 12,14–21: Besorgte Vorschau auf den nächsten Besuch]

[14] Siehe, ZUM DRITTEN MAL STEHE ICH JETZT BEREIT, ZU EUCH ZU KOMMEN, und ich werde (euch) nicht *beschwerlich* sein; denn ich suche nicht euren Besitz, sondern euch.
     Denn nicht sollen die Kinder für die Eltern Schätze sammeln,
     sondern die Eltern für die Kinder.
[15] Ich aber will gern opfern und mich selbst ganz aufopfern für euch[a]. Wenn ich euch mehr liebe, soll ich (dann) weniger geliebt werden?
[16] Doch sei's drum, ich habe euch nicht belastet; aber weil ich verschlagen bin, habe ich euch mit Betrug gefangen.
[17] (Habe ich) etwa durch einen von denen, die ich zu euch gesandt habe – habe ich durch ihn euch ausgebeutet? [18] Ich habe Titus gebeten und den Bruder mitgesandt. Hat etwa Titus euch ausgebeutet? Sind wir nicht in demselben Geist gewandelt? Nicht in denselben Spuren?

---

a Wörtlich: „für eure Leben".

[19] Schon lange meint ihr, dass wir uns euch gegenüber verteidigen. Wir reden vor GOTT in Christus, alles aber, Geliebte, zu eurer Erbauung. [20] Denn ich fürchte, dass ich euch bei meinem Kommen womöglich nicht so vorfinde, wie ich will, und dass ich von euch so vorgefunden werde, wie ihr nicht wollt: dass womöglich (da sind)

> Streit,
> Eifersucht,
> Wutausbrüche,
> Selbstsüchteleien,
> Verleumdungen,
> Zischeleien,
> Aufgeblasenheiten,
> Tumulte;

[21] dass, wenn ich wiederkomme, mein GOTT mich vor euch erniedrigt und ich über viele von denen trauere, DIE VORHER GESÜNDIGT HABEN und nicht umgekehrt sind von der

> Unreinheit
> und Unzucht
> und Ausschweifung,

die sie getrieben haben.

[2Kor 13,1–10: Drohende Konsequenzen des dritten Besuchs]

[1] ZUM DRITTEN MAL KOMME ICH JETZT ZU EUCH:
> Durch den Mund von zwei oder drei Zeugen
> wird jede Sache festgestellt werden.
> [Dtn 19,15]

[2] Ich habe es im Voraus gesagt und sage es im Voraus – wie beim zweiten Mal anwesend, und jetzt abwesend – denen, DIE VORHER GESÜNDIGT HABEN, und allen übrigen: Wenn ich wiederkomme, werde ich keine Schonung kennen.

[3] Denn ihr fordert ja einen Beweis dafür, dass Christus in mir redet, der gegen euch nicht *SCHWACH* ist, sondern mächtig ist bei euch; [4] denn

> er wurde zwar gekreuzigt aus *SCHWACHHEIT*,
> aber er lebt aus GOTTES MACHT.
> Denn auch wir sind *SCHWACH* in ihm,
> aber wir werden mit ihm leben aus GOTTES MACHT an euch.

[5] Untersucht euch selbst, ob ihr im Glauben seid, prüft euch selbst! Oder *ERKENNT* ihr euch selbst nicht, dass Jesus Christus in euch (ist)? Es sei denn, dass ihr etwa *unbewährt* seid.

[6] Ich hoffe aber, dass ihr *ERKENNEN* werdet, dass wir nicht *unbewährt* sind.

⁷ Wir **beten** aber zu GOTT, dass ihr nichts Böses tut; nicht, damit wir *bewährt* erscheinen, sondern damit ihr das Gute tut, wir aber wie *unbewährt* sind.
⁸ Denn wir können nichts gegen die Wahrheit (ausrichten), sondern (nur) für die Wahrheit. ⁹ Denn wir freuen uns, wenn wir SCHWACH sind, ihr aber MÄCHTIG seid; um dieses **beten** wir auch, dass ihr wieder ZURECHTGEBRACHT werdet.

¹⁰ Deswegen schreibe ich dies in Abwesenheit, damit ich anwesend nicht streng vorgehen muss nach der Vollmacht, die der Herr mir gegeben hat zur Erbauung und nicht zur Zerstörung.

[2Korinther 13,11–13: Schluss]

[2Kor 13,11: Letzte Ermunterung]

¹¹ Im Übrigen, Brüder,

freut euch,
lasst euch ZURECHTBRINGEN,
lasst euch ermuntern,
seid eines Sinnes,
haltet *Frieden*,

und der GOTT der LIEBE und des *Friedens* wird mit euch sein.

[2Kor 13,12–13: Gruß und Segenswunsch]

¹² Grüßt einander mit heiligem Kuss. Es grüßen euch alle Heiligen.
¹³ Die Gnade des Herrn Jesus Christus und die LIEBE GOTTES und die Gemeinschaft des heiligen Geistes (seien) mit euch allen!

9. Der Brief an die Galater

Der Galaterbrief ist ein Zirkularschreiben an christliche Gemeinden in der Landschaft Galatien, die im Norden der gleichnamigen römischen Provinz liegt. Paulus war dort auf der Durchreise wegen einer Krankheit (4,13) festgehalten worden und hatte erfolgreich Heiden missioniert, ohne die Beschneidung zu verlangen. Als judenchristliche Lehrer auf die galatischen Heidenchristen aufmerksam wurden, bereisten sie die dortigen Gemeinden, um die Beachtung des Gesetzes einschließlich der Beschneidung durchzusetzen. Im Galaterbrief reagiert Paulus darauf polemisch und arbeitet heraus, dass der durch die Verheißung begründete Glaube an Jesus Christus die Zeit des Gesetzes abgelöst hat. Der Brief ist etwas älter als das Schreiben des Paulus nach Rom und wurde vermutlich in einer Gemeinde in Makedonien abgefasst.

[Galater 1,1–10:
Adresse und konditionaler Fluch]

[Gal 1,1–5: Adresse]

[1] Paulus, APOSTEL, nicht von MENSCHEN noch durch einen MENSCHEN, sondern durch Jesus Christus und GOTT, den Vater,

> der ihn aus den Toten auferweckt hat,

[2] und alle Brüder, die bei mir sind,
> an die Gemeinden von Galatien:

[3] Gnade euch und Friede von GOTT, unserem Vater, und dem Herrn Jesus Christus,

[4] der sich für unsere Sünden hingegeben hat,
> damit er uns herausreiße aus dem gegenwärtigen bösen Weltalter

nach dem Willen unseres GOTTES und Vaters. [5] Ihm sei die Herrlichkeit in alle Ewigkeit! Amen.

[Gal 1,6–10: Konditionaler Fluch gegen Prediger eines anderen Evangeliums]

[6] Ich wundere mich, dass ihr euch so schnell von dem, der euch durch die <u>Gnade</u> Christi berufen hat, abwendet zu einem anderen EVANGELIUM, [7] das kein anderes ist; einige verwirren euch nur und wollen das EVANGELIUM von Christus verkehren.
[8] Aber auch **wenn** <u>**wir oder ein Engel aus dem Himmel**</u> euch (etwas) als EVANGELIUM verkündigten entgegen dem, was wir euch als EVANGELIUM verkündigt haben: ER SEI VERFLUCHT!
[9] <u>Wie wir zuvor gesagt haben, so sage ich auch jetzt noch einmal:</u> **Wenn** einer euch (etwas) als EVANGELIUM verkündigt entgegen dem, was ihr empfangen habt: ER SEI VERFLUCHT!
[10] <u>Denn will ich jetzt *MENSCHEN* oder GOTT geneigt machen? Oder suche ich *MENSCHEN* zu gefallen?</u> Wenn ich noch *MENSCHEN* gefiele, wäre ich nicht Christi Sklave.

[Galater 1,11–2,21:
Der göttliche Ursprung des paulinischen Evangeliums]

[Gal 1,11–24: Wie der Christenverfolger Paulus
zum Prediger des Evangeliums wurde]

[11] Ich teile euch nämlich mit, Brüder, dass das von mir verkündigte EVANGELIUM nicht von *MENSCHLICHER* Art ist. [12] Ich habe es nämlich auch nicht von einem *MENSCHEN* empfangen und wurde (darüber) nicht belehrt – sondern durch eine OFFENBARUNG Jesu Christi.
[13] Denn ihr habt von meinem früheren Verhalten im Judentum *GEHÖRT*, dass ich die Gemeinde GOTTES über die Maßen *VERFOLGTE* und sie zu *VERNICHTEN* suchte [14] und im Judentum mehr Fortschritte machte als viele Altersgenossen in meinem Volk, war ich doch im Übermaß ein Eiferer für meine väterlichen Überlieferungen.
[15] **Als aber** der, der[a] mich von meiner Mutter Leib an ausgewählt und durch seine <u>Gnade</u> berufen hat, Gefallen hatte, [16] in mir seinen Sohn zu OFFENBAREN, damit ich ihn unter den *Heiden* verkündigte, da sogleich zog ich nicht Fleisch und Blut zu Rate [17] und *ging auch nicht nach Jerusalem hinauf* zu denen, die vor mir *APOSTEL* (waren), sondern ich ging fort nach Arabien und kehrte wieder nach Damaskus zurück.

---

a Nach anderen Textzeugen: „Als aber Gott, der".

[18] *DANACH*, drei Jahre später, *ging ich nach Jerusalem hinauf*, um Kephas kennenzulernen, und blieb fünfzehn Tage bei ihm. [19] Einen anderen der Apostel aber sah ich nicht, außer Jakobus, den Bruder des Herrn. [20] Was ich euch aber schreibe – siehe, vor Gott: ich lüge nicht. [21] *DANACH* ging ich in die Gegenden von Syrien und Kilikien. [22] Ich war aber den Gemeinden in Judäa, die in Christus sind, dem Angesicht (nach) unbekannt. [23] Sie hatten vielmehr nur *GEHÖRT*:

Der, der uns einst *VERFOLGTE*,
verkündigt jetzt den Glauben,
den er einst zu *VERNICHTEN* suchte;

[24] und sie lobten Gott um meinetwillen.

[Gal 2,1–10: Die Jerusalemer Konferenz]

[1] *DANACH*, vierzehn Jahre später, *zog ich wieder nach Jerusalem hinauf* mit Barnabas und nahm auch Titus mit. [2] Ich zog aber wegen einer Offenbarung hinauf und legte ihnen das EVANGELIUM vor, das ich unter den *Heiden* predige, den Angesehenen aber im kleinen Kreis, damit ich nicht etwa vergeblich liefe oder gelaufen sei. [3] Aber nicht einmal Titus, der bei mir (war), ein Grieche, wurde gezwungen, sich **BESCHNEIDEN** zu lassen. [4] Doch wegen der heimlich eingedrungenen falschen Brüder, die sich eingeschlichen hatten, um unsere Freiheit, die wir in Christus Jesus haben, zu belauern, damit sie uns in Knechtschaft brächten – [5] denen haben wir auch nicht eine Stunde durch Unterwürfigkeit nachgegeben, damit die **Wahrheit** des EVANGELIUMS bei euch verbliebe. [6] Von denen aber, die in Ansehen standen – was immer sie einst waren, das macht keinen Unterschied für mich, Gott sieht das Äußere eines Menschen nicht an –, mir haben die im Ansehen Stehenden nämlich nichts zusätzlich auferlegt. [7] Sondern im Gegenteil, als sie sahen, dass ich mit dem EVANGELIUM der Unbeschnittenheit[a] betraut worden bin wie Petrus mit dem der Beschneidung[b] – [8] der nämlich in Petrus zum Apostelamt für die Beschnittenen wirkte, wirkte auch in mir für die *Heiden* –, [9] und als sie die mir gegebene <u>Gnade</u> erkannten, gaben Jakobus und Kephas und Johannes, die als Säulen Angesehen wurden, mir und Barnabas den Handschlag der Gemeinschaft, damit

wir zu den *Heiden*, sie aber zur Beschneidung

(gingen). [10] Nur sollten wir der Armen gedenken – eben das zu tun, habe ich mich ja auch bemüht.

---

a D.h. Heiden.

b D.h. Juden.

[Gal 2,11–21: Die Darstellung des Zwischenfalls von Antiochia,
die in grundsätzliche Ausführungen zur Glaubensgerechtigkeit übergeht]

[11] **Als aber** Kephas nach Antiochia kam, widerstand ich ihm ins Angesicht, weil er verurteilt[a] war. [12] Denn bevor einige von Jakobus kamen, hatte er (regelmäßig) mit den *Heiden* gegessen; **als** sie **aber** kamen, zog er sich zurück und sonderte sich ab, da er sich vor denen aus der Beschneidung fürchtete. [13] Und mit ihm heuchelten auch die übrigen Juden, so dass selbst Barnabas durch ihre Heuchelei mit fortgerissen wurde.

[14] Doch als ich sah, dass sie sich nicht recht verhielten nach der **Wahrheit** des EVANGELIUMS, sagte ich zu Kephas vor allen:

Wenn du, der du ein Jude bist, *heidnisch* lebst und nicht jüdisch, wie zwingst du denn die *Heiden*, jüdisch zu leben?

[15] Wir (sind) von Natur Juden und nicht Sünder aus den *Heiden*. [16] Da wir aber wissen,

dass der Mensch nicht aus *WERKEN DES GESETZES GERECHTFERTIGT* wird, sondern durch den GLAUBEN AN CHRISTUS JESUS,

sind auch wir zum GLAUBEN AN CHRISTUS JESUS gekommen, damit wir *GERECHTFERTIGT* werden aus GLAUBEN AN CHRISTUS und nicht aus *WERKEN DES GESETZES*, weil aus *WERKEN DES GESETZES* kein Fleisch *GERECHTFERTIGT* wird.

[17] Wenn aber auch wir selbst, indem wir in Christus *GERECHTFERTIGT* zu werden suchen, als Sünder erfunden wurden – (ist dann) also Christus ein Diener der Sünde? Das ist ausgeschlossen. [18] Denn wenn ich das, was ich abgebrochen habe, wieder aufbaue, stelle ich mich selbst als Übertreter hin.

[19] Ich bin nämlich durchs *GESETZ* dem *GESETZ* gestorben,
damit ich GOTT lebe.
Mit Christus bin ich gekreuzigt.
[20] Ich lebe aber nicht mehr selber,
Christus aber lebt in mir.
Was ich aber jetzt im Fleisch lebe,
lebe ich im GLAUBEN an den Sohn GOTTES,

der mich geliebt hat
und sich für mich dahingegeben hat.

[21] Nicht verwerfe ich die Gnade GOTTES. Wenn nämlich *GERECHTIGKEIT* durch das *GESETZ* (kommt), dann ist Christus umsonst gestorben.

---

a Oder: „schuldig".

[Galater 3,1–5,12:
Rechtfertigung aus Glauben und Freiheit vom Gesetz]

[Gal 3,1–6: Persönlicher Appell an die Galater]

[1] O unverständige Galater! Wer hat euch bezaubert, denen Jesus Christus als GEKREU-ZIGTER vor Augen gemalt wurde?

[2] Nur dies will ich von euch erfahren: Habt ihr den **Geist** aus WERKEN DES GE-SETZES empfangen oder AUS EINER PREDIGT (ALLEIN) VOM GLAUBEN?

[3] Seid ihr so unverständig? Angefangen habt ihr im **Geist** und wollt jetzt im Fleisch enden?

[4] So Großes habt ihr umsonst erfahren? Wenn es denn umsonst (gewesen ist).

[5] Der euch nun den **Geist** darreicht und Wunder unter euch wirkt, (tut er es) we-gen der WERKE DES GESETZES oder wegen EINER PREDIGT (ALLEIN) VOM GLAUBEN?

[6] So wie Abraham

GOTT GLAUBTE,
und es wurde ihm als *GERECHTIGKEIT* angerechnet.
[Gen 15,6 LXX]

[Gal 3,7–18: Abraham]

[7] Erkennt also, die aus GLAUBEN – das sind Söhne Abrahams. [8] Da die Schrift aber voraussah, dass GOTT die **Heiden** aus GLAUBEN *RECHTFERTIGT*, verkündete sie dem Abraham die gute Botschaft im Voraus:

In dir werden gesegnet werden alle **Heiden**.
[Gen 12,3; 18,18]

[9] Folglich werden ‚die aus GLAUBEN' mit dem GLÄUBIGEN Abraham gesegnet.

[10] Denn alle, die aus WERKEN DES GESETZES sind, sind unter dem *Fluch*; denn es ist geschrieben:

Verflucht ist jeder, der nicht bleibt in allen
im Buch des *GESETZES* geschriebenen Dingen, um sie zu tun.
[Dtn 27,26]

[11] Dass aber durch *GESETZ* niemand vor GOTT *GERECHTFERTIGT* wird, ist offen-bar, denn

der Gerechte wird aus GLAUBEN leben.
[Hab 2,4]

[12] Das *GESETZ* aber ist nicht aus GLAUBEN, sondern:

Wer sie (die Gebote) getan hat, wird durch sie leben.
[Lev 18,5 LXX]

[13] Christus hat uns losgekauft von dem *Fluch* des *GESETZES*, indem er für uns ein *Fluch* geworden ist, denn es ist geschrieben:

Verflucht ist jeder, der am Holz hängt
[Dtn 21,23]

[14] – damit der Segen Abrahams in Christus Jesus zu den **Heiden** komme, damit wir die VERHEISSUNG des **Geistes** empfingen durch den GLAUBEN.

[15] Brüder, ich rede nach menschlicher Weise. Schon das *rechtskräftig gemachte Testament* eines Menschen stößt niemand um oder hängt ihm eine Klausel an. [16] Dem Abraham aber wurden die VERHEISSUNGEN zugesagt und seinem Samen[a]. Es heißt nicht: ‚und seinen Samen‘ in der Mehrzahl, sondern in der Einzahl ‚und deinem Samen‘[b], der ist Christus.

[17] Ich meine aber dies: Ein vorher von GOTT *rechtskräftig gemachtes Testament* kann das vierhundertdreißig Jahre später entstandene *GESETZ* nicht ungültig machen und so die VERHEISSUNG beseitigen. [18] Denn wenn aufgrund des *GESETZES* das Erbe (kommt), (so) nicht mehr aufgrund der VERHEISSUNG; dem Abraham aber hat GOTT sich durch VERHEISSUNG als gnädig erwiesen.

[Gal 3,19–25: Zur Bedeutung des Gesetzes]

[19] Was (soll) nun das *GESETZ*? Es wurde der Übertretungen wegen hinzugefügt – bis der Nachkomme käme, dem die VERHEISSUNG galt –, angeordnet durch Engel, in der Hand eines Mittlers. [20] Ein Mittler ist aber nie (der Vertreter) eines einzigen, GOTT aber ist ein einziger. [21] (Ist) das *GESETZ* nun gegen die VERHEISSUNGEN GOTTES? Das ist ausgeschlossen. Denn wenn ein *GESETZ* gegeben worden wäre, das lebendig machen könnte, wäre die *GERECHTIGKEIT* wirklich aus dem *GESETZ*. [22] Aber die Schrift hat alles unter die Sünde eingeschlossen, damit die VERHEISSUNG aus GLAUBEN an Jesus Christus den GLAUBENDEN gegeben werde.

[23] Bevor aber der GLAUBE kam, wurden wir unter dem *GESETZ* verwahrt, eingeschlossen auf den GLAUBEN hin, der offenbart werden sollte. [24] Also ist das *GESETZ* unser Zuchtmeister auf Christus hin geworden, damit wir aus GLAUBEN *GERECHTFERTIGT* würden. [25] Nachdem aber der GLAUBE gekommen ist, sind wir nicht mehr unter einem Zuchtmeister.

[Gal 3,26–4,7: Die Freiheit der Söhne Gottes]

[26] Alle seid ihr nämlich Söhne GOTTES – durch den GLAUBEN – **in Christus Jesus.**
[27] Die ihr nämlich auf Christus getauft wurdet, ihr habt Christus angezogen.

[28] Da ist nicht Jude noch Grieche,
da ist nicht SKLAVE noch *FREIER*,
da ist nicht männlich und weiblich;
denn ihr alle seid einer **in Christus Jesus.**

---

a „Same" = „Nachkommenschaft" (vgl. 3,19.29).   b Gen 13,15; 17,8; 24,7.

²⁹ Wenn ihr aber Christus angehört, so seid ihr damit Abrahams Nachkommen-schaft (und) gemäß der VERHEISSUNG *Erbe*.

⁴,¹ Ich sage aber: Solange der *Erbe* unmündig ist, unterscheidet er sich in nichts von einem SKLAVEN, obwohl er Herr über alles ist. ² Sondern er ist unter Vormün-dern und Verwaltern bis zu dem vom Vater festgesetzten Termin. ³ So waren auch wir, als wir Unmündige waren, unter die *Elemente* der Welt VERSKLAVT.

⁴ Als aber die Fülle der Zeit kam, sandte GOTT seinen Sohn, von einer Frau gebo-ren, unter das *GESETZ* gestellt, ⁵ damit er die unter dem *GESETZ* loskaufe, damit wir die Sohnschaft empfingen.

⁶ Weil ihr aber Söhne seid, sandte GOTT den **Geist** seines Sohnes in unsere Her-zen, der da ruft: Abba, Vater!

⁷ Also bist du nicht mehr SKLAVE, sondern Sohn; wenn aber Sohn, (so) auch *Erbe* durch GOTT.

[Gal 4,8–11: Warnung vor Rückfall]

⁸ Damals jedoch, als ihr GOTT nicht *kanntet*, dientet ihr den Göttern, die von Natur aus keine (Götter) sind. ⁹ Jetzt aber, da ihr GOTT *erkannt* habt – vielmehr von GOTT *erkannt* worden seid –, wie könnt ihr euch wieder hinwenden zu den schwachen und armseligen *Elementen*, denen ihr wieder von neuem dienen wollt?

¹⁰ Tage beobachtet ihr und Monate und bestimmte Zeiten und Jahre.

¹¹ Ich fürchte um euch, dass ich mich vielleicht vergeblich für euch gemüht habe.

[Gal 4,12–20: Rückblick auf die Gründungspredigt in Galatien]

¹² Werdet wie ich, denn auch ich (wurde) wie ihr, Brüder, ich bitte euch.

Ihr habt mir nichts zuleide getan. ¹³ Ihr wisst aber, dass ich euch infolge einer Schwachheit des Fleisches das EVANGELIUM das frühere Mal verkündet habe; ¹⁴ und da habt ihr die Versuchung, die für euch in meinem (von Krankheit gezeich-neten) Fleisch lag, nicht mit Verachtung erwidert und habt nicht (vor mir) ausge-spuckt, sondern wie einen Engel GOTTES nahmt ihr mich auf, wie Christus Jesus.

¹⁵ Wo (ist) nun eure (um meinetwillen ergangene) Seligpreisung (eurer selbst)? Denn ich bezeuge euch, dass ihr euch, wenn möglich, eure Augen ausgerissen und mir gegeben hättet. ¹⁶ Bin ich also euer Feind geworden, weil ich euch die Wahrheit sage?

¹⁷ Sie[a] *umwerben* euch *eifrig* nicht auf gute Art, sondern sie wollen euch aus-schließen, damit ihr sie *eifrig umwerbt*.

¹⁸ Gut (ist) aber, im Guten allezeit *eifrig umworben* zu werden, und nicht nur, wenn ich bei euch ANWESEND bin.

---

a D.h. die Eindringlinge.

[19] Meine Kinder, um die ich abermals Geburtswehen erleide, bis Christus in euch Gestalt gewonnen hat: [20] Ich wünschte aber, jetzt bei euch ANWESEND zu sein und (den Ton) meine(r) Stimme zu verändern, denn ich bin euretwegen ratlos.

[Gal 4,21–31: Schriftbeweis:
Sara und Hagar]

[21] Sagt mir, die ihr unter dem *GESETZ* sein wollt, hört ihr das *GESETZ* nicht? [22] Denn es ist geschrieben, dass Abraham zwei Söhne hatte, einen von der Dienerin und einen von der *FREIEN*. [23] Aber der von der Dienerin war nach dem Fleisch geboren, der von der *FREIEN* jedoch durch die VERHEISSUNG. [24] Das ist sinnbildlich gesagt; denn diese (Frauen) sind zwei Bündnisse: das eine vom Berg Sinai, das in die SKLAVEREI hinein gebiert, das ist Hagar. [25] Das (Wort) ‚Hagar' aber ist der Berg Sinai in Arabien, entspricht aber dem gegenwärtigen Jerusalem, denn es ist mit seinen Kindern in SKLAVEREI. [26] Das obere Jerusalem aber ist *FREI*, das ist unsere Mutter. [27] Denn es ist geschrieben:

Freue dich, du Unfruchtbare, die du nicht gebierst!
Brich in Jubel aus und rufe laut, die du nicht in Wehen liegst!
Denn zahlreich (sind) die Kinder der Vereinsamten,
mehr (Kinder hat sie) als die, die den Mann hat.
[Jes 54,1 LXX]

[28] Ihr aber, Brüder, (seid) gemäß Isaak Kinder der VERHEISSUNG. [29] Aber so wie damals der gemäß dem Fleisch Geborene den gemäß dem **Geist** (Geborenen) verfolgte, so auch jetzt. [30] Aber was sagt die Schrift?

Stoße die Dienerin und ihren Sohn hinaus,
denn der Sohn der Dienerin soll nicht erben mit dem Sohn der *FREIEN*.
[Gen 21,10 LXX]

[31] Daher, Brüder, sind wir nicht Kinder der Dienerin, sondern der *FREIEN*.

[Gal 5,1–12: Warnung vor den Folgen der Beschneidung]

[1] Zur *FREIHEIT* hat uns Christus BEFREIT. Steht nun fest und lasst euch nicht wieder durch ein Joch der SKLAVEREI festhalten! [2] Siehe, ich, Paulus, sage euch: Wenn ihr euch **BESCHNEIDEN** lasst, wird euch Christus nichts nützen. [3] Ich bezeuge aber noch einmal jedem Menschen, der sich **BESCHNEIDEN** lässt, dass er das ganze *GESETZ* zu tun schuldig ist. [4] Abgetrennt von Christus wurdet ihr, die ihr im *GESETZ GERECHTFERTIGT* werden wollt; aus der <u>Gnade</u> seid ihr gefallen. [5] Wir nämlich erwarten im **Geist** aus GLAUBEN die (Erfüllung der) Hoffnung auf *GERECHTIGKEIT*. [6] Denn

in Christus Jesus vermag weder **BESCHNEIDUNG** etwas

noch Unbeschnittensein,
sondern GLAUBE, der durch *Liebe* wirksam ist.

[7] Ihr lieft gut. Wer hat euch gehindert, der Wahrheit zu gehorchen?
[8] Die Überredung (ist) nicht von dem, der euch beruft.
[9] Ein wenig Sauerteig durchsäuert den ganzen Teig.
[10] Ich habe Vertrauen zu euch im Herrn, dass ihr auf nichts anderes bedacht sein werdet.
Wer euch aber verwirrt, wird das Urteil tragen, wer er auch sei.
[11] Ich aber, Brüder, wenn ich noch BESCHNEIDUNG predige, warum werde ich noch verfolgt? Dann ist ja das Ärgernis des KREUZES beseitigt.
[12] Sollen sie sich doch kastrieren lassen, die euch aufwiegeln.

[Galater 5,13–6,10: Ermahnungen]

[Gal 5,13–25: Freiheit vom Gesetz und Leben im Geist]

[13] Denn ihr seid zur FREIHEIT berufen worden, Brüder, nur (nehmt) die FREIHEIT nicht als Anlass für (die Befriedigung der Wünsche, die) das FLEISCH (hat), sondern dient einander durch die *Liebe*! [14] Denn das ganze GESETZ ist in einem (einzigen) Wort erfüllt, in dem:

Du sollst deinen Nächsten *lieben* wie dich selbst. [Lev 19,18]

[15] Wenn ihr aber einander beißt und fresst, seht zu, dass ihr nicht voneinander verzehrt werdet!
[16] Ich sage aber: Führt euer Leben im **Geist**, und (dann) werdet ihr die Begierde des FLEISCHES nicht vollbringen.
[17] Denn das FLEISCH begehrt gegen den **Geist** auf, der **Geist** aber gegen das FLEISCH; denn diese sind einander entgegengesetzt, damit ihr nicht das, was ihr wollt, tut.
[18] Wenn ihr aber durch den **Geist** geleitet werdet, seid ihr nicht unter dem GESETZ.

[19] Offenbar aber sind die Werke des FLEISCHES, die da sind

Unzucht,
Unreinheit,
Ausschweifung,
[20] Götzendienst,
Zauberei,
Feindschaften,
Hader,

Eifersucht,
Zornausbrüche,
Streitereien,
Zwistigkeiten,
Parteiungen,
²¹ Neidereien,
Trinkgelage,
Fressereien

und dergleichen. Von diesen sage ich euch im Voraus, so wie ich vorher sagte, dass die, die so etwas tun, das Reich GOTTES nicht erben werden.

²² Die Frucht des **Geistes** aber ist

Liebe,
Freude,
Friede,
Langmut,
Freundlichkeit,
Güte,
Treue,
²³ Sanftmut,
Enthaltsamkeit.

Gegen diese ist das *GESETZ* nicht. ²⁴ Die aber Christus Jesus angehören, haben das FLEISCH samt den Leidenschaften und Begierden *GEKREUZIGT*.
²⁵ Wenn wir im **Geist** leben, lasst uns dem **Geist** auch folgen.

[Gal 5,26–6,10: Einzelmahnungen]

²⁶ Lasst uns nicht prahlen, einander (nicht) herausfordern, einander (nicht) beneiden.
    ⁶,¹ Brüder, wenn auch ein Mensch bei einer Übertretung ertappt wird, sollt ihr, die **Geist**begabten, den Betreffenden im **Geist** der Sanftmut zurechtbringen – wobei du auf dich selbst Acht geben sollst, dass nicht auch du versucht wirst!
    ² *Tragt* einander die Lasten, und so werdet ihr das *GESETZ* Christi erfüllen.
    ³ Wenn jemand nämlich meint, etwas zu sein – obwohl er doch nichts ist –, betrügt er sich selbst.
    ⁴ Jeder aber prüfe sein eigenes Werk, und dann wird er nur im Blick auf sich selbst Ruhm haben und nicht im Blick auf den anderen; ⁵ denn jeder wird seine eigene Bürde *tragen*.
    ⁶ Wer im Wort unterwiesen wird, soll aber dem Unterweisenden an allen Gütern Anteil geben.
    ⁷ Irrt euch nicht, GOTT lässt sich nicht verspotten! Denn was ein Mensch sät, das wird er auch *ernten.*

[8] Denn wer auf sein Fleisch sät,
    wird vom Fleisch Verderben *ernten*;
wer aber auf den **Geist** sät,
    wird vom **Geist** ewiges Leben *ernten*.

[9] Lasst uns aber im Tun des Guten nicht müde werden, denn zur bestimmten Zeit werden wir *ernten*, wenn wir nicht ermatten.

[10] Lasst uns also nun, solange wir (noch) Zeit haben, allen gegenüber das Gute wirken, am meisten aber gegenüber den Hausgenossen des Glaubens.

[Galater 6,11–18: Eigenhändiger Schluss mit konditionalem Friedenswunsch]

[Gal 6,11–16: Die Richtschnur des Glaubens]

[11] Seht, mit was für großen Buchstaben ich euch schreibe mit meiner Hand.

[12] Alle, die im Fleisch gut angesehen sein wollen, die zwingen euch, euch **BESCHNEIDEN** zu lassen, nur damit sie nicht wegen des *Kreuzes* Christi verfolgt werden.

[13] Denn nicht einmal die **BESCHNITTENEN** selber befolgen das *GESETZ*, sondern sie wollen, dass ihr euch **BESCHNEIDEN** lasst, damit sie sich eures Fleisches *rühmen* können.

[14] Mir aber sei es fern, mich zu *rühmen* als nur des *Kreuzes* unseres Herrn Jesus Christus, durch das mir die Welt *GEKREUZIGT* ist und ich der Welt.

[15] Denn weder **BESCHNEIDUNG** gilt etwas
    noch Unbeschnittensein,
sondern eine neue Schöpfung.

[16] Und alle, die sich an diesen Maßstab halten werden, Friede über sie und Erbarmen, und über das Israel Gottes!

[Gal 6,17–18: Persönliche Bitte und Schlusssegen]

[17] In Zukunft mache mir keiner Mühen, denn ich trage die Malzeichen Jesu an meinem Leib.

[18] Die Gnade unseres Herrn Jesus Christus (sei) mit eurem Geist, Brüder! Amen.

10. Der Brief an die Epheser

Das alles beherrschende Thema des Epheserbriefs ist die Kirche. Im ersten Teil wird betont, dass die Wand, durch die Juden und Heiden einst voneinander getrennt waren, durch den Tod Christi weggenommen ist, so dass beide fortan zu der einen Kirche gehören (2,11–22), die schon in der Gegenwart die Fülle des Heils in sich fasst (1,22 f; 2,4–7). Der zweite Teil (Kap. 4–6) fordert dazu auf, die Einheit der Kirche durch einen ihr entsprechenden Lebenswandel zu bewahren.

Auffällig ist die Nähe des Epheserbriefs zum Kolosserbrief. Beispielsweise hat der Gedanke, dass Christus das Haupt seines Leibes, der Kirche, ist (vgl. Eph 1,22 f; 4,15; 5,23), Entsprechungen in Kol 1,18 und 1,24; und die in Eph 6,21 f enthaltene Notiz über die Sendung des Tychikus stimmt fast wörtlich mit Kol 4,7 f überein. Dies deutet auf ein Verhältnis literarischer Abhängigkeit hin. Die Annahme, dass dabei der Kolosser- dem Epheserbrief als Vorlage gedient habe – nicht umgekehrt –, ist unter anderem deshalb plausibel, weil die Ermahnungen in Eph 5,21–6,9 detaillierter sind als ihre Parallelen in Kol 3,18–4,1 und weil die unpolemischen ekklesiologischen Ausführungen des Epheserbriefs sich besser erklären lassen, wenn man davon ausgeht, dass sie im Vergleich zu der vom Verfasser des Kolosserbriefs im Kampf gegen „Häretiker" entfalteten kosmischen Christologie nicht älter, sondern jünger sind.

Wenn damit das literarische Abhängigkeitsverhältnis richtig bestimmt ist, muss unter der Voraussetzung, dass das Selbstzeugnis des Kolosserbriefs, von Paulus verfasst zu sein, nicht zutrifft (vgl. unten, S. 420), geschlussfolgert werden, dass es sich beim Epheserbrief ebenfalls nicht um ein authentisches Schreiben des Paulus handelt. Die sprachlich-stilistischen Unterschiede, die zwischen ihm und dem Kolosserbrief bestehen – so ist die Fülle von schwer überschaubaren Satzgebilden diesem ebenso fremd wie den echten Paulusbriefen –, zeigen allerdings, dass die beiden Dokumente nicht auf ein und denselben Paulusschüler zurückgehen.

[Epheser 1,1–23:
Adresse; Lob Gottes]

[Eph 1,1–2: Adresse]

[1] Paulus, Apostel Christi Jesu durch den Willen GOTTES,
an die Heiligen, die in Ephesus[a] sind, und GLÄUBIGEN in Christus Jesus:
[2] GNADE euch und Friede von GOTT, unserem Vater, und dem Herrn Jesus Christus!

[Eph 1,3–14: Lob Gottes]

[3] Gelobt (sei) der GOTT und Vater unseres Herrn Jesus Christus, der uns mit jeglichem geistigen[b] Segen in den Himmeln **in Christus** gesegnet hat, [4] wie er uns ja erwählte in ihm vor Gründung der Welt, dass wir heilig und tadellos vor ihm seien, in LIEBE, [5] da er uns vorherbestimmte zur Kindschaft durch Jesus Christus zu ihm hin gemäß der *Gunst seines Willens*, [6] ZUM LOB der HERRLICHKEIT seiner GNADE, mit der er uns in dem GELIEBTEN BEGNADET hat.

[7] **In ihm** haben wir die Erlösung durch sein Blut, die Vergebung der Übertretungen, gemäß dem Reichtum seiner GNADE, [8] die er an uns reichlich ausgeteilt hat in aller Weisheit und Einsicht, [9] machte er uns doch das Geheimnis *seines Willens* bekannt gemäß *seiner Gunst*, die er in ihm festgesetzt hatte [10] zur Durchführung der Fülle der Zeiten: alles **in Christus** zusammenzufassen, das in den Himmeln und das auf der Erde – in ihm.

[11] **In ihm** wurden wir auch vom Los getroffen, vorausbestimmt gemäß dem Vorsatz dessen, der alles gemäß dem Vorhaben seines Willens wirkt, [12] damit wir ZUM LOB SEINER HERRLICHKEIT die seien, die im Voraus auf Christus gehofft haben.

[13] **In ihm** (wurdet) auch ihr, nachdem ihr das Wort der Wahrheit, das Evangelium eurer Rettung, gehört hattet – in ihm wurdet ihr auch, nachdem ihr zum GLAUBEN gekommen wart, mit dem heiligen Geist der Verheißung versiegelt, [14] der die Anzahlung auf unser Erbe ist, zur Erlösung des Eigentums – ZUM LOB SEINER HERRLICHKEIT.

[Eph 1,15–23: Gebet um Erkenntnis der Hoffnung für die Heiden]

[15] Deshalb (ist es so, dass) auch ich, nachdem ich von dem bei euch (vorhandenen) GLAUBEN an den Herrn Jesus und von der (bei euch vorhandenen) LIEBE zu allen Heiligen gehört habe, [16] nicht aufhöre, für euch zu danken, wenn ich (euch) in meinen Gebeten erwähne, [17] damit der GOTT unseres Herrn Jesus Christus, der Vater der HERRLICHKEIT, euch einen Geist der Weisheit und der Offenbarung gebe, ihn zu erkennen, [18] erleuchtete Augen des Herzens, damit ihr wisst,

---

a In wichtigen Handschriften fehlt „in Ephesus".   b Griechisch: *pneumatikos*.

welches die Hoffnung ist,
 zu der er euch berufen hat,
welches der Reichtum der HERRLICHKEIT seines Erbes
 bei den <u>Heiligen</u>
[19] und welches die überschwängliche Größe seiner Macht
 über uns, die GLAUBENDEN –
gemäß der Wirksamkeit der Kraft seiner Stärke, [20] die er in Christus hat wirksam werden lassen,

 indem er ihn aus Toten auferweckte
 und zu seiner Rechten in den Himmeln Platz nehmen ließ[a],

[21] über alle Gewalt und Hoheit und Macht und Herrschaft und jeden Namen, der genannt wird, nicht nur in dieser Welt, sondern auch in der künftigen.
 [22] Und

 alles unterwarf er unter seine Füße.
 [Ps 8,7]
Und ihn gab er als Haupt über alles der Kirche, [23] welche sein Leib ist, die Fülle dessen, der das All in allem erfüllt.

[Epheser 2,1–3,21: Der göttliche Heilsplan:
die Berufung der Heiden]

[Eph 2,1–3,13: Das Heil]

[2,1–10: Vom Tod zum Leben]

[1] Auch euch, die ihr TOT WART durch eure Übertretungen und Sünden, [2] in denen ihr einst lebtet gemäß diesem Weltalter, gemäß dem Herrscher des Luftreiches, des Geistes, der jetzt wirkt in den Söhnen des Ungehorsams –

 [3] unter ihnen führten auch wir alle einst unser Leben in den Begierden unseres Fleisches,
 taten den Willen des Fleisches und der Sinne
 und waren von Natur Kinder des Zorns wie die übrigen auch.

[4] GOTT aber hat, da er reich ist an Erbarmen, wegen seiner großen LIEBE, womit er uns geliebt hat, [5] uns, und zwar als wir durch die Übertretungen TOT WAREN, lebendig gemacht mit Christus – durch GNADE seid ihr gerettet – [6] und uns mitauferweckt und mit in den Himmeln Platz nehmen lassen **in Christus Jesus**, [7] damit er in den kommenden Zeiten den überschwänglichen Reichtum seiner GNADE durch Güte gegen uns **in Christus Jesus** zeige.

---

a Vgl. Ps 110,1.

[8] Denn *durch* die GNADE *seid ihr gerettet* aufgrund des GLAUBENS. Und das nicht aus euch, GOTTES Gabe (ist es); [9] nicht aufgrund von Werken, damit keiner sich rühme. [10] Denn sein Gebilde sind wir, **in Christus Jesus** geschaffen zu guten Werken, die GOTT zuvor bereitet hat, damit wir in ihnen wandeln.

[*2,11–22: Die Kirche aus Juden und Heiden*]

[11] Deshalb denkt daran, dass einst ihr, (die ihr) dem Fleisch nach die Heiden (wart), die, die ‚Vorhaut‘ genannt wurden von der sogenannten ‚Beschneidung‘, die am Fleisch mit Händen gemacht ist –, [12] dass ihr zu jenem Zeitpunkt

> ohne Christus wart,
> ausgeschlossen von der Bürgerschaft Israels
> und FREMD den Verfügungen der Verheißung,
> Hoffnungslose
> und Gottlose in der Welt.

[13] Jetzt aber **in Christus Jesus** seid ihr, die ihr einst **FERN** wart, zu *NAHEN* geworden durch das Blut Christi.

[14] Er selbst nämlich ist unser FRIEDE,
> er, der aus BEIDEN eins gemacht
> und die Trennwand des Zaunes niedergerissen hat,
> die *Feindschaft*, in seinem Fleisch
> [15] (und) das Gesetz der Gebote in Satzungen außer Kraft gesetzt hat,
> damit er die zwei in sich selbst zu einem einzigen neuen Menschen erschaffe und FRIEDEN stifte
> [16] und er die BEIDEN in *einem* Leib mit GOTT versöhne durch das Kreuz,
> indem er die *Feindschaft* tötete in sich (= in ihm).

[17] Und er kam und hat FRIEDEN verkündigt euch, den **FERNEN**, und FRIEDEN den *NAHEN*. [18] Denn durch ihn haben wir – beide in ein und demselben Geist – den Zugang zum Vater.

[19] So seid ihr nun nicht mehr FREMDE und Beisassen, sondern ihr seid Mitbürger der <u>Heiligen</u> und (seid) Hausgenossen GOTTES, [20] aufgebaut auf dem Fundament der Apostel und Propheten, mit Christus Jesus selbst als Schlussstein. [21] In ihm wächst der ganze Bau zusammengefügt heran zu einem <u>heiligen</u> Tempel im Herrn, [22] in ihm werdet auch ihr mit aufgebaut zu einer Wohnung GOTTES im Geist.

[*3,1–13: Der Dienst des Heidenapostels*]

[1] (Das ist der Grund,) weswegen ich, Paulus, der Gefangene Christi Jesu für euch, die *HEIDEN* – [2] ihr habt doch wohl von dem HEILSPLAN der GNADE GOTTES gehört, die mir für euch gegeben worden ist, [3] dass mir durch Offenbarung das GEHEIMNIS *bekannt gemacht* wurde, wie ich oben kurz schrieb. [4] Daran könnt ihr beim Lesen

meine Einsicht in das GEHEIMNIS Christi erkennen, [5] das in anderen Generationen den Menschensöhnen nicht *bekannt gemacht* wurde, wie es jetzt seinen heiligen Aposteln und Propheten durch den Geist offenbart wurde: [6] Die *HEIDEN* sind Mit-Erben und Mit-Leib und Mit-Teilhaber der Verheißung **in Christus Jesus** durch das Evangelium, [7] dessen Diener ich wurde gemäß dem Geschenk der GNADE GOTTES, die mir gegeben wurde gemäß der Wirksamkeit seiner Kraft.

[8] Mir, dem Allergeringsten aller Heiligen, wurde diese GNADE gegeben, den *HEIDEN* den unergründlichen Reichtum Christi zu verkündigen [9] und zu beleuchten, was der HEILSPLAN des Geheimnisses sei – das von Ewigkeiten her verborgen war in GOTT, der alle Dinge geschaffen hat –, [10] damit jetzt den Gewalten und den Mächten in den Himmeln durch die Kirche die vielgestaltige Weisheit GOTTES *bekannt gemacht* werde, [11] gemäß dem ewigen Vorsatz, den er **in Christus Jesus**, unserem Herrn, ausgeführt hat. [12] In ihm haben wir den Freimut und den Zugang im Vertrauen durch den GLAUBEN an ihn. [13] Deshalb bitte ich, an meinen Bedrängnissen für euch nicht zu verzagen. Sie sind eure HERRLICHKEIT.

[Eph 3,14–21: Gebet und Lob]

[14] Deswegen beuge ich meine Knie vor dem Vater,

[15] von dem jede Sippe in den Himmeln und auf Erden benannt wird:
[16] damit er euch gebe gemäß dem Reichtum seiner HERRLICHKEIT,
dass ihr mit Kraft gestärkt werdet
am inneren Menschen durch seinen Geist,
[17] dass Christus durch den GLAUBEN in euren Herzen wohne
und ihr dabei in LIEBE verwurzelt und gegründet seid,
[18] damit ihr imstande seid,
mit allen Heiligen zu begreifen,
was die Breite und Länge und Höhe und Tiefe ist,
[19] und zu erkennen die die Erkenntnis übersteigende LIEBE Christi,
damit ihr erfüllt werdet zur ganzen Fülle GOTTES.

[20] Dem aber, der über alles hinaus zu tun vermag,
über die Maßen mehr als das, was wir erbitten oder denken,
gemäß der Kraft, die in uns wirkt,
[21] ihm sei die HERRLICHKEIT in der Kirche und **in Christus Jesus**
für alle Generationen in alle Ewigkeit! Amen.

[Epheser 4,1–6,20:
Der Lebenswandel gemäß der Berufung]

[Eph 4,1–16: Die Einheit der Kirche als Norm der Lebensführung]

[1] Ich ermahne euch nun, ich, der Gefangene im Herrn, entsprechend der Berufung zu leben, mit der ihr berufen wurdet, [2] mit aller Demut und Sanftmut, mit Langmut, einander in LIEBE ertragend, [3] euch (eifrig) bemühend, die Einheit des Geistes durch das Band des FRIEDENS zu bewahren: [4] **Ein** Leib und **ein** Geist, wie ihr auch in **einer** Hoffnung eurer Berufung berufen wurdet.

[5] **Ein** Herr, **ein** GLAUBE, **eine** Taufe,
[6] **ein** GOTT und Vater aller,
der über allen und durch alle und in allen (ist).

[7] Jedem einzelnen von uns aber wurde die GNADE nach dem Maß der Gabe Christi gegeben. [8] Darum heißt es:

In die Höhe hinaufgestiegen, erbeutete er Gefangene,
er gab den Menschen Gaben.
[Ps 68,19]

[9] Das ‚er stieg hinauf‘ aber, was ist es, wenn nicht, dass er auch hinabstieg in die unteren Teile der Erde? [10] Der Hinabgestiegene selber ist auch der, der hinaufstieg hoch über alle Himmel, damit er alles erfülle.

[11] Und er ‚gab‘ die einen als Apostel, die anderen als Propheten, andere als Evangelisten, andere als Hirten und Lehrer, [12] zur Vorbereitung der <u>Heiligen</u> für die Ausübung des Dienstes, für den Aufbau des Leibes Christi, [13] bis wir alle zur Einheit des GLAUBENS und der Erkenntnis des Sohnes GOTTES gelangen, zum vollkommenen Mann, zum Maß des Alters der Vollreife Christi, [14] damit wir nicht mehr Unmündige seien, hin und her geworfen und umhergetrieben von jedem Wind der Lehre im Würfelspiel der Menschen, in der Tücke zur Arglist der Täuschung, [15] sondern – indem wir wahrhaftig sind in LIEBE – in allem zu ihm hin wachsen, der das Haupt ist, Christus, [16] von dem her der ganze Leib, zusammengefügt und zusammengehalten durch jedes unterstützende Band, gemäß der Kraft, die dem Maß eines jeden Teils entspricht, das Wachstum des Leibes bewirkt zum Aufbau seiner selbst in LIEBE.

[Eph 4,17–24: Warnung vor heidnischer Lebensführung]

[17] Dies nun sage und bezeuge ich im Herrn, dass ihr nicht mehr leben sollt, wie auch die *HEIDEN* leben in der Nichtigkeit ihres Verstands; [18] sie sind verfinstert im Denkvermögen, entfremdet dem Leben aus GOTT wegen der Unwissenheit, die in ihnen ist, wegen der Verhärtung ihres Herzens. [19] Abgestumpft haben sie sich der Ausschweifung hingegeben, um jede (mögliche) UNSAUBERKEIT zu vollbringen in HABGIER.

²⁰ Ihr aber habt Christus nicht so kennengelernt, ²¹ wenn ihr ihn denn gehört habt und in ihm unterrichtet worden seid, wie (es) Wahrheit in Jesus ist:

²² dass ihr – gegenüber dem früheren Lebenswandel – *den alten Menschen ablegt,*
der sich zugrunde richtet durch die betrügerischen Begierden,
²³ im Geist eures Verstandes aber erneuert werdet
²⁴ und *anzieht den neuen Menschen,*
der GOTT gemäß geschaffen ist in wahrer Gerechtigkeit und Frömmigkeit.

[Eph 4,25–5,20: Ermahnungen]

²⁵ Deshalb legt die Lüge ab und

redet Wahrheit, jeder mit seinem Nächsten
[Sach 8,16],

denn wir sind untereinander Glieder!

²⁶ Zürnt, doch sündigt nicht!
[Ps 4,5 LXX]

Die Sonne soll über eurem Zorn nicht untergehen!
²⁷ Und gebt dem Teufel keinen Raum!

²⁸ Der Dieb soll nicht mehr stehlen, sich aber (umso) mehr anstrengen, mit den eigenen Händen das Gute zu tun, damit er (etwas) hat, um dem, der Bedarf hat, abzugeben!
²⁹ Kein hässliches Wort komme aus eurem Mund, sondern (nur) wenn eines gut (ist) zur Erbauung, wo Bedarf ist, (soll es aus eurem Mund kommen,) damit es den Hörenden Gnade gibt.
³⁰ Und betrübt nicht den <u>heiligen</u> Geist GOTTES, mit dem ihr für den Tag der Erlösung versiegelt wurdet!

³¹ Alle Bitterkeit
und Wut
und Zorn
und Geschrei
und Lästerung

soll von euch entfernt werden
mitsamt jeder Bosheit.
³² Seid gütig zueinander, barmherzig, einander vergebend, *so wie auch* GOTT uns[a] in Christus vergeben hat!

⁵,¹ Seid nun Nachahmer GOTTES wie GELIEBTE Kinder!
² Und lebt in LIEBE, *so wie auch* Christus euch GELIEBT und sich selbst für uns dahingegeben hat als Gabe und Opfer, GOTT zu einem köstlichen Duft!

---

a Nach anderen Textzeugen: „euch".

³ **Unzucht** aber
und alle UNSAUBERKEIT
oder HABGIER

sollen bei euch nicht einmal genannt werden, wie es sich für Heilige gehört;

⁴ auch Schändliches
und Geschwätz
oder Witzelei,

die sich nicht gehören, sondern vielmehr Dank!
⁵ Denn dies sollt ihr wissen und erkennen, dass

kein **Unzüchtiger**
oder UNSAUBERER
oder HABGIERIGER

– das heißt Götzendiener – ein Erbe hat im Königreich Christi und GOTTES.
⁶ Niemand täusche euch mit leeren Worten! Denn deswegen kommt der Zorn
GOTTES über die Söhne des Ungehorsams. ⁷ Werdet also nicht zu ihren Mitgenossen!
⁸ Ihr wart nämlich einst FINSTERNIS, jetzt aber LICHT im Herrn.

Lebt als Kinder des LICHTS – ⁹ denn die Frucht des LICHTS (besteht) in lauter Güte
und Gerechtigkeit und Wahrheit –, ¹⁰ indem ihr prüft, was dem Herrn angenehm
ist.

¹¹ Und nehmt nicht an den fruchtlosen Werken der FINSTERNIS teil, sondern
bringt sie vielmehr an den Tag. ¹² Denn was heimlich durch sie geschieht, (davon)
auch (nur) zu reden, ist schändlich. ¹³ Alles aber, was an den Tag gebracht wird,
wird durchs LICHT offenbar; ¹⁴ denn alles, was offenbar wird, ist LICHT. Deshalb
heißt es:

Wach auf, du Schlafender,
und steh auf aus den Toten,
und leuchten wird für dich Christus.ᵃ

¹⁵ Seht nun genau zu, wie ihr lebt, nicht als Unweise, sondern als Weise.
¹⁶ Nutzt den Zeitpunkt aus, denn die Tage sind böse.
¹⁷ Darum seid nicht dumm, sondern begreift, was der Wille des Herrn (ist).
¹⁸ Und betrinkt euch nicht mit Wein – das ist liederlich –, sondern lasst euch erfüllen mit Geist.
¹⁹ Redet miteinander in Psalmen und Hymnen und geistgewirkten Liedern (und)
singt und musiziert aus eurem Herzen für den Herrn.
²⁰ Dankt GOTT, dem Vater, immer für alles im Namen unseres Herrn Jesus Christus!

---

a Die Herkunft des Spruchs ist bisher unbekannt.

[Eph 5,21–6,9: Pflichtentafel]

²¹ ORDNET EUCH einander UNTER in der Furcht Christi,

²² die **Frauen** den eigenen Männern wie dem Herrn! ²³ Denn (der) Mann ist das Haupt der Frau, wie auch Christus das Haupt der Kirche, er als Retter des Leibes. ²⁴ Aber wie die Kirche SICH Christus UNTERORDNET, so auch in jeder Hinsicht die Frauen den Männern.

²⁵ Ihr **Männer,** LIEBT die Frauen, wie auch Christus die Kirche geliebt und sich für sie dahingegeben hat, ²⁶ *damit* er sie heilige, indem er durch das Wasserbad im Wort reinigt, ²⁷ *damit* er selber sich die Kirche als eine herrliche bereite, ohne Fleck oder Falte oder etwas dergleichen, sondern *damit* sie heilig und makellos sei. ²⁸ So sind auch die Männer verpflichtet, ihre Frauen zu LIEBEN wie ihre eigenen Leiber. Wer seine Frau LIEBT, LIEBT sich selbst. ²⁹ Denn niemand hat jemals sein eigenes Fleisch gehasst, sondern er nährt und pflegt es, wie auch Christus die Kirche. ³⁰ Denn wir sind Glieder seines Leibes.
³¹ Deswegen wird ein Mensch Vater und Mutter verlassen
und an seiner Frau hängen,
und die zwei werden zu einem einzigen Fleisch werden.
[Gen 2,24 LXX]

³² Dieses Geheimnis ist groß, ich aber deute es auf Christus und auf die Kirche. ³³ Jedenfalls auch ihr, jeder einzelne, jeder soll seine Frau so LIEBEN wie sich selbst, die Frau aber soll den Mann fürchten!

⁶,¹ Ihr **Kinder,** gehorcht euren Eltern im Herrn, denn das ist gerecht.
² Ehre deinen Vater und die Mutter
– das ist das erste Gebot mit einer Verheißung:
³ damit es dir gut geht und du lange auf der Erde bist.
[Ex 20,12 LXX; Dtn 5,16 LXX]

⁴ Und ihr **Väter,** erzürnt eure Kinder nicht, sondern zieht sie auf mit Erziehung und Zurechtweisung des Herrn.

⁵ Ihr **Sklaven,** gehorcht den irdischen **Herren** mit Furcht und Zittern, in Schlichtheit eures Herzens, als (gälte es) Christus; ⁶ nicht mit Augendienerei, Menschen gefällig, sondern als Sklaven Christi, die den Willen GOTTES tun von Herzen. ⁷ Dient gutwillig wie dem Herrn und nicht den Menschen ⁸ im Wissen, dass jeder, wenn er etwas Gutes tut, das vom Herrn (wieder) empfangen wird, sei er Sklave oder frei.

⁹ Und ihr **Herren,** tut dasselbe mit ihnen, und lasst das Drohen, da ihr wisst, dass ihr und euer Herr in den Himmeln ist und es bei ihm keine Parteilichkeit gibt.

[Eph 6,10–20: Die Rüstung Gottes]

[10] Schließlich: Werdet mächtig im Herrn und in der Kraft seiner Stärke!
[11] Zieht *die volle Rüstung* GOTTES an, damit ihr den Tücken des Teufels *standhalten* könnt! [12] Denn für uns ist der Kampf nicht gegen Blut und Fleisch, sondern

gegen die Gewalten,
gegen die Mächte,
gegen die Weltherrscher dieser Finsternis,
gegen die Geister der Bosheit – in den Himmeln.

[13] Deshalb ergreift *die volle Rüstung* GOTTES, damit ihr an dem bösen Tag widerstehen und, nachdem ihr alles bewältigt habt, den *Stand behaupten* könnt.
[14] *Haltet* also *stand*, nachdem ihr eure Hüften mit Wahrheit umgürtet, den Brustpanzer der Gerechtigkeit angetan [15] und die Füße mit Bereitschaft für das Evangelium des Friedens beschuht habt. [16] Bei alledem ergreift den Schild des GLAUBENS, mit dem ihr alle Brandpfeile des Bösen werdet löschen können. [17] Nehmt auch den Helm der Rettung und das Schwert des Geistes – das ist GOTTES Wort.
[18] Unter lauter Gebet und (allem) Flehen betet zu jedem Zeitpunkt im Geist! Und dazu wacht mit aller Ausdauer und (allem) Flehen für alle <u>Heiligen</u> [19] und für mich, damit mir beim Öffnen meines Mundes ein Wort gegeben wird: in *Freimut* das Geheimnis des Evangeliums bekannt zu machen, [20] für das ich als Gesandter in Fesseln wirke, damit ich in ihm *freimütig* rede, wie ich reden muss.

[Epheser 6,21–24:
Schluss]

[21] Damit aber auch ihr meine Lage kennt, was ich tue, wird Tychikus, der GELIEBTE Bruder und treue Diener im Herrn, euch alles bekannt machen. [22] Ihn habe ich zu eben diesem (Zweck) zu euch geschickt, dass ihr erfahrt, wie es uns geht, und er eure Herzen tröstet.
[23] Friede den Brüdern und LIEBE mit *GLAUBEN* von GOTT, dem Vater, und dem Herrn Jesus Christus.
[24] Die *GNADE* mit allen, die unseren Herrn Jesus Christus LIEBEN – in Unvergänglichkeit!

11. Der Brief an die Philipper

Philippi ist die erste von Paulus gegründete Gemeinde in Europa (vgl. 1Thess 2,2). Von dort ausgehend missionierte er in Thessalonich, Athen und Korinth. Auf diese Erstverkündigung blickt der Apostel in Phil 4,15f zurück und hebt hervor, dass er Unterstützung nur von der Gemeinde in Philippi erhalten habe.

Paulus befindet sich zur Zeit der Abfassung des Briefes im Gefängnis (1,12–14). Epaphroditus hatte ihm ein Geschenk der Philipper überbracht (4,18) und war nach Genesung von einer Krankheit im Begriff, nach Philippi zurückzukehren (2,25–27). Da Paulus, der 2Kor 11,23 zufolge mehrfach im Gefängnis war, in 1Kor 15,32 und 2Kor 1,8–10 eine Gefangenschaft in Ephesus andeutet, könnte der Philipperbrief in dieser Stadt entstanden sein.

Verfechter der Annahme, das Schreiben sei aus mehreren Briefen zusammengesetzt, verweisen insbesondere auf den Bruch zwischen Phil 3,1 und 3,2. Doch gibt zu denken, dass sich bestimmte Themen durch alle Teile des Briefes hindurchziehen. Neben dem Motiv der Freude (vgl. 1,4.18.25; 2,2.17f.28f; 3,1; 4,1; 4,4.10) fällt vor allem die zentrale Bedeutung der Gestalt Jesu Christi ins Auge. Von ihm sollen die Philipper lernen, was es heißt, dem Kreuz gemäß zu leben.

1,1–11	Adresse und Dank
1,12–2,30	Der Apostel und die Gemeinde
3,1–21	Gegen Irrlehrer
4,1–9	Ermahnungen
4,10–20	Dank für finanzielle Unterstützung durch die Philipper
4,21–23	Schluss

[Philipper 1,1–11:
Adresse und Dank]

[Phil 1,1–2: Adresse]

[1] Paulus und Timotheus, Sklaven Christi Jesu,
an alle Heiligen in Christus Jesus, die in Philippi sind, mit (ihren) Bischöfen und Diakonen[a]:

---

a Oder: „mit (ihren) Aufsehern und Helfern".

[2] Gnade euch und Friede von GOTT, unserem Vater, und dem Herrn Jesus Christus!

[Phil 1,3–11: Dank]

[3] Ich danke meinem GOTT bei jeder Erwähnung von euch, [4] (also) allezeit in jedem Gebet von mir für auch alle, indem ich mit **Freude** das Gebet verrichte, [5] wegen eurer *Teilhabe* am EVANGELIUM vom ersten Tag an bis jetzt, [6] wobei ich eben darin zuversichtlich bin, dass der, der ein gutes Werk in euch angefangen hat, es bis zum TAG CHRISTI Jesu zu Ende bringen wird.

[7] Es ist für mich ja recht, dies über euch alle zu denken, weil ich euch im Herzen habe, seid ihr doch in MEINEN FESSELN und bei der Verteidigung und Bekräftigung des EVANGELIUMS meine *Teilhaber* an der Gnade – ihr alle. [8] Mein Zeuge ist nämlich GOTT, wie ich mich nach euch allen mit der Zuneigung Christi Jesu sehne.

[9] Und das erbitte ich, dass eure LIEBE noch mehr und mehr an Erkenntnis und jeder Erfahrung zunehme, [10] damit ihr prüft, worauf es ankommt, auf dass ihr rein und unanstößig seid für den TAG CHRISTI, [11] erfüllt mit der durch Jesus Christus (gegebenen) Frucht der Gerechtigkeit zur Ehre und zum Lob GOTTES.

[Philipper 1,12–2,30:
Der Apostel und die Gemeinde]

[Phil 1,12–26: Die Lage des gefangenen Paulus]

[12] Ich will aber, dass ihr wisst, Brüder, dass meine Lage mehr zur Förderung des EVANGELIUMS ausgeschlagen ist, [13] so dass MEINE FESSELN in Christus im ganzen Prätorium[a] und bei allen übrigen offenbar wurden [14] und die Mehrzahl der Brüder im Herrn zuversichtlich geworden ist durch MEINE FESSELN und es umso mehr wagt, das Wort furchtlos zu reden.

[15] Einige zwar PREDIGEN CHRISTUS auch aus Neid und Streit,
einige aber auch mit guter Absicht;
[16] die(se) aus LIEBE, weil sie wissen, dass ich zur Verteidigung des EVANGELIUMS bestimmt bin;
[17] die (anderen) aber VERKÜNDIGEN CHRISTUS aus Selbstsucht, nicht aufrichtig, in der Meinung, (mir in) MEINEN FESSELN Trübsal zu bereiten.

[18] Was tut's? Nur dass auf jede Weise, sei es zum Schein, sei es wahrhaftig, CHRISTUS VERKÜNDIGT wird, und darüber **freue** ich mich.

Doch werde ich mich auch (in Zukunft) **freuen**, [19] denn ich weiß, dass dies für mich durch euer *Gebet* und die Unterstützung des Geistes Jesu Christi auf Rettung

---

a Amtssitz des Statthalters.

hinauslaufen wird, [20] entsprechend meiner Erwartung und Hoffnung, dass ich in keiner Hinsicht werde zuschanden werden, sondern dass Christus in aller Offenheit, wie immer so auch jetzt, an meinem Leib groß gemacht werden wird, sei es durch *Leben*, sei es durch Tod.

[21] Für mich ist nämlich das *Leben* Christus und das Sterben Gewinn. [22] Wenn (es) aber (um) das *Leben* IM FLEISCH (geht), (so ist) das für mich Frucht von Arbeit. Und was ich wählen soll, weiß ich nicht. [23] Ich werde aber von beidem bedrängt: Mich verlangt sehr danach, aufzubrechen und mit Christus zusammen zu sein, denn (das ist) weit besser. [24] Aber IM FLEISCH zu *bleiben*, ist euretwegen nötiger. [25] Und darin zuversichtlich, weiß ich, dass ich *bleiben* und bei euch allen *verbleiben* werde zu eurer Förderung und **Freude** des GLAUBENS, [26] damit euer Rühmen zunehme in Christus Jesus durch mich bei meiner Rückkehr zu euch.

[Phil 1,27–30: Worauf es ankommt]

[27] Nur verhaltet euch dem EVANGELIUM von Christus angemessen, damit, ob ich komme und euch *sehe* oder abwesend bin und von eurer Lage *höre*, (ich erfahre,)

dass ihr in **einem** Geist steht,
mit **einer** Seele (alle) zusammen für den GLAUBEN an das EVANGELIUM kämpft [28] und euch in nichts von den Widersachern erschrecken lasst.

Das ist für sie ein Zeichen des Untergangs, aber eurer Rettung, und das von GOTT. [29] Denn euch wurde in Gnaden geschenkt, für Christus – nicht nur an ihn zu GLAUBEN, sondern auch für ihn – zu leiden, [30] habt ihr doch **DENSELBEN** Kampf, den ihr bei mir *saht* und jetzt von mir *hört*.

[Phil 2,1–11: Orientierung am Vorbild Christi]

[1] Wenn es nun irgendeine Ermunterung in Christus (gibt),
wenn irgendeinen Zuspruch der LIEBE,
wenn irgendeine Gemeinschaft des Geistes,
wenn irgendeine Zuneigung und Erbarmen (Plural),
[2] bringt meine **Freude** zur Erfüllung, dass ihr auf **DASSELBE** *bedacht seid*,
DIESELBE LIEBE habt,
eines Sinnes (seid),
auf das eine *bedacht seid*,
[3] nichts auf Grund von Selbstsucht
oder auf Grund von leerer Ruhmsucht (tut),
sondern in der (Selbst-)*ERNIEDRIGUNG* euch, einer den anderen, höher *anseht* als euch selbst,
[4] ihr nicht jeder auf die eigenen Dinge achtet, sondern jeweils auch auf die der anderen.

⁵ Darauf *seid* bei euch *bedacht*, was auch in Christus Jesus (ist):

> ⁶ Der war in *Gestalt* GOTTES,
> hat es nicht wie eine Beute *angesehen*, GOTT gleich zu sein,
> ⁷ sondern er entäußerte sich selbst
> und nahm die *Gestalt* eines Sklaven an,
> ein Menschengleicher wurde er;
> und im Äußeren vorgefunden als Mensch
> ⁸ *ERNIEDRIGTE* er sich,
> wurde gehorsam bis zum Tod – zum Tod aber am **KREUZ**.

> ⁹ Darum hat GOTT ihn auch so hoch erhöht
> und ihm geschenkt den NAMEN über jeden NAMEN,
> ¹⁰ damit im NAMEN Jesu jedes Knie sich beuge[a],
> der Himmlischen und Irdischen und Unterirdischen,
> ¹¹ und jede Zunge anerkenne[b]:
> Herr (ist) Jesus Christus,
> zum Lob GOTTES, des Vaters.

¹² Daher, meine GELIEBTEN, wie ihr immer gehorcht habt – nicht nur wie bei meiner Anwesenheit, sondern jetzt noch viel mehr bei meiner Abwesenheit: Schafft mit Furcht und Zittern eure Rettung! ¹³ Denn GOTT ist es, der in euch *wirkt* sowohl das Wollen als auch das *Wirken* über den guten Willen hinaus[c].

¹⁴ Alles tut ohne Murren und Bedenken, ¹⁵ damit ihr tadellos und rein seid, unbescholtene Kinder GOTTES inmitten einer verdrehten und verkehrten Generation, unter denen ihr leuchtet wie Sterne in der Welt, ¹⁶ da ihr am Wort des Lebens festhaltet, mir zum Ruhm für den Tag Christi, dass

> ich nicht vergeblich gelaufen bin
> und mich nicht vergeblich abgemüht habe.[d]

¹⁷ Aber auch wenn ich ausgegossen werde beim Opfer und Gottesdienst eures GLAUBENS, **freue** ich mich und **freue** mich mit euch allen. ¹⁸ Ebenso aber **freut** auch ihr euch, und **freut** euch mit mir.

[Phil 2,19–30: Empfehlung des Timotheus und des Epaphroditus]

¹⁹ Ich hoffe aber im Herrn Jesus, Timotheus bald zu euch zu *schicken*, damit auch ich frohen *Sinnes* werde, wenn ich eure Lage erfahre.

²⁰ Denn ich habe keinen Gleich*gesinnten*, der sich redlich um eure Lage kümmert; ²¹ denn alle suchen ihre eigenen Dinge, nicht die Jesu Christi.

---

a Vgl. Jes 45,23 LXX.
b Vgl. ebd.

c Oder: „nach seinem Wohlgefallen".
d Vgl. Jes 49,4; 65,23.

²² Ihr kennt aber seine Bewährung, dass er, wie ein Kind dem Vater, mit mir Sklavendienste für das EVANGELIUM leistete. ²³ Diesen nun hoffe ich zu *schicken*, sobald ich meine Lage überblicke.

²⁴ Ich bin aber im Herrn zuversichtlich, dass ich auch selbst bald kommen werde.

²⁵ Ich habe es aber für nötig gehalten, Epaphroditus – meinen Bruder und Mitarbeiter und Mitstreiter, euren Abgesandten und Helfer in meiner Bedürftigkeit – zu euch zu *schicken*. ²⁶ Denn er sehnte sich ja nach euch allen und war in Unruhe, weil ihr gehört hattet, er sei krank geworden. ²⁷ Er war nämlich TODKRANK geworden; aber GOTT hat sich seiner erbarmt, nicht aber nur seiner, sondern auch meiner, damit ich nicht Kummer über Kummer habe.

²⁸ Ich habe ihn nun umso eiliger *geschickt*, damit ihr euch, wenn ihr ihn seht, wieder **freut** und ich unbekümmerter sein kann. ²⁹ Nehmt ihn nun auf im Herrn mit aller **Freude** und haltet solche (Leute) in Ehren; ³⁰ denn wegen der Arbeit für Christus ist er DEM TOD NAHE GEKOMMEN und hat sein Leben aufs Spiel gesetzt, um euren Mangel (= eure Abwesenheit) bei der Dienstleistung für mich auszugleichen.

[Philipper 3,1–21:
Gegen Irrlehrer]

[3,1–7: Biographischer Rückblick]

¹ Im Übrigen, meine Brüder, **freut** euch im Herrn! Euch (mehrfach) dasselbe zu schreiben, ist mir nicht lästig, euch aber dient es zur Sicherheit.

² Seht euch die Hunde an,
seht euch die bösen Arbeiter an,
seht euch die Zerschneidung an.

³ Denn wir sind die Beschneidung, die wir durch den Geist GOTTES dienen und uns in Christus Jesus rühmen und nicht *auf Fleisch vertrauen*, ⁴ obwohl ich *Vertrauen auch auf Fleisch* haben könnte.

Wenn irgendein anderer meint, *auf Fleisch zu vertrauen* – ich noch mehr:

⁵ Beschnitten am achten Tag,
aus dem Volk Israel,
dem Stamm Benjamin,
Hebräer von Hebräern;
dem *GESETZ* nach: Pharisäer;
⁶ dem Eifer nach: Verfolger der Gemeinde;
der *GERECHTIGKEIT* nach, die im *GESETZ* ist: untadelig.

⁷ Aber was für mich Gewinn war, das habe ich wegen Christus für *Verlust* gehalten.

[Phil 3,8–11: Der Glaubensstand des Paulus]

[8] Aber tatsächlich halte ich sogar alles für *Verlust* wegen der überragenden Größe der Erkenntnis Christi Jesu, meines Herrn, um dessentwillen ich mir das alles zum *Verlust* werden ließ, und ich halte es für Dreck, damit ich Christus gewinne [9] und in ihm gefunden werde, indem ich nicht meine *GERECHTIGKEIT* habe, (nämlich) die aus dem *GESETZ*, sondern die durch GLAUBEN an Christus, die *GERECHTIG-KEIT* aus GOTT aufgrund des GLAUBENS, [10] um ihn und die Kraft seiner Auferstehung und die Teilhabe an seinen Leiden kennenzulernen, indem ich seinem Tod gleichgestaltet werde, [11] ob ich wohl zur Auferstehung aus den Toten heraus gelange.

[Phil 3,12–14: Das himmlische Ziel des Paulus]

[12] Nicht, dass ich es schon ERGRIFFEN hätte oder schon vollendet wäre. Ich renne aber, ob ich es auch fest ERGREIFE, weil ich auch (selber) von Christus Jesus ERGRIFFEN worden bin.

[13] Brüder, ich denke von mir selbst nicht, es ERGRIFFEN zu haben; eines aber: Das dahinten vergesse ich, nach dem da vorne strecke ich mich aus, [14] auf das Ziel renne ich zu, hin zu dem Siegespreis der von oben (kommenden) Berufung durch Gott in Christus Jesus.

[Phil 3,15–21: Warnung vor den Irrlehrern]

[15] So viele nun vollkommen (sind), darauf wollen wir **bedacht sein**!

Und wenn ihr auf andere Weise auf etwas **bedacht seid**, wird euch GOTT auch dies offenbaren.

[16] Nur: was wir erreicht haben, daran festhalten!

[17] Seid gemeinsam meine Nachahmer, Brüder, und blickt auf die, die so wandeln, wie ihr uns zum Vorbild habt. [18] Denn viele wandeln, die ich euch oft genannt habe, jetzt aber auch weinend nenne: die Feinde des **KREUZES** Christi,

[19] deren Ende Verderben,
deren GOTT der Bauch
und (deren) Herrlichkeit in ihrer Schande (ist),
die auf das Irdische bedacht sind.

[20] Denn unsere Heimat ist in den Himmeln,
von woher wir auch als Retter den Herrn Jesus Christus erwarten,
[21] der den Leib unserer Niedrigkeit umformen wird,
gleichgestaltet dem Leib seiner Herrlichkeit,
aufgrund der Kraft, mit der er sich auch alle Dinge unterwerfen kann.

[Philipper 4,1–9:
Ermahnungen]

[Phil 4,1–3: Persönliche Ermahnungen]

[1] Daher, meine GELIEBTEN und herbeigesehnten Brüder, meine **Freude** und mein Kranz, so steht (fest) im Herrn, GELIEBTE!
[2] Euodia ermahne ich und Syntyche ermahne ich, auf dasselbe *bedacht* zu sein im Herrn. [3] Ja, ich bitte auch dich, rechtmäßiger Gefährte, stehe ihnen bei; sie haben mit mir für das EVANGELIUM gekämpft samt Klemens und meinen übrigen Mitarbeitern, deren Namen im Buch des Lebens (stehen).

[Phil 4,4–9: Allgemeine Ermahnungen]

[4] **Freut** euch im Herrn allezeit! Noch einmal werde ich es sagen: **Freut** euch! [5] Eure Güte soll allen Menschen bekannt werden. Der Herr ist nahe.
[6] Sorgt euch um nichts, sondern in allem sollen durch das Gebet und die Bitte mit Dank eure Anliegen bekannt werden vor GOTT.
[7] Und der FRIEDE GOTTES, der allen Verstand übersteigt, wird eure Herzen und eure Gedanken in Christus Jesus bewahren.
[8] Im Übrigen, Brüder,

> was wahr ist,
> was ehrbar,
> was gerecht,
> was rein,
> was liebenswert,
> was wohllautend –
>> wenn es irgendeine Tugend
>> und wenn es irgendetwas Lobenswertes (gibt),
> das erwägt!

[9] Was ihr auch gelernt und empfangen
und gehört und gesehen habt bei mir,
das tut!

Und der GOTT des FRIEDENS wird mit euch sein.

[Philipper 4,10–20:
Dank für finanzielle Unterstützung durch die Philipper]

[4,10–18: Die Spende der Philipper und die Selbstgenügsamkeit des Paulus]

[10] Ich habe mich aber sehr **gefreut** im Herrn, dass ihr eure Fürsorge für mich endlich einmal habt aufblühen lassen. Wohl wart ihr darauf *bedacht*, aber ihr hattet keine Gelegenheit. [11] Nicht, dass ich aus *Bedürftigkeit* rede. Ich habe nämlich gelernt, (in dem,) worin ich bin, genügsam zu sein.

[12] Ich weiß, mich zu ERNIEDRIGEN,
ich weiß, ÜBERFLUSS ZU HABEN.
In alles und jedes bin ich eingeweiht,
satt zu werden und zu hungern,
ÜBERFLUSS ZU HABEN und *bedürftig* zu sein.
[13] Alles kann ich durch den, der mich kräftig macht.

[14] Jedoch habt ihr es gut gemacht, an meiner Bedrängnis Anteil zu nehmen.

[15] Ihr wisst aber auch eurerseits, Philipper, dass im Anfang des EVANGELIUMS, als ich aus Makedonien wegging, keine Gemeinde mit mir in eine Gemeinschaft von Geben und Nehmen eintrat als ihr allein. [16] Denn auch in Thessalonich habt ihr mir mehrmals etwas zu meinem Bedarf geschickt.

[17] Nicht, dass ich die Gabe wünsche, sondern ich wünsche die Frucht, die sich auf eurem Konto mehrt.

[18] Ich habe aber alles erhalten und HABE ÜBERFLUSS. Ich bin ERFÜLLT, seit ich von Epaphroditus das von euch erhielt: einen duftenden Wohlgeruch, ein willkommenes Opfer – GOTT angenehm.

[Phil 4,19–20: Die Befriedigung allen Bedarfs bei den Philippern durch Gott]

[19] Mein GOTT aber wird all euren Bedarf *FÜLLEN* gemäß seinem Reichtum in *Herrlichkeit* in Christus Jesus.
[20] Unserem GOTT und Vater aber die *Herrlichkeit* in alle Ewigkeit. Amen.

[Philipper 4,21–23:
Schluss]

[Phil 4,21–22: Persönliche Grüße]

[21] Grüßt jeden *Heiligen* in Christus Jesus!
Es grüßen euch die Brüder, die bei mir sind.
[22] Es grüßen euch alle *Heiligen*, besonders aber die aus dem Haus des Kaisers.

[Phil 4,23: Gnadenwunsch]

23 Die Gnade des Herrn Jesus Christus (sei) mit eurem Geist!

12. Der Brief an die Kolosser

Vergleicht man den Kolosserbrief mit den großen Paulusbriefen, fallen in sprachlich-stilistischer, aber auch in theologischer Hinsicht etliche Unterschiede ins Auge. So wird in Kol 2,12 f dargelegt, dass die Gläubigen in der Taufe mit Christus gestorben und auferstanden sind, während laut Röm 6,4 f die Gläubigen mit Christus zwar gestorben sind, aber die Auferstehung noch vor sich haben; und während die Gemeinde gemäß 1Kor 12,12–27 und Röm 12,4 f insofern der „Leib Christi" ist, als sie mit all ihren Gliedern Christus repräsentiert, ist sie es laut Kol 1,18.24; 2,19 insofern, als sie Christus, dem Haupt des Leibes, untergeordnet ist.

Diese Unterschiede deuten darauf hin, dass der Kolosserbrief nicht von Paulus, sondern von einem Paulusschüler stammt, der die Theologie des Apostels selbständig weiterentwickelt hat. Er hat dabei auf Überlieferungen aus der kolossischen Gemeinde, die von einem gewissen Epaphras gegründet wurde (1,7), zurückgegriffen, und sich in 4,10 der Grußliste des Philemonbriefs (23–24) bedient.

In 2,6–23 setzt der Verfasser sich mit Gegnern auseinander. Diese fordern die Verehrung der „Elemente der Welt" (2,8.20), die als kosmische Kräfte den Lauf der Dinge und das Schicksal des Einzelnen bestimmen, und pochen im Zusammenhang damit auf die Befolgung bestimmter Speisevorschriften sowie auf die Einhaltung von besonderen Kultzeiten (2,16.21). Dem tritt der Autor des Kolosserbriefs entgegen, indem er Christus als den alleinigen Herrn der Welt verkündigt. In 3,1–4,6 legt er dar, dass und in welcher Weise die Glaubenden in ihrer Lebensführung der universalen Herrschaft Christi entsprechen müssen.

1,1–8	Adresse und Dank
1,9–2,23	Die Herrschaft Christi über die Welt
3,1–4,6	Ermahnungen
4,7–18	Schluss

[Kolosser 1,1–8:
Adresse und Dank]

[Kol 1,1–2: Adresse]

[1] Paulus, Apostel Christi Jesu durch den Willen GOTTES, und Timotheus, der Bruder, [2] an die in Kolossä (befindlichen) <u>heiligen</u> und GLÄUBIGEN Brüder in Christus: Gnade euch und Friede von GOTT, unserem Vater!

[Kol 1,3–8: Dank]

³ Wir danken GOTT, dem Vater unseres Herrn Jesus Christus, allezeit, wenn wir für euch beten, ⁴ da wir von eurem GLAUBEN (den ihr) in Christus Jesus (habt) GEHÖRT haben und von der *Liebe*, die ihr zu allen Heiligen habt, ⁵ um der **Hoffnung** willen, die euch in den Himmeln bereit liegt; von der habt ihr zuvor GEHÖRT im Wort der *Wahrheit* des *EVANGELIUMS*, ⁶ (des Evangeliums,) das unter euch gegenwärtig ist, wie es auch in der ganzen Welt ist und Frucht bringt und WÄCHST wie auch bei euch von dem Tag an, da ihr die Gnade GOTTES GEHÖRT und erkannt habt in *Wahrheit*, ⁷ so wie ihr es von Epaphras gelernt habt, unserem *geliebten* Mitsklaven, der ein treuer Diener Christi für uns ist, ⁸ der uns auch von eurer durch den Geist (gewirkten) *Liebe* erzählt hat.

[Kolosser 1,9–2,23:
Die Herrschaft Christi über die Welt]

[Kol 1,9–11a: Fürbitte um Erkenntnis Gottes]

⁹ Deshalb lassen auch wir seit dem Tag, da wir (es) GEHÖRT haben, nicht ab, für euch zu beten und zu bitten, dass ihr erfüllt werdet mit der *ERKENNTNIS* seines Willens in jeder geistgewirkten **WEISHEIT** und Einsicht, ¹⁰ um des Herrn würdig zu wandeln zu jedem Wohlgefallen, indem ihr in jedem guten Werk Frucht bringt und WACHST in der *ERKENNTNIS* GOTTES, ¹¹ᵃ gekräftigt mit jeder Kraft nach der Macht seiner Herrlichkeit zu jeder Ausdauer und Langmut.

[Kol 1,11b–20: Christus als Schöpfer und Erlöser der Welt]

Mit Freude ¹² dankt dem Vater der euch fähig gemacht hat zum Anteil am Los der Heiligen im Licht; ¹³ der hat uns errettet aus der Macht der Finsternis und (uns) versetzt in das Reich des Sohnes seiner *Liebe*, ¹⁴ in dem wir die Erlösung haben, die Vergebung der Sünden.

¹⁵ Der ist das Bild des unsichtbaren GOTTES,
ERSTGEBORENER aller *SCHÖPFUNG*.
¹⁶ Denn in ihm wurde alles GESCHAFFEN
in den Himmeln und *auf der Erde*,
das Sichtbare und das Unsichtbare,
seien es Throne oder Herrschaften
oder Mächte oder Gewalten,
alles ist durch ihn und auf ihn hin GESCHAFFEN;
¹⁷ und er ist vor allem,
und alles hat in ihm Bestand.
¹⁸ Und er ist das Haupt des Leibes – der Kirche.

Der ist der Anfang,
ERSTGEBORENER aus den Toten,
damit er in allem der Erste sei;
[19] denn es gefiel *DER GANZEN FÜLLE, IN IHM WOHNUNG ZU NEHMEN*
[20] und durch ihn alles zu versöhnen auf ihn hin,
  Frieden stiftend durch das Blut seines Kreuzes, durch ihn,
sei es, was *auf der Erde*, sei es, was *in den Himmeln* (ist).

[Kol 1,21–23: Mahnung zum Festhalten am Evangelium]

[21] Auch euch, die ihr einst entfremdet und Feinde wart der Gesinnung wegen in den bösen Werken – [22] jetzt aber hat er (euch) versöhnt in dem Leib seines Fleisches durch den Tod, um euch als Heilige und Untadelige und Unbescholtene vor sich hinzustellen, [23] wenn ihr denn im GLAUBEN bleibt, gegründet und fest und euch nicht abbringen lassend von der **Hoffnung** des *EVANGELIUMS*, das ihr GEHÖRT habt, das bei jedem GESCHÖPF unter dem Himmel verkündigt wurde (und) dessen *Diener ich*, Paulus, *geworden bin.*

[Kol 1,24–2,5: Der Apostel als Diener des Evangeliums und der Kirche]

[24] Jetzt freue ich mich in den Leiden für euch und ergänze in meinem Fleisch, was noch fehlt von den Bedrängnissen Christi, für seinen Leib, das ist die Kirche.
[25] Deren *Diener bin ich geworden* gemäß dem mir für euch übertragenen Auftrag GOTTES, das Wort GOTTES zu erfüllen, [26] das *GEHEIMNIS*, das vor den Weltzeiten und vor den Generationen verborgen war – jetzt aber wurde es seinen Heiligen offenbar gemacht, [27] denen GOTT kundtun wollte, was der Reichtum der Herrlichkeit dieses *GEHEIMNISSES* unter den Völkern (sei), das ist: Christus in euch, die **Hoffnung** auf die Herrlichkeit. [28] Den verkündigen wir, indem wir *jeden Menschen* ermahnen und *jeden Menschen* in jeder **WEISHEIT** lehren, um *jeden Menschen* als in Christus vollkommenen darzustellen. [29] Dafür mühe ich mich auch und KÄMPFE gemäß seiner Wirkkraft, die in mir mit Macht wirkt.
[2,1] Denn ich will, dass ihr wisst, welch großen KAMPF ich (zu bestehen) habe für euch und die in Laodizea und alle, die (mich nicht persönlich kennen, da sie) mein Angesicht nicht gesehen haben im Fleisch, [2] (welchen Kampf ich also habe,) damit ihre Herzen getröstet werden, vereint in *Liebe* und (vereint) zu allem Reichtum der vollen Gewissheit des Verstehens, zur *ERKENNTNIS* des *GEHEIMNISSES* GOTTES, (das heißt zur Erkenntnis) Christi, [3] in dem alle Schätze der **WEISHEIT** und *ERKENNTNIS* verborgen sind.
[4] Dies sage ich, damit niemand euch täusche durch Überredungskunst.
[5] Denn wenn ich auch leiblich abwesend bin, so bin ich doch im Geist bei euch und sehe mit Freuden eure Ordnung und die Festigkeit eures GLAUBENS an Christus.

[Kol 2,6–23: Warnung vor Irrlehren]

⁶ Wie ihr nun Christus Jesus, den Herrn, empfangen habt, (so) wandelt in ihm, ⁷ verwurzelt und auferbaut in ihm und befestigt im GLAUBEN, wie ihr gelehrt wurdet, (und) überreich an Dank.

⁸ Seht zu, dass da keiner sei, der euch gefangen nimmt durch die Philosophie und leere Täuschung gemäß der Überlieferung der Menschen, gemäß den ELEMENTEN DER WELT und nicht gemäß Christus. ⁹ Denn in ihm *WOHNT DIE GANZE FÜLLE* der Gottheit leibhaftig, ¹⁰ und ihr seid zur Erfüllung gebracht in ihm, der das Haupt aller Gewalt und Macht ist.

¹¹ In ihm wurdet ihr auch beschnitten mit einer nicht mit Händen vollzogenen Beschneidung durch das Ausziehen des Fleischesleibes, durch die Beschneidung Christi, ¹² als ihr mit ihm bei der Taufe begraben wurdet; in ihm wurdet ihr auch *MITAUFERWECKT* durch den GLAUBEN an die wirksame Kraft GOTTES, der ihn aus den Toten *AUFERWECKTE*.

¹³ Und euch, die ihr tot wart in den *ÜBERTRETUNGEN* und der Unbeschnittenheit eures Fleisches, euch machte er mit lebendig mit ihm, indem

er uns alle *ÜBERTRETUNGEN* vergab.
¹⁴ Er tilgte die gegen uns (sprechende) Schuldschrift,
   die, kraft der *Satzungen*, wider uns war,
und hat auch sie aus der Mitte weggenommen,
indem er sie ans Kreuz annagelte;
¹⁵ er entkleidete die Gewalten und die Mächte
und stellte sie öffentlich zur Schau
und triumphierte über sie in ihm.

¹⁶ Nicht soll nun einer euch richten wegen Speise und wegen Trank oder betreffs eines Festes oder Neumondes oder Sabbats; ¹⁷ das ist (nur) ein Schatten der künftigen Dinge, der Leib aber ist Christi.

¹⁸ Niemand soll gegen euch entscheiden, der sich in *DEMUT* und Anbetung der Engel gefällt (und) das, was er geschaut hat, betritt – ohne Ursache aufgebläht von dem Sinn seines Fleisches – ¹⁹ und nicht festhält das Haupt, von dem aus der ganze Leib, durch die Gelenke und Bänder unterstützt und zusammengefügt, im Wachstum GOTTES wächst.

²⁰ Wenn ihr mit Christus den ELEMENTEN DER WELT abgestorben seid, was lasst ihr euch, als lebtet ihr (noch) in der Welt, *Satzungen auferlegen* – ²¹ ‚Fass (das) nicht an!‘, ‚Koste (das) nicht!‘, ‚Rühr (das) nicht an!‘, ²² was alles zur Vernichtung durch den Gebrauch (bestimmt) ist – nach den Geboten und Lehren der Menschen? ²³ Das hat zwar den Ruf von **WEISHEIT** in selbstgemachter Verehrung und *DEMUT*, Härte gegen den Leib, ist (aber) ohne irgendeinen Wert – zur Befriedigung des Fleisches.

[Kolosser 3,1–4,6: Ermahnungen]

[Kol 3,1–4: Grundlegung der Ermahnungen]

[1] Wenn ihr nun mit Christus *MITAUFERWECKT* wurdet, sucht, *was droben ist*, wo Christus ist, sitzend zur Rechten GOTTES. [2] Auf das, *was droben ist*, sinnt, nicht auf das, was auf der ERDE ist.

[3] Denn ihr starbt, und *EUER LEBEN* ist verborgen mit Christus in GOTT. [4] Wenn Christus **offenbar** wird, *EUER LEBEN*, dann werdet auch ihr mit ihm **offenbar** werden in Herrlichkeit.

[Kol 3,5–17: Einzelermahnungen]

[5] Tötet nun die Glieder, die auf der ERDE (sind):

Unzucht,
Unreinheit,
Leidenschaft,
böse Lust
und die Habgier,

die Götzendienst ist; [6] wegen solcher Dinge kommt der *Zorn* GOTTES[a].
[7] In denen seid auch ihr einst gewandelt, als ihr in ihnen lebtet. [8] Jetzt aber sollt auch ihr das alles ablegen:

Zorn,
Wut,
Bosheit,
Lästerung,
schändliches Reden aus eurem Mund.

[9] Belügt einander nicht, da ihr den alten Menschen mit seinen Taten *ausgezogen* [10] und den neuen *angezogen* habt, der erneuert wird zur *ERKENNTNIS* nach dem Bild dessen, der ihn erschaffen hat.

[11] Da ist nicht (mehr) Grieche und Jude,
Beschneidung und Unbeschnittenheit,
Barbar, Skythe,
Sklave, Freier,
sondern alles und in allen Christus.

[12] *Zieht* nun *an* als Auserwählte GOTTES, <u>Heilige</u> und *Geliebte*:

---

a Einige Textzeugen lesen zusätzlich: „auf die Söhne des Ungehorsams".

herzliches Mitgefühl,
Güte,
DEMUT,
Milde,
Langmut.

[13] Ertragt einander und vergebt euch gegenseitig, wenn einer gegen einen (anderen) eine Klage hat. Wie auch der Herr euch vergeben hat, so auch ihr. [14] Zu diesem allen aber (zieht) die *Liebe* (an), was das Band der Vollkommenheit ist. [15] Und der Friede Christi soll in euren Herzen regieren. Zu ihm seid ihr auch berufen worden in einem (einzigen) Leib. Und seid dankbar! [16] Das Wort Christi wohne reichlich in euch; in aller WEIS- HEIT lehrt und ermahnt euch gegenseitig; mit Psalmen, Hymnen (und) geistge- wirkten Liedern sollt in der Gnade ihr für GOTT singen in euren Herzen.

[17] Und alles, was ihr tut, in Wort oder Werk, alles (verrichtet) im Namen des Herrn Jesus, und dankt GOTT, dem Vater, durch ihn.

[Kol 3,18–4,1: Eine Haustafel]

[18] Ihr **Frauen**, ordnet euch euren Männern unter, wie es sich im Herrn gehört.

[19] Ihr **Männer**, *liebt* eure Frauen und seid nicht bitter gegen sie.

[20] Ihr **Kinder**, gehorcht euren Eltern in allem, denn dies ist wohlgefällig im Herrn.

[21] Ihr **Väter**, reizt eure Kinder nicht, damit sie nicht den Mut verlieren.

[22] Ihr **Sklaven**, gehorcht in allem den irdischen Herren, nicht in Augendienerei, als solche, die Menschen zu gefallen suchen, sondern in Einfalt des Herzens, den Herrn fürchtend. [23] Was auch immer ihr macht, tut es von Herzen, wie dem Herrn und nicht (den) Menschen, [24] im Wissen, dass ihr vom Herrn als Vergeltung das Erbe empfan- gen werdet. Dient als Sklaven dem Herrn Christus! [25] Wer nämlich *Unrecht* tut, wird empfangen, was er an *Unrecht* getan hat; und da ist keine Parteilichkeit.

[4,1] Ihr **Herren**, was recht und billig ist, gewährt den Sklaven, da ihr wisst, dass auch ihr einen Herrn im Himmel habt.

[Kol 4,2–6: Abschließende Mahnungen]

[2] Am *GEBET* haltet fest, wacht darin mit Dank. [3] *BETET* zugleich auch für uns, dass GOTT uns eine Tür auftue für das Wort, das Geheimnis Christi zu sagen, um dessent- willen ich ja gefesselt bin, [4] damit ich es so offenbar mache, wie ich reden soll.

⁵ Wandelt in **WEISHEIT** gegenüber denen draußen! Kauft die Zeit aus! ⁶ Euer Wort (geschehe) allezeit mit Anmut, mit Salz gewürzt, so dass ihr wisst, wie ihr jedem einzelnen antworten müsst.

[Kolosser 4,7–18:
Schluss]

[Kol 4,7–9: Persönliches]

⁷ Alles, was mich angeht, wird euch Tychikus mitteilen, der *geliebte* Bruder und treue Diener und Mitsklave im Herrn. ⁸ Ihn habe ich zu eben diesem (Zweck) zu euch geschickt, dass ihr erfahrt, wie es uns geht, und er eure Herzen tröstet, ⁹ samt Onesimus, dem treuen und *geliebten* Bruder, der von euch ist. Sie werden euch alles mitteilen, wie es hier steht.

[Kol 4,10–14: Grüße von Paulusbegleitern]

¹⁰ Es grüßt euch Aristarchus, mein Mitgefangener, und Markus, der Vetter des Barnabas – dessentwegen ihr Aufträge erhalten habt; wenn er zu euch kommt, heißt ihn willkommen – ¹¹ und Jesus, genannt Justus, (also) die, die aus der Beschneidung sind, allein diese als Mitarbeiter am Reich GOTTES; die sind mir zum Trost geworden.

¹² Es grüßt euch Epaphras, der von euch ist, ein Sklave Christi Jesu, der allezeit für euch ringt in den Gebeten, damit ihr dasteht als Vollkommene und als solche, die des ganzen Willens GOTTES völlig gewiss sind. ¹³ Denn ich bezeuge ihm, dass er viel Mühe hat für euch und die in Laodizea und die in Hierapolis.

¹⁴ Es grüßt euch Lukas, der *geliebte* Arzt, und Demas.

[Kol 4,15–17: Grüße an die Christen in Laodizea]

¹⁵ Grüßt die Brüder in Laodizea und die Nympha und die Gemeinde in ihrem Haus.

¹⁶ Und wenn der Brief bei euch vorgelesen worden ist, dann veranlasst, dass er auch in der Gemeinde der Laodizener vorgelesen wird und dass auch ihr den aus Laodizea vorlest. ¹⁷ Und sagt Archippus: Sieh den Dienst an, den du im Herrn empfangen hast, dass du ihn erfüllst.

[Kol 4,18: Eigenhändiger Gruß des Paulus]

¹⁸ Der Gruß mit meiner, des Paulus, Hand. Gedenkt meiner Fesseln! Die Gnade (sei) mit euch!

13. Der Erste Brief an die Thessalonicher

Der Erste Thessalonicherbrief ist das älteste erhaltene Schreiben des Apostels Paulus und zugleich das früheste Dokument der christlichen Kirche, das überliefert ist. Er dürfte in Korinth verfasst worden sein, wohin Paulus nach der Gründung der thessalonischen Gemeinde und einem Aufenthalt in Athen (3,1) gereist war (vgl. Apg 17,1–18,1). Je nach Rekonstruktion der Chronologie des Paulus gehört der Brief ungefähr in das Jahr 50 n.Chr. – so die Mehrheitsmeinung – oder wurde ein Jahrzehnt früher abgefasst. Veranlasst ist er durch den Bericht des Timotheus, den Paulus nach Thessalonich geschickt hatte (1Thess 2,17–3,5) und der daraufhin mit guten Nachrichten über den Zustand der Gemeinde zu ihm zurückgekehrt war (3,6). Paulus beschreibt ihr gegenwärtiges Leben mit der Trias „Glaube, Liebe, Hoffnung" (1,3; vgl. 1Kor 13,13) und ermahnt sie, darin noch reicher zu werden (4,1–12). In 4,13–5,11 beantwortet er zwei Fragen aus der Gemeinde, nämlich nach dem Schicksal verstorbener Christen (4,13–18) und nach dem Termin des Tags des Herrn (5,1–11).

1,1–10	Adresse und Dank
2,1–3,13	Erinnerung an den ersten Besuch; weiterer Dank
4,1–5,22	Ermahnung und Zuspruch
5,23–28	Schlusswünsche und -grüße

[1Thessalonicher 1,1–10:
Adresse und Dank]

[1Thess 1,1: Adresse]

[1] Paulus und Silvanus und Timotheus
   an die Gemeinde der Thessalonicher in GOTT, dem Vater, und dem Herrn Jesus Christus:
   Gnade euch und Friede!

[1Thess 1,2–10: Dank für den Stand der Gemeinde
und Versicherung des Gedenkens]

[2] Wir danken GOTT allezeit für euch alle, wenn wir (euch) in unseren Gebeten erwähnen und unablässig [3] gedenken

> eurer vom **Glauben** (geprägten) Tätigkeit
> und (eurer) von der *Liebe* (geprägten) Mühe
> und (eurer) von der H*OFFNUNG* (geprägten) Geduld auf unseren Herrn Jesus Christus

vor unserem G*OTT* und Vater, [4] wissen wir doch, von G*OTT* geliebte Brüder, um eure Erwählung, [5] denn unser EVANGELIUM kam zu euch nicht allein im Wort, sondern auch mit Kraft und mit *HEILIGEM Geist* und großer Zuversicht; I*HR* W*ISST* ja, als welche wir euretwegen bei euch aufgetreten sind.

[6] Und ihr seid unsere Nachahmer geworden und die des Herrn, indem ihr in großer Bedrängnis mit Freude des *HEILIGEN Geistes* das W*ORT* annahmt, [7] so dass ihr ein Vorbild wurdet für alle **Glaubenden** in Makedonien und in Achaia. [8] Denn von euch her ist das W*ORT* des Herrn nicht allein in Makedonien und Achaia erklungen, sondern an jedem Ort ist euer **Glaube** an G*OTT* herausgekommen, so dass wir (darüber) nichts zu sagen brauchen. [9] Denn sie selbst berichten von uns, welchen E*INGANG* wir bei euch hatten und wie

> ihr euch hingewandt habt zu G*OTT*, (weg) von den Götzen,
> um dem lebendigen und wahren G*OTT* zu dienen
> [10] und seinen Sohn aus den Himmeln zu erwarten,
>   den er auferweckte aus den Toten,
> Jesus, der uns rettet vor dem kommenden Zorn.

[1 Thessalonicher 2,1–3,13: Erinnerung an den ersten Besuch; weiterer Dank]

[1 Thess 2,1–12: Erinnerung an das Wirken des Paulus]

[1] Denn I*HR* W*ISST* selbst, Brüder, um unseren E*INGANG* bei euch, dass er nicht vergeblich war; [2] sondern nachdem wir vorher gelitten hatten und misshandelt worden waren, W*IE* I*HR* W*ISST*, in Philippi, wagten wir durch unseren G*OTT*, euch das EVANGELIUM G*OTTES* auszurichten, in heftigem Kampf.

[3] Denn unser Zuspruch (kam)

> nicht aus Betrug,
> noch aus Unreinheit,
> noch mit List;

[4] sondern wie wir für tauglich befunden worden sind von G*OTT*, mit dem EVANGELIUM betraut zu werden, so reden wir, nicht um Menschen zu gefallen, sondern G*OTT*, der über die Tauglichkeit unserer Herzen befindet.

[5] Denn weder sind wir jemals

> mit einem schmeichlerischen Wort aufgetreten,

WIE IHR WISST,
noch unter einem Vorwand aus Habsucht,
  GOTT ist Zeuge,
  [6] auch nicht so, dass wir Ansehen von Menschen suchten,
  weder von euch noch von anderen,

[7] obwohl wir als Apostel Christi gewichtig hätten auftreten können.
Sondern wir waren freundlich[a] in eurer Mitte, *wie wenn eine Amme ihre Kinder hegt und pflegt.*
[8] In solchem Sehnen nach euch wollen wir euch gern teilhaben lassen nicht nur am EVANGELIUM GOTTES, sondern auch an uns[b], denn ihr seid uns lieb geworden.
[9] Denn erinnert euch, Brüder, an unsere Mühe und Anstrengung: Nacht und Tag bei der Arbeit, um keinem von euch zur Last zu fallen, verkündigten wir euch das EVANGELIUM GOTTES.
[10] Ihr seid Zeugen und GOTT,

wie fromm
und gerecht
und untadelig

wir zu euch, den **Glaubenden**, waren, [11] wie IHR WISST – wie wir, jeden einzelnen von euch, *wie ein Vater seine Kinder*

[12] euch ermahnt
und ermuntert
und beschworen haben,

damit ihr lebt, wie es GOTT entspricht,

der euch in sein Reich und seine Herrlichkeit ruft.

[1 Thess 2,13–16: Dank für die Standhaftigkeit
der Gemeinde in einer Verfolgung]

[13] Und deshalb danken auch wir GOTT unablässig, weil ihr, nachdem ihr das von uns gepredigte *WORT* GOTTES empfangen hattet, es nicht annahmt als *WORT* von Menschen, sondern als das, was es wahrhaftig ist, als *WORT* GOTTES, das in euch, den **Glaubenden**, auch wirkt.
[14] Denn ihr seid Nachahmer geworden, Brüder, der Gemeinden GOTTES, die in Judäa in Christus Jesus sind, weil auch ihr dasselbe erlitten habt von den eigenen Landsleuten wie auch sie von den Juden,

---

a Nach anderen Textzeugen: „unmündig".
b Wörtlich: „an unseren Seelen" bzw. „an unserem Leben".

[15] die sowohl den Herrn töteten, Jesus,
als auch die Propheten
und uns heftig verfolgten
und GOTT nicht gefallen
und allen Menschen feindlich (sind und)
[16] uns hindern, zu den Heiden zu reden, damit sie gerettet werden
– auf dass sie das Maß ihrer Sünden für immer auffüllen.
Es ist aber über sie vollständig der Zorn gekommen.

[1Thess 2,17–3,5: Sehnsucht des Paulus und Sendung des Timotheus]

[17] Wir aber, Brüder, haben, nachdem wir von euch eine kurze Zeit verwaist gewesen waren – dem Angesicht, nicht dem Herzen nach –, uns über die Maßen bemüht, euch persönlich zu sehen, mit großem Verlangen. [18] Deshalb wollten wir zu euch kommen, ich, Paulus, einmal und zweimal – und es hinderte uns der Satan. [19] Denn wer ist

unsere *HOFFNUNG*
oder FREUDE
oder Ruhmeskranz,

wenn nicht auch ihr, vor unserem Herrn Jesus bei seiner Ankunft? [20] Denn ihr seid unsere Herrlichkeit und FREUDE.

[3,1] Deshalb, ES NICHT MEHR AUSHALTEND, beschlossen wir, allein in Athen zurückzubleiben, [2] und schickten Timotheus, unseren Bruder und Mitarbeiter GOTTES am EVANGELIUM Christi, um euch zu befestigen und zu trösten hinsichtlich eures **Glaubens**, [3] damit niemand wanke in diesen *Bedrängnissen*.

Denn IHR WISST selbst, dass wir dazu bestimmt sind; [4] denn auch als wir bei euch waren, sagten wir euch vorher, dass wir *bedrängt* werden sollten, wie es auch geschah und wie IHR WISST.

[5] Deswegen, ES NICHT MEHR AUSHALTEND, schickte ich auch los, um (etwas über) euren **Glauben** zu erfahren, ob nicht etwa der Versucher euch versucht hat und unsere Mühe vergeblich gewesen ist.

[1Thess 3,6–10: Freude über die von Timotheus überbrachten guten Nachrichten]

[6] Nachdem jetzt aber Timotheus zu uns von euch gekommen ist und uns Gutes von eurem **Glauben** und eurer *Liebe* berichtet hat und (davon,) dass ihr uns allezeit in guter Erinnerung habt und euch danach sehnt, uns zu sehen, wie auch wir euch: [7] Deswegen wurden wir getröstet, Brüder, euretwegen, in all unserer Not und *Bedrängnis*, dank eurem **Glauben**; [8] denn jetzt leben wir, wenn ihr fest steht im Herrn. [9] Denn welchen Dank können wir GOTT eurethalben zurückgeben für all die FREUDE, mit der wir uns euretwegen vor unserem GOTT FREUEN? [10] Nachts und tags bitten

wir inständig darum, euch persönlich zu sehen und die Mängel eures **Glaubens** in Ordnung zu bringen.

[1Thess 3,11–13: Gebet]

[11] Er selbst aber, unser GOTT und Vater und unser Herr Jesus, lenke unseren Weg zu euch. [12] Euch aber lasse der Herr wachsen und reich werden in der *Liebe* zueinander und zu allen, wie auch wir (sie) zu euch (haben) – [13] um eure Herzen zu festigen, untadelig an *HEILIGKEIT* vor unserem Gott und Vater bei der Ankunft unseres Herrn Jesus mit allen seinen *HEILIGEN*.[a]

[1Thessalonicher 4,1–5,22: Ermahnung und Zuspruch]

[1Thess 4,1–12: Die Heiligung der Gemeindeglieder]

[1] Im Übrigen nun, Brüder, bitten und ermuntern wir euch im Herrn Jesus, dass ihr, *wie ihr von uns empfangen habt*, wie ihr leben und GOTT gefallen sollt – so lebt ihr ja auch –, dass ihr (also darin) noch reicher werdet. [2] Denn IHR WISST, *welche Anweisungen wir euch gegeben haben* durch den Herrn Jesus. [3] Denn dies ist GOTTES Wille: eure *HEILIGUNG*,

dass ihr euch fernhaltet von der Unzucht,

[4] dass jeder von euch sein (eigenes) Gefäß[b] zu erwerben weiß in *HEILIGUNG* und Ehrbarkeit, – [5] nicht mit begehrlicher Leidenschaft wie auch die Heiden, die GOTT nicht kennen –,

[6] dass niemand sich in Geschäften gegenüber seinem Bruder verfehle und ihn überliste.

Denn Rächer von all dem ist der Herr,

wie wir euch auch vorher gesagt und versichert haben. [7] Denn nicht rief uns GOTT zu Unreinheit, sondern in *HEILIGUNG*.
[8] Wer (dies) daher verwirft, verwirft nicht einen Menschen, sondern GOTT, der euch seinen *HEILIGEN* Geist gibt.

[9] Über die Bruderliebe aber benötigt ihr keine briefliche Belehrung, denn ihr selbst seid von GOTT gelehrt, einander zu *lieben*; [10] und ihr tut es ja gegenüber allen Brüdern in ganz Makedonien.

---

a In vielen Textzeugen folgt: „Amen."
b Gemeint ist die Ehefrau oder der eigene Körper.

Wir ermuntern euch aber, Brüder, (darin) noch reicher zu werden, [11] und eure Ehre (darin) zu suchen,

> ein ruhiges Leben zu führen,
> euch um eure eigenen Angelegenheiten zu kümmern
> und mit euren eigenen Händen zu arbeiten

– *wie wir euch angewiesen haben*, [12] damit ihr anständig lebt gegenüber denen draußen und niemanden nötig habt.

[1Thess 4,13–18: Über das Schicksal verstorbener Christen]

[13] Wir wollen aber nicht, dass ihr unwissend seid, Brüder, über die *Entschlafenden*, damit ihr nicht trauert wie auch die übrigen, die keine Hoffnung haben. [14] Denn wenn wir **glauben**, dass

JESUS STARB und auferstand,

so wird auch Gott die *Entschlafenen* durch Jesus mit ihm zusammenführen. [15] Denn dies sagen wir euch mit einem Wort des Herrn: *wir, die Lebenden, die, die übrig bleiben* bis zur Ankunft des Herrn, kommen den *Entschlafenen* keineswegs zuvor.

[16] Denn der Herr selbst wird mit einem Befehlsruf, mit der Stimme eines Erzengels und mit der Posaune Gottes, vom Himmel herabkommen, und zuerst werden die Toten in Christus auferstehen; [17] danach werden *wir, die Lebenden, die, die übrig bleiben*, zugleich mit ihnen in Wolken fortgerissen werden zur Begegnung mit dem Herrn, in die Luft; und so werden wir für immer mit dem Herrn zusammen sein.

[18] **So tröstet euch gegenseitig** mit diesen Worten.

[1Thess 5,1–11: Das plötzliche Kommen des Tages des Herrn]

[1] Über die Zeiten aber und die Termine, Brüder, benötigt ihr keine briefliche Belehrung. [2] Denn ihr wisst selbst genau, dass der Tag des Herrn so kommt *wie ein Dieb* in der Nacht. [3] Wenn sie sagen: Friede und Sicherheit!, dann kommt plötzlich Unheil über sie wie die Geburtswehe über die Schwangere; und keineswegs können sie entkommen. [4] Ihr aber, Brüder, seid nicht in Finsternis, so dass der Tag euch *wie ein Dieb* packen könnte; [5] denn alle seid ihr Söhne des Lichts und Söhne des Tages.

Wir gehören nicht der Nacht noch der Finsternis. [6] Also lasst uns nun nicht schlafen wie die übrigen, sondern wachen und *nüchtern* sein. [7] Denn die Schlafenden schlafen nachts, und die Betrunkenen sind nachts betrunken.

⁸ Wir aber, die wir dem Tag gehören, wollen *nüchtern* sein, nachdem wir angezogen haben einen Panzer (des) **Glaubens** und (der) *Liebe* und als Helm Hoffnung auf Rettung.

⁹ Denn nicht bestimmte uns Gott zum Zorn, sondern zum Erlangen der Rettung durch unseren Herrn JESUS Christus, ¹⁰ der für uns STARB, damit wir, ob wir wachen oder schlafen, zusammen mit ihm leben.

¹¹ **Deshalb tröstet euch gegenseitig** und erbaut einer den anderen, wie ihr es auch tut.

[1 Thess 5,12–22: Gemeindeleben]

¹² Wir bitten euch aber, Brüder, die anzuerkennen, die sich bei euch mühen und im Herrn eure Vorsteher sind und euch ermahnen, ¹³ und sie über alle Maßen in *Liebe* zu achten um ihres Werkes willen.

Haltet Frieden untereinander!

¹⁴ Wir ermuntern euch aber, Brüder:

Ermahnt die Unordentlichen,
tröstet die Kleinmütigen,
nehmt euch der Schwachen an,
seid geduldig mit *allen*!

¹⁵ Seht zu, dass niemand einem Böses für Böses vergelte, sondern strebt allezeit nach dem Guten füreinander wie für *alle*!

¹⁶ Freut euch *alle*zeit,
¹⁷ betet unablässig,
¹⁸ in *allem* dankt.

Dies nämlich ist der Wille Gottes in Christus Jesus für euch.

¹⁹ Den Geist löscht nicht aus,
²⁰ Prophetengaben verachtet nicht,
²¹ *alles* aber prüft,
das Gute haltet fest!
²² Von *aller* Art des Schlechten haltet euch fern!

[1 Thessalonicher 5,23–28:
Schlusswünsche und -grüße]

[1 Thess 5,23–24: Gebet mit Treuespruch]

²³ Er selbst aber, der Gott des Friedens, *HEILIGE* euch vollständig,

und unversehrt mögen euer Geist, Seele und Leib bewahrt werden,
untadelig bei der Ankunft unseres Herrn Jesus Christus.

24 Treu ist der, der euch ruft,
der wird es auch tun.

[1Thess 5,25–28: Schlussgrüße]

25 Brüder, *BETET* für uns!
    26 Grüßt alle Brüder mit *HEILIGEM* Kuss!
    27 Ich beschwöre euch beim Herrn, dass der Brief allen Brüdern vorgelesen wer-
de.

28 Die Gnade unseres Herrn Jesus Christus (sei) mit euch!

14. Der Zweite Brief an die Thessalonicher

Der Urheber dieses Dokuments hat den Ersten Thessalonicherbrief als Muster verwendet. Das ergibt sich aus dem ähnlichen Aufbau beider Briefe – so erscheint ausgerechnet der Einsatz zu der ungewöhnlichen zweiten Danksagung, der in 1Thess 2,13 vorliegt, auch in 2Thess 2,13 – und aus zahlreichen wörtlichen Übereinstimmungen. Sie erwecken den Eindruck, der Zweite Thessalonicherbrief sei teilweise lediglich eine Paraphrase und Variation paralleler Stellen aus dem Vorgängerschreiben.

Offenbar stammt der Zweite Thessalonicherbrief von einem Paulusschüler, der mit anderen Anhängern des Apostels über das rechte Verständnis des ersten Briefs streitet. Er wirft seinen Gegnern sogar die Fälschung eines Paulusbriefs vor (2,2) und setzt sich mit ihnen darüber auseinander, ob der „Tag des Herrn" schon da sei (2,2–4). Der Verfasser will den Ersten Thessalonicherbrief entweder „rechtgläubig" kommentieren oder ihn durch seinen eigenen Brief ersetzen.

1,1–12	Adresse und Dank
2,1–3,5	Belehrung über die Vorzeichen des Endes und weiterer Dank
3,6–15	Ermahnungen
3,16–18	Friedenswunsch und eigenhändiger Schluss

[2Thessalonicher 1,1–12: Adresse und Dank]

[2Thess 1,1–2: Adresse]

[1] Paulus und Silvanus und Timotheus
an die Gemeinde der Thessalonicher in GOTT, *unserem Vater, und dem Herrn Jesus Christus:*
[2] Gnade euch und Friede von GOTT, *unserem Vater, und dem Herrn Jesus Christus.*

[2Thess 1,3–12: Dank mit eingefügter Gerichtsdarstellung]

[3] Wir sind verpflichtet, GOTT allezeit für euch zu danken, Brüder, wie es ja angemessen ist, weil euer **Glaube** stark wächst und die *Liebe* zueinander bei jedem einzelnen

von euch allen zunimmt, [4] so dass wir selbst uns eurer in den Gemeinden GOTTES rühmen wegen eurer Geduld und (eures) **Glaubens** in allen euren Verfolgungen und den BEDRÄNGNISSEN, die ihr ertragt – [5] ein Anzeichen für das *gerechte* Gericht GOTTES: damit ihr des Reiches GOTTES gewürdigt werdet, für das ihr auch leidet. [6] Es (ist) ja *gerecht* bei GOTT, denen, die euch BEDRÄNGEN, BEDRÄNGNIS heimzuzahlen [7] und euch, den BEDRÄNGTEN, Erholung mit uns,

> bei der Offenbarung des Herrn Jesus vom Himmel her mit Engeln seiner Macht, [8] in flammendem Feuer, wenn er die *bestraft*, die GOTT nicht kennen und die dem Evangelium unseres Herrn Jesus nicht gehorchen; [9] die werden als *Strafe* ewiges Verderben erleiden vom Angesicht des Herrn und von der HERRLICHKEIT seiner Kraft, [10] sobald er kommt, um inmitten seiner Heiligen VERHERRLICHT zu werden und inmitten aller, die **zum Glauben gekommen** sind, bewundert zu werden
> – denn **geglaubt** wurde unser Zeugnis bei euch –
> an jenem Tag.

[11] Im Hinblick darauf beten wir auch allezeit für euch, dass unser GOTT euch der Berufung würdig mache und jeglichen GEFALLEN am Guten und das Werk des **Glaubens** machtvoll vollende, [12] damit der Name unseres Herrn Jesus bei euch VERHERRLICHT werde und ihr in ihm – entsprechend der Gnade unseres GOTTES und des Herrn Jesus Christus.

[2Thessalonicher 2,1–3,5: Belehrung über die Vorzeichen des Endes und weiterer Dank]

[2Thess 2,1–12: Belehrung über die Vorzeichen des Endes]

[1] Wir bitten euch aber, Brüder, hinsichtlich der Ankunft unseres Herrn Jesus Christus und (hinsichtlich) unserer Zusammenführung mit ihm: [2] Lasst euch nicht gleich erschüttern (und) vom Verstand (abbringen), auch nicht erschrecken, weder durch einen Geist(erweis) noch durch ein Wort, noch durch einen angeblich von uns (kommenden) *BRIEF*, als ob der Tag des Herrn da sei. [3] Niemand soll euch täuschen, auf keinerlei Weise! Denn wenn nicht zuerst der Abfall gekommen und der Mensch der GESETZLOSIGKEIT OFFENBART worden ist, der Sohn des Verderbens, [4] (nämlich) der, der sich widersetzt und sich erhebt über alles, was GOTT oder Heiligtum genannt wird, so dass er sich in den Tempel GOTTES setzt und sich selbst für GOTT ausgibt …[a]

---

a Der Satz bricht hier ab. Man wird ergänzen müssen: „kann das Behauptete nicht geschehen sein" oder: „kommt der Tag des Herrn nicht".

[5] Erinnert ihr euch nicht, dass ich, als ich noch bei euch war, euch dies gesagt habe?
[6] Und jetzt kennt ihr DAS, WAS AUFHÄLT, damit er zu seiner Zeit OFFENBART wird.
[7] Denn das Geheimnis der GESETZLOSIGKEIT ist schon wirksam – nur (dauert es noch eine Weile), bis DER, DER JETZT AUFHÄLT, beseitigt ist. [8] Und dann wird der GESETZLOSE OFFENBART werden, den der Herr Jesus durch den Hauch seines Mundes töten und durch die Erscheinung seiner Ankunft vernichten wird, (der Gesetzlose,) [9] dessen Ankunft gemäß der Kraft des Satans mit lauter Macht und (mit) Zeichen und *Lügen*-Wundern geschieht [10] und mit lauter ungerechter Täuschung für die, die verlorengehen, weil sie die *Liebe* zur WAHRHEIT nicht annahmen, auf dass sie (etwa) gerettet würden. [11] Und deswegen schickt ihnen GOTT die Kraft des Irrtums, so dass sie der *Lüge* **glauben,** [12] damit alle gerichtet werden, die der WAHRHEIT nicht **geglaubt** haben, sondern GEFALLEN hatten an der Ungerechtigkeit.

[2Thess 2,13–3,5: Dank und Gebet]

[13] Wir aber sind verpflichtet, GOTT allezeit für euch zu danken, vom Herrn *geliebte* Brüder, dass GOTT euch von Anfang an auserwählt hat zur Rettung, (die) in Heiligung durch den Geist und (im) **Glauben** an die WAHRHEIT (geschieht), [14] wozu er euch durch unser Evangelium auch berufen hat, zur Erlangung der HERRLICHKEIT unseres Herrn Jesus Christus.

[15] Daher nun, Brüder, seid standhaft und haltet fest an den Überlieferungen, über die ihr belehrt worden seid, sei es in mündlicher Rede oder durch einen *BRIEF* von uns.

[16] Er selbst aber, unser Herr Jesus Christus, und GOTT, unser Vater, der uns *geliebt* und ewigen *TROST* und *gute* Hoffnung in Gnade gegeben hat, [17] möge eure Herzen *TRÖSTEN* und stärken in jedem *guten* Werk und WORT.

[3,1] Im übrigen betet, Brüder, für uns, dass das WORT des Herrn laufe und VERHERRLICHT werde, wie auch bei euch, [2] und dass wir errettet werden aus den (Fängen der) schlechten und BÖSEN Menschen, denn nicht jedermanns Sache ist der **Glaube.**

[3] Treu aber ist der Herr, der euch stärken und vor dem BÖSEN bewahren wird.

[4] Wir verlassen uns aber im Herrn auf euch, dass ihr das, was wir *befehlen*, auch tut und tun werdet.

[5] Der Herr aber möge eure Herzen lenken zur *Liebe* GOTTES und zur Geduld Christi.

[2Thessalonicher 3,6–15: Ermahnungen]

[2Thess 3,6–12: Kirchenzucht gegen Unordentliche und Arbeitsscheue]

⁶ Wir *befehlen* euch aber, Brüder, im Namen des Herrn Jesus Christus, euch zurückzuziehen von jedem Bruder, der *unordentlich* lebt und nicht nach der Überlieferung, die sie von uns empfangen haben.

⁷ Denn ihr wisst selbst, wie man uns NACHAHMEN muss, denn wir haben nicht *unordentlich* bei euch gelebt; ⁸ auch haben wir nicht umsonst bei jemandem Brot GEGESSEN, sondern in Mühe und Anstrengung Nacht und Tag GEARBEITET, um niemandem von euch zur Last zu fallen. ⁹ Nicht, dass wir (dazu) kein Recht hätten, sondern damit wir uns euch zum Vorbild gäben, uns NACHZUAHMEN.

¹⁰ Denn auch als wir bei euch waren, haben wir euch dies *befohlen*: Wenn einer nicht ARBEITEN will, soll er auch nicht ESSEN.

¹¹ Wir hören nämlich, dass einige von euch *unordentlich* leben, indem sie nicht ARBEITEN, sondern Nutzloses BEARBEITEN. ¹² Solchen aber *befehlen* wir und ermahnen sie im Herrn Jesus Christus, dass sie in Ruhe ARBEITEN und ihr eigenes Brot ESSEN.

[2Thess 3,13–15: Mahnungen an die treuen Gemeindeglieder]

¹³ Ihr aber, Brüder, werdet nicht müde, Gutes zu tun.

¹⁴ Wenn aber einer unserem Wort im *BRIEF* nicht gehorcht, den merkt euch, habt keinen Umgang mit ihm, damit er beschämt werde.

¹⁵ Doch seht ihn nicht wie einen Feind an, sondern weist ihn zurecht wie einen Bruder.

[2Thessalonicher 3,16–18: Friedenswunsch und eigenhändiger Schluss]

[2Thess 3,16: Friedenswunsch]

¹⁶ Er selbst aber, der Herr des Friedens, möge euch den Frieden geben, jederzeit und auf jede Weise.
Der Herr (sei) mit euch allen.

[2Thess 3,17–18: Eigenhändiger Schluss]

[17] Der Gruß mit meiner, des Paulus, Hand; das ist das Erkennungszeichen in jedem *BRIEF*: So schreibe ich.

[18] Die Gnade unseres Herrn Jesus Christus (sei) mit euch allen.

15. Der Erste Brief an Timotheus

Der Erste Timotheusbrief gehört mit dem Zweiten Timotheusbrief und dem Titusbrief eng zusammen. Denn diese drei Dokumente setzen die gleichen Organisationsformen und ähnliche Zustände in den Gemeinden voraus, haben dieselben Widersacher im Blick und vertreten das Ideal einer christlichen Bürgerlichkeit, die sich durch Rechtschaffenheit und Frömmigkeit auszeichnet. Weil sie vornehmlich Anordnungen zum Hirtenamt, d.h. zur Durchführung zur Leitung der Gemeinde, enthalten, hat sich für sie der Name „Pastoralbriefe" eingebürgert (von lat. *pastor* = Hirte).

Das Selbstzeugnis der Pastoralbriefe, von Paulus verfasst zu sein, trifft mit Sicherheit nicht zu. Dieses Urteil resultiert vor allem aus dem abweichenden Vokabular (paulinische Schlüsselwörter wie „Sohn Gottes" und „Leib" fehlen, während sich Begriffe wie „Frömmigkeit" und „Lehre" in den Vordergrund schieben), sodann aus den beträchtlichen Unterschieden, die die Pastoralbriefe im Vergleich zur paulinischen Theologie aufweisen (so erscheint der Glaube als eine von mehreren christlichen Tugenden), ferner aus den sich in ihnen widerspiegelnden Verhältnissen der zweiten und dritten urchristlichen Generation (1Tim 3,1 und Tit 1,7 zufolge hat ein „Aufseher" bzw. „Bischof" die Leitung der Gemeinde inne) und schließlich aus dem Befund, dass sich die biographischen Daten, die sie enthalten (laut Tit 1,5 hat Paulus auf Kreta missioniert), nicht oder nur künstlich mit dem in Einklang bringen lassen, was über den Apostel sonst überliefert ist.

Der Verfasser der Pastoralbriefe nimmt die Autorität des Paulus in Anspruch, um den Apostel Antworten auf Fragen geben zu lassen, die sich erst gegen Ende des 1. Jahrhunderts ergeben haben, und will damit zugleich das Erbe der paulinischen Tradition, wie er es versteht, bewahren. Dabei hat er bei der Komposition der drei Briefe, in denen sich die Vorschriften zur Organisation der Gemeinde regelmäßig mit Ausführungen zum Kampf gegen „Ketzer" abwechseln, offenbar reichlich von liturgisch-hymnischem Gut Gebrauch gemacht, das ihm aus dem Gottesdienst bekannt war (vgl. z.B. 1Tim 2,5f; 3,16; 6,11f; 6,15f; 2Tim 1,9f; 2,11–13; Tit 3,4–7).

1,1–2	Adresse
1,3–20	Beauftragung mit der Ketzerbekämpfung
2,1–3,16	Beauftragung mit der Kirchenordnung
4,1–16	Ketzerbekämpfung
5,1–6,2	Kirchenordnung
6,3–21	Ermahnung

[1 Timotheus 1,1–2:
Adresse]

¹ Paulus, Apostel Christi Jesu gemäß dem Befehl GOTTES, unseres Retters, und Christi Jesu, unserer Hoffnung,
² an Timotheus, (sein) rechtmäßiges Kind im GLAUBEN:
Gnade, Erbarmen (und) Friede von GOTT, dem Vater, und Christus Jesus, unserem Herrn.

[1 Timotheus 1,3–20:
Beauftragung mit der Ketzerbekämpfung]

[1 Tim 1,3–11: Bekämpfung der Irrlehrer
und rechter Gebrauch des Gesetzes]

³ Wie ich dich bei meiner Abreise nach Makedonien ermahnt habe, in Ephesus zu bleiben, damit du gewisse (Leute) anweist, nicht eine andere **Lehre** zu verbreiten ⁴ und sich nicht auf Mythen und endlose Genealogien einzulassen, die Grübeleien verursachen statt Heilserziehung GOTTES im *GLAUBEN* …[a]
⁵ Das Ziel der Weisung aber ist LIEBE aus reinem Herzen und gutem Gewissen und ungeheucheltem *GLAUBEN*. ⁶ Davon haben sich gewisse (Leute) losgesagt und haben sich zu nichtigem Geschwätz abgewandt; ⁷ sie wollen *Gesetzes*lehrer sein, obwohl sie weder verstehen, was sie sagen, noch, worüber sie feste Behauptungen aufstellen.
⁸ Wir wissen aber, dass das *Gesetz* gut (ist), wenn einer es dem *Gesetz* entsprechend anwendet ⁹ und sich dessen bewusst ist, dass das *Gesetz* nicht für einen Gerechten bestimmt ist, (wohl) aber für

> *Gesetz*lose und Widerborstige,
> Gottlose und Sünder,
> Ruchlose und Frevler,
> Vatermörder und Muttermörder,
> Totschläger,
> ¹⁰ Unzüchtige,
> Knabenschänder,
> Menschenhändler,
> Lügner,
> Meineidige

---

a Der Satz bricht hier ab, und es bleibt unklar, welcher Gedanke zu ergänzen ist.

und was sonst noch der gesunden **Lehre** widerstreitet, [11] gemäß dem Evangelium von der Herrlichkeit des seligen GOTTES, das mir anvertraut worden ist.

[1Tim 1,12–17: Christus Jesus hat Paulus in seinen Dienst genommen]

[12] Dank sage ich dem, der mich stark gemacht hat: Christus Jesus, unserem Herrn, (und zwar dafür,) dass er mich für ZUVERLÄSSIG gehalten und in Dienst genommen hat, [13] der ich früher Lästerer und Verfolger und Frevler war. Aber ICH FAND ERBARMEN, weil ich unwissend gehandelt hatte im *UNGLAUBEN*.
[14] Doch übergroß wurde die Gnade unseres Herrn mit *GLAUBEN* und LIEBE in Christus Jesus.
[15] ZUVERLÄSSIG IST DAS WORT und aller Annahme wert: Christus Jesus kam in die Welt, um Sünder zu retten, von denen ich der *Erste* bin.
[16] Aber deswegen FAND ICH ERBARMEN, damit Christus Jesus an mir als *Erstem* seine ganze Langmut zeigen konnte, zum Muster derer, die an ihn GLAUBEN werden zum *ewigen* Leben.

[17] Dem König der *Ewigkeiten* aber,
dem unvergänglichen, unsichtbaren, einzigen GOTT,
sei Ehre und Herrlichkeit
in alle *Ewigkeit*. Amen.

[1Tim 1,18–20: Mahnung und Warnung für Timotheus]

[18] Diese Weisung vertraue ich dir an, (mein) Kind Timotheus, gemäß den vorher über dich ergangenen Prophetenworten, damit du durch sie den guten Kampf kämpfst [19] als einer, der *GLAUBEN* und ein gutes Gewissen hat; das haben gewisse (Leute) von sich gestoßen und haben hinsichtlich des *GLAUBENS* Schiffbruch erlitten. [20] Darunter sind Hymenäus und Alexander, die ich dem Satan übergeben habe, damit sie erzogen werden, nicht mehr zu lästern.

[1Timotheus 2,1–3,16: Beauftragung mit der Kirchenordnung]

[1Tim 2,1–7: Gebete für alle Menschen, besonders für die Obrigkeit]

[1] Ich spreche nun zu allererst die Ermahnung aus,

Bitten,
Gebete,
Fürbitten,
Danksagungen

auszurichten für *alle* MENSCHEN, [2] für Könige und alle in höherer Stellung Befindlichen, damit wir ein STILLES und ruhiges Leben führen (können) in aller FRÖMMIGKEIT und Würde. [3] Dies (ist) gut und wohlgefällig vor unserem *Retter*, GOTT, [4] der will, dass *alle* MENSCHEN *gerettet* werden und zur Erkenntnis der WAHRHEIT kommen. [5] Denn

> **einer** ist GOTT,
> **einer** auch Vermittler zwischen GOTT und MENSCHEN:
> der MENSCH Christus Jesus,
> [6] der sich gegeben hat als Lösegeld für *alle*,
> das Zeugnis zur rechten Zeit.

[7] Dafür wurde ich eingesetzt als Verkünder und Apostel – ich rede die WAHRHEIT, ich lüge nicht –, als Lehrer der Heiden in GLAUBEN und WAHRHEIT.

[1Tim 2,8–15: Regeln für Männer und Frauen]

[8] Ich will nun, dass die MÄNNER an jedem Ort beten, indem sie heilige Hände emporheben, ohne Zorn und Zweifel.

[9] Ebenso (will ich), dass *Frauen* sich in WÜRDEVOLLER Haltung schamhaft und *besonnen* schmücken, nicht mit Haarflechten und Gold oder Perlen oder kostbarer Kleidung, [10] sondern was sich gehört für *Frauen*, die sich zur Gottesverehrung bekennen, durch gute Werke.
[11] Eine *Frau* soll STILL lernen in aller Unterordnung. [12] Zu lehren aber erlaube ich einer *Frau* nicht, auch nicht, über einen MANN zu herrschen, sondern sie soll sich STILL verhalten.
[13] Denn Adam wurde zuerst gebildet, danach Eva.[a] [14] Und Adam wurde nicht GETÄUSCHT, die *Frau* aber wurde arg GETÄUSCHT und geriet in Übertretung.[b]
[15] Sie wird aber gerettet werden durch Gebären, wenn sie (die Kinder) bei GLAUBE und LIEBE und Heiligkeit *mit Besonnenheit* bleiben.

[1Tim 3,1–13: Anforderungen an das Bischofs- und das Diakonenamt]

[1] ZUVERLÄSSIG IST DAS WORT: Wenn einer (das) **Bischofsamt** anstrebt, begehrt er ein gutes Werk. [2] Nun muss der **Bischof**

> ohne Tadel sein,
> *Mann einer (einzigen) Frau*,
> nüchtern,
> *besonnen*,
> WÜRDEVOLL,
> gastfreundlich,

---

a Vgl. Gen 2,7.   b Vgl. Gen 3,6.

fähig zu **lehren**;
³ kein Trinker,
kein Raufbold,
sondern rücksichtsvoll,
nicht streitsüchtig,
nicht geldgierig,
⁴ einer, der seinem eigenen Haus gut vorsteht,
der seine Kinder in Gehorsam hält mit aller EHRBARKEIT –

⁵ wenn aber einer seinem eigenen Haus nicht vorzustehen weiß, wie wird der für die Kirche GOTTES sorgen? –,

kein Neubekehrter, DAMIT ER NICHT, hochmütig geworden, in das Gericht des *TEUFELS* HINEINGERÄT.

⁷ Er muss auch ein gutes Zeugnis von den Außenstehenden haben, DAMIT ER NICHT in üble Nachrede HINEINGERÄT und in die Schlinge des *TEUFELS*.

⁸ *DIAKONE* ebenso:

EHRBAR,
nicht doppelzüngig,
nicht reichlichem Weingenuss ergeben,
nicht gewinnsüchtig,
⁹ festhaltend am Geheimnis des *GLAUBENS* mit reinem Gewissen.

¹⁰ Auch diese aber sollen zuerst geprüft werden; dann sollen sie, wenn sie unbescholten sind, das *DIAKONENAMT* ausüben.

¹¹ *Frauen* ebenso:

EHRBAR,
nicht verleumderisch,
(sondern) nüchtern,
zuverlässig in allem.

¹² *DIAKONE* sollen *Männer (jeweils) einer (einzigen) Frau* sein und Kindern und den eigenen Häusern gut vorstehen. ¹³ Denn die das *DIAKONENAMT* gut ausgeübt haben, erlangen für sich einen guten Rang und viel Zuversicht im *GLAUBEN* an Christus Jesus.

[1 Tim 3,14–16: Grund und Ziel der apostolischen Weisung]

¹⁴ Dies schreibe ich dir, obwohl ich hoffe, bald zu dir zu kommen. ¹⁵ Falls ich aber länger ausbleiben sollte, (schreibe ich dir eben jetzt,) damit du weißt, wie man sich im Haus GOTTES verhalten muss, welches die Gemeinde des lebendigen GOTTES ist, Säule und Fundament der *WAHRHEIT*. ¹⁶ Und anerkanntermaßen groß ist das Geheimnis der **FRÖMMIGKEIT**:

Der offenbart wurde im Fleisch,
  gerechtfertigt wurde im Geist,
  geschaut wurde von den Engeln,
  verkündigt wurde unter den Heiden,
  geglaubt wurde in der Welt,
  aufgenommen wurde in die Herrlichkeit.

[1Timotheus 4,1–16:
Ketzerbekämpfung]

[1Tim 4,1–5: Das endzeitliche Auftreten der „Irrlehrer" und ihre Forderungen]

[1] Der Geist aber sagt ausdrücklich:
In künftigen Zeiten werden etliche vom GLAUBEN abfallen und sich auf betrügerische Geister und **Lehren** von Dämonen einlassen
[2] aufgrund der Heuchelei von Lügnern, die in ihrem eigenen Gewissen gebrandmarkt sind; [3] sie verbieten zu heiraten (und fordern) den Verzicht auf Speisen, die GOTT (doch) *zum Empfang mit Dank* geschaffen hat für die GLÄUBIGEN und die, welche die *WAHRHEIT* erkannt haben.
[4] Denn jegliches von GOTT Geschaffene ist gut und nichts verwerflich, wenn es *mit Dank empfangen* wird; [5] es wird nämlich durch GOTTES Wort und durch Gebet heilig gemacht.

[1Tim 4,6–11: Die Aufgabe des Timotheus
als des guten Dieners Jesu Christi in der Lehre]

[6] Wenn du dies den Brüdern vorträgst, wirst du ein guter Diener Christi Jesu sein, ernährt von den Worten des GLAUBENS und der guten **Lehre**, der du gefolgt bist.
[7] Die frevelhaften und altweibermäßigen Mythen aber weise zurück! *Übe* dich aber für die **FRÖMMIGKEIT**!

[8] Denn die körperliche *Übung* ist (nur) für weniges nützlich,
  die **FRÖMMIGKEIT** aber ist für alles nützlich,
  da sie die Verheißung des Lebens hat, des jetzigen und des künftigen.

[9] ZUVERLÄSSIG IST DAS WORT und aller Annahme wert. [10] Dafür nämlich mühen wir uns ab und kämpfen wir, denn wir haben unsere Hoffnung auf den lebendigen GOTT gesetzt, welcher der Retter aller Menschen ist, besonders der GLÄUBIGEN.
[11] Dies sollst du anordnen und **lehren**.

[1 Tim 4,12–16: Ermahnung
zur Vorbildlichkeit und Treue]

¹² Niemand soll deine Jugend verachten, sondern werde du den GLÄUBIGEN ein Vorbild

in Wort,
in Lebenswandel,
in LIEBE,
in GLAUBEN,
in KEUSCHHEIT.

¹³ Bis ich komme, befasse dich mit

dem Vorlesen,
der Ermahnung,
der **Lehre.**

¹⁴ Vernachlässige nicht die Gnadengabe in dir, die dir gegeben wurde durch Prophetenwort bei der Handauflegung des Ältestenrats. ¹⁵ Dies lass dir angelegen sein, darin sei (tätig), damit dein Fortschritt allen offenbar sei. ¹⁶ Achte auf dich selbst und auf die **Lehre**; bleib bei alledem! Denn wenn du das tust, wirst du sowohl dich retten als auch die, die auf dich hören.

[1 Timotheus 5,1–6,2: Kirchenordnung]

[1 Tim 5,1–2: Der rechte Umgang mit Menschen verschiedener Altersstufen]

¹ Einen älteren (Mann) sollst du nicht schroff behandeln, sondern ermahnen wie einen Vater,
jüngere (Männer) wie Brüder,
² ältere (Frauen) wie Mütter,
jüngere (Frauen) wie Schwestern in aller KEUSCHHEIT.

[1 Tim 5,3–16: Witwenregel]

³ Ehre die WITWEN, die WIRKLICH WITWEN sind. ⁴ Wenn aber eine WITWE Kinder oder Enkel hat, sollen sie lernen, zuerst das eigene Haus **FROMM** zu behandeln und Empfangenes den Vorfahren zurückzugeben; denn das ist wohlgefällig vor GOTT.

[5] Die (Witwe) aber, die WIRKLICH eine WITWE ist und allein steht, hat ihre Hoffnung auf GOTT gesetzt und verharrt Nacht und Tag bei Bitten und Gebeten. [6] Die (Witwe) aber, die sich vergnügt, ist lebendig tot. [7] Und dies ordne an, damit sie ohne Tadel sind. [8] Wenn aber einer für die Seinen und besonders für die Hausgenossen nicht sorgt, hat er den GLAUBEN verleugnet und ist schlimmer als ein Ungläubiger.

[9] Als WITWE soll (nur) die in die Liste (anerkannter Witwen) eingetragen werden,

die nicht weniger als sechzig Jahre (alt) ist,
eines (einzigen) Mannes Frau war,
10 im Ruf guter Werke steht,
wenn sie Kinder aufgezogen hat,
wenn sie gastfreundlich gewesen ist,
wenn sie den Heiligen die Füße gewaschen hat,
wenn sie Bedrängten *Hilfe geleistet* hat,
wenn sie jedem guten Werk nachgegangen ist.

[11] *Jüngere* WITWEN aber weise zurück; denn wenn sie sinnliche Triebe bekommen weg von Christus, wollen sie heiraten [12] und ziehen sich das Urteil zu, dass sie das erste Treueversprechen (nämlich Witwe zu bleiben) gebrochen haben. [13] Zugleich aber lernen sie auch, faul (zu sein), indem sie durch die Häuser ziehen, aber nicht nur faul, sondern auch geschwätzig und vorwitzig, indem sie reden, was sich nicht gehört. [14] Ich will also, dass die *jüngeren* (Witwen) heiraten, Kinder gebären, den Haushalt führen (und) dem Widersacher keinen Anlass zur Beschimpfung geben. [15] Etliche haben sich nämlich schon abgewandt, dem Satan hinterher. [16] Wenn eine GLÄUBIGE (Frau) WITWEN (in ihrem Haus) hat, soll sie ihnen *Hilfe leisten*, und die Gemeinde soll nicht belastet werden, damit sie denen *Hilfe leisten* kann, die WIRKLICH WITWEN sind.

[1Tim 5,17–25: Weisungen für das Verhalten gegenüber den Ältesten]

[17] Die ÄLTESTEN, die das Amt des Vorstehers gut versehen, sollen für doppelter Ehre würdig gehalten werden, besonders die, die sich in Wort und **Lehre** abmühen. [18] Denn die Schrift sagt:

Einem dreschenden Ochsen sollst du nicht das Maul verbinden
[vgl. Dtn 25,4],

und:

Der Arbeiter ist seines Lohnes wert.

[19] Gegen einen ÄLTESTEN nimm keine Klage an, außer

aufgrund von zwei oder drei Zeugen.
[vgl. Dtn 19,15]

[20] Die, die *sündigen*, weise vor allen zurecht, damit auch die übrigen Furcht haben.

²¹ Ich beschwöre (dich) vor GOTT und Christus Jesus und den auserwählten Engeln, dass du dies ohne Vorurteil befolgst und nichts nach Parteilichkeit tust.
²² Die Hände lege keinem vorschnell auf und beteilige dich nicht an fremden *Sünden*; bewahre dich selbst rein.
²³ Trink nicht mehr (nur) Wasser, sondern nimm ein wenig Wein, mit Rücksicht auf den Magen und deine häufigen Krankheiten.
²⁴ Etlicher Menschen *Sünden* sind OFFENKUNDIG und gehen ins Gericht voran, etlichen (anderen) aber folgen sie auch nach.
²⁵ Ebenso sind auch die guten Werke OFFENKUNDIG, und die (Werke), bei denen es sich anders verhält, können nicht verborgen bleiben.

[1Tim 6,1–2: Weisungen an gläubige Sklaven]

¹ Alle, die unter (dem) Joch als Sklaven sind, sollen ihre *Herren* aller Ehre für wert halten, damit der Name GOTTES und die **Lehre** nicht gelästert werden. ² Die aber GLÄUBIGE *Herren* haben, sollen sie nicht verachten, weil sie Brüder sind, sondern sollen (ihnen) noch eifriger als Sklaven dienen, weil sie GLÄUBIGE und Geliebte sind, die sich der Wohltätigkeit widmen.

Dies **lehre** und (dazu) ermahne!

[1Timotheus 6,3–21:
Ermahnung]

[1Tim 6,3–10: Habsucht als maßgebliches Motiv der Falschlehrer]

³ Wenn einer anders **lehrt** und den gesunden Worten unseres Herrn Jesus Christus nicht beitritt und der **Lehre**, die gemäß der FRÖMMIGKEIT (ist), ⁴ ist er hochmütig und versteht nichts, sondern ist krank vor (lauter) Untersuchungen und Wortgefechten, aus denen

Neid,
Zank,
Lästerungen,
üble Verdächtigungen erwachsen
⁵ (und) Dauerstreitereien

von Menschen, die im Verstand verdorben und der Wahrheit beraubt sind und meinen, die FRÖMMIGKEIT sei ein *Geschäft*.
⁶ Es ist aber die FRÖMMIGKEIT, (wenn) mit Genügsamkeit (verbunden), ein großes *Geschäft*.

[7] Denn nichts haben wir in die Welt mitgebracht,
so dass[a] wir auch nichts aus ihr mitnehmen können.[b]
[8] Wenn wir aber Nahrung und Kleidung haben,
wollen wir uns daran genügen lassen.

[9] Die aber *reich* werden wollen, fallen hinein in Versuchung(en) und Schlinge(n) und viele sinnlose und schädliche Begierden, welche die Menschen in Verderben und Untergang versenken.

[10] Denn die Wurzel aller Übel ist die Liebe zum Geld; nach der haben sich etliche ausgestreckt und sind (dabei) vom GLAUBEN abgeirrt und haben sich selber mit vielen Schmerzen durchbohrt.

[1 Tim 6,11–16: Das Ordinationsbekenntnis
als tragende Motivation für den Auftrag]

[11] Du aber, Mensch GOTTES, fliehe davor!
Strebe aber nach

Gerechtigkeit,
FRÖMMIGKEIT,
GLAUBEN,
LIEBE,
Geduld,
Sanftmut.

[12] Kämpfe den guten Kampf des GLAUBENS,
ergreife das ewige Leben, zu dem du berufen worden bist
und für das du DAS GUTE BEKENNTNIS abgelegt hast
vor vielen Zeugen.

[13] Ich gebiete dir

vor GOTT,
der alles lebendig macht,
und Christus Jesus,
der vor Pontius Pilatus DAS GUTE BEKENNTNIS bezeugt hat,

[14] das Gebot rein (und) ohne Tadel zu bewahren bis zur Erscheinung unseres *Herrn* Jesus Christus, [15] welche zur rechten Zeit sehen lassen wird

der selige und ALLEINIGE Machthaber,
der König derer, die Könige sind,
und *Herr* derer, die *Herren* sind,
[16] der ALLEIN Unsterblichkeit besitzt,
der unzugängliches Licht bewohnt,

---

a Eigentlich: „weil".   b Vgl. Hi 1,21; Pred 5,14.

den keiner der Menschen gesehen hat noch sehen kann.
Ihm sei Ehre und ewige Stärke. Amen.

[1 Tim 6,17–19: Mahnung an die Reichen]

[17] Den *Reichen* im gegenwärtigen Weltalter gebiete, nicht überheblich zu sein noch ihre Hoffnung auf den unsicheren *Reichtum* zu setzen, sondern auf GOTT, der uns alles *reichlich* zum Genuss darbietet, [18] (außerdem,) Gutes zu tun, *reich* zu sein an guten Werken, freigebig zu sein, bereit zum Teilen [19] (und) sich (damit) einen Schatz zu sammeln als gutes Fundament für die Zukunft, damit sie das wirkliche Leben erlangen.

[1 Tim 6,20–21: Warnung vor der falschen Gnosis
und abschließender Segenswunsch]

[20] O Timotheus, bewahre das anvertraute Gut und wende dich ab vom frevelhaften Geschwätz und den Antithesen der fälschlich so genannten Erkenntnis; [21] zu der bekennen sich etliche und sind (dabei) hinsichtlich des GLAUBENS auf Abwege geraten.
Die Gnade sei mit euch.

16. Der Zweite Brief an Timotheus

Zur Einführung vgl. oben, S. 440.

[2Timotheus 1,1–18:
Adresse und Einleitung]

[2Tim 1,1–2: Adresse]

¹ Paulus, Apostel Christi Jesu durch den Willen GOTTES gemäß der Verheißung des Lebens, das in Christus Jesus (ist),
    ² an Timotheus, (sein) geliebtes Kind:
    Gnade, Erbarmen, Friede von GOTT, (dem) Vater, und Christus Jesus, unserem Herrn.

[2Tim 1,3–5: Dank]

³ Dank sage ich GOTT, dem ich von (meinen) Vorfahren her mit reinem Gewissen diene, dass ich dich in meinen Bitten Nacht und Tag unaufhörlich im Gedächtnis habe, ⁴ wobei ich mich, an deine Tränen denkend, danach sehne, dich zu sehen, damit ich mit Freude erfüllt werde, ⁵ erinnere ich mich doch an den ungeheuchelten GLAUBEN in dir, der zuerst in deiner Großmutter Loïs wohnte und in deiner Mutter Eunike; ich bin aber überzeugt: (er ist) auch in dir.

[2Tim 1,6–14: Ermahnung zu furchtlosem Zeugnis
und zur Bewahrung des anvertrauten Guts]

⁶ Aus diesem Grund erinnere ich dich daran, die Gnadengabe GOTTES wieder zu entfachen, die in dir ist durch das Auflegen meiner Hände. ⁷ Denn GOTT hat uns nicht einen Geist der Feigheit gegeben, sondern der Kraft und der LIEBE und der Besonnenheit. ⁸ *Schäme dich* also *nicht* des Zeugnisses unseres Herrn noch meiner, seines Gefangenen, sondern *leide* mit für das EVANGELIUM gemäß der Kraft GOTTES,

⁹ der uns RETTETE
und mit heiligem Ruf rief,
nicht aufgrund unserer Werke,
sondern aufgrund eigener Absicht und aus Gnade,

die uns gegeben wurde in Christus Jesus
vor ewigen Zeiten,
¹⁰ jetzt aber offenbart worden ist
durch die Erscheinung unseres RETTERS Christus Jesus,

der den Tod vernichtete,
aber Leben und Unvergänglichkeit ans Licht gebracht hat
durch das EVANGELIUM,

¹¹ für das ich eingesetzt wurde als Verkünder und Apostel und **Lehrer**. ¹² Aus diesem Grund *leide* ich auch dies; aber ich *schäme mich nicht*, denn ich weiß, wem ich GLAUBEN geschenkt habe, und ich bin überzeugt, dass er mächtig ist, DAS MIR ANVER-TRAUTE GUT bis zu jenem Tag zu BEWAHREN.

¹³ Als ein Muster gesunder Worte nimm die (Worte), die du von mir gehört hast, in GLAUBEN und LIEBE in Christus Jesus. ¹⁴ Das ANVERTRAUTE kostbare GUT BEWAHRE durch den heiligen Geist, der in uns wohnt.

[2Tim 1,15–18: Abfall und Bewährung]

¹⁵ Du weißt dies, dass alle, die in Asien sind, sich von mir abgewandt haben; zu denen gehören Phygelus und Hermogenes.
¹⁶ Es GEBE ERBARMEN der Herr dem Haus des Onesiphorus, denn er hat mich oft getröstet und sich meiner Kette(n) nicht geschämt, ¹⁷ sondern hat, nach Rom gekommen, mich mit Eifer gesucht und gefunden. ¹⁸ Es GEBE ihm der Herr, ERBARMEN zu finden beim Herrn an jenem Tag. Und wie viel er in Ephesus an Diensten leistete, weißt du sehr gut.

[2Timotheus 2,1–4,8:
Mahnungen an Timotheus]

[2Tim 2,1–13: Treue in Lehre und Leiden im Gedenken an Jesus Christus
und die daraus resultierende Verheißung]

¹ Du nun, mein Kind, werde stark in der Gnade, die in Christus Jesus ist. ² Und was du von mir vor vielen Zeugen gehört hast, das vertraue zuverlässigen Menschen an, die fähig sein werden, auch andere zu **lehren**. ³ *Leide* mit als guter Soldat Christi Jesu.

[4] Niemand, der in den Krieg zieht, verwickelt sich in die Alltagsgeschäfte – damit er dem gefalle, der ihn geworben hat.
[5] Wenn aber einer (in der Arena) kämpft, erhält er den Siegeskranz nicht, wenn er nicht regelgerecht gekämpft hat.
[6] Der sich abmühende Bauer muss als Erster seinen Anteil an den Früchten erhalten.

[7] Überlege dir, was ich sage! Denn der Herr wird dir Einsicht geben in allem.
[8] Erinnere dich an Jesus Christus,

erweckt von den Toten,
aus der Nachkommenschaft Davids,

gemäß meinem EVANGELIUM, [9] in dem ich Schlimmes *erleide* bis zu den FESSELN wie ein Verbrecher; aber das Wort GOTTES ist nicht GEFESSELT. [10] Deshalb *HALTE* ich alles *AUS* wegen der Auserwählten, damit auch sie die Rettung, die in Christus Jesus ist, mit ewiger Herrlichkeit erlangen.

[11] GLAUBWÜRDIG (= zuverlässig) ist das Wort.

Wenn wir nämlich mitgestorben sind, werden wir auch mitleben.
[12] *Wenn* wir AUSHALTEN, werden wir auch mitherrschen.
Wenn wir **verleugnen**, wird auch jener uns **verleugnen**.
[13] *Wenn* wir nicht GLAUBWÜRDIG sind, bleibt jener GLAUBWÜRDIG,
denn er kann sich selbst nicht **verleugnen**.

[2Tim 2,14–21: Das rechte Verhalten gegenüber Irrlehrern
und das Glaubensfundament]

[14] Daran erinnere, indem du (alle) beschwörst vor GOTT, sich nicht um Worte zu streiten, (was) zu nichts nutze (ist und) zur Verstörung der Zuhörer (führt). [15] Strebe danach, dich GOTT als bewährt zu erweisen, als einen Arbeiter, der sich nicht zu schämen braucht, der das Wort der *WAHRHEIT* geradeheraus darbietet.
[16] Das frevelhafte Geschwätz aber meide! Denn immer mehr werden sie (damit) zur Gottlosigkeit FORTSCHREITEN, [17] und ihr Wort wird wie ein Krebsgeschwür um sich fressen. Zu ihnen gehören Hymenäus und Philetus, [18] die von der *WAHRHEIT* abgeirrt sind, indem sie sagen, Auferstehung[a] sei schon geschehen, und (die damit) den *GLAUBEN* etlicher zerstören.
[19] Doch das feste Fundament GOTTES bleibt bestehen (und) hat dieses Siegel:
Der Herr kennt, die ihm gehören.
[Num 16,5]

Und:

Es meide Unrecht jeder, der den Namen des Herrn nennt.
[Sir 17,26]

---

a Nach anderen Textzeugen: „die Auferstehung".

[20] In einem großen Haus aber sind nicht nur *Geräte* aus Gold und Silber, sondern auch aus Holz und Ton – und die einen zur Ehre, die anderen aber zur Unehre. [21] Wenn nun einer sich von diesen reinigt, wird er ein *Gerät* zur Ehre sein, geheiligt, dem Besitzer brauchbar, für jedes gute Werk vorbereitet.

[2Tim 2,22–26: Ermahnung zum rechten Umgang mit Ketzern]

[22] Die Leidenschaften der Jugend aber fliehe; strebe aber nach

Gerechtigkeit,
GLAUBEN,
LIEBE,
Frieden,

zusammen mit denen, die den Herrn aus reinem Herzen anrufen. [23] Die dummen und unverständigen Untersuchungen aber weise zurück, da du weißt, dass sie *Streitereien* erzeugen. [24] Ein Sklave des Herrn aber soll nicht *streiten*, sondern zu allen sanft sein, fähig zu **lehren**, gelassen, [25] und mit Milde zurechtweisen die Widerspenstigen, ob ihnen GOTT nicht Umkehr *zur Erkenntnis* der *WAHRHEIT* gibt [26] und sie wieder nüchtern werden heraus aus der Schlinge des Teufels, nachdem sie von ihm lebendig gefangen sind für seinen Willen.

[2Tim 3,1–9: Endzeitliche Gottesferne – beobachtbar im Wirken der Irrlehrer]

[1] Dies aber sollst du wissen: In den letzten Tagen werden schwere Zeiten bevorstehen. [2] Die Menschen werden nämlich

selbstsüchtig sein,
geldliebend,
prahlerisch,
überheblich,
lästernd,
ungehorsam gegen die Eltern,
undankbar,
gottlos,
[3] lieblos,
unversöhnlich,
verleumderisch,
unbeherrscht,
rücksichtslos,
den Guten Feind,
[4] Verräter[a],

---

a Plural.

vorschnell,

hochmütig,

mehr vergnügungsselig als gottselig,

[5] im Besitz eines Anscheins von FRÖMMIGKEIT,

aber deren Kraft verleugnend.

Auch von diesen wende dich ab!

[6] Zu diesen gehören nämlich die, die sich in die Häuser einschleichen und gewisse Frauen abfangen,

die von Sünden überhäuft sind,

von mancherlei Begierden umgetrieben werden,

[7] immer lernen,

und nie *zur Erkenntnis* der *WAHRHEIT* kommen können.

[8] Auf die Weise aber, wie sich Jannes und Jambres dem Mose widersetzten[a], so widersetzen sich auch diese (Männer) der *WAHRHEIT*: Menschen mit verdorbenem Verstand, untüchtig hinsichtlich des *GLAUBENS*. [9] Aber sie werden keine *FORTSCHRITTE MACHEN*, denn ihr Unverstand wird allen offenkundig sein, wie auch der (Unverstand) jener (beiden) es wurde.

[2Tim 3,10–17: Orientierung an Paulus und den Schriften]

[10] *DU ABER* bist mir nachgefolgt in

der **Belehrung**,

der Lebensführung,

dem Streben,

dem *GLAUBEN*,

der Langmut,

der *LIEBE*,

der Geduld,

[11] den *VERFOLGUNGEN*,

den Leiden,

die mir in Antiochia, in Ikonion (und) in Lystra widerfuhren.

Welche *VERFOLGUNGEN* habe ich ertragen! Und aus allen errettete mich der Herr. [12] Auch alle aber, die fromm in Christus Jesus leben wollen, werden *VERFOLGT* werden. [13] Böse Menschen aber und Schwindler werden zum Schlimmeren *FORTSCHREITEN*, indem sie verführen und verführt werden.

---

a Vgl. Ex 7,11.22. In der jüdischen Überlieferung finden sich für die dort erwähnten ägyptischen Zauberer die Namen Jannes und Jambres.

[14] *DU ABER* bleibe bei dem, was *du gelernt hast* und dessen du gewiss geworden bist – da du weißt, von welchen *du gelernt hast*, [15] und weil du von Kindheit an die heiligen SCHRIFTEN kennst, die dich weise machen können zur Rettung durch den GLAUBEN, der in Christus Jesus ist.

[16] Jede von GOTT eingegebene SCHRIFT ist auch nützlich

> zur Belehrung,
> zur ÜBERFÜHRUNG,
> zur Besserung,
> zur Erziehung in der *Gerechtigkeit*,

[17] damit der Mensch GOTTES tauglich sei, zu jedem <u>guten Werk</u> gerüstet.

[2Tim 4,1–8: Testamentarische Verfügungen des Apostels]

[1] Ich beschwöre (dich) vor GOTT und Christus Jesus, der Lebende und Tote richten wird, und bei seiner Erscheinung und seinem Reich:

> [2] Verkünde das Wort,
> sei zur Stelle, zu passender oder unpassender Zeit;
> ÜBERFÜHRE,
> tadle,
> ermahne, mit aller Langmut und **Lehre**.

[3] Denn es wird eine Zeit sein, da werden sie die gesunde **Belehrung** nicht ertragen, sondern nach den eigenen Begierden sich selbst **Lehrer** aufhäufen und sich das Ohr kitzeln lassen [4] und von der *WAHRHEIT* das Ohr abkehren, sich aber den Mythen zuwenden.
[5] *DU ABER*

> sei in allem nüchtern,
> ertrage das Böse,
> tue das Werk eines Evangelisten,
> erfülle deinen Dienst!

[6] Ich werde nämlich schon geopfert, und die Zeit meines Abscheidens steht bevor.

> [7] Den guten Kampf habe ich gekämpft,
> den Lauf habe ich beendet,
> den GLAUBEN habe ich bewahrt.

[8] Im Übrigen ist mir der Kranz der *Gerechtigkeit* aufbewahrt, den mir der Herr, der *gerechte* Richter, an jenem Tag geben wird, aber nicht nur mir, sondern auch allen, die sein Erscheinen lieb gewonnen haben.

[2Timotheus 4,9–22:
Persönliche Mitteilungen und Schluss]

[2Tim 4,9–12: Die Lage des Paulus]

⁹ **Beeile dich,** schnell zu mir ZU KOMMEN.
¹⁰ Demas nämlich hat MICH IM STICH GELASSEN, weil er den jetzigen Äon liebge-wonnen hat, und ist nach Thessalonich gereist, Kreszenz nach Galatien, Titus nach Dalmatien.
¹¹ Nur Lukas ist bei mir.
Nimm Markus und bring ihn mit dir, denn er ist mir nützlich für den Dienst.
¹² Tychikus aber habe ich nach Ephesus gesandt.

[2Tim 4,13–15: Aufträge]

¹³ Den Mantel, den ich in Troas bei Karpus ZURÜCKGELASSEN habe, bring mit, wenn du KOMMST, auch die Bücher, vor allem die Pergamente.
¹⁴ Alexander, der Schmied, hat mir viel Schlimmes getan; der Herr wird ihm ver-gelten nach seinen Werken. ¹⁵ Vor ihm nimm auch du dich in Acht, denn er hat sich unseren Worten sehr entgegengestellt.

[2Tim 4,16–18: Nachrichten über den Prozess des Paulus]

¹⁶ Bei meiner ersten Verteidigung hat niemand zu mir gehalten, sondern alle haben MICH IM STICH GELASSEN.
Möge es ihnen nicht angerechnet werden.
¹⁷ Aber der Herr stand mir zur Seite und gab mir Kraft, damit durch mich die Verkündigung vollendet wird und alle Heiden hören; und ich wurde aus dem Ra-chen des Löwen *befreit.*
¹⁸ *Befreien* wird mich der Herr aus jedem bösen Werk und mich retten in sein himmlisches Reich. Ihm sei die Ehre in alle Ewigkeit. Amen.

[2Tim 4,19–22: Grüße und abschließende Informationen mit Segenswunsch]

¹⁹ Grüße Priska und Aquila und das Haus des Onesiphorus.
²⁰ Erastus blieb in Korinth, Trophimus aber habe ich krank in Milet ZURÜCKGELAS-SEN.
²¹ **Beeile dich,** vor dem Winter ZU KOMMEN.
Es grüßen dich Eubulus und Pudens und Linus und Klaudia und alle Brüder.
²² Der Herr (sei) mit deinem Geist.
Die Gnade (sei) mit euch.

17. Der Brief an Titus

Zur Einführung vgl. oben, S. 440.

[Titus 1,1–4:
Adresse]

[1] Paulus, Sklave GOTTES, Apostel aber Jesu Christi, gemäß dem GLAUBEN der Auser-wählten GOTTES und (gemäß) der Erkenntnis der WAHRHEIT, die gemäß der FRÖMMIGKEIT (ist), [2] in der Hoffnung auf *ewiges* Leben, das GOTT, der nicht lügt, vor *ewigen* Zeiten verheißen hat; [3] offenbar gemacht aber hat er zur rechten Zeit sein Wort in der Verkündigung, mit der ich betraut wurde gemäß dem Befehl GOT-TES, UNSERES RETTERS,
[4] an Titus, (sein) rechtmäßiges Kind gemäß dem gemeinsamen GLAUBEN:
GNADE und Friede von GOTT, dem Vater, und Christus Jesus, UNSEREM RETTER.

[Titus 1,5–16:
Aufgaben des Titus auf Kreta]

[Tit 1,5–9: Die Einsetzung von Presbytern]

[5] Deswegen ließ ich dich in Kreta zurück, damit du das, was noch fehlt, in Ordnung bringst und von Stadt zu Stadt ÄLTESTE einsetzt – wie ich dir aufgetragen habe –, [6] wenn einer

> *unbescholten* ist,
> Mann einer (einzigen) Frau,
> gläubige Kinder hat,
>> nicht (Kinder,) die beschuldigt werden, liederlich zu sein,
>> oder UNFÜGSAM sind.

[7] Der BISCHOF muss nämlich *unbescholten* sein als Haushalter GOTTES,

nicht überheblich,
nicht jähzornig,
kein Trinker,
kein Raufbold,
nicht SCHMUTZIGEM GEWINN NACHJAGEND,

[8] sondern

gastfreundlich,
das Gute liebend,
BESONNEN,
gerecht,
heilig,
beherrscht,

[9] (und) einer, der festhält an dem gemäß der **Lehre** glaubwürdigen Wort, damit er in der Lage ist, sowohl durch die gesunde **Lehre** zu ermahnen als auch die Widersprechenden zu ÜBERFÜHREN.

[Tit 1,10–16: Wider die lügnerischen Ketzer]

[10] Denn es gibt viele UNFÜGSAME, Schwätzer und Betörer, vor allem die aus der Beschneidung, [11] denen man das Maul stopfen muss; die ruinieren ganze Häuser und **lehren** um des SCHMUTZIGEN GEWINNS willen, was sich nicht gehört. [12] Einer von ihnen, ihr eigener Prophet, hat gesagt:

Kreter sind immer Lügner, böse Tiere, faule Bäuche.[a]

[13] Diese Aussage ist *WAHR*. Darum *ÜBERFÜHRE* sie mit Strenge, damit sie gesund werden im *GLAUBEN* [14] und sich nicht an jüdische Mythen halten und an Gebote von Menschen, die sich von der *WAHRHEIT* abwenden.
[15] Alles ist den *Reinen rein*; den BEFLECKTEN aber und UNGLÄUBIGEN ist nichts *rein*, sondern BEFLECKT ist ihr Verstand und ihr Gewissen. [16] Sie beteuern, GOTT zu kennen, durch die Werke aber leugnen sie (ihn), abscheulich sind sie und ungehorsam und zu jedem guten Werk unfähig.

---

a Epimenides, Über Orakelsprüche.

[Titus 2,1–3,11:
Ordnung der Gemeinde]

[Tit 2,1–10: Anweisungen für verschiedene Gruppen in den Gemeinden]

[1] Du aber rede, was der *gesunden* **Lehre** entspricht.

[2] ALTE MÄNNER sollen

> nüchtern sein,
> ehrbar,
> BESONNEN,
> *gesund*
>> im GLAUBEN,
>> in der Liebe,
>> in der Geduld.

[3] ALTE FRAUEN ebenso in der Haltung

> ehrwürdig,
> nicht verleumderisch,
> auch nicht vielem Wein versklavt,
> das Gute **lehrend**,

[4] DAMIT sie die jungen Frauen dazu anhalten,

> ihre Männer lieb zu haben,
> ihre Kinder lieb zu haben,
> [5] BESONNEN zu sein,
> keusch,
> häuslich,
> gut,
> den eigenen Männern *sich unterordnend*,

DAMIT das Wort GOTTES nicht VERLÄSTERT wird.

[6] Die JUNGEN MÄNNER ermahne ebenso, BESONNEN zu sein [7] in allem, und gib dich selbst als Vorbild durch gute Werke; in der Lehre (beweise)

> Unverdorbenheit,
> Würde,
> [8] *gesundes*, unanfechtbares Wort,

DAMIT der von der Gegenseite beschämt wird, weil er nichts Schlechtes über uns zu reden hat.

[9] Die SKLAVEN sollen

ihren Herren gehorchen in allem,
gefällig sein,
nicht widersprechen,
[10] nichts unterschlagen,
sondern rechte Treue jeder Art zeigen,

DAMIT sie der **Lehre** GOTTES, unseres Retters, eine Zierde sind in allem.

[Tit 2,11–15: Die erschienene Gnade als Grund für das rechte Verhalten]

[11] Denn es ERSCHIEN die *RETTENDE* *GNADE* GOTTES allen Menschen [12] und erzieht uns, damit wir der Gottlosigkeit und den weltlichen Begierden absagen und

besonnen,
und gerecht
und **FROMM**

im jetzigen Äon leben, [13] in Erwartung der seligen Hoffnung und der ERSCHEINUNG der Herrlichkeit des großen GOTTES und unseres *RETTERS* Christus Jesus,

[14] der sich für uns gegeben hat,
damit er uns erlöste von aller Gesetzlosigkeit
und sich ein erlesenes Volk reinigte,

das eifrig nach guten Werken strebt.
[15] Dies sollst du reden und anmahnen und darlegen mit allem Nachdruck. Niemand soll dich gering achten.

[Tit 3,1–7: Das christliche Verhalten und seine Begründung]

[1] Erinnere sie daran,

sich Obrigkeiten (und) Gewalten *unterzuordnen*,
sich gehorsam zu verhalten,
zu jedem guten Werk bereit zu sein,
[2] niemanden zu VERLÄSTERN
nicht streitsüchtig zu sein,
gütig,
allen Menschen alle Milde zu zeigen.

[3] Denn auch wir waren früher

unverständig,
ungehorsam,
verführt,
Sklaven verschiedenartiger Begierden und Leidenschaften,
lebten in Bosheit und Neid dahin,

(waren) abscheulich,
hassten einander.

⁴ Als aber erschien die Güte und die Menschenfreundlichkeit
GOTTES, UNSERES RETTERS,
⁵ hat er uns nicht aus Werken in *Gerechtigkeit*,
die wir getan haben,
sondern gemäß seinem Erbarmen
GERETTET durch das Bad der Wiedergeburt
und (durch) Erneuerung im heiligen Geist,
⁶ den er reichlich über uns ausgegossen hat
durch Jesus Christus, UNSEREN RETTER,
⁷ damit wir, *gerechtfertigt* durch seine *GNADE*,
zu Erben werden gemäß der Hoffnung auf ewiges Leben.

[Tit 3,8–11: Abschließende Warnung vor den Häretikern]

⁸ GLAUBWÜRDIG ist das Wort, und ich will, dass du für diese Dinge eintrittst, damit die, die zum GLAUBEN an GOTT gekommen sind, darauf achten, sich mit <u>guten Werken</u> zu befassen. Dies ist gut und *nützlich* für die Menschen.

⁹ Törichte Untersuchungen aber und Genealogien und Streitereien und Kontroversen über das Gesetz meide; sie sind nämlich *nutzlos* und vergeblich.

¹⁰ Einen häretischen Menschen weise nach einer und noch einer zweiten Warnung ab, ¹¹ im Wissen, dass der Betreffende verdreht ist und sündigt und durch sich selbst verurteilt ist.

[Titus 3,12–15: Schluss]

[Tit 3,12–14: Aufträge und persönliche Nachrichten]

¹² Wenn ich Artemas zu dir schicke oder Tychikus, bemühe dich, zu mir nach Nikopolis zu kommen; denn ich habe mich entschlossen, dort den Winter zu verbringen.

¹³ Den gesetzeskundigen Zenas und den Apollos versorge gut für die Weiterreise, damit ihnen nichts fehlt.

¹⁴ Auch unsere Leute aber sollen lernen, sich dort, wo dringender Bedarf besteht, mit <u>guten Werken</u> hervorzutun, damit sie nicht ohne Frucht seien.

[Tit 3,15: Schlussgruß]

¹⁵ Es grüßen dich alle, die bei mir sind. Grüße die, die uns lieben im *GLAUBEN*.
Die *GNADE* (sei) mit euch allen.

18. Der Brief an Philemon

Der Philemonbrief ist der einzige erhaltene echte Paulusbrief, der an eine Einzelperson gerichtet ist. Paulus schreibt ihn während eines Gefängnisaufenthalts an Philemon, der in Kolossä wohnt (vgl. Kol 4,8 f) und in dessen Haus sich die Ortsgemeinde trifft. Diesem begüterten, von Paulus bekehrten Christen ist der Sklave Onesimus entlaufen und hat sich an Paulus mit der Bitte um Fürsprache gewandt. Paulus bekehrt auch ihn und schickt ihn mit dem Brief an seinen Herrn zurück. Er bittet ihn um freundliche Aufnahme des entlaufenen Sklaven und bringt zugleich zum Ausdruck, dass er Onesimus für seine Arbeit benötigt; Philemon möge ihn doch zurückschicken.

[Phlm 1–3: Adresse]

[1] Paulus, GEFANGENER Christi Jesu, und Timotheus, der Bruder,
an Philemon, unseren **Geliebten** und Mitarbeiter, [2] und an Apphia, die Schwester, und Archippus, unseren Mitstreiter, und an die Gemeinde in deinem Haus:
[3] Gnade euch und Friede von GOTT, unserem Vater, und dem Herrn Jesus Christus!

[Phlm 4–7: Dank]

[4] Ich danke meinem GOTT allezeit, wenn ich dich in meinen *GEBETEN* erwähne, [5] höre ich doch von deiner **Liebe** und von dem *GLAUBEN*, den du an den Herrn Jesus und zu allen *Heiligen* hast [6] – auf dass deine Teilhabe am *GLAUBEN* wirksam werde in der Erkenntnis alles Guten, das in uns ist, auf Christus hin. [7] Ich hatte nämlich viel Freude und Trost an deiner **Liebe**, weil die HERZEN der *Heiligen* durch dich ERQUICKT worden sind, Bruder.

[Phlm 8–20: Fürsprache und Bitte]

[8] Deshalb: Obwohl ich in Christus volles Recht habe, dir zu gebieten, was sich gebührt, [9] BITTE ich lieber um der **Liebe** willen. Da ich der nun bin, Paulus, ein alter Mann, jetzt aber auch GEFANGENER Christi Jesu, [10] BITTE ich dich für mein Kind, das ich in der GEFANGENSCHAFT gezeugt habe, Onesimus,
[11] den einst für dich Unbrauchbaren,
jetzt aber für dich und mich gut Brauchbaren.
[12] Den habe ich (nun) zu dir zurückgeschickt – ihn, das heißt mein HERZ.

¹³ Den wollte ich bei mir BEHALTEN,

damit er mir statt deiner in der GEFANGENSCHAFT (, die ich wegen) des Evangeliums (erleide,) diene. ¹⁴ Ohne deine Zustimmung aber habe ich nichts tun wollen, damit dein gutes (Werk) nicht aus Zwang geschehe, sondern aus freien Stücken.
¹⁵ Vielleicht ist er nämlich darum für kurze Zeit von dir getrennt worden, damit du ihn für immer BEHÄLTST, ¹⁶ nicht länger als einen Sklaven, sondern als einen, der mehr als ein Sklave ist, als **geliebten** Bruder, besonders für mich, um wie viel mehr aber für dich: sowohl im Fleisch als auch im Herrn.
¹⁷ Wenn du mich nun für einen Gefährten hältst, nimm ihn auf wie mich.
¹⁸ Wenn er dir aber irgendein Unrecht getan hat oder dir etwas SCHULDET, stell *mir* dies in Rechnung. ¹⁹ Ich, Paulus, habe (dies) mit eigener Hand geschrieben; ich werde Schadenersatz leisten – um dir nicht (rundheraus) zu sagen, dass du auch dich selbst mir SCHULDEST. ²⁰ Ja, Bruder, ich möchte von dir im Herrn Nutzen haben[a]; ERQUICKE mein HERZ in Christus!

[Phlm 21–25: Geplante Reise; Grüße]

²¹ Im Vertrauen auf deinen Gehorsam habe ich dir (dies) geschrieben, und ich weiß, dass du sogar mehr tun wirst, als ich sage. ²² Zugleich aber bereite auch eine Unterkunft für mich vor, denn ich hoffe, dass ich euch durch eure *GEBETE* werde geschenkt werden.
²³ Es grüßt dich Epaphras, mein Mithäftling in Christus Jesus, ²⁴ Markus, Aristarchus, Demas (und) Lukas, meine Mitarbeiter.
²⁵ Die Gnade des Herrn Jesus Christus (sei) mit eurem Geist!

---

a „Ich möchte Nutzen haben" = *onaimên*, offenbar eine Anspielung auf den Namen Onesimus („der Nützliche").

19. Der Brief an die Hebräer

Der Autor des Hebräerbriefs bleibt anonym; eine Verfasserangabe fehlt. Auch die Adressaten sind unbekannt – die Überschrift „An die Hebräer" ist sekundär aus dem Inhalt erschlossen –, doch dürfte es sich um Heiden- und Judenchristen der zweiten und dritten Generation handeln. Jedenfalls gehört der Brief noch ins 1. Jahrhundert, denn der erste Clemensbrief, ein um ca. 96 n.Chr. abgefasstes Schreiben der römischen an die korinthische Gemeinde, setzt im Kapitel 36 den Abschnitt Hebr 1,3 ff voraus. Ob man aus der Notiz „Es grüßen euch die aus Italien" (Hebr 13,24) schließen kann, dass auch der Hebräerbrief selbst aus Rom stammt, ist fraglich. Sie dürfte umgekehrt eher darauf hindeuten, dass der Übermittler des Grußes sich außerhalb Italiens befindet.

Der Text befasst sich mit einem Thema, das im Neuen Testament sonst nicht erscheint: Jesus Christus ist der wahre Hohepriester, der durch sein Selbstopfer ein für allemal Sühne vollbracht und den Seinen auf diese Weise den Zugang zu Gott eröffnet hat. Diesen Leitgedanken entfaltet der Verfasser kunstvoll in Form von Schriftauslegungen. Er setzt dabei Leser voraus, deren Glaube erlahmt ist (5,11 f), und schärft ihnen in zahlreichen paränetischen Passagen ein, dass es darauf ankommt, immer wieder neu auf die Heilsbotschaft zu hören und sich ihr entsprechend zu verhalten. Die Möglichkeit einer zweiten Buße gebe es nicht (6,4–6; 10,26–31).

Das literarische Rätsel des Hebräerbriefs besteht darin, dass er zwar einen brieflichen Schluss aufweist (13,18–25), aber nicht wie ein Brief anfängt. Durch den Hinweis auf den Paulusbegleiter Timotheus (13,23) ordnet der Schluss das Schreiben offenbar dem Heidenapostel zu.

1,1–6,20	Grundlegung
7,1–10,18	Das Hohepriestertum des Sohnes
10,19–13,17	Folgerungen
13,18–25	Brieflicher Schluss

[Hebräer 1,1–6,20:
Grundlegung]

[Hebr 1,1–14: Die Erhabenheit des präexistenten und menschgewordenen
Gottessohns über alle Engel]

[1] Nachdem GOTT vielfältig und vielgestaltig ehemals zu den Vätern in den Propheten
geredet hat, [2] hat er am Ende dieser Tage zu uns geredet im Sohn, den er zum Erben
von allem eingesetzt hat, durch den er auch die Äonen gemacht hat,

> [3] der Ausstrahlung seiner Herrlichkeit und Abdruck seines Wesens ist
> und alle Dinge durch das Wort seiner Kraft trägt

> und, nachdem er die Reinigung von den SÜNDEN bewirkt hat,
> sich zur Rechten der Erhabenheit in den Höhen gesetzt hat

> [4] und den **Engeln** gegenüber um so viel mächtiger geworden ist,
> als er einen vorzüglicheren Namen ererbt hat als sie.

[5] Denn zu welchem der **Engel** hat er je gesagt:

> ‚Mein Sohn bist du,
> ich habe dich heute gezeugt‘?
> [Ps 2,7]

Und wieder:

> ‚Ich werde ihm Vater sein,
> und er wird mir Sohn sein‘?
> [2Sam 7,14; 1Chr 17,13]

[6] Wenn er aber den Erstgeborenen wieder in den Erdkreis einführt, sagt er:
> Und anbeten sollen ihn alle **Engel** Gottes.
> [Dtn 32,43 LXX; Ps 96,7 LXX]

[7] Und *im Hinblick auf* die **Engel** sagt er:

> Der seine **Engel** zu Winden macht
> und seine Diener zu einer Feuerflamme
> [Ps 103,4 LXX],

[8] *im Hinblick auf* den Sohn aber:

> Dein Thron, GOTT, ist von Ewigkeit zu Ewigkeit,
> und das Zepter der Rechtschaffenheit ist Zepter deines Reiches;
> [9] du hast Gerechtigkeit geliebt und Gesetzlosigkeit gehasst;
> darum hat GOTT, dein GOTT, dich gesalbt
> mit Freudenöl vor deinen Gefährten.
> [Ps 45,7–8]

[10] Und:

> Du, Herr, hast zu Anfang die Erde gegründet,
> und die Himmel sind Werke deiner Hände;

^{11} sie werden untergehen, du aber bleibst;
und sie alle werden veralten wie ein Kleid,
^{12} und wie einen Mantel wirst du sie zusammenrollen,
wie ein Kleid werden sie auch gewechselt werden.
Du aber bist derselbe, und deine Jahre werden nicht aufhören.
[Ps 102,26–28]

^{13} Zu welchem der **Engel** aber hat er jemals gesagt:

,Setze dich zu meiner Rechten,
bis ich deine Feinde hinlege als Schemel deiner Füße'?
[Ps 110,1]

^{14} Sind sie nicht alle dienstbare Geister, zur Hilfeleistung ausgesandt um derer willen, die die *RETTUNG* erben sollen?

[Hebr 2,1–4: Mahnung zum Hören auf das Wort]

^{1} Deswegen müssen wir umso mehr auf das Gehörte achten, damit wir nicht etwa (am Ziel) vorbeitreiben. ^{2} Denn wenn das durch **Engel** geredete Wort sich als gültig erwies und jede Übertretung und (jeder) Ungehorsam rechtmäßige Entlohnung empfing, ^{3} wie werden wir entkommen, wenn wir eine so große *RETTUNG* missachten, die,

nachdem sie anfänglich durch den Herrn geredet worden war,
von denen, die gehört haben,
bei uns bestätigt wurde,

^{4} indem GOTT zugleich Zeugnis gab

durch Zeichen
und Wunder
und mancherlei Machttaten
und Austeilungen des heiligen Geistes

nach seinem Willen.

[Hebr 2,5–18: Die Erhöhung des Erniedrigten und Getöteten
zum himmlischen Hohenpriester]

^{5} Denn nicht **Engeln** hat er *unterworfen* den zukünftigen Erdkreis, von dem wir reden; ^{6} es hat aber irgendwo einer bezeugt und gesagt:

Was ist der Mensch, dass du seiner gedenkst,
oder des Menschen Sohn, dass du auf ihn achtest?
^{7} Du MACHTEST ihn KURZE ZEIT GERINGER ALS (die) **Engel**;
MIT HERRLICHKEIT UND EHRE HAST DU IHN BEKRÄNZT;
^{8} alles hast du *unterworfen* unter seine Füße.
[Ps 8,5–7]

Denn als er ihm alles *unterwarf*, ließ er nichts ohne *Unterwerfung* unter ihn.

Jetzt aber sehen wir ihm noch nicht alles *unterworfen*. [9] Den aber, der KURZE ZEIT GERINGER ALS (die) **Engel** GEMACHT war, Jesus, (ihn) sehen wir wegen des Todesleidens MIT HERRLICHKEIT UND EHRE BEKRÄNZT, damit er durch GOTTES Gnade für jeden den Tod schmecke.

[10] Denn angemessen war es für den, um dessentwillen alles und durch den alles ist, dass er, um viele Söhne zur Herrlichkeit zu führen, den Anführer ihrer RETTUNG durch Leiden <u>vollende</u>. [11] Denn sowohl der, der heiligt, als auch die, die geheiligt werden, sind alle aus einem. Aus diesem Grund schämt er sich nicht, sie Brüder zu nennen, [12] indem er sagt:

> Kundtun will ich deinen Namen meinen Brüdern;
> inmitten der Gemeinde will ich dir lobsingen.
> [Ps 22,23]

[13] Und wieder:

> Ich will mein Vertrauen setzen auf ihn.
> [Jes 8,17; 12,2 LXX; 2Sam 22,3]

Und wieder:

> Siehe, ich und die *Kinder*, die mir GOTT gegeben hat.
> [Jes 8,18 LXX]

[14] Weil nun die *Kinder* an Blut und Fleisch teilhaben, hat auch er in gleicher Weise daran Anteil gehabt, um durch den *Tod* den zunichte zu machen, der die Macht über den *Tod* hat, das heißt: den Teufel, [15] und um alle die zu befreien, die durch Furcht vor dem *Tod* das ganze Leben hindurch der Sklaverei unterworfen waren. [16] Denn er nimmt sich doch wohl nicht der Engel an, sondern der Nachkommenschaft Abrahams nimmt er sich an.

[17] Daher musste er in allem den Brüdern gleich werden, damit er ein barmherziger und treuer Hohepriester in Bezug auf das vor GOTT werde, um die SÜNDEN des Volkes zu sühnen. [18] Denn worin er selbst gelitten hat, als er versucht worden ist, (darin) kann er denen helfen, die versucht werden.

[Hebr 3,1–6: Festhalten an der Hoffnung bis zum Ende]

[1] Daher, heilige Brüder, Teilhaber an der himmlischen Berufung, schaut auf den Gesandten und Hohenpriester unseres **BEKENNTNISSES**, Jesus, [2] der TREU ist dem, der ihn gemacht hat, wie auch Mose in seinem ganzen *Haus*. [3] Denn dieser ist größerer Herrlichkeit gewürdigt worden als Mose, demgemäß, dass größere Ehre als das *Haus* der hat, der es ERBAUT hat. [4] Denn jedes *Haus* wird von jemandem ERBAUT; der aber alles ERBAUT hat, ist GOTT. [5] Und Mose war zwar TREU in seinem ganzen *Haus* als Diener, zum Zeugnis von dem, was geredet werden sollte, [6] Christus aber als Sohn über sein *Haus*. Dessen *Haus* sind wir, wenn wir die Zuversicht und den Ruhm der Hoffnung *festhalten*.

[Hebr 3,7–4,13: Auslegung von Psalm 95:
Die Wanderschaft des Gottesvolkes und die Verheißung der Gottesruhe]

⁷ Deshalb, wie der heilige Geist sagt:

Heute, wenn ihr seine Stimme hört,
⁸ verhärtet eure Herzen nicht, wie in der Erbitterung
am Tag der Versuchung in der Wüste,
⁹ wo eure Väter (mich) versuchten durch Erprobung,
und sie sahen (doch) meine Werke ¹⁰ vierzig Jahre.
Deshalb zürnte ich dieser Generation
und sagte: Immer irren sie mit dem Herzen.
Sie aber haben meine Wege nicht erkannt.
¹¹ So schwor ich in meinem Zorn:
Sie sollen nicht in meine Ruhe hineingehen!
[Ps 95,7–11]

¹² Seht zu, Brüder, dass nicht etwa in einem von euch ein böses Herz des Unglaubens sei im Abfallen vom lebendigen Gott, ¹³ sondern ermahnt einander an jedem Tag, solange es ‚heute' heißt, damit niemand von euch durch die Täuschung der Sünde verhärtet werde. ¹⁴ Denn wir sind Teilhaber Christi geworden, sofern wir den Anfang der Grundlegung bis zum Ende als einen sicheren *festhalten*. ¹⁵ Wenn gesagt wird:

Heute, wenn ihr seine Stimme hört,
verhärtet eure Herzen nicht wie in der Erbitterung
[Ps 95,7–8],

¹⁶ welche haben denn, obwohl sie gehört haben, sich erbittert? Nicht alle, die ausgezogen waren aus Ägypten durch Mose?
¹⁷ Welchen aber zürnte er vierzig Jahre? Nicht denen, welche gesündigt hatten, deren Leiber in der Wüste fielen?
¹⁸ Welchen aber schwor er, dass sie nicht in seine Ruhe hineingehen sollten, wenn nicht denen, die ungehorsam gewesen waren? ¹⁹ Und wir sehen, dass sie wegen Unglaubens nicht hineingehen konnten.
⁴,¹ Fürchten wollen wir uns nun, dass nicht etwa, während die **Verheissung**, in seine Ruhe einzugehen, noch aussteht, jemand von euch als zurückgeblieben erscheint. ² Denn auch uns ist eine gute Botschaft verkündigt worden wie auch jenen. Aber das gehörte Wort nützte jenen nicht, weil sie sich nicht durch Glauben mit denen verbanden, die es gehört hatten. ³ Wir gehen nämlich in die Ruhe ein als die, die zum Glauben gekommen sind, wie er gesagt hat:

So schwor ich in meinem Zorn:
Sie sollen nicht in meine Ruhe hineingehen!
[Ps 95,11],

obwohl die Werke von Grundlegung der Welt an fertig waren. ⁴ Denn er hat irgendwo von dem siebten (Tag) so gesprochen:

Und GOTT *RUHTE* am siebten Tag von allen seinen Werken.

[Gen 2,2 LXX]

5 Und an dieser (Stelle) wiederum:

Sie sollen nicht in meine *RUHE* eingehen!

[Ps 95,11]

6 Weil es nun dabei bleibt, dass einige in sie hineingehen und die, denen zuerst die GUTE BOTSCHAFT VERKÜNDIGT worden ist, wegen UNGEHORSAMS nicht hineingegangen sind, 7 setzt er wieder einen Tag fest, ein **Heute**, indem er nach so langer Zeit durch David spricht, wie vorhin gesagt worden ist:

Heute, wenn ihr seine Stimme hört,

verhärtet eure *HERZEN* nicht!

[Ps 95,7–8]

8 Denn wenn Josua sie in die *RUHE* gebracht hätte, würde er nicht geredet haben von einem anderen Tag danach. 9 Also verbleibt dem Volk GOTTES eine Sabbatruhe. 10 Denn wer in seine *RUHE* hineingegangen ist, der ist auch zur *RUHE* gelangt von seinen Werken, wie GOTT von den seinen.

11 Lasst uns nun eifrig sein, in jene *RUHE* hineinzugehen, damit nicht jemand nach demselben Beispiel des UNGEHORSAMS zu Fall komme.

12 Lebendig nämlich ist das Wort GOTTES und wirksam und schärfer als jedes zweischneidige Schwert und durchdringend bis zur Spaltung von Seele und Geist, Gelenk und Mark, und urteilend über die Erwägungen und Gedanken des HERZENS. 13 Und kein Geschöpf ist verborgen vor ihm; alles ist vielmehr nackt und bloßgelegt für die Augen dessen, dem wir Rechenschaft (schulden).

[Hebr 4,14–5,10: Jesus, der wahre Hohepriester]

14 Da wir nun einen großen *Hohenpriester* haben, der durch die Himmel gegangen ist, Jesus, den SOHN Gottes, lasst uns das **BEKENNTNIS** festhalten! 15 Denn wir haben nicht einen *Hohenpriester*, der nicht Mitleid haben könnte mit unseren Schwachheiten, sondern einen, der in allem versucht worden ist in gleicher Weise – ohne SÜNDE. 16 Lasst uns nun mit Zuversicht hinzutreten zum Thron der Gnade, damit wir Barmherzigkeit empfangen und Gnade finden zu rechtzeitiger Hilfe.

5,1 Denn jeder *Hohepriester*, der aus (der Mitte von) Menschen genommen wird, wird zugunsten von Menschen eingesetzt für die (Angelegenheiten) bei GOTT, damit er Gaben und Opfer für SÜNDEN darbringe, 2 wobei er Nachsicht zu haben vermag mit den Unwissenden und Irrenden, da auch er selbst mit Schwachheit behaftet ist; 3 und um ihretwillen muss er, wie für das Volk so auch für sich selbst, (Opfer) darbringen für (die) SÜNDEN. 4 Und niemand eignet sich die Würde selbst an, sondern er wird von GOTT berufen wie auch Aaron.

5 So hat auch Christus nicht sich selbst verherrlicht, *Hoherpriester* zu werden, sondern der (tat es), der zu ihm gesagt hat:

Mein **Sohn** bist du,
ich habe dich heute gezeugt.
[Ps 2,7]

[6] Wie er auch an einer anderen (Stelle) sagt:

Du bist *Priester* in Ewigkeit
nach der Ordnung Melchisedeks.
[Ps 110,4]

[7] Als der in den Tagen seines Fleisches sowohl Bitten als auch Flehen dem darbrachte, der ihn aus dem Tod *RETTEN* konnte, mit lautem Geschrei und Tränen und aus seiner Angst[a] erhört wurde, [8] lernte er, obwohl er **Sohn** war, an dem, was er litt, den Gehorsam; [9] und vollendet, ist er für alle, die ihm gehorchen, der Urheber ewiger *RETTUNG* geworden, [10] von GOTT bezeichnet als *Hoherpriester* nach der Ordnung Melchisedeks.

[Hebr 5,11–6,20: Vorbereitung des Hauptteils]

[11] Darüber (haben) wir eine umfangreiche und schwierig darzulegende Rede zu halten, weil ihr träge geworden seid mit den Ohren. [12] Denn obwohl ihr längst Lehrer sein solltet, habt ihr es wieder nötig, dass man euch die Anfangselemente der Worte GOTTES lehre; und ihr seid zu solchen geworden, die Milch nötig haben und nicht feste Speise. [13] Denn jeder, der Milch zu sich nimmt, ist unerfahren im Wort von der Gerechtigkeit[b], denn er ist unmündig; [14] für Vollendete aber ist die feste Speise, für die, die infolge der Gewöhnung geübte Sinne haben zur Unterscheidung von Gut und Böse.

[6,1] Deshalb wollen wir die Anfangsunterweisung über Christus beiseite lassen, uns der Vollendung zuwenden und nicht noch einmal das Fundament legen

der UMKEHR von toten Werken
und des GLAUBENS an GOTT,
[2] der Lehre von Waschungen und von der Handauflegung,
der Auferstehung der Toten
und des ewigen Gerichts.

[3] Und dies werden wir tun, wenn GOTT es zulässt.
[4] Es ist nämlich unmöglich, diejenigen,

die einmal erleuchtet worden sind
und die himmlische Gabe *geschmeckt* haben
und des heiligen Geistes teilhaftig geworden sind
[5] und das gute Wort GOTTES *geschmeckt* haben
und die Kräfte des zukünftigen Äons
[6] und abgefallen sind,

---

a Oder: „aufgrund seiner Gottesfurcht".   b Oder: „versteht nichts von richtiger Rede".

wieder zur Umkehr zu erneuern, kreuzigen sie doch für sich den Sohn Gottes wieder und setzen ihn dem Spott aus.

[7] Denn Erde, die den häufig auf sie herabkommenden Regen trinkt und nützliches Kraut hervorbringt für diejenigen, um derentwillen sie auch bebaut wird, empfängt Segen von Gott; [8] wenn sie aber Dornen und Disteln austrägt, ist sie unbrauchbar und dem Fluch nahe, der am Ende zur Verbrennung führt.

[9] Wir sind aber, was euch betrifft, Geliebte, vom Besseren und zur *RETTUNG* Gehörenden überzeugt, auch wenn wir so reden. [10] Denn Gott ist nicht ungerecht, dass er euer Werk vergäße und die Liebe, die ihr gegenüber seinem Namen bewiesen habt, indem ihr den Heiligen gedient habt und dient. [11] Wir wünschen aber, dass jeder von euch denselben Eifer um die volle Gewissheit der Hoffnung bis zur <u>Vollendung</u> beweise, [12] damit ihr nicht träge werdet, sondern Nachahmer derer, die durch Glauben und *Geduld* die *VERHEISSUNGEN* erben.

[13] Denn als Gott dem Abraham die *VERHEISSUNG* gab, schwor er, weil er bei keinem Größeren schwören konnte, [14] bei sich selbst und sagte:

> Wahrlich, segnend werde ich dich segnen,
> und mehrend werde ich dich mehren.
> [Gen 22,17]

[15] Und so, indem er *Geduld hatte*, erlangte er die *VERHEISSUNG*. [16] Denn Menschen schwören bei dem Größeren, und als jeder Widerrede Ende (dient) ihnen zur Bekräftigung der Eid.

[17] Darum hat sich Gott, da er den Erben der *VERHEISSUNG* die Unwandelbarkeit seiner Willensentscheidung noch viel deutlicher beweisen wollte, mit einem Eid verbürgt, [18] damit wir durch zwei unwandelbare Tatsachen, bei denen es unmöglich ist, dass Gott lügt, einen starken Trost haben – wir, die wir unsere Zuflucht dazu genommen haben, die vorhandene Hoffnung zu ergreifen. [19] Die haben wir als einen Anker für die Seele, der sicher und fest ist und hineinreicht in das Innere des Vorhangs, [20] wohin Jesus als Vorläufer für uns hineingegangen ist, der nach der Ordnung Melchisedeks Hoherpriester geworden ist in Ewigkeit.

[Hebräer 7,1–10,18:
Das Hohepriestertum des Sohnes]

[Hebr 7,1–28: Die Hohepriesterwürde]

[1] Denn dieser

> Melchisedek, König von Salem, Priester des höchsten Gottes,
> (er,) der Abraham entgegenging,
> als (dies)er zurückkehrte von der Niedermetzelung der Könige,
> und ihn segnete,
> [2] dem Abraham auch den *Zehnten* von allem
> [vgl. Gen 14,17–20]
> zuteilte,

zunächst übersetzt: König der Gerechtigkeit,
dann aber auch: König von Salem,
das ist: König des Friedens,

³ vaterlos, mutterlos, stammbaumlos,
ohne Anfang (seiner Lebens-)Tage und ohne Ende (seines) Lebens,
gleichgestaltet aber dem Sohn Gottes,

bleibt Priester für immer.

⁴ Seht aber, wie bedeutend dieser ist, dem Abraham den ZEHNTEN von der Beute gab, der Patriarch!

⁵ Zwar haben auch die von den Söhnen Levis, die das Priesteramt empfangen, ein Gebot, das Volk zu ZEHNTEN nach dem GESETZ, das heißt: ihre Brüder, obwohl (auch) sie aus der Lende Abrahams hervorgegangen sind. ⁶ Er aber, der seinen Stammbaum nicht von ihnen ableitet, hat Abraham GEZEHNTET und den, der die *VERHEISSUNGEN* hat, gesegnet.
⁷ Ohne jede Widerrede aber wird das Geringere vom Höheren gesegnet. ⁸ Und hier nehmen sterbliche Menschen die ZEHNTEN, dort aber einer, von dem bezeugt wird, dass er lebt; ⁹ und sozusagen ist über Abraham auch Levi, der ZEHNTE nimmt, GEZEHNTET worden, ¹⁰ denn er war noch in der Lende seines Vaters, als Melchisedek diesem begegnete.

¹¹ Wenn nun die Vollendung durch das levitische Priestertum zustande käme – auf Grund von ihm hatte das Volk ja das GESETZ EMPFANGEN –, welche Notwendigkeit hätte dann noch bestanden, nach der Ordnung Melchisedeks einen anderen Priester einzusetzen und ihn nicht nach der Ordnung Aarons zu benennen? ¹² Denn wenn das Priestertum geändert wird, findet notwendigerweise auch eine Änderung des GESETZES statt.
¹³ Denn der, von dem dies gesagt wird, gehört zu einem anderen Stamm, aus dem niemand sich mit dem Altar(dienst) befasst hat. ¹⁴ Denn offenkundig ist, dass unser Herr aus Juda hervorgegangen ist, einem Stamm, über den Mose nichts in Bezug auf Priester gesagt hat. ¹⁵ Und noch viel deutlicher ist es, wenn in gleicher Weise wie Melchisedek ein anderer Priester eingesetzt wird, ¹⁶ der es nicht nach dem GESETZ eines fleischlichen Gebots geworden ist, sondern nach der Kraft unzerstörbaren Lebens. ¹⁷ Es wird nämlich bezeugt:

Du bist Priester in Ewigkeit
nach der Ordnung Melchisedeks.
[Ps 110,4]

¹⁸ Denn es erfolgt zwar eine Aufhebung des vorhergehenden Gebots, (nämlich) seiner Schwachheit und Nutzlosigkeit wegen – ¹⁹ denn das GESETZ hat nichts zur Vollendung gebracht –, (dafür) aber die Einführung einer besseren Hoffnung, durch die wir uns GOTT nähern.

^{20} Und wie (dies) nicht ohne *Eidschwur* (geschah) – denn jene sind ohne *Eidschwur* Priester geworden, ^{21} dieser aber mit *Eidschwur* durch den, der zu ihm sagte:

Geschworen hat der Herr, und er wird es nicht bereuen:

Du bist Priester in Ewigkeit!

[Ps 110,4] –,

^{22} in demselben Maß ist Jesus Bürge eines besseren Bundes geworden.

^{23} Und jene sind in größerer Anzahl Priester geworden, weil sie durch den Tod verhindert waren zu bleiben; ^{24} dieser aber, weil er in Ewigkeit bleibt, hat ein Priestertum, das nicht auf einen anderen übergeht.

^{25} Daher kann er auch unbegrenzt diejenigen RETTEN, die durch ihn zu GOTT herantreten, weil er allezeit lebt, um für sie einzutreten.

^{26} Denn ein solcher Hohepriester war für uns auch angemessen:

heilig,

arglos,

unbefleckt,

abgesondert von den SÜNDERN

und höher als die Himmel geworden,

^{27} der nicht Tag für Tag nötig hat, wie die Hohenpriester, zuerst für die eigenen SÜNDEN Opfer DARZUBRINGEN, dann für die des Volkes. Denn dies hat er ein für allemal getan, indem er sich selbst DARGEBRACHT hat. ^{28} Denn das *GESETZ* setzt Menschen als Hohepriester ein, die mit Schwachheit behaftet sind, das Wort des *Eidschwurs* aber, der (erst) nach dem *GESETZ* (kam), einen Sohn, der in Ewigkeit <u>vollendet</u> ist.

[Hebr 8,1–13: Der alte und der neue Bund]

^{1} Die Hauptsache aber bei dem, was (hier) gesagt wird, ist: Wir haben einen solchen Hohenpriester, der sich gesetzt hat zur Rechten des Thrones der Erhabenheit in den Himmeln, ^{2} als Diener des Heiligtums und des wahren Zeltes, das der Herr errichtet hat, nicht ein Mensch.

^{3} Denn jeder Hohepriester wird zum Darbringen von Gaben und Opfern eingesetzt. Daher ist es nötig, dass auch dieser etwas hat, das er darbringe. ^{4} Wenn er nun auf Erden wäre, wäre er nicht einmal Priester, weil es (dort) die, die nach dem *GESETZ* die Gaben darbringen, gibt, ^{5} welche einem Abbild und Schatten der himmlischen Dinge dienen – wie denn Mose, als er im Begriff war, das Zelt herzurichten, göttliche Weisung empfing. Denn

sieh zu

– heißt es –,

du sollst alles nach dem Vorbild machen,

das dir auf dem Berg gezeigt wurde!

[Ex 25,40]

⁶ Jetzt aber hat er (Jesus) einen umso vorzüglicheren Dienst erlangt, als er auch Mittler eines besseren Bundes ist, der aufgrund besserer *VERHEISSUNGEN* gesetzlich verordnet worden ist.

⁷ Denn wenn jener erste (Bund) *untadelig* wäre, so wäre kein Raum für einen zweiten gesucht worden. ⁸ Denn *tadelnd* sagt er ihnen:

Siehe, es kommen Tage, sagt der Herr,
da werde ich schließen mit dem Haus Israel
und mit dem Haus Juda einen **neuen Bund**,
⁹ nicht gemäß dem Bund, den ich mit ihren Vätern machte
an dem Tag, als ich ihre Hand ergriff,
um sie herauszuführen aus dem Land Ägypten;
denn sie blieben nicht in meinem Bund,
und ich kümmerte mich nicht um sie, sagt der Herr.
¹⁰ Denn das ist der Bund, den ich schließen werde mit dem Haus Israel
nach jenen Tagen, sagt der Herr:
Ich werde meine *GESETZE* in ihren Sinn geben,
und auf ihre Herzen werde ich sie schreiben;
und ich werde ihr GOTT sein,
und sie werden mein Volk sein.
¹¹ Und nicht mehr werden sie belehren, ein jeder seinen Mitbürger
und ein jeder seinen Bruder, mit den Worten: Erkenne den Herrn!
Denn alle werden mich kennen,
vom Kleinsten bis zum Größten von ihnen.
¹² Denn ich werde gnädig sein (gegenüber) ihren Unrechtstaten,
und ihrer SÜNDEN werde ich nie mehr gedenken.
[Jer 31,31–34]

¹³ Indem er von einem **neuen** (Bund) spricht, hat er den ersten für veraltet erklärt; das aber, was veraltet ist und greisenhaft, ist der Vernichtung nahe.

[Hebr 9,1–28: Der alte und der neue Kult]

¹ Es hatte nun zwar auch der erste (Bund) Kultbestimmungen und das irdische Heiligtum.

² Denn es wurde ein erstes Zelt aufgerichtet – in dem sowohl der Leuchter als auch der Tisch und die Brotauflage waren –, welches das Heilige genannt wird.

³ Hinter dem zweiten Vorhang aber (war) ein Zelt, welches das Allerheiligste genannt wird, ⁴ das einen goldenen Räucheraltar und die überall mit Gold bedeckte Lade des Bundes enthielt, darin (waren) ein goldener Krug, der das Manna enthielt, und der Stab Aarons, der gesprosst hatte, und die Tafeln des Bundes; ⁵ über ihr aber die Cherubim der Herrlichkeit, die den Versöhnungsdeckel überschatteten; davon ist jetzt nicht im einzelnen zu reden.

⁶ Da dies aber so eingerichtet ist, gehen die Priester zwar in das vordere Zelt fortwährend hinein und verrichten den Dienst,

⁷ in das zweite aber (geht) einmal im Jahr allein der Hohepriester, nicht ohne Blut, das er darbringt für sich selbst und für die unwissentlichen Vergehen des Volkes. ⁸ Damit zeigt der heilige Geist an, dass der Weg in das Heiligtum noch nicht offenbart ist, solange das erste Zelt noch Bestand hat, ⁹ das ein Gleichnis ist für die gegenwärtige Zeit, insofern ihm entsprechend Gaben und Opfer dargebracht werden, die nicht imstande sind, den im *Gewissen* zu vollenden, der Gottesdienst ausübt, ¹⁰ da es sich neben Speisen und Getränken und verschiedenen Waschungen nur um Satzungen des Fleisches (handelt), die bis zum Zeitabschnitt der richtigen Ordnung auferlegt sind.

¹¹ Christus aber, gekommen als Hoherpriester der (Wirklichkeit) gewordenen Güter, ist durch das größere und vollkommenere Zelt, das nicht mit Händen gemacht, das heißt nicht von dieser Schöpfung ist, ¹² auch nicht mit *Blut* von Böcken und Kälbern, sondern mit seinem eigenen *Blut*, ein für allemal in das Heiligtum hineingegangen und hat ewige Erlösung gefunden. ¹³ Denn wenn das *Blut* von Böcken und Stieren und die Asche einer jungen Kuh, auf die Unreinen gesprengt, zur *Reinheit* des Fleisches heiligt, ¹⁴ um wie viel mehr wird das *Blut* Christi, der sich selbst durch den ewigen Geist (als) untadelig(es Opfer) Gott dargebracht hat, unser *Gewissen* von toten Werken *reinigen*, damit wir dem lebendigen Gott dienen!

¹⁵ Und darum ist er Mittler eines **neuen Bundes**, damit, nachdem der Tod geschehen ist zur Erlösung von den unter dem ersten Bund (erfolgten) Übertretungen, die Berufenen die *VERHEISSUNG* des ewigen Erbes empfangen.
¹⁶ Denn wo ein Testamentª (vorliegt), ist es nötig, dass der Tod dessen nachgewiesen wird, der das Testament gemacht hat. ¹⁷ Denn ein Testament ist (nur) im Todesfall gültig, weil es niemals Kraft hat, solange der lebt, der das Testament gemacht hat.
¹⁸ Daher ist auch der erste (Bund) nicht ohne *Blut* eingeweiht worden. ¹⁹ Denn nachdem jedes Gebot nach dem *GESETZ* von Mose dem ganzen Volk mitgeteilt worden war, nahm er das *Blut* der Kälber und der Böckeᵇ mit Wasser und scharlachroter Wolle und Ysop und besprengte sowohl das Buch selbst als auch das ganze Volk ²⁰ und sagte:

> Dies ist das *Blut* des Bundes,
> den Gott für euch angeordnet hat.
> [Ex 24,8]

²¹ Auch das Zelt aber und alle Gefäße des Dienstes besprengte er ebenso mit dem *Blut*; ²² und fast alle Dinge werden mit *Blut* gereinigt nach dem *GESETZ*, und ohne *Blut*vergießen geschieht keine Vergebung.

²³ Es besteht nun die Notwendigkeit, dass die Abbilder der Dinge in den Himmeln hierdurch *gereinigt* werden, die himmlischen Dinge selbst aber durch bessere Opfer als diese. ²⁴ Denn nicht in ein mit Händen gemachtes Heiligtum, ein Gegenbild des

---

a „Testament" = „Bund".   b In einigen Textzeugen fehlt „und der Böcke".

wahren, ist Christus hineingegangen, sondern in den Himmel selbst, um jetzt vor dem Angesicht GOTTES für uns zu erscheinen; [25] auch nicht (ist er hineingegangen), damit er sich selbst oftmals darbringe, wie der Hohepriester alljährlich mit fremdem *BLUT* in das Heiligtum hineingeht, [26] denn (sonst) hätte er oftmals leiden müssen von Grundlegung der Welt an; jetzt aber ist er einmal bei der Vollendung der Äonen zur Aufhebung der SÜNDE durch sein Opfer erschienen. [27] Und wie es den Menschen bestimmt ist, einmal zu sterben, danach aber das Gericht, [28] so wird auch Christus, einmal dargebracht, im Hinblick darauf, dass er Sünden von vielen auf sich geladen hat, beim zweiten Mal ohne (Beziehung zur) SÜNDE denen, die ihn erwarten, zur *RETTUNG* erscheinen.

[Hebr 10,1–18: Die Erlösung von den Sünden]

[1] Denn da das *GESETZ* einen Schatten der zukünftigen Güter, nicht der Dinge Ebenbild selbst hat, kann es mit den *alljährlich* gleichen Opfern, die man beständig darbringt, niemals die (zum Opferdienst) Herantretenden <u>vollenden</u>.[a] [2] Denn hätte man sonst nicht aufgehört, sie darzubringen, weil die Kultdiener, einmal *gereinigt*, kein Bewusstsein von SÜNDEN mehr gehabt hätten? [3] Doch (gerade) in ihnen (den Opfern) (erfolgt) *alljährlich* Erinnerung an die SÜNDEN.

[4] Denn (es ist) unmöglich, dass *BLUT* von Stieren und Böcken SÜNDEN wegnimmt.
    [5] Darum sagt er, als er in die Welt hereinkommt:

Opfer und Gabe hast du nicht gewollt,
einen Leib aber hast du mir bereitet.
[6] Brandopfer und (Opfer) für SÜNDE hast du nicht für gut gehalten.
[7] Damals sagte ich: Siehe, ich komme,
in der Buchrolle ist es über mich geschrieben,
um deinen Willen, GOTT, zu tun.
[Ps 40,7–9]

[8] Während er weiter oben sagt:

Opfer und Gaben und Brandopfer und (Opfer) für SÜNDE
hast du nicht gewollt und nicht für gut gehalten
[vgl. Ps 40,7]

– die (doch) nach dem *GESETZ* dargebracht werden –,
[9] hat er dann gesagt:

Siehe, ich komme, um deinen Willen zu tun.
[vgl. Ps 40,8–9]

Er hebt das erste auf, um das zweite in Geltung zu setzen; [10] in diesem Willen sind wir geheiligt durch die Darbringung des Leibes Jesu Christi ein für allemal.

---

a Oder: „... mit den gleichen Opfern, die man alljährlich darbringt, niemals die Herantretenden für immer vollenden ...“ (vgl. V. 14).

[11] Und jeder Priester steht zwar da, indem er täglich Dienst verrichtet und oft dieselben Opfer darbringt, die niemals SÜNDEN wegnehmen können. [12] Dieser aber hat ein (einziges) Opfer für SÜNDEN dargebracht und sich beständig gesetzt zur Rechten GOTTES. [13] Fortan wartet er, bis seine Feinde als Schemel seiner Füße hingelegt worden sind[a]. [14] Denn mit einer (einzigen) Darbringung hat er die beständig <u>vollendet</u>, die geheiligt werden. [15] (Das) bezeugt uns aber auch der heilige Geist; denn **nachdem er gesagt hat:**

> [16] Dies ist der Bund, den ich mit ihnen schließen werde
> nach jenen Tagen, **sagt der Herr:**
> Ich werde meine *GESETZE* in ihre Herzen geben
> und sie in ihren Sinn schreiben;
> [17] und ihrer SÜNDEN
> und ihrer Gesetzlosigkeiten
> werde ich nicht mehr gedenken.
> [vgl. Jer 31,33–34]

[18] Wo aber Vergebung dieser (Sünden ist), (gibt es) kein Opfer für SÜNDE mehr.

[Hebräer 10,19–13,17:
Folgerungen]

[Hebr 10,19–25: Ermunterung zum Festhalten am Bekenntnis]

[19] Da wir nun, Brüder, Zuversicht haben für den Eingang in das Heiligtum durch das *BLUT* Jesu, [20] (einen Eingang,) den er uns bereitet hat als einen neuen und lebendigen Weg durch den Vorhang, das heißt durch sein Fleisch, [21] und (da wir) einen großen Priester über das Haus GOTTES (haben), [22] lasst uns hinzutreten mit wahrhaftigem Herzen in voller Gewissheit des GLAUBENS – die Herzen durch Besprengung gereinigt vom bösen Gewissen und den Leib gewaschen mit reinem Wasser.

[23] Lasst uns das BEKENNTNIS der Hoffnung als ein unwandelbares festhalten, denn treu ist der, der die *VERHEISSUNG* gegeben hat;

[24] und lasst uns aufeinander Acht haben zur Anspornung von Liebe und von guten Werken [25] und unserer Versammlung nicht fernbleiben, wie es bei einigen Sitte ist, sondern (einander) ermuntern, und dies umso mehr, als ihr den Tag herannahen seht.

[Hebr 10,26–31: Warnung vor der Gefahr des Rückfalls]

[26] Denn wenn wir mutwillig SÜNDIGEN, nachdem wir die Erkenntnis der Wahrheit empfangen haben, bleibt kein Opfer für SÜNDEN mehr übrig, [27] sondern ein

---

a Vgl. Ps 110,1.

furchtbares Erwarten des Gerichts und der Eifer eines Feuers, das die Widersacher verzehren wird. [28] Hat einer das *GESETZ* des Mose verworfen,

stirbt er auf zwei oder drei Zeugen hin
[Dtn 17,6]

ohne Erbarmen. [29] Eine wie viel schlimmere Strafe, meint ihr, wird dem zugemessen werden,

der den Sohn GOTTES mit Füßen getreten
und das Blut des Bundes für gemein geachtet hat,
durch das er geheiligt wurde,
und den Geist der Gnade verhöhnt hat?

[30] Denn wir kennen den, der gesagt hat:

Mein ist die Rache, ich werde vergelten
[Dtn 32,35],

und wiederum:

Der Herr wird sein Volk richten.
[Dtn 32,36; Ps 135,14]

[31] Furchtbar ist es, in die Hände des lebendigen GOTTES zu fallen!

[Hebr 10,32–39: Erinnerung an den Anfang des Glaubens]

[32] Gedenkt aber der früheren Tage, in denen ihr, nachdem ihr erleuchtet worden wart, einen harten Leidenskampf erduldet habt, [33] als ihr einesteils durch Schmähungen und Bedrängnisse zur Schau gestellt, andernteils Gefährten derer wurdet, denen es so erging. [34] Denn ihr habt mit den Gefangenen Mitleid gehabt und den Raub eurer Besitztümer mit Freuden aufgenommen – in der Erkenntnis, dass ihr einen besseren und bleibenden Besitz habt. [35] Werft nun eure Zuversicht nicht weg, die eine große Entlohnung hat. [36] Denn Geduld habt ihr nötig, damit ihr, nachdem ihr den Willen GOTTES getan habt, die *VERHEISSUNG* empfangt. [37] Denn noch

ganz, ganz kurz
[Jes 26,20 LXX],

(dann) wird der Kommende da sein, und er wird nicht ausbleiben. [38] Mein Gerechter aber wird aus GLAUBEN leben.

Und wenn er ZURÜCKWEICHT,
hat meine Seele kein Wohlgefallen an ihm.
[Hab 2,3–4 LXX]

[39] Wir aber zeichnen uns nicht aus durch ZURÜCKWEICHEN ins Verderben, sondern durch GLAUBEN zur Erhaltung der Seele.

[Hebr 11,1–40: Das Wesen des Glaubens,
dargestellt an den Glaubenszeugen des Alten Bundes]

[1] Es ist aber GLAUBE Grundlegung dessen[a], was man hofft, Beweis für Dinge[b], die man nicht sieht. [2] Denn durch ihn haben die Alten (gutes) Zeugnis erlangt.

[3] DURCH GLAUBEN verstehen wir, dass die Äonen durch GOTTES Wort bereitet worden sind, so dass nicht aus Erscheinendem das Sichtbare geworden ist.

[4] DURCH GLAUBEN hat ABEL GOTT ein größeres Opfer dargebracht als Kain, wodurch er das Zeugnis erlangte, gerecht zu sein, indem GOTT zu seinen Gaben Zeugnis gab; und durch ihn (den Glauben) redet er noch, obgleich er gestorben ist.[c]

[5] DURCH GLAUBEN ist HENOCH entrückt worden, so dass er den Tod nicht sah, und er wurde nicht gefunden, weil GOTT ihn entrückt hatte; denn vor der Entrückung hat er das Zeugnis erhalten, GOTT gefallen zu haben.[d] [6] Ohne GLAUBEN aber ist es unmöglich, (ihm) zu gefallen; denn wer zu GOTT hinzutritt, muss GLAUBEN, dass er ist und denen, die ihn suchen, zum Entlohner wird.

[7] DURCH GLAUBEN hat NOAH, nachdem er Weisung empfangen hatte über das, was noch nicht zu sehen war, (und) Angst bekommen hatte, einen Kasten zur *RETTUNG* seiner Familie errichtet.[e] Durch ihn (den Glauben) verurteilte er die Welt und wurde Erbe der Gerechtigkeit, die dem GLAUBEN entspricht.

[8] DURCH GLAUBEN zog ABRAHAM, als er gerufen wurde, gehorsam zum Ort aus, den er zum Erbteil empfangen sollte; und er zog aus, ohne zu wissen, wohin er komme. [9] DURCH GLAUBEN siedelte er ins Land der *VERHEISSUNG* über wie in ein fremdes und wohnte in Zelten mit Isaak und Jakob, den Miterben derselben *VERHEISSUNG*; [10] denn er erwartete die Stadt, die die Fundamente hat, (die Stadt,) deren Baumeister und Schöpfer GOTT ist.[f]

[11] DURCH GLAUBEN hat auch die unfruchtbare SARA selbst Kraft zur Gründung von Nachkommenschaft empfangen, und (zwar) jenseits des (geeigneten) Zeitpunkts des Alters, weil sie den für treu achtete, der die *VERHEISSUNG* gegeben hatte.[g] [12] Deshalb sind sie auch von einem (einzigen) erzeugt worden – und dies von einem Erstorbenen – so zahlreich wie die Sterne des Himmels und wie der Sand am Ufer des Meeres, der unzählbar ist.

[13] Im GLAUBEN sind diese alle gestorben; sie haben die *VERHEISSUNGEN* nicht erlangt, aber sie von ferne gesehen und begrüßt und haben BEKANNT, dass sie Fremde und Beisassen auf der Erde seien. [14] Denn die solches sagen, zeigen deutlich, dass sie ein Vaterland wünschen. [15] Und wenn sie an jenes gedacht hätten, von welchem sie ausgegangen waren, so hätten sie Zeit gehabt zurückzukehren. [16] Jetzt aber trachten sie nach einem besseren, das heißt: einem himmlischen. Darum schämt sich GOTT ihrer nicht, als ihr GOTT angerufen zu werden; denn er hat ihnen eine Stadt bereitet.

---

a Oder: „Wirklichkeit dessen"; „Feststehen bei dem".

b Oder: „Überführtsein von Dingen".

c Vgl. Gen 4,3 f.

d Vgl. Gen 5,24.

e Vgl. Gen 6,8 f.13–22.

f Vgl. Gen 12–21.

g Vgl. Gen 21.

¹⁷ Durch Glauben hat **ABRAHAM** den Isaak dargebracht[a], als er versucht wurde, und brachte den einzigen (Sohn) dar –

er, der die *VERHEISSUNGEN* empfangen hatte,

¹⁸ zu dem gesagt worden war:

In Isaak sollst du Samen haben

[Gen 21,12 LXX] –,

¹⁹ da er damit rechnete, dass Gott auch aus den Toten erwecken könne. Daher empfing er ihn auch als ein Gleichnis[b] zurück.

²⁰ Durch Glauben segnete **ISAAK** sogar im Hinblick auf Zukünftiges Jakob und Esau.[c]

²¹ Durch Glauben segnete **JAKOB**, als er starb, einen jeden der Söhne Josephs[d] und

beugte sich (betend) über die Spitze seines Stabes.

[Gen 47,31 LXX]

²² Durch Glauben gedachte **JOSEPH**, als er (sein Leben) abschloss, des Auszugs der Söhne Israels und traf Anordnung wegen seiner Gebeine.[e]

²³ Durch Glauben wurde **MOSE**, als er geboren war, drei Monate von seinen Eltern verborgen, weil sie sahen, dass das Kind schön war; und sie fürchteten das Gebot des Königs nicht.[f]

²⁴ Durch Glauben weigerte sich **MOSE**, als er groß geworden war, Sohn der Tochter Pharaos genannt zu werden, ²⁵ und zog es vor, zusammen mit dem Volk Gottes schlecht behandelt zu werden, als den vergänglichen Genuss der SÜNDE zu haben, ²⁶ indem er die Schmach Christi für größeren Reichtum hielt als die Schätze Ägyptens; denn er schaute auf die Entlohnung.

²⁷ Durch Glauben verließ er Ägypten und fürchtete die Wut des Königs nicht; denn er hielt standhaft aus, als sähe er den Unsichtbaren.[g]

²⁸ Durch Glauben hat er das Passah und die Besprengung (der Türpfosten) mit Blut durchgeführt, damit der Verderber der Erstgeburt sie nicht antastete.[h]

²⁹ Durch Glauben gingen sie durch das Rote Meer wie über trockenes Land, (das Meer,) in dem die Ägypter, als (auch) sie es versuchten, ertranken.[i]

³⁰ Durch Glauben fielen die Mauern Jerichos, nachdem sie sieben Tage umkreist worden waren.[j]

³¹ Durch Glauben kam **RAHAB**, die Hure, nicht mit den Ungehorsamen um, da sie die Kundschafter in Frieden aufgenommen hatte.[k]

³² Und was soll ich noch sagen? Denn es würde mir die Zeit fehlen, zu erzählen von

Gideon,

---

a Vgl. Gen 22,1–19.
b Gemeint ist vermutlich ein Gleichnis für Tod und Auferstehung Jesu.
c Vgl. Gen 27,1–40.
d Vgl. Gen 48.
e Vgl. Gen 50.

f Vgl. Ex 2,1–10.
g Vgl. Ex 2,15.
h Vgl. Ex 12,12f.
i Vgl. Ex 14,21–28.
j Vgl. Jos 6.
k Vgl. Jos 2.

Barak,
Simson,
Jefthah,
David,
und Samuel
und den Propheten,

[33] die DURCH GLAUBEN

Königreiche bezwangen,
Gerechtigkeit wirkten,
VERHEISSUNGEN erlangten,
Mäuler von Löwen stopften,
[34] des Feuers Kraft löschten,
dem zweischneidigen Schwert[a] entgingen,
aus Schwachheit zu Kraft kamen,
durch Kampf stark wurden,
der Fremden Heere zurücktrieben.

[35] Frauen erhielten durch Auferstehung ihre Toten wieder.[b]
Andere aber wurden (zu Tode) gefoltert, nachdem sie die (angebotene) Befreiung nicht angenommen hatten, um eine bessere Auferstehung zu erlangen.
[36] Wieder andere aber machten Bekanntschaft mit Verhöhnungen und Geißelungen, dazu mit Fesseln und Gefängnis.

[37] Sie wurden gesteinigt,
sie wurden zersägt,
den Tod durch das Schwert starben sie,
sie gingen umher in Schafspelzen, in Fellen von Ziegen,
darbend,
bedrängt,
gequält.

[38] Sie, deren die Welt nicht wert war, irrten umher in Wüsten und Gebirgen und Höhlen und den Spalten der Erde.
[39] Und diese alle haben, obwohl sie DURCH DEN GLAUBEN (gutes) Zeugnis erhielten, die *VERHEISSUNG* nicht erlangt, [40] da GOTT für uns etwas Besseres vorgesehen hat, damit sie nicht ohne uns <u>vollendet</u> würden.

[Hebr 12,1–11: Mahnung zum Glaubenskampf im Aufblick zu Jesus]

[1] So lasst nun auch uns, da wir eine so große uns umgebende Wolke von Zeugen haben, jede Bürde und die leicht umstrickende SÜNDE ablegen und mit **Geduld** in dem vor uns liegenden Kampf laufen, [2] <u>indem wir hinschauen auf den Anfänger</u>

---

a Wörtlich: „Mäulern eines Schwertes".   b Vgl. 2Kön 4,32–37.

und <u>Vollender</u> des GLAUBENS, Jesus, der anstelle der vor ihm liegenden Freude das Kreuz **erduldete**, die Schande für nichts achtend, und sich zur Rechten des Thrones GOTTES gesetzt hat. [3] Denkt nämlich an den, der so großen Widerspruch von den SÜNDERN gegen sich **erduldet** hat, damit ihr nicht ermüdet und in euren Seelen ermattet.

[4] Noch habt ihr nicht bis aufs Blut widerstanden im Kampf gegen die SÜNDE [5] und habt die Ermahnung vergessen, die zu euch als zu *Söhnen* spricht:

Mein *Sohn*, achte die ZÜCHTIGUNG des Herrn nicht gering
und ermatte nicht, wenn du von ihm gestraft wirst!
[6] Denn wen der Herr liebt, den ZÜCHTIGT er;
er schlägt aber jeden *Sohn*, den er annimmt.
[Spr 3,11–12]

[7] Zur ZÜCHTIGUNG **erduldet** ihr (eurer Leiden): GOTT behandelt euch als *Söhne*. Denn was für ein *Sohn* (wäre das), den der Vater nicht ZÜCHTIGT? [8] Wenn ihr aber ohne ZÜCHTIGUNG seid, die allen zuteil geworden ist, so seid ihr Bastarde und nicht *Söhne*.

[9] Zudem hatten wir auch unsere fleischlichen Väter als ERZIEHER und achteten sie. Werden wir uns nicht viel mehr dem Vater der Geister unterwerfen und leben? [10] Denn sie ZÜCHTIGTEN für wenige Tage nach ihrem Gutdünken, er aber zum Nutzen, damit (wir) seiner Heiligkeit teilhaftig werden. [11] Jede ZÜCHTIGUNG aber scheint für den Augenblick (zwar) nicht Freude zu sein, sondern Traurigkeit; nachher aber vergilt sie es denen, die durch sie geübt worden sind, mit der *FRIEDVOLLEN* Frucht der Gerechtigkeit.

[Hebr 12,12–27: Drohrede]

[12] Darum richtet die erschlafften Hände und die gelähmten Knie wieder auf, [13] und macht gerade Bahnen für eure Füße, damit das Lahme nicht abirre, sondern vielmehr geheilt werde. [14] Nach *FRIEDEN* mit allen trachtet und nach der Heiligung, ohne die niemand den Herrn sehen wird; [15] und achtet darauf,

dass nicht einer von der Gnade GOTTES abkomme,
dass nicht eine Wurzel der Bitterkeit nach oben wächst und zur Plage wird[a] und
viele durch sie verunreinigt werden,
[16] *dass nicht* einer ein Unzüchtiger oder Gottloser (ist) wie Esau, der für eine (einzige) Speise sein Erstgeburtsrecht verkaufte. [17] Ihr wisst nämlich, dass er auch nachher, als er den Segen erben wollte, verworfen wurde, denn er fand keinen Raum zur Umkehr, obgleich er sie mit Tränen eifrig suchte.

[18] Denn **ihr seid** nicht **hinzugetreten**

zu einem betastbaren und brennenden Feuer
und zu Dunkel

---

a Vgl. Dtn 29,17 LXX.

und Finsternis
und Sturm
[19] und zu Posaunenschall
und zu einer Stimme von Worten,

deren Hörer es sich verbaten, dass ihnen das Wort dargeboten werde, [20] denn sie ertrugen nicht die Verordnung:

> Selbst wenn ein Tier den Berg berührt,
> soll es gesteinigt werden.
> [vgl. Ex 19,12–13]

[21] Und – so *furchtbar* war die Erscheinung – Mose sagte:

> Ich bin voll *Furcht* und Zittern.
> [vgl. Dtn 9,19]

[22] Sondern **ihr seid hinzugetreten**

zum Berg Zion
und zur Stadt des lebendigen GOTTES, dem himmlischen Jerusalem,
und zu Myriaden von Engeln,
zur Festversammlung [23] und Gemeinde der Erstgeborenen,
die in den Himmeln aufgeschrieben sind,
und zu GOTT, dem Richter aller,
und zu den Geistern der vollendeten Gerechten,
[24] und zum Mittler eines neuen Bundes, Jesus,
und zum Blut der Besprengung,
das besser redet als (das) Abel(s).

[25] Seht zu, dass ihr den nicht abweist, der da redet! Denn wenn jene nicht entkamen, als sie den abwiesen, der auf Erden Weisungen gab: um wie viel weniger (würden) wir (entkommen), die wir den von den Himmeln her (Redenden) abweisen, [26] dessen Stimme damals die Erde ERSCHÜTTERTE, jetzt aber *VERHEISSEN* hat, indem er sagte:

> Noch einmal will ich zum Wanken bringen
> nicht allein die Erde, sondern auch den Himmel.
> [vgl. Hag 2,6.21]

[27] Das ‚noch einmal‘ aber offenbart die Verwandlung dessen, was ERSCHÜTTERT wird als das, was geschaffen ist – damit das BLEIBT, was nicht ERSCHÜTTERT wird. [28] Deshalb lasst uns, da wir ein UNERSCHÜTTERLICHES Reich empfangen, dankbar sein, wodurch wir GOTT wohlgefällig dienen mit Scheu und Ehrfurcht. [29] Denn unser

> GOTT ist ein verzehrendes Feuer.
> [Dtn 4,24; 9,3]

[Hebr 13,1–17: Mahnungen]

[1] Die Bruderliebe BLEIBE!

² Die Gastfreundschaft *vergesst nicht*, denn durch diese haben einige, ohne es zu wissen, Engel beherbergt.

³ Gedenkt als Mitgefangene der Gefangenen; derer, die gequält werden, (gedenkt) als solche, die ebenfalls im Leib sind.

⁴ Die Ehe sei ehrbar in allem, und das Ehebett unbefleckt; denn Unzüchtige und Ehebrecher wird GOTT richten.

⁵ Frei von Geldgier sei das Verhalten; begnügt euch mit dem, was vorhanden ist. Denn er hat gesagt:

> Auf keinen Fall werde ich dich aufgeben,
> und auf keinen Fall werde ich dich im Stich lassen
> [Dtn 31,6],

⁶ so dass wir zuversichtlich sagen:

> Der Herr ist ein Helfer für mich, nicht werde ich mich fürchten.
> Was wird mir ein Mensch tun?
> [Ps 117,6 LXX]

⁷ Gedenkt eurer **Vorsteher**, die das Wort GOTTES zu euch geredet haben! Schaut den Ertrag ihres Lebenswandels an, und ahmt ihren GLAUBEN nach!

⁸ Jesus Christus (ist) gestern und heute derselbe und in Ewigkeit.

⁹ Lasst euch nicht fortreißen durch verschiedenartige und fremde Lehren; denn es ist gut, dass das Herz durch Gnade befestigt werde, nicht durch Speisen, von denen die keinen Nutzen hatten, die (damit) umgingen.

¹⁰ Wir haben einen Altar, von dem zu essen die kein Recht haben, die dem Zelt dienen. ¹¹ Denn die Leiber der Tiere, deren *BLUT* durch den Hohenpriester für die Sünde in das Heiligtum hineingetragen wird, werden außerhalb des Lagers verbrannt. ¹² Darum hat auch Jesus, um das Volk durch sein eigenes *BLUT* zu heiligen, außerhalb des Tores gelitten.

¹³ Also lasst uns zu ihm hinausgehen, außerhalb des Lagers, und seine Schmach tragen. ¹⁴ Denn wir haben hier keine bleibende Stadt, sondern die zukünftige erstreben wir. ¹⁵ Durch ihn nun lasst uns GOTT stets ein Lobopfer darbringen, das heißt eine Frucht der Lippen, die seinen Namen **BEKENNEN**.

¹⁶ Die Wohltätigkeit aber und den Gemeinsinn *vergesst nicht*, denn an solchen Opfern hat GOTT Gefallen.

¹⁷ Gehorcht euren **Vorstehern** und fügt euch, denn sie wachen über eure Seelen, als solche, die Rechenschaft geben werden – damit sie dies mit Freude tun und nicht seufzend; denn dies (wäre) für euch nicht nützlich.

[Hebräer 13,18–25:
Brieflicher Schluss]

[Hebr 13,18–21: Übergang von der Predigt zum brieflichen Schluss]

[18] Betet für uns! Denn wir sind überzeugt, dass wir ein gutes Gewissen haben, da wir in allem einen guten Lebenswandel führen wollen. [19] Umso mehr aber ermahne ich, dies zu tun, damit ich euch recht bald wiedergegeben werde.

[20] Der GOTT des Friedens aber, der den großen Hirten der Schafe aus den Toten heraufgeführt hat durch *BLUT* eines ewigen Bundes, unseren Herrn Jesus, [21] bereite euch in allem Guten, um seinen Willen zu tun, indem er in uns das schafft, das vor ihm wohlgefällig ist, durch Jesus Christus; dem (sei) die Herrlichkeit in Ewigkeit! Amen.

[Hebr 13,22–25: Stilisierung als Paulusbrief]

[22] Ich ermahne euch aber, Brüder, nehmt das Wort der Ermahnung an! Ich habe euch ja (nur) kurz geschrieben. [23] Ihr sollt wissen, dass unser Bruder Timotheus freigelassen ist, mit dem ich euch, wenn er recht bald kommt, sehen werde.

[24] Grüßt alle eure **Vorsteher** und alle Heiligen!

Es grüßen euch die aus Italien.

[25] Die Gnade (sei) mit euch allen!

20. Der Brief des Jakobus

Der Jakobusbrief richtet sich an „die zwölf Stämme, die in der Zerstreuung sind" (1,1). Damit sind, wie der Inhalt des Briefes zeigt, offenbar nicht Juden angesprochen, sondern Christen, die als das wahre Israel in Fremdlingsschaft auf Erden leben. Ein brieflicher Schluss fehlt. Das Schreiben wurde vermutlich um die Wende vom 1. zum 2. Jahrhundert abgefasst; der Entstehungsort ist unbekannt. Die Annahme, dass es vom Jesusbruder Jakobus stammt – dieser dürfte in 1,1 gemeint sein –, wird in der neueren Forschung nur noch selten vertreten.

Der fast ausschließlich aus Ermahnungen und weisheitlichen Sprüchen bestehende Brief folgt keinem erkennbaren Gedankengang; die einzelnen Abschnitte sind zuweilen lediglich durch Stichworte miteinander verbunden. Besonders umstritten ist das Verhältnis von 2,14–26 zur Rechtfertigungslehre des Apostels Paulus.

1,1	Adresse
1,2–18	Von Versuchungen
1,19–27	Vom Hören und Tun
2,1–13	Vom unparteiischen Urteil
2,14–26	Von Glauben und Werken
3,1–12	Von der Zunge
3,13–4,12	Von der Streitsucht
4,13–5,6	Von weltlich gesinnten Reichen und Kaufleuten
5,7–12	Von der Geduld bis zur Ankunft des Herrn
5,13–20	Vom Gebet und von der Rettung verirrter Brüder

[Jakobus 1,1:
Adresse]

[1] Jakobus, Sklave GOTTES und des HERRN Jesus Christus,
   grüßt die zwölf Stämme, die in der Zerstreuung sind.

[Jakobus 1,2–18:
Von Versuchungen]

[2] Achtet es für lauter Freude, **MEINE BRÜDER**, wenn ihr in mancherlei **Versuchungen** geratet, [3] da ihr wisst, dass die Erprobung eures GLAUBENS *Standhaftigkeit* bewirkt. [4] Die *Standhaftigkeit* aber soll zu einem vollendeten Werk führen, damit ihr vollkommen und unversehrt seid – keiner Sache ermangelnd.

[5] Wenn es aber einem von euch an Weisheit mangelt, soll er (sie) von GOTT *erbitten*, der allen rückhaltlos gibt und keine Vorwürfe erhebt, und (sie) wird ihm gegeben werden.

[6] Er soll aber im GLAUBEN *bitten*, ohne zu zweifeln; denn wer zweifelt, gleicht einer Meereswelle, die vom Wind bewegt und (die) hin und hergetrieben wird. [7] Denn ein solcher Mensch soll nicht meinen, dass er vom HERRN etwas erhalten wird, [8] (ist er doch) ein Mann mit zwei Seelen, unbeständig auf allen seinen Wegen.

[9] Es rühme sich aber der niedrige Bruder seiner Höhe, [10] der REICHE aber seiner Niedrigkeit; denn er wird wie eine Blume des Grases vergehen. [11] Denn die Sonne ging auf mit der Hitze und versengte das Gras, und seine Blume verwelkte und die Schönheit ihres Aussehens ging zugrunde. So wird auch der REICHE bei seinen Unternehmungen verdorren.

[12] Glückselig der Mann, der **Versuchung** durchhält. Denn wenn er sich bewährt, wird er den Kranz des Lebens erhalten, den er denen verheißen hat, die ihn lieben. [13] Keiner, der **versucht** wird, soll sagen: Ich werde von GOTT **versucht**. GOTT kann nämlich nicht zu bösen Dingen **versucht** werden, **versucht** aber (auch) selbst niemanden.

[14] Jeder aber wird (so) **versucht**, dass er von der eigenen BEGIERDE verlockt und geködert wird. [15] Wenn die BEGIERDE dann schwanger geworden ist, bringt sie *SÜNDE* zur Welt; ist aber die *SÜNDE* reif geworden, *gebiert* sie Tod.

[16] Lasst euch nicht irreführen, **MEINE GELIEBTEN BRÜDER**; [17] jede gute Gabe und jedes vollkommene Geschenk kommt von oben herab, vom Vater der Lichter, bei dem es keine Veränderung oder durch Wechsel (des Lichts eintretende) Verfinsterung (gibt). [18] Gemäß seinem Willen *gebar* er uns durch das Wort der Wahrheit, damit wir gleichsam die Erstlingsfrucht seiner Geschöpfe seien.

[Jakobus 1,19–27:
Vom Hören und Tun]

[19] Wisst, **MEINE GELIEBTEN BRÜDER:** Es sei aber jeder Mensch schnell zum Hören, langsam zum Reden, langsam zum *Zorn*; [20] denn der *Zorn* eines Mannes schafft nicht Gerechtigkeit GOTTES. [21] Darum legt alles Schmutzige und (alles) Übermaß von Bösem ab und nehmt in Sanftmut das (in euch) eingepflanzte WORT auf, das Macht hat, eure Seelen zu <u>retten</u>.

²² Werdet aber *TÄTER* des *WORTES* und nicht nur **Hörer**, die sich selbst betrügen. ²³ Denn wenn einer **Hörer** des *WORTES* ist und nicht *TÄTER*, der gleicht einem Mann, der sein natürliches Antlitz in einem Spiegel betrachtet: ²⁴ Er betrachtete sich nämlich und ging weg und VERGASS sofort, wie er beschaffen war.

²⁵ Wer sich aber ins vollkommene GESETZ DER FREIHEIT hineingebeugt hat und dabei geblieben ist – nicht (bloß) **Hörer** geworden, der VERGISST, sondern *TÄTER* des Werkes –, der wird glücklich sein in seinem Tun.

²⁶ Wenn einer meint, *fromm* zu sein, obwohl er seine Zunge nicht im Zaum hält, sondern sein Herz betrügt – dessen *Frömmigkeit* ist nichtig. ²⁷ Reine und makellose *Frömmigkeit* vor GOTT, dem Vater, ist dies: Waisen und Witwen in ihrer Bedrängnis aufzusuchen, sich unbefleckt von der Welt zu erhalten.

[Jakobus 2,1–13:
Vom unparteiischen Urteil]

¹ **MEINE BRÜDER**, habt den *GLAUBEN* an unseren *HERRN* Jesus Christus, (den Herrn) der Herrlichkeit, nicht zusammen mit Parteilichkeit. ² Wenn nämlich in eure Versammlung ein Mann mit goldenem Ring und prächtiger *Kleidung* hineinkommt, (zugleich) aber auch ein **Armer** in schmutziger *Kleidung* hineinkommt, ³ ihr aber auf den blickt, der die prächtige *Kleidung* trägt, und sagt: ,Setz du dich hier bequem hin!', und zu dem **Armen** sagt: ,Stell du dich dort hin!', oder: ,Setz dich unten an meine Fußbank!' –, ⁴ habt ihr da nicht bei euch selbst (unberechtigte) Unterscheidungen gemacht und seid Richter geworden, (die sich) von bösen Gedanken (leiten lassen)?

⁵ Hört, **MEINE GELIEBTEN BRÜDER**: Hat GOTT nicht die vor der Welt *ARMEN* auserwählt als *REICHE* im *GLAUBEN* und als Erben des Königreichs, das er denen verheißen hat, die ihn lieben? ⁶ Ihr aber habt den **Armen** entehrt.

Unterdrücken euch nicht die *REICHEN*, und ziehen nicht sie euch vor Gerichte? ⁷ Lästern nicht sie den guten Namen, der über euch ausgerufen worden ist?

⁸ **Wenn ihr** freilich (das) KÖNIGLICHE GESETZ erfüllt gemäß der Schrift:

Du sollst deinen Nächsten lieben wie dich selbst
[Lev 19,18],

(dann) handelt ihr gut. ⁹ **Wenn ihr** aber parteiisch urteilt, tut ihr *SÜNDE* und werdet vom GESETZ als Übertreter überführt.

¹⁰ Wer nämlich das GANZE GESETZ hält, bei einem einzigen (Stück) aber versagt, der hat sich gegen alle (Stücke) schuldig gemacht. ¹¹ Denn der, der sagte:

Du sollst nicht die Ehe brechen
[Ex 20,14; Dtn 5,18],

sagte auch:

Du sollst nicht töten.
[Ex 20,13; Dtn 5,17]

Wenn du aber (zwar) nicht die Ehe brichst, aber tötest, bist du ein Übertreter des GESETZES geworden. [12] Redet so und handelt so wie solche, die durch das GESETZ DER FREIHEIT *gerichtet* werden sollen. [13] Denn das *Gericht* ist ERBARMUNGSLOS gegen den, der kein ERBARMEN gezeigt hat. ERBARMEN triumphiert über das *Gericht*.

[Jakobus 2,14–26:
Von Glauben und Werken]

[14] Was nützt es, **MEINE BRÜDER**, wenn einer sagt, er habe GLAUBEN, aber keine *Werke* hat? Kann etwa der GLAUBE ihn <u>retten</u>?

[15] Wenn ein Bruder oder eine Schwester ohne Kleidung ist und der täglichen Nahrung entbehrt, [16] einer von euch aber zu ihnen sagt: ‚Geht fort in Frieden, wärmt und sättigt euch!', ihr ihnen aber nicht das für den Leib Erforderliche gebt – was nützt es?

[17] So ist auch der GLAUBE, wenn er nicht *Werke* (vorzuweisen) hat, für sich allein tot.

[18] Aber einer wird (vielleicht) sagen: Du hast GLAUBEN. Und ich habe *Werke*. Zeig mir deinen GLAUBEN ohne die *Werke*. Und ich werde dir aus meinen *Werken* den GLAUBEN zeigen. [19] Du GLAUBST, dass (nur) einer GOTT ist. (Daran) tust du recht; auch die Dämonen GLAUBEN (das) und zittern. [20] Willst du aber einsehen, du hohler Mensch, dass der GLAUBE ohne die *Werke* nutzlos ist? [21] Wurde Abraham, unser Vater, nicht aus *Werken gerechtfertigt*, als er Isaak, seinen Sohn, als Opfer auf den Altar legte?[a] [22] Du siehst: Der GLAUBE wirkte mit seinen *Werken* zusammen, und aus den *Werken* wurde der GLAUBE vollendet. [23] Und es wurde erfüllt die Schrift, die da sagt:

> Abraham aber GLAUBTE Gott,
> und es wurde ihm als *Gerechtigkeit* angerechnet
> [Gen 15,6],

und er wurde Freund GOTTES genannt. [24] Ihr seht: Aus *Werken* wird ein Mensch *gerechtfertigt* und nicht aus GLAUBEN allein. [25] Wurde aber nicht ebenso auch die Hure Rahab aus *Werken gerechtfertigt*, weil sie die Boten aufnahm und auf einem anderen Weg entkommen ließ?[b] [26] Denn wie der KÖRPER ohne Geist tot ist, so ist auch der GLAUBE ohne *Werke* tot.

---

a Vgl. Gen 22,2.9.   b Vgl. Jos 2,1.15–16.

[Jakobus 3,1–12:
Von der Zunge]

[1] Werdet nicht viele Lehrer, **MEINE BRÜDER**, da ihr wisst, dass wir ein härteres Urteil empfangen werden.
[2] Denn in vielem straucheln wir alle. Wenn einer in (seinem) Wort nicht strauchelt – der ist ein vollkommener Mann und kann auch den GANZEN KÖRPER im Zaum halten.
[3] Wenn wir aber den Pferden den Zaum ins Maul legen, damit sie uns gehorchen, lenken wir auch ihren GANZEN KÖRPER.
[4] Siehe, auch die Schiffe werden, obwohl sie so groß sind und von starken Winden getrieben werden, von einem ganz kleinen Ruder gelenkt, wohin der Vorwärtsdrang des Steuernden will.
[5] So ist auch die **Zunge** ein kleines Glied – und tönt groß. Siehe, welch (kleines) Feuer welch (großen) Wald anzündet! [6] Auch die **Zunge** (ist) ein Feuer; als der Inbegriff[a] des Unrechts steht die **Zunge** da unter unseren Gliedern, die den GANZEN KÖRPER besudelt und das Rad[b] des Daseins in Flammen setzt und von der Gehenna[c] in Flammen gesetzt wird.
[7] Denn jede Art von Tieren und Vögeln, von Kriechtieren und Meeresbewohnern lässt sich ZÄHMEN und ist von der menschlichen Natur (längst) GEZÄHMT worden.
[8] Die **Zunge** aber kann kein Mensch ZÄHMEN – ein Unordnung stiftendes Übel, voll von todbringendem Gift!
[9] Mit ihr preisen wir den HERRN und Vater, und mit ihr verfluchen wir die Menschen, die in GOTTähnlichkeit (geschaffen) wurden. [10] Aus ein und demselben Mund kommen Segen und Fluch heraus. Dies, **MEINE BRÜDER**, darf so nicht geschehen.
[11] Lässt etwa die Quelle aus ein und derselben Öffnung das süße und das bittere (Wasser) hervorsprudeln?
[12] Kann etwa, **MEINE BRÜDER**, ein Feigenbaum Oliven hervorbringen oder ein Weinstock Feigen? Auch (kann) Salziges nicht süßes Wasser hervorbringen.

[Jakobus 3,13–4,12:
Von der Streitsucht]

[13] Wer unter euch ist *WEISE* und verständig? Er zeige aus dem rechtschaffenen Lebenswandel seine *Werke* in von *WEISHEIT* (geprägter) Bescheidenheit.
[14] Wenn ihr aber bittere *Eifersucht und Eigennutz* in eurem Herzen habt, sollt ihr nicht gegen die Wahrheit euch rühmen und lügen!

---

a Wörtlich: die Welt.   c Hölle.
b Oder: den Lauf.

¹⁵ Diese *WEISHEIT* ist keine, die **von oben** herabkommt, sondern eine irdische, seelische[a], dämonische (Weisheit).

¹⁶ Wo nämlich *Eifersucht und Eigennutz* (sind), da (sind) Unordnung und jede schlechte Sache.

¹⁷ Doch die *WEISHEIT* **von oben** ist an erster Stelle

> heilig,
> sodann friedlich,
> freundlich,
> gehorsam,
> voll von Erbarmen und guten *FRÜCHTEN*,
> unbeirrt, unverstellt.

¹⁸ Die *FRUCHT* der Gerechtigkeit aber wird in Frieden ausgesät denen, die Frieden machen.

⁴,¹ Woher (kommen) *KÄMPFE* bei euch und woher *STREITIGKEITEN*? Nicht daher: von euren *LÜSTEN*, die in euren Gliedern kämpfen?

> ² Ihr begehrt, und ihr habt nicht;
> ihr mordet und eifert und könnt nicht erlangen;
> ihr *STREITET* und *KÄMPFT*.
> Ihr habt nichts, weil ihr nicht *bittet*;
> ³ ihr *bittet* und erhaltet nicht,

weil ihr verkehrt *bittet* – damit ihr es für eure *LÜSTE* aufwenden könnt.

⁴ Ihr Ehebrecher, wisst ihr nicht, dass die Freundschaft mit der Welt Feindschaft mit GOTT ist? Wer also Freund der Welt sein will, steht als Feind GOTTES da.

⁵ Oder meint ihr, dass die Schrift vergeblich sagt:[b]

> ‚Gegen den Neid begehrt der Geist auf,
> der Wohnung in uns genommen hat‘[c]?

⁶ Doch gibt er größere *Gnade*. Deshalb heißt es:

> GOTT widersetzt sich Hochmütigen,
> Demütigen aber gibt er *Gnade*.
> [Spr 3,34 LXX]

⁷ Unterwerft euch also GOTT!

> Widersteht aber dem Teufel, und er wird von euch fliehen!
> ⁸ Naht euch GOTT, und er wird sich euch nahen!

---

a Vgl. 1Kor 2,14 wo „seelisch" ebenfalls negativ gebraucht wird.
b Die Herkunft des Schriftzitats ist nicht bekannt.
c Die Übersetzung ist unsicher. Für die erste Zei-

le kommen auch in Frage: „Neidisch begehrt der Geist", „Neidisch begehrt er den Geist" oder „Neid begehrt der Geist", für die zweite auch: „den er in uns wohnen ließ".

Reinigt die Hände, *SÜNDER*,
und läutert die Herzen, ihr Menschen mit zwei Seelen!
⁹ Klagt und *trauert* und weint!
Euer Lachen verwandle sich in *Trauer* und die Freude in Betrübnis.
¹⁰ Demütigt euch vor dem *HERRN*, und er wird euch erhöhen.

¹¹ *Verleumdet* einander nicht, **BRÜDER**! Wer einen Bruder *verleumdet* oder seinen Bruder *RICHTET*, *verleumdet* das GESETZ und *RICHTET* das GESETZ; wenn du aber das GESETZ *RICHTEST*, bist du nicht Täter, sondern *RICHTER* des GESETZES.

¹² (Nur) einer ist der GESETZGEBER und *RICHTER*, der <u>retten</u> und vernichten kann.ᵃ

Du aber, wer bist du, der du den Nächsten *RICHTEST*?

[Jakobus 4,13–5,6: Von weltlich gesinnten Reichen und Kaufleuten]

¹³ *Auf jetzt*, die ihr sagt: Heute oder morgen werden wir in diese (oder jene) Stadt gehen, und wir werden dort ein Jahr bleiben und Handel treiben und Gewinne machen –
¹⁴ ihr wisst nicht, was morgen (geschieht), wie euer Leben (sein wird); denn ein Dunst seid ihr, der für eine Weile sichtbar ist und dann verschwindet –,
¹⁵ anstatt dass ihr sagt: Wenn der *HERR* will, dann werden wir leben und dies oder jenes tun. ¹⁶ Jetzt aber rühmt ihr euch in euren Prahlereien; alles derartige Rühmen ist böse.

¹⁷ Für den also, der Gutes zu tun weiß und (es) nicht tut, für den ist es *SÜNDE*.

⁵,¹ *Auf jetzt*, ihr *REICHEN*, ihr sollt weinen und über eure Qualen heulen, die (auf euch) zukommen!
² Euer *REICHTUM* ist verfault, und eure Kleider sind von Motten zerfressen worden.
³ Euer Gold und Silber ist verrostet; und ihr Rost wird zum Zeugnis (gegen) euch werden und euer Fleischᵇ verzehren wie Feuer.
Ihr sammeltet Schätze in den letzten Tagen.
⁴ Siehe, der Lohn der Arbeiter, die eure Felder abgemäht haben, der (Lohn), der von euch vorenthalten wird, schreit, und die Klagerufe derer, die geerntet haben, sind eingedrungen

in die Ohren des *HERRN* Zebaoth.
[Jes 5,9]

---

a Oder: „(Nur) einer ist der Gesetzgeber und Richter: der, der retten und vernichten kann."

b Plural.

⁵ Ihr habt geschwelgt auf der Erde und geprasst, ihr habt eure Herzen gemästet
am Schlachttag
[Jer 12,3],
⁶ ihr habt verurteilt, ihr habt umgebracht den Gerechten, er widersetzt sich euch
nicht.

[Jakobus 5,7–12:
Von der Geduld bis zur Ankunft des Herrn]

⁷ GEDULDET euch nun, BRÜDER, bis zur ANKUNFT DES HERRN! Siehe, der Bauer wartet
auf die kostbare Frucht der Erde, indem er sich ihretwegen GEDULDET, bis sie Frühre-
gen und Spätregen empfängt. ⁸ GEDULDET auch ihr euch, macht eure Herzen stark,
denn die ANKUNFT DES HERRN ist nahe herbeigekommen.
⁹ Klagt nicht übereinander, BRÜDER, damit ihr nicht GERICHTET werdet. Siehe,
der RICHTER steht vor der Tür. ¹⁰ Nehmt, BRÜDER, als Vorbild der Leidensfähigkeit
und der GEDULD die Propheten, die im Namen des HERRN redeten.
¹¹ Siehe, wir preisen selig die, die *standhaft* geblieben sind. Ihr habt von der
Standhaftigkeit Hiobs gehört und das vom HERRN (bereitete gute) Ende gesehen.ᵃ
Denn reich an Erbarmen ist der HERR und mitleidig.
¹² Vor allem aber, MEINE BRÜDER, schwört nicht, weder beim Himmel noch
bei der Erde, noch mit irgendeinem anderen Eid. Es sei vielmehr euer Ja ein Ja und
(euer) Nein ein Nein, damit ihr nicht dem GERICHT verfallt.

[Jakobus 5,13–20:
Vom Gebet und von der Rettung verirrter Brüder]

¹³ Ist einer von euch bedrückt? – Er **bete**!
Ist einer fröhlich? – Er lasse den Lobgesang erschallen!
¹⁴ Ist einer krank unter euch? – Er rufe die Ältesten der Gemeinde herbei; und sie
sollen über ihn **beten** und ihn mit Öl salben im Namen des HERRN.
¹⁵ Und das **Gebet** DES GLAUBENS wird den Kranken <u>retten</u>, und der HERR wird ihn
aufrichten. Und wenn er SÜNDEN begangen hat, werden sie ihm vergeben werden.
¹⁶ Bekennt also einander die SÜNDEN und **betet** füreinander, damit ihr geheilt werdet.
Viel vermag das wirkmächtige Flehen eines Gerechten. ¹⁷ Elia war ein Mensch,
der empfand wie wir; und er **betete** inständig, es solle nicht regnen, und es regnete
auf der Erde drei Jahre und sechs Monate nicht. ¹⁸ Und wiederum **betete** er, und
der Himmel gab Regen, und die Erde ließ ihre Frucht wachsen.ᵇ

---

a Vgl. Hi 42,11–16.   b Vgl. 1Kön 18,42–45.

[19] **MEINE BRÜDER,** wenn einer bei euch von der Wahrheit abirrt und einer ihn BE-KEHRT, [20] soll er wissen: Wer einen *SÜNDER* von der Verirrung seines Weges BEKEHRT, wird seine Seele vor dem Tod <u>retten</u> und

eine Menge *SÜNDEN* zudecken.
[Spr 10,12]

21. Der Erste Brief des Petrus

Der Erste Petrusbrief ist ein Rundschreiben an „die auserwählten Fremdlinge in der Diaspora von Pontus, Galatien, Kappadozien, Asien und Bithynien" (1,1) und stammt vielleicht aus Rom (vgl. 1Petr 5,13: „Babylon"). Sein pseudonymer Verfasser verarbeitet die „Diasporasituation" des christlichen Lebens und rät den Gemeinden, sie als letzte, kurze Prüfung vor dem Ende anzunehmen (1,6 f; 5,4.8.10); die Verleumdungen und Schmähungen heidnischer Zeitgenossen seien geduldig zu ertragen (2,12.19; 3,16). „Petrus" reagiert zugleich auf eine konkrete Verschärfung der Verfolgungssituation (4,12 ff). Da die Aussagen über das „Leiden" auf die Geschwister in der ganzen Welt – dem gesamten römischen Reich – ausgeweitet werden (5,9), kann man dabei an die Christenverfolgungen unter Kaiser Domitian gegen Ende des ersten Jahrhunderts denken.

1,1–12	Adresse und Lob Gottes
1,13–2,10	Erwählung und Heiligung
2,11–4,11	Allgemeine Ermahnungen
4,12–5,9	Aktualisierende Wiederholung der Ermahnungen
5,10–14	Segenswunsch und Schluss

[1Petrus 1,1–12:
Adresse und Lob Gottes]

[1Petr 1,1–2: Adresse]

¹ Petrus, Apostel Jesu Christi,
an die auserwählten Fremdlinge in der Diaspora von

Pontus,
Galatien,
Kappadozien,
Asien
und Bithynien,

² nach dem Vorherwissen GOTTES, des Vaters, in der HEILIGUNG durch den Geist, zum Gehorsam und zur Besprengung mit dem Blut Jesu Christi:
GNADE und Friede möge euch immer reichlicher zuteil werden!

[1Petr 1,3–12: Lob Gottes]

[3] Gepriesen sei der GOTT und Vater unseres Herrn Jesus Christus, der uns gemäß seinem großen Erbarmen neu gezeugt hat

zu lebendiger Hoffnung durch die Auferstehung Jesu Christi aus den Toten

[4] (und) zu einem unvergänglichen und unbefleckten und unverwelklichen Erbe, das in den Himmeln aufbewahrt ist für euch,

[5] die ihr in GOTTES Kraft behütet werdet durch GLAUBEN zur Rettung, die bereit ist, *offenbart* zu werden in der letzten Zeit.

[6] In der jubelt ihr, nachdem ihr jetzt eine kurze Zeit, wenn es sein muss, durch mancherlei Versuchungen betrübt worden seid, [7] damit die Echtheit eures GLAUBENS (als eine) gefunden werde, (die) viel wertvoller (ist) als Gold, das (zwar) vergeht, aber (doch) durch Feuer geprüft wird, zu Lob und HERRLICHKEIT und Ehre *bei der Offenbarung Jesu Christi*.

[8] Ihn, den ihr nicht gesehen habt, liebt ihr;
an ihn, den ihr jetzt nicht schaut, GLAUBT ihr

und jubelt in unsagbarer und VERHERRLICHTER Freude, [9] da ihr das Ziel des[a] GLAUBENS erlangt, die *Rettung* der Seelen.
[10] Nach dieser *Rettung* suchten und forschten Propheten, die über die für euch (bestimmte) GNADE prophezeiten, [11] indem sie forschten, auf welchen oder was für einen Zeitpunkt der in ihnen (wirksame) Geist Christi hindeutete, als er die für Christus (bestimmten) Leiden und die darauf (folgenden) HERRLICHKEITEN im Voraus bezeugte. [12] Ihnen wurde *offenbart*, dass sie nicht sich selbst, sondern euch dienten hinsichtlich dessen, was euch jetzt durch die verkündet wurde, die euch kraft des vom Himmel gesandten heiligen Geistes (das) als gute Botschaft verkündigten, in was Engel hineinzuschauen begehren.

[1Petrus 1,13–2,10:
Erwählung und Heiligung]

[1Petr 1,13–21: Der Christenstand als Heiligung]

[13] Deshalb umgürtet die Hüften eures Verstandes, seid nüchtern und hofft ganz und gar auf die GNADE, die euch *bei der Offenbarung Jesu Christi* zuteil wird.

[14] Als Kinder des Gehorsams passt euch nicht den früher in (der Zeit) eurer Unwissenheit (gehegten) Begierden an, [15] sondern in Entsprechung zu dem HEILIGEN, der

---

a Nach anderen Textzeugen: „eures".

euch berufen hat, sollt auch ihr in der ganzen *Lebensweise* HEILIG werden. [16] Denn es ist geschrieben:

Ihr sollt HEILIG sein, denn ich bin HEILIG.

[Lev 11,44–45; 19,2]

[17] Und wenn ihr den als Vater anruft, der jeden ohne Ansehen der Person nach seinem Tun richtet, dann führt, solange ihr in der Fremde seid, ein Leben in Furcht (vor ihm),

[18] da ihr wisst, dass ihr nicht mit Vergänglichem, Silber oder Gold, losgekauft wurdet

aus eurer nichtigen, von den Vätern ererbten *Lebensweise*,

[19] sondern mit dem kostbaren Blut Christi als eines untadeligen und unbefleckten Lammes,

[20] (der) zwar ausersehen (ist) vor der Grundlegung der Welt,

offenbar geworden aber in der letzten der Zeiten

um euretwillen, [21] die ihr durch ihn an GOTT *GLÄUBIGE* seid,

der ihn aus den Toten auferweckte und ihm HERRLICHKEIT gab,

so dass euer *GLAUBE* und Hoffnung sich auf GOTT richten.

[1Petr 1,22–2,10: Der Christenstand als Gotteskindschaft und Bruderschaft]

[22] Da ihr eure Seelen mit dem Gehorsam gegen die Wahrheit gereinigt habt zu unverstellter Bruderliebe, sollt ihr einander von Herzen (und) innig lieben – [23] wiedergeboren nicht aus *vergänglichem* Samen, sondern aus *unvergänglichem*, durch das lebendige und bleibende Wort GOTTES[a]. [24] Denn

alles Fleisch ist wie Gras

und all seine HERRLICHKEIT wie die Blüte des Grases.

Das Gras verdorrte

und die Blüte fiel ab;

[25] das *WORT* des Herrn aber bleibt in Ewigkeit.

[Jes 40,6–8]

Dies aber ist das *WORT*, das euch als gute Botschaft verkündigt wurde.

[2,1] Ihr sollt nun ablegen

alle Bosheit
und alle Hinterlist
und Heucheleien und Neidereien
und alle Verleumdungen

[2] und wie neugeborene Säuglinge die geistige, unverfälschte Milch verlangen, damit ihr durch sie zur Rettung heranwachst, [3] wenn

---

a Oder: „durch das Wort des lebendigen und bleibenden Gottes".

ihr geschmeckt habt, dass der Herr gütig ist.

[Ps 34,9]

⁴ Zu dem tretet heran als zu einem lebendigen **Stein**,

> von Menschen zwar verworfen,
> bei GOTT aber auserwählt, GEEHRT,

⁵ und lasst auch selbst euch wie lebendige **Steine** als ein geistiges Haus aufbauen, als eine HEILIGE Priesterschaft, um geistliche Opfer darzubringen, die Gott wohlannehmbar sind durch Jesus Christus. ⁶ Denn es ist in der Schrift enthalten (das Wort):

> Siehe, ich lege in Zion einen auserwählten, kostbaren Eck**stein**,
> und wer an ihn GLAUBT, wird nicht zuschanden werden.

[Jes 28,16]

⁷ Euch nun, den GLAUBENDEN, die EHRE! Den Ungläubigen aber (gilt:)

> der **Stein**, den die Bauleute verworfen haben,
> dieser ist zum Schlussstein geworden

[Ps 117,22 LXX]

⁸ und

> ein **Stein** des Anstoßes und ein Fels des Ärgernisses.

[Jes 8,14]

Sie stoßen sich (daran), weil sie dem Wort nicht gehorchen, wozu sie auch bestimmt wurden.

⁹ Ihr aber seid

> ein auserwähltes Geschlecht,
> eine königliche Priesterschaft,
> ein HEILIGER Stamm,
> ein Volk (das) zum Eigentum (Gottes gemacht ist),

damit ihr die Ruhmestaten dessen verkündet, der euch aus der Finsternis gerufen hat in sein wunderbares Licht,

> ¹⁰ die ihr einst Nicht-Volk (wart),
> jetzt aber GOTTES Volk (seid);
> die ihr kein Erbarmen fandet,
> jetzt aber Erbarmen gefunden habt.[a]

---

a Vgl. Hos 1,6.9; 2,25.

[1Petrus 2,11–4,11:
Allgemeine Ermahnungen]

[1Petr 2,11–3,12: Haustafeln]

[11] Geliebte, ich ermahne (euch) als Fremdlinge und Beisassen, euch fernzuhalten von den fleischlichen Begierden, die gegen die Seele kämpfen, [12] (und) euer Leben unter den Heiden als ein treffliches zu führen, damit sie (im Hinblick auf das), worin sie euch jetzt als Übeltäter verleumden, aus trefflichen Werken zur Einsicht kommen und GOTT preisen

am Tag der Heimsuchung.
[Jes 10,3]

[13] Ordnet euch jeder menschlichen Einrichtung unter um des Herrn willen,
sei es dem KÖNIG als Übergeordnetem
[14] oder den Statthaltern als (solchen, die) von ihm geschickt (sind) zur Bestrafung von Übeltätern, (zur) Belobigung aber für die, die *Gutes tun*.
[15] Denn so ist der Wille GOTTES, dass solche, die *Gutes tun*, die Unwissenheit der dummen Menschen zum Schweigen bringen – [16] als Freie und nicht als solche, die die Freiheit als Deckmantel für das Böse haben, sondern als Sklaven GOTTES.
[17] EHRT alle, liebt die Geschwister, fürchtet GOTT, EHRT den KÖNIG!

[18] Ihr HAUSDIENER, ordnet euch in aller Furcht den Herren unter, nicht nur den guten und freundlichen, sondern auch den verdrehten. [19] Denn dies ist GNADE, wenn einer um des Gewissens vor GOTT willen Kummer erträgt, weil er zu Unrecht LEIDET. [20] Denn was für ein Ruhm (ist es denn schon), wenn ihr, indem ihr *SÜNDIGT* und (deswegen) geschlagen werdet, *standhaltet*? Aber wenn ihr, indem ihr *Gutes tut* und (trotzdem) LEIDET, *standhaltet* – das ist bei GOTT GNADE.

[21] Denn dazu wurdet ihr berufen,
da auch Christus für euch LITT,
euch ein Beispiel hinterlassend,
damit ihr seinen Spuren folgt;
[22] DER keine *SÜNDE* tat

und in dessen Mund keine Hinterlist gefunden wurde
[Jes 53,9];

[23] DER, beschimpft, nicht zurückschimpfte
(und), LEIDEND, nicht drohte,
sondern es dem überließ, der gerecht urteilt;

[24] DER unsere *SÜNDEN* selber hinaufgetragen hat
[Jes 53,4.12]

an seinem Leib auf das Holz,
damit wir, den *SÜNDEN* gestorben,
der Gerechtigkeit leben,

durch DESSEN Strieme ihr geheilt wurdet.

[Jes 53,5]

²⁵ Denn ihr

irrtet umher wie Schafe.

[Jes 53,6]

Aber jetzt kehrtet ihr zurück zum Hirten
und Hüter eurer Seelen.

³,¹ EBENSO ihr FRAUEN, *ordnet* euch den eigenen *Männern unter,* damit sie, auch wenn einige dem Wort ungehorsam sind, durch den Lebenswandel der Frauen wortlos gewonnen werden, ² nachdem sie euren in Ehrfurcht reinen Lebenswandel beobachtet haben.
³ Euer Schmuck soll nicht der äußerliche sein,

⁴ (der) im Flechten der Haare
und im Umhängen von Goldschmuck
oder im Anziehen von Kleidung (besteht),

sondern der verborgene Mensch des Herzens im unvergänglichen (Schmuck) des milden und ruhigen Geistes, der vor GOTT sehr kostbar ist.
⁵ Denn so haben sich einst auch die HEILIGEN Frauen, die ihre Hoffnung auf GOTT setzten, geschmückt, indem sie sich ihren eigenen *Männern unterordneten,* ⁶ wie Sara dem Abraham gehorchte, indem sie ihn ‚Herr‘ nannteª; deren Kinder seid ihr geworden, wenn ihr *Gutes tut* und euch vor keiner Einschüchterung fürchtet.

⁷ EBENSO ihr MÄNNER, wohnt (christlicher) Erkenntnis gemäß mit dem weiblichen als schwächeren Gefäß zusammen, gebt (den Frauen) Ehre als solchen, die (doch) auch Miterben der GNADE des Lebens sind, damit eure Gebete nicht behindert werden.

⁸ Endlich aber seid ALLE

einträchtig,
mitleidig,
bruderliebend,
barmherzig,
demütig

⁹ und vergeltet nicht BÖSES mit BÖSEM oder Beschimpfung mit Beschimpfung, sondern im Gegenteil segnet; denn ihr seid dazu berufen, Segen zu erben. ¹⁰ Denn

wer das Leben lieben will
und *gute* Tage sehen,
der lasse die Zunge mit BÖSEM aufhören
und die Lippen damit, Hinterlistiges zu reden.

---

a Vgl. Gen 18,12.

[11] Er wende sich vom BÖSEN ab und tue *Gutes*;
er suche Frieden und verfolge ihn.
[12] Denn die Augen des Herrn (achten) auf Gerechte
und seine Ohren auf ihr Flehen;
das Antlitz des Herrn aber (richtet sich) gegen die, die BÖSES tun.
[Ps 34,13–17]

[1Petr 3,13–4,6: Ermahnung zur Leidensbereitschaft]

[13] Und wer (ist da), der euch BÖSES antun wird, wenn ihr Eiferer für das *Gute* werdet? [14] Aber wenn ihr auch LEIDEN solltet um der Gerechtigkeit willen, selig (seid ihr)!

Den von ihnen ausgehenden Schrecken aber fürchtet nicht
und lasst euch nicht verwirren
[Jes 8,12],
[15] sondern haltet Christus, den Herrn, heilig in eurem Herzen, immer bereit zur Verteidigung gegenüber jedem, der von euch Rechenschaft fordert über die in euch (lebendige) Hoffnung – [16] aber mit Milde und Ehrfurcht (und) indem ihr ein *gutes* Gewissen habt, damit in dem, worin ihr verleumdet werdet, die(jenigen) beschämt werden, die euren *guten* Lebenswandel in Christus beschimpfen. [17] Denn dass ihr, indem ihr *Gutes tut*, LEIDET – falls es denn der Wille GOTTES sein sollte – ist besser, als dass ihr als solche (leidet), die Böses tun.

[18] Denn auch Christus LITT einmal für *SÜNDEN*,
ein Gerechter für Ungerechte,
damit er euch zu GOTT führe;
getötet zwar im Fleisch,
lebendig gemacht aber im Geist.
[19] In dem ging er auch den Geistern im Gefängnis predigen,

[20] (die) einst ungehorsam waren, als die Geduld GOTTES in den Tagen Noahs wartete, während die Arche gebaut wurde[a], in der (dann) wenige, das heißt acht Seelen, *gerettet* wurden durch das Wasser hindurch;
[21] gegenbildlich *rettet* das (Wasser) auch euch jetzt als Taufe – nicht eine Säuberung des Fleisches von Schmutz, sondern eine Bitte an GOTT um ein *gutes* Gewissen – durch die Auferstehung Jesu Christi;

[22] der ist zur Rechten Gottes,
nachdem er in den Himmel gegangen ist,
wobei ihm Engel, Gewalten und Mächte unterworfen worden sind.

[4,1] Da nun Christus im Fleisch GELITTEN hat, bewaffnet auch ihr euch mit derselben Gesinnung, denn wer im Fleisch GELITTEN hat, hat mit der *SÜNDE* aufgehört, [2] da-

---

a Vgl. Gen 7,13.17.23.

mit er die übrige Zeit im Fleisch nicht mehr nach den *Begierden* der Menschen, sondern nach dem Willen Gottes lebe.

³ Denn die vergangene Zeit war ausreichend, um den Willen der Heiden zu vollbringen, als ihr gelebt habt in

Ausschweifungen,
Begierden,
Trunkenheiten,
Prassereien,
Trinkgelagen
und unerlaubten Götzenopfern.

⁴ Dabei sind sie befremdet, dass ihr nicht mitlauft in denselben Strom der Liederlichkeit, (und) sie lästernᵃ; ⁵ die werden dem Rechenschaft ablegen, der sich schon bereit hält, Lebende und Tote zu richten.

⁶ Denn dazu wurde auch Toten gute Botschaft verkündigt, damit sie zwar nach (der Weise der) Menschen gerichtet werden im Fleisch, nach (der Weise) Gott(es) aber leben im Geist.

[1Petr 4,7–11: Mahnung zum Gemeinschaftsleben
im Blick auf das nahe Ende]

⁷ Das Ende von allem aber ist nahe gekommen. Seid nun besonnen und seid nüchtern zu Gebeten!

⁸ Vor allem haltet eifrig an der Liebe zueinander fest; denn
die Liebe deckt eine Menge *Sünden* zu.
[Spr 10,12]

⁹ Seid gastfreundlich zueinander ohne Murren.

¹⁰ Dient einander mit der Gnadengabe, so wie ein jeder sie empfangen hat, als treffliche Verwalter der mannigfaltigen Gnade Gottes.

¹¹ Wenn einer redet: als Sprüche Gottes.

Wenn einer dient: als aus der Kraft, die Gott verleiht, damit in allem Gott verherrlicht werde durch Jesus Christus.

Dem gehört die Herrlichkeit und die Macht von Ewigkeit zu Ewigkeit. Amen.

---

a Oder: „Darüber sind sie befremdet, indem sie
(darüber,) dass ihr ..., lästern."

[1 Petrus 4,12–5,9:
Aktualisierende Wiederholung der Ermahnungen]

[1 Petr 4,12–19: Die Christen im Leiden]

[12] Geliebte, lasst euch durch die Feuersglut bei euch, die euch zu (eurer) Prüfung widerfährt, nicht befremden, als ob euch (etwas) Fremdartiges zustieße, [13] sondern so wie ihr Anteil an den LEIDEN Christi habt, *freut* euch, damit ihr euch auch bei der Offenbarung seiner HERRLICHKEIT jubelnd *freut.*

[14] **Wenn** ihr beschimpft werdet wegen des Namens Christi, (seid ihr) selig; denn der *Geist* der HERRLICHKEIT und GOTTES ruht auf euch.

[15] Denn keiner von euch LEIDE als

Mörder
oder Dieb
oder Übeltäter
oder als einer, der sich in fremde Angelegenheiten einmischt.

[16] **Wenn** (er) aber als Christ (leidet), schäme er sich nicht, sondern VERHERRLICHE GOTT mit diesem Namen.

[17] Denn der Zeitpunkt (ist da), dass das Gericht anfange von dem Haus GOTTES her. **Wenn** aber zuerst von uns her, was (wird dann) das Ende derer (sein), die dem Evangelium GOTTES ungehorsam sind? [18] Und

wenn der Gerechte gerade noch gerettet wird,
wo wird (dann) der Gottlose und *SÜNDER* erscheinen?
[Spr 11,31 LXX]

[19] Darum sollen auch die, die nach dem Willen GOTTES LEIDEN, (dem) treuen Schöpfer ihre Seelen anvertrauen durch *Tun des Guten*.

[1 Petr 5,1–5: Pflichten der Ältesten und Jüngeren]

[1] Die *ÄLTESTEN* nun bei euch ermahne ich als Mitältester und Zeuge der *LEIDEN* Christi, der (ich) auch Teilhaber an der HERRLICHKEIT (bin), die offenbart werden soll:

[2] Seid *Hirten* für die *Herde* GOTTES bei euch, indem ihr (sie) beaufsichtigt[a]

nicht aus Zwang,
sondern freiwillig, wie es GOTT entspricht;
auch nicht in schmutziger Gewinnsucht,
sondern bereitwillig;
[3] und nicht indem ihr die euch Zugeteilten unterdrückt,

---

a In wichtigen Textzeugen fehlt: „indem ihr beaufsichtigt".

sondern indem ihr Vorbilder für die *Herde* werdet.

⁴ Und wenn der Ober*hirte* erscheint, werdet ihr den nie verwelkenden Kranz der HERRLICHKEIT empfangen.

⁵ Ebenso, ihr **JÜNGEREN**, ordnet euch den *ÄLTESTEN* unter!

Alle aber bindet euch (im Umgang) miteinander die *DEMUT* um! Denn GOTT
tritt den Stolzen entgegen,
den *DEMÜTIGEN* aber gibt er GNADE.
[Spr 3,34 LXX]

[1 Petr 5,6–9: Mahnung zu Demut, Nüchternheit und Wachsamkeit]

⁶ *DEMÜTIGT* euch nun unter die starke Hand GOTTES, damit er euch erhöht zur rechten Zeit, ⁷ indem ihr all eure Sorge auf ihn werft, denn ihm liegt an euch.

⁸ Seid nüchtern, wacht! Euer Widersacher, der Teufel, geht wie ein brüllender Löwe umher und sucht, dass er einen verschlinge. ⁹ Dem tretet entgegen, fest im Glauben, (und^a) wisst, dass dieselben *LEIDEN* euren Geschwistern in der Welt auferlegt sind.

[1 Petrus 5,10–14:
Segenswunsch und Schluss]

[1 Petr 5,10–11: Segenswunsch]

¹⁰ Der GOTT aller GNADE aber, der euch *in Christus* Jesus zu seiner ewigen HERRLICHKEIT berufen hat, wird euch, nachdem ihr kurze Zeit *GELITTEN* habt, selber

zurechtbringen,
stärken,
kräftigen,
auf festen Grund stellen.

¹¹ Ihm gehört die Macht in Ewigkeit. Amen.

[1 Petr 5,12–14: Schluss]

¹² Durch Silvanus, den treuen Bruder – wie ich meine –, habe ich euch mit wenigen (Worten) geschrieben, um zu mahnen und zu bezeugen, dass dies die wahre GNADE GOTTES ist, in der ihr steht^b.

---

a Oder: „da ihr".   b Oder: „In die stellt euch hinein!"

[13] Es grüßt euch die miterwählte (Gemeinde) in Babylon und mein Sohn Markus.
[14] Grüßt einander mit dem Kuss der Liebe!
Friede euch allen, die ihr *in Christus* seid!

22. Der Zweite Brief des Petrus

Beim Zweiten Petrusbrief handelt es sich um eine antihäretische Kampfschrift, die zum großen Teil aus verdammenden Urteilen und polemischen Abgrenzungen besteht. Er ist als ein Abschiedsschreiben des dem Tod entgegensehenden Petrus stilisiert, wurde aber wohl erst in der Mitte des 2. Jahrhunderts verfasst. Der Entstehungsort ist nicht bekannt.

Der pseudonyme Verfasser kennt den Judasbrief und nimmt ihn fast vollständig auf. In 3,1 bezieht er sich auf den Ersten Petrusbrief, indem er sein eigenes Schreiben als „zweiten" Brief bezeichnet. Er flicht, wie man es von einem persönlichen Jünger Jesu erwartet, Erinnerungen an den Meister ein, stellt sich als Augenzeugen der Verklärung hin (1,18) und behauptet, Jesus habe ihm seinen nahe bevorstehenden Tod geweissagt (1,14). Mit der Wendung „unser geliebter Bruder Paulus" (3,15) führt er sich als Zeit- und Amtsgenossen des Heidenapostels ein.

Der Hauptzweck seines Schreibens ist die Verteidigung der Erwartung des baldigen (Wieder-)Kommens Jesu. Die Zweifler berufen sich auf eine Sammlung von Paulusbriefen und auf „die übrigen Schriften", d. h. das Alte Testament. Demgegenüber verwahrt sich der Verfasser gegen jede „eigenmächtige Auslegung" der Schrift. Ebenso wichtig ist die Bindung der Gemeinde an das Gesamtzeugnis der Apostel. Die apostolische Tradition wird so zu einem Bollwerk gegen die Irrlehre.

[2Petrus 1,1–11:
Adresse und Einleitung]

[2Petr 1,1–2: Adresse]

[1] Symeon Petrus, Sklave und Apostel Jesu Christi,
an die, die einen uns gleichwertigen GLAUBEN empfangen haben in der Gerechtigkeit unseres GOTTES und Retters Jesus Christus:
[2] Gnade und Friede möge euch immer reichlicher zuteil werden durch die ERKENNTNIS GOTTES und Jesu, unseres Herrn.

[2Petr 1,3–11: Einleitung]

[3] Wie uns seine *göttliche* Kraft alles zum Leben und zur *Frömmigkeit* (Führende) GE-
SCHENKT hat
durch die ERKENNTNIS dessen, der uns BERUFEN hat durch seine eigene Herrlichkeit und **Tugend,**
    [4] durch die er uns die kostbaren und größten Verheißungen GESCHENKT hat,
    damit ihr durch diese zu Teilhabern der *göttlichen* Natur werdet,
    nachdem ihr dem in der Welt infolge der Begierde (bestehenden) Verder-
    ben entflohen seid –,

[5] auch eben deshalb aber wendet allen Eifer auf und zeigt

    in eurem GLAUBEN
        die **Tugend,**
    in der Tugend aber
        die ERKENNTNIS,
        [6] in der ERKENNTNIS aber
        die Selbstbeherrschung,
    in der Selbstbeherrschung aber
        die Geduld,
    in der Geduld aber
        die *Frömmigkeit,*
        [7] in der *Frömmigkeit* aber
        die geschwisterliche Zuneigung,
    in der geschwisterlichen Zuneigung aber
        die Liebe.

[8] Sind diese (Dinge) nämlich bei euch vorhanden und nehmen zu, machen sie
(euch) nicht faul und nicht fruchtlos für die ERKENNTNIS UNSERES HERRN JESUS
CHRISTUS. [9] Denn der, bei dem diese nicht da sind, ist blind, ist kurzsichtig (und)
hat die Reinigung von seinen einstigen Sünden vergessen.
    [10] Darum, Brüder, bemüht euch umso mehr, eure BERUFUNG und Erwählung
fest zu machen. Denn indem ihr dies tut, werdet ihr niemals straucheln. [11] So nämlich wird euch in reichem Maß der Zutritt in das ewige Königreich UNSERES HERRN
UND RETTERS JESUS CHRISTUS gewährt werden.

[2Petrus 1,12–21:
Das apostolische Fundament]

[2Petr 1,12–15: Die Bestimmung des Briefes als Testament des Petrus]

[12] Darum werde ich euch immer an dies *erinnern*, obwohl ihr (es schon) wisst und in der vorhandenen Wahrheit gefestigt seid. [13] Für richtig aber halte ich es, solange ich in diesem Zelt bin, euch durch *Erinnerung* wachzuhalten, [14] da ich weiß, dass der Abbruch meines Zeltes nahe bevorsteht, wie auch UNSER HERR JESUS CHRISTUS mir kundgetan hat. [15] Ich werde mich aber bemühen, dass ihr auch nach meinem Weggang jederzeit (die Möglichkeit) habt, euch daran zu *erinnern*.

[2Petr 1,16–21: Apostolische Augenzeugenschaft und die Rolle der Prophetie des Alten Testaments]

[16] Denn nicht als solche, die ausgeklügelten Mythen gefolgt sind, machten wir euch die Macht und Ankunft UNSERES HERRN JESUS CHRISTUS bekannt, sondern als solche, die Augenzeugen seiner Hoheit geworden sind. [17] Denn als er von GOTT, dem Vater, Ehre und Herrlichkeit empfing, als an ihn von der hoheitlichen Herrlichkeit eine solche *Stimme* ERGING:

Mein geliebter Sohn ist dieser[a],
an dem ich Gefallen gefunden habe[b] –

[18] und diese *Stimme* hörten wir als eine vom Berg her ERGANGENE (Stimme), als wir mit ihm auf dem heiligen Berg waren.

[19] Und wir haben das PROPHETISCHE Wort als ein umso sichereres, (und) ihr tut gut daran, es als Lampe zu beachten, die an einem finsteren Ort Licht gibt, bis der Tag anbricht und der Morgenstern in euren Herzen aufgeht, [20] indem ihr zuerst dies erkennt: Keine PROPHETIE der Schrift ist Sache eigener Auslegung; [21] denn nicht durch den Willen eines *Menschen* ERGING jemals eine *PROPHETIE*, sondern vom heiligen Geist getrieben, von GOTT aus, redeten *Menschen*.

---

a Wörtlich: „Mein Sohn, mein Geliebter, ist dieser."

b Vgl. Mt 17,5.

[2Petrus 2,1–22: Irrlehrerpolemik]

[2Petr 2,1–3: Das Kommen der Lügenlehrer]

[1] Es gab aber auch *Lügen*PROPHETEN im Volk, wie auch bei euch *Lügenlehrer* sein werden; die werden Lehrmeinungen, die **Vernichtung** nach sich ziehen, einführen, wobei sie als solche, die sogar den Besitzer, der sie freigekauft hat, verleugnen, sich selbst rasche **Vernichtung** bewirken.

[2] Und viele werden ihren Ausschweifungen folgen, um derentwillen der *WEG* der Wahrheit gelästert werden wird. [3] Und aus Habsucht werden sie euch mit ausgedachten Worten ausbeuten; denen (gegenüber) ist das GERICHT schon längst nicht (im Zustand) müßig(en Abwartens), und ihre **Vernichtung** schlummert nicht.

[2Petr 2,4–10a: Das Gericht über die Gegner – aus der Schrift begründet]

[4] Wenn nämlich GOTT Engel, die gesündigt hatten, *nicht verschonte*, sondern sie, nachdem er (sie) in den Tartarus[a] geworfen hatte, Fesseln der Finsternis übergab als solche, die zum GERICHT aufbewahrt werden[b]

[5] und (wenn) er die alte Welt *nicht verschonte*, sondern (nur) Noah, den Verkünder der *Gerechtigkeit*, als achten[c] bewahrte, als er die (Sint-)Flut über die Welt der **GOTTLOSEN** brachte[d],

[6] und (wenn) er die Städte Sodom und Gomorra einäscherte und zum Untergang[e] verurteilte – ein Beispiel für solche setzend, solche in Zukunft **GOTTLOS** sein würden[f] –

[7] und (wenn) er den *gerechten* Lot RETTETE[g], als einen, der von dem ausschweifenden Lebenswandel der Ruchlosen gequält wurde – [8] denn durch Sehen und Hören fühlte der *Gerechte*, als er bei ihnen wohnte, Tag für Tag (seine) *gerechte* Seele durch gesetzlose Werke bedrängt –,

[9] (dann) weiß der Herr, Fromme aus der Versuchung zu RETTEN, *Ungerechte* aber für den Tag des GERICHTS als solche, die bestraft werden, aufzubewahren, [10a] vor allem aber die, die – in Begierde nach Befleckung – hinter dem Fleisch herlaufen und Herrschaft verachten.

---

a Der tiefste Teil der Unterwelt.
b Vgl. Gen 6,1–4.
c Neben sieben anderen.
d Vgl. Gen 7,13; 8,18.

e In einigen Textzeugen fehlt „zum Untergang".
f Nach anderen Textzeugen: „Gottlosen ein Beispiel für Zukünftiges setzend".
g Vgl. Gen 19.

[2Petr 2,10b–22: Anklage gegen die Dissidenten
auf geistige und moralische Verkommenheit]

[10b] Verwegene, Eigenmächtige – Herrlichkeit(s)en(gel) zu *lästern*, scheuen sie sich nicht, [11] wo Engel, die an Stärke und Macht größer sind, kein *lästerndes* Urteil gegen sie beim Herrn vorbringen.

[12] DIESE aber, wie unvernünftige Tiere, von Natur aus zum Eingefangenwerden und VERDERBEN geboren, *lästern* das, worin sie nicht Bescheid wissen, und werden in deren VERDERBEN auch VERDERBEN, [13] indem sie den LOHN FÜR UNGERECHTIGKEIT unheilvoll erhalten.

Für ein Vergnügen halten sie die Schwelgerei am Tag; als Schmutz- und Schandflecken schwelgen sie in ihren Täuschungen, wenn sie mit euch schmausen.

[14] Sie haben Augen, die voll sind (von Begierde) nach einer Ehebrecherin und ruhelos nach Sünde ausblicken.

Sie KÖDERN ungefestigte Seelen;
sie haben ein in der Habsucht geübtes Herz, Kinder des Fluches.

[15] Sie haben den geraden *WEG* verlassen und irrten umher, sind gefolgt dem *WEG* Bileams, des Sohnes Beors, der den LOHN FÜR UNGERECHTIGKEIT liebte, [16] aber eine Zurechtweisung der eigenen Gesetzlosigkeit empfing: ein stummes Lasttier, mit Menschenstimme redend, gebot dem Wahnsinn des Propheten Einhalt[a].

[17] DIESE sind Quellen ohne Wasser und (sind) Nebel, vom Sturm getrieben; ihnen ist die dunkle Finsternis aufbewahrt.

[18] Sie reden nämlich geschwollene (Worte) der Nichtigkeit und KÖDERN durch die Begierden des Fleisches mit Ausschweifungen diejenigen, die mit knapper Not denen *entflohen* sind, die im Irrtum leben; [19] Freiheit versprechen sie ihnen, während sie selbst SKLAVEN des VERDERBENS sind. Denn wovon einer *sich überwältigen lässt*, dem ist er VERSKLAVT.

[20] Wenn sie nämlich, nachdem sie den Befleckungen der Welt durch die ERKENNTNIS des HERRN UND RETTERS JESUS CHRISTUS *entflohen* sind, aber (danach) wieder in diese verwickelt wurden, *sich überwältigen lassen*, (so) ist für sie das letzte schlimmer geworden als das erste. [21] Denn es wäre besser für sie, den *WEG* der Gerechtigkeit nicht ERKANNT zu haben, als sich, nachdem sie (ihn) ERKANNT haben, von dem ihnen überlieferten heiligen Gebot wieder abzuwenden. [22] Es ist ihnen nach dem wahren Sprichwort ergangen:

Der Hund kehrt zu seinem eigenen Auswurf zurück[b]
und:
Das Schwein wälzt sich nach dem Bad im Kot.

---

a Vgl. Num 22,28–35.   b Vgl. Spr 26,11.

[2Petrus 3,1–18:
Zum Problem der Verzögerung der Wiederkunft Christi]

[2Petr 3,1–13: Widerlegungen von Einwänden gegen die Parusie]

[1] Diesen Brief, <u>Geliebte</u>, schreibe ich euch schon als zweiten, in welchen (beiden) ich durch Erinnern eure lautere Gesinnung wachrufe, [2] damit ihr euch erinnert an die zuvor von den heiligen Propheten gesprochenen Worte und an das von euren Aposteln (übermittelte) Gebot des HERRN UND RETTERS,

[3] indem ihr vor allem das erkennt, dass an den letzten Tagen Spötter mit (ihrem) Spott kommen werden, die nach ihren eigenen Begierden leben [4] und sagen: Wo ist die *Verheißung* seiner Ankunft? Denn seit der (Verheißung) sind die Väter entschlafen; alles bleibt so von Anfang der Schöpfung an.

[5] Denn es ist ihnen, indem sie dies (so) wollen, *VERBORGEN*, dass schon längst *Himmel* da waren und eine ERDE, die durch das Wort GOTTES aus Wasser und durch Wasser Bestand hatte, [6] durch welche die damalige Welt, von Wasser überflutet, zugrunde ging. [7] Die jetzigen *Himmel* aber und die ERDE sind durch dasselbe Wort aufgespart worden für das Feuer, bewahrt bis zum TAG des Gerichts und der **Vernichtung** der **GOTTLOSEN** Menschen.

[8] Dies eine aber sei euch nicht *VERBORGEN*, <u>Geliebte</u>: dass beim Herrn ein einziger TAG wie tausend Jahre und tausend Jahre wie ein einziger TAG sind.

[9] Nicht verzögert der Herr die *Verheißung*, wie es einige für Verzögerung halten, sondern er ist langmütig mit euch, weil er nicht will, dass etliche **vernichtet werden**, sondern dass alle zur Umkehr gelangen.

[10] Kommen aber wird der TAG des Herrn wie ein Dieb; an dem (Tag) werden die *Himmel* krachend vergehen, die Elemente aber verbrannt und aufgelöst werden, und die ERDE und die auf ihr (vollbrachten) Werke werden zutage treten.

[11] Da sich diese alle so auflösen – von welcher Beschaffenheit müssen (solche) sein[a] in heiligem Lebenswandel und in Frömmigkeit, [12] die die Ankunft des TAGES GOTTES erwarten und beschleunigen, um dessentwillen sich die *Himmel* im Feuer auflösen und die Elemente brennend schmelzen werden.

[13] Neue *Himmel* aber und eine neue ERDE
[Jes 65,17; 66,22]
erwarten wir gemäß seiner *Verheißung*, in denen Gerechtigkeit wohnt.

[2Petr 3,14–18: Abschließende Mahnungen
mit einem Wort zu den Briefen des Apostels Paulus]

[14] Darum, <u>Geliebte</u>, während ihr dies erwartet, bemüht euch, vor ihm unbefleckt und untadelig in Frieden angetroffen zu werden, [15] und haltet die Langmut UNSERES HERRN für Rettung,

---

a Nach anderen Textzeugen: „müsst ihr sein".

wie auch unser geliebter Bruder Paulus gemäß der ihm geschenkten Weisheit euch geschrieben hat, [16] wie auch in allen Briefen, wenn er in ihnen von diesen Dingen redet. In denen ist etliches schwer zu verstehen – was die Unwissenden und *Ungefestigten*, wie auch die übrigen Schriften, zu ihrer eigenen **Vernichtung** verdrehen.

[17] Da ihr es nun, Geliebte, im Voraus wisst, hütet euch, damit ihr nicht, vom Irrtum der Ruchlosen mitgerissen, aus der eigenen *Festigkeit* herausfallt.

[18] Wachset aber an Gnade und *ERKENNTNIS* unseres Herrn und Retters Jesus Christus! Ihm die Herrlichkeit, jetzt und bis zum TAG der Ewigkeit. Amen.[a]

---

a „Amen" ist möglicherweise ein späterer Zusatz.

23. Der Erste Brief des Johannes

Mit den beiden folgenden ist der Erste Brief des Johannes durch seine an das Johannesevangelium erinnernde Sprache verbunden. Vom Verfasser (des Grundstocks) des Evangeliums stammen die drei Briefe jedoch nicht.

Der Erste Johannesbrief, kein wirklicher Brief, sondern wohl eher eine Art Rundschreiben, ist veranlasst durch das Auftreten von Leuten, die einst selber zur Gemeinde des Verfassers gehörten (vgl. 2,19) und nunmehr abweichende Lehren verbreiten. Die Position der Gegner, die als „Antichristusse" (2,18) und „Falschpropheten" (4,1) bezeichnet werden, lässt sich dabei nur noch ansatzweise erkennen. Da der Verfasser das Bekenntnis zur Inkarnation einschärft (4,2; vgl. Joh 1,14) und zugleich betont, dass Jesus als der Gottessohn „nicht im Wasser allein, sondern im Wasser und Blut" gekommen sei (1Joh 5,6), liegt allerdings die Annahme nahe, dass sie die Anschauung vertraten, der himmlische Erlöser habe sich mit dem Menschen Jesus erst in der Taufe (vgl. Joh 1,32 f) verbunden und ihn vor der Passion oder im Moment des Todes wieder verlassen.

Der Verfasser des Zweiten Johannesbriefs, der sich „der Älteste" nennt, wendet sich an die „auserwählte Herrin", d. h. an eine Schwestergemeinde (vgl. 2Joh 13), und mahnt sie zum Halten der Gebote sowie zur Abgrenzung von Irrlehrern, die Jesus Christus nicht „als im Fleisch Kommenden" bekennen. Im Hintergrund steht offenbar dasselbe Schisma wie im Ersten Johannesbrief.

Im Dritten Johannesbrief lobt „der Älteste" einen gewissen Gaius für seine Gastfreundschaft gegenüber durchreisenden Missionaren und unterrichtet ihn über einen Mann namens Diotrephes, der seine – des Ältesten – Autorität nicht anerkennt. Dass der Älteste diesen Opponenten nicht als „Betrüger und Antichristus" (2Joh 7) bezeichnet, sondern lediglich als einen, der der Erste sein will (3Joh 9), spricht gegen die Annahme, Diotrephes gehöre zum Kreis der im Ersten und Zweiten Johannesbrief bekämpften Dissidenten.

Ob „der Älteste" mit dem Verfasser des Ersten Johannesbriefs identisch ist, lässt sich nicht sagen. In der christlichen Tradition sind alle drei Briefe, die zu Beginn des 2. Jahrhunderts entstanden sein dürften, ebenso wie das vierte Evangelium dem Jesusjünger Johannes, dem Sohn des Zebedäus, zugeschrieben worden.

1,1–4	Christus – Wort des Lebens
1,5–2,2	Gemeinschaft mit Gott und Leben im Licht
2,3–11	Gotteserkenntnis und Halten der Gebote
2,12–17	Mahnung zur Weltüberwindung
2,18–27	Warnung vor Irrlehrern

[1Johannes 1,1–4:
Christus – Wort des Lebens]

¹ Was **VON ANFANG AN** war,
was wir **gehört** haben,
was wir GESEHEN haben mit unseren Augen,
was wir angeschaut
und unsere Hände betastet haben
vom Wort des *LEBENS* –
    ² und das *LEBEN* offenbarte sich,
    und wir haben GESEHEN
    und wir bezeugen
    und VERKÜNDIGEN euch
    das ewige *LEBEN*,
    das beim Vater war
    und sich uns offenbarte –,
³ was wir GESEHEN
und **gehört** haben,
VERKÜNDIGEN wir auch euch,
damit auch ihr *GEMEINSCHAFT* habt mit uns.
    Und unsere *GEMEINSCHAFT* (ist Gemeinschaft) mit dem Vater und mit seinem
SOHN Jesus Christus.
    ⁴ Und dies schreiben wir, damit unsere Freude vollkommen ist.

[1Johannes 1,5–2,2:
Gemeinschaft mit Gott und Leben im Licht]

⁵ Und dies ist die Botschaft, die wir von ihm **gehört** haben und euch VERKÜNDEN:
GOTT ist *Licht*, und in ihm ist keine *Finsternis*.
    ⁶ Wenn wir sagen: Wir haben GEMEINSCHAFT mit ihm, und im *Finsteren* wandeln,
lügen wir und tun die WAHRHEIT nicht.
    ⁷ Wenn wir aber im *Licht* wandeln, wie er selbst im *Licht* ist, haben wir GEMEIN-
SCHAFT miteinander, und das Blut Jesu, seines SOHNES, reinigt uns von jeder *SÜNDE*.
    ⁸ Wenn wir sagen: Wir haben keine *SÜNDE*, betrügen wir uns selbst, und die
WAHRHEIT ist nicht in uns.

⁹ Wenn wir unsere Sünden bekennen, ist er treu und *gerecht*, dass er uns die Sünden vergibt und uns reinigt von jeder Ungerechtigkeit.

¹⁰ Wenn wir sagen: Wir haben nicht gesündigt, machen wir ihn zum Lügner, und sein Wort ist nicht in uns.

²,¹ Meine Kinderlein, dies schreibe ich euch, damit ihr nicht sündigt. Und wenn einer sündigt, haben wir einen Beistand beim Vater, Jesus Christus, (den) *Gerechten*.

² Und er ist die Sühne für unsere Sünden, nicht allein aber für unsere, sondern auch für die (der) ganze(n) Welt.

[1Johannes 2,3–11:
Gotteserkenntnis und Halten der Gebote]

³ Und daran erkennen wir, dass wir ihn erkannt haben: wenn wir seine GEBOTE halten.

⁴ Wer sagt: Ich habe ihn erkannt, und seine GEBOTE nicht hält, ist ein Lügner, und in diesem ist die WAHRHEIT nicht.

⁵ Wer aber sein Wort hält, in diesem ist WAHRHAFTIG die **Liebe** Gottes zur Vollendung gekommen. Daran erkennen wir, dass wir in ihm sind.

⁶ Wer sagt, er *bleibe* in ihm, ist verpflichtet, auch selbstᵃ zu wandeln, wie jener gewandelt ist.

⁷ **Geliebte**, nicht ein neues GEBOT schreibe ich euch, sondern ein altes GEBOT, das ihr **VON ANFANG AN** hattet. Das alte GEBOT ist das Wort, das ihr gehört habt.

⁸ Wiederum: Ein neues GEBOT schreibe ich euch, (etwas,) das WAHR ist in ihm und in euch. Denn die Finsternis vergeht, und das WAHRE *Licht* scheint schon.

⁹ Wer sagt, er sei im *Licht*, und seinen Bruder hasst, ist in der Finsternis bis jetzt.

¹⁰ Wer seinen Bruder **liebt**, *bleibt* im *Licht*, und kein Anstoß ist in ihm.

¹¹ Wer aber seinen Bruder hasst, ist in der Finsternis und wandelt in der Finsternis und weiß nicht, wo er geht, denn die Finsternis hat seine Augen blind gemacht.

[1Johannes 2,12–17:
Mahnung zur Weltüberwindung]

¹² Ich schreibe euch, Kinderlein:
Euch sind die Sünden vergeben um seines Namens willen.

¹³ Ich schreibe euch, Väter:
Ihr habt erkannt ‚DEN VON ANFANG AN‘.
Ich schreibe euch, junge Männer:
Ihr habt den Bösen besiegt.

---

a Nach anderen Textzeugen: „selbst so".

¹⁴ Ich habe euch geschrieben, Kinder:
Ihr habt den Vater erkannt.
Ich habe euch geschrieben, Väter:
Ihr habt erkannt ‚DEN VON ANFANG AN‘.
Ich habe euch geschrieben, junge Männer:
Ihr seid stark,
und das Wort GOTTES *bleibt* in euch,
und *IHR HABT DEN BÖSEN BESIEGT.*

¹⁵ **Liebt** nicht die *WELT* noch was in der *WELT* (ist)! Wenn einer die *WELT* **liebt**, ist die **Liebe** des Vaters nicht in ihm; ¹⁶ denn all das in der *WELT* – die Begierde des Fleisches und die Begierde der Augen und das Protzen mit dem Vermögen –, ist nicht vom Vater, sondern ist von der *WELT.* ¹⁷ Und die *WELT* vergeht und ihre Begierde; wer aber den Willen GOTTES tut, *bleibt* in Ewigkeit.

[1 Johannes 2,18–27: Warnung vor Irrlehrern]

¹⁸ Kinder, es ist (die) letzte Stunde. Und wie ihr gehört habt, dass ein *ANTICHRISTUS* kommt, sind auch jetzt viele *ANTICHRISTUSSE* aufgetreten; daher wissen wir, dass es (die) letzte Stunde ist. ¹⁹ Von uns sind sie ausgegangenᵃ, aber sie waren nicht von uns; denn wenn sie von uns gewesen wären, wären sie bei uns *geblieben*; aber (dies geschah), damit sie offenkundig werden, dass sie nicht alle von uns sind. ²⁰ Und ihr habt (die) *SALBUNG* von dem Heiligen und seid alle wissend. ²¹ Ich habe euch nicht geschrieben, weil ihr die WAHRHEIT nicht kennt, sondern weil ihr sie kennt und weil keine Lüge aus der WAHRHEIT ist. ²² Wer ist der Lügner, wenn nicht der, der leugnet, dass Jesus der Christus ist? Dieser ist der *ANTICHRISTUS*, der den VATER und den SOHN leugnet.

²³ Jeder, der den SOHN leugnet, hat auch den VATER nicht;
wer den SOHN bekennt, hat auch den VATER.

²⁴ Was ihr **VON ANFANG AN** gehört habt, *bleibe* in euch. Wenn in euch *bleibt*, was ihr **VON ANFANG AN** gehört habt, werdet auch ihr im SOHN und im VATER *bleiben*. ²⁵ Und dies ist die Verheißung, die er selbst uns verheißen hat: das ewige *LEBEN.* ²⁶ Dies habe ich euch über die geschrieben, die euch in die Irre führen. ²⁷ Und die *SALBUNG*, die ihr von ihm empfangen habt, *bleibt* in euch, und ihr habt nicht nötig, dass euch einer belehrt. Sondern wie seine *SALBUNG* euch über alles belehrt, ist sie auch WAHR und ist keine Lüge; und wie sie euch belehrt hat, so *bleibt* in ihrᵇ.

---

a „ausgegangen“ = „weggegangen“.   b Oder: „ihm“.

[1Johannes 2,28–3,24:
Gotteskindschaft und Bruderliebe]

[1Joh 2,28–3,10: Kinder Gottes]

²⁸ Und nun, Kinderlein, *bleibt* in ihm, damit wir, wenn er sich offenbart, Zuversicht haben und nicht vor ihm beschämt werden bei seiner Ankunft.

²⁹ Wenn ihr wisst, dass er GERECHT ist, erkennt ihr, dass auch jeder, der die GE-RECHTIGKEIT tut, aus ihm gezeugt ist.

³,¹ Seht, welch große **Liebe** uns der Vater gegeben hat, dass wir *Kinder* GOTTES heißen! Und wir sind es. Deswegen erkennt uns die WELT nicht, weil sie ihn nicht erkannt hat.

² **Geliebte**, jetzt sind wir *Kinder* GOTTES, und es hat sich noch nicht offenbart, was wir sein werden. Wir wissen, dass wir, wenn er sich offenbart, ihm gleich sein werden, denn wir werden ihn sehen, wie er ist. ³ Und jeder, der diese Hoffnung auf ihn hat, reinigt sich selbst, so wie jener rein ist.

⁴ Jeder, der die SÜNDE tut, tut auch die Gesetzlosigkeit, und die SÜNDE ist die Gesetzlosigkeit. ⁵ Und ihr wisst, dass jener sich offenbart hat, damit er die SÜNDEN wegnehme; und SÜNDE ist nicht in ihm. ⁶ Jeder, der in ihm *bleibt*, SÜNDIGT nicht; jeder, der SÜNDIGT, hat ihn nicht gesehen noch ihn erkannt.

⁷ Kinderlein, niemand soll euch in die Irre führen!

Wer die GERECHTIGKEIT tut, ist GERECHT, so wie jener GERECHT ist.

⁸ Wer die SÜNDE tut, ist aus dem *TEUFEL*, denn der *TEUFEL* SÜNDIGT **VON AN-FANG AN**.

Dazu offenbarte sich der SOHN GOTTES, damit er die Werke des *TEUFELS* vernichte.

⁹ Jeder, der aus GOTT gezeugt ist, tut keine SÜNDE, denn sein Same *bleibt* in ihm; und er kann nicht SÜNDIGEN, weil er aus GOTT gezeugt ist. ¹⁰ Daran sind die *Kinder* GOTTES und die *Kinder* des *TEUFELS* offenbar: Jeder, der (die) GERECHTIGKEIT nicht tut, ist nicht aus GOTT – und wer seinen Bruder nicht **liebt**.

[1Joh 3,11–18: Über Bruderliebe]

¹¹ Denn dies ist die Botschaft, die ihr **VON ANFANG AN** gehört habt, dass wir einander **lieben** sollen, ¹² nicht wie Kain, (der) aus dem Bösen war und seinen Bruder abschlachteteᵃ. Und weshalb schlachtete er ihn ab? Weil seine Werke böse waren, die seines Bruders aber GERECHT.

¹³ Wundert euch nicht, Brüder, wenn die WELT euch hasst. ¹⁴ Wir wissen, dass wir aus dem Tod in das *LEBEN* hinübergegangen sind, weil wir die Brüder **lieben**; wer nicht **liebt**, *bleibt* im Tod. ¹⁵ Jeder, der seinen Bruder hasst, ist ein Menschen-

---

a Vgl. Gen 4,8.

mörder, und ihr wisst, dass kein Menschenmörder ewiges *LEBEN* hat, (das) in ihm *bleibt.*

[16] Daran haben wir die **Liebe** erkannt, dass jener für uns sein Leben hingegeben hat; auch wir sind verpflichtet, für die Brüder das Leben hinzugeben. – [17] Wer aber WELTLICHES Vermögen hat und seinen Bruder Mangel leiden sieht und sein Herz vor ihm verschließt, wie *bleibt* die **Liebe** GOTTES in ihm?

[18] Kinderlein, lasst uns nicht **lieben** mit (dem) Wort noch mit der Zunge, sondern in Werk und WAHRHEIT.

[1Joh 3,19–24: Vertrauen vor Gott]

[19] Daran werden wir erkennen, dass wir aus der WAHRHEIT sind, und wir werden vor ihm unser Herz überzeugen, [20] dass, *wenn uns das Herz verurteilt* – dass GOTT größer ist als unser Herz und alles erkennt.

[21] **Geliebte**, *wenn das Herz* (uns) nicht *verurteilt*, haben wir Zuversicht zu GOTT, [22] und was immer wir bitten, empfangen wir von ihm, weil wir seine *GEBOTE* halten und das vor ihm Wohlgefällige tun. [23] Und dies ist sein *GEBOT*, dass wir dem Namen seines SOHNES Jesus Christus glauben und einander **lieben**, wie er (es) uns (als) ein *GEBOT* gegeben hat. [24] Und wer seine *GEBOTE* hält, *bleibt* in ihm und er in ihm; und daran erkennen wir, dass er in uns *bleibt*: aus dem *Geist*, den er uns gegeben hat.

[1Johannes 4,1–5,12:
Scheidung von der Welt]

[1Joh 4,1–6: Erneute Warnung vor Irrlehrern]

[1] **Geliebte**, glaubt nicht jedem *Geist*, sondern prüft die *Geister*, ob sie aus GOTT sind; denn viele Falschpropheten sind in die *WELT* ausgegangen. [2] Daran erkennt ihr den *Geist* GOTTES:

Jeder *Geist*, der
Jesus Christus als im Fleisch Gekommenen bekennt,
ist aus GOTT.
[3] Und jeder *Geist*, der
Jesus nicht bekennt,
ist nicht aus GOTT;

und dies ist der (Geist) des *ANTICHRISTUS*, von welchem (Geist) ihr gehört habt, dass er komme, und jetzt ist er schon in der *WELT*.

[4] Ihr seid aus GOTT, Kinderlein, und habt sie (die Falschpropheten) besiegt, weil (der,) der in euch (ist,) größer ist als der in der *WELT*.

⁵ Sie sind aus der WELT; deswegen reden sie aus der WELT, und die WELT HÖRT auf sie.
⁶ Wir sind aus GOTT; wer GOTT erkennt, HÖRT auf uns. Wer nicht aus GOTT ist, HÖRT nicht auf uns.
Daraus erkennen wir den *Geist* der WAHRHEIT und den *Geist* des Irrtums.

[1 Joh 4,7–5,4: Bruderliebe als Folge und Kennzeichen der Gotteskindschaft]

⁷ **Geliebte**, lasst uns einander **lieben**,
denn die **Liebe** ist aus GOTT;
und jeder, der **liebt**, ist aus GOTT gezeugt
und erkennt GOTT.
⁸ Wer nicht **liebt**, hat GOTT nicht erkannt,
denn GOTT ist **Liebe**.
⁹ Darin offenbarte sich die **Liebe** GOTTES unter uns,
dass GOTT seinen einziggezeugten SOHN in die WELT gesandt hat,
damit wir durch ihn leben.
¹⁰ Darin besteht die **Liebe**:
nicht dass *wir* GOTT **geliebt** haben,
sondern dass *er* uns **liebte**
und seinen SOHN sandte
als Sühne für unsere SÜNDEN.

¹¹ **Geliebte**, wenn GOTT uns so **geliebt** hat, sind auch wir verpflichtet, einander zu **lieben**.
¹² Niemand hat GOTT jemals gesehen.
Wenn wir einander **lieben**, *bleibt* GOTT in uns, und seine **Liebe** ist in uns vollendet. ¹³ Daran erkennen wir, dass wir in ihm *bleiben* und er in uns, dass er uns von seinem *Geist* gegeben hat. ¹⁴ Und wir haben gesehen und bezeugen, dass der Vater den SOHN als Retter der WELT gesandt hat.
¹⁵ Wer bekennt, dass Jesus der SOHN GOTTES ist, in dem *bleibt* GOTT und er in GOTT. ¹⁶ Und wir haben erkannt und <u>geglaubt</u> die **Liebe**, die GOTT zu uns hat.
GOTT ist **Liebe**, und wer in der **Liebe** *bleibt*, *bleibt* in GOTT, und GOTT *bleibt* in ihm.
¹⁷ Darin ist die **Liebe** bei uns vollendet worden, dass wir Zuversicht haben am Tag des Gerichts, denn so wie jener ist, sind auch wir in dieser WELT.
¹⁸ Furcht ist nicht in der **Liebe**, sondern die vollkommene **Liebe** treibt die Furcht aus, denn die Furcht hat (mit) Bestrafung (zu tun). Wer sich aber fürchtet, ist nicht vollendet in der **Liebe**. ¹⁹ Wir **lieben**, weil er uns als erster **geliebt** hat.
²⁰ Wenn einer sagt: Ich **liebe** GOTT, und seinen Bruder hasst, ist er ein Lügner. Denn wer seinen Bruder nicht **liebt**, den er gesehen hat, kann GOTT, den er nicht gesehen hat, nicht **lieben**. ²¹ Und dieses *GEBOT* haben wir von ihm, dass, wer GOTT **liebt**, auch seinen Bruder **lieben** soll.

[5,1] Jeder, der <u>glaubt</u>, dass Jesus der Christus ist, ist aus GOTT gezeugt; und jeder, der den **liebt**, der (ihn) gezeugt hat, **liebt** den aus ihm Gezeugten. [2] Daran erkennen wir, dass wir die Kinder GOTTES **lieben**, wenn wir GOTT **lieben** und seine *GEBOTE* tun. [3] Denn dies ist die **Liebe** GOTTES, dass wir seine *GEBOTE* halten, und seine *GEBOTE* sind nicht schwer.

[4] Denn alles, was aus GOTT gezeugt ist, *BESIEGT* die *WELT*; und dies ist der *SIEG*, der die *WELT BESIEGT* hat: unser <u>Glaube</u>.

[1Joh 5,5–13: Der Glaube an Jesus, den Sohn Gottes]

[5] Wer[a] ist der, der die *WELT BESIEGT*, wenn nicht der, der <u>glaubt</u>, dass Jesus der SOHN GOTTES ist?

[6] Dieser ist der, der gekommen ist durch Wasser und Blut, Jesus Christus; nicht im Wasser allein, sondern im Wasser und im Blut. Und der *Geist* ist der, der es BEZEUGT, denn der *Geist* ist die WAHRHEIT.

[7] Denn drei sind die, die es BEZEUGEN: [8] der *Geist* und das Wasser und das Blut, und die drei sind auf das eine (hin).

[9] Wenn wir das ZEUGNIS der Menschen annehmen – das ZEUGNIS GOTTES ist größer. Denn dies ist das ZEUGNIS GOTTES, dass er über seinen SOHN ZEUGNIS abgelegt hat. [10] Wer an den SOHN GOTTES <u>glaubt</u>, hat das ZEUGNIS in sich. Wer GOTT nicht <u>glaubt</u>, hat ihn zum Lügner gemacht, weil er nicht an das ZEUGNIS <u>geglaubt</u> hat, das GOTT über seinen SOHN BEZEUGT hat.

[11] Und dies ist das ZEUGNIS: dass GOTT uns ewiges *LEBEN* gegeben hat, und dieses *LEBEN* ist in seinem SOHN.

[12] Wer den SOHN hat, hat das *LEBEN*;
wer den SOHN GOTTES nicht hat, hat das *LEBEN* nicht.

[13] Dies habe ich euch geschrieben, damit ihr wisst, dass ihr ewiges *LEBEN* habt – (euch als) denen, die an den Namen des SOHNES GOTTES <u>glauben</u>.

[1Johannes 5,14–21:
Schluss]

[14] Und dies ist die Zuversicht, die wir zu ihm haben, dass er, wenn wir etwas gemäß seinem Willen erbitten, uns erhört. [15] Und wenn **wir wissen**, dass er uns erhört, was immer wir bitten, **wissen wir**, dass wir das Erbetene (erhalten) haben, das wir von ihm erbeten haben.

[16] Wenn einer seinen Bruder *SÜNDIGEN* sieht (und ihn) eine *SÜNDE*, (die) nicht zum Tod (führt, begehen sieht), soll er bitten, und er wird ihm das *LEBEN* geben – denen, die nicht zum Tod *SÜNDIGEN*.

---

a Nach anderen Textzeugen: „Wer aber".

Es gibt SÜNDE zum Tod; nicht im Hinblick auf jene sage ich, dass er bitten soll. ^17 Jede Ungerechtigkeit ist SÜNDE; und es gibt SÜNDE, (die) nicht zum Tod (führt).

^18 **Wir wissen,** dass jeder, der aus GOTT gezeugt ist, nicht SÜNDIGT; sondern der aus GOTT Gezeugte bewahrt ihn, und der Böse tastet ihn nicht an.

^19 **Wir wissen,** dass wir aus GOTT sind, und die ganze WELT liegt im (Machtbereich des) Bösen.

^20 **Wir wissen** aber, dass der SOHN GOTTES gekommen ist und uns Verständnis gegeben hat, damit wir den WAHREN erkennen; und wir sind in dem WAHREN, in seinem SOHN Jesus Christus. Dieser ist der WAHRE GOTT und ewiges *LEBEN*.

^21 Kinderlein, hütet euch vor den Götzen!

24. Der Zweite Brief des Johannes

Zur Einführung vgl. oben S. 514.

[2Joh 1–4: Adresse und Bekundung von Freude]

[1] Der Älteste
an die auserwählte HERRIN und an ihre *Kinder*, die ich in WAHRHEIT **liebe**, und nicht allein ich, sondern auch alle, die die WAHRHEIT erkannt haben, [2] um der WAHRHEIT willen, die in uns *bleibt* und mit uns sein wird in Ewigkeit.
[3] Es wird mit uns sein Gnade, Erbarmen (und) Friede von GOTT, dem VATER, und von Jesus Christus, dem SOHN des VATERS, in WAHRHEIT und **Liebe**.

[4] Ich habe mich sehr *GEFREUT*, dass ich unter deinen *Kindern* solche gefunden habe, die in der WAHRHEIT *WANDELN*, wie wir ein *GEBOT* vom VATER empfangen haben.

[2Joh 5–6: Bitte um Beachtung des Gebots vom Anfang]

[5] Und jetzt bitte ich dich, HERRIN, nicht als ob ich dir ein neues *GEBOT* schriebe, sondern (das,) das wir **VON ANFANG AN** hatten: dass wir einander **lieben** sollen.
[6] Und dies ist die **Liebe**, dass wir nach seinen *GEBOTEN WANDELN*. Dies ist das *GEBOT*, wie ihr **VON ANFANG AN** gehört habt, dass ihr darin *WANDELN* sollt.

[2Joh 7–11: Aufforderung zur Trennung von Irrlehrern]

[7] Denn viele *Betrüger* sind in die Welt hinausgegangen, die nicht bekennen Jesus Christus als im Fleisch Kommenden. Dies ist der *Betrüger* und der Antichristus.
[8] Achtet auf euch, damit ihr nicht verliert, was wir erarbeitet haben, sondern vollen Lohn empfangt. [9] Jeder, der darüber hinausgeht und nicht in der LEHRE Christi *bleibt*, hat GOTT nicht. Wer in der LEHRE *bleibt*, dieser hat sowohl den VATER als auch den SOHN.
[10] Wenn einer zu euch kommt und diese LEHRE nicht mitbringt, nehmt ihn nicht ins Haus auf und sagt ihm keinen Gruß. [11] Denn wer ihm einen Gruß sagt, hat Anteil an seinen bösen Werken.

[2Joh 12–13: Ankündigung eines baldigen Besuchs und Gruß]

[12] Obwohl ich euch viel zu schreiben hätte, wollte ich (es jetzt) nicht mit Papier und Tinte (tun), sondern hoffe, zu euch zu kommen und von Mund zu Mund zu reden, damit unsere *FREUDE* vollkommen sei. [13] Es grüßen dich die *Kinder* deiner auserwählten Schwester.

25. Der Dritte Brief des Johannes

Zur Einführung s. oben S. 514.

Zur Einführung s. oben S. 514.

[3Joh 1–4: Adresse und Bekundung von Freude]

¹ Der Älteste
an Gaius, den **Geliebten**, den ich **liebe** in WAHRHEIT.

² **Geliebter**, in jeder Hinsicht wünsche ich, dass es dir gutgeht und du gesund bist, so wie es deiner Seele gutgeht. ³ Denn ich habe mich sehr gefreut, als BRÜDER kamen und ZEUGNIS ablegten für deine WAHRHEIT, so wie du in WAHRHEIT *WANDELST*. ⁴ Eine größere Freude habe ich nicht als die darüber, dass ich höre, dass meine Kinder in der WAHRHEIT *WANDELN*.

[3Joh 5–8: Lob an Gaius für die Aufnahme von auswärtigen Brüdern]

⁵ **Geliebter**, du handelst treu, was immer du an den *BRÜDERN* tust – und dies (sogar an) fremden –, ⁶ die vor der *GEMEINDE* für deine **Liebe** ZEUGNIS abgelegt haben; du wirst gut daran tun, sie für die Reise auszurüsten, (wie es) GOTTES würdig (ist). ⁷ Denn für den Namen sind sie ausgezogen und *nehmen* nichts von den Heiden. ⁸ Wir sind also verpflichtet, solche aufzu*nehmen*, damit wir Mitarbeiter für die WAHRHEIT werden.

[3Joh 9–12: Die bösen Taten des Diotrephes und die guten des Demetrius]

⁹ Ich habe der *GEMEINDE* etwas geschrieben. Aber der, der unter ihnen der Erste sein will, Diotrephes, *nimmt* uns *nicht auf*. ¹⁰ Deshalb werde ich, wenn ich komme, an seine Werke erinnern, die er tut, indem er uns mit bösen Worten verleumdet; und da er sich damit nicht begnügt, *nimmt* er auch selber die *BRÜDER nicht auf*, und die, die (es tun) wollen, hindert er und wirft sie aus der *GEMEINDE* hinaus. ¹¹ **Geliebter**, ahme nicht das *BÖSE* nach, sondern das *Gute*!

Wer *Gutes* tut, ist aus GOTT;
wer *BÖSES* tut, hat GOTT nicht gesehen.

¹² Für Demetrius ist von allen und von der WAHRHEIT selbst ZEUGNIS abgelegt worden; auch wir aber legen ZEUGNIS ab, und du weißt, dass unser ZEUGNIS WAHR ist.

[3Joh 13–15: Ankündigung eines baldigen Besuchs und Gruß]

¹³ Vieles hätte ich dir zu schreiben; aber ich will dir nicht mit Tinte und Feder schreiben. ¹⁴ Ich hoffe aber, dich bald zu sehen; und (dann) werden wir von Mund zu Mund reden.
¹⁵ Friede (sei mit) dir!
Es grüßen dich die *Freunde.* Grüße die *Freunde,* (jeden einzelnen) mit Namen!

26. Der Brief des Judas

Der Judasbrief ist weder ein Brief im eigentlichen Sinn noch eine Abhandlung. Vielmehr handelt es sich um einen in Briefform gekleideten polemischen Traktat für eine bestimmte Situation. Er dürfte Anfang des 2. Jahrhunderts verfasst worden sein; der Entstehungsort ist nicht bekannt. Indem der Verfasser sich als „Bruder des Jakobus" (1,1) bezeichnet, womit nur Jakobus, der Herrenbruder, gemeint sein kann, beansprucht er, selber ebenfalls ein leiblicher Bruder Jesu zu sein (vgl. Mt 13,55; Mk 6,3).

Laut V. 4 sind „Gottlose" von außen in die Gemeinden eingedrungen; V. 12 zufolge gehören sie ihnen gegenwärtig weiter an. Der Verfasser beschreibt sie als ausschweifend lebende und geistlose „Träumer" (V. 8), die den alleinigen Herrn Jesus Christus verleugnen, und tritt ihnen unter Berufung auf den „ein für allemal den Heiligen überlieferten Glauben" (V. 3) entgegen. Da er in seiner Polemik größtenteils auf herkömmliche Muster und Stereotypen zurückgreift, lässt sich seinem Schreiben kaum etwas über die wirklichen Anschauungen der Gegner und ihre Lebensweise entnehmen.

[Jud 1–2: Adresse]

¹ Judas, Jesu Christi Sklave, Bruder aber des Jakobus,
an die Berufenen, die in GOTT, dem Vater, **geliebt** und für Jesus Christus bewahrt sind:
² Erbarmen und Friede und **Liebe** mögen euch immer reichlicher zuteil werden!

[Jud 3–4: Anlass und Zweck des Schreibens]

³ **Geliebte,** während ich allen Eifer daran setzte, euch über unsere gemeinsame Rettung zu schreiben, da ergab sich für mich die Notwendigkeit, euch als einer zu schreiben, der (euch) ermahnt, für den *ein für allemal* den Heiligen überlieferten GLAUBEN zu kämpfen. ⁴ Denn es haben sich etliche Menschen eingeschlichen, die längst für diese Verurteilung vorgemerkt sind, GOTTLOSE, die

die Gnade unseres GOTTES in Schwelgerei verkehren und
den alleinigen Herrscher und unseren Herrn Jesus Christus verleugnen.

[Jud 5–16: Irrlehrerpolemik]

[*5–7: Drei biblische Beispiele für Bestrafung*]

⁵ Erinnern aber will ich euch, obwohl ihr alles wisst,

dass der Herr, nachdem er das Volk *ein für allemal* aus dem Land Ägypten errettet hatte, ein zweites Mal die, die nicht GLAUBTEN, vernichtete[a]

⁶ und (dass) er die Engel, die ihren Herrschaftsbereich nicht *bewahrt*, sondern ihre eigene Behausung verlassen haben, für das Gericht des großen Tages mit ewigen Fesseln in Finsternis *bewahrt* hat[b],

⁷ wie Sodom und Gomorra und die Städte um sie herum, die in gleicher Weise wie sie Unzucht trieben und hinter anderem Fleisch herliefen, als Beispiel vorliegen, indem sie die Strafe des immerwährenden Feuers erleiden.[c]

[*8–10: Anwendung auf die Gegenwart*]

⁸ Ebenso jedoch auch **DIESE**:

Als Träumer besudeln sie das Fleisch,
Herrschaft aber lehnen sie ab,
Herrlichkeiten aber LÄSTERN sie.

⁹ Michael aber, der Erzengel, brachte es, als er mit dem Teufel stritt und über den Leib des Mose Wortgefechte führte, nicht über sich, ein LÄSTERNDES Urteil vorzubringen, sondern sagte:

Es möge dich der Herr bestrafen!

[Sach 3,2]

¹⁰ **DIESE** aber:

Was sie nicht kennen, LÄSTERN sie.
Was sie aber von Natur aus wie die unvernünftigen Tiere verstehen, darin gehen sie zugrunde.

[*11–13: Zuordnung der Gegner zu biblischen Prototypen*]

¹¹ Wehe ihnen,

denn auf dem Weg Kains gingen sie[d],
und dem Irrtum Bileams gaben sie sich für Lohn völlig hin[e],
und bei der Auflehnung Korahs gingen sie zugrunde[f].

---

a Vgl. Num 14,29–37.
b Vgl. Gen 6,1–4.
c Vgl. Gen 19,1–29.

d Vgl. Gen 4,1–16.
e Vgl. Num 31.
f Vgl. Num 16,1–35.

¹² **DIESE** sind die Flecken bei euren Liebesmahlen,

> ohne Furcht mitschmausend, sich selbst weidend;
> Wolken ohne Wasser, von Winden vorbeigetrieben;
> herbstliche Bäume, ohne Früchte, zweimal erstorben, entwurzelt;
> ¹³ wilde Meereswogen, ihre eigenen Schändlichkeiten ausschäumend;
> Irrsterne, für die das Dunkel der Finsternis in Ewigkeit bewahrt wird.

[*14–16: Gerichtsprophetie*]

¹⁴ Auch **DIESEN** aber hat der siebte von Adam an, Henoch^a, prophezeit, indem er sagte:

> Siehe, gekommen ist der Herr
> mit seinen heiligen Zehntausenden,
> ¹⁵ um gegen *alle* Gericht zu halten
> und *jede* Seele zu überführen
> wegen *aller* Werke ihrer GOTTLOSIGKEIT,
> die sie GOTTLOS verübt haben,
> und wegen *all* des Harten,
> das sie gegen ihn redeten als GOTTLOSE Sünder.^b

¹⁶ **DIESE** sind mürrisch, unzufrieden und leben gemäß ihren BEGIERDEN; und ihr Mund redet Hochtrabendes; sie bewundern Personen um eines Vorteils willen.

[Jud 17–23: Mahnungen]

[*17–21: Bestätigung und Ermahnung der bedrohten Gläubigen*]

¹⁷ *Ihr aber,* **Geliebte**, *denkt an die Worte, die vorausgesagt wurden von den Aposteln* UNSERES HERRN JESUS CHRISTUS. ¹⁸ *Denn sie sagten euch:*

> Am Ende der Zeit werden Spötter da sein,
> die gemäß ihren BEGIERDEN nach GOTTLOSIGKEITEN leben.

¹⁹ **DIESE** sind die, die Spaltungen verursachen, Psychiker^c, (solche,) die den *Geist* nicht haben.
²⁰ *Ihr aber,* **Geliebte**, *sollt euch,*

> indem ihr euch in eurem hochheiligen *GLAUBEN* erbaut
> und im heiligen *Geist* betet,
> ²¹ in der **Liebe** GOTTES bewahren

---

a Vgl. Gen 5,21.
b Vgl. 1Hen 1,9.
c Wörtlich „seelische Menschen", wobei „see-

lisch" abwertend im Sinne von „irdisch gesinnt" zu verstehen ist; vgl. 1Kor 2,14.

und das *ERBARMEN* UNSERES HERRN JESUS CHRISTUS zum *ewigen* Leben erwarten.

[*22–23: Drei Verhaltensregeln*
gegenüber gefährdeten und abgefallenen Gemeindegliedern]

[22] Und der einen, die zweifeln, *ERBARMT* euch!
[23] Die anderen aber rettet, indem ihr sie aus dem Feuer reißt!
Der anderen aber *ERBARMT* euch in Furcht,
    da ihr sogar das vom Fleisch befleckte Untergewand hasst.

[Jud 24–25: Lob Gottes]

[24] Dem aber, der es vermag,
euch vor dem Straucheln zu behüten
und als Untadelige in Jubel vor seine HERRLICHKEIT zu stellen,
[25] dem alleinigen GOTT,
unserem Retter durch *JESUS CHRISTUS, UNSEREN HERRN*,
    (seien) HERRLICHKEIT,
    Erhabenheit,
    Kraft
    und Macht
vor aller *Ewigkeit*
und jetzt
und in alle *Ewigkeiten*!
Amen.

27. Die Offenbarung des Johannes

Der Autor tritt mit seinem eigenen Namen, Johannes, hervor (1,1.4.9; 22,8) und verzichtet somit auf die für sonstige Offenbarungsschriften charakteristische Fiktion, von einer großen Gestalt aus weit zurückliegenden Zeiten verfasst zu sein. Allerdings hat die Überlieferung der Alten Kirche, dass es sich bei ihm um den Zebedäussohn Johannes und damit zugleich um den 4. Evangelisten handele, im Text selbst keinen Anhalt. Vielmehr weicht der Verfasser in eklatanter Weise von den im Johannesevangelium vertreteten Anschauungen ab und spricht von den Aposteln als von einer geschlossenen Gruppe, ohne anzudeuten, dass er sich zu ihnen hinzuzählt (21,14). Er selbst hat als Prophet (22,9) direkten Zugang zum erhöhten Christus, den er in seiner Berufungsvision gesehen hat. Durch den brieflichen Rahmen (1,4 f; 22,21) stellt er seinen Visionsbericht (1,2) als Sendschreiben „an die sieben Gemeinden in Asien" hin.

Die Offenbarung des Johannes, die laut 1,9–11 auf Patmos, einer Felseninsel vor der kleinasiatischen Küste, niedergeschrieben wurde, ist wohl während der Christenverfolgungen unter Kaiser Domitian gegen Ende des ersten Jahrhunderts entstanden. Sie will die in Bedrängnis geratenen Christen stärken, indem sie darlegt, dass die Herrschaft Gottes über Welt und Geschichte im „Lamm", dem gekreuzigten und erhöhten Christus, durch alle Widrigkeiten der Gegenwart hindurch zu ihrem heilvollen Ziel kommt. In den Kapiteln 13 und 17 erscheint das Römische Imperium in mythischen Bildern als Agent des Satans – ganz im Gegensatz zur positiven Einstellung gegenüber dem Staat, die sich in anderen Schriften des Neuen Testaments zeigt (vgl. Mk 12,17; Röm 13,1–7; 1Petr 2,13–17).

1,1–20	Die Beauftragung des Johannes durch Christus
2,1–3,22	Die Sendschreiben an die sieben Gemeinden
4,1–8,1	Die sieben Siegel
8,2–11,19	Die sieben Posaunen
12,1–14,20	Der Drache und das Lamm
15,1–16,21	Die sieben Schalen
17,1–19,10	Das Gericht an der Hure Babylon
19,11–22,5	Die Wiederkunft Christi und die Vollendung
22,6–21	Schluss

[Offenbarung 1,1–20:
Die Beauftragung des Johannes durch Christus]

[Offb 1,1–3: Überschrift mit Seligpreisung]

[1] Offenbarung **Jesu Christi**, die GOTT ihm gegeben hat, um seinen *Sklaven* zu zeigen, was in Kürze geschehen muss.
Und er hat sie durch seinen Engel gesandt und seinem *Sklaven* Johannes mitgeteilt.
[2] Der hat das Wort GOTTES BEZEUGT und das ZEUGNIS **Jesu Christi** – alles, was er gesehen hat.
[3] Selig, der vorliest und die hören die Worte der Prophezeiung und bewahren, was in ihr geschrieben ist, denn der Zeitpunkt ist nahe.

[Offb 1,4–8: Gruß an die sieben Gemeinden in Asien und Lobpreis]

[4] Johannes an die *SIEBEN* Gemeinden in Asien:
Gnade (sei) euch und Friede

von (dem,) DER IST UND DER WAR UND DER KOMMT,
und von den *SIEBEN* Geistern vor seinem Thron,
[5] und von **Jesus Christus** –
der ZEUGE,
der Treue,
der Erstgeborene der Toten
und der Herrscher über die *KÖNIGE* der Erde.

Dem, der uns liebt und uns erlöst hat von unseren Sünden in seinem Blut – [6] und er hat uns bestellt zur *KÖNIGSHERRSCHAFT*, zu Priestern für seinen GOTT und Vater –, ihm (sei) die Ehre und die Gewalt in alle Ewigkeit. Amen.
[7] Siehe, er kommt mit den Wolken.
[Dan 7,13]
Und sehen wird ihn jedes Auge
und welche ihn durchbohrt haben.
Und wehklagen werden um seinetwillen alle Stämme der Erde.
[vgl. Sach 12,10–14; Gen 12,3; 28,14]
Ja, amen.
[8] Ich bin das Alpha und das O(mega), sagt (der) Herr, GOTT, DER IST UND DER WAR UND DER KOMMT, der Allmächtige.

[Offb 1,9–11: Die Beauftragungsaudition]

[9] Ich, Johannes, euer Bruder und Teilhaber an der *Bedrängnis* und KÖNIGSHERR-
SCHAFT und **Geduld** in Jesus, war auf der Insel, die Patmos heißt, um des Wortes
GOTTES und des ZEUGNISSES Jesu willen.
[10] Ich war im Geist am Herrentag, und ich hörte hinter mir eine große Stimme
wie von einer Posaune, [11] die sagte:
Was du erblickst, schreibe in eine Buchrolle und schicke (sie) den SIEBEN Gemeinden,

    nach Ephesus
    und nach Smyrna
    und nach Pergamon
    und nach Thyatira
    und nach Sardes
    und nach Philadelphia
    und nach Laodizea.

[Offb 1,12–16: Vision]

[12] Und ich wandte mich um, um die Stimme zu erblicken, welche mit mir redete.
Und nachdem ich mich umgewandt hatte, sah ich SIEBEN goldene <u>Leuchter</u> [13] und
inmitten der <u>Leuchter</u> (einen) gleich einem Menschensohn, angetan mit einem bis
zu den Füßen reichenden Gewand, und um die Brust begürtet mit einem goldenen
Gürtel. [14] Sein Haupt aber und die Haare (waren) weiß wie weiße Wolle, wie
Schnee, und seine Augen wie eine Feuerflamme, [15] und seine Füße (waren) Golderz[a]
gleich, wie im Ofen geglüht, und seine Stimme wie das Rauschen vieler Wasser,
[16] und er hatte in seiner rechten Hand SIEBEN *STERNE*, und aus seinem Mund kam
ein zweischneidiges scharfes *BREITSCHWERT* hervor, und sein Angesicht (war),
wie die Sonne scheint in ihrer Kraft.

[Offb 1,17–20: Erneute Beauftragung]

[17] Und als ich ihn sah, fiel ich zu seinen Füßen wie tot, und er legte seine rechte
(Hand) auf mich und sagte:
Fürchte dich nicht! Ich bin der Erste und der Letzte [18] und der Lebendige, und
ich war tot, und siehe, lebendig bin ich von Ewigkeit zu Ewigkeit, und ich habe die
Schlüssel des Todes und des Hades.
[19] Schreibe nun, was du gesehen hast und was ist und was danach geschehen soll.
[20] Das Geheimnis der SIEBEN *STERNE*, die du auf meiner Rechten gesehen hast,
    und die SIEBEN goldenen <u>Leuchter</u>:

a Die Bedeutung des Wortes ist nicht gesichert.

Die SIEBEN **STERNE** sind die Engel der SIEBEN Gemeinden,
und die SIEBEN Leuchter sind die SIEBEN Gemeinden.

[Offenbarung 2,1–3,22:
Die Sendschreiben an die sieben Gemeinden]

[Offb 2,1–7: Ephesus]

[1] Dem Engel der Gemeinde in Ephesus schreibe:
Dies sagt, der die SIEBEN **STERNE** in seiner Rechten hält, der inmitten der SIEBEN goldenen Leuchter wandelt.
[2] **ICH KENNE DEINE** WERKE und deine Mühe und deine **Geduld** und (weiß,) dass du Böse nicht aushalten kannst. Und du hast die geprüft, die sich Apostel nennen – und sind (es) nicht –, und hast sie für Lügner befunden. [3] Und **Geduld** hast du, und du hast ausgehalten um meines Namens willen und bist nicht müde geworden.
[4] Aber ich habe gegen dich, dass du deine erste Liebe verlassen hast. [5] Denke nun daran, von woher du gefallen bist, und KEHRE UM und tu die ersten WERKE! Wenn aber nicht, komme ich zu dir und werde deinen Leuchter von seiner Stelle entfernen – wenn du nicht UMKEHRST.
[6] Aber dies hast du, dass du die WERKE der Nikolaiten hasst, die auch ich hasse.
[7] WER EIN OHR HAT, HÖRE, WAS DER GEIST DEN GEMEINDEN SAGT!
DEM, DER ÜBERWINDET, dem werde ich vom Baum des Lebens zu essen geben, der im Paradies GOTTES ist.

[Offb 2,8–11: Smyrna]

[8] Und dem Engel der Gemeinde in Smyrna schreibe:
Dies sagt der Erste und der Letzte, der tot war und lebendig wurde:
[9] **ICH KENNE DEINE** *Bedrängnis* und Armut – aber reich bist du – und die Lästerung von denen, die sagen, sie seien Juden – und sind (es) nicht, sondern eine Synagoge des Satans.
[10] Fürchte nichts, was du leiden wirst! Siehe, der Teufel wird (einige) von euch ins Gefängnis werfen, damit ihr geprüft werdet, und ihr werdet zehn Tage *Bedrängnis* haben. Sei treu bis zum Tod, und ich werde dir den Kranz des Lebens geben.
[11] WER EIN OHR HAT, HÖRE, WAS DER GEIST DEN GEMEINDEN SAGT!
WER ÜBERWINDET, wird nicht geschädigt werden durch den zweiten Tod.

[Offb 2,12–17: Pergamon]

[12] Und dem Engel der Gemeinde in Pergamon schreibe:

Dies sagt, der das zweischneidige scharfe *BREITSCHWERT* hat:

[13] Ich weiß, wo du wohnst: da, wo der Thron des Satans ist, und du *hältst* meinen Namen *fest* und hast nicht verleugnet meine Treue, auch (nicht) in den Tagen des Antipas – mein Zeuge, mein Getreuer, der getötet wurde bei euch, wo der Satan wohnt.

[14] Aber ich habe Weniges gegen dich: dass du dort solche hast, die an der Lehre Bileams *festhalten*, der den Balak lehrte, einen Fallstrick vor die Söhne Israels zu werfen, (nämlich) *Götzenopferfleisch zu essen* und **Unzucht** zu treiben.[a] [15] So hast auch du solche, die gleichermaßen an der Lehre der Nikolaiten *festhalten*.

[16] *KEHRE* nun *UM*! Wenn aber nicht, komme ich bald zu dir und werde gegen sie kämpfen mit dem *BREITSCHWERT* meines Mundes.

[17] WER EIN OHR HAT, HÖRE, WAS DER GEIST DEN GEMEINDEN SAGT!

DEM, DER ÜBERWINDET, dem werde ich geben von dem verborgenen Manna, und ich werde ihm geben ein weißes Steinchen, und auf dem Steinchen (ist) ein neuer Name geschrieben, den niemand weiß als der, der (es) empfängt.

[Offb 2,18–29: Thyatira]

[18] Und dem Engel der Gemeinde in Thyatira schreibe:

Dies sagt der Sohn GOTTES, der seine Augen hat wie eine Feuerflamme, und seine Füße (sind) gleich Golderz[b].

[19] **ICH KENNE DEINE** WERKE und die Liebe und die Treue und den Dienst und deine **Geduld**, und deine letzten WERKE (sind) mehr als die ersten.

[20] Aber ich habe gegen dich, dass du die Frau Isebel (gewähren) lässt, die sich eine Prophetin nennt und meine Sklaven lehrt und verführt, **Unzucht** zu treiben und *Götzenopferfleisch zu essen*. [21] Und ich habe ihr Zeit gegeben, dass sie UMKEHRE, und sie will nicht UMKEHREN von ihrer **Unzucht**. [22] Siehe, ich werfe sie auf ein Krankenbett und die, die mit ihr Ehebruch begangen haben, in große *Bedrängnis*, wenn sie nicht UMKEHREN werden von ihren (Isebels) WERKEN. [23] Und ihre (Isebels) Kinder werde ich mit dem Tod vernichten. Und alle Gemeinden werden erkennen, dass ich es bin, der Nieren und Herzen erforscht. Und ich werde euch geben, jedem (einzelnen), nach euren WERKEN.

[24] Euch aber sage ich, den übrigen in Thyatira, allen, die diese Lehre nicht haben, welche die Tiefen des Satans, wie sie (es) nennen, nicht erkannt haben: Ich werfe keine andere Last auf euch – [25] doch was ihr habt, *haltet fest*, bis ich kommen werde.

[26] Und **WER ÜBERWINDET** und wer meine WERKE bis ans Ende bewahrt, dem werde ich geben Macht über die Nationen, [27] und

er wird sie mit eisernem Stab weiden,
wie die tönernen Gefäße zerschlagen werden
[Ps 2,9],

---

a Vgl. Num 31,16.　　　　b Vgl. zu 1,15.

²⁸ wie auch ich (Macht) empfangen habe von meinem Vater, und ich werde ihm geben den Morgenstern.

²⁹ WER EIN OHR HAT, HÖRE, WAS DER GEIST DEN GEMEINDEN SAGT!

[Offb 3,1–6: Sardes]

¹ Und dem Engel der Gemeinde in Sardes schreibe:
Dies sagt, der die SIEBEN Geister GOTTES und die SIEBEN **STERNE** hat:
ICH KENNE DEINE WERKE, dass du im Ruf stehst, dass du lebst, und (doch) tot bist.

² Werde wach und stärke das Übrige, das schon im Sterben lag, denn ich habe deine WERKE nicht erfüllt gefunden vor meinem GOTT. ³ Denke nun daran, wie du empfangen und gehört hast, und bewahre (es) und KEHRE UM! Wenn du nun nicht wach wirst, werde ich kommen wie ein Dieb, und du sollst nicht wissen, zu welcher Stunde ich über dich kommen werde.

⁴ Aber du hast wenige Personen in Sardes, die ihre Kleider nicht befleckt haben, und sie werden wandeln mit mir in weißen (Kleidern), denn sie sind es wert.

⁵ WER ÜBERWINDET, wird so mit weißen Kleidern bekleidet werden, und niemals werde ich seinen Namen aus dem Buch des Lebens tilgen, und ich werde seinen Namen bekennen vor meinem Vater und vor seinen Engeln.

⁶ WER EIN OHR HAT, HÖRE, WAS DER GEIST DEN GEMEINDEN SAGT!

[Offb 3,7–13: Philadelphia]

⁷ Und dem Engel der Gemeinde in Philadelphia schreibe:
Dies sagt

der Heilige,
der Wahrhaftige,
der, der den Schlüssel Davids hat,
der öffnet – und niemand wird zuschließen –,
der schließt – und niemand öffnet.

⁸ ICH KENNE DEINE WERKE, siehe, ich habe vor dir eine geöffnete Tür gegeben, die niemand schließen kann, denn du hast eine kleine Kraft und hast mein Wort bewahrt und hast meinen Namen nicht verleugnet.

⁹ Siehe, ich gebe (dir) aus der Synagoge des Satans (einige) von denen, die sagen, sie seien Juden – und sind es nicht, sondern sie lügen.

Siehe, ich werde bewirken, dass sie kommen und niederfallen werden vor deinen Füßen und erkennen, dass ich dich lieb gewonnen habe.

¹⁰ Weil du bewahrt hast das Wort meiner **Geduld**, werde auch ich dich bewahren vor der Stunde der Versuchung, die kommen wird über den ganzen Erdkreis, um die auf der Erde Wohnenden zu versuchen.

¹¹ Ich komme bald. *Halte fest*, was du hast, damit niemand deinen Kranz nehme.

^{12} WER ÜBERWINDET, den werde ich machen zu einer Säule im Tempel MEINES GOTTES, und er wird nie mehr hinausgehen, und ich werde auf ihn den Namen MEINES GOTTES schreiben und den Namen der Stadt MEINES GOTTES, der neuen (Stadt) Jerusalem, die herabkommt aus dem Himmel von MEINEM GOTT, und meinen neuen Namen. ^{13} WER EIN OHR HAT, HÖRE, WAS DER GEIST DEN GEMEINDEN SAGT!

[Offb 3,14–21: Laodizea]

^{14} Und dem Engel der Gemeinde in Laodizea schreibe:
Dies sagt (der,) der Amen[a] (heißt), der treue und wahrhaftige Zeuge, der Anfang der Schöpfung GOTTES: ^{15} ICH KENNE DEINE WERKE, dass du weder kalt bist noch heiß. Wenn du doch kalt wärest oder heiß! ^{16} So (aber), weil du lau bist und weder heiß noch kalt, werde ich dich ausspeien aus meinem Munde. ^{17} Weil du sagst: ‚Ich bin reich und bin reich geworden und habe keinen Mangel', und nicht weißt, dass du der Elende bist und erbärmlich und arm und blind und nackt, ^{18} rate ich dir,

von mir Gold, das im Feuer geläutert ist, zu kaufen,
damit du reich wirst,
und weiße Kleider,
damit du dich bekleiden kannst
und die Schande deiner Nacktheit nicht offenbar wird,
und Augensalbe, um deine Augen einzureiben,
damit du sehen kannst.

^{19} Welche ich lieb habe, strafe und züchtige ich.[b]
Eifere nun und KEHRE UM! ^{20} Siehe, ich stehe an der Tür und klopfe an; wenn einer meine Stimme hört und die *Tür öffnet*, werde ich auch hineingehen zu ihm und mit ihm speisen und er mit mir. ^{21} WER ÜBERWINDET, dem werde ich geben, zu sitzen mit mir auf meinem Thron, wie auch ich ÜBERWUNDEN habe und mich gesetzt habe mit meinem Vater auf seinen Thron. ^{22} WER EIN OHR HAT, HÖRE, WAS DER GEIST DEN GEMEINDEN SAGT!

---

a Gottesbezeichnung, vgl. Jes 65,16.   b Vgl. Spr 3,12.

[Offenbarung 4,1–8,1:
Die sieben Siegel]

[Offb 4,1–11: Der himmlische Gottesdienst vor dem Thron Gottes]

¹ Danach sah ich, und siehe: Eine *Tür*, *geöffnet* im Himmel, und die erste Stimme, die ich gehört hatte wie (die) einer Posaune, die mit mir redete, sagte: Steige hier herauf, und ich werde dir zeigen, was danach geschehen muss. ² Sogleich war ich im Geist, und siehe: Ein THRON stand im Himmel, und auf dem THRON saß einer, ³ und der dort saß, war von Ansehen gleich einem Jaspisstein und einem Sardion, und ein Regenbogen war rings um den THRON, von Ansehen gleich einem Smaragd.

⁴ Und rings um den THRON (sah ich) VIERUNDZWANZIG THRONE, und auf den THRONEN (sah ich) VIERUNDZWANZIG ÄLTESTE sitzen, bekleidet mit weißen Kleidern, und auf ihren Häuptern (sah ich) goldene Kränze.

⁵ Und aus dem THRON gehen hervor Blitze und Stimmen und Donnerschläge, und sieben Feuerfackeln brennen vor dem THRON, die die sieben Geister GOTTES sind, ⁶ und vor dem THRON (war es) wie ein gläsernes Meer, gleich Kristall.

Und inmitten des THRONES und rings um den THRON (waren) vier *Lebewesen*, die VOLL VON AUGEN waren vorn und hinten.

⁷ Und das erste *Lebewesen*
(war) gleich einem Löwen,
und das zweite *Lebewesen*
(war) gleich einem Stier
und das dritte *Lebewesen*
hatte das Angesicht wie (das) eines Menschen,
und das vierte *Lebewesen*
(war) gleich einem fliegenden Adler.

⁸ Und die vier *Lebewesen* sind, wobei eines wie das andere von ihnen je sechs Flügel hat, ringsum und inwendig VOLL VON AUGEN, und sie haben keine Ruhe bei Tag und bei Nacht und sprechen:
Heilig, heilig, heilig (ist der) Herr, GOTT, der Allmächtige
[Jes 6,3; Am 3,13 LXX],
DER WAR UND DER IST UND DER KOMMT.
⁹ Und wenn die *Lebewesen* dem auf dem THRON Sitzenden, DEM VON EWIGKEIT ZU EWIGKEIT LEBENDIGEN, *PREIS* und Ehre und Dank geben werden, ¹⁰ werden die VIERUNDZWANZIG ÄLTESTEN niederfallen vor dem auf dem THRON Sitzenden und werden DEN VON EWIGKEIT ZU EWIGKEIT LEBENDIGEN anbeten und ihre Kränze vor dem THRON niederlegen und sagen:

¹¹ **Würdig** bist du, unser Herr und GOTT,
zu nehmen den *PREIS* und die Ehre und die Kraft,

denn du hast alle Dinge geschaffen,
und deines Willens wegen waren sie und wurden sie geschaffen.

[Offb 5,1–14: Die Buchrolle mit den sieben Siegeln und das Lamm]

¹ Und ich sah auf der rechten (Hand) des auf dem THRON Sitzenden eine Buchrolle, beschrieben auf der Innen- und der Rückseite[a], versiegelt mit SIEBEN *SIEGELN*.
² Und ich sah einen mächtigen Engel, der mit lauter Stimme verkündete: Wer ist **würdig**, die Buchrolle zu öffnen und ihre *SIEGEL* zu lösen?
³ Und niemand im Himmel und auf der Erde und unter der Erde vermochte *die Buchrolle zu öffnen und in sie hineinzusehen.*
⁴ Und ich weinte sehr, weil niemand für **würdig** befunden wurde, *die Buchrolle zu öffnen und in sie hineinzusehen.*
⁵ Und einer von den ÄLTESTEN sagt mir: Weine nicht! Siehe, der Löwe aus dem Stamm Juda[b], die Wurzel Davids[c], hat gesiegt (und ist dadurch in der Lage), die Buchrolle und ihre SIEBEN *SIEGEL* zu öffnen.
⁶ Und ich sah inmitten des THRONES und der vier *Lebewesen* und inmitten der ÄLTESTEN ein LAMM stehen, wie *hingeschlachtet*, das SIEBEN Hörner und SIEBEN Augen hatte, die die SIEBEN Geister GOTTES sind, gesandt über die ganze Erde. ⁷ Und es kam und empfing (die Buchrolle) aus der rechten (Hand) des auf dem THRON Sitzenden.
⁸ Und als es die Buchrolle empfing, fielen die vier *Lebewesen* und die VIERUNDZWANZIG ÄLTESTEN nieder vor dem LAMM, wobei sie, jeder (einzelne), eine Zither hatten und goldene Schalen voll von Räucherwerk, die die Gebete der Heiligen sind,
⁹ und sie singen ein neues Lied:

> **Würdig** bist du,
> die Buchrolle zu empfangen
> und ihre *SIEGEL* zu öffnen.
> Denn du bist *hingeschlachtet* worden
> und hast für GOTT erkauft in deinem Blut (Menschen)
> > aus jedem Stamm
> > und (jeder) Sprache
> > und (jedem) Volk
> > und (jeder) Nation
> ¹⁰ und sie unserem GOTT bestellt zur Königsherrschaft und zu Priestern.
> Und sie werden herrschen auf der Erde.

¹¹ Und ich sah, und ich hörte (die) Stimme vieler Engel rings um den THRON und (um) die *Lebewesen* und (um) die ÄLTESTEN, und ihre Zahl war zehntausendmal zehntausend und tausendmal tausend, ¹² die sagten mit lauter Stimme:

---

a Vgl. Ez 2,9 f.
b Vgl. Gen 49,9 f.

c Vgl. Jes 11,1.10.

Würdig ist das *hingeschlachtete* Lamm, zu empfangen
die Kraft und Reichtum und Weisheit
und Stärke und Ehre und Preis und Lob.

[13] Und jedes Geschöpf im Himmel und auf der Erde und unter der Erde und auf
dem Meer und alles, was in ihnen ist, hörte ich sagen:

Dem auf dem THRON Sitzenden und dem Lamm
(sei) das Lob und die Ehre und der Preis und die Gewalt
von Ewigkeit zu Ewigkeit.

[14] Und die vier *Lebewesen* sagten: Amen.
Und die ÄLTESTEN fielen nieder und beteten an.

[Offb 6,1–17: Die Öffnung der ersten sechs Siegel]

[1] Und ich sah, als das Lamm eines von den SIEBEN *SIEGELN* öffnete, da hörte ich eines von den vier *Lebewesen* sagen wie eine Donnerstimme: **Komm!**
[2] Und ich sah, und siehe: Ein weißes Pferd, und der auf ihm Sitzende hatte einen Bogen.
Und gegeben wurde ihm ein Kranz, und er zog aus als Sieger und zum Siegen.

[3] Und als es *DAS ZWEITE SIEGEL* öffnete, hörte ich das zweite *Lebewesen* sagen:
Komm!
[4] Und es kam heraus ein anderes Pferd, feuerrot.
Und dem auf ihm Sitzenden – gegeben wurde ihm (Macht), den Frieden von der Erde zu nehmen und dass sie einander *hinschlachteten*, und gegeben wurde ihm ein großes Schwert.

[5] Und als es *DAS DRITTE SIEGEL* öffnete, hörte ich das dritte *Lebewesen* sagen:
Komm!
Und ich sah, und siehe: Ein schwarzes Pferd, und der auf ihm Sitzende hatte eine Waage in seiner Hand.
[6] Und ich hörte (es) wie eine Stimme inmitten der vier *Lebewesen* sagen: Eine Chönix[a] Weizen für einen Denar[b], und drei Chönix Gerste für einen Denar, und das Öl und den Wein schädige nicht!

[7] Und als es *DAS VIERTE SIEGEL* öffnete, hörte ich (die) Stimme des vierten *Lebewesens* sagen: **Komm!**
[8] Und ich sah, und siehe: Ein blassgrünes Pferd, und der auf ihm Sitzende – sein Name war ‚Tod‘, und der Hades folgte ihm nach.
Und gegeben wurde ihnen Macht über ein Viertel der Erde, zu töten mit *BREITSCHWERT* und mit Hunger und mit tödlicher Krankheit und durch die Tiere der Erde.

---

a Ca. 1 Liter.   b Vgl. zu Mt 20,2.

⁹ Und als es *DAS FÜNFTE SIEGEL* öffnete, sah ich unter dem Altar die Seelen derer, die *hingeschlachtet* worden waren um des Wortes GOTTES und um des Zeugnisses willen, das sie hatten. ¹⁰ Und sie schrien mit lauter Stimme: Wie lange, heiliger und wahrhaftiger Gebieter, richtest und rächst du nicht unser Blut an den auf der Erde Wohnenden?

¹¹ Und gegeben wurde ihnen, jedem (einzelnen), ein weißes Gewand, und gesagt wurde ihnen, dass sie noch eine kleine Zeit ruhen sollten, bis auch ihre Mitsklaven und ihre Brüder voll(zählig) würden, die ebenso wie sie getötet werden sollten.

¹² Und ich sah, als es *DAS SECHSTE SIEGEL* öffnete, da geschah ein großes Beben, und die Sonne wurde schwarz wie ein aus Haaren gemachter Sack, und der ganze Mond wurde wie Blut, ¹³ und die Sterne des Himmels fielen auf die Erde, wie ein Feigenbaum seine Spätfeigen abwirft, wenn er von großem Wind geschüttelt wird. ¹⁴ Und der Himmel verschwand wie eine zusammengerollte Buchrolle, und jeder Berg und (jede) Insel wurden von ihren Plätzen gerückt.

¹⁵ Und die Könige der Erde
und die Vornehmen
und die hohen Militärs
und die Reichen
und die Mächtigen
und jeder Sklave
und (jeder) Freie

verbargen sich in den Höhlen und in den Felsen der Berge
¹⁶ und sagen den Bergen und den Felsen:
Fallt auf uns und verbergt uns
[Hos 10,8]
vor dem Antlitz des auf dem Thron Sitzenden und vor dem Zorn des LAMMES,
¹⁷ denn der große Tag ihres Zorns ist gekommen, und wer kann bestehen?

[Offb 7,1–17: Die Bewahrung der Sklaven Gottes]

¹ Danach sah ich vier Engel an den vier Ecken der Erde stehen, die hielten die vier Winde der Erde fest, damit kein Wind wehe über die Erde und über das Meer und über irgendeinen Baum.

² Und ich sah einen anderen Engel vom Aufgang (der) Sonne her aufsteigen, der hatte (das) *SIEGEL* (des) lebendigen GOTTES, und er rief mit lauter Stimme (zu) den vier Engeln, denen (Macht) gegeben war, die Erde und das Meer zu schädigen, ³ und sagte: Schädigt weder die Erde noch das Meer, noch die Bäume, bis wir *VERSIEGELN* die Sklaven unseres GOTTES an ihren Stirnen.

⁴ Und ich hörte die Zahl der *VERSIEGELTEN*, hundertvierundvierzigtausend, *VERSIEGELT* aus jedem Stamm (der) Söhne Israels:

⁵ aus (dem) Stamm Juda zwölftausend *VERSIEGELTE*,

aus (dem) Stamm Ruben zwölftausend,
aus (dem) Stamm Gad zwölftausend,
[6] aus (dem) Stamm Asser zwölftausend,
aus (dem) Stamm Naphthali zwölftausend,
aus (dem) Stamm Manasse zwölftausend,
[7] aus (dem) Stamm Simeon zwölftausend,
aus (dem) Stamm Levi zwölftausend,
aus (dem) Stamm Issachar zwölftausend,
[8] aus (dem) Stamm Sebulon zwölftausend,
aus (dem) Stamm Joseph zwölftausend,
aus (dem) Stamm Benjamin zwölftausend *VERSIEGELTE*.

[9] Danach sah ich, und siehe: Eine große Menge, die niemand zählen konnte, aus jeder Nation und (allen) Stämmen und Völkern und Sprachen, (die) standen vor dem THRON und vor dem LAMM, angetan mit weißen Gewändern, und Palmzweige (waren) in ihren Händen. [10] Und sie rufen mit lauter Stimme:

Die Rettung (liegt bei) unserem GOTT, der auf dem Thron sitzt,
und dem LAMM.

[11] Und alle Engel standen rings um den THRON und (um) die Ältesten und (um) die vier *Lebewesen* und fielen nieder vor dem THRON auf ihr Angesicht und beteten GOTT an [12] und sagten:

Amen,
das Lob
und der *PREIS*
und die Weisheit
und der Dank
und die Ehre
und die Kraft
und die Stärke
unserem GOTT von Ewigkeit zu Ewigkeit.
Amen.

[13] Und einer von den ÄLTESTEN nahm das Wort und sagte mir: Diese, die bekleidet sind mit den weißen Kleidern, wer sind sie, und woher sind sie gekommen?
[14] Und ich habe ihm gesagt: Mein Herr, du weißt es.
Und er sagte mir:

Diese sind es, die aus der großen Bedrängnis kommen,
und sie haben ihre Gewänder gewaschen
und haben sie weiß gemacht in dem Blut des LAMMES.
[15] Deswegen sind sie vor dem THRON GOTTES
und dienen ihm Tag und Nacht in seinem Tempel,

und der auf dem THRON Sitzende
wird über ihnen wohnen.
    ^{16} Sie werden nicht mehr hungern und nicht mehr dürsten,
        und nicht fällt auf sie die Sonne noch irgendeine Hitze.
                                                            [vgl. Jes 49,10]
^{17} Denn das Lamm inmitten des THRONS wird sie weiden
und sie leiten zu Wasserquellen (des) Lebens,
            und abwischen wird Gott jede Träne von ihren Augen.
                                                            [Jes 25,8]

[Offb 8,1: Die Öffnung des siebten Siegels]

^{1} Und als es *DAS SIEBTE SIEGEL* öffnete, trat eine Stille im Himmel ein, etwa eine halbe Stunde.

[Offenbarung 8,2–11,19:
Die sieben Posaunen]

[Offb 8,2–6: Die Übergabe der sieben Posaunen; der Engel mit der Räucherpfanne]

^{2} Und ich sah die *sieben* Engel, die vor Gott stehen.
    Und gegeben wurden ihnen *sieben* Posaunen.
        ^{3} Und ein anderer Engel kam und stellte sich an den Altar; der hatte eine goldene Räucherpfanne.
    Und gegeben wurde ihm viel Räucherwerk, damit er (es) für die Gebete aller Heiligen auf den goldenen Altar bringe, der vor dem THRON ist.
        ^{4} Und der Rauch des Räucherwerks stieg für die Gebete der Heiligen aus (der) Hand des Engels vor Gott auf.
        ^{5} Und der Engel nahm die Räucherpfanne und füllte sie aus dem Feuer des Altars und warf (es) auf die Erde.
    Und es geschahen Donnerschläge und Stimmen und Blitze und ein Erdbeben.
^{6} Und die *sieben* Engel, die die *sieben* Posaunen hatten, machten sich bereit, um zu posaunen.

[Offb 8,7–13: Die ersten vier Posaunen und der Weheruf des Adlers]

^{7} Und der **erste** posaunte, und es kam Hagel und Feuer, vermischt mit Blut, und wurde auf die Erde geworfen, und ein Drittel der Erde *verbrannte*, und ein Drittel der Bäume *verbrannte*, und alles grüne Gras *verbrannte*.

[8] Und der **zweite** Engel posaunte, und (etwas) wie ein großer Berg, in Feuer BREN-NEND, wurde in das Meer geworfen, und ein Drittel des Meeres wurde zu Blut, [9] und ein Drittel der Geschöpfe im Meer, die Leben hatten, starb, und ein Drittel der Schiffe wurde zerstört.

[10] Und der **dritte** Engel posaunte, und ein großer Stern fiel aus dem Himmel, BRENNEND wie eine Fackel, und fiel auf ein Drittel der Flüsse und auf die Quellen der Wasser, [11] und der Name des Sterns heißt ‚Wermut‘, und ein Drittel der Wasser wurde zu Wermut, und viele der Menschen starben von den Wassern, weil sie bitter gemacht worden waren.

[12] Und der **vierte** Engel posaunte, und getroffen wurde ein Drittel der Sonne und ein Drittel des Mondes und ein Drittel der Sterne, dass ein Drittel von ihnen sich verfinsterte und der Tag zu einem Drittel nicht schien und ebenso die Nacht.

[13] Und ich sah, und ich hörte einen hoch am Himmel fliegenden Adler mit lauter Stimme sagen: Wehe, wehe, wehe (für) die auf der Erde Wohnenden wegen der übrigen Posaunenstöße der drei Engel, die posaunen werden.

[Offb 9,1–12: Die fünfte Posaune]

[1] Und der **fünfte** Engel posaunte, und ich sah einen Stern, der aus dem Himmel auf die Erde gefallen war, und gegeben wurde ihm der Schlüssel zum Schlund des AB-GRUNDS, [2] und er öffnete den Schlund des ABGRUNDS, und Rauch stieg auf aus dem Schlund wie Rauch eines großen Ofens, und verfinstert wurde die Sonne und die Luft von dem Rauch des Schlundes.

[3] Und aus dem Rauch kamen Heuschrecken heraus auf die Erde, und gegeben wurde ihnen Macht, wie die SKORPIONE der Erde Macht haben. [4] Und gesagt wur-de ihnen, dass sie weder das Gras der Erde schädigen sollten noch irgendetwas Grü-nes, noch irgendeinen Baum, sondern die Menschen, welche nicht das Siegel GOTTES auf ihren Stirnen haben. [5] Und (auf)gegeben wurde ihnen, dass sie sie nicht töteten, sondern dass sie *fünf Monate* gequält würden; und ihre Qual (sollte sein) wie (die) Qual durch einen SKORPION, wenn er einen Menschen sticht.

> [6] Und in jenen Tagen werden die Menschen den Tod suchen
> und werden ihn nicht finden,
> und sie werden begehren zu sterben,
> und der Tod flieht vor ihnen.

[7] Und die Gestalten der Heuschrecken (waren) **PFERDEN** gleich, die zu einem Kampf gerüstet sind, und auf ihren Köpfen (war es) wie goldgleiche Kränze, und ih-re Gesichter (waren) wie Gesichter von Menschen. [8] Und sie hatten Haare wie Haare von Frauen, und ihre Zähne waren wie (die) von Löwen. [9] Und sie hatten Panzer wie eiserne Panzer, und das Geräusch ihrer Flügel (war) wie (das) Geräusch von Wagen vieler **PFERDE**, die in einen Kampf laufen. [10] Und sie haben Schwänze gleich SKORPIONEN und (haben) Stacheln, und in ihren Schwänzen (ist) ihre Macht, die

Menschen *fünf Monate* zu schädigen. [11] Sie haben über sich einen König, den Engel des ABGRUNDS, sein Name (ist) auf Hebräisch Abaddon, und im Griechischen hat er (den) Namen Apollyon. [12] Das eine Wehe ist vorüber. Siehe, es kommen noch zwei Wehe danach.

[Offb 9,13–21: Die sechste Posaune]

[13] Und der **sechste** Engel posaunte, und ich hörte eine Stimme aus den vier Hörnern des vor GOTT (stehenden) goldenen Altars, [14] die sagte dem sechsten Engel, der die Posaune hatte: Lass die vier Engel los, die gebunden sind am großen Fluss Euphrat. [15] Und losgelassen wurden die vier Engel, die gerüstet waren für die Stunde und (den) Tag und (den) Monat und (das) Jahr, dass sie ein Drittel der Menschen töten sollten. [16] Und die Zahl der Kriegsheere zu Pferd (war) zwanzigtausend mal zehntausend, ich hörte ihre Zahl. [17] Und so sah ich in der Erscheinung die **PFERDE** und die auf ihnen Sitzenden, die feuerrote und hyazinthfarbene und schwefelgelbe Panzer hatten, und die Köpfe der **PFERDE** (waren) wie Köpfe von Löwen, und aus ihren Mäulern kommt hervor Feuer und Rauch und Schwefel. [18] Von diesen drei Plagen wurde ein Drittel der Menschen getötet, von dem Feuer und dem Rauch und dem Schwefel, der aus ihren Mäulern hervorkam. [19] Denn die Macht der **PFERDE** ist in ihrem Maul und in ihren Schwänzen, denn ihre Schwänze (sind) gleich Schlangen und haben Köpfe, und mit ihnen richten sie Schaden an. [20] Und die übrigen Menschen, die nicht getötet worden waren durch diese Plagen, *bekehrten sich nicht* einmal (jetzt) von den Werken ihrer Hände, dass sie nicht (mehr) anbeteten die Dämonen und die Götzen

aus Gold
und aus Silber
und aus Bronze
und aus Stein
und aus Holz,

die weder sehen können noch hören, noch wandeln. [21] Und sie *bekehrten sich nicht*

von ihren Morden
und von ihren Zaubereien
und von ihrer Hurerei
und von ihren Diebstählen.

[Offb 10,1–11: Die Übergabe der Buchrolle an Johannes]

[1] Und ich sah einen anderen mächtigen Engel herabkommen aus dem Himmel, bekleidet mit einer Wolke, und der Regenbogen (war) auf seinem Haupt, und sein An-

gesicht (war) wie die Sonne, und seine Füße wie Feuersäulen, [2] und er hatte in seiner Hand ein geöffnetes Büchlein.

Und er setzte seinen rechten Fuß auf das Meer, den linken aber auf die Erde, [3] und er rief mit lauter Stimme, wie ein Löwe brüllt.

Und als er rief, ließen die sieben Donner ihre Stimmen reden.

[4] Und als die sieben Donner geredet hatten, wollte ich schreiben, und ich hörte eine Stimme aus dem Himmel sagen: Versiegele, was die sieben Donner geredet haben, und schreibe es nicht auf!

[5] Und der Engel, den ich auf dem Meer und auf der Erde stehen sah, erhob seine rechte Hand in den Himmel [6] und schwor bei dem von Ewigkeit zu Ewigkeit Lebenden,

der den Himmel geschaffen hat und das, was in ihm ist,
und die Erde und das, was in ihr ist,
und das Meer und das, was in ihm ist,

(und sagte): Es wird keine Zeit mehr sein, [7] sondern in den Tagen der Stimme des siebten Engels, wenn er posaunen wird, ist auch vollendet das Geheimnis GOTTES, wie er es seinen eigenen Sklaven, den Propheten, verkündet hat.

[8] Und die Stimme, die ich gehört hatte aus dem Himmel, (ich hörte sie) wieder mit mir reden und sagen: Geh, nimm die geöffnete Buchrolle in der Hand des Engels, der auf dem Meer und auf der Erde steht!

[9] Und ich ging hin zu dem Engel und sagte ihm, er solle mir das Büchlein geben.

Und er sagt mir: Nimm und iss es auf! Und es wird bitter machen deinen Magen, aber in deinem Mund wird es süß sein wie Honig.

[10] Und ich nahm das Büchlein aus der Hand des Engels, und ich aß es auf, und es war in meinem Mund süß wie Honig, und als ich es gegessen hatte, wurde mein Magen bitter gemacht.

[11] Und sie sagen mir: Du musst nochmals prophezeien über Völker und Nationen und Sprachen und viele Könige.

[Offb 11,1–14: Befehl zur Vermessung des Tempels; die beiden Zeugen]

[1] Und ein Rohr gleich einem Stab wurde mir gegeben, mit den Worten:

Steh auf und miss den Tempel GOTTES und den Altar und die in ihm Anbetenden!

[2] Und den Hof außerhalb des Tempels lass weg und miss ihn nicht, denn er wurde den Heiden[a] gegeben, und sie werden die heilige Stadt zweiundvierzig Monate zertreten.

[3] Und ich werde meinen beiden Zeugen (Macht) geben, und sie werden prophezeien eintausendzweihundertsechzig Tage, bekleidet mit Säcken. [4] Diese sind die beiden Ölbäume und die beiden Leuchter, die vor dem Herrn der Erde stehen.

---

a In der Offb sonst mit „Nationen" übersetzt.

⁵ Und wenn einer sie schädigen will, kommt Feuer aus ihrem Mund hervor und verzehrt ihre Feinde. Und wenn einer sie sollte schädigen wollen, muss er so getötet werden.

⁶ Diese haben die Macht, den Himmel zu verschließen, damit kein Regen die Tage ihrer Prophezeiung benetze, und Macht haben sie über die Wasser, sie in Blut zu verwandeln und die Erde mit jeder Plage zu schlagen, sooft sie wollen.

⁷ Und wenn sie ihr Zeugnis vollendet haben, wird das Tier, das aus dem Abgrund aufsteigt, mit ihnen Krieg führen und wird sie überwinden und wird sie töten. ⁸ Und *ihr Leichnam* (wird liegen) auf der Straße der großen Stadt, die geistlich Sodom und Ägypten heißt, wo auch ihr Herr gekreuzigt wurde. ⁹ Und es erblicken (Menschen) aus den Völkern und Stämmen und Sprachen und Nationen *ihren Leichnam* DREIEINHALB TAGE. Und sie erlauben nicht, *ihre Leichname* in ein Grab zu legen. ¹⁰ Und die auf der Erde Wohnenden freuen sich über sie und frohlocken und werden einander Geschenke schicken, denn diese beiden Propheten hatten die auf der Erde Wohnenden gequält.

¹¹ Und nach den DREIEINHALB TAGEN

kam (der) Lebensgeist aus GOTT in sie hinein,
und sie stellten sich auf ihre Füße.
[vgl. Ez 37,5.10]

Und große Furcht fiel auf die sie Sehenden. ¹² Und sie hörten eine laute Stimme aus dem Himmel (zu) ihnen sagen: Steigt hier herauf!

Und sie stiegen hinauf in den Himmel in der Wolke, und es sahen sie ihre Feinde.

¹³ Und in jener Stunde geschah ein großes Beben, und ein Zehntel der Stadt fiel, und in dem Beben wurden siebentausend Menschen getötet, und die übrigen wurden in Schrecken versetzt und gaben dem GOTT des Himmels Ehre.

¹⁴ Das zweite Wehe ist vorüber. Siehe, das dritte Wehe kommt bald.

[Offb 11,15–19: Die siebte Posaune]

¹⁵ Und der **siebte** Engel posaunte, und es ertönten laute Stimmen im Himmel, die sagten:

Die Königsherrschaft über die Welt ist unserem Herrn zuteil geworden
und seinem Christus,
und er wird König sein von Ewigkeit zu Ewigkeit.

¹⁶ Und die vierundzwanzig Ältesten, die vor GOTT auf ihren Thronen saßen, fielen nieder auf ihr Angesicht und beteten GOTT an ¹⁷ und sagten:

Wir danken dir, Herr, GOTT, Allmächtiger,
der ist und der war,
dass du deine große Kraft ergriffen hast
und König geworden bist.

[18] Und die Nationen sind ZORNIG geworden,
und gekommen ist dein ZORN
und der Zeitpunkt für die Toten, gerichtet zu werden,
und (der Zeitpunkt,) den Lohn zu geben deinen Sklaven, den Propheten,
und den Heiligen und denen, die deinen Namen fürchten,
die Kleinen und die Großen,
und die zu vernichten, die die Erde vernichten.

[19] Und GOTTES Tempel im Himmel wurde geöffnet, und es erschien die Lade seines Bundes in seinem Tempel, und es geschahen Blitze und Stimmen und Donnerschläge und ein Beben und großer Hagel.

[Offenbarung 12,1–14,20:
Der Drache und das Lamm]

[Offb 12,1–18: Die Frau und der Drache]

[1] Und ein großes Zeichen erschien im Himmel: eine **Frau**, bekleidet mit der Sonne, und der Mond (ist) unter ihren Füßen, und auf ihrem Haupt (ist) ein Kranz von zwölf Sternen, [2] und sie ist schwanger, und sie schreit, da sie Geburtswehen erleidet und sich quält zu gebären.

[3] Und es erschien ein anderes Zeichen im Himmel, und siehe, ein großer feuerroter **DRACHE**, der sieben Häupter und zehn Hörner hatte und auf seinen Häuptern sieben Diademe; [4] und sein Schwanz fegt ein Drittel der Sterne des Himmels hinweg und *warf* sie *hinab* auf die Erde.

Und der **DRACHE** stand vor der **Frau**, die gebären sollte, damit, wenn sie geboren hätte, er ihr Kind fresse.

[5] Und sie gebar einen Sohn – ein Männliches –, der alle Nationen mit eisernem Stab weiden wird.

Und entrückt wurde ihr Kind zu GOTT und zu seinem Thron.

[6] Und die **Frau** floh in die Wüste, wo sie einen von GOTT bereiteten Ort hat, damit man sie dort ernähre eintausendzweihundertsechzig Tage.

[7] Und es entstand ein Krieg im Himmel, Michael UND SEINE ENGEL (erhoben sich), um mit dem **DRACHEN** Krieg zu führen.

Und der **DRACHE** führte Krieg UND SEINE ENGEL, [8] und er war nicht mächtig (genug), und ihr[a] Ort fand sich nicht mehr im Himmel. [9] Und *hinabgeworfen* wurde der große **DRACHE**, die alte *SCHLANGE*[b], der genannt wird Teufel und Satan, der den ganzen Erdkreis verführt, *hinabgeworfen* wurde er auf die Erde, UND SEINE ENGEL wurden mit ihm *hinabgeworfen*.

[10] Und ich hörte eine laute Stimme im Himmel sagen:

---

a Plural.   b Im Griechischen Maskulinum.

Jetzt ist gekommen die Rettung und die Kraft
und die Königsherrschaft unseres GOTTES
und die Macht seines Christus,
denn *hinabgeworfen* wurde der Ankläger unserer Brüder,
der sie anklagte vor unserem GOTT bei Tag und bei Nacht.
[11] Und sie haben ihn überwunden durch das Blut des LAMMES
und durch das Wort ihres Zeugnisses,
und sie haben ihr Leben nicht geliebt bis (zum) Tod.
[12] Deswegen frohlockt, ihr Himmel
und die ihr in ihnen wohnt!
Wehe (für) die Erde und das Meer,
denn der Teufel stieg zu euch hinab
und hat großen Grimm,
da er weiß, dass er (nur noch) wenig Zeit hat.

[13] Und als der DRACHE sah, dass er auf die Erde *hinabgeworfen* worden war, verfolgte er die **Frau**, die das männliche (Kind) geboren hatte.

[14] Und der **Frau** wurden die beiden Flügel des großen Adlers gegeben, damit sie in die Wüste an ihren Ort fliege, wo sie eine Zeit und (zwei) Zeiten und eine halbe Zeit[a] ernährt wird, (fern) von (dem) Angesicht der *SCHLANGE*.

[15] Und die *SCHLANGE* spie aus ihrem Mund Wasser wie einen Fluss hinter der **Frau** her, um sie mit dem Fluss fortzureißen.

[16] Und die Erde half der **Frau**, und die Erde öffnete ihren Mund und verschluckte den Fluss, den der DRACHE aus seinem Mund gespien hatte.

[17] Und der DRACHE wurde zornig über die **Frau** und ging hin, Krieg zu führen mit den übrigen ihrer Nachkommenschaft, die die Gebote GOTTES bewahren und das Zeugnis Jesu haben.

[18] Und er stellte sich auf den Strand des Meeres.

[Offb 13,1–18: Die beiden Tiere]

[1] Und ich sah aus dem Meer ein TIER aufsteigen, das zehn Hörner hatte und sieben Häupter und auf seinen Hörnern zehn Diademe und auf seinen Häuptern Namen der *LÄSTERUNG*. [2] Und das TIER, das ich sah, war einem Panther gleich, und seine Füße (waren) wie (die) eines Bären und sein Maul wie (das) Maul eines Löwen.

Und der DRACHE gab ihm seine Kraft und seinen Thron und große Macht.

[3] Und eines von seinen Häuptern (sah ich) wie geschlachtet zum Tod, und seine tödliche Wunde wurde geheilt.

Und die ganze Erde staunte hinter dem TIER her, [4] und sie beteten den DRACHEN an, weil er dem TIER die Macht gegeben hatte, und sie beteten das TIER an und sagten: Wer (ist) dem TIER gleich? Und wer kann mit ihm Krieg führen?

[5] Und GEGEBEN WURDE IHM ein Maul, das große Dinge und *LÄSTERUNGEN* redete.

---

a Vgl. Dan 12,7.

Und GEGEBEN WURDE IHM Gewalt, (dies) zweiundvierzig Monate zu tun.
⁶ Und es öffnete sein Maul zu *LÄSTERUNGEN* gegen GOTT, um seinen Namen zu *LÄS-TERN* und seine Wohnung (und) die, die im Himmel wohnen.
⁷ Und GEGEBEN WURDE IHM, Krieg zu führen mit den Heiligen und sie zu besiegen. Und GEGEBEN WURDE IHM Gewalt über jeden Stamm und (jedes) Volk und (jede) Sprache und (jede) Nation.
⁸ Und anbeten werden ihn alle auf der Erde Wohnenden, (jeder,) dessen Name nicht geschrieben ist in der Buchrolle des Lebens des geschlachteten LAMMES seit Grundlegung der Welt.

⁹ Wenn einer ein Ohr hat, höre er:
 ¹⁰ Wenn einer in Gefangenschaft (gehen soll),
  geht er in Gefangenschaft.
 Wenn einer mit dem Schwert getötet werden (soll),
 (wird) er mit dem Schwert getötet werden.ᵃ
Hier ist die Geduld und die Treue der Heiligen (nötig).

¹¹ Und ich sah ein anderes TIER aufsteigen aus der Erde, und es hatte zwei Hörner gleich einem LAMM und redete wie ein **DRACHE**. ¹² Und die ganze Macht des ersten TIERES übt es aus vor ihm, und es veranlasst die Erde und die auf ihr Wohnenden, dass sie das erste TIER anbeten werden, dessen tödliche Wunde geheilt worden war.
¹³ Und es tut große Zeichen, so dass es auch Feuer herabkommen lässt vom Himmel auf die Erde vor den Menschen. ¹⁴ Und es verführt die auf der Erde Wohnenden durch die Zeichen, die IHM GEGEBEN WURDEN, (sie) vor dem TIER zu tun, und redet den auf der Erde Wohnenden zu, dem TIER ein Bild zu machen, derᵇ die Schwert-wunde hat und (wieder) lebendig geworden ist.
¹⁵ Und GEGEBEN WURDE IHM, dem Bild des TIERES (Lebens-)Geist zu geben, damit das Bild des TIERES auch rede und veranlasse, dass alle, die das Bild des TIERES nicht anbeten, getötet würden.
¹⁶ Und es veranlasst, dass alle, die Kleinen und die Großen und die Reichen und die Armen und die Freien und die Sklaven, sich einen Stempel auf ihre rechte Hand oder auf ihre Stirn geben lassen ¹⁷ und dass keiner kaufen oder verkaufen kann au-ßer dem, der den Stempel hat, den Namen des TIERES oder die Zahl seines Na-mens.
¹⁸ Hier ist die Weisheit (nötig). Wer Verstand hat, berechne die Zahl des TIERES, denn es ist (die) Zahl eines Menschen, und seine Zahl (ist) sechshundertsechsund-sechzig.

---

a Vgl. Jer 15,2; 43,11.
b Das Relativpronomen stimmt hier mit seinem

Bezugswort („Tier") nicht überein; vgl. V. 1–7 (das Tier) mit V. 8 („ihn").

[Offb 14,1–5: Das Lamm und die Hundertvierundvierzigtausend]

[1] Und ich sah, und siehe, das LAMM stand auf dem Berg Zion und mit ihm Hundertvierundvierzigtausend, die seinen Namen und den Namen seines Vaters geschrieben (stehen) hatten auf ihren Stirnen.

[2] Und ich hörte eine Stimme aus dem Himmel wie (die) Stimme vieler Wasser und wie (die) Stimme eines großen Donners, und die Stimme, die ich hörte, (war) wie von Zitherspielern, die auf ihren Zithern spielten. [3] Und sie singen ein neues Lied[a] vor dem Thron und vor den vier Lebewesen und den Ältesten, und niemand konnte das Lied lernen als nur die Hundertvierundvierzigtausend, die von der Erde **Erkauften.**

[4] Diese sind (es), die sich mit Frauen nicht befleckt haben,
       denn sie sind jungfräulich.
Diese (sind) die, die dem LAMM folgen,
       wohin es auch geht.
Diese sind **erkauft** worden aus den Menschen
       als Erstlingsgabe für GOTT und das LAMM,
                    [5] und in ihrem Mund wurde keine Lüge gefunden.
                              [Zeph 3,13; Jes 53,9]
       Sie sind untadelig.

[Offb 14,6–13: Die Ankündigung des Gerichts durch drei Engel]

[6] Und ich sah einen anderen Engel hoch oben am Himmel fliegen, der hatte ein ewiges Evangelium zu verkündigen für die, die auf Erden sitzen, und (zwar) für jede Nation und (jeden) Stamm und (jede) Sprache und (jedes) Volk, [7] und sagte mit lauter Stimme:

Fürchtet GOTT und gebt ihm Ehre,
denn gekommen ist die Stunde seines Gerichts,
und betet den an, der den Himmel gemacht hat und die Erde
und (das) Meer und (die) Wasserquellen.

[8] Und ein anderer Engel, ein zweiter, folgte und sagte:

Gefallen, gefallen ist Babylon, die große (Stadt),
die mit dem ZORNESWEIN ihrer Hurerei alle Nationen getränkt hat.

[9] Und ein anderer Engel, ein dritter, folgte ihnen und sagte mit lauter Stimme:

Wenn einer DAS TIER ANBETET UND SEIN BILD
und einen STEMPEL empfängt auf seiner Stirn oder auf seiner Hand,

---

a Nach anderen Textzeugen: „(etwas) wie ein neues Lied".

[10] wird auch er trinken von dem ZORNESWEIN GOTTES,
der unverdünnt in dem Becher seines Grimms eingeschenkt ist,
und er wird *gequält* werden mit Feuer und Schwefel
vor heiligen Engeln und vor dem LAMM.
[11] Und der Rauch ihrer *Qual* steigt auf von Ewigkeit zu Ewigkeit,
und es haben die keine Ruhe Tag und Nacht,
die DAS TIER UND SEIN BILD ANBETEN –
und wenn einer den STEMPEL seines Namens nimmt.
[12] Hier ist die Geduld der Heiligen (nötig) –
die die Gebote GOTTES und den Glauben an Jesus bewahren.

[13] Und ich hörte eine Stimme aus dem Himmel sagen: Schreibe:

Selig die Toten, die im Herrn sterben von jetzt an.
Ja – sagt der Geist – damit sie ruhen werden von ihren Mühen,
denn ihre Werke folgen ihnen nach.

[Offb 14,14–20: Die Stunde der Ernte]

[14] Und ich sah, und siehe, eine weiße Wolke, und auf der Wolke (sah ich) einen sitzen gleich einem Menschensohn, der hatte auf seinem Haupt einen goldenen Kranz und in seiner Hand eine scharfe *SICHEL*.
[15] Und EIN ANDERER ENGEL KAM HERAUS AUS dem Tempel und schrie mit lauter Stimme (zu) dem auf der Wolke Sitzenden:

Schicke deine *SICHEL* und **ernte**,
denn gekommen ist die Stunde zu **ernten**,
denn trocken geworden ist die **Ernte** der Erde.

[16] Und der auf der Wolke Sitzende warf seine *SICHEL* über die Erde, und die Erde wurde (ab)**geerntet**.
[17] Und EIN ANDERER ENGEL KAM HERAUS AUS dem im Himmel (befindlichen) Tempel, der hatte ebenfalls eine scharfe *SICHEL*,
[18] und EIN ANDERER ENGEL KAM HERAUS[a] AUS dem Altar, der hatte Macht[b] über das Feuer, und er rief mit lauter Stimme (zu) dem, der die scharfe *SICHEL* hatte, und sagte:

Schicke deine scharfe *SICHEL*
und ernte ab die Trauben des Weinstocks der Erde,
denn reif geworden sind seine Beeren.

---

a „kam heraus" fehlt in zahlreichen Textzeugen.
b Nach anderen Textzeugen: „(nämlich) der, der Macht hatte".

¹⁹ Und der Engel warf seine *SICHEL* auf die Erde und erntete ab den Weinstock der Erde und warf (das Abgeerntete) in die große Kelter des Zornes GOTTES. ²⁰ Und die Kelter wurde außerhalb der Stadt getreten; und es kam Blut aus der Kelter heraus bis an die Zügel der Pferde, eintausendsechshundert Stadien[a] weit.

[Offenbarung 15,1–16,21:
Die sieben Schalen]

[Offb 15,1–8: Die Übergabe der Schalen an die sieben Plageengel]

¹ Und ich sah ein anderes Zeichen im Himmel, *groß und wunderbar*: SIEBEN Engel, die SIEBEN **PLAGEN** hatten, die letzten, denn in ihnen wurde der Zorn GOTTES vollendet.

² Und ich sah (etwas) wie ein gläsernes Meer, vermengt mit Feuer, und (sah) die, die gesiegt hatten über das Tier und über sein Bild und über die Zahl seines Namens, auf dem gläsernen Meer stehen und Zithern GOTTES (in den Händen) halten.

³ Und sie singen das Lied des Mose, des Sklaven GOTTES, und das Lied des LAMMES:

Groß und wunderbar (sind) deine Werke
[Ps 111,2; 139,14],
Herr, GOTT, Allmächtiger.
[Am 3,13; 4,13 LXX]
Gerecht und wahrhaftig (sind) deine Wege
[Dtn 32,4; Ps 145,17],
König der Nationen.
⁴ Wer wird nicht fürchten, Herr
[Jer 10,7],
und (nicht) preisen deinen Namen?
Denn (du) allein (bist) heilig,
denn alle Nationen werden kommen
und anbetend vor dir niederfallen.
[vgl. Ps 86,9]
Denn deine gerechten Taten sind offenbar geworden.

⁵ Und danach sah ich, und geöffnet wurde im Himmel der Tempel des Zeltes des Zeugnisses[b], ⁶ und es kamen SIEBEN Engel, die die SIEBEN **PLAGEN** hatten, aus dem Tempel heraus, angetan mit reinem, glänzendem Leinen und gegürtet um die Brust mit goldenen Gürteln.

⁷ Und eines von den vier Lebewesen gab den SIEBEN Engeln SIEBEN goldene Schalen, die voll waren vom Zorn des von Ewigkeit zu Ewigkeit lebenden GOTTES.

---

a 1 Stadion = ca. 200 Meter.   b Vgl. Ex 26.

⁸ Und der Tempel füllte sich mit Rauch von der Herrlichkeit GOTTES und von seiner Kraft, und niemand konnte hineingehen in den Tempel, bis die SIEBEN **PLAGEN** der SIEBEN Engel vollendet waren.

[Offb 16,1–21: Die Ausgießung der sieben Schalen]

¹ Und ich hörte eine mächtige Stimme aus dem Tempel den SIEBEN Engeln sagen: Geht hin und gießt aus die SIEBEN Schalen des Zornes GOTTES über die Erde!

² Und der **erste** ging weg und goss seine Schale aus über die Erde, und es entstand ein schlimmes und böses GESCHWÜR auf den Menschen, die den Stempel des Tieres hatten und sein Bild anbeteten.

³ Und der **zweite** goss seine Schale aus über das Meer, und es wurde zu BLUT wie von einem Toten, und jedes lebendige Wesen starb, (alles) das, was im Meer (ist).

⁴ Und der **dritte** goss seine Schale aus über die Flüsse und die Quellen der Wasser, und es wurde zu BLUT.

⁵ Und ich hörte den Engel der Wasser sagen:

> GERECHT bist du, der ist und der war, der Heilige,
> dass du so gerichtet hast,
> ⁶ denn (das) BLUT von Heiligen und Propheten haben sie vergossen,
> und BLUT hast du ihnen zu trinken gegeben;
> sie sind es wert.

⁷ Und ich hörte den Altar sagen:

> Ja, Herr, GOTT, Allmächtiger,
> wahrhaftig und GERECHT (sind) deine Gerichte.

⁸ Und der **vierte** goss seine Schale aus auf die Sonne, und gegeben wurde ihr (Macht), die Menschen mit Feuer zu versengen. ⁹ Und versengt wurden die Menschen mit großer Hitze, und sie *lästerten* den Namen GOTTES, der die Macht hat über diese PLAGEN, *und sie kehrten nicht um*, ihm Ehre zu geben.

¹⁰ Und der **fünfte** goss seine Schale aus auf den Thron des Tieres, und sein Königreich wurde verfinstert, und sie zerbissen ihre Zungen wegen des Schmerzes, ¹¹ und sie *lästerten* den GOTT des Himmels wegen ihrer Schmerzen und wegen ihrer GESCHWÜRE, *und sie kehrten nicht um* von ihren Werken.

¹² Und der **sechste** goss seine Schale aus auf den großen Fluss, den Euphrat, und sein Wasser trocknete aus, damit bereitet werde der Weg der Könige, die vom Aufgang (der) Sonne (kommen sollten). ¹³ Und ich sah aus dem Maul des Drachen und aus dem Maul des Tieres und aus dem Maul des Falschpropheten drei unreine Geister (kommen), wie Frösche, ¹⁴ denn sie sind Dämonengeister, die Zeichen tun; die gehen hin zu den Königen des ganzen Erdkreises, um sie für den Kampf zu versammeln am großen Tag GOTTES, des Allmächtigen.

^{15} Siehe, ich komme wie ein Dieb.
Selig, wer wacht und seine Kleider bewahrt,
damit er nicht nackt gehen muss
und sie seine Scham sehen.

^{16} Und er versammelte sie an den Ort, der auf Hebräisch Harmagedon^a genannt wird.

^{17} Und der **siebte** goss seine Schale aus über die Luft hin, und eine laute Stimme kam aus dem Tempel heraus von dem Thron (her) und sagte: Es ist geschehen.

^{18} Und es geschahen Blitze und Stimmen und Donnerschläge, und ein großes Beben geschah, wie es (noch) nicht geschehen war, seit Mensch(en) auf der Erde war(en), ein so gewaltiges Beben, so groß. ^{19} Und die große Stadt wurde zu drei Teilen, und die Städte der Nationen fielen. Und die große (Stadt) Babylon wurde in Erinnerung gerufen vor GOTT, ihr den Becher mit dem Wein seines grimmigen Zornes zu geben. ^{20} Und jede Insel floh, und Berge wurden nicht gefunden. ^{21} Und großer Hagel, schwer wie Talente^b, kommt herab aus dem Himmel auf die Menschen, und die Menschen *lästerten* GOTT wegen der **PLAGE** des Hagels, denn seine **PLAGE** ist sehr groß.

[Offenbarung 17,1–19,10:
Das Gericht an der Hure Babylon]

[Offb 17,1–6: Die Hure Babylon und das scharlachrote Tier]

[*17,1–6: Vision*]

^{1} Und es kam einer von den SIEBEN Engeln, die die SIEBEN Schalen hatten, und redete mit mir und sagte: Komm, ich werde dir das Gericht über die große *HURE* zeigen, die auf vielen Wassern sitzt, ^{2} mit der die *KÖNIGE* der Erde *GEHURT* haben, und betrunken haben sich die Erdbewohner an dem Wein ihrer *HUREREI*.

^{3} Und er brachte mich in eine Wüste weg im Geist.
Und ich sah

eine **Frau** sitzen
auf einem scharlachroten TIER,
    das voll von Namen (der) *Lästerung* war
(und) SIEBEN HÄUPTER hatte
und <u>zehn Hörner</u>.

---

a Mystischer Name, als hebräisch ausgegeben; vielleicht mit „Berg von Megiddo" zu übersetzen.

b Gewichtseinheit, die unterschiedlich berechnet wurde: 20–40 Kilogramm.

⁴ Und die **Frau** war bekleidet mit Purpur und Scharlach und geschmückt mit Gold und Edelstein und Perlen (und) hatte einen goldenen Becher in ihrer Hand, der voll von Gräueln war und die unreinen (Dinge) ihrer *HUREREI* (enthielt), ⁵ und auf ihrer Stirn (hatte sie) einen geschriebenen Namen, ein Geheimnis: Babylon, die Große, die Mutter der *HUREN* und (die Mutter) der Gräuel der Erde.

⁶ Und ich sah die **Frau** trunken vom Blut der Heiligen und vom Blut der Zeugen Jesu.

Und ich *verwunderte* mich, als ich sie sah, mit großer *Verwunderung*.

[*17,7–18: Deutung der Vision*]

⁷ Und der Engel sagte mir: Weswegen hast du dich *verwundert*? Ich werde dir sagen das Geheimnis

> der **Frau**
> und des sie tragenden TIERES,
> das die SIEBEN HÄUPTER hat
> und die <u>zehn Hörner</u>.

⁸ Das TIER, das du gesehen hast, *war, und es ist nicht* und wird aufsteigen aus dem Abgrund UND GEHT FORT INS VERDERBEN, und *verwundern* werden sich die auf der Erde Wohnenden, deren Name nicht geschrieben ist auf die Buchrolle des Lebens seit (der) Grundlegung (der) Welt, wenn sie das TIER erblicken, denn es *war, und es ist nicht*, und es wird da sein.

⁹ Hier (ist) der Verstand (nötig), der Weisheit hat:

Die SIEBEN HÄUPTER sind SIEBEN Berge, auf denen die **Frau** sitzt.

Und es sind SIEBEN *KÖNIGE*. ¹⁰ Die fünf sind gefallen, der eine ist, der andere ist noch nicht gekommen, und wenn er kommt, muss er ein wenig bleiben. ¹¹ Und das TIER, das *war und nicht ist*, ist selbst ein achter und ist von den sieben UND GEHT FORT INS VERDERBEN.

¹² Und die <u>zehn Hörner</u>, die du gesehen hast, sind zehn *KÖNIGE*, welche (die) KÖNIGSHERRSCHAFT noch nicht empfangen haben, aber Macht wie *KÖNIGE* für eine Stunde empfangen mit dem TIER. ¹³ Diese sind eines Sinnes und geben ihre Kraft und Macht dem TIER. ¹⁴ Diese werden mit dem LAMM kämpfen, und das LAMM wird sie überwinden, denn es ist Herr von Herren und *KÖNIG* von *KÖNIGEN*, und die bei ihm (sind) Berufene, Auserwählte und Treue.

¹⁵ Und er sagt mir: Die Wasser, die du gesehen hast, wo die *HURE* sitzt, sind Völker und Scharen und Nationen und Sprachen.

¹⁶ Und die <u>zehn Hörner</u>, die du gesehen hast, und das TIER, diese werden die *HURE* hassen und werden sie zu einer Vereinsamten machen und zu einer Nackten und ihr Fleisch fressen und sie mit Feuer verbrennen. ¹⁷ Denn GOTT hat in ihre Herzen gegeben, seinen Entschluss auszuführen und in einem einzigen Sinn zu handeln

und ihre *KÖNIGSHERRSCHAFT* dem TIER zu geben, bis die Worte GOTTES werden vollendet werden.

[18] Und die **Frau**, die du gesehen hast, ist die große Stadt, die (die) *KÖNIGSHERR-SCHAFT* über die *KÖNIGE* der Erde hat.

[Offb 18,1–24: Der Untergang Babylons]

[1] Danach sah ich einen anderen Engel herabsteigen aus dem Himmel, der hatte gro-ße Macht, und die Erde wurde erleuchtet von seinem Glanz. [2] Und er schrie mit mächtiger Stimme:

Gefallen, gefallen ist Babylon, die Große,
und sie ist eine Wohnung von Dämonen geworden
und ein Gefängnis für jeden unreinen Geist
und ein Gefängnis für jeden unreinen und verhassten Vogel[a].
[3] Denn von dem Zorneswein ihrer *HUREREI* haben getrunken
alle Nationen,
und die *KÖNIGE* der Erde
haben mit ihr *GEHURT*,
und die **KAUFLEUTE** der Erde
sind von der Kraft ihrer Üppigkeit reich geworden.

[4] Und ich hörte eine andere Stimme aus dem Himmel sagen:

Geht hinaus, mein Volk, aus ihr,
damit ihr nicht teilhabt an ihren Sünden
und damit ihr von ihren Plagen nichts empfangt!
[5] Denn aufgetürmt haben sich ihre Sünden bis zum Himmel,
und GOTT hat an ihre Unrechtstaten gedacht.

[6] Vergeltet ihr,
wie auch sie vergolten hat,
und zahlt ihr doppelt heim
gemäß ihren Werken.
In den Becher, den sie eingeschenkt hat,
sollt ihr ihr doppelt einschenken.
[7] In dem Maße, in dem sie sich verherrlicht hat und üppig gemacht hat,
sollt ihr ihr Qual und **Trauer** geben.

Denn in ihrem Herzen sagt sie:
Ich sitze (hier) als *KÖNIGIN*

---

a Nach anderer Textrekonstruktion: „und ein Gefängnis für jeden unreinen Vogel und ein Gefängnis für jedes unreine und verhasste Tier".

und bin keine Witwe,
und **Trauer** werde ich nicht sehen.

[8] Deswegen werden an einem einzigen Tag ihre Plagen kommen,
Tod und **Trauer** und Hunger,
und mit Feuer wird sie verbrannt werden,
denn mächtig (ist der) Herr, GOTT, der sie richtet.

[9] Und weinen und klagen werden um sie die *KÖNIGE* der Erde, die mit ihr *GE-HURT* und üppig gelebt haben, wenn sie den Rauch ihrer Verbrennung erblicken, [10] und werden FERNAB STEHEN WEGEN DER FURCHT VOR IHRER QUAL und sagen:

WEHE, WEHE, DU GROSSE STADT,
Babylon, du mächtige Stadt,
denn IN EINER EINZIGEN STUNDE ist dein Gericht gekommen.

[11] Und die **KAUFLEUTE** der Erde weinen und **trauern** um sie, weil ihre[a] Fracht niemand mehr kauft, [12] Fracht von

Gold
und Silber
und Edelstein
und Perlen
und Byssusstoff
und Purpur
und Seide
und Scharlach
und all das Thujaholz
und all das Gerät aus Elfenbein
und all das Gerät aus kostbarem Holz
    und aus Erz
    und aus Eisen
    und aus Marmor
[13] und Zimt
und Amomum
und Räucherwerk
und Salböl
und Weihrauch
und Wein
und Öl
und Feinmehl
und Weizen

---

a Plural.

und Reittiere
und Schafe
   und (Fracht) von Pferden
   und von Reisewagen
   und von Leibern
und Menschenleben.

[14] Und das Obst, auf das sich die Begierde deiner Seele richtete,
   ging von dir weg,
und alle prächtigen und glänzenden (Dinge)
   sind verschwunden von dir weg,
   und nie mehr wird man sie finden.

[15] Die **KAUFLEUTE** dieser (Dinge), die reich geworden sind von ihr, werden FERN-AB STEHEN WEGEN DER FURCHT VOR IHRER QUAL und weinend und **trauernd** [16] sagen:

WEHE, WEHE, DU GROSSE STADT,
   die bekleidet ist mit Byssusstoff und Purpur und Scharlach
   und geschmückt ist mit Gold und Edelstein und einer Perle,
   [17] denn IN EINER EINZIGEN STUNDE wurde der so große Reichtum *VERWÜSTET*.

Und jeder Steuermann und jeder zu einem Ort Segelnde und (die) Seefahrer und alle die, die das Meer beruflich befahren, blieben fernab stehen [18] und schrien, als sie den Rauch ihrer Verbrennung erblickten, und sagten: Wer ist der grossen Stadt gleich? [19] Und sie warfen Staub auf ihre Häupter und schrien weinend und **trauernd** und sagten:

WEHE, WEHE, DU GROSSE STADT,
   in der reich geworden sind alle, die die Schiffe hatten auf dem Meer,
   durch ihre Kostbarkeit,
   denn IN EINER EINZIGEN STUNDE wurde sie *VERWÜSTET*.

[20] Frohlocke über sie, Himmel,
   und ihr Heiligen und Apostel und Propheten,
   denn vollzogen hat GOTT euer Strafurteil an ihr.

[21] Und ein einzelner mächtiger Engel hob einen Stein auf, groß wie ein Mühlstein, und warf (ihn) in das Meer und sagte:

So wird mit Gewalt (nieder)geworfen werden Babylon, die grosse Stadt,
   und sie wird nie mehr gefunden werden.
   [22] Und (die) Stimme der Zitherspieler und Musiker
und Flötenspieler und Posaunenspieler
   wird in dir nie mehr gehört werden,
und ein Handwerker jeglichen Handwerks
   wird in dir nie mehr gefunden werden,

und das Geräusch einer Mühle
  wird in dir nie mehr gehört werden.
²³ Und (das) Licht einer Lampe
  wird in dir nie mehr leuchten,
und (die) Stimme eines Bräutigams und einer Braut
  wird in dir nie mehr gehört werden.
Denn deine KAUFLEUTE waren die Vornehmen der Erde.
Denn durch deine Zauberei wurden alle Nationen verführt.
²⁴ Und in ihr wurde das *BLUT* von Propheten und Heiligen gefunden und aller auf der Erde Abgeschlachteten.

[Offb 19,1–10: Die Hochzeit des Lammes]

¹ Danach hörte ich (etwas) wie eine laute *Stimme einer großen Menge* im Himmel sagen:

> *Halleluja!*
> Die Rettung und die Herrlichkeit und die Kraft (sind) unseres GOTTES,
> ² denn wahrhaftig und gerecht (sind) seine Gerichte,
> denn er hat die große *HURE* gerichtet,
> welche die Erde durch ihre *HUREREI* verdorben hat,
> und er hat das *BLUT* seiner SKLAVEN gerächt an ihrer Hand.

³ Und (ein) zweites (Mal) sagten sie:

> *Halleluja!*
> Und ihr Rauch steigt auf von Ewigkeit zu Ewigkeit.

⁴ Und es fielen nieder die vierundzwanzig Ältesten und die vier Lebewesen und beteten GOTT an, der auf dem Thron saß, und sagten:

> Amen, *halleluja!*

⁵ Und eine Stimme ging von dem Thron aus und sagte:

> Lobt unseren GOTT,
> alle seine SKLAVEN
> und ihr, die ihr ihn fürchtet,
> die Kleinen und die Großen!

⁶ Und ich hörte (etwas) wie eine *Stimme einer großen Menge* und wie eine Stimme vieler Wasser und wie eine Stimme mächtiger Donnerschläge, die riefen:

> *Halleluja!*
> Denn König geworden ist (der) Herr, unser GOTT,
>   der Allmächtige.

⁷ Lasst uns freuen und jauchzen
  und ihm Ehre geben,
denn gekommen ist die Hochzeit des LAMMES,
  und seine Frau hat sich bereit gemacht,
⁸ und gegeben wurde ihr,
  dass sie sich bekleide mit glänzendem, reinem Byssusstoff.
Denn das Byssusleinen sind die gerechten Taten der Heiligen.

⁹ Und er sagt mir: Schreibe: Selig die zu dem Gastmahl der Hochzeit des LAMMES Berufenen!
Und er sagt mir: Dies sind die wahrhaftigen Worte GOTTES.
¹⁰ Und ich fiel nieder zu seinen Füßen, ihn anzubeten.
Und er sagt mir: Sieh (zu, dass du das) nicht (tust)! Ein MitSKLAVE von dir bin ich und von deinen Brüdern, die das Zeugnis Jesu haben. GOTT bete an!
Denn das Zeugnis Jesu ist der Geist der Prophezeiung.

[Offenbarung 19,11–22,5: Die Wiederkunft Christi und die Vollendung]

[Offb 19,11–21: Die Überwindung des Tieres]

¹¹ Und ich sah den Himmel geöffnet, und siehe, ein weißes Pferd, und der auf ihm Sitzende heißt: Treu und Wahrhaftig, und in Gerechtigkeit richtet und kämpft er. ¹² Seine Augen aber (sind) wie eine Feuerflamme, und auf seinem Haupt (sind) viele Diademe, und er trägt einen Namen geschrieben, den niemand kennt als er selbst, ¹³ und bekleidet ist er mit einem in Blut eingetauchten Gewand, und sein Name lautet: Wort GOTTES.
¹⁴ Und die Truppen im Himmel folgten ihm auf weißen Pferden (und waren) angetan mit weißem reinem Byssusstoff.
¹⁵ Und aus seinem Mund geht ein scharfes *BREITSCHWERT* hervor, damit er mit ihm die Nationen schlage.
Und er selbst
                              wird sie weiden mit eisernem Stab.
                              [Ps 2,9]
Und er selbst tritt die Kelter des Weins des grimmigen Zornes GOTTES, des Allmächtigen.
¹⁶ Und er trägt auf seinem Kleid und auf seinem Schenkel einen Namen geschrieben: König von Königen und Herr von Herren.
¹⁷ Und ich sah einen einzelnen Engel stehen in der Sonne, und er rief mit lauter Stimme und sagte allen hoch oben am Himmel fliegenden *VÖGELN*:

Kommt her,
versammelt euch zu dem großen Gastmahl G OTTES, [18] damit ihr fresst
Fleisch von Königen,
und *Fleisch* von hohen Militärs,
und *Fleisch* von Mächtigen,
und *Fleisch* von Pferden und von den auf ihnen Sitzenden
und *Fleisch* von allen Freien und Sklaven und Kleinen und Großen.

[19] Und ich sah das TIER und die Könige der Erde und ihre Truppen versammelt, um den Krieg zu führen mit dem auf dem Pferd Sitzenden und mit seiner Truppe.

[20] Und ergriffen wurde das TIER und mit ihm der falsche Prophet, der vor ihm (her) die Zeichen getan hatte, durch die er die verführt hatte, die den Stempel des TIERES empfangen hatten, und die, die sein Bild anbeteten; lebend wurden die beiden in den Feuerpfuhl geworfen, der mit Schwefel brennt.

[21] Und die übrigen wurden getötet mit dem *BREITSCHWERT* des auf dem Pferd Sitzenden, das aus seinem Mund herausgekommen war, und alle V ÖGEL wurden satt von ihrem *Fleisch*.

[Offb 20,1–6: Das Tausendjährige Reich]

[1] Und ich sah einen Engel herabsteigen aus dem Himmel, der hatte den Schlüssel des Abgrunds und eine große Kette auf seiner Hand. [2] Und er ergriff den Drachen, die alte Schlange, der (der) Teufel und der Satan ist, und er fesselte ihn für **tausend Jahre**, [3] und er warf ihn in den Abgrund und schloss zu und setzte ein Siegel über ihm, damit er die Nationen nicht mehr verführe, bis die **tausend Jahre** vollendet würden. Danach muss er eine kleine Zeit losgelassen werden.

[4] Und ich sah Throne, und sie setzten sich auf sie, und (das) Gericht wurde ihnen gegeben, und (ich sah) die Seelen derer, die enthauptet worden waren wegen des Zeugnisses Jesu und wegen des Wortes G OTTES, und die, welche das TIER und sein Bild nicht angebetet hatten und den Stempel nicht empfangen hatten auf ihre Stirn und auf ihre Hand. Und sie wurden lebendig und herrschten mit Christus **tausend Jahre.**

[5] Die übrigen der Toten wurden nicht lebendig, bis vollendet würden die **tausend Jahre.**

Dies ist die erste Auferstehung. [6] Selig und heilig, wer Anteil hat an der ersten Auferstehung. Über diese (Menschen) hat der zweite Tod keine Macht, sondern sie werden Priester G OTTES und Christi sein und werden herrschen mit ihm die **tausend Jahre.**

[Offb 20,7–10: Der letzte Kampf]

[7] Und wenn die **tausend Jahre** vollendet werden, wird der Satan aus seinem Gefängnis losgelassen werden, [8] und er wird herauskommen, die Nationen zu verführen,

die in den vier Ecken der Erde (sind), Gog und Magog, um sie zum Kampf zu versammeln, deren Zahl wie der Sand des Meeres (ist).

[9] Und sie stiegen herauf auf die Ebene der Erde und umringten das Lager der Heiligen und die geliebte Stadt,

und es kam Feuer aus dem Himmel herab und verzehrte sie.

[2Kön 1,10.12]

[10] Und der Teufel, der sie verführte, wurde in den Pfuhl des Feuers und Schwefels geworfen, wo auch das TIER und der Falschprophet (waren), und sie werden gequält werden Tag und Nacht von Ewigkeit zu Ewigkeit.

[Offb 20,11–15: Die Buchrolle des Lebens]

[11] Und ich sah einen großen weißen Thron und den auf ihm Sitzenden, vor dessen Angesicht die Erde floh und der Himmel, und ein Ort wurde für sie nicht gefunden.

[12] Und ich sah die TOTEN, die großen und die kleinen, vor dem Thron stehen.

Und Buchrollen wurden geöffnet, und eine andere Buchrolle wurde geöffnet, die (die Buchrolle) des Lebens ist, und die TOTEN wurden aufgrund des in den Buchrollen Geschriebenen gerichtet *nach ihren Werken.*

[13] Und das Meer gab die TOTEN, die in ihm (waren, heraus), und DER TOD UND DER HADES gaben die TOTEN, die in ihnen (waren, heraus), und sie wurden gerichtet, jeder (einzelne), *nach ihren Werken.*

[14] Und DER TOD UND DER HADES wurden in den *Pfuhl des Feuers* geworfen. Dies ist der zweite Tod, der *Pfuhl des Feuers.*

[15] Und wenn einer nicht geschrieben gefunden wurde im Buch des Lebens, wurde er in den *Pfuhl des Feuers* geworfen.

[Offb 21,1–8: Der neue Himmel und die neue Erde]

[1] Und ich sah einen neuen Himmel und eine neue Erde. Denn der erste Himmel und die erste Erde sind vergangen, und das Meer ist nicht mehr.

[2] Und die heilige Stadt, (das) neue Jerusalem, sah ich herabkommen aus dem Himmel von GOTT, bereit gemacht wie eine für ihren Mann geschmückte Braut.

[3] Und ich hörte eine mächtige Stimme von dem Thron (her) sagen:

Siehe, das Zelt GOTTES bei den Menschen,
und er wird zelten bei ihnen,
und sie selbst werden seine Völker sein,
und GOTT selbst wird bei ihnen sein als ihr GOTT.

[4] Und er wird abwischen jede Träne von ihren Augen.

[Jes 25,8]

Und der Tod wird nicht mehr sein,
und Trauer und Geschrei und Mühsal wird nicht mehr sein,
denn die ersten (Dinge) sind vergangen.

⁵ Und der auf dem Thron Sitzende sagte: Siehe, neu mache ich alles.
Und er sagt: Schreibe, denn diese Worte sind zuverlässig und wahrhaftig.
⁶ Und er sagte mir: Es ist geschehen.

> Ich bin das Alpha und das O(mega),
> der Anfang und das Ende.
> Ich werde dem Dürstenden geben
>   aus der Quelle des Wassers des Lebens umsonst.

⁷ Wer überwindet, wird dies erben,

> und ich werde ihm GOTT sein,
> und er selbst wird mir Sohn sein.
> [vgl. Ez 11,20; 2Sam 7,14]

⁸ Den Feiglingen aber
und Ungläubigen
und Gräuelbefleckten
und Mördern
und Hurern
und Zauberern
und Götzendienern
und allen Lügnern
(ist) ihr Teil in dem mit Feuer und Schwefel brennenden Pfuhl;
das ist der zweite Tod.

[Offb 21,9–22,5: Das neue Jerusalem]

⁹ Und es kam einer von den sieben Engeln, die die sieben Schalen hatten, die voll waren von den sieben letzten Plagen, und redete mit mir und sagte: Komm her, ich werde dir zeigen die Braut, die Frau des LAMMES.
¹⁰ Und er führte mich weg im Geist auf einen **großen und hohen** Berg und zeigte mir die heilige Stadt Jerusalem, wie sie aus dem Himmel von GOTT herabkam ¹¹ (und dabei) die Herrlichkeit GOTTES hatte; ihr Glanz (war) gleich kostbarstem Stein, wie kristallklarer Jaspisstein,

¹² und sie hatte eine **große und hohe** Mauer
und hatte zwölf Tore
und auf den Toren zwölf Engel
und aufgeschriebene Namen,
die die Namen der zwölf Stämme (der) Söhne Israels sind,

¹³ von Osten drei Tore
und von Norden drei Tore
und von Süden drei Tore
und von Westen drei Tore.

¹⁴ Und die Mauer der Stadt hatte zwölf Grundsteine, und auf ihnen (waren die) zwölf Namen der zwölf Apostel des LAMMES.

¹⁵ Und der mit mir Redende hatte ein Maß, ein goldenes Rohr, damit er messe die Stadt und ihre Tore und ihre Mauer. ¹⁶ Und die Stadt ist viereckig angelegt, und ihre Länge (ist) so groß wie auch die Breite. Und er maß die Stadt mit dem Rohr auf zwölftausend Stadien[a], ihre Länge und Breite und Höhe sind gleich. ¹⁷ Und er maß ihre Mauer: hundertvierundvierzig Ellen[b] (nach) eines Menschen Maß, das ist (auch das Maß) eines Engels.

¹⁸ Und der Baustoff ihrer Mauer (war) Jaspis, und die Stadt (war) reines Gold gleich reinem Glas. ¹⁹ Die Grundsteine der Mauer der Stadt (waren) mit jedem Edelstein geschmückt,

> der erste Grundstein (war) ein Jaspis,
> der zweite ein Saphir,
> der dritte ein Chalzedon,
> der vierte ein Smaragd,
> ²⁰ der fünfte ein Sardonyx,
> der sechste ein Sarder,
> der siebte ein Chrysolith,
> der achte ein Beryll,
> der neunte ein Topas,
> der zehnte ein Chrysopras,
> der elfte ein Hyazinth,
> der zwölfte ein Amethyst.

²¹ Und die zwölf Tore (waren) zwölf Perlen, jedes einzelne der Tore war aus einer einzigen Perle. Und die Straße der Stadt (war) reines Gold wie durchscheinendes Glas.

²² Und einen Tempel sah ich nicht in ihr, denn der Herr, GOTT, der Allmächtige, ist ihr Tempel und das LAMM.

²³ Und die Stadt bedarf nicht der Sonne und des Mondes, dass sie ihr scheinen. Denn die Herrlichkeit GOTTES hat sie erleuchtet, und ihr Leuchter (ist) das LAMM.

²⁴ Und wandeln werden die Nationen in ihrem Licht, und die Könige der Erde bringen ihre Pracht zu ihr. ²⁵ Und ihre Tore werden nie mehr geschlossen werden am Tag, denn eine Nacht wird dort nicht sein, ²⁶ und sie werden die Herrlichkeit und die Ehre der Nationen zu ihr bringen. ²⁷ Und nichts Unreines wird in sie hineinkommen und keiner, der Gräuel und Lüge tut, sondern nur die, die geschrieben sind in der Buchrolle des Lebens des LAMMES.

²²,¹ Und er zeigte mir einen Fluss von Lebenswasser, klar wie Kristall, der ging aus vom Thron GOTTES und des LAMMES.

---

a 1 Stadion = ca. 200 Meter.   b 1 Elle = ca. ¹/₂ Meter.

² Inmitten ihrer Straße und auf des Flusses beiden Seiten (war) Holz[a] des Lebens[b], das zwölf Früchte trägt (und) jeden Monat seine Frucht hervorbringt, und die Blätter des Holzes (dienen) zur Heilung der Nationen.
³ Und nichts Verfluchtes wird mehr sein. Und der Thron GOTTES und des LAMMES wird in ihr sein, und seine SKLAVEN werden ihm dienen, ⁴ und sie werden sein Angesicht sehen, und sein Name (wird sein) auf ihren Stirnen. ⁵ Und Nacht wird nicht mehr sein, und nicht bedürfen sie (des) Lichtes eines Leuchters und (des) Sonnenlichtes, denn (der) Herr, GOTT, wird leuchten über ihnen, und sie werden herrschen von Ewigkeit zu Ewigkeit.

[Offenbarung 22,6–21: Schluss]

⁶ Und er sagte mir: Diese **WORTE** (sind) zuverlässig und wahr, und der Herr, der GOTT der Geister der Propheten, hat seinen Engel gesandt, um seinen SKLAVEN zu zeigen, was in Kürze geschehen muss.
⁷ Und siehe, ich **komme** bald.
Selig (ist), der die **WORTE** der Prophezeiung dieser Buchrolle bewahrt.
⁸ Und ich, Johannes, (war es,) der diese (Dinge) hörte und erblickte. Und als ich (sie) gehört und erblickt hatte, fiel ich nieder, um anzubeten vor den Füßen des Engels, der mir diese (Dinge) gezeigt hatte.
⁹ Und er sagt mir: Sieh (zu, dass du das) nicht (tust)! Ein MitSKLAVE von dir bin ich und deiner Brüder, der Propheten, und derer, die die **WORTE** dieser Buchrolle bewahren. GOTT bete an!
¹⁰ Und er sagt mir: Du sollst die **WORTE** der Prophezeiung dieser Buchrolle nicht versiegeln, denn der Zeitpunkt ist nahe.

¹¹ Wer Unrecht tut, tue weiterhin Unrecht,
und der Schmutzige beschmutze sich weiterhin,
und der Gerechte tue weiterhin Gerechtigkeit,
und der Heilige heilige sich weiterhin.

¹² Siehe, ich **komme** bald, und mein Lohn (kommt) mit mir, um jedem zu vergelten, wie sein Werk ist.

¹³ Ich (bin) das Alpha und das O(mega),
der Erste und der Letzte,
der Anfang und das Ende.

¹⁴ Selig, die ihre Gewänder waschen, damit sie Anrecht bekommen an dem Holz des Lebens und sie durch die Tore in die Stadt hineingehen. ¹⁵ Draußen (sind)

---

a Gemeint sind wohl Bäume (vgl. Ez 47,7.12), nicht ein (oder der) Baum.

b Oder: „Zwischen ihrer Straße und dem Fluss, auf beiden Seiten, (war) Holz des Lebens".

die Hunde
und die Zauberer
und die Hurer
und die Mörder
und die Götzendiener
und jeder, der Lüge liebt und tut.

[16] Ich, Jesus, habe meinen Engel gesandt, um euch dies über die Gemeinden zu bezeugen. Ich bin die Wurzel und das Geschlecht Davids, der glänzende Morgenstern.

[17] Und der Geist und die Braut sagen: **Komm!**
Und wer es hört, sage: **Komm!**
Und wer dürstet, **komme;**
wer will, empfange Lebenswasser umsonst.

[18] Ich bezeuge jedem, der die **WORTE** der Prophezeiung dieser Buchrolle hört:
Wenn einer (etwas) zu ihnen zufügt, wird GOTT ihm die Plagen zufügen, die in dieser Buchrolle geschrieben sind.
[19] Und wenn einer (etwas) wegnimmt von den **WORTEN** der Buchrolle dieser Prophezeiung, wird GOTT seinen Anteil am Holz des Lebens und an der heiligen Stadt wegnehmen, die in dieser Buchrolle beschrieben sind.

[20] Es sagt, der dies bezeugt:

Ja, ich **komme** bald.

Amen. **Komm,** Herr Jesus!

[21] Die Gnade des Herrn Jesus (sei) mit allen.

Wenn Sie weiterlesen möchten ...

Karl-Wilhelm Niebuhr (Hg.)
Grundinformation Neues Testament
Eine bibelkundlich-theologische Einführung
In Zusammenarbeit mit Michael Bachmann, Reinhard Feldmeier, Friedrich Wilhelm Horn und Matthias Rein
UTB 2108

Das Arbeitsbuch stellt die Schriften des Neuen Testaments allgemeinverständlich in der Reihenfolge des Kanons dar. Der Zugang erfolgt über eine bibelkundliche Erschließung. Exegetische Hinweise dienen der Einordnung der behandelten Schrift und der Erhellung ihrer Entstehung. Anschließend werden theologische Schwerpunkte dargestellt und Hinweise zu Wirkungsgeschichte und gegenwärtiger Bedeutung gegeben – im Kirchenjahr, in der Kunst oder auch im »säkularen« Alltag. Durch vorangestellte Thesen, eingefügte Übersichten sowie zusätzliche Informationen in einer Randspalte wird der Text didaktisch erschlossen. Mit einem Verzeichnis der wichtigsten Studienliteratur, Glossar und biblischem Personenverzeichnis.

Udo Schnelle
Einführung in die neutestamentliche Exegese
UTB 1253

Die Einführung stellt die exegetischen Methoden vor, die heute in der neutestamentlichen Wissenschaft anerkannt sind. Durch praktische Beispiele und Aufgaben leitet Udo Schnelle zu ihrer Anwendung bei der Auslegung des Neuen Testaments an. Die Neubearbeitung des in zahlreichen Proseminaren bewährten Lehrbuchs berücksichtigt auch die jüngste Fachdiskussion.

»Dieses Buch stellt die exegetischen Methoden vor, die heute in der neutestamentlichen Wissenschaft anerkannt sind, und leitet zu ihrer Anwendung bei der Auslegung des Neuen Testaments durch praktische Beispiele und Aufgaben an. Die Neubearbeitung des in zahlreichen Proseminaren bewährten Lehrbuchs berücksichtigt die jüngste Fachdiskussion. Von Anlage, Brauchbarkeit, Vielfalt und Inhalt her ist diese Studienhilfe vollauf zu begrüßen. Sie leistet sowohl Lernenden wie auch Lehrenden sicher wertvolle Dienste.« *Theologische Revue*

»Eine prägnante, verständliche und deshalb gelungene Information über die wichtigsten Verfahren und Modelle neutestamentlicher Schriftenanalyse.« *Publik-Forum*

Udo Schnelle
Einleitung in das Neue Testament
UTB 1830

Udo Schnelles Einleitung behandelt die Entstehungsverhältnisse der 27 neutestamentlichen Schriften und stellt die theologischen Grundgedanken jeder Schrift und die Tendenzen der neuesten Forschung dar. Darüber hinaus werden Themen wie die Chronologie des paulinischen Wirkens, die Paulus-Schule, methodische Überlegungen zu Teilungshypothesen, die Gattung Evangelium, Pseudepigraphie und das Werden des neutestamentlichen Kanons ausführlich erörtert.

»Umfassend und beeindruckend.« *Theologische Literaturzeitung*

»Ein ausgezeichnetes und kompetentes, auch didaktisch sorgfältig gestaltetes Einleitungswerk.« *Zeitschrift für Katholische Theologie*

Udo Schnelle
Theologie des Neuen Testaments
UTB 2917

Diese Theologie des Neuen Testaments erschließt in einem Band alle theologischen Entwürfe des Neuen Testaments auf dem aktuellen Stand der internationalen Forschung. Nach einem einleitenden hermeneutischen Kapitel bildet die Darstellung der Verkündigung Jesu den Ausgangspunkt. Es schließen sich umfangreiche Kapitel über Paulus, die Logienquelle, die synoptischen Evangelien, die Apostelgeschichte, die Deuteropaulinen, alle späteren Briefe sowie die johanneische Literatur an. Dabei werden jeweils die Theologie, Christologie, Pneumatologie, Soteriologie, Anthropologie, Ethik, Ekklesiologie und Eschatologie des Verfassers/der Schrift behandelt. So kann dieses Lehrbuch auch als Christologie, Pneumatologie, Soteriologie usw. des Neuen Testaments gelesen werden. In einem abschließenden Kapitel wird der theologiegeschichtliche Standort der jeweiligen Schrift herausgearbeitet. In die Darstellung integriert sind vertiefende Abschnitte über die entscheidenden Weichenstellungen im frühen Christentum: Entstehung der Christologie, frühe Mission, Evangelienschreibung als innovative Krisenbewältigung, die Christen im Römischen Reich.

»Das Ziel, ›die Vielfalt und den Reichtum der neutestamentlichen Gedankenwelt darzustellen‹, erreicht der Autor spielend. Er gewährt lehrreiche Einblicke in die spirituelle Tiefe und geistige Höhe des Neuen Testaments.« *Christ in der Gegenwart*

»Der Hallenser Neutestamentler legt ein wissenschaftlich kompetentes und didaktisch sorgfältig gestaltetes Grundlagenwerk vor.« *PV-aktuell*

Lukas Bormann
Bibelkunde
Altes und Neues Testament
UTB 2674

Bibelkunde legt die Basis für das Studium und muss spätestens im Examen beherrscht werden! Lukas Bormann führt in den Aufbau der Bibel ein, informiert über die Beziehungen zum Koran und erläutert die wichtigsten Bibelübersetzungen. In 14 Paragraphen behandelt er die Schriften des Alten und Neuen Testaments. Eine in der Praxis erprobte, bibeldidaktisch reflektierte Auswahl von 50 biblischen Erzählungen ermöglicht eine Schnelllektüre der wichtigsten erzählerischen Inhalte der Bibel. Jeder Paragraph enthält Lektüreempfehlungen, einen Leitfaden zum eigenständigen Lernen und Hinweise zu weiterführender Literatur. Zahlreiche Übersichten und Schemata erschließen den umfangreichen Stoff, erleichtern so die Prüfungsvorbereitung und dienen auch in der Praxis als Orientierung.

»Bormann macht es richtig, wenn er in dieser Einführung nicht in die wissenschaftsinternen Debatten einsteigt oder sich in exegetischen Diskursen verliert. Er möchte ein „Leseerlebnis" bieten -- ein leider noch ungewöhnlicher Anspruch eines deutschen Lehrbuchautors an sich selbst. Umso erfreulicher, dass er in der Lage ist, diesen auch einzulösen. Dem Leser droht keine Wanderung durch Textwüsten, vielmehr findet er einen nach allen Regeln der Didaktik strukturierten Text vor, der eine spannende Geschichte zu erzählen hat. Bormann führt, im Stil eines engagierten Dozenten, Studienanfänger ebenso wie interessierte Laien an die Bibel und den wissenschaftlichen Umgang mit ihr heran.« *literaturtest.de*

Peter Wick
Paulus
Mit einem Beitrag von Jens-Christian Maschmeier
UTB 2858

Peter Wick bringt den Völkerapostel Paulus, sein Leben und Werk und seine zentrale Bedeutung für das Christentum, die Theologie und die westliche Philosophie Studierenden und interessierten Laien näher und ermutigt zu einem eigenständigen Umgang mit der paulinischen Theologie.

»... als gute Einführung in Leben und Werk des Paulus, die auch für Fortgeschrittene eine interessante und lehrreiche Lektüre ist, empfohlen ...« *Studien zum Neuen Testament und seiner Umwelt*

»...[eine] sehr empfehlenswerte[n] Einführung...« *Theo-Web*

UTB – für Studium und Examen V&R

905: Bernd Moeller
Geschichte des Christentums in Grundzügen
9., überarbeitete Auflage 2008. 436 Seiten, kartoniert. ISBN 978-3-8252-0905-6

Ein Standardwerk zur Geschichte des Christentums in überarbeiteter Auflage.

2745: Jan Christian Gertz (Hg.)
Grundinformation Altes Testament
Eine Einführung in Literatur, Religion und Geschichte des Alten Testaments

In Zusammenarbeit mit Angelika Berlejung, Konrad Schmid und Markus Witte. 2., durchgesehene Auflage 2007. 557 Seiten mit 16 Abb. und zahlreichen Tabellen, kartoniert. ISBN 978-3-8252-2745-6

»Das Lehrbuch ist gleichermaßen für Diplom- wie für Lehramtsstudierende in allen Studienphasen bis hin zum Examen geeignet, ist aber auch darüber hinaus jedem zu empfehlen, der sich in kirchlicher und schulischer Praxis um ein vertieftes Verständnis des Alten Testaments bemüht.« *Zeitschrift für die Alttestamentliche Wissenschaft*

2146: Hans-Christoph Schmitt
Arbeitsbuch zum Alten Testament
Grundzüge der Geschichte Israels und der alttestamentlichen Schriften

2., durchgesehene Auflage 2007. 478 Seiten mit 5 Karten, kartoniert. ISBN 978-3-8252-2146-1

»Solide Grundlage und ... Anregung für alle weiterzuführende Arbeit am Alten Testament« *Theologische Literaturzeitung*

»For students, this is the ideal book to start with.« *International Review of Biblical Studies*

2214: Rochus Leonhardt
Grundinformation Dogmatik
Ein Lehr- und Arbeitsbuch für das Studium der Theologie
3., völlig neu bearbeitete Auflage 2008. 496 Seiten mit 7 Abb., kartoniert. ISBN 978-3-8252-2214-7

Ein Überblick zu den Hauptinhalten der christlichen Dogmatik mit Übersichten und Abbildungen sowie Anregungen zu eigener Weiterarbeit.

2564: Gunda Schneider-Flume
Grundkurs Dogmatik
Nachdenken über Gottes Geschichte
2., durchges. Auflage 2008. 414 Seiten, kartoniert ISBN 978-3-8252-2564-3

»Vorzüglich didaktisch aufbereitet« *TheoWeb. Zeitschrift für Religionspädagogik*

2887: Peter Fischer
Philosophie der Religion
2007. 236 Seiten, kartoniert ISBN 978-3-8252-2887-3

Fischer stellt die verschiedenen Deutungen der Religion und Erklärungen zur Religiosität systematisch vor und diskutiert sie.

Vandenhoeck & Ruprecht

UTB – für Studium und Examen

V&R

2918: Markus Mühling
Grundinformation Eschatologie
Systematische Theologie aus der Perspektive
der Hoffnung
2007. 352 Seiten, kartoniert
ISBN 978-3-8252-2918-4

Diese »Grundinformation« erschließt den
wichtigen, aber schwierigen Bereich der
Systematischen Theologie auf verständliche Weise. Mühling stellt verschiedene
Modelle der Eschatologie vor und bedenkt
ihren praktisch-theologischen Kontext.

3062: Anna-Katharina Höpflinger /
Ann Jeffers / Daria Pezzoli-Olgiati (Hg.)
Handbuch Gender und Religion
2008. 342 Seiten mit 38 Abb., kartoniert
ISBN 978-3-8252-3062-3

»Und für alle, die trotz hartnäckiger sexistischer Strukturen noch nicht vom Glauben
abgefallen sind, ist nun das ›Handbuch
Gender und Religion‹ [...] eine gut sortierte
Fundgrube.« *börsenblatt SPEZIAL*

3138: Wolfgang Lienemann
Grundinformation Theologische Ethik
2008. Ca. 224 Seiten, kartoniert
ISBN 978-3-8252-3138-5

Dieses Buch führt in die Grundbegriffe der
Ethik ein und stellt aktuelle Ethik-Konzeptionen mit religiösem und nicht-religiösem
Hintergrund vor.

3149: Michael Meyer-Blanck /
Birgit Weyel
Studien- und Arbeitsbuch Praktische Theologie
2008. 272 Seiten, kartoniert
ISBN 978-3-8252-3149-1

Das Studien- und Arbeitsbuch führt mit
exemplarischen thematischen Einheiten in
die Praktische Theologie, einschließlich der
Religionspädagogik, ein.

2888: Astrid Dinter / Hans-Günter
Heimbrock / Kerstin Söderblom (Hg.)
Einführung in die Empirische Theologie
Gelebte Religion erforschen
2007. 384 Seiten mit 27 Abb., kartoniert
ISBN 978-3-8252-2888-0

»... das Lehrbuch leistet nicht nur für die
Praktische Theologie, sondern auch für die
Theologie insgesamt einen wertvollen Beitrag.« *Pastoraltheologie*

3150: Martin Leiner
Methodischer Leitfaden Systematische Theologie und Religionsphilosophie
2008. 163 Seiten, kartoniert
ISBN 978-3-8252-3150-7

Das Buch soll Studierenden helfen, sich im
Studium der Systematischen Theologie und
der Religionsphilosophie zurechtzufinden
und zu eigener Urteilskraft zu finden.

Vandenhoeck & Ruprecht